KB189509

HANGIL
GREAT BOOKS

인류의위대한지적유산

HANGIL
GREAT BOOKS
194

인간의 유래 2

찰스 다윈 지음 | 김관선 옮김

한길사

The Descent of Man, and Selection in Relation to Sex

by Charles Darwin

Translated by Kwan-Seon Kim

Published by Hangilsa Publishing Co. Ltd., Korea, 2025

다윈의 열렬한 지지자 헉슬리, 후커, 그레이, 그리고 앞선 진화론 주창자 라마르크
헉슬리(왼쪽 위)와 후커(오른쪽 위)는 1869년 『네이처』지를 공동 창간했는데, 헉슬리가 이 잡지에서
다윈주의(Darwinism)라는 용어를 처음 사용했다. 1857년에 다윈이 '변화를 수반하는 계승' 이론을
요약해 그레이(왼쪽 아래)에게 보낸 편지를 보면, 다윈은 월리스가 똑같은 이론을 발견하기 이전에
이미 자연선택에 대한 사상을 갖고 있었음을 알 수 있다. 한편 생물의 진화설은 다윈 이전에도
몽테스키외, 모페르튀, 디드로, 뷔퐁, 다윈의 할아버지 에라스무스 다윈, 라마르크 등에 의해
제창되었다. 라마르크(오른쪽 아래)는 처음으로 단세포생물로부터 인류에 이르는 진화의
계통수(系統樹)를 그려냈으나 증거를 제시하지 않았고, 그 원인을 "생물은 완성을 향하는 경향이
있다"는 가상적인 느낌과 생물의 욕구 총족에 대한 공상적 믿음에 호소해 설명하려 했기 때문에
배척당했다. 이런 면에서 다윈은 진화에 대한 적절한 증거를 제시하고,
자연선택의 과정이 어떻게 적응을 일으키는지를 최초로 설명했다.

ON

THE ORIGIN OF SPECIES

BY MEANS OF NATURAL SELECTION,

OR THE

PRESERVATION OF FAVOURED RACES IN THE STRUGGLE
FOR LIFE.

By CHARLES DARWIN, M.A.,

FELLOW OF THE ROYAL, GEOLOGICAL, LINNÆAN, ETC., SOCIETIES;
AUTHOR OF 'JOURNAL OF RESEARCHES DURING H. M. S. BEAGLE'S VOYAGE
ROUND THE WORLD.'

LONDON:
JOHN MURRAY, ALBEMARLE STREET.
1859.

The right of Translation is reserved.

THE

DESCENT OF MAN,

AND

SELECTION IN RELATION TO SEX.

By CHARLES DARWIN, M.A., F.R.S., &c.

IN TWO VOLUMES.—Vol. I.

WITH ILLUSTRATIONS.

LONDON:
JOHN MURRAY, ALBEMARLE STREET.
1871.

[*The right of Translation is reserved.*]

찰스 다윈의 『종의 기원』과 『인간의 유래』의 초판 표지
다윈은 생물의 진화를 주장하고, 자연선택에 의해 새로운 종이
기원한다는 자연선택설을 발표했다. 그의 진화설은 주로
『종의 기원』(왼쪽)과 『인간의 유래』(오른쪽)에서 제의된 것인데,
당시 과학과 종교의 진로에 많은 영향을 주었으며 인간의 생각에 혁신을 가져왔다.
『종의 기원』은 1859년에 처음 출간되었는데 발간 당일 전권이 모두 판매되었고,
다윈이 살아 있는 동안 제6판까지 발간된다.
그로부터 12년이 지난 1871년 그는 이 이론을 인류에 적용한
『인간의 유래』를 펴냈는데, 다윈의 진화 연구는 이 시기에 마무리 단계에 접어든다.

왼쪽 | 진화론을 반대한 과학자 오언
유명한 해부학자인 오언은 다윈의 이론이 사회에 악영향을
끼칠 것이라고 경고하면서 진화론을 반대했다.

오른쪽 | 다윈이 비글호 항해 중에 만난 푸에고 원주민
개를 데리고 있는 푸에고의 원주민. 다윈이 비글호로 항해하는 동안 만난
이 종족의 야만성은 그에게 오랫동안 깊은 인상을 남겼는데,
이 종족은 기근이 닥치면 개 대신 그들의 늙은 부인을 잡아먹는다고 한다.

옥스퍼드 대학 자연사박물관과 다운 하우스
1860년 다윈의 진화론에 대한 헉슬리와 윌버포스 주교의 유명한 논쟁이 있었던
옥스퍼드 대학 자연사박물관. 당시 사람들은 '자연선택'의 개념을 쉽게 받아들이지 못했는데.
자연선택의 개념은 나중에 생물학자이자 인류학자인 스펜서가 1866년에 처음 사용한
'적자생존'이라는 용어로 받아들여진다.
다윈은 다운 하우스(Down House)에 머물면서 연구하는 동안
독일의 박물학자 헤켈. 하버드 대학 교수인 아서 그레이 등과 만난다.

인간의 유래 2

찰스 다윈 지음 | 김관선 옮김

한길사

일러두기

---

1. 이 책은 찰스 다윈의 *The Descent of Man*(Prometheus Books, 1998)을 번역한 것이다.
2. *으로 표시한 부분은 옮긴이의 주이고, 이 책의 뒷부분에 실린 용어 해설에 자
   세한 설명을 실었다.

인간의 유래 2

제2부 성선택

제8장 성선택의 원리 • 15

제9장 동물계의 하등 계급에서 나타나는 이차성징 • 95

제10장 곤충의 이차성징 • 117

제11장 곤충(계속): 나비목(나비와 나방) • 163

제12장 어류, 양서류, 파충류의 이차성징 • 199

제13장 조류의 이차성징 • 239

제14장 조류의 이차성징—계속 • 303

제15장 조류의 이차성징—계속 • 365

제16장 조류의 이차성징—결론 • 395

제17장 포유류의 이차성징 • 451

제18장 포유류의 이차성징—계속 • 489

제3부 인간과 관계된 성선택과 결론

제19장 인간의 이차성징 • 533

제20장 인간의 이차성징—계속 • 579

제21장 전체 요약과 결론 • 611

옮긴이의 말 • 631

용어 해설 • 643

찾아보기 • 657

인간의 유래 1

『인간의 유래』와 다윈의 진화론 | 김관선 • 11

서론 • 41

제1부 인간의 유래, 즉 인간의 기원
제1장 인간이 하등동물에서 유래되었다는 증거 • 49
제2장 인간이 하등동물에서 발생한 방법에 관해서 • 79
제3장 인간과 하등동물의 정신 능력 비교 • 135
제4장 인간과 하등동물의 정신 능력 비교—계속 • 183
제5장 원시 시대와 문명 시대에 일어난 지적 능력과 도덕 능력의
        발달 • 229
제6장 인간의 유연 관계와 혈통 • 259
제7장 인종 • 289

용어 해설 • 351
찾아보기 • 357

제2부

성선택

제8장 성선택의 원리

이차성징─성선택─작용 방식─수컷의 과잉─일부다처제─일반적으로 수컷만이 성선택을 통해 변형된다─수컷의 열망─수컷의 변이성─암컷에 의해 이루어지는 선택─성선택과 자연선택의 비교─생의 특정한 시기에 일어나는 유전, 특정한 계절에 일어나는 유전, 한쪽 성에만 전달되는 유전─여러 유전 유형들 사이의 관계─한쪽 성과 어린 개체가 성선택의 영향을 받지 않는 이유─동물계의 암수 성비에 관한 부록─자연선택과 관련된 성비

성이 분리된 동물에게서 수컷의 생식 기관은 암컷의 생식 기관과 필연적으로 다르다. 이것이 일차성징이다. 그러나 암컷과 수컷은 헌터가 이차성징이라고 불렀던 부위에서도 종종 차이를 보인다. 이차성징은 생식 활동에 직접 관련되어 있지 않은 특징들이다. 예를 들어 암컷을 찾거나 암컷에게 접근하는 데 이용되는 특정한 감각 기관이나 이동 기관이 수컷에서 나타날 수 있는데, 이런 기관은 암컷에서는 전혀 나타나지 않거나 나타나더라도 아주 부실한 경우다. 또한 수컷은 암컷을 확실하게 움켜잡을 수 있는 특수한 '포획 기관'을 갖고 있기도 하다. 포획 기관의 종류는 매우 다양하며 일반적으로 일차성징만큼 중요하게 여겨진다. 그래서 어떤 경우에는 포획 기관과 일차성징을 구분한다는 것이 거의 불가능할 정도다. 우리는 곤충 수컷의 배끝에 있는 복합 부속 기관에서 이러한 예를 찾아볼 수 있다. 사실 '일

차'라는 용어를 생식소에 국한시키지 않는 한 어떤 것이 일차이고 어떤 것이 이차인지를 결정하는 것은 거의 불가능하다.

유방의 젖샘이나 유대류의 육아낭처럼 암컷에게는 어린 새끼를 먹이고 보호하기 위한 기관이 있다는 면에서 수컷과 다른 경우가 있다. 드물기는 하지만 암컷 대신에 수컷이 이와 유사한 기관을 갖고 있는 경우도 있는데, 일부 어류의 수컷에게는 알을 저장하기 위한 기관이 있으며 일부 개구리의 수컷도 알을 저장하는 기관을 일시적으로 발달시키는 경우가 있다. 대부분 꿀벌의 암컷은 꽃가루를 수집하고 실어 나르기 위한 특별한 장치를 갖고 있으며 산란관은 침으로 변형되어 애벌레와 집단을 보호하는 용도로 사용된다. 유사한 많은 사례를 더 추가할 수도 있지만 지금 우리의 관심거리는 그것이 아니다. 그렇지만 일차 생식 기관과 전혀 관련이 없는 성적인 차이도 있다. 우리가 특별히 관심을 갖는 것은 바로 이러한 것들이다. 수컷의 큰 체형, 힘, 호전성, 경쟁자를 공격하거나 방어하기 위한 무기들, 화려한 색깔과 갖가지 장식들, 노래를 부르는 능력 같은 여러 특징이 있다.

앞서 말한 것 같은 일차, 이차 성적 차이 외에도 일부 동물의 수컷과 암컷은 생활 습성이 서로 다르기 때문에 생긴 구조적 차이를 가질 수 있다. 이들 구조는 생식 기능과는 전혀 관련이 없거나 단지 간접적으로만 관련이 있는 구조다. 예를 들어 모기와 등에 같은 일부 파리목 곤충의 암컷은 흡혈 곤충인 반면, 수컷은 꽃에 의지해서 살아가며 입에는 '큰턱'(mandible)이 없다.[1] 어떤 나방과 타나이스(*Tanais*) 같은 일부 갑각류 수컷의 입은 불완전하며 닫혀 있어 음식을 먹을 수 없다. 일부 만각류*의 수컷은 암컷의 몸이나 자웅동체인 다른 개체의

---

1) J.O. Westwood, *Modern Classification of Insects,* vol. 2, 1840, 541쪽. 다음에 언급하는 타나이스에 관한 내용은 프리츠 뮐러(Fritz Müller)가 연구한 것이다.

몸에 붙어 착생식물처럼 살아간다. 그들에겐 입이 없으며 움켜잡을 수 있는 다리도 없다. 이런 경우에 변형된 쪽은 수컷으로서 암컷에게 여전히 남아 있는 주요 기관의 일부를 잃은 것이다. 일부 기관을 잃는 쪽이 암컷인 경우도 있다. 예를 들어 개똥벌레 암컷에는 많은 종류의 나방 암컷과 마찬가지로 날개가 없다. 그들은 절대로 고치를 떠나지 않는다. 기생 생활을 하는 갑각류 중 많은 종류의 암컷의 다리는 헤엄치기에 적합하지 않다. 일부 바구미과(Curculionidae)의 곤충은 암수 주둥이의 길이가 많이 다르다.[2] 그러나 이런 차이나 이와 비슷한 다른 차이가 무엇을 의미하는지에 대해서는 전혀 알려지지 않았다. 생활 습성과 관련해 암컷과 수컷의 구조에 차이가 있는 경우는 대개 하등동물의 경우에 일어나는 현상이다. 그러나 일부 조류는 수컷의 부리가 암컷과 다르다. 뉴질랜드의 후이아*에 나타나는 암수 간의 차이는 놀랄 정도로 크다. 불러에게 들은 바에 따르면 수컷은 강한 부리를 이용하여 썩은 나무에서 곤충의 애벌레를 찾아 먹는다고 한다.[3] 그러나 암컷은 길게 휜 유연한 부리를 이용하여 좀더 부드러운 부분을 찾아낸다. 결국 그들은 서로를 돕는 것이다. 대부분의 경우에 암컷과 수컷이 보이는 구조의 차이는 그 종의 번식과 어느 정도 직접적인 관련이 있다. 예를 들어 많은 알에 영양분을 공급해야 하는 암컷은 수컷보다 먹을 것이 더 많이 필요해 암컷에게는 식량을 획득하기 위한 특별한 수단이 필요하다. 아주 짧은 기간만 살 수 있는 수컷은 식량을 획득하는 기관을 사용하지 않음으로써 손해를 입지 않고 해당 기관을 잃을 수 있다. 그러나 암컷에 접근하기 위한 운동 기관은 완벽한 상태로 보유하고 있을 것이다. 그에 반해 암컷이 차례로

---

2) Kirby & H. Spencer, *Introduction to Entomology,* vol. 3, 1826, 309쪽.
3) Buller, *Birds of New Zealand,* 1872, 66쪽.

획득한 습성이 비행, 유영, 걷는 능력 등을 쓸모없는 것으로 만드는 습성이라면 그런 기관은 사라질 수도 있다.

그렇지만 여기서 우리의 관심은 단지 '성선택'(sexual selection)에 관한 것뿐이다. 성선택은 어떤 개체가 같은 종 내에서 동일한 성의 개체들이 갖고 있지 못한 성적인 이점을 갖고 있을 때만 해당되는 것이다. 앞에서 언급했던 사례처럼 두 성이 생활 습성과 관련된 구조적 차이를 갖고 있을 때, 이런 구조가 자연선택을 통해 변화되었으며 동일한 성을 통해 제한적으로 유전되었다는 것은 의심할 여지가 없다. 다시 말하건대 일차 성기관과 새끼를 기르고 보호하는 기관은 같은 영향을 받는다. 왜냐하면 새끼를 낳아 가장 잘 먹여 살리는 개체들이 그들의 우수성을 물려받은 새끼를 많이 남길 것이기 때문이다. 설사 많은 새끼를 남기지 못한다 해도 결국은 마찬가지일 것이다. 반면에 새끼를 잘 낳지 못하고 잘 먹이지 못하는 개체들은 그들의 약한 능력을 물려받은 새끼를 많이 남기지 못할 것이다. 암컷을 찾기 위해서 수컷에게는 감각 기관과 운동 기관이 필요하다. 그러나 흔히 그러하듯이 이런 기관이 삶의 다른 목적을 위해서 필요하다면 이런 기관들은 자연선택을 통해 발달되었을 것이다. 수컷에게는 암컷을 발견했을 때 암컷을 움켜잡을 수 있는 포획 기관이 절대적으로 필요한 경우가 간혹 있다. 월리스가 내게 알려준 바에 따르면 일부 나방의 수컷은 발목마디나 다리가 손상되면 암컷과 짝짓기를 하지 못한다고 한다. 많은 바다 갑각류의 수컷은 성숙해지면서 다리와 더듬이가 매우 특별한 방식으로 변형되어 암컷을 움켜잡을 수 있게 된다. 이들에게 종족을 번식시키는 데 이 같은 기관이 필요한 것은 그들이 파도에 실려 이리저리 움직이기 때문이다. 이것이 사실이라면 이런 기관이 발달한 것은 자연선택의 결과다. 아주 하등한 동물 중에서도 이 같은 목적 때문에 신체 구조가 변형된 동물이 있다. 어떤 기생충의 수컷이다 자라면 신체 끝 부분의 배 쪽 피부가 강판처럼 거칠어진다. 이것으로 수컷이 암컷을 똘똘 감아 영원히 붙잡고 있을 수 있다.[4]

암컷과 수컷의 생활 습성이 완전히 똑같으며 수컷의 감각 기관이나 운동 기관이 암컷의 그것보다 더욱 발달해 있을 때, 수컷이 갖춘 기관의 완전성이야말로 암컷을 찾을 때 꼭 필요할 것이다. 그러나 대부분의 경우 그런 기관은 수컷에게 다른 수컷에게는 없는 하나의 이점을 줄 수 있을 뿐이다. 왜냐하면 시간이 충분할 경우 기관이 완전치 못한 수컷이라도 암컷과 짝짓기를 할 수 있을 것이기 때문이다. 또 암컷의 구조를 통해 판단하건대 그들도 모든 면에서 본래의 생활 습성에는 잘 적응한 개체들이기 때문이다. 이런 경우 수컷이 현재의 구조를 획득한 것은 생존경쟁에 적합하기 때문이 아니고, 생식하는 데 다른 수컷보다 유리하고 이런 이점이 그들의 수컷 새끼에게만 전달되었기 때문이다. 따라서 이 경우에는 자연선택이 아닌 성선택이 작용했을 것이다. 내가 이런 유형의 선택을 성선택이라고 부른 것은 그 구별이 매우 중요하기 때문이었다. 만약 수컷에게 포획 기관이 있어 다른 수컷이 접근하거나 공격해올 때 암컷을 달아나지 못하게 할 수 있었다면 이런 기관은 성선택을 통해 완전하게 발달되었을 것이다. 즉 나름의 이점이 있기 때문에 일부 수컷들이 그들의 경쟁자를 제치고 기관을 완전하게 발달시켰을 것이다. 그러나 이 같은 대부분

---

4) 페리에(M. Perrier)는 이런 사례가 성선택에 대한 믿음에 치명적인 것이라고 했다(*Revue Scientifique*, 1873. 2. 1, 865쪽). 왜냐하면 그는 내가 성적인 모든 차이를 성선택 탓으로 돌리고 있다고 생각하기 때문이다. 페리에가 훌륭한 박물학자인 것은 틀림없지만 그는 많은 프랑스 사람과 마찬가지로 성선택의 가장 기본적인 내용조차 이해하려고 하지 않았다. 영국의 박물학자 중 한 사람이 일부 동물 수컷의 파악기*는 암컷의 선택으로 발달할 수 없었다고 주장한다! 만일 그의 말을 듣지 못했더라면, 내가 마치 암컷의 선택이 수컷 파악기의 발달과 관계 있는 것으로 주장한다고, 이 장(章)을 읽은 사람들이 나를 오해할 수도 있었다는 것을 알지 못했을 것이다.

의 경우에 자연선택과 성선택의 효과를 구별하는 것은 불가능하다. 암컷과 수컷에게 나타나는 감각 기관, 운동 기관, 포획 기관의 세부적인 차이만으로도 여러 장(章)을 채울 수 있을 것이다. 그러나 이들 구조는 삶의 원래 목적에 적응된 구조보다 더 흥미로운 것은 아니므로 각 집단에 대해 약간의 사례만을 제시하며 그냥 넘어가겠다.

여러 신체 구조와 본능은 성선택을 통해 발달된 것이 틀림없다. 다른 경쟁자들과 싸우고 그들을 몰아내기 위한 공격 무기와 방어 수단, 수컷의 용기와 호전성, 갖가지 장식들, 성악(聲樂)이나 기악(器樂) 장치들, 냄새를 발산하는 분비샘 등이 그렇게 해서 발달된 것이다. 뒤에 열거한 구조의 대부분은 암컷을 유인하고 자극하려는 데 목적이 있다. 이들 특징이 자연선택이 아닌 성선택의 결과라는 사실은 분명하다. 왜냐하면 이렇게 유리한 특징을 갖는 수컷들이 존재하지 않는다고 가정한다면 무기를 갖추지 못하고 장식이 없으며 매력적이지 않은 수컷도 역시 생존경쟁에서 성공해 수많은 자손을 남길 수 있었을 것이기 때문이다. 우리가 이렇게 생각하는 이유는 무기를 갖추지 못하고 장식이 없는 암컷들도 잘 생존하며 자신과 닮은 새끼를 낳을 수 있기 때문이다. 이제 막 언급한 이차성징에 대해서는 이후의 여러 장에서 흥미로운 많은 사례를 들어 충분히 논의할 것이다. 특히 암컷과 수컷의 의지, 선택, 경쟁에 초점을 맞추어 살펴볼 것이다. 수컷 두 마리가 암컷을 차지하기 위해 싸우거나 여러 마리의 수컷 새가 암컷들 앞에서 그들의 멋진 깃털을 뽐내며 기이하고 익살스런 몸짓을 해보이는 것을 볼 때면 그것이 비록 본능에 따른 행위라 해도 그들은 자신이 무엇을 하려는지 알고 있으며 자신의 정신과 육체가 갖고 있는 능력을 의식적으로 발휘하고 있다고 생각하지 않을 수 없다.

투계장에서 승리를 거둔 싸움닭을 선택해서 품종을 개량할 수 있는 것처럼 강하고 원기 왕성한 수컷이나 가장 훌륭한 무기를 갖춘 수컷이 자연계에도 널리 퍼지게 되고 이런 과정을 통해 자연계에도 품종이나 종의 개량이 일어나고 있다. 되풀이되는 치열한 경쟁에서 조금이라도 유리하게 작용하는 작은 변이는 성선택이 작용하기에 충분할 것이다. 덧붙여 말하건대 이차성징은 극도로 변화가 많다는 것이 확실하다. 인간은 자신의 취향에 따라 가금류 수컷에게 아름다운 특징을 줄 수 있다. 좀더 엄격히 말한다면 새의 조상들이 획득한 원래의 아름다움을 변형시킬 수 있다. 인간은 세브라이트 밴텀 닭이 새롭고 우아하고 곧추선 특이한 모양의 깃털을 갖도록 할 수도 있다. 그러므로 자연 상태에서 암컷 새도 더욱 매력적인 수컷을 선택하는 긴 세월을 거치며 수컷에게 아름다움이나 매력적인 자질을 제공할 수 있는 것이다. 이 과정에 암컷의 식별력과 취향이 수반되어 있음은 의심할 여지가 없다. 초기에는 이런 암컷의 식별력과 취향이 정말로 아무 역할도 하지 못할 것으로 보인다. 그러나 앞으로 제시하게 될 사례를 통해 나는 암컷이 실제로 이런 능력을 갖고 있다는 것을 보일 수 있기를 희망한다. 그러나 하등동물에게 미적 감각이 있다고 할 때 그러한 감각이 다양한 형태의 복잡한 사고를 갖춘 문명화된 인간의 것과 똑같다고 가정해서는 안 된다. 동물과 하등한 미개인이 아름다운 동료를 고르는 취향을 비교하는 것이 좀더 공정할 것이다. 미개인도 멋지고 화려하거나 기이한 물건으로 자신을 치장한다.

우리가 알지 못하는 몇 가지 부분이 있는 관계로 성선택이 작용하는 정확한 방식은 다소 불확실하다. 그런데도 종이 변하기 쉽다는 것을 이미 믿고 있는 박물학자가 이 책의 다음 부분을 읽는다면 생물계의 역사에서 성선택이 중요한 역할을 했다는 나의 의견에 동의할 것으로 생각한다. 거의 모든 동물의 경우 암컷을 차지하기 위해 수컷들이 투쟁을 한다는 것은 분명한 사실이다. 이 사실은 너무 유명해서 따로 사례를 제시하는 것조차 불필요하다. 그러므로 암컷의 정신 능력이 수컷을 선택할 수 있을 정도로 충분히 발달되어 있다고 가정한다면 암컷은 여러 수컷 중에서 하나를 고를 기회를 갖게 되는 것이다. 특별한 상황 때문에 수컷들 사이의 경쟁이 매우 치열해지는 경우가 많다. 예를 들면 수컷 철새들은 번식지에 암컷들보다 먼저 도착하는 것이 일반적인데, 이렇게 먼저 도착한 많은 수컷은 암컷을 차지하기 위해 싸울 준비를 한다. 새잡이들의 주장에 따르면 나이팅게일과 검은머리휘파람새에게 이런 상황은 흔히 있는 일이라고 한다. 이것은 제너 위어(J. Jenner Weir)가 내게 알려준 사실인데 자신도 검은머리휘파람새가 이런 행동을 하는 것을 직접 확인할 수 있었다고 한다.

브라이턴 지역에 사는 스웨이스랜드(Swaysland)라는 분은 지난 40년 동안 번식지에 맨 처음 도착하는 철새들을 잡아왔다고 한다. 그는 어떤 종이든 암컷이 먼저 도착하는 경우를 단 한 번도 본 적이 없었다고 한다. 어느 봄철에 그는 부디테스 라이이(*Budytes raii*)* 수컷을 39마리나 잡고 나서야 암컷 한 마리를 보았다고 한다. 굴드는 영국에 처음으로 도착한 도요새를 정밀 분석하여 수컷이 암컷보다 먼저 도착한다고 주장했다. 이것은 대부분의 미국 철새의 경우도 마찬가지다.[5] 바다에서 물을 거슬러 강으로 올라온 연어 수컷의 대부분은 암컷이 도착하기 전에 이미 번식 준비를 완료한다. 개구리나 두꺼비의 경우도 마찬가지인 것 같다. 대부분의 곤충도 번데기에서 먼저 깨어나는 것은 거의 수컷이다. 그래서 암컷이 출현하기 전에 이미 수컷은 개체수가 풍부한 상태다.[6] 도착 시기나 성숙 면에서 암수가 이렇게

---

5) J.A. Allen, "Mammals and Winter Birds of East Florida," *Bulletin of Comparative Zoology*, Harvard University Press, 268쪽.

6) 암수가 분리된 식물의 경우도 수꽃이 암꽃보다 먼저 성숙하는 것이 일반적이다. 슈프렝겔(C.K. Sprengel)이 최초로 보여주었듯이 많은 자웅동체 식물은 자웅이숙(dichogamous)이다. 즉 수컷 기관과 암컷 기관의 성숙 시기가 일치하지 않아 자가수정이 일어나지 못하는 것이다. 즉 그런 꽃에서 꽃가루는

차이를 보이는 이유는 매우 분명하다. 매년 어떤 나라로 이주하는 수컷이나 봄에 먼저 번식할 준비가 되었거나 번식 욕구가 강렬한 수컷은 더 많은 후손을 남길 것이다. 따라서 이 같은 본능과 체질이 유전되는 경향이 있을 것이다. 우리가 명심해야만 하는 것은 암컷이 어린 새끼를 키우는 기간을 실질적으로 변경시키지 않으면서 성적 성숙의 시간을 바꾼다는 것은 불가능하다는 것이다. 왜냐하면 어린 새끼를 키우는 기간은 계절에 따라 결정되기 때문이다. 대체로 암수의 구별이 있는 거의 모든 동물에게 암컷을 차지하기 위한 수컷들의 투쟁이 계속해서 일어난다는 것은 의심할 여지가 없다.

성선택을 하는 데 어려운 점은 다른 수컷을 정복한 수컷이나, 암컷에게 가장 매력적으로 선택받은 수컷이 그렇지 않은 수컷, 즉 패배당하고 덜 매력적인 수컷에 비해 그들의 우수성을 전해줄 만한 더 많은 후손을 어떻게 남기느냐 하는 것이다. 이런 결과가 따르지 않는다면 다른 수컷에 비해 유리한 점을 갖고 있는 수컷의 형질이 성선택을 통해 완벽성을 갖추는 일이나 증가되는 일은 일어나지 않을 것이다. 암컷과 수컷의 개체수가 정확하게 똑같다면 가장 능력이 떨어지는 수컷도 결국에는 암컷을 찾을 것이다(일부다처제가 성행하는 경우는 예외다). 그래서 이런 수컷도 훌륭한 능력을 갖춘 수컷과 마찬가지로 일반 생활 방식에 적합한 후손을 역시 많이 남길 것이다. 여러 가지 사실과 논의를 통해 나는 이차성징이 잘 발달된 대부분의 동물의 경우 수컷이 암컷보다 훨씬 더 많다는 것을 전에 암시한 바 있다. 그러나 이것이 항상 옳은 것은 아니다. 만약 수컷과 암컷의 비가 2:1이나 3:1, 또는 이보다 더 차이가 나더라도 모든 문제는 간단할 것이다. 왜냐하

일반적으로 암술머리보다 먼저 성숙한다. 물론 예외적으로 암컷 기관이 먼저 성숙하는 경우도 있기는 하다.

면 잘 무장하고 더욱 매력적인 수컷이 더 많은 후손을 남길 것이기 때문이다. 그러나 가능한 많은 사례를 통해 성비를 조사해본 결과 나는 심한 수적 불균형이 보편적이라고는 생각하지 않는다. 대부분의 경우 성선택은 다음과 같은 방식으로 그 효력을 발휘하는 것 같다.

예를 들어 조류의 어떤 종을 생각해보자. 그리고 한 지역에 사는 암컷 집단을 동일한 두 집단으로 나누어보자. 한 집단은 원기 왕성하고 영양 공급을 잘 받은 개체들로 구성되어 있고, 다른 한 집단은 허약하고 건강하지 못한 개체들로 이루어져 있다. 우수한 집단이 그렇지 못한 집단보다 봄에 먼저 번식에 들어갈 것이라는 사실은 의심할 여지가 없다. 이것은 여러 해에 걸쳐 새의 습성을 조심스럽게 조사한 제너 위어의 견해다. 또한 가장 원기 왕성하고 영양 상태가 좋아 일찍 번식하는 개체들이 평균적으로 훌륭한 자손을 더 많이 키우는 데 성공하리라는 것 역시 의심할 여지가 없다.[7] 이미 살펴보았듯이 일반적으로 수컷은 암컷보다 먼저 번식 준비를 마친다. 가장 강한 수컷과 가장 잘 무장한 수컷이 약한 수컷을 몰아낼 것이다. 이들은 원기 왕성하고 영양 상태가 좋은 암컷과 결합할 것이다. 왜냐하면 이들 암컷들 역시 가장 먼저 번식할 준비를 갖추기 때문이다.[8] 암컷과 수컷의 숫자가 똑같다고 가정했을 때 원기 왕성한 짝은 자손을 많이 남길

---

7) 노련한 조류학자 한 분이 제시한 자손의 형질에 대한 탁월한 사례들이 여기에 있다. 앨런(J.A. Allen)은 "Mammals and Winter Birds of East Florida," *Bulletin of Comparative Zoology,* 229쪽에서 첫 번째 태어난 새끼들이 사고로 모두 죽은 후, 두 번째로 태어난 새끼들에 대해 언급하면서 다음과 같이 말한다. "두 번째 새끼들은 첫 번째 새끼들보다 작고 옅은 색깔을 띠었다. 한 해에 여러 번 번식이 일어나는 경우에는 처음에 태어나는 개체들이 더 완전하고 원기 왕성한 것이 일반적이다."

8) 헤르만 뮐러도 매년 번데기에서 최초로 깨어나는 암컷 벌을 연구하여 이와 동일한 결론에 도달했다. H. Müller, "Anwendung den Darwin'schen Lehre auf Bienen," *Verh. d. n. V. Jahrg.,* 29, 49쪽을 참조하시오.

것이고, 정복당하고 약한 수컷을 만날 수밖에 없었던 뒤처진 암컷은 자손을 적게 남길 것이다. 이제 연속적인 세대를 거치며 크기, 강함, 수컷의 용기, 무기의 개량이 일어날 것이다.

그러나 대부분의 경우 다른 경쟁자를 물리친 수컷이 암컷의 선택과 관계없이 암컷을 소유하는 것은 아니다. 동물의 구애 행동은 생각처럼 단순하고 간단한 일이 절대로 아니다. 암컷은 장식을 잘 갖추거나 가장 멋진 노래를 부르거나 최고의 익살을 부리는 수컷에게 자극을 받고 그런 수컷과 짝짓기를 한다. 그러면서도 암컷은 가장 원기 왕성하고 활기찬 수컷을 선호할 것이다. 이것은 직접 관찰한 일부 사례에서 확인한 사실이다.[9] 그러므로 가장 먼저 번식하는 원기 왕성한 암컷은 많은 수컷을 대상으로 선택할 수 있는 기회를 가질 것이다. 그들이 가장 강하고 가장 훌륭하게 무장된 수컷을 항상 선택하지는 않는다 할지라도 어느 정도 원기 왕성하고 제법 잘 무장되어 있으면서 한편으로는 최고로 매력적인 수컷을 고르게 될 것이다. 그러므로 그렇게 일찍 이루어진 암수 커플은 위에서 언급한 대로 다른 커플에 비해 후손을 키우는 데 유리할 것이다. 그리고 이런 상황은 긴 세대를 거치며 수컷의 힘과 전투력뿐만 아니라 여러 가지 장식이나 매력을 추가하기에 충분했을 것이다.

반면, 훨씬 드물기는 하지만, 수컷이 특정 암컷을 선택하는 경우에는 가장 원기 왕성하고 다른 경쟁자를 물리친 수컷이 가장 자유롭게 선택하는 것이 보통이다. 이 수컷은 틀림없이 활기차고 매력적인 암컷을 선택할 것이다. 특히 일부 고등동물에서 일어나는 현상처럼 수컷이 번식기에 암컷을 방어하는 능력을 갖고 있거나 암컷을 도와 새

---

9) 가금류의 이런 효과에 대한 정보는 차후에 제시하겠다. 제너 위어에게 들은 바에 따르면 비둘기처럼 평생 짝을 이뤄 사는 새들도 수컷이 상처를 입거나 허약해지면 암컷이 수컷을 버린다고 한다.

끼를 부양할 경우 그런 짝들은 더욱 유리할 것이다. 암컷과 수컷이 그들의 이성을 각각 선택할 경우 매력적일 뿐만 아니라 좀더 활기찬 이성을 서로 선택한다면 동일한 원리가 적용될 것이다.

암수의 비율　수컷의 수가 암컷보다 상당히 많을 경우 성선택은 매우 단순한 문제가 될 것이라고 말한 바 있다. 그래서 나는 가능한 많은 동물의 암수 비율을 조사했지만 자료는 여전히 빈약하다. 그렇게 얻은 결과의 세부적인 항목에 대해서는 추가로 논의하기 위해 떼어놓고 여기서는 논의의 과정이 간섭받지 않도록 간단하게 그 개요만을 설명하겠다. 가축만 조사해도 출생 성비에 대해 어느 정도의 정보를 얻을 수 있을 것이다. 그러나 이런 목적 때문에 특별하게 작성된 기록은 없다. 그렇지만 간접적인 방법을 통해 나는 상당한 양의 통계치를 얻었다. 그 통계치에 따르면 대부분의 가축은 암수가 거의 동일한 숫자로 출생한다는 것을 알 수 있다. 경주마에 대해 21년간 2만 5,560회의 출생 기록이 있다. 이 자료에 따르면 수컷과 암컷은 각각 99.7:100의 비율로 출생한 것으로 되어 있다. 그레이하운드의 경우는 다른 어떤 동물보다도 불균형이 심하다. 12년 동안 조사한 6,878회의 출생 기록에서 수컷과 암컷의 출생비는 110.1:100이었다. 그렇지만 이런 비율이 자연계에도 동일하게 나타날 것이라고 추측하는 것은 다소 의심스러운 점이 있다. 왜냐하면 생활 조건의 알려지지 않은 작은 차이도 성비에 영향을 미치기 때문이다. 사람은 남자의 출생이 여자 100명당, 영국이 104.5명, 러시아가 108.9명, 리보니아*의 유대인이 120명이었다. 남자의 비율이 이렇게 이상하리만큼 높은 것에 대해서는 이 장의 부록에서 다시 다루겠다. 그러나 희망봉 지역에서는 몇 년 동안 유럽계 남아가 여아 100명 대 90명에서 99명의 비율로 태어났다.

우리의 현 취지에 따라 우리는 출생할 때의 성비뿐만 아니라 성숙해진 후의 성비에도 관심이 많다. 이것은 또 다른 의문점을 불러일으킨다. 왜냐하면 인간의 경우 출생 전이나 출생 시, 그리고 생후 2년 이내에 죽는 아기는 여아보다 남아가 훨씬 더 많기 때문이다. 숫양의 경우도 이와 비슷한 상황이 일어나는 것은 거의 확실하다. 그리고 아마 다른 일부 동물의 경우도 마찬가지일 것이다. 일부 종의 수컷은 싸움을 통해 서로를 죽이거나 상대를 몰아쳐 크게 쇠약하게 만든다. 수컷이 암컷을 찾아 열심히 헤매는 동안 수컷에게는 틀림없이 여러 가지 위험에 노출되는 일이 많을 것이다. 많은 종류의 물고기 수컷은 암컷보다 작다. 이들 수컷은 암컷이나 다른 물고기에게 잡아먹히는 경우도 있는 것 같다. 일부 새의 경우 암컷이 수컷보다 먼저 죽는 것 같다. 암컷은 둥지에 있을 때나 어린 새끼들을 먹여 살릴 때 위험에 빠지기 쉽다. 곤충은 암컷 애벌레가 수컷 애벌레보다 덩치가 큰 경우가 많다. 그 결과 암컷 애벌레는 다른 동물에게 포식당할 위험이 높아질 것이다. 어떤 경우에는 성숙한 암컷이 수컷에 비해 활동성도 떨어지고 민첩성 면에서도 수컷에 미치지 못한다. 그래서 암컷은 수컷보다 위험에서 잘 빠져나오지 못한다. 그러므로 우리는 자연 상태의 동물이 성숙했을 때의 성비를 판단하려면 추정치에 의지할 수밖에 없다. 따라서 불균등이 심한 경우를 제외하면 신뢰성은 거의 없다. 그런데도 판단이 설 수만 있다면 우리는 부록에서 제시된 사실에서 일부 포유류, 많은 조류, 일부 어류와 곤충의 수컷이 암컷보다 숫자가 많다는 결론에 도달하게 될 것이다.

암수 간의 성비는 매해 조금씩 변한다. 경주마는 암말 100마리당 수컷이 한 해에는 107.1마리, 다음해에는 92.6마리가 태어났다. 그레이하운드의 경우는 116.3마리에서 95.3마리로 변했다. 그러나 영국보다 훨씬 더 넓은 지역을 조사하면 이런 변동은 거의 나타나지 않을 것이다. 또한 이 정도의 수치는 자연 상태에서 효과적인 성선택 활동을 유도할 정도로 충분하지도 않다. 그런데도 일부 야생동물은 부록에서 볼 수 있듯이 계절과 장소에 따라 성비가 상당히 변하여 성선택 작용이 충분히 일어날 수 있는 것으로 보인다. 왜냐하면 특정 시기나 특정 장소에서 다른 경쟁자를 물리친 수컷이 얻은 이점이 후손에게 전달되어 차후에 사라지지 않으리라는 사실이 밝혀질 것이기 때문이다. 이어지는 계절 동안에 암수의 성비가 동일하여 모든 수컷이 암컷 하나씩을 얻을 수 있었다고 하더라도 먼저 번식한 강하고 매력적인 수컷은 허약하고 덜 매력적인 수컷에 비해 여전히 자손을 남길 좋은 기회를 가질 것이다.

일부다처제 일부다처제가 되면서 결과적으로 암수의 성비가 불균등한 것과 동일한 효과가 생긴다. 만약 하나의 수컷이 둘 이상의 암컷을 확보한다면 많은 수컷이 짝짓기를 할 수 없을 것이다. 그리고 짝짓기를 하지 못한 수컷은 허약하고 매력적이지 못한 수컷임이 틀림없을 것이다. 포유류의 많은 종류와 조류의 일부가 일부다처제다. 그러나 하등동물에게 일부다처제의 습성이 있다는 증거는 접해본 적이 없다. 하등동물의 지적 능력으로는 암컷 무리를 한데 모아 지킬 정신 능력이 충분하지 않을 것이다. 일부다처제와 이차성징의 발달 사이에 상관성이 있음은 거의 분명해 보인다. 따라서 수컷의 수가 많다는 것이 성선택이 일어날 좋은 조건이 된다는 견해를 지지하는 것이다. 그런데도 특히 일부 조류처럼 철저하게 일부일처제를 고집하는 많은 동물은 매우 특징적인 이차성징을 보인다. 반면에 일부다처제를 고수하는 일부 동물에게는 이런 특징이 없다.

일단 포유류에 대해 간단히 살펴보고 난 후 조류로 넘어가겠다. 고릴라 사회는 일부다처제가 존재하는 것 같다. 고릴라 수컷은 암컷과

상당히 다르다. 이것은 일부 개코원숭이의 경우와 비슷한데, 개코원
숭이 집단은 암컷의 수가 수컷보다 2배 정도 많다. 남아메리카의 미
체테스 카라야(*Mycetes caraya*)*는 색깔, 털, 발성 기관에서 암컷과 수
컷의 차이가 뚜렷하다. 수컷 한 마리는 두세 마리의 암컷과 함께 생
활하는 것이 보통이다. 체부스 카푸치누스(*Cebus capucinus*)*는 수컷
과 암컷이 다소 다르며 일부다처제인 것으로 보인다.[10] 그외 대부분
의 원숭이에 대해서는 이 부분이 거의 알려지지 않았지만 철저하게
일부일처제를 고집하는 종도 있다. 반추동물은 틀림없이 일부다처
제다. 그리고 다른 포유류에 비해 성적 이형을 보이는 경우가 더 흔
하다. 이런 차이는 그들의 무기에서 특히 뚜렷하게 나타나며 그외의
특징에서도 어느 정도는 나타난다. 대부분의 경우 사슴, 소, 양은 일
부다처제다. 일부 영양류가 일부일처제를 고수하는 것은 사실이지
만 대부분의 영양류는 일부다처제다. 스미스는 남아프리카의 영양
류를 언급하면서 12마리 정도로 이루어진 집단에 수컷 성체가 두 마
리 이상이 있는 경우는 드물다고 했다. 아시아의 사이가 영양(*Antilope
saiga*)은 이 세상에서 가장 무절제한 일부다처제를 보인다. 팔라스에
따르면 사이가 영양의 수컷은 모든 경쟁자를 몰아내고 약 100마리
정도의 암컷과 새끼들을 지배한다고 한다.[11] 암컷은 뿔이 없고 털이

---

10) 고릴라에 대해서는 *Boston Journal of Natural History*, vol. 5, 1845~47, 423쪽
에 실린 사비즈(Savage)와 와이먼(J. Wyman)의 글을 참조하시오. 개코원
숭이(Cynocephalus)에 대해서는 A.E. Brehm, *Illustriertes Thierleben*, Bd. 1,
1864, 77쪽을 참조하시오. 미체테스(*Mycetes*) 원숭이에 대해서는 Rengger,
Naturgeschichte der Säugethiere von Paraguay, 1830, 14, 20쪽을 참조하시오. 꼬
리감기원숭이(*Cebus*)에 대해서는 브렘의 앞의 책, 108쪽을 참조하시오.

11) Pallas, *Spicilegia Zoologica*, vol. 12, 1777, 29쪽. 코부스(*Kobus*) 영양은 A.
Smith, *Illustrations of the Zoology of South Africa*, 1849, 삽화 29를 참조하시오.
오언은 *Anatomy of Vertebrates*, vol. 3, 1868, 633쪽에서 영양 중에서 어떤 종이
무리를 이루어 사는지를 보여주는 표를 제시한다.

부드러운데 그것을 제외하고는 수컷과 크게 다를 것이 없다고 한다. 포클랜드 제도와 북아메리카 서부의 야생 수말은 일부다처제를 보인다. 그러나 덩치가 암말에 비해 더 크다는 것을 제외하면 암말과 거의 다를 것이 없다. 야생 수퇘지는 커다란 엄니와 그외의 일부 특징이 뚜렷한 성징을 이룬다. 유럽과 인도에 사는 야생 수퇘지는 번식기를 제외하면 혼자 생활한다. 그러나 인도에서 야생 수퇘지를 접할 기회가 많았던 엘리엇(W. Elliot)에 따르면 번식기에 들어선 야생 수퇘지는 여러 마리의 암퇘지와 교미를 한다고 한다. 유럽의 야생 수퇘지도 이와 같은지는 의심스럽지만 그럴 것이라고 믿게 만드는 몇 가지 증거가 있다. 인도코끼리 수컷 성체는 수퇘지와 마찬가지로 생애의 대부분을 혼자서 보낸다. 그러나 캠벨이 말했듯이 다른 코끼리와 함께 있는 시기에 '전체 암컷 무리 중에 두 마리 이상의 수컷 코끼리가 있는 경우는 드물다'. 큰 수컷이 작고 약한 수컷을 몰아내거나 죽이는 것이다. 수컷은 거대한 엄니와 큰 몸집, 힘, 지구력 면에서 암컷과 다르다. 그 차이는 매우 커서 포획한 수컷은 암컷에 비해 1/5 정도 더 비쌌다.[12] 그외의 후피동물*은 암컷과 수컷의 차이가 아주 적거나 전혀 차이를 보이지 않으며 우리가 알기로는 일부다처제를 시행하지도 않는다. 박쥐목(Cheiroptera), 빈치목(Edentata), 식충목, 설치류에 속하는 종 중에서 일부다처제를 보이는 동물이 있다는 말은 들어본 적이 없다. 그러나 일부 쥐잡이에 따르면 설치류 중에서 보통 쥐가 여러 마리의 암컷과 산다고 한다. 그렇지만 나무늘보(빈치목)의 암컷과 수컷은 여러 특징에서 차이를 보이며 어깨 위에 돋은 털 색깔도 어느 정도는 서로 다르다.[13] 많은 박쥐(박쥐목)는 성적 이형이 뚜렷

---

12) J. Campbell, *Proceedings of the Zoological Society*, 1869, 138쪽. 존스턴(Johnstone) 대위가 쓴 흥미로운 논문 한 편이 *Proceedings of Asiatic Society of Bengal*, 1868. 5에 실려 있으니 이것도 참조하시오.

하다. 주로 수컷이 냄새를 내는 분비선과 주머니를 갖고 있으며 옅은 색깔을 띤다.[14] 대부분의 설치류는 내가 알기로 암수가 거의 다르지 않다. 만약 다르다 하더라도 털 색깔만 약간 차이를 보일 뿐이다.

스미스에게서 들은 바에 따르면 남아프리카의 수사자는 간혹 단 한 마리의 암컷과 살기도 하지만 대부분은 여러 마리의 암컷과 생활한다. 다섯 마리의 암컷과 생활하는 경우도 보고된 바 있다. 결국 사자는 일부다처제를 고수하는 것이다. 내가 이제껏 관찰한 바에 따르면 사자는 육상 육식동물 중에서 유일하게 일부다처제를 보이며 성징이 암수 간에 뚜렷하게 다르다. 그러나 앞으로 살펴보겠지만 해상 육식동물로 눈을 돌려보면 상황은 많이 다르다. 왜냐하면 바다표범류의 많은 종이 기이한 성적 이형을 보이기 때문이다. 그리고 그들은 틀림없이 일부다처제를 유지하고 있다. 그러므로 페론(Peron)에 따르면 남쪽 바다에 사는 바다코끼리 수컷은 항상 여러 마리의 암컷을 거느리며, 포스터 바다사자는 20마리에서 30마리의 암컷을 거느리며 산다고 한다. 북극 지방에 사는 스텔러 북극곰 수컷은 더욱 많은 수의 암컷과 함께 생활한다. 흥미로운 것은 길이 말했듯이 일부일처제를 고수하거나 "작은 집단을 이루어 살아가는 종은 암수 간의 크기에서 큰 차이를 보이지 않으며 사회적 동물이나 수컷이 여러 암컷을 거느리고 살아가는 종은 수컷이 암컷보다 훨씬 더 크다".[15]

조류 중에서 암수 간에 큰 차이를 보이는 많은 종이 일부일처제인 것은 틀림없다. 대영제국에서 우리는 한 마리의 암컷과 짝을 지어 사는 야생오리, 지빠귀 그리고 평생 짝을 바꾸지 않고 살아간다는 황

---

13) J.E. Gray, *Annals and Magazine of Natural History*, 1871, 302쪽.

14) 도브슨(Dobson)의 훌륭한 논문이 *Proceedings of the Zoological Society*, 1873, 241쪽에 실려 있으니 참조하시오.

15) Gill, "The Eared Seals," *American Naturalist*, vol. 4, 1871. 1.

소방울새*가 뚜렷한 성적 차이를 보인다는 것을 잘 알고 있다. 남아메리카의 방울새과(Cotingidae) 무리와 그외에도 많은 조류가 이 같은 특징을 보인다고 월리스가 내게 알려주었다. 몇몇 집단은 그들이 일부다처제인지 일부일처제인지를 알아낼 수 없었다. 르송(Lesson)은 동물원의 조류 중에서 성적 차이가 뚜렷한 새들이 일부다처제라고 말한다. 그러나 월리스는 르송이 충분한 증거를 갖고 있는지 의심스러워했다. 샐빈(O. Salvin)은 벌새가 일부다처제인 것으로 믿게 되었다고 내게 말했다. 천인조 수컷은 꼬리 깃털이 유명한데 틀림없이 일부다처제로 여겨진다.[16] 제너 위어와 몇몇 학자가 알려준 바에 따르면 대개 세 마리 정도의 찌르레기가 한 둥지에 자주 출입한다고 한다. 그러나 그것이 일부다처제를 보여주는 것인지 일처다부제를 보여주는 것인지는 확실하지 않다.

순계류(gallinaceous bird)*는 극락조나 벌새와 마찬가지로 뚜렷한 성적 차이를 나타내며 잘 알려진 대로 많은 종이 일부다처제를 보인다. 그러나 일부 종류는 철저하게 일부일처제를 고수한다. 일부다처제를 보이는 공작이나 꿩 그리고 일부일처제인 뿔닭이나 메추라기는 암수의 차이에서 얼마나 대조를 이루는가! 비슷한 많은 사례를 추가할 수 있다. 예를 들어 일부다처제를 보이는 큰들꿩과 멧닭의 수컷은 암컷과 많이 다르다. 반면에 일부일처제인 홍뇌조와 뇌조*는 암수 간의 차이가 거의 없다. 느시류를 제외한 무리 중에서 암수 간에 뚜렷한 차이를 보이는 종은 거의 없으며 느시류 중에서 느시(*Otis tarda*)는

16) 프로그느 천인조에 대해서는 *Ibis*, vol. 3, 1861을 참조하시오. 위의 책, 제2권, 1860, 211쪽에 나오는 악실라리스 인디고새(*Vidua axillaris*)*도 참조하시오. 큰들꿩과 느시(*Otis tarda*)*의 일부다처제에 대해서는 L. Lloyd, *Game Birds of Sweden*, 1867, 19, 182쪽을 참조하시오. 몬터규(G. Montagu)와 셀비(P.J. Selby)는 멧닭이 일부다처제를 보이고 홍뇌조가 일부일처제를 보인다고 말했다.

일부다처제라고 한다. 섭금류* 중에는 극히 일부만이 성적 차이를 보인다. 그러나 목도리도요(*Machetes pugnax*)는 예외로서 몬터규는 이 종이 일부다처제를 따른다고 했다. 그러므로 조류의 경우 암수 간의 차이가 뚜렷한 새들과 일부다처제의 습성은 밀접한 관련성이 있는 것으로 보인다. 런던 동물원에 근무하는 바틀릿(A.D. Bartlett)은 조류에 대한 경험이 풍부한 사람이었다. 나는 그에게 순계류의 하나인 호로호로새 수컷이 일부다처제를 보이는지를 문의한 적이 있었는데 "저는 알지 못합니다. 그러나 그의 화려한 색깔로 보아 그럴 거라고 생각합니다"라는 그의 대답을 듣고 나는 무척 놀랐다.

단 한 마리의 암컷과 짝을 지으려는 본능이 가축화되면서 쉽게 사라진다는 사실은 주목할 필요가 있다. 들오리는 철저하게 일부일처제를 고집하지만 집에서 키우는 오리는 많은 암컷을 거느린다. 폭스(W.D. Fox)가 내게 알려준 바에 따르면 그의 이웃의 큰 연못에 사는 반쯤 길들여진 들오리 중에서 아주 많은 수컷이 사냥터지기에게 사살되어 암컷 일고여덟 마리당 수컷이 한 마리 정도만 남게 되어도 여전히 아주 많은 새끼가 태어나 자란다고 한다. 뿔닭은 철저하게 일부일처제다. 그러나 폭스는 수컷 한 마리와 두세 마리의 암컷을 함께 키웠을 때 가장 상태가 좋다는 사실을 발견했다. 카나리아는 자연 상태에서 암수 한 마리씩 짝을 이룬다. 그러나 영국의 사육가들은 한 마리의 수컷과 네다섯 마리의 암컷을 성공적으로 짝지어주었다. 나는 이런 사례를 통해 야생 상태에서 일부일처제를 보이는 종들이 일시적이든 영구적이든 일부다처제로 변할 수도 있다는 것을 알았다.

파충류와 물고기의 습성에 대해서는 아는 것이 거의 없기 때문에 그들의 짝짓기에 대해서도 말할 것이 없다. 그러나 큰가시고기(*Gasterosteus*)는 일부다처제를 보인다고 한다.[17] 번식기에 들어간 수컷의 모습은 암컷의 모습과 많이 다르다.

우리가 판단할 수 있는 범위 내에서 요약한다면 성선택으로 이차 성징이 발달하게 되었다고 할 수 있다. 가장 훌륭한 무기를 갖추고 경쟁에서 다른 수컷들을 물리친 수컷과 활기차고 영양 상태가 좋으며 봄에 가장 먼저 번식할 준비가 된 암컷이 짝을 이루었을 때 가장 많은 숫자의 원기 왕성한 자손들이 태어나고 길러진다는 것이 밝혀졌다. 만약 그러한 암컷이 더욱 매력적이면서도 원기 왕성한 수컷을 선택한다면 원기 왕성하지 못하고 매력적이지 못한 수컷을 선택할 수밖에 없었던 처진 암컷보다 더 많은 새끼들을 키우게 될 것이다. 원기 왕성한 수컷이 매력적이면서도 건강하고 활기찬 암컷을 선택했어도 마찬가지일 것이다. 특히 이런 수컷이 암컷을 지켜주고 어린 새끼들을 양육하는 데 도움을 줄 수 있었다면 그 효과는 더욱 클 것이다. 더욱 많은 후손을 키우는 원기 왕성한 커플이 이렇게 얻은 이점은 성선택의 효과가 발휘되기에 충분하다. 그러나 수컷이 암컷보다 수적으로 많다는 것도 여전히 효과적으로 작용할 것이다. 비록 그러한 수적 우세가 일시적이고 국소적이라고 하더라도, 또는 출생할 때에만 나타나거나 많은 암컷이 죽은 후에 일어나더라도, 또는 일부다처제가 시행되면서 부수적으로 일어나더라도 여전히 효과적으로 작용하게 될 것이다.

일반적으로 암컷보다 더 많이 변화된 수컷　동물계를 통해 암수의 차이가 있을 때, 극히 일부의 예외는 있지만 더욱 많이 변형된 것은 주로 수컷이다. 왜냐하면 일반적으로 암컷은 그들의 새끼들이나 같은 집단 내의 다른 성체가 갖고 있는 형질을 계속해서 간직하고 있기 때문이다. 이 원인은 거의 대부분의 수컷이 암컷보다 더 강한 열정을 갖

---

17) H.N. Humphreys, *River Gardens,* 1857.

고 있기 때문인 것 같다. 그래서 서로 싸우거나 암컷 앞에서 그들의
매력을 부지런히 드러내 보이는 것은 수컷들이다. 승리자는 그들의
우수성을 자기의 아들에게 물려준다. 아버지의 특징이 왜 암수 새끼
들 모두에게 물려지지 않는지에 대해서는 차후에 살펴보겠다. 모든
포유류의 수컷이 암컷을 열심히 쫓아다닌다는 것은 모두가 잘 아는
사실이다. 이것은 조류의 경우도 마찬가지다. 그러나 많은 수컷 새는
암컷 앞에서 자신의 깃털을 과시하고, 기이한 몸짓을 하고 노래를 퍼
붓기는 하지만 암컷을 그렇게 열심히 쫓아다니지는 않는다. 관찰된
물고기 중 일부 수컷은 암컷보다 열정적인 것 같다. 악어도 마찬가지
다. 양서류도 틀림없이 그렇다. 커비(Kirby)가 말했듯이 많은 곤충들
도 "수컷이 암컷을 찾는 것이 일반적인 법칙이다."[18] 훌륭한 두 학자
인 블랙월(J. Blackwall)과 베이트(C.S. Bate)는 거미와 갑각류 수컷이
암컷에 비해 좀더 활동적이며 불규칙한 습성을 갖고 있다고 말했다.
곤충과 갑각류에서 한 성에는 감각 기관이나 이동 기관이 있는 반면
다른 한 성에는 그것이 없는 경우가 있다. 또는 한쪽 성만이 이들 기
관을 더욱 발달시킨 경우도 있다. 아마 후자의 경우가 더 일반적일
것이다. 어쨌든 이 두 경우 모두 내가 관찰한 바로는 그런 기관이 있
거나 더욱 발달한 기관이 있는 것은 대부분 수컷이었다. 이것은 구애
행동을 하는 데 수컷이 더 적극적이라는 것을 보여주는 예다.[19]

---

18) Kirby & H. Spencer, 앞의 책, 342쪽.
19) 기생 생활을 하는 벌 중에서 예외인 종류가 하나 있다(J.O. Westwood, 앞의
   책, 160쪽). 이 종류의 수컷은 흔적 날개를 갖고 있으며 자기가 태어난 벌집
   의 방을 절대로 떠나지 않는다. 반면에 암컷의 날개는 잘 발달되어 있다. 오
   두앵(V. Audouin)은 이 종의 암컷이 같은 벌집에서 태어난 수컷에 의해 수정
   된다고 믿었다. 그러나 암컷이 다른 벌집을 찾아가는 것이 더욱 설득력이 있
   어 보인다. 결국 그렇게 근친 교배를 막는다. 곤충의 여러 목 중에는 예외적
   으로 수컷 대신에 암컷이 이성을 찾고 구애 행동을 벌이는 경우도 있다. 이들
   에 대해서는 앞으로 살펴보겠다.

그에 반해 암컷은 약간의 예외가 있기는 하지만 대부분 수컷보다 열성적이지 못하다. 저명한 헌터가 오래전에 관찰한 바와 같이 암컷은 일반적으로 '구애 행동을 받는 것이 필요하다'.[20] 암컷은 수줍어하며 오랫동안 수컷에게서 도망가려는 듯한 행동을 보인다. 동물의 습성을 관찰했던 모든 사람은 이런 종류의 사례를 상기할 수 있을 것이다. 이제부터 언급할 여러 가지 사례를 통해, 그리고 정말로 성선택 때문에 일어나는 결과를 통해 암컷은 비록 수동적이기는 하지만 일반적으로 한 마리의 수컷을 선택하여 받아들인다는 것을 알게 될 것이다. 암컷은 가장 매력적인 수컷을 선택하지 않고 가장 덜 혐오스러운 수컷을 선택할 수도 있다. 상황이 우리를 그렇게 믿게 하는 경우가 있다. 암컷의 처지에서 행하는 선택 행위는 수컷의 열정만큼이나 보편적인 것으로 보인다.

　너무나 많은 집단에서 왜 수컷이 암컷보다 더 열정적으로 되었고 그 때문에 암컷을 찾는 행위와 구애 행동을 하는 데 더 활동적인 역할을 하는지를 묻는 것은 당연하다. 암수 양쪽 모두가 상대를 찾는다는 것은 아무런 이점도 없고 어느 정도 힘의 손실이 일어나는 일일 것이다. 그렇다고 왜 항상 수컷이 이성을 찾는 수색의 역할을 맡아야만 하는가? 식물의 밑씨는 수정 후 한동안 영양 공급을 받아야만 한다. 그렇기 때문에 곤충이나 바람의 도움을 받거나 수술의 자발적인 움직임으로 꽃가루가 암기관인 암술머리에 도달할 수밖에 없다. 조류(藻類) 등에서는 수배우자 스스로 이동 능력을 발휘하여 암기관에 도달하게 된다. 한곳에 영구히 붙어 살고 암수가 분리되어 있으며 체제화가 덜 갖춰진 수생동물의 경우 수컷 성분이 암컷을 찾아가는 것은 확실하다. 우리는 그 이유를 잘 알고 있다. 설사 알이 수정 전에 분리되고

---

20) *Essays and Observations,* ed. R. Owen, vol. 1, 1861, 194쪽.

차후에 영양 공급과 보호가 필요하지 않게 된다고 해도 알을 움직이게 한다는 것은 수컷 성분에 비해 여전히 매우 어려운 것이다. 왜냐하면 수컷 성분보다 더 큰 알은 훨씬 더 적은 개수만 만들어지기 때문이다. 그러니 이 점에서 많은 하등동물은 식물과 유사하다.[21] 고착 수생생물의 수컷은 이러한 방법으로 수정 성분을 방출하도록 유도되는 것이다. 그렇기 때문에 조금 더 진보하여 이동성을 갖추게 된 그들의 후손이 동일한 생활 습성을 간직한다는 것은 당연한 일이다. 그리고 이들은 물속의 긴 경로에서 수정 성분을 잃지 않으려고 암컷에게 가능한 가까이 접근했을 것이다. 하등동물의 극히 일부에서는 암컷만이 고착 생활을 하고 수컷은 수색자가 될 수밖에 없었다. 그러나 원시 시대부터 유영 생활을 했던 종의 후손은 암컷이 수컷에게 접근하는 대신 수컷만이 암컷에게 접근하는 습성을 일정불변하게 획득하게 된 이유를 이해하기란 어렵다. 그러나 모든 경우에 효과적으로 암컷을 찾기 위해 수컷이 강한 열정을 부여받아야만 하는 것은 필요했을 것이다. 그리고 그런 열정을 획득하면서 열정적인 수컷이 그렇지 못한 수컷에 비해 더 많은 후손을 남기는 것은 당연했을 것이다.

그리하여 수컷의 엄청난 열정을 통해 암컷보다 훨씬 자주 나타나는 수컷의 이차성징이 간접적으로 발달하게 되었다. 그러나 가축을 오랫동안 연구한 후 내가 내린 결론처럼 수컷이 암컷에 비해 더 변화되기 쉽다면 그러한 형질의 발달은 더욱 빨라질 것이다. 아주 폭넓은 경험을 한 나투지우스도 같은 의견을 강하게 주장했다.[22] 남자와 여자를 비교해보면 이 결론을 지지하는 훌륭한 증거들을 얻을 수 있다. 노바

---

21) 작스(Sachs)는 *Lehrbuch der Botanik,* 1870, 633쪽에서 수컷과 암컷의 생식 세포를 다루면서 다음과 같이 말했다. "수정할 때 한쪽은 능동적인 태도를 취하고, [……] 다른 한쪽은 수동적인 모습을 보인다."

22) H. von Nathusius, *Vortrage über Viehzucht,* 1872, 63쪽.

라호가 탐험했을 때 많은 인종의 여러 신체 부위를 자주 측정했다.[23] 어느 경우에나 여자보다는 남자의 변이 폭이 컸다. 나는 이 주제를 다음에 다시 살펴보겠다. 인간 근육의 변이에 대해 꼼꼼하게 조사했던 우드는 다음과 같은 결론을 내렸다. "시체를 해부해 조사한 결과 엄청나게 많은 변이가 남자에게서 관찰되었다."[24] 그는 전에도 다음과 같이 말한 적이 있다. "102구의 시체 중에서 남자는 여자에 비해 불필요한 변이를 1.5배나 갖고 있었다. 이것은 여자가 종종 구조적 결손을 보이는 것과 큰 대조를 이루는 것이다." 마칼리스터도 비슷하게 말했다. 즉 그는 "근육의 변이는 여자보다 남자에게 훨씬 더 흔한 것 같다".[25] 정상적으로 인류에게 없는 특정한 근육이 사람에게서 발견되는 경우 여자보다는 주로 남자에게서 더 자주 발견된다. 와일더는 여분의 손가락이나 발가락이 있는 152가지 사례를 표로 정리했다.[26] 그중 86사례가 남자였고, 그에 절반에도 못 미치는 39사례가 여자였고, 성별 미상이 27사례였다. 그러나 여자가 남자보다 이런 종류의 기형을 숨기려고 한다는 사실을 간과해서는 안 된다. 또 마이어는 남자의 귀 형태가 여자에 비해 변화가 더 많다고 주장했다.[27] 마지막으로 체온의 경우도 여자보다는 남자가 큰 변이를 보인다.[28]

일반적으로 수컷이 암컷보다 큰 변이를 보이는 이유에 대해서는

---

23) *Reise der Novara: Anthropolog. Theil,* 1867, 216~269쪽. 셰르처(K. Scherzer)와 슈바르츠(Schwarz)의 측정치를 바이스바흐(Weisbach)가 계산하여 결과를 얻었다. 가축 수컷의 큰 변이성에 대해서는 나의 *The Variation of Animals and Plants under Domestication,* vol. 2, 1868, 75쪽을 참조하시오.

24) J. Wood, *Proceedings of Royal Society,* vol. 16, 1868. 7, 519, 524쪽.

25) A. Macalister, *Proceedings of the Royal Irish Academy,* vol. 10, 1868, 123쪽.

26) B. Wilder, *Mass. Medical Society,* vol. 2, no. 3, 1868, 9쪽.

27) L. Meyer, *Archiv für Path. Anat. und Phys.,* 1871, 488쪽.

28) 인간 체온에 관해 최근에 휴(J.S. Hough)가 얻은 결론이 *Popular Science Review,* 1874. 1. 1, 97쪽에 실려 있다.

이차성징이 특히 변이가 심하며 일반적으로 수컷에게 국한되어 있다는 사실 외에는 알려져 있지 않다. 곧 살펴보겠지만 이 사실은 어느 정도 납득할 만한 내용이다. 많은 경우에 수컷은 성선택과 자연선택을 통해 암컷과 큰 차이를 보이게 되었다. 그러나 선택과는 별개로 수컷과 암컷은 서로 체질이 다르기 때문에 어느 정도 서로 다른 방식으로 변화하려는 경향이 강하다. 암컷은 알을 생산하는 데 많은 유기물을 써야 한다. 반면에 수컷은 그의 경쟁자들과 격렬하게 투쟁하고 암컷을 찾기 위해 방황하고 소리를 지르며 향기로운 냄새를 발산하는 등의 작업에 많은 힘을 써야 한다. 그리고 이러한 에너지의 소비 현상은 대개 매우 짧은 기간에 집중되어 일어난다. 사랑의 계절에 수컷이 보이는 커다란 활력은, 암컷과 뚜렷하게 다른 차이와 관계없이 종종 자기의 색깔을 짙게 만드는 데 집중되는 것 같다.[29] 또 나비처럼 아주 하등한 동물조차도 수컷의 체온이 암컷의 체온보다 높으며 사람의 경우는 여자보다 남자의 맥박이 느리다.[30] 수컷과 암컷이 소비하는 물질과 힘은 비록 아주 다른 방식으로 영향을 받으며 그 비율도 다르지만 대체로 보아 거의 비슷하다.

이제 방금 열거한 여러 원인을 고려해볼 때 암컷과 수컷은 체질 면에서 최소한 번식기에 어느 정도의 차이를 보이는 것이 틀림없다. 그리고 그들이 정확히 동일한 환경의 영향을 받고 있다고 해도 그들은 서로 다른 방식으로 변하려 할 것이다. 그런 변이가 암수 모두에

---

29) 만테가자(Mantegazza)는 많은 수컷의 특징인 밝은 색깔이 정액 때문이라고 믿고 싶어한다("Lettera a Carlo Darwin," *Archiv für Anthropologie,* 1871, 306쪽). 그러나 이 믿음은 거의 잘못된 것 같다. 왜냐하면 어린 꿩도 그들이 태어난 첫해 가을에는 이미 깃털의 색깔이 밝은 색이기 때문이다.

30) 사람에 대해서는 휴의 결론이 *Popular Science Review,* 1874, 97쪽에 실려 있으니 참조하시오. 나비에 대한 기라드(Girard)의 관찰 내용이 *Zoological Record,* 1869, 347쪽에 실려 있으니 참조하시오.

게 아무런 기여를 하지 못한다면 성선택이나 자연선택으로 축적되지도 않고 증가되지도 않을 것이다. 그런데도 약동하는 원인이 계속해서 작용한다면 이들 변이는 영구적인 것이 될 것이다. 그리고 잘 알려진 유전 방식에 따라 최초로 변화를 일으킨 성의 자손에게만 전달될 것이다. 이 경우에 암컷과 수컷은 중요하지는 않을지라도 영구적인 형질 차이를 보이게 될 것이다. 예를 들어 앨런이 미국의 북부 지방과 남부 지방에 살고 있는 여러 종류의 새를 조사한 결과에 따르면 남부 지방에 사는 새가 더 짙은 색깔을 띠고 있다고 한다. 이것은 두 지방의 온도, 빛 등이 다르기 때문에 일어난 직접적인 결과인 것 같다. 그런데 한 종의 암컷과 수컷이 받는 영향이 서로 다른 경우가 간혹 있는 것 같다. 푀니세우스 지빠귀(*Agelaeus phoeniceus*)는 남쪽 지방에 사는 수컷의 깃털색이 진하게 나타난다. 그러나 버지니아누스 홍관조(*Cardinalis virginianus*)는 오히려 암컷이 큰 영향을 받는다. 배꼬리찌르레기(*Quiscalus major*)*는 깃털의 색조 면에서 암컷이 극단적인 변이를 보이며 수컷은 거의 한결같다.[31]

암컷이 수컷 대신에 밝은 색깔, 큰 몸집, 힘, 호전성 등의 뚜렷한 이차성징을 보이는 여러 종류의 동물에서 약간의 예외적인 사례가 나타난다. 조류의 경우는 가끔 암수에게 있는 원래의 형질이 완전히 뒤바뀌는 예가 있다. 암컷이 더욱 적극적인 구애 행동을 하고 수컷은 비교적 수동적으로 보이는 경우다. 그러나 우리가 추측할 수 있는 바로는 수컷이 더욱 매력적인 암컷을 선택한다는 것은 틀림없다. 어떤 조류의 암컷은 수컷보다 강하고 호전적일 뿐만 아니라 깃털의 색깔이 더욱 화려하거나 깃털을 장식한다. 그리고 이런 형질은 암컷 자손에게만 전달된다.

---

31) J.A. Allen, 앞의 글, 234, 280, 295쪽.

이중 선택이 일어났다는 제안이 있을 수 있다. 즉 수컷이 좀더 매력적인 암컷을 선택하고 암컷도 더 매력적인 수컷을 선택했다는 것이다. 그렇지만 비록 이런 과정이 암컷과 수컷을 모두 변형시킬지는 몰라도 아름다운 개체에 대한 취향이 서로 다르지 않다면 한쪽 성만을 다르게 변화시키지는 않을 것이다. 그러나 이런 과정은 인간 이외의 동물에서 전혀 고려할 가치가 없는 순수한 가정에 지나지 않는다. 그렇지만 암컷과 수컷의 장식이 동일하며 서로 닮은 동물은 매우 많다. 이런 유사성 때문에 우리는 이것이 성선택이 작용한 결과라고 생각할 수 있을 것이다. 이런 사례의 경우 상호 성선택 과정이 일어났다는 제안을 아주 그럴듯하게 제기할 수 있다. 즉 활기차고 조숙한 암컷이 매력적이고 원기 왕성한 수컷을 선택하고 수컷도 매력적이지 않은 모든 암컷을 배척했다는 것이다. 그러나 동물의 습성을 통해 우리가 알고 있는 바에 따르면 이런 견해는 거의 옳지 않은 것 같다. 왜냐하면 일반적으로 수컷은 어떤 암컷과도 간절히 짝을 이루고 싶어 하기 때문이다. 이것보다는 암컷과 수컷 모두에게 장식은 주로 수컷이 획득한 것이고 그후에 암수 모든 후손에게 전해졌다고 생각하는 것이 더욱 타당해 보인다. 실제로 아주 오랫동안 어떤 종의 수컷이 암컷보다 훨씬 많았다고 해보자. 그리고 그후 다시 오랫동안 달라진 환경에서 이번에는 반대로 암컷의 숫자가 훨씬 더 많았다고 해보자. 이 경우 동시에 일어난 것은 아니지만 이중적인 성선택 과정이 쉽게 일어났을지도 모른다. 그에 따라 암컷과 수컷 모두가 큰 변이성을 보일 수도 있는 것이다.

앞으로 우리는 암수 모두 화려한 깃털이나 장식이 전혀 없는 많은 동물이 존재한다는 것을 보게 될 것이다. 그리고 두 성 모두에게 또는 어느 한쪽 성이 성선택을 통해 흰색이나 검은색 같은 단순한 색깔을 획득하게 되는 경우도 알게 될 것이다. 동물이 밝은 색조를 띠지 않고 그외의 장식도 전혀 없다면 그것은 이제껏 한번도 일어난 적이 없는 변이의 결과일 수도 있다. 아니면 동물 자체가 평범한 검은색이나 흰색을 좋아했기 때문에 일어난 결과일 수도 있다. 우중충한 색조는 보호색으로 작용해서 자연선택을 통해 발달할 수 있다. 그리고 눈에 잘 띄는 색깔이 성선택을 통해 획득되는 과정은 그것 때문에 생길 수 있는 위험으로 인해 때때로 저지되는 것으로 보인다. 그러나 수컷이 암컷을 차지하려고 오랫동안 투쟁을 벌이는 경우도 있었을 것이다. 이 경우 성공한 수컷이 그렇지 못한 수컷에 비해 자신의 우수성을 전해줄 만한 자손을 남기지 않는다면 아무런 효과도 나타나지 않을 것이다. 이것은 앞에서도 살펴보았듯이 복합적이고 우발적인 많은 사건으로 결정된다.

성선택은 자연선택에 비해 덜 혹독한 방식으로 작용한다. 자연선택은 모든 연령층에서 더 성공한 개체는 살고 그렇지 못한 개체는 죽음으로 효과를 나타낸다. 사실 수컷 경쟁자끼리 투쟁하여 죽는 경우는 드물다. 그러나 일반적으로 덜 성공한 수컷은 암컷을 얻는 데 실패하거나 암컷을 얻더라도 뒤처지고 활기차지 못한 암컷을 번식기의 늦은 시기에나 얻게 된다. 만약 그 종이 일부다처제 동물이었다면 더 적은 수의 암컷을 얻을 수밖에 없을 것이다. 그래서 그들은 정력적이지 못한 후손을 남길 것이며 그 수도 적을 것이다. 또는 전혀 후손을 남기지 못하는 경우도 있을 것이다. 자연선택을 통해 획득한 구조를 볼 때 생활 조건이 비슷한 한 어떤 특별한 목적에 맞춰 유리하게 변화된 정도에는 대부분 한계가 있다. 그러나 싸움을 할 때나 암컷을 유혹할 때 다른 수컷을 누르고 승리를 거두도록 적응된 구조에 관한 유리한 변형에는 제한이 없다. 따라서 적당한 변이가 일어나는 한, 성선택의 작용은 계속될 것이다. 이차성징으로 일어나는 흔하고 기이한 변이의 양적 요인이 이런 상황으로 어느 정도 설명될 수 있을지도 모르겠다. 그런데도 승리를 거둔 수컷이 생명 유지에 필요한 힘을 지나치게 많이 소비한 나머지 자신을 큰 위험에 노출시키게 되는 결과를 초래했다면 그 수컷이 갖고 있는 형질은 자연선택으로 획득되지 못했을 것이다. 그렇지만 일부 사슴의 뿔 같은 구조의 발달은 매우 극단적인 경우에 해당한다. 삶의 보편적인 조건만을 고려한다면 이렇게 극단적인 일부의 경우는 수컷에게 조금이라도 해를 끼쳤을 것이 틀림없다. 이 사실에서 우리가 배우는 것은 전투나 구애 행동을 해서 다른 수컷을 정복시키고 그 때문에 많은 자손을 남김으로써 생긴 이득이, 그들이 생활 조건에 좀더 완전히 적응하여 얻은 이득보다 크다는 것이다. 우리는 앞으로 암컷을 유혹하는 능력이 전투를 하여 다른 수컷을 정복하는 능력보다 때로는 더욱 중요하다는 것을 보게 될 것이다. 이것은 아직까지 한번도 예견하지 못했던 것이다.

유전 법칙

성선택이 많은 동물 종류에게 어떻게 작용하며 동물의 나이에 따라 어떤 두드러진 결과를 야기하는지를 이해하려면 이제까지 알려진 유전 법칙을 잘 알고 있어야 한다. '유전'(inheritance)이라는 용어는 전달과 형질 발달이라는 뚜렷이 서로 다른 두 가지 요소를 포함한다. 그러나 이 두 요소가 대개는 함께 작용하기 때문에 잘 구별되지 않는 경우가 많다. 이런 구별이 나타나는 것은 어린 시절에 전달된 형질이 성숙해서야 발달하는 경우다. 이차성징에서 이런 구별은 더욱 뚜렷이 나타난다. 왜냐하면 이차성징은 비록 한쪽 성에서만 발달하지만 암컷과 수컷 모두에게 전달되기 때문이다. 암수 모두 이차성징을 보인다는 사실은 뚜렷이 다른 성징을 보이는 두 종을 서로 교배했을 때 분명하게 드러난다. 왜냐하면 이렇게 맺어진 커플의 암수는 자기 종 암수의 형질을 잡종 자손의 암수 모두에게 각각 전달하기 때문이다. 암컷이 나이를 먹거나 질병을 앓을 때 수컷 고유의 형질이 종종 발현되는 경우가 있는데 이때도 마찬가지다. 예를 들어 암탉이 수탉의 특징인 풍부한 꼬리깃을 갖고, 목덜미의 깃털이 곤추서며, 볏, 며느리발톱, 소리, 심지어는 호전성을 갖는 경우도 있다. 이와는 반대로 거세한 수컷에서도 같은 상황이 일어남은 거의 분명한 사실이다. 게다가 나이나 질병과는 별도로 수컷의 형질이 어린 암컷에게 전달되는 경우가 이따금 발생한다. 어리고 건강한 암컷 병아리가 며느리발톱을 갖는 경우가 간혹 있다. 그러나 사실 며느리발톱은 암컷에서도 평이하게 발달하기는 한다. 왜냐하면 모든 품종에서 며느리발톱의 모든 구조가 어린 수컷에게 전달되는 사건은 암컷을 통해 일어나기 때문이다. 암컷에게서 다소 완전한 형태로 드러나는 수컷 고유의 형질은 수컷에게서 처음으로 발현된 것이 틀림없으며 나중에 암컷에게로 전달된 것이다. 이것에 관한 많은 사례는 차후에 제시하겠다. 암컷에게서 처음으로 발현된 형질이 나중에 수컷에게로 전달되는 반대 사례는 드물다. 그래서 아주 두드러진 사례를 하나 소개하겠다. 벌의 꽃가루 수집 장치는 애벌레에게 꽃가루를 날라다주는 목적으로 암컷만이 이용한다. 그러나 대부분의 종에서 꽃가루 수집 장치는 수컷에게는 전혀 쓸모가 없는데도 어느 정도 발달된 꽃가루 수집 장치가 수컷에게서 나타난다. 뒤영벌의 경우는 수컷이 완벽하게 발달된 꽃가루 수집 장치를 갖고 있다.[32] 꿀벌과 매우 비슷한 벌목의 곤충 중에서 꽃가루 수집 장치를 갖고 있는 종은 단 한 종도 없다. 물론 말벌의 경우도 마찬가지다. 따라서 우리는 꿀벌 수컷이 과거에 암컷처럼 꽃

---

32) Hermann Müller, "Anwendung der Darwin'schen Lehre auf Bienen," *Verh. d. n. V. Jahrg.*, Bd. 29, 42쪽.

가루를 수집했을 것이라고 추측할 만한 어떤 근거도 갖고 있지 않다. 물론 과거에는 수컷도 암컷처럼 어린 새끼들을 보육했을 것이라고 짐작할 만한 어느 정도의 근거가 있기는 하다. 마지막으로 환원 유전의 모든 사례에서 형질은 2세대, 3세대, 또는 그 이상의 세대를 거치며 전달된다. 그러다가 우리가 알지 못하는 유리한 조건 아래서 형질이 발현되는 것이다. 전달과 발현 사이에 나타나는 이런 중요한 구별은 범생 가설의 도움을 받아 잘 이해할 수 있을 것이다. 이 가설에 따르면 신체 단위인 모든 세포는 제뮬(gemmule), 즉 미발달 미소입자에서 발달하게 된다. 이 제뮬은 암수 자손에게 전달되고 자가분열로 증식된다. 제뮬은 생의 초기나 여러 세대를 통해 발달되지 않은 상태를 유지할 수 있다. 제뮬에서 세포가 발달되는 과정은 제뮬이 세포에서 유래되는 과정과 마찬가지로 정상적인 발달 과정을 통해 미리 발달한 다른 세포들의 친화성과 그에 따른 결합에 달려 있다.

생의 동일한 시기에 나타나는 유전　이 경향에 대해서는 잘 알려졌다. 어린 동물에게 나타나는 새로운 형질은 그것이 평생 유지되는 것이든 일시적인 것이든 대개 다음 자손에게서 동일한 시기에 다시 나타나 동일 기간 유지될 것이다. 다른 한편으로 만약 새로운 형질이 성숙했을 때나 늙었을 때 나타난다면 이것은 자손에게서도 같은 시기에 나타나는 경향이 있다. 이 규칙에서 벗어나는 경우가 있다면 그것은 대개 그 형질이 상응하는 나이보다 일찍 일어나는 경우다. 다른 작품에서 이 문제를 충분히 논의했으므로[33] 여기서는 독자들에게 이 주제를 상기시키기 위해 두세 가지의 사례만을 제시하겠다. 닭의

---

33) *The Variation of Animals and Plants under Domestication*, vol. 2, 1868, 75쪽. 앞에서 언급한 잠정적인 범생 가설은 마지막 장에 자세하게 설명되어 있다.

여러 품종에서 솜털로 덮인 병아리, 깃털이 막 솟기 시작한 젊은 닭, 어른 닭은 서로 크게 다르고 그들의 조상형인 갈루스 반키바(*Gallus bankiva*)*와도 크게 다르다. 이런 여러 형질은 그들 품종의 자손에 상응하는 나이에 맞춰 그대로 전달되어 나타난다. 예를 들어 번쩍거리는 함부르크*의 새끼는 솜털로 덮여 있는 동안 머리와 궁둥이 부위에 짙은 색깔의 점이 몇 개 나타난다. 그러나 다른 많은 품종과는 달리 세로 방향의 줄무늬는 나타나지 않는다. 처음으로 돋기 시작한 깃털에는 아름다운 선이 나타난다. 즉 각각의 깃털에 가로 방향으로 수많은 짙은 막대기 무늬가 생기는 것이다. 그러나 다음으로 돋는 이차 깃털은 모두 반짝거리거나 짙은 둥근 점으로 뒤덮이게 된다.[34] 그러므로 이 품종에서는 생의 뚜렷한 세 시기에 서로 다른 변이가 일어나며 그것이 자손에게 전달되는 것이다. 비둘기는 더욱 두드러진 경우다. 원래의 부모 종은 성숙되었을 때 가슴 부위가 진줏빛을 띤다는 사실을 제외하고는 나이에 따른 깃털 변화가 전혀 일어나지 않는다. 그렇지만 비둘기 품종에 따라 2~3회, 또는 4회의 털갈이를 한 후 그 종류 고유의 색깔을 띠는 경우가 있다. 그리고 이렇게 변형된 깃털의 양식은 다음 세대로 일정하게 전달된다.

동일한 계절에 나타나는 유전   자연 상태의 동물에게 계절에 따라 주기적으로 나타나는 형질에 대해서는 수많은 사례가 알려져 있다. 수사슴의 뿔에서 이런 사례를 찾을 수 있으며 북극 지방에 사는 동물의 모

---

34) 이와 같은 사실은 위대한 사육가인 티베이(Teebay)가 밝혀낸 것이다. 테제트메이어(Tegetmeier)의 *Poultry Book,* 1868, 158쪽을 참조하시오. 다음 단락에서 언급되는 여러 품종의 새끼들이 보이는 형질과 비둘기 품종에 대해서는 *The Variation of Animals and Plants under Domestication,* vol. 1, 160, 249쪽; vol. 2, 77쪽을 참조하시오.

피도 예가 될 수 있는데 모피는 겨울 동안 두꺼워지고 흰색을 띠게 된다. 많은 조류는 번식기에만 밝은 색깔과 장식을 갖춘다. 팔라스에 따르면 시베리아에서 사육하는 소와 말은 겨울에 옅은 색깔을 띤다고 한다.[35] 나도 이처럼 색깔의 변화가 심하게 일어나는 경우를 직접 관찰하기도 하고 들은 바도 있다. 즉 영국에 사는 몇 가지 조랑말은 갈색이 도는 담황색이나 붉은 갈색에서 순백색으로 변한다. 다른 계절에 외피 색깔이 변하는 경향이 유전되는지 여부는 알려져 있지 않지만 말의 경우 모든 색깔의 음영이 유전되는 것으로 보아 그 가능성은 커 보인다. 계절에 국한되어 일어나는 이런 유형의 유전이 나이나 성에 국한되어 일어나는 유전보다 더욱 뚜렷한 것은 아니다.

한쪽 성에만 나타나는 유전　형질은 암컷과 수컷 모두에게 똑같이 전달되는 것이 가장 보편적인 유전 방식이다. 최소한 뚜렷한 성적 차이를 보이지 않는 동물에게는 그렇다. 실제로 많은 동물이 이에 해당한다. 그러나 일반적으로 형질은 그 형질이 처음으로 나타난 성에게만 유전되는 것이 보통이다. 이 주제에 대한 방대한 증거를 『가축화에 따른 동식물의 변이』에 제시했지만 여기서는 몇 가지 사례만을 들겠다. 양과 염소의 일부 품종 중에는 수컷의 뿔이 암컷의 뿔과는 크게 차이를 보이는 종류가 있다. 가축화가 이루어지면서 획득된 이런 차이는 같은 성을 통해 일정하게 유전된다. 일반적으로 고양이의 경우 털 색깔이 자라 껍질 같은 것은 암컷뿐이다. 이에 해당하는 수컷의 색깔은 바랜 빨간색이다. 대부분의 닭 품종에서 각 성의 독특한 형질

---

35) Pallas, *Novae species Quadrupedum e Glirium ordine*, 1778, 7쪽. 말의 색깔 유전에 대해서는 *The Variation of Animals and Plants under Domestication*, vol. 1, 51쪽을 참조하시오. '한쪽 성에만 국한된 유전'에 대한 일반 논의에 대해서는 위의 책, 제2권, 71쪽을 참조하시오.

은 같은 성을 통해서만 유전된다. 이런 방식의 유전은 아주 보편적이어서, 만약 두 성 모두에게 똑같이 유전되는 변이가 있다면 오히려 이것은 하나의 예외적인 사례에 해당된다. 또 닭의 일부 아품종 중에는, 암컷의 색깔은 서로 매우 다른데 수컷은 거의 구별되지 않는 종류가 여럿 있다. 부모 종 비둘기의 수컷과 암컷은 어떠한 외부 형질도 차이를 보이지 않지만 사육가가 개발한 일부 품종의 수컷과 암컷은 크게 다른 색깔을 띠기도 한다.[36] 영국 전서구(carrier pigeon)의 아랫볏과 파우터(pouter)*의 멀떠구니는 수컷의 경우 아주 잘 발달되어 있다. 비록 이런 형질이 오랜 기간에 걸쳐 인간의 선택으로 획득되었다 하더라도 암컷과 수컷이 보이는 미세한 차이는 전적으로 일반 유전 방식에 따른 것이다. 왜냐하면 그것은 사육가의 소망에 따라 일어난 것이 아니기 때문이다. 아니 오히려 소망과는 반대 방향으로 생겨났을지도 모른다.

사육되고 있는 대부분의 품종은 수많은 미세 변이가 축적되어 이루어진 것이다. 그리고 연속적인 일부 단계는 한 성에만 전달되고 일부는 두 성 모두에게 전달되는 것으로 보아 우리는 같은 종에 속하는 여러 품종에서 성적으로 큰 차이를 보이는 경우부터 완전히 동일한 경우까지 모든 점진적인 변화를 보게 된다. 닭과 비둘기의 품종에서 이미 이런 사례가 알려져 있다. 자연 상태에서도 비슷한 사례들은 흔히 발견된다. 자연 상태의 동물에 대해서는 뭐라 할 말이 없지만 가축은 한 성이 고유한 형질을 잃고 다른 성과 비슷하게 변하는 경우가 있다. 예를 들어 닭의 일부 품종에서 수컷이 수컷 고유의 꼬리 깃

---

36) Chapuis, *Le Pigeon Voyageur Belge*, 1865, 87쪽; Boitard & Corbiè, *Les Pigeons de Voliere*, 1824, 173쪽. 모데나에 서식하는 일부 품종에 나타나는 비슷한 차이에 대해서는 보니치(P. Bonizzi)가 1873년에 쓴 *Le variazioni dei Colombi domestici* 를 참조하시오.

털과 목털을 잃는 경우가 있다. 그에 반해 가축화되면서 성적 차이가 더욱 심해지는 경우도 있을 수 있다. 메리노 양(羊)은 가축화되면서 암컷의 뿔이 사라지게 되었다. 게다가 한쪽 성의 고유한 특징이 다른 성에 갑자기 나타나는 경우도 있다. 닭의 일부 품종은 어린 암컷이 며느리발톱을 갖는 경우가 있다. 또 폴란드의 일부 아품종의 경우 암컷이 먼저 볏을 획득했고 그것이 나중에 수컷에게 전달되었다는 믿을 만한 근거가 있다. 이런 모든 사례는 범생 가설의 기반 위에서 이해할 수 있다. 왜냐하면 형질은 특정한 부위의 제뮬에 따라 결정되기 때문이다. 이러한 제뮬은 비록 암컷과 수컷 모두에 존재하지만 가축화의 영향을 받아 어느 한쪽 성에서만 발현되는 것이다.

한 가지 어려운 문제가 있는데 이것에 대한 설명은 조금 뒤로 미루는 것이 나을 것 같다. 즉 암컷과 수컷 모두에게서 처음으로 발달된 형질이 선택을 통해 어느 한쪽 성에서만 발현될 수 있는지의 여부는 어려운 문제로 남아 있다. 예를 들어 사육가가 키우는 비둘기의 일부가 옅은 푸른색을 띠는 변이체가 되었다고 해보자(비둘기의 형질은 대개 암컷과 수컷 모두에게 동일한 정도로 유전된다). 그렇다면 그 사육가는 지속적인 선택을 통해 암컷은 변화시키지 않고 수컷만이 이런 색조를 띠는 개량된 품종을 만들어낼 수 있을까? 내가 여기서 말할 수 있는 것은 그것이 불가능하지는 않을지라도 매우 어려울 것이라는 것이다. 왜냐하면 옅은 푸른색을 띠는 수컷의 새끼들은 성별을 떠나 모두 옅은 푸른색을 띠는 것이 자연스러운 결과이기 때문이다. 그러나 원하는 색깔의 발현이 최초 수컷에게 국한되어 나타난다면 최소한 암컷과 수컷의 색깔이 서로 다른 품종을 만드는 것은 어렵지 않을 것이다. 이것은 실제로 벨기에의 한 품종에서 나타난 사례다. 이 품종은 수컷만이 검은 줄무늬를 띠었다. 마찬가지로 암비둘기가 보이는 어떤 변이도 그것이 처음부터 암컷에게만 일어난 것이라면 암컷만이 그런 특징을 갖는 품종을 만들기는 쉬울 것이다. 그러나 변이가 그렇게 암컷에게만 국한되지 않는다면 그 과정은 매우 어려워 아마 불가능할 것이다.[37]

한쪽 성에 국한된 유전이나 양쪽 성으로 전달되는 유전이 형질 발현의 기간과 갖는 관련성 왜 어떤 형질은 양쪽 성 모두에 전달되는가? 또 왜 어떤 형질은 그 형질이 최초로 나타난 한쪽 성에만 전달되는가? 대부분의 경우 그 이유는 전혀 알려져 있지 않다. 비둘기의 일부 아품종에서 대부분의 형질이 암수 모두에게 똑같이 전달되는 반면 수컷의 검은색 줄무늬는 암컷인 어미를 통해 전달되는데도 왜 수컷에서만 발현되는지에 대해 우리는 추측조차 못하고 있다. 게다가 약간의 예외는 있지만 고양이에서 나타나는 자라 껍질 같은 색깔은 왜 암컷에서만 발현되는지도 전혀 알지 못한다. 인간의 경우 손가락이 부족하거나 많은 것, 색맹 등이 정확히 같은 사례에 해당한다. 그런데 자식에게 형질을 물려준다는 것은 아버지인 남자와 어머니인 여자가 모두 관여하는데도 위와 같은 현상이 어느 가정에서는 남자에게만 유전되고 어느 가정에서는 여자에게만 유전된다.[38] 비록 우리가 이 정도로 무지하기는 하지만 다음의 두 가지 규칙은 좋은 지침이 될 것 같다. 즉 생의

---

37) 이 책의 첫 판이 발간된 이후 테제트메이어처럼 경험 많은 사육가가 1872년 9월에 발간된 『필드』(Field)에서 다음과 같은 말을 했는데 그것을 발견하고 나는 무척 만족스러웠다. 비둘기에서 색깔이 한쪽 성에만 전달되는 방식과 이런 형질로 아품종이 형성되는 과정에 관련된 몇몇 기이한 사례에 대해 설명한 후 그는 다음과 같이 말했다. "다윈이 인위선택의 과정을 통해 조류의 암수 색깔이 변화될 수 있다는 것을 제안한 것은 특이한 사건이었다. 다윈은 그런 말을 할 당시에 내가 설명한 이런 사실은 모르고 있었다. 그러나 다윈이 그 과정에 대해서 얼마나 정확하게 제안했는지는 주목할 만한 일이다."

38) 참고 문헌은 *The Variation of Animals and Plants under Domestication*, vol. 2, 72쪽에 제시했다.

늦은 시기에 둘 중 어느 한쪽 성에 나타난 변이는 같은 성에서만 발현되는 경향이 있다. 반면에 생의 이른 시기에 둘 중 어느 한쪽 성에 처음으로 나타난 변이는 양쪽 성 모두에게서 발현되는 경향이 있다는 것이다. 그러나 나는 이것만이 상황을 결정하는 요인이라고는 절대로 생각하지 않는다. 이 주제는 다른 곳에서 논의한 적이 없고 또 성선택과 중요하게 관련되어 있으므로 여기서 많은 지면을 할애하여 조금은 자세히 살펴보겠다.

생의 이른 시기에 나타나는 모든 형질이 양쪽 성 모두에게 똑같이 유전될 것이라는 사실은 그 자체로도 가능한 일이다. 왜냐하면 생식 능력이 갖춰지기 전까지는 양쪽 성은 체질적으로 크게 다르지 않기 때문이다. 반면에 생식 능력이 갖춰지고 암수의 체질이 달라지면 한쪽 성의 여러 부위에서 풀린 제뮬(내가 다시 범생 가설이라는 용어를 사용할 수 있다면)은 같은 성의 여러 조직을 친화적으로 결합시킬 확률이 매우 높을 것이다. 그래서 형질 발달은 오로지 한쪽 성에서만 일어나는 것이다.

내가 이런 형태의 관계가 존재한다는 것을 최초로 추리하게 된 것은 다음과 같은 사실에 기인한다. 즉 암컷과 수컷 성체가 서로 차이를 보인다면 그들이 달라지는 시간과 방식을 떠나 수컷 성체는 같은 방식으로 언제나 어린 암수와도 다르다는 것이다. 이런 현상의 보편성은 정말로 놀랄 만하다. 이것은 거의 모든 포유류, 조류, 양서류, 어류에게 적용된다. 또한 많은 갑각류, 거미류 그리고 일부 메뚜기류와 잠자리류 같은 몇몇 곤충류에도 적용된다. 이들 모든 사례에서 수컷이 수컷다운 형질을 획득하고 축적하는 과정을 통해 변이는 생의 비교적 늦은 시기에 나타날 것이 틀림없다. 그렇지 않다면 어린 수컷이 비슷한 형질을 띠었을 것이다. 또 그런 변이가 수컷 성체에서만 발현된다는 사실도 우리의 규칙과 일치한다. 그에 반해 만약 수컷 성체가 어린 암수와 비슷하다면(예외가 약간 있긴 하지만 대부분의 경우 어린 암컷과 어린 수컷은 동일하다) 암컷 성체와도 비슷하다. 이 같은 현상을 보이는 대부분의 경우 어린 개체와 나이 든 개체는 변이를 통해 현재의 형질을 획득하게 되었고 아마 이런 변이는 우리의 규칙에 따라 어린 시절에 일어났을 것이다. 그러나 여기에는 의심할 여지가 있다. 왜냐하면 형질이라는 것은 간혹 부모에게서 처음으로 발현되는 시기보다 더 이른 시기에 이미 그들의 후손에게 전달되어 나타나기 때문이다. 그래서 부모는 그들의 형질을 어린 자손에게 물려주지만 정작 자신은 더 늦은 시기가 되어야만 변화하는 것이다. 더구나 암수가 아주 많이 닮기는 했지만 새끼들과는 크게 다른 종류가 많다. 이 경우 성체의 형질은 생의 늦은 시기에 획득되었음이 틀림없다. 그런데도 이들 형질이 양쪽 성 모두에게 전달된다는 것은 우리 규칙에는 분명히 어긋나는 것이다. 그렇지만 우리는 유사한 상황에 처한 암수 모두에게 동일한 성질의 연속적인 변이가 비교적 늦은 시기에 생길 가능성을 간과해서는 안 된다. 이 경우 변이는 암수 자손 모두에게 상응하는 생의 늦은 시기에 전달될 것이다. 그렇게 된다면 생의 늦은 시기에 발현되는 변이는 그 변이가 처음으로 나타난 한쪽 성에만 국한된다는 규칙에 아무런 모순도 되지 않을 것이다. 마지막에 언급한 규칙은 우리의 두 번째 규칙, 즉 생의 이른 시기에 어느 한쪽 성에 일어난 변이는 양쪽 성 모두에게 전달되는 경향이 있다는 규칙보다 더욱 보편성이 있는 것으로 보인다. 이런 두 가지 주장이 옳다는 것을 보여줄 만한 사례들이 동물계 전체를 통해 얼마나 많은지를 추정한다는 것 자체가 불가능하다. 따라서 나는 몇 가지 결정적인 사례를 조사하기로 마음먹고 그 결과에 따르기로 했다.

사슴의 사례가 훌륭한 조사 대상이 되었다. 사슴의 뿔은 암컷인 어미를 통해 전달되는 것이 확실하고 암컷도 비정상적인 뿔을 가질 수

는 있지만 한 종을 제외한 모든 사슴류에서 뿔은 수컷에서만 발달된
다. 그러나 순록의 경우 뿔은 암컷에게 있다. 따라서 우리의 규칙에 따
라 순록은 어린 시기에 뿔이 나타난다. 즉 암컷과 수컷이 성숙되고 체
질적으로 많이 달라지기 훨씬 전에 뿔이 돋는 것이다. 그외의 모든 종
에서 뿔은 생의 늦은 시기에 돋는데 이들 조상의 어느 쪽 성이 최초로
뿔을 갖게 되었느냐에 따라 오늘날 뿔을 갖는 성이 결정된다. 서로 다
른 집단에 속하면서 다른 지역에 살며 수컷만이 뿔을 갖는 7종의 사슴
에 대해 나는 조사했다. 그 결과에 따르면 노루 수컷은 생후 9개월째
에 뿔이 돋기 시작하며, 그외의 덩치가 큰 6종은 10개월이나 12개월
또는 그보다 늦은 시기에 뿔이 돋기 시작한다.[39] 그러나 순록의 경우
아주 많이 다르다. 라플란드*에서 친절하게도 나를 위해 조사한 닐손
(Nilsson)에게 들은 바에 따르면 순록은 생후 4, 5주에 암컷과 수컷 모
두 동시에 뿔이 돋기 시작한다는 것이다. 그러므로 이 과의 한 종만이
유별나게 이른 시기에 뿔이 발달하며 또 이 구조가 암수 모두에게 나
타나는 것은 단지 이 한 종뿐이라는 것이다.

  영양 중에는 수컷에게만 뿔이 있는 종이 있다. 그러나 대부분은
암수 모두에게 뿔이 있다. 뿔이 발달하는 시기에 관해서 블리스(E.
Blyth)가 내게 알려준 바에 따르면 런던 동물원에 수컷만 뿔이 돋는

---

39) 나를 위해 수컷 노루에 대해 조사해준 쿠플스(Cupples)의 은혜를 많이 입었
    다. 그리고 브레달베인 후작의 산림을 관리하던 수석 산림 감독관인 로버트
    슨(Robertson)은 스코틀랜드의 붉은 사슴에 대해 조사해주었다. 다마 사슴*
    에 관해서 정보를 제공해준 이턴(T.C. Eyton)과 그외의 많은 분에게 감사
    드린다. 북아메리카의 알세스 사슴(*Cervus alces*)에 대해서는 *Land and Water*,
    1868, 221, 254쪽을 참조하시오. 같은 대륙의 버지니아 사슴(*C. virginianus*)과
    스트론질로세로스 사슴(*C. strongyloceros*)에 대해서는 J.D. Caton, Transactions
    of Ottawa Academy of Natural Sciences, 1868, 13쪽을 참조하시오. 페구*의
    엘디 사슴(*Cervus eldi*)에 대해서는 Beaven, *Proceedings of the Zoological Society*,
    1867, 762쪽을 참조하시오.

얼룩영양(*Antilope strepsiceros*) 새끼 한 마리와 암수 모두 뿔이 돋는 일
런드영양(*Antilope oreas*) 새끼 한 마리가 있었다고 한다. 얼룩영양 어
린 수컷은 10개월이나 되었는데도 성체와 비교했을 때 그 뿔이 매우
작았는데 이것은 우리의 규칙과 철저하게 일치하는 것이다. 반면에
일런드영양 어린 수컷은 3개월이 되었을 뿐인데도 그 뿔이 이미 얼
룩영양의 뿔보다도 훨씬 더 크게 자랐다. 갈퀴영양[40]의 경우 암컷 약
다섯 마리에 한 마리꼴로 뿔이 돋는다는 사실도 주목할 만하다. 이렇
게 돋아난 뿔은 때로 10센티미터까지 자라기도 하지만 흔적으로만
나타나는 경우가 대부분이다. 그러므로 수컷에게만 뿔이 있다는 관
점에서 생각해본다면 이 종은 중간 상태인 것이다. 그리고 뿔도 생후
5~6개월까지는 나타나지 않는다. 그러므로 아는 바는 거의 없지만
다른 영양의 뿔 발달과 비교해보고 사슴, 소 등의 뿔에 관해 우리가
알고 있는 것을 종합해볼 때 갈퀴영양의 뿔은 생의 중간 단계에서 나
타난다는 것을 알 수 있다. 즉 소나 양같이 너무 이른 시기에 뿔이 돋
는 것도 아니고 큰사슴이나 영양같이 너무 늦은 시기에 뿔이 돋는 것
도 아니다. 양, 염소, 소의 암컷과 수컷에게 있는 뿔은 비록 크기는 다
르지만 암수 모두에게서 잘 발달되어 있다. 또 뿔은 출생 당시나 출생
직후에 이미 감지되거나 심지어 직접 볼 수도 있을 정도다.[41] 그렇지
만 수컷에게만 뿔이 돋는 메리노 양 같은 일부 품종의 양에 대해서는

---

40) 안틸로카프라 아메리카나(*Antilocapra americana*). 암컷의 뿔에 관한 정보를 제
공해준 캔필드(Canfield)에게 감사드린다. *Proceedings of the Zoological* Society,
1866, 109쪽에 실린 그의 논문을 참조하시오. 또한 R. Owen, *Anatomy of
Vertebrates,* vol. 3, 627쪽도 참조하시오.

41) 북웨일스 지방에 사는 양의 뿔은 이미 태어날 때부터 감지될 수 있고 때로는
길이가 2.5센티미터 정도까지 자란 상태로 출생하기도 한다. 요아트(Youatt)
는 *Cattle,* 1834, 277쪽에서 소의 이마뼈 돌출 부위가 출생할 때 진피를 관통
하며 각질화된 물질이 그 위에 축적된다고 말했다.

우리의 규칙이 적용되지 않는 것 같다. 왜냐하면 내가 조사한 바에 따르면 암수 모두에게 뿔이 돋는 일반 양에 비해 메리노 양은 생의 늦은 시기에 뿔이 발달한다는 사실을 발견하지 못했기 때문이다.[42] 그러나 사육하는 양에게는 뿔의 유무가 완전히 고정된 형질인 것은 아니다. 왜냐하면 메리노 양의 암컷도 일정한 비율로 작은 뿔이 돋기 때문이다. 그리고 뿔이 없는 수컷이 나타나기도 한다. 그리고 대부분의 품종에서 뿔이 없는 암컷이 이따금 태어난다.

최근 마셜은 새의 머리에 흔하게 돋는 돌기에 대해 전문적으로 연구하여 다음과 같은 결론에 도달했다.[43] 즉 돌기가 수컷에게만 돋는 종은 생의 늦은 시기에 돌기가 발달하지만 암컷과 수컷 모두에게 돌기가 발달하는 종은 매우 어린 시기부터 돌기가 발달하기 시작한다는 것이다. 이것은 유전에 관한 나의 두 가지 법칙을 확실하게 확인시켜주는 것임이 틀림없다.

색깔이 화려한 대부분의 꿩은 수컷과 암컷이 뚜렷하게 다르다. 수컷의 화려한 장식은 생의 다소 늦은 시기에 획득된다. 그러나 푸른귀꿩(*Crossoptilon auritum*)은 확실한 예외의 경우다. 왜냐하면 훌륭한 꼬리 깃털과 머리에 돋은 커다란 귀수염과 진홍색 벨벳이 암수 모두에게서 나타나기 때문이다. 내가 관찰한 바에 따르면 이런 모든 형질은 우리의 규칙에 따라 생의 아주 이른 시기에 나타난다. 그러나 다

---

42) 카루스(V. Carus)에게 신세를 많이 졌는데 그는 나를 위해 작센 지방의 메리노 양에 대해 매우 훌륭하게 조사했다. 그분께 신세진 바 크다. 아프리카의 기니 해안에 사는 양의 품종은 메리노 양과 마찬가지로 수컷에게만 뿔이 있다. 리드(W. Reade)가 내게 알려준 바에 따르면 그가 관찰한 한 사례에서 2월 10일에 태어난 어린 숫양은 3월 6일 최초로 뿔이 돋았다고 했다. 그러므로 암수 모두에게 뿔이 돋는 웨일스의 양보다 더 늦은 시기에 뿔이 발달하는 것인데 이것은 규칙에 들어맞는 것이다.

43) W. Marshall, "Über die knöchernen Schädelhöcker der Vögel," *Niederländischen Archiv für Zoologie*, Bd. 1, Heft 2, 1872.

자란 수컷에게는 며느리발톱이 있어 암컷과 구별된다. 그리고 우리의 규칙에 따라 며느리발톱은 생후 6개월 전까지는 아무 발달도 일어나지 않는다. 바틀릿에게 들은 바로는 생후 6개월이 되어도 암컷과 수컷은 거의 구별이 되지 않는다고 한다.[44] 공작의 암컷과 수컷은 모든 깃털이 서로 많이 다르다. 다만 머리 볏만이 암수 모두에게서 동일하게 나타난다. 그런데 머리 볏은 수컷에게만 존재하는 어떤 장식보다도 훨씬 전에 발달한다. 들오리도 비슷한 경우다. 날개 위에 있는 아름다운 녹색의 색점은 암컷의 경우 단조롭고 다소 작기는 하지만 암수 모두에게 나타나며 생의 이른 시기에 발달한다. 반면에 수컷이 갖고 있는 곱슬한 꼬리깃털과 그외의 여러 장식은 생의 늦은 시기에 발달한다.[45] 성적으로 아주 유사한 경우도 있고 서로 아주 많이 다른 경우도 있으며 그 사이의 중간 사례가 많이 있을 수 있다. 이때 각 형

---

44) 보통의 인도공작(*Pavo cristatus*)은 수컷에게만 며느리발톱이 있다. 반면에 자바공작(*P. muticus*)은 특이하게도 암수 모두에게 며느리발톱이 있다. 그러므로 자바공작의 경우에는 일반 공작에 비해 생의 이른 시기에 며느리발톱이 나타날 것으로 충분히 예상할 수 있다. 그러나 암스테르담의 헤그트(M. Hegt)가 내게 알려준 바에 따르면 태어난 지 일 년이 지난 1869년 4월 23일에 두 종을 비교해본 결과 며느리발톱의 발달에는 아무런 차이도 나타나지 않았으며 작은 혹 같은 돌출 구조로 나타나고 있었을 뿐이었다고 한다. 나는 발달 속도의 어떠한 차이라도 차후에 계속해서 관찰한다면 무언가 정보를 얻을 수 있을 것이라고 생각한다.

45) 오리의 일부 종에서는 색점이 암수 간에 많이 다르다. 그러나 나는 이런 종의 수컷이 갖고 있는 색점이 일반 오리 수컷의 경우보다 우리의 규칙에 맞게 생의 늦은 시기에 충분히 발달하는지의 여부를 관찰할 수 없었다. 그러나 오리의 가까운 친척인 두건 비오리(*Mergus cucullatus*)도 이런 종류의 사례를 보여준다. 이 종은 암수의 일반 깃털이 많이 다르다. 그리고 색점에서도 상당한 차이를 보여준다. 수컷은 순백색의 색점을 갖고 있으며 암컷은 백색에 회색이 도는 색점을 갖고 있다. 그런데 어린 수컷은 초기 암컷과 매우 비슷하여 백색에 회색이 도는 색점을 갖고 있다. 그러나 수컷이 여러 가지 뚜렷한 성적 차이를 보이기 전에 색점은 순백색으로 변해간다. J.J. Audubon, *Ornithological Biography*, vol. 3, 1835, 249~250쪽을 참조하시오.

질의 발달 순서는 우리의 규칙을 따른다.

대부분의 곤충은 번데기 속에서 완전히 성숙된 상태로 깨어나기 때문에 한쪽 성이나 양쪽 성으로 형질이 전달되는 것이 발달 시기에 따라 결정되는 것인지는 확실하지 않다. 그러나 예를 들어 두 종의 나비에서 한 종의 비늘은 암수 간의 색 차이가 있고 다른 한 종은 차이가 없다고 할 때 이런 비늘이 번데기의 동일한 시기에 발달하는지 우리는 알지 못한다. 더군다나 어느 종의 날개 위에 있는 일부 색 비늘은 한쪽 성에만 국한되고 어느 종은 암수 모두에게 일반적으로 나타나는 경우 이들 비늘이 모두 동시에 발달하는지도 우리는 알지 못한다. 이런 유형의 발달이 처음으로 나타나는 시기는 차이가 없을 것 같다. 왜냐하면 단 한 번의 변태가 아닌 여러 번의 탈피를 통해 성체가 되는 것으로 여겨지는 메뚜기목에서 일부 종의 어린 수컷은 처음에는 암컷과 비슷하지만 맨 마지막 탈피를 통해 수컷 고유의 형질을 획득하기 때문이다. 일부 갑각류의 수컷도 연속적인 탈피를 통해 이와 똑같은 일이 일어난다.

우리는 지금까지 발생 시기에 따른 형질의 전달을 자연 상태의 종에 대해서만 살펴보았다. 이제부터는 가축을 대상으로 먼저 기형과 질병에 대해 살펴보겠다. 여분의 발가락이 생기고 일부 발가락뼈가 사라지는 것은 배발생의 이른 시기에 결정되어야만 할 것이다. 과다한 출혈이 일어나는 현상은 색맹과 마찬가지로 아무튼 선천적인 것이다. 그러나 이같이 특이한 경우나 그외의 비슷한 경우에 형질은 종종 한쪽 성에만 국한되어 전달된다. 그러므로 생의 이른 시기에 발달하는 형질이 양쪽 성 모두에게 전달되는 경향이 있다는 규칙은 이 경우 전혀 들어맞지 않는다. 그러나 전에도 말했듯이 이 규칙은 반대 규칙, 즉 생의 늦은 시기에 한쪽 성에만 나타나는 형질은 같은 성에게만 전달된다는 규칙과 마찬가지로 그렇게 보편적인 것 같지는 않다. 위에서 말한 것과 같이 일부 비정상적인 형질이, 성의 기능이 활성화되기 오래전에 한쪽 성에만 나타나는 것으로 보아 아주 어린 시기에 양쪽 성 사이에 어느 정도의 차이가 틀림없이 존재한다고 추정할 수 있다. 한쪽 성에만 나타나는 질병의 경우 질병이 시작되는 시기에 대해 우리가 아는 것은 거의 없다. 따라서 만족할 만한 어떤 결론도 내릴 수가 없다. 그러나 통풍은 이 규칙에 따르지 않는 것 같다. 왜냐하면 이 질병은 일반적으로 성년 시기의 무절제한 생활로 발병하고 아버지에게서 딸보다는 아들에게로 뚜렷이 전달되기 때문이다.

양, 염소, 소 같은 여러 사육 품종의 수컷은 뿔, 이마, 털, 목 밑에 처진 살, 꼬리 잔등의 혹 등에서 암컷과는 그 모양과 발생 과정이 다르다. 이러한 특성은 우리의 규칙에 따라 생의 늦은 시기에야 완전히 발달하는 것들이다. 개의 경우 암컷과 수컷의 차이가 크지 않다. 그러나 일부 품종은 예외다. 특히 스코틀랜드 사슴 사냥개의 경우는 수컷이 암컷보다 훨씬 더 크고 체중도 많이 나간다. 그리고 다음 장에서 살펴보겠지만 수컷의 체격이 커지는 것은 이상하게도 생의 늦은 시기에 이루어진다. 규칙에 따라 이것은 큰 체격의 형질이 수컷을 통해서만 전달된다는 것으로 설명할 수 있을 것 같다. 그에 반해 고양이 암컷에게만 있는 자라 껍질 같은 색깔은 출생할 때 이미 뚜렷하게 나타난다. 이것은 우리의 규칙을 혼란스럽게 만든다. 비둘기 중에는 수컷에게만 검은색 줄무늬가 있는 품종이 있다. 그리고 이런 줄무늬는 알에서 갓 깨어났을 때부터 나타난다. 그러나 털갈이를 할 때마다 이런 특징은 점점 더 뚜렷해진다. 따라서 이 경우는 규칙에 일부 어긋나기도 하고 일부 들어맞기도 한다. 영국 전서구의 아랫볏과 파우터 비둘기의 멀떠구니가 완전하게 발달하는 것은 비교적 생의 늦은 시기에 이루어진다. 그리고 규칙에 따라 이들 특징이 완전하게 전달되는 것은 수컷뿐이다. 다음에 언급하게 될 사례들은 앞에서 암시한 부류에 들어갈 것이다. 즉 양쪽 성 모두가 생의 비교적 늦은 시기에 동일한 방법으로 변하고 그 결과 그들의 새로운 형질을 양쪽 성 모두에게 역시 늦은 시기에 전달해주는 것이다. 만약 그렇다면 이들 사례는 우리의 규칙에 위배되는 것이 아니다. 노이마이스터의 말에 따르면[46] 비둘기 중에는 두세 번 털갈이를 하면서 털색을 모두 바꾸는 아품종이 있다고 한다(아먼드 공중제비비둘기의 사례가 이에 해당할 것이다). 이런 변화는 생의 비교적 늦은 시기에 일어나지만 암수 모두에게 보편적으로 나타난다. 카나리아의 한 변종인 런던 프라이즈가 이와 비슷한 사례다.

닭의 여러 품종에서 형질의 유전이 한쪽 성에만 전달되느냐 양쪽 성 모두에 전달되느냐의 여부는 일반적으로 형질이 언제 발현하느냐에 따라 결정되는 것 같다. 예를 들어 다 자란 수컷의 색깔이 암컷이나 야생 부모 종과 크게 다른 모든 품종의 경우, 다 자란 수컷의 색깔은 어린 수컷과도 다르다. 따라서 새로 획득한 형질은 생의 비교적 늦은 시기에 나타나는 것이 틀림없다. 그에 반해 암컷과 수컷이 서로 닮은 대부분의 품종에서 어린 새끼의 색깔은 부모와 거의 비슷하다. 이런 상황은 그들의 색깔이 생의 이른 시기에 최초로 나타난다는 사실을 그럴듯한 것으로 만들어준다. 몸 전체가 검은색을 띠는 품종과 백색을 띠는 품종이 이에 해당한다. 이들은 나이나 성별을 떠나 모두 비슷하다. 검은 깃털이나 흰 깃털에 무언가 특이한 것이 있어 암수 모두에게 전달되었다고 주장하기는 어렵다. 왜냐하면 자연 상태에서는 수컷만이 검거나 희고 암컷은 다른 색깔을 띠는 경우가 있기 때문이다. 깃털에 가로 방향으로 짙은 줄무늬가 나타나는 소위 뻐꾸

---

46) Neumeister, *Das Ganze der Taubenzucht,* 1837, 21, 24쪽. 줄무늬 비둘기의 사례에 대해서는 Chapuis, 앞의 책, 87쪽을 참조하시오.

기 아품종의 암수와 어린 새끼 모두는 거의 같은 색깔을 띤다. 세브라이트 밴텀 닭의 깃털은 레이스로 장식되어 있는데 암수 모두 동일한 모양이다. 그리고 어린 새끼의 날개 깃털도 불완전하나마 레이스로 장식되어 있는 것이 확실하다. 그러나 빛나는 깃털을 가진 함부르크 닭은 어느 정도 예외에 해당한다. 왜냐하면 이들은 암수가 똑같지는 않지만 원산 부모 종의 암수에 비하면 서로 상당히 닮았기 때문이다. 그렇지만 이들의 어린 새끼들에게 뚜렷한 줄무늬가 나타나는 것으로 보아 생의 늦은 시기가 되어서야 특징적인 깃털을 갖는다는 사실을 알 수 있다. 색깔 외의 다른 형질을 살펴보면, 야생 부모 종과 대부분의 가축 품종은 수컷만이 잘 발달된 볏을 갖고 있다. 그러나 에스파냐 닭의 병아리는 아주 어린 시기에도 볏이 크게 발달한다. 수컷의 볏이 그렇게 일찍 발달하는 것과 마찬가지로 성체 암컷의 볏도 유별나게 크다. 여러 품종의 싸움닭이 보이는 호전성은 아주 이른 시기에 발달한다. 이것에 대해서는 흥미로운 증거들을 제시할 수 있다. 이 형질은 암수 모두에게 전달되고 암컷도 극단적인 호전성을 보이기 때문에 대개 서로 다른 우리에서 키운다. 폴란드 품종은 볏을 지지하고 있는 두개골의 돌출 구조가 부화 전에 이미 어느 정도 발달된다. 그리고 비록 연약하기는 하지만 볏이 곧 자라기 시작한다.[47] 이 품종의 암수 성체는 모두 뼈 같은 커다란 돌출 구조와 거대한 볏이 있는 것이 특징이다.

우리는 이제까지 많은 야생동물과 가축에 나타나는 형질 발달 시기와 전달 방식이 보이는 관련성에 대해 살펴보았다. 예를 들어 일반

---

47) 닭의 여러 품종에 관한 모든 세부적인 항목과 참고 문헌에 대해서는 *The Variation of Animals and Plants under Domestication*, vol. 1, 250, 256쪽을 참조하시오. 고등동물이 가축화되면서 일어난 성적 차이에 대해서 앞의 책에 동물별로 설명되어 있다.

사슴 종류는 생의 비교적 늦은 시기에 수컷만이 뿔을 갖게 되지만 순록은 아주 어린 시기에 암수 모두 뿔이 자라기 시작한다. 이런 모든 사실에서 우리는 한 가지 결론을 얻을 수 있을 것이다. 즉 생의 늦은 시기에 이루어지는 형질 발현이 한쪽 성에서만 나타나는 형질에 대한 유일한 원인이야 아니겠지만 하나의 원인이 될 수는 있다는 것이다. 그리고 둘째로 암수 모두에게 유전되는 형질에 대한 아주 뚜렷한 원인은 아니겠지만 암수가 체질적인 면에서 약간 다른 경우에는, 형질이 어린 나이에 발현하는 것도 하나의 원인이 된다는 것이다. 그러나 배발생이 일어나는 아주 이른 시기에도 암수 간의 차이는 어느 정도 있는 것 같다. 왜냐하면 이 시기에 나타나는 형질이 한쪽 성에만 국한되는 경우가 드물지 않기 때문이다.

요약과 결론　이제까지 살펴본 여러 가지 유전 법칙에서 우리는 부모의 형질은 그 형질이 최초로 나타났던 성, 연령 그리고 계절에 자식에게 그대로 발달되는 현상이 흔하며 보편적이라는 것을 알았다. 그러나 그 원인을 알지 못하기 때문에 이런 규칙이 확실하게 정착되기는 아직 요원하다. 한 종이 변형되는 시기에 연속적인 변화가 다른 방식으로 쉽게 전달될 수도 있을 것이다. 일부는 한쪽 성에게만 전달되고 일부는 양쪽 성 모두에게 전달될 것이다. 또 일부는 특정 나이의 자손에게만 전달될 것이고 다른 일부는 모든 연령층의 자손에게 전달될 것이다. 유전 법칙은 극도로 복잡할 뿐만 아니라 변이를 일으키고 지배하는 원인 역시 매우 복잡하다. 그렇게 생겨난 변이는 성선택으로 보존되고 축적된다. 이 과정 역시 동물의 지각 능력, 취향, 암컷의 의지뿐만 아니라 사랑의 열정, 용기, 수컷 간의 경쟁에 따라 매우 복잡하게 일어나는 과정이다. 또한 성선택은 종의 보편적 복지를 추구하는 자연선택의 영향을 크게 받을 것이다. 그러므로 어느 한쪽 성이나 양쪽 성의 구성원들이 자연선택의 영향을 받는 방식은 매우 복잡한 것이 된다.

생의 늦은 시기에 한쪽 성에서만 변이가 일어나서 같은 성, 같은 연령의 자손에게만 그 변이가 전달될 때 이성의 자손과 어린 새끼는 변화되지 않고 그대로 남아 있게 된다. 그러나 늦은 시기에 일어난 변화가 양쪽 성 모두에게 전달될 때는 어린 새끼들은 변화되지 않고 그대로 남아 있게 된다. 그러나 변화는 생의 어느 시기에도 일어날 수 있고 한쪽 성이나 암수 모두에게 일어나서 모든 연령의 암수에게 전달될 수도 있다. 그렇게 되면 그 종의 모든 개체가 비슷하게 변형되는 것이다. 다음 장에서 우리는 이런 모든 사례가 자연계에서 흔히 일어나고 있다는 사실을 알게 될 것이다.

생식하기 위한 연령이 되기 전에는 어떤 동물도 성선택의 영향을 받지 않는다. 수컷의 엄청난 열정도 일반적으로 수컷에나 작용하는 것이지 암컷에는 작용하지 않는다. 엄청난 열정이 있기 때문에 수컷은 경쟁자와 싸우는 데 필요한 무기를 갖게 되었다. 또한 암컷을 찾고 안전하게 지키는 데 필요한 기관과 암컷을 자극하고 유혹하는 데 필요한 기관도 갖게 되었다. 암컷과 수컷이 이런 점에서 서로 차이를 보일 때 우리가 살펴본 바와 같이 성체 수컷이 어린 수컷과 어느 정도 다르다는 것은 매우 보편적인 현상이다. 따라서 우리는 성체 수컷에게 일어나는 연속적인 변화가 생식 연령에 접어들기 전에는 대개 일어나지 않는다고 결론을 내릴 수 있을 것이다. 작든 크든 형질의 변화가 생의 이른 시기에 일어나는 경우라면 어린 수컷이 성체 수컷의 형질을 어느 정도 띠게 될 것이다. 성체 수컷과 어린 수컷이 보이는 이런 종류의 차이는 여러 동물 중에서 관찰할 수 있다.

소용이 없을 뿐만 아니라 사실 해로울 수도 있는 방향으로 변화하려는 경향이 어린 수컷에게서 나타날 수 있다. 예를 들어 밝은 색깔을 획득하여 적에게 잘 발각되는 경우다. 또 커다란 뿔 같은 구조는 그것이 발달하는 데 더 많은 에너지가 필요할 것이다. 어린 수컷에게 일어나는 이런 유형의 변화는 자연선택으로 제거될 것이 거의 확실하다. 그에 반해 나이도 많고 경험도 많은 수컷은 그런 형질을 획득함으로써 생긴 이득이 위험에 어느 정도 노출되고 생명력을 어느 정도 잃는 것을 보충하고도 남음이 있을 것이다.

수컷이 다른 수컷을 정복하고 이성을 찾고 지키며 매혹시키는 데 더 좋은 기회를 제공하는 변화가 만약 암컷에게 일어나게 되었다면 그것은 암컷에게 아무런 기여도 하지 못할 것이다. 따라서 성선택을 통해 암컷 내에 보존되지 못할 것이다. 우리는 가축의 경우에 훌륭한 증거를 갖고 있다. 즉 주의 깊게 선택되지 않은 모든 종류의 변이는 중간 교배와 불의의 죽음으로 곧 사라진다. 결과적으로 자연 상태에서는 위에서 말한 것과 같은 변화가 우연히 암컷 계열에서 일어날 기회가 생겨 그것이 암컷을 통해서만 전달된다면 그런 변이는 아주 쉽게 사라지게 될 것이다. 그러나 새로운 형질을 획득하여 변화된 암컷이 그 형질을 암수 모든 자손에게 전달한다면 수컷에게 유리한 형질이 성선택을 통해 보존될 것이다. 그리고 그런 형질이 비록 암컷에게는 아무런 소용이 없더라도 결국 암수 모두 비슷한 방식으로 변화될 것이다. 차후 나는 이 복잡한 우연성에 대해 다시 살펴보겠다. 끝으로 암컷이 유전을 통해 수컷의 형질을 획득할 수 있으며 종종 이런 일이 일어난다는 것은 확실하다.

생의 늦은 시기에 생겨 한쪽 성에게만 전달되는 변이는 종의 생식과 관련하여 성선택을 통하여 이득을 얻고 축적된다. 그러므로 이와 유사한 여러 변이가 원래의 생활 방식과 관련되어 자연선택을 통해 잘 축적되지 않는다는 사실은 일견 설명하기 힘든 것으로 보인다. 만약 이런 일이 일어난다면 암수 모두는 서로 다르게 변화될 것이다. 예를 들면 먹이를 포획하거나 위험을 피하기 위해 서로 다르게 변화될 것이다. 암수 간의 이런 차이는 종종 일어난다. 특히 하등한 동물의 경우는 더욱 자주 일어난다. 그러나 이것은 생존경쟁에서 암수의 생활 방식이 서로 다르다는 것을 의미하는 것인데 고등동물에서는 흔치 않은 상황이다. 그러나 암수가 서로 다를 수밖에 없는 생식 기능은 상황이 많이 다르다. 생식 기능과 관련된 구조의 변화는 종종 한쪽 성에 유리한 것으로 나타나는데 이런 변화는 생의 늦은 시기에 일어남으로써 한쪽 성에게만 전달된다. 그렇게 보존되고 전달된 변화가 바로 이차성징을 이루는 것이다.

다음 장에서 나는 모든 계급의 동물이 보이는 이차성징에 대해 다룰 것이다. 그리고 각각의 경우를 이번 장에서 설명한 원리에 적용시켜보겠다. 하등동물은 간단하게 살펴보겠지만 조류 같은 고등동물은 매우 자세하게 다루겠다. 이미 말한 이유 때문에 나는 수컷이 암컷을 찾아 붙잡을 때 도움을 주는 수많은 구조 중에서 잘 알려진 몇 가지 사례만을 제시하는 것이니 명심하기 바란다. 그에 반해 수컷이 다른 수컷을 정복하고 암컷을 유혹하고 자극하는 데 도움을 주는 모든 구조와 본능에 대해서는 많은 지면을 할애하여 자세히 살펴보겠다. 왜냐하면 이것은 여러 면에서 가장 흥미로운 주제이기 때문이다.

여러 계급의 동물 성비에 대한 부록

내가 알기로 어느 누구도 전체 동물계의 암컷과 수컷이 보이는 상대적인 숫자에 관심을 기울이지 않았다. 그렇기 때문에 내가 수집할 수 있었던 자료가 매우 불완전하기는 하지만 그 자료를 여기에 제시하겠다. 자료는 실제로 계산하여 얻은 것으로 그렇게 많은 양은 아니며 숫자도 그렇게 크지는 않다. 확실하게 알려진 비율은 인간의 경우

밖에 없으므로 나는 그 비율을 일단 비교의 기준으로 사용하겠다.

인간　영국에서 10년 동안(1857년부터 1866년까지) 태어난 아이 중에 1년 동안 죽지 않고 생존한 아이의 수는 70만 7,120명으로 여아 100명당 남아 104.5명의 비율이었다. 그러나 1857년 전체 영국의 남아는 여아 100명당 105.2명의 비율로 태어났고, 1865년에는 104.0명이 태어났다. 지역을 분리하여 살펴보자. 버킹엄셔에서는 매년 약 5,000명의 아이가 태어난다. 위에서 언급한 10년 동안 성비는 여아 100명당 남아 102.8명의 비율이었다. 그러나 1년 동안에 태어나는 아이의 수가 평균 1만 2,873명인 북웨일스에서는 남아의 출생 비율이 높아 여아 100명당 남아 106.2명의 비율을 보였다. 조금 더 작은 지역을 살펴보자. 러틀랜드셔는 1년 동안 평균 739명의 아이가 태어나는 작은 지역이다. 1864년에 태어난 남아는 여아 100명당 114.6명의 비율이었고, 1862년에는 여아 100명당 97.0명에 불과했다. 그러나 이렇게 좁은 지역에서도 10년 동안 태어난 7,385명의 아이는 여아 100명당 남아 104.5명의 비율로 나타났다. 이것은 전체 영국을 대상으로 조사한 비율과 같다.[48] 가끔 성비는 알 수 없는 원인 때문에 약간 변화된다. 그래서 파예(Faye)는 다음과 같이 말했다. "노르웨이의 일부 지역에서는 10년 동안 남아 부족 현상이 꾸준하게 일어났지만 다른 지역에서는 정반대의 현상이 일어났다." 프랑스에서 44년간 얻은 통계 자료에 따르면 여아 100명당 남아 106.2명의 비율로 아이들이 태어났다. 그러나 이 시기에 어느 현에서는 여아가 남아보다 더 많이 태어난 해가 다섯 번이나 되었으며 어느 현에서는 여섯 번

---

48) *Twenty-ninth Annual Report of the Registrar-General for 1866.* 이 보고서 12쪽에 10년간의 자료가 표로 제시되어 있다.

이나 되었다. 러시아의 평균 출생비는 여아 100명당 남아 108.9명으로 높았으며 미국 필라델피아에서는 남아가 110.5명까지 나타나기도 했다.[49] 유럽에서 약 7,000만 건의 출생을 이용하여 추론한 빅케스 (Bickes)의 계산에 따르면 성비는 여아 100명당 남아 106명의 비율로 나타났다. 그에 반해 희망봉에서 태어난 백인 아이들을 대상으로 조사한 바에 따르면 다른 지역에 비해 남아의 출생 비율이 낮았으며 그것도 매년 들쭉날쭉했는데 여아 100명당 남아 90명에서 99명 사이의 비율을 기록했다. 유대인의 남아 출생 비율은 특이하게도 크리스천의 경우보다 아주 높았다. 여아 100명당 남아의 출생 비율이 프로이센에서는 113명, 브레슬라우에서는 114명, 리보니아에서는 120명이나 되었다. 이들 나라에서 크리스천의 출생 성비는 다른 경우와 비슷해서 리보니아에서는 여아 100명당 남아 104명 정도였다.[50]

파예는 다음과 같이 말했다. "자궁 속에서나 출생할 때 남아와 여아가 같은 비율로 죽음의 공격을 받는다고 가정한다면 남아의 출생 성비가 약간 더 높은 것은 당연할 것이다. 그러나 실상은 다르다. 여러 나라의 자료를 보면 사산된 100명의 여아에 대해 남아는 134.6명에서 144.9명이나 사산되었다. 생후 4~5년까지도 남아가 여아보다 많이 죽는다. 예를 들면 영국에서는 생후 1년에 여아 100명당 남아 126명이 죽는다. 프랑스의 비율은 형편이 더욱 나쁘다."[51] 휴는 이

---

49) 노르웨이와 러시아에 대해서는 *British and Foreign Medico-Chirurgical Review,* 1867. 4, 343, 345쪽에 실린 파예의 논문 중 요약 부분을 참조하시오. 프랑스에 대해서는 *Annuaire pour l'An 1867,* 213쪽을 참조하시오. 필라델피아에 대해서는 J.S. Hough, *Social Science Assoc.,* 1874을 참조하시오. 희망봉에 대해 다룬 케틀레(Quetelet)의 작품은 주테빈(H.H. Zouteveen)이 독일어로 옮겼으니(제1권, 417쪽) 참조하시오. 이 작품 속에는 성비에 대한 많은 정보가 들어 있다.
50) 유대인에 대해서는 M. Thury, *La Loi de Production des Sexes,* 1863, 25쪽을 참조하시오.

사실에 대해 남아가 여아보다 발생 과정에 결함이 있는 것이 어느 정도 원인이 된다고 했다. 우리는 전에 수컷이 암컷보다 더욱 쉽게 변화된다는 것을 살펴본 적이 있다. 또 중요한 기관의 변화는 일반적으로 해를 끼치게 된다. 그러나 신체의 크기, 특히 남아가 여아보다 머리의 크기가 더 크다는 사실도 하나의 원인이 된다. 왜냐하면 머리가 크기 때문에 분만할 때 남아는 상해를 입기가 더 쉽기 때문이다. 결과적으로 사산되는 남아가 더욱 많은 것이다. 그리고 매우 능력 있는 판관인 브라운은 남자 아기들이 출생 후 몇 년 동안 건강상의 고통을 더 많이 겪는다고 믿고 있다.[52] 출생할 때나 그 이후 어느 정도 시기까지도 남아의 사망률이 이렇게 높다. 또 성인 남자는 여러 위험에 노출되며 다른 곳으로 이주해가는 경향도 있다. 그러므로 통계 기록이 보관된 모든 안정 국가에서 여성은 남성에 비해 그 수가 더 많은 것으로 나타난다.[53]

　나폴리, 프로이센, 웨스트팔리아, 네덜란드, 프랑스, 영국, 미국은 나라도 다르고 상황과 기후도 다르다. 이런 곳에서 태어난 아기 중

---

51) *British and Foreign Medico-Chirurgical Review,* 1867. 4, 343쪽. 또한 스타크(Stark)는 *Tenth Annual Report of Births, Deaths, etc., in Scotland,* 1867, 28쪽에서 다음과 같이 말했다. "이런 사례를 통해 우리는 거의 모든 연령층에서 스코틀랜드의 남성이 여성보다 사망할 확률이 높으며 높은 사망률을 보인다는 것을 알 수 있다. 그러나 남아와 여아에게 의복, 음식, 일반적인 취급이 비슷하게 제공되는 유아기에 이렇게 특이한 경향이 있는 것으로 보아 남자의 높은 사망률은 성 자체 때문에 생긴 것으로서 인상적이고 자연적이며 체질적 특이성 때문인 것 같다."

52) C. Browne, *West Riding Lunatic Asylum Reports,* vol. 1, 1871, 8쪽. 심프슨(J. Simpson)은 남아의 머리 둘레가 여아보다 1센티미터 더 길고 지름은 0.3센티미터 더 길다는 것을 증명했다. 케틀레는 여자가 남자보다 작게 태어난다는 것을 보였다. Duncan, *Fecundity, Fertility, and Sterility,* 1871, 382쪽을 참조하시오.

53) 파라과이의 구아라니족에 대해서 아자라(Azara)는 *Voyages dans l'Ameri-que merid.,* tom. 2, 1809, 60, 179쪽에서 여자와 남자의 비율이 13:14라고 했다.

적출자가 아닌 사생아일 경우 남아의 성비가 높지 않다는 것은 일견 수수께끼처럼 보일 것이다.[54] 이것에 대해서는 많은 학자가 서로 다른 방식으로 설명했다. 예를 들어 사생아의 경우 일반적으로 산모의 나이가 적다는 것에서부터 주로 첫 번째 임신에 해당한다는 등 다양한 설명이 있었다. 그러나 우리는 여아에 비해 남아의 머리가 커서 분만할 때 더욱 큰 고통을 겪는다는 것을 살펴본 바 있다. 그리고 사생아를 낳는 산모는 그렇지 않은 산모에 비해 여러 가지 원인 때문에 더 열악한 환경에서 아기를 출산할 것이 틀림없다. 예를 들어 복부를 강하게 잡아매어 임신 사실을 숨기려고 할 것이고 심한 노동, 정신적인 고통 등이 더 클 것이며 그에 따라 남자 아기도 그에 비례해서 고통을 받을 것이다. 그리고 아마 이것은 적출자보다 사생아의 경우 남아가 여아보다 살아서 출생하는 확률이 낮은 여러 원인 중에서 가장 유효하게 작용할 것이다. 대부분의 동물은 수컷의 크기가 암컷보다 크다. 이것은 암컷을 차지하기 위한 경쟁에서 강한 수컷이 약한 수컷을 정복하기 때문이다. 그리고 적어도 일부 동물의 경우 출생하면서부터 암수의 크기가 차이 나는 것도 틀림없이 이것 때문이다. 그러므로 이것은 특히 사생아의 경우 최소한 성선택에 관한 한, 남아의 사망률이 여아보다 높은 이유가 될 것이다.

사람들은 부모의 상대적인 나이가 자손의 성을 결정한다고 말한다. 로이카르트는 충분한 증거가 될 것이라고 생각하며, 인간과 일부 가축에서 부모의 상대적인 나이가 성을 결정하는 유일한 요인은 아니지만 매우 중요하다는 의견을 제시했다.[55] 게다가 일부 학자는 여

---

54) C. Babbage, *Edinburgh Journal of Science,* 1829, vol. 1, 88쪽. 사산아에 대해서는 90쪽을 참조하시오. 영국의 사생아에 대해서는 Report of Registrar-General for 1866, 15쪽을 참조하시오.
55) R. Wagner, *Handwörterbuch der Phys.,* Bd. 4, 1853, 774쪽에서 로이카르트

성의 신체 상태에 따른 상대적인 수태 시기도 유효한 원인이 된다고 생각한다. 그러나 최근의 연구에 따르면 이런 믿음은 지지를 얻지 못하고 있다. 휴에 따르면 계절, 부모의 경제 상태, 도시 또는 농촌에 따른 주거 지역, 외국인과 혼인한 여부가 모두 성비에 영향을 미친다고 한다.[56] 사람의 경우 일부다처제는 여아의 성비를 높이는 것으로 여겨졌다. 그러나 캠벨은 태국의 하렘을 대상으로 조심스럽게 이 주제에 대해 조사했다. 그러고는 일부다처제든 일부일처제든 남녀의 출생 성비는 같다는 결론을 내렸다.[57] 영국의 경주마 수컷처럼 많은 암컷을 거느리는 경우는 거의 없을 것이다. 이제 우리는 그렇게 해서 태어난 암말과 수말의 수가 거의 같다는 사실을 살펴볼 것이다. 여기서 나는 여러 동물의 출생 성비에 대해 내가 수집한 자료를 제시할 것이다. 그리고 성선택이 이런 결과에 어느 정도 작용했는지도 간단히 살펴볼 것이다.

말 테제트메이어는 친절하게도 나를 위해서 경마 일람표를 근거로 경주마에 대한 21년 동안의 자료를 표로 만들어주었다. 즉 1846년부터 1867년까지 조사했는데 경마 일람표가 발행되지 않았던 1849년은 제외했다. 총 경주마의 수는 2만 5,560마리였는데 수컷이 1만 2,763마리고 암컷이 1만 2,797마리였다.[58] 바꿔 말하면 암컷 100마

(Leuckart)가 언급했다.

56) *Social Science Association of Philadelphia,* 1874.

57) *Anthropological Review,* 1870. 4, 108쪽.

58) 불임이 되거나 망아지를 조산한 암말의 숫자가 11년 동안 기록되었다. 이 기록은 영양분을 과잉으로 공급받고 가까운 친족 관계의 교배로 태어난 동물이 얼마나 불임이 되기 쉬운지를 보여주는 자료로서, 망아지를 산 채로 출산하지 못하는 암말이 전체의 1/3을 훨씬 넘어선다는 사실은 주목할 만하다. 예를 들어 1866년에 809마리의 수컷 망아지와 816마리의 암컷 망아지가 태어났는데 743마리의 암말은 새끼를 낳지 못했다. 1867년에는 836마리의 수

리당 수컷 99.7마리의 비율이었다. 이 숫자는 매우 큰 숫자이고 다년간 영국의 모든 지역에서 얻은 자료이므로 우리는 확신을 갖고 결론을 내릴 수 있다. 즉 사육하는 말이나 최소한 경주마는 암컷과 수컷이 거의 같은 숫자로 출생한다고 할 수 있다. 해를 거듭하며 비율이 오르락내리락하는 것은 인구 밀도가 높지 않은 작은 지역에 분포하는 인간의 경우와 매우 흡사하다. 예를 들면 암컷 100마리를 기준으로 하여 1856년에는 수컷이 107.1마리, 1867년에는 단지 92.6마리에 불과했다. 표로 만든 통계치를 보면 성비가 주기성을 갖고 변함을 알 수 있다. 왜냐하면 연속해서 6년 동안 수컷의 숫자가 암컷의 숫자보다 많다가 그 이후에는 4년씩 두 번이나 암컷이 수컷보다 많이 출생했다. 그러나 이러한 현상은 우연일 수도 있다. 최소한 1866년 호적 등기소의 보고서에 나타난 10년 동안의 통계치에서 인간을 대상으로 나는 이러한 유형의 주기성은 전혀 발견할 수 없었다.

개 1857년부터 1868년까지 12년간 그레이하운드의 출생에 관해 영국 전체에서 수집한 방대한 양의 자료가 『필드』지에 나왔다. 여기서 나는 또다시 테제트메이어에게 신세를 졌는데 그는 그 결과를 세밀하게 표로 작성해주었다. 출생한 그레이하운드는 모두 6,878마리로 기록되었다. 3,605마리의 수컷과 3,273마리의 암컷이었다. 즉 암컷 100마리당 수컷 110.1마리의 비율이었다. 성비의 큰 변동은 1864년과 1867년에 있었다. 암컷 100마리를 기준으로 1864년에는 95.3마리, 1867년에는 116.3마리의 수컷이 태어났다. 위에서 언급한 100 대 110.1의 비율은 아마 그레이하운드의 경우에는 거의 맞을 것이다. 그

컷 망아지와 902마리의 암컷 망아지가 태어났는데 794마리의 암말은 새끼를 낳지 못했다.

러나 이 비율이 다른 사육 품종에 대해서도 유효한지는 의심스러운 점이 있다. 쿠플스(Cupples)는 많은 개를 사육하는 몇 명의 사육가를 통해 조사하여 이들 모든 사육가가 한결같이 암컷이 지나치게 많이 태어나는 것으로 믿고 있다는 것을 알았다. 그러나 그는 암컷을 중요하게 취급하지 않아서 암컷이 태어났을 때의 실망감이 마음에 강하게 남아 이렇게 생각할 수도 있다고 제안했다.

양 농민들은 태어난 양이 몇 개월 지나 수컷을 거세시키는 시기가 될 때까지 성별을 구별하지 않는다. 그러므로 다음의 통계치는 출생 시의 성비는 아니다. 더구나 스코틀랜드에서 해마다 수천 마리의 양을 키우는 몇몇 사람들은 양이 태어나서 1년이나 2년 내에 수컷이 암컷보다 죽는 비율이 높다는 확고한 신념을 갖고 있다는 것을 나는 알고 있다. 따라서 수컷을 거세할 때보다 출생할 때 수컷의 비율이 다소 높을 것이다. 이것은 우리가 이미 살펴본 바와 같이 인간의 경우와 놀랄 만큼 일치한다. 그리고 두 경우 모두 그 원인은 같을 것이다. 나는 영국에서 지난 10년에서 16년간 저지대 품종인 레스터 양을 키웠던 네 분의 신사에게서 통계치를 받았다. 그 수치를 모두 합해보니 8,965마리가 태어난 것으로 나타났다. 수컷이 4,407마리이고 암컷이 4,558마리였다. 이것은 암컷 100마리당 수컷 96.7마리의 비율이었다. 스코틀랜드에서 사육하는 체비엇 양과 검은 얼굴 면양에 대해 나는 여섯 명의 사육가에게서 통계치를 받았다. 그들 중 두 명은 대규모의 자료를 보내왔는데 특히 1867년부터 1869년까지의 자료는 방대했다. 통계치의 일부는 1862년까지 거슬러 올라갔다. 기록된 양은 모두 5만 685마리였다. 수컷이 2만 5,071마리 암컷이 2만 5,614마리였다. 즉 암컷 100마리당 수컷 97.9마리의 비율이었다. 만약 영국과 스코틀랜드의 통계치를 모두 더한다면 5만 9,650마리가 된다. 수컷이

2만 9,478마리이고 암컷이 3만 172마리다. 즉 암컷 100마리당 수컷 97.7마리의 비율이 된다. 즉 거세 시기에는 암컷이 수컷보다 더 많은 것이 확실하지만 출생할 때에는 그렇지 않을 것이다.[59]

소에 관해 아홉 명의 신사에게서 982마리의 출생에 대한 통계치를 받았는데 신뢰하기에는 지나치게 적은 수치였다. 통계치에 따르면 수컷 송아지 477마리, 암컷 송아지 505마리였다. 즉 암컷 100마리당 수컷 94.4마리의 비율이었다. 폭스(W.D. Fox)가 내게 알려준 바에 따르면 1867년 더비셔*의 한 농가에서 태어난 많은 송아지 중에서 단지 한 마리만이 수컷이었다고 한다. 해리슨 위어(Harrison Weir)는 돼지를 키우는 몇 명의 사육가를 통해 조사했는데 사육가 대부분은 돼지의 출생비가 암컷 여섯 마리 대 수컷 일곱 마리의 비율이라고 추정한다고 했다. 해리슨 위어는 자신이 토끼를 여러 해 동안 사육했는데 수컷이 암컷에 비해 훨씬 더 많이 태어난다는 것을 알아냈다. 그러나 이 추정치는 거의 가치가 없다.

자연 상태의 포유류에 대해 내가 알 수 있는 것은 별로 없었다. 일반 쥐에 대해 나는 모순되는 진술을 받았다. 레이우드의 엘리엇은 항상 수컷 쥐가 암컷에 비해 많으며 둥지의 새끼들을 조사해도 수컷이 더 많다는 것을 쥐잡이에게 들은 적이 있다고 내게 알려주었다. 그래서 엘리엇 자신도 그후에 나이 먹은 쥐 수백 마리를 조사했는데 그 진술이 옳다는 것을 알게 되었다고 한다. 버클랜드(F. Buckland)는 흰 쥐를 많이 키웠는데 그도 역시 수컷이 암컷보다 훨씬 더 많다는 사

---

59) 나는 쿠플스에게 신세를 많이 졌다. 그는 나를 위해 소에 관한 다음의 통계치는 물론 스코틀랜드에서 위의 통계치를 구해주었다. 레이우드*의 엘리엇 (R. Elliot)은 수컷의 조숙한 죽음에 대해 나의 주의를 환기시켜주었다. 이것에 대해 나중에 애치슨(Aitchison)과 여러 학자가 확인했다. 양에 관해 상당한 양의 통계치를 제공한 애치슨과 파얀(Payan)에게 감사드린다.

실을 믿었다. 두더지도 수컷이 암컷에 비해 훨씬 더 많다고 한다.[60] 두더지를 잡는 것이 특별한 직업이 됨에 따라 이 진술은 아마 신뢰할 수 있을 것이다. 스미스는 남아프리카에 사는 한 종의 영양(*Kobus ellipsiprymnus*)을 설명하는 과정에서 수컷의 수가 암컷에 비해 적다고 말했다.[61] 원주민들도 수컷 영양이 태어나는 비율이 낮다고 믿고 있다. 어린 수컷이 무리에서 내쫓긴다고 믿는 사람도 있다. 스미스는 어린 수컷으로만 이루어진 집단을 본 적이 없다고 했다. 그러나 실제로 이런 일이 일어난다고 주장하는 사람들도 있다. 무리에서 내쫓기게 되었을 때 어린 수컷이 다른 포식자에게 잡아 먹힐 수도 있다는 것은 상당히 가능성이 있는 일이다.

조류

닭에 대해 내가 들은 설명은 단 한 가지밖에 없다. 즉 스트레치(Stretch)는 8년 동안 코친 닭을 사육했는데 깨어난 1,001마리의 병아리 중에서 수컷이 487마리, 암컷이 514마리였다고 한다. 암컷 100마리당 수컷 94.7마리의 비율이었다. 집비둘기는 수컷이 더 많이 태어나거나 더 오래 산다는 신빙성 있는 증거가 있다. 왜냐하면 집비둘기는 늘 짝을 이루어 살며 테제트메이어가 내게 알려주었듯이 독신 수컷은 암컷보다 항상 더 싼 가격에 구입할 수 있다고 한다. 한 둥지에 낳은 두 개의 알에서 부화되어 사육된 두 마리의 비둘기는 대개 수컷과 암컷이다. 그러나 한때 대규모로 비둘기를 사육했던 해리슨 위어는 가끔 한 둥지에서 두 마리의 수컷이 태어나기도 하며 드물지만

---

60) Bell, *History of British Quadrupeds,* 100쪽.
61) Smith, *Illustrations of the Zoology of South Africa,* 1849, 삽화 29.

한 둥지에서 두 마리의 암컷이 태어나기도 한다고 한다. 더군다나 암수 두 마리 중에서 암컷이 대개는 더 약하며 쉽게 죽는다고 한다.

자연 상태의 조류에 대해 굴드와 여러 학자는 수컷이 일반적으로 더 많다고 확신한다.[62] 그런데 많은 종의 어린 수컷이 암컷과 닮았으므로 암컷이 더 많아 보이는 것은 당연하다고 했다. 레든홀*의 베이커 (Baker)는 야생 꿩이 낳은 알에서 많은 꿩을 부화시켜 키웠다. 그가 제너 위어에게 알려준 바에 따르면 암컷 한 마리에 수컷 네다섯마리가 태어난다고 한다. 경험 많은 관찰자 한 분이 말하기를 스칸디나비아에서 큰들꿩과 수멧닭이 낳은 한배 새끼를 보면 수컷이 암컷보다 많다고 한다.[63] 그리고 뇌조의 한 종류인 다알리파가 구애 장소에 모여드는 것을 보면 항상 암컷보다 수컷이 많다고 한다. 그러나 일부 학자는 쥐나 족제비 같은 포식동물이 많은 수의 암컷을 죽이기 때문에 이런 상황이 일어난다고 말한다. 셀본의 화이트가 제시한 여러 사실로 보아 영국 남부에 서식하는 사냥용 조류는 수컷이 암컷보다 상당히 많은 것이 틀림없어 보인다.[64] 내가 들은 바로는 스코틀랜드에서도 같은 상황이 일어난다고 한다. 특정한 계절에 목도리도요(*Machetes pugnax*)를 많이 구매하는 여러 상인을 통해 조사한 제너 위어는 수컷이 암컷보다 훨씬 더 많았다고 말했다. 이 박물학자는 해마다 런던 시장에 공급할 엄청나게 많은 소형 조류를 잡는 새잡이들을 통해 조사했다. 나이 들고 믿을 수 있는 사람으로서 그는 푸른머리되새의 경우 수컷의 수가 훨씬 더 많다고 주저 없이 말했다. 그는 푸른머리되새 암컷 한 마리에 수컷 두 마리의 비율 정도로 높다고 생각했다. 적어도 암컷 세 마리당 수컷 다섯 마리는 된다고 생각했다.[65] 게다가 그

---

62) 브렘은 *Illustriertes Thierleben,* Bd. 4, 990쪽에서 같은 결론에 도달했다.

63) L. Lloyd, *Game Birds of Sweden,* 1867, 12, 132쪽을 근거로 했다.
64) G. White, *Natural History of Selborne,* 서한 29, vol. 1, 1825, 139쪽.

는 덫에 잡힌 지빠귀나 밤에 그물에 잡힌 지빠귀도 수컷이 훨씬 더 많다고 주장했다. 이러한 진술은 틀림없이 믿을 수 있을 것이다. 왜냐하면 이 사람은 바로 종달새와 홍방울새(*Linaria montana*) 그리고 오색방울새의 경우 암컷과 수컷의 수는 거의 같다고 말했기 때문이다. 그에 반해 그는 홍방울새의 경우 암컷의 수가 훨씬 더 많지만 그렇지 않은 해도 있다고 믿고 있다. 어떤 해에는 수컷 한 마리에 암컷 네 마리의 비율을 보이는 경우도 있었다고 한다. 그러나 새를 잡는 주요 계절이 9월까지는 시작되지 않는다는 사실을 명심해야 한다. 이 시기에는 일부 종에서 부분적인 이동이 일어날 수 있으며 때때로 암컷으로만 이루어진 무리가 형성되기도 한다. 샐빈은 중앙아메리카에 사는 벌새류의 성비에 특별한 관심을 기울였다. 그는 대부분의 종에 수컷의 수가 많다는 확신을 갖고 있었다. 예를 들어 그는 10종에 속하는 204마리의 표본을 구했는데 그중 수컷이 166마리였고 암컷은 단지 38마리에 불과했다고 한다. 다른 두 종은 암컷의 수가 많았다. 그러나 그 비율은 계절과 지역에 따라 크게 달랐다. 상황에 따라 제비꽃 벌새(*Campylopterus hemileucurus*)는 암컷 두 마리에 수컷 다섯 마리의 비율이거나 정확히 반대 비율이 나타났다.[66] 마찬가지로 포위스(Powys)는 코푸 지방과 에피루스 지방*에서 푸른머리되새의 성비를 조사하여 암컷이 수컷보다 훨씬 더 많다고 했다. 이것을 여기에 덧붙여도 될 것

---

65) 제너 위어(J. Jenner Weir)는 다음해에 조사를 통해 비슷한 정보를 얻었다. 사로잡힌 푸른머리되새의 수를 보여주기 위해 다음 사실을 말해도 될 것 같다. 즉 1869년에 두 전문가의 새 잡기 경쟁이 있었는데 한 사람은 하루에 푸른머리되새 수컷 62마리를 잡고 다른 한 사람은 40마리를 잡았다고 한다. 한 사람이 하루에 잡은 가장 많은 푸른머리되새는 70마리나 되었다.

66) *Ibis.*, vol. 2, 260쪽. 굴드의 *Introduction to the Trochilidae*, 1861, 52쪽에서 인용했다. 앞서 말한 비율에 대해서는 샐빈에게 감사한다. 그는 자기가 얻은 결과를 표로 만들어주었다.

같다. 반면에 팔레스타인에서는 트리스트람이 수적인 면에서 수컷이 암컷을 크게 앞지르고 있다는 것을 발견했다.[67] 게다가 테일러는 플로리다에 사는 배꼬리찌르레기(*Quiscalus major*)의 경우 수컷에 비해 암컷의 수가 훨씬 적다고 말했다.[68] 그러나 일부다처제를 보이며 온두라스에 사는 종은 다른 비율을 보인다.

어류

물고기의 성비는 성어를 잡거나 거의 성어에 가까운 개체를 잡아야 확인할 수 있다. 또 올바른 판정을 내리는 데에는 많은 어려움이 따른다.[69] 귄터(A. Günther)가 송어에 대해 내게 말해주었듯이 생식 능력이 없는 암컷은 수컷으로 쉽게 오인된다. 일부 종에서는 수컷이 알을 수정시키고는 곧 죽는 것으로 알려져 있다. 많은 종에서 수컷은 암컷보다 작다. 그래서 암컷이 잡힐 만한 그물에서 많은 수의 수컷은 잡히지 않고 탈출할 것이다. 창꼬치(*Esox lucius*)의 자연사에 특별히 관심을 갖고 있는 카보니어는 많은 수컷이 덩치가 작기 때문에 덩치가 큰 암컷에게 잡아먹힌다고 말한다.[70] 카보니어는 거의 모든 물고기의 수컷이 이같이 암컷보다 큰 위험에 처하게 된다고 믿고 있다. 그렇지만 실제로 관찰된 성비를 보면 수컷의 숫자가 훨씬 더 많았다. 예를 들어 스토몬트필드 실험의 감독자인 부이스트의 말에 따르면 1865년에 알을 얻으려고 잡아 올린 70마리의 연어 중에서 약 60마리 정도가

---

67) *Ibis.*, 1860, 137쪽; 1867, 369쪽.
68) *Ibis.*, 1862, 187쪽.
69) 로이카르트는 물고기의 경우 수컷이 암컷보다 두 배 정도 많다는 블로흐의 말을 인용했다(R. Wagner, *Handwörterbuch der Phys.*, Bd. 4, 1853, 775쪽).
70) Carbonnier, *Farmer,* 1869. 3. 18, 369쪽에 인용되었다.

수컷이었다고 한다. 1867년에 그는 또다시 수컷이 암컷보다 훨씬 더 많다고 주의를 환기시켰다. 부이스트의 말에 따르면 처음에는 암컷 한 마리에 최소한 수컷 10마리 정도의 비율이 나타난다고 했다. 물론 나중에는 알을 얻기에 충분한 암컷이 조달되었다. 그는 다음과 같이 덧붙였다. "수컷이 훨씬 많은 것으로 보아 그들은 산란 장소에서 서로 싸우며 상처를 낸다는 것을 알 수 있다."[71] 수컷이 암컷보다 먼저 강을 거슬러 올라온다는 사실이 성비의 불균형에 대한 유일한 이유인지는 의심스러우나 어느 정도의 이유는 될 수 있다. 송어에 대해 버클랜드는 다음과 같이 말했다. "수컷이 암컷보다 훨씬 더 많다는 사실은 이상한 일이다." 처음으로 물고기가 그물로 몰려들어 잡히는 것을 보면 암컷 한 마리에 최소한 일고여덟 마리의 수컷이 함께 잡히는 것이 보통이었다. 수컷이 정말로 암컷보다 많은 것인지 아니면 암컷이 질주하지 않고 자신의 몸을 숨겨 안전을 도모하는 것인지 도저히 설명할 길이 없다. 그는 강의 얕은 곳을 주의 깊게 살피면 알을 얻기에 충분한 암컷을 발견할 수 있다고 덧붙였다.[72] 리(H. Lee)가 내게 알려준 바에 따르면 포츠머스 항구에서 알을 얻을 목적으로 잡은 212마리의 송어 중에서 수컷이 150마리, 암컷이 62마리였다고 한다.

잉어과의 어류도 수컷이 암컷보다 많은 것 같다. 그러나 잉어과의 구성원인 잉어, 텐치, 브림, 연준모치류는 동물 세계에서 흔치 않은 일처다부제를 정기적으로 실행하는 것으로 보인다. 암컷이 산란할 때면 항상 그 양옆에 두 마리의 수컷이 동행한다. 브림의 경우는 세 마리나 네 마리의 수컷이 암컷 곁에 머문다. 이 사실은 매우 잘 알려져 있어 연못에 텐치를 방류할 때면 암컷 한 마리에 수컷 두 마리의 비

71) R. Buist, *The Stormontfield Piscicultural Experiments,* 1866, 23쪽; Field, 1867. 6. 29.
72) F. Buckland, *Land and Water,* 1868, 41쪽.

율이나 최소한 암컷 두 마리에 수컷 세 마리의 비율로 넣는 것을 권장한다. 연준모치를 훌륭하게 관찰했던 한 분은 산란 장소에 모인 연준모치를 보면 수컷이 암컷에 비해 10배나 많다고 했다. 암컷 한 마리가 수컷들 사이로 오면 "두 마리의 수컷이 즉시 암컷의 몸 한 쪽씩을 압박한다. 그 상태에서 한동안 지체한 후 다른 두 마리의 수컷이 그 자리를 대신한다"[73]고 한다.

곤충류

곤충강은 매우 큰 계급이다. 이 중에서 나비목에 대해서만 암수의 성비를 판단할 수 있다. 왜냐하면 나비는 여러 훌륭한 관찰자가 조심스럽게 표본을 얻었으며 알이나 애벌레 상태부터 사육하기도 하기 때문이다. 나는 누에나방을 사육하는 일부 사육가가 정확한 기록을 작성하지 않았을까 기대했다. 그러나 프랑스와 이탈리아로 편지도 보내보고 여러 논문도 찾아보았으나 이것에 관한 어떤 정보도 접할 수 없었다. 일반적으로는 암수의 성비가 거의 같을 것이라는 것이 대다수의 생각이다. 그러나 카네스트리니(G. Canestrini)에게 들은 바에 따르면 이탈리아의 많은 사육가는 암컷이 더 많이 태어나는 것으로 생각한다고 했다. 그러나 카네스트리니가 내게 알려준 바로는 2년 동안 태어난 봄빅스 친티아(*Bombyx cynthia*)*를 조사해본 결과 첫해에는 수컷이 상당히 많았으나 그다음 해에는 암수가 거의 같은 비율로 태어

---

73) W. Yarrell, *History of British Fishes,* vol. 1, 1826, 307쪽. 잉어(*Cyprinus carpio*)에 대해서는 331쪽, 틴카 불가리스(*Tinca vulgaris*)*에 대해서는 331쪽, 아브라미스 브라마(*Abramis brama*)*에 대해서는 336쪽을 참조하시오. 연준모치(*Leuciscus phoxinus*)에 대해서는 *Loudon's Magazine of Natural History,* vol. 5, 1832, 682쪽을 참조하시오.

났다. 아니 오히려 암컷이 약간 더 많았다고 한다.

자연 상태의 나비에 대해 수컷이 엄청나게 많이 태어난다는 사실은 여러 관찰자에게 큰 충격을 주었다.[74] 예를 들어 베이츠는 아마존 상류에 사는 약 100종의 나비에 대해 언급하면서 수컷이 암컷보다 훨씬 더 많다고 말했다.[75] 심한 경우 암컷 한 마리에 수컷이 100마리의 비율로도 나타났다. 경험이 풍부한 에드워즈(Edwards)는 북아메리카에서 호랑나비속(*Papilio*) 수컷과 암컷의 비율이 4:1이라고 했다. 이 정보를 내게 알려준 월시(B.D. Walsh)는 파필리오 투르누스(*Papilio turnus*)*는 확실히 이 경우에 해당한다고 말했다. 남아프리카에서 트리멘은 곤충 중에서 19종의 경우 수컷의 수가 많이 관찰된다는 것을 발견했다.[76] 그의 추정에 따르면 개활지에서 떼를 지어 사는 한 종의 경우 암컷 한 마리에 수컷이 50마리의 비율로 출현한다고 했다. 또 다른 종의 경우 특정한 지역에서 수컷의 숫자가 많아 그는 7년 동안 단지 다섯 마리의 암컷밖에 채집하지 못했다고 했다. 메일라드(M. Maillard)는 버번섬에 사는 호랑나비속 한 종의 경우 수컷이 암컷보다 20배나 많았다고 말했다.[77] 트리멘이 직접 관찰하거나 다른 사람에게 들은 다음과 같은 사실을 내게 알려주었다. 즉 모든 종류의 나비에서 암컷이 수컷보다 많은 경우는 매우 드물다는 것이다. 그러나 남아프리카에 서식하는 세 종류의 나비는 예외가 될 수 있다고 했다. 월리스는 말레이 제도에 사는 오르니토프테라 크로에수스(*Ornithoptera*

---

74) 로이카르트는 나비 수컷은 암컷에 비해 3, 4배 정도 더 많다는 마이네케의 말을 인용했다(R. Wagner, 앞의 책, 775쪽).

75) Bates, *The Naturalist on the Amazons,* vol. 2, 1863, 228, 347쪽.

76) 이들 사례 중 네 개의 사례가 트리멘(R. Trimen)이 쓴 *Rhopalocera Africae Australis*에 나온다.

77) 트리멘이 인용했다. *Transactions of the Entomological Society,* vol. 5, part 4, 1866, 330쪽.

croesus) 나비의 암컷이 수컷보다 흔하게 발견되며 쉽게 채집된다고 말했다. 그러나 이 나비는 희귀한 종류다. 나방의 한 속인 하이페리트라(Hyperythra)에 대해 구니(A. Guenée)가 말한 것을 여기에 부언해도 될 것 같다. 구니는 인도에[78]서 보내오는 표본의 경우 수컷 한 마리에 암컷이 네다섯 마리의 비율로 구성되어 있다고 했다.

　곤충 성비에 관한 주제에 대해 곤충학회에서 발표했을 때 나비의 수컷 성충이 암컷보다 많이 채집된다는 사실을 대부분의 사람이 인정했다.[79] 그러나 많은 관찰자는 암컷이 수줍음을 잘 타고 수컷은 번데기에서 더 일찍 깨어나기 때문에 이렇게 관찰되는 것이라고 했다. 수컷이 일찍 깨어난다는 사실은 다른 곤충에서뿐만 아니라 대부분의 나비목에서 일어날 수 있는 일이라고 알려져 있다. 따라서 퍼슨나트(M. Personnat)가 말했듯이 사람들이 키우는 봄빅스 야마마이(Bombyx yamamai)* 수컷은 번식기에 접어들면 무용지물이 된다. 번식기가 끝날 즈음에는 암컷도 결국 마찬가지가 된다. 모두 배우자가 부족하기 때문이다.[80] 그렇지만 위의 사례같이 원산지에 매우 흔한 일부 나비의 경우 번데기에서 깨어나는 시기가 다르다고 해서 수컷이 많다는 사실을 설명할 만한 충분한 근거가 되는지는 확신하지 못하겠다. 소형 나방류에 수년간 치밀한 주의를 기울이고 있는 스테인턴(H.T. Stainton)은 나방을 성충 상태에서 채집했을 때 수컷이 암컷보다 10배 정도 더 많을 것이라고 생각했다. 그러나 애벌레 상태부터 대규모로 나방을 사육한 후 스테인턴은 암컷이 더 많다는 것을 확신하게 되었다고 한다. 몇몇 곤충학자는 이 견해에 동의한다. 그러나 더블데이(H.

---

78) A.R. Wallace, *Transactions of the Linnean Society,* vol. 25, 37쪽.

79) *Proceedings of the Entomological Society,* 1868. 2. 17.

80) 월리스가 *Proceedings of the Entomological Society,* 제3시리즈, vol. 5, 1867, 487쪽에서 인용했다.

Doubleday)와 다른 여러 학자는 그 견해에 반대한다. 그들은 알과 애벌레부터 성충까지 키워본 결과 수컷이 암컷보다 많다는 것을 확신하고 있는 것이다.

수컷이 더 활동적인 습성을 갖고 있다는 것 외에도 그들이 번데기에서 일찍 깨어난다는 사실과 개활지에 자주 모이는 경우가 있다는 사실 때문에 나비목이 성충의 상태로 채집되었을 때와 알이나 애벌레부터 길렀을 때의 성비가 차이를 보일 수 있을 것이다. 내가 카네스트리니에게 들은 바에 따르면 이탈리아의 많은 사육가는 누에나방 애벌레의 암컷이 수컷에 비해 최근의 질병에 더 잘 걸리는 것으로 보인다고 한다. 또 슈타우딩거(Staudinger)가 내게 알려준 바로는 나비목의 곤충을 기르는 과정 중 번데기 시기에 암컷이 수컷보다 더 많이 죽는다고 한다. 많은 애벌레의 경우 암컷이 수컷에 비해 더 크다. 따라서 채집자가 가장 훌륭한 표본을 선택하는 것이 당연하다면 무의식적으로 많은 수의 암컷을 채집하게 된다. 세 명의 채집가가 내게 말하길 자기들도 실제 이렇게 채집한다고 했다. 그러나 월리스는 대부분의 채집가가 사육하기 어려운 희귀종은 발견하는 모든 표본을 채집한다고 믿고 있다. 주변에 많은 애벌레가 있을 경우 새들은 아마 가장 큰 애벌레를 잡아먹을 것이다. 또 카네스트리니가 내게 알려준 바에 따르면 이탈리아의 일부 사육가는 비록 증거는 충분하지 않지만 말벌이 가중나무고치나방의 새끼 중에서 수컷 애벌레보다는 암컷 애벌레를 많이 죽이는 것으로 생각하고 있다고 한다. 더 나아가 월리스는 애벌레의 경우 암컷이 수컷보다 덩치가 크기 때문에 발생하는 데더 많은 시간이 필요하고 더 많은 영양분과 수분이 필요하다고 말한다. 그래서 그들은 맵시벌, 새 등의 위험에 더 오랫동안 노출된다는 것이다. 그래서 먹이가 부족할 때에는 암컷이 수컷보다 더 많이 사라질 것이라고 한다. 그러므로 자연 상태의 나비목은 수컷에 비해 적은 수의 암컷만이 성체로 자랄 확률이 높다. 또 목적상 우리는 자손을 번식시킬 정도로 성숙했을 시기의 성비에 관심을 갖고 있다.

단 한 마리의 암컷 나방 주위에 엄청나게 많은 수컷이 몰려드는 것을 보면 수컷이 번데기에서 일찍 깨어나기 때문일 수도 있지만 수컷이 많다는 것은 틀림없는 것 같다. 스테인턴이 내게 알려준 바에 따르면 엘라키스타 루포치네레아(*Elachista rufocinerea*)* 암컷 한 마리 주변에 12마리에서 20마리의 수컷이 몰려드는 것을 종종 볼 수 있다고 한다. 교미하지 않은 암컷 라시오캄파 쿼르쿠스(*Lasiocampa quercus*)* 나 사투르니아 카르피니(*Saturnia carpini*)*를 상자에 넣어 밖에 내놓으면 수많은 수컷이 몰려든다. 그 암컷을 방에 가두어두어도 수컷들은 굴뚝을 통해 내려와 암컷에게로 몰려든다. 더블데이는 위 두 종의 경우 암컷 한 마리를 가두어놓고 하루를 지켜본 결과 50마리에서 100마리의 수컷이 몰려온 것을 관찰했다고 한다. 와이트섬에서 트리멘은 하루 전에 솔나방 암컷 한 마리를 상자에 넣어 밖에 내어놓자 곧 다섯 마리의 수컷이 날아 들어와서는 통에 들어가기 위해 안간힘을 썼다고 한다. 오스트레일리아에서 베레오(M. Verreaux)는 소형 누에나방의 암컷을 작은 상자에 담아 주머니에 넣고 걷자 수많은 수컷이 그를 따라왔다. 그가 집으로 들어갔을 때 약 200마리의 수컷이 집으로 따라 들어왔다.[81]

더블데이는 나를 슈타우딩거의 나비목 목록으로 주의를 돌리게 했다.[82] 그 목록에는 300종류의 나비아목(Rhopalocera)에 대해 종이나 잘 알려진 변종의 암수 가격이 표시되어 있었다. 매우 흔한 종의 암수 가격은 물론 같았다. 그러나 114종의 희귀한 종은 가격이 달랐다.

---

81) Blanchard, *Métamorphoses, Moeurs des Insectes,* 1868, 225~226쪽.
82) *Lepidopteren-Doubletten Liste,* no. 10, 1866.

그중 단 한 종을 제외한 모든 경우에 수컷의 가격이 더 낮았다. 113종의 평균 가격은 수컷과 암컷의 가격 비율이 100:149였다. 이것은 그 가격의 비율만큼 수컷이 암컷보다 많다는 것을 나타내주는 것이다. 나방아목(Heterocera)에 속하는 2,000종류의 종이나 변종 목록이 작성되었는데 암컷이 날개가 없는 경우 암수의 생활 습성이 다르기 때문에 이 목록에서 제외했다. 2,000종류 중에서 141종류가 암컷과 수컷의 가격이 달랐다. 이중 수컷의 가격이 낮은 경우가 130종으로 대부분을 차지했고 수컷의 가격이 높은 경우는 11종에 지나지 않았다. 수컷의 가격이 낮은 130종의 경우 수컷과 암컷의 평균 가격 비율은 100:143이었다. 이렇게 가격이 매겨진 목록의 나비에 대한 더블데이의 생각은 다음과 같았다(사실 영국에서 더블데이보다 더 많은 경험을 한 사람은 아무도 없다). 즉 암수의 가격 차이를 설명해줄 만한 종의 습성은 아무것도 없고 다만 수컷의 숫자가 많다는 것만이 가격 차이를 설명해줄 수 있다는 것이다. 그러나 슈타우딩거는 자신은 더블데이와는 견해가 다르다며 내게 알려왔는데 그 내용을 여기에 덧붙이지 않을 수 없다. 그의 생각은 암컷이 비활동적인 습성을 보이고 수컷이 일찍 우화(羽化)되기 때문에 채집가들이 암컷보다 수컷을 더 많이 잡을 수 있는 것이고 그래서 수컷이 더 헐값에 거래된다는 것이다. 애벌레 상태부터 키운 표본에 대해 슈타우딩거는 앞에서도 말했듯이 번데기 시절에 수컷보다는 암컷이 더 많이 죽는다고 믿고 있다. 그는 일부 종은 어떤 해에는 한쪽 성이 다른 쪽 성에 비해 더 많은 것 같다고 덧붙였다.

알이나 애벌레를 키워서 나비목의 성비를 직접 관찰한 결과에 대해서는 다음과 같은 몇 가지 자료를 받았을 뿐이다.

	수컷	암컷
엑세터의 헬린스 성직자[83]는 1868년에 73종의 성충을 사육했다.	153	137
앨탐의 알버트 존스는 1868년에 9종의 성충을 사육했다.	159	126
1869년 그는 4종의 성충을 사육했다.	114	112
햄프셔 엠스워스의 버클러는 1869년에 74종의 성충을 사육했다.	180	169
콜체스터의 윌리스는 봄빅스 친티아 한배 새끼를 사육했다.	52	48
윌리스는 1869년에 중국에서 보내온 봄빅스 페르니이를 번데기부터 사육했다.	224	123
윌리스는 1868년과 1869년에 봄빅스 야마마이 두 집단을 사육했다.	52	46
합계	934	764

이렇게 해서 여덟 집단의 번데기와 알에서는 수컷이 더 많이 태어 났다. 전체를 더해보면 암컷 100마리에 수컷 122.7마리의 비율이다. 그러나 신뢰할 만큼 자료의 수가 크다고 보기는 어렵다.

대체로 이런 근거 자료들이 모두 같은 메시지를 나타내는 것으로 보아 나는 나비목의 경우 알에서 처음으로 깨어난 상태의 성비는 둘째치고 이들이 성숙했을 때에는 수컷이 암컷보다 많다고 생각한다.

곤충의 다른 목에 대해서는 믿을 만한 정보를 거의 얻을 수 없었다. 체르부스 사슴벌레(*Lucanus cervus*)는 수컷이 암컷보다 훨씬 더 많은 것 같다. 그러나 코넬리우스(Cornelius)가 말했듯이 1867년 독일의 한 지역에서는 진기한 비율이 나타났다. 암컷과 수컷이 6:1의 비율로 나타난 것이다. 방아벌레과(Elateridae)에 속하는 한 종의 경우 수컷이 암컷보다 훨씬 더 많다고 한다. 그래서 종종 두세 마리의 수컷이 한 마리의 암컷 주위에서 함께 발견된다.[84] 일처다부제가 널리 퍼져 있는

---

83) 이 박물학자는 지난 몇 년에 걸친 연구 결과를 내게 친절하게 보내주었다. 그 가 보내온 자료에 따르면 암컷이 더 많은 것 같았다. 그러나 추정해서 얻은 숫자가 많기 때문에 그것을 표로 작성하여 공식화시킨다는 것은 불가능하다 는 것을 알았다.

것 같다. 수컷이 뿔을 갖고 있는 납작반날개(반날개과[Staphylinidae])의 경우는 암컷이 수컷보다 훨씬 더 많다. 잰슨(E.W. Janson)은 곤충학회에서 나무껍질을 먹고 사는 토미쿠스 빌로수스(*Tomicus villosus*)*가 아주 많이 발생했지만 수컷은 거의 찾을 수 없을 정도로 희귀하다고 말했다.

특정한 곤충 종이나 심지어 곤충 집단에서 성비에 관해 무어라고 말하는 것이 거의 가치가 없는 경우가 있다. 왜냐하면 수컷이 알려지지 않았거나 매우 드물고 암컷은 처녀 생식, 즉 성적인 결합 없이 새끼를 낳을 수 있기 때문이다. 이것에 대한 예는 혹벌과(Cynipidae)의 여러 종에서 알려져 있다.[85] 혹을 만드는 모든 혹벌에 대해 월시는 수컷이 암컷보다 4~5배나 흔하다고 했다. 또 월시는 혹을 만드는 혹파리과(Cecidomyiidae: 파리목[Diptera])도 마찬가지라고 내게 알려주었다. 스미스는 잎벌류(잎벌아과[Tenthredinae])에 속하는 일부 흔한 종에 대해 수백 마리의 잎벌을 크기별로 사육했지만 단 한 마리의 수컷도 키우지 못했다고 한다. 그에 반해 커티스는 그가 키운 아탈리아(*Athalia*)*는 수컷과 암컷의 비율이 6:1이지만 야외에서 채집한 동일 종 성충은 정반대의 비율이 나타난다고 말했다.[86] 헤르만 뮐러는 꿀벌과에 속하는 많은 종의 표본을 채집하고 다른 종은 번데기를 사육해 암수의 비율을 조사했다.[87] 그는 수컷의 숫자가 암컷보다 훨씬 많이 나타나는

---

84) A. Günther, *Record of Zoological Literature,* 1867, 260쪽. 사슴벌레 암컷의 과잉 현상에 대해서는 위의 책, 250쪽을 참조하시오. 영국의 사슴벌레 수컷에 대해서는 J.O. Westwood, *Modern Classification of Insects,* vol. 1, 187쪽을 참조하시오. 납작반날개에 대해서는 위의 책, 172쪽을 참조하시오.

85) B.D. Walsh, *The American Entomologist,* vol. 1, 1869, 103쪽; F. Smith, *Record of Zoological List,* 1867, 328쪽.

86) J. Curtis, *Farm Insects,* 45~46쪽.

87) Hermann Müller, "Anwendung der Darwin'schen Lehre auf Bienen," *Verh. d. n. V. Jahrg.,* Bd. 24.

종도 있지만 반대 상황이 나타나는 종도 있으며 암수의 비율이 거의 동일하게 나타나는 종도 있다는 사실을 알았다. 그러나 대부분의 경우 번데기에서 먼저 깨어나는 것은 수컷이었다. 특히 번식기가 시작될 때에는 수컷이 훨씬 더 많이 깨어났다. 헤르만 뮐러는 일부 종의 경우 지역간에 성비가 서로 다르다는 것도 관찰했다. 그러나 헤르만 뮐러 자신이 내게 말했듯이 이런 의견들은 주의 깊게 받아들여야 한다. 왜냐하면 한쪽 성이 다른 성에 비해 쉽게 관찰되지 못하는 경우가 있기 때문이다. 게다가 그의 형인 프리츠 뮐러(Fritz Müller)가 브라질에서 관찰한 바에 따르면 같은 꿀벌 종이라고 하더라도 꽃의 종류에 따라 모이는 암수의 성비가 다르다고 한다. 메뚜기목의 성비에 대해서는 거의 아는 것이 없다. 그러나 쾨르테의 말에 따르면 그가 조사한 500마리의 메뚜기 중에서 수컷과 암컷의 비율은 5:6 정도라고 한다.[88] 풀잠자리목에 관해 설명한 월시의 말에 따르면 모든 종의 잠자리가 그런 것은 아니지만 대부분은 수컷이 많다고 한다. 그리고 헤타에리나(*Hetaerina*)*도 수컷이 암컷보다 최소한 4배는 많다고 한다. 측범잠자리(*Gomphus*)의 일부 종은 수컷의 수가 일정하게 많다. 반면에 다른 두 종은 암컷이 수컷보다 2~3배는 많다. 유럽의 다듬이벌레(*Psocus*) 중 일부 종은 한 마리의 수컷도 없이 수백 마리의 암컷이 채집되는 경우도 있다. 그러나 같은 속에 포함되는 일부 종의 경우는 암수 모두 흔하게 발견되기도 한다.[89] 영국에서 맥라클란은 아파타니아 물리에브리스(*Apatania muliebris*)* 암컷 수백 마리를 채집하는 동안 수컷은 단 한 마리도 잡지 못했다고 했다. 그리고 보레우스 하이에말리스(*Boreus hyemalis*)*의 경우는 단지 네다섯 마리의 수컷이 관찰되었

---

88) Körte, *Die Strich, Zug oder Wanderheuschrecke,* 1828, 20쪽.
89) H. Hagen & B.D. Walsh, "Observations on N. American Neuroptera," *Proceedings of the Entomological Society. Philadelphia,* 1863. 10, 168, 223, 239쪽.

을 뿐이라고 했다.[90] 잎벌아과를 제외한 이런 대부분의 종이 처녀 생식을 하는지 현재로는 증거가 없다. 따라서 우리는 암수의 성비가 뚜렷이 차이가 나는 원인이 무엇인지 모르고 있다.

체절동물의 다른 강(綱)에 대해 수집한 정보는 더욱 부족하다. 거미에 대해 수년 동안 세밀하게 조사한 블랙월이 내게 보낸 편지에 따르면 수컷은 이상한 행동을 보이기 때문에 더 자주 관찰할 수 있고 그때문에 더 많은 것으로 여겨진다고 한다. 실제로 몇몇 종이 이 같은 사례에 해당한다. 그러나 그는 여섯 개 속에 포함되는 여러 종에 대해 언급했는데 그들은 모두 암컷이 수컷보다 많이 나타나는 종류였다.[91] 암컷에 비해 수컷의 크기가 작고(간혹 극단적인 경우도 있다), 외모가 크게 다른 것이 수컷을 채집하기 힘든 이유가 될 수도 있다.[92]

하등한 갑각류 중의 일부는 유성 번식으로 후손을 퍼뜨릴 수 있다. 이것은 수컷이 매우 희귀한 이유가 될 수 있다. 한 예로 지볼트는 21개 지역에서 1만 3,000개나 되는 아푸스(*Apus*) 표본을 면밀히 조사했는데 그중에서 319마리의 수컷만을 발견했다.[93] 타나이스(*Tanais*)*와 치프리스(*Cypris*)* 같은 일부 생물에 대해 프리츠 뮐러가 내게 알려준 바에 따르면 수컷이 암컷보다 훨씬 더 수명이 짧다고 여길 만한 충분한 이유가 있다. 암수가 처음에 같은 수로 출발했다고 가정할 때, 이것이 그들의 희귀성을 설명해줄 수 있을 것이다. 그에 반해 프리츠 뮐러는 브라질 해안에서 긴꼬리올챙이새우류(Diastylidae)와 참씨벌레류(Cypridina)의 수컷을 암컷보다 늘 많이 채집했다. 예를 들어 참

---

90) R. MacLachlan, *Proceedings of the Entomological Society,* London, 1868. 2. 17.
91) 이 집단에 대해 위대한 권위자인 웁살라의 토렐은 암컷 거미가 수컷에 비해 흔한 것처럼 말한다(T. Thorell, *On European Spiders,* 1869~70, 제1부, 205쪽).
92) 이 주제에 대해서는 *Quarterly Journal of Science,* 1868, 429쪽에 실린 케임브리지(O.P. Cambridge)의 글을 참조하시오.
93) C.T. Siebold, *Beitrage zur Parthenogenesis,* 174쪽.

씨벌레류는 하루에 잡힌 63개의 표본 중에서 57마리가 수컷이었다. 그러나 그는 이렇게 수컷이 많은 이유가 암수의 알려지지 않은 일부 습성 차이 때문일 수도 있다고 제안했다. 고등한 브라질 게 종류 중의 하나인 겔라시무스 게(*Gelasimus*)는 수컷이 암컷보다 훨씬 더 많다는 것을 프리츠 뮐러가 발견했다. 베이트의 풍부한 경험에 따르면 그가 내게 알려준 여섯 종류의 영국산 게에서는 반대 상황이 일어나는 것 같다.

자연선택과 관련된 성비

인간은 선택에 의해 자신과 동일한 성을 만드는 능력에 간접적인 영향을 미치는 경우가 있다고 생각할 만한 이유가 있다. 어떤 여성은 생애를 통해 한쪽 성의 아이를 더 많이 낳는 경향이 있다. 많은 동물의 경우도 마찬가지다. 예를 들면 소나 말이 그렇다. 한 예로 옐더슬레이 하우스의 라이트(W. von Wright)가 내게 알려준 바에 따르면 그가 키우던 아라비아 암말 중의 하나가 서로 다른 일곱 마리의 수말과 교배를 했지만 항상 암컷 망아지만을 낳았다고 한다. 이 항목에 대한 증거는 거의 없지만 비슷한 상황을 유추해서 생각해보면 다음과 같은 믿음을 갖게 된다. 즉 어느 한쪽 성을 낳는 경향은 쌍둥이를 낳는 특성과 마찬가지로 유전되는 경향이 있는 것 같다. 훌륭한 학자인 다우닝(J. Downing)은 뿔이 짧은 소의 일부 종류에서 이런 경향을 증명하는 듯한 사실을 내게 알려주었다. 마셜 대령은 최근 면밀한 조사를 통해 인도의 고원 지역에 사는 토다족이 모든 연령의 주민을 합쳐 남자 112명, 여자 84명으로 구성되어 있다는 것을 발견했다.[94] 이것

---

94) Marshall, *The Todas*, 1873, 100, 111, 194, 196쪽.

은 여자 100명에 남자 133.3명의 비율이었다. 일처다부제의 결혼 생활을 영위하는 토다족은 과거에 늘 여아를 살해했다. 그러나 이제는 이런 일이 상당 기간 일어나지 않았다. 최근에 태어난 아이들은 남아가 여아보다 많아 124:100의 비율이었다. 마셜 대령은 이 사실을 다음과 같은 재치 있는 방식으로 설명했다. "전체 부족의 평균치를 도식적으로 나타내기 위해 세 가족을 생각해보자. 한 여성은 여섯 명의 딸만 낳고 다른 한 여성은 여섯 명의 아들만 낳았으나 또 다른 한 여성은 세 명의 아들에 세 명의 딸을 낳았다고 가정해보자. 첫 번째 여성은 부족의 풍습에 따라 네 명의 딸을 죽이고 두 명만을 키우게 된다. 두 번째 여성은 여섯 명의 아들을 그대로 키운다. 세 번째 여성은 두 딸을 죽이고 한 명의 딸과 세 아들을 키우게 된다. 그렇게 되면 세 가족을 통틀어 아홉 명의 아들과 세 명의 딸이 남게 되고 그들에게서 계속해서 후손이 번식하게 된다. 그러나 남자들은 아들을 낳는 경향이 큰 가족에 소속되어 있는 반면 여자들은 반대 경향이 있는 가족에 소속되어 있다. 그러므로 이러한 치우침은 각 세대를 지나며 강화되어 결국 우리가 알 수 있듯이 가족 내에 아들이 딸보다 늘 많게 될 것이다."

만약 성별의 경향이 유전된다고 가정한다면 우리가 위에서 말한 것 같은 유아 살해 때문에 이런 결과가 야기된다는 것은 거의 확실해 보인다. 그러나 위의 숫자는 매우 빈약하므로 나는 덧붙일 만한 증거를 계속해서 찾았으나 내가 발견한 것이 가치가 있는 것인지 알 수가 없다. 그런데도 그 결과를 제시하는 것은 나름대로 의미가 있을 것 같다. 뉴질랜드의 마오리족은 오랫동안 유아를 살해했다. 팬턴(Fenton)은 "여러 명의 아이를 죽인 여성을 만났는데 네 명, 여섯 명, 심지어는 일곱 명까지 죽인 경우도 있었다. 그들이 죽인 아이들은 대부분 여아였다. 그렇지만 최상의 판단 자료가 되는 대부분의 증언에 따르면 이런 풍습은 오랫동안 거의 시행되지 않은 것이 확실하다. 아마 1835년이 이런 풍습이 사라진 해일 것이다."[95] 이제 뉴질랜드 원주민 사회는 토다족과 마찬가지로 남자의 출생률이 상당히 높아졌다. 팬턴은 다음과 같이 말한다(30쪽). "이렇게 특이한 성비의 불균형이 시작된 정확한 시기를 논증적으로 결정할 수는 없을지라도 한 가지 사실만은 분명하다. 1830년부터 1844년 사이에 인구가 감소한 것이 성비의 불균형에 큰 영향을 미쳤으며 이것은 아직까지도 큰 영향을 미치고 있다." 다음의 설명은 팬턴이 한 말이다(26쪽). 그러나 수가 크지 않고 인구조사가 정확하지 않아 일정한 결과를 기대할 수는 없다. 이 사례와 다음의 사례를 대할 때 꼭 명심할 것이 있다. 즉 정상적인 상태의 모든 집단에는 여자가 많다는 것이다. 최소한 문명화된 모든 국가에서는 그렇다. 이것은 주로 젊은 남자들의 높은 사망률 때문이고 일부는 생의 늦은 시기에 일어나는 모든 종류의 사고 때문이다. 1858년 뉴질랜드의 원주민 집단은 모든 연령층을 고려하여 남자 3만 1,667명, 여자 2만 4,303명으로 이루어진 것으로 추정되었다. 즉 여자 100명에 남자 130.3명의 비율이다. 그러나 바로 그해에 일부 좁은 지역의 인구가 세밀히 확인되었는데 모든 연령층을 고려하여 남자 753명, 여자 616명으로 구성되어 있었다. 이것은 여자 100명에 남자 122.2명의 비율이다. 1858년에 그 지역의 비성인 인구 중 남자가 178명, 여자가 142명이라는 사실이 우리에게는 더욱 중요하다. 즉 여자 100명에 남자 125.3명의 비율이다. 1844년은 여아 살해가 막 사라진 시기였는데 한 지역의 비성인 인구 중 남자가 281명이었으나 여자는 단지 194명에 불과했다는 사실을 덧붙여도 될 것 같다. 즉 여자 100명에 남자 144.8명의 비율이었다.

---

95) *Aboriginal Inhabitants of New Zealand*(정부 보고서), 1859, 36쪽.

하와이 제도에는 여자보다 남자가 많다. 과거에는 그곳에서 유아 살해가 소름 끼치게 자행되었다. 그러나 여아만 살해된 것은 절대로 아니었다. 이런 사실은 엘리스가 밝혔으며[96] 스탤리(Staley) 주교와 코안(Coan) 성직자가 내게 제공한 정보에도 나타나 있다. 그런데도 신뢰성이 높은 또 다른 작가인 야브는 하와이 제도 전체에 대한 관찰 보고에서 다음과 같이 말한다. "세 명에서 여섯 명, 또는 여덟 명의 아이를 살해했다고 자백하는 여성을 많이 만날 수 있었다. 여자는 남자보다 유용하지 않다고 여기기 때문에 훨씬 더 자주 살해되었다."[97] 세상의 다른 곳에서도 이런 일이 일어난다는 사실로 보아 이 진술은 맞는 것 같다. 그러나 크게 주의해서 받아들여야 할 것이다. 우상 숭배가 사라지고 선교사들이 하와이 제도에 정착한 1819년경에 유아 살해는 자취를 감추게 되었다. 1839년 카우아이섬*과 오아후섬*의 한 지역에서 성인과 과세대상 남녀를 대상으로 이루어진 세밀한 인구조사(Jarves, 404쪽)에서 남자 4,723명, 여자 3,776명이 집계되었다. 즉 125.08:100의 비율이었다. 이때 카우아이섬의 14세 미만 남자와 오아섬의 18세 미만의 남자는 1,797명이었고 같은 연령의 여자는 1,429명이었다. 이것은 125.75:100의 비율이었다.

1850년에 이루어진 하와이 제도 모든 섬의 인구조사에서 모든 연령층의 남자가 3만 6,272명, 여자가 3만 3,128명으로 나타났다.[98] 즉 109.49:100의 비율이었다. 17세 미만의 남자는 1만 773명, 같은 연령의 여자는 9,593명으로 112.3:100의 비율이었다. 1872년의 인구조사에서는 혼혈아를 포함하는 모든 연령층의 남자와 여자가 125.36:100의

---

96) Ellis, *Narrative of a Tour through Hawaii,* 1826, 298쪽.

97) Jarves, *History of the Sandwich Islands,* 1843, 93쪽.

98) 이것은 H.T. Cheever, *Life in the Sandwich Islands,* 1851, 277쪽에서 인용한 것이다.

비율을 보였다. 하와이 제도에 대한 위의 모든 통계치는 출생 시 비율이 아닌 생존하고 있는 남자와 여자의 비율을 보여준다는 것을 명심해야 한다. 모든 문명국가의 출생 시 비율을 보면 남자의 비율이 상당히 높을 것이다.[99]

앞서 말한 여러 사례를 통해 우리는 위에서 설명한 방식으로 이루어진 어린 새끼의 살해로 수컷의 비율이 높게 나타난다는 믿을 만한 근거를 갖게 되었다. 그러나 나는 인간이나 다른 종에서도 비슷한 방

---

99) 쿨터(Coulter)는 *Journal of Royal Geographical Society,* vol. 5, 1835, 67쪽에서 1830년경의 캘리포니아 상황에 대해 묘사하면서 에스파냐 선교사들이 개화시킨 원주민들이 좋은 대접을 받고 출생지에서 추방되지도 않았으며 독한 술을 먹지 않았는데도 거의 모두 사라졌거나 사라지고 있다고 말한다. 그는 이것이 주로 남자가 여자보다 훨씬 더 많았기 때문에 일어난 일이라고 여기고 있다. 그러나 그는 이것이 여자의 기능 부전 때문인지 많은 여자가 어린 나이에 죽기 때문인지는 알지 못했다. 위에서 두 번째로 언급한 가능성은 모든 유사한 사례를 통해 볼 때 거의 일어날 것 같지 않은 일이다. 그는 "비록 의지로 낙태가 자주 이루어지기는 하지만 유아 살해는 흔하지 않다"고 말한다. 유아 살해에 대한 쿨터의 견해가 옳다면 이것은 마셜 대령의 견해를 찬성하는 쪽으로 진척될 수 없다. 개화된 원주민이 급격히 감소하는 것으로 보아 우리는 최근에 주어진 사례에 따라 그들의 생식 능력이 생활 습관의 변화 때문에 감소된 것이라고 생각할 수 있다. 나는 개 사육을 통해 이 주제에 대해 무언가 밝힐 수 있을 것으로 기대했다. 왜냐하면 예외는 있겠지만 그레이하운드 같은 대부분의 품종은 토다족의 유아와 마찬가지로 수컷보다는 암컷 강아지들이 살해되는 경우가 더 많기 때문이다. 쿠플스가 내게 확인시켜준 바에 따르면 이것은 스코틀랜드의 사슴 사냥개도 마찬가지라고 한다. 불행하게도 나는 그레이하운드를 제외한 어떤 품종에 대한 성비도 알지 못한다. 그레이하운드의 경우 출생 시 수컷과 암컷은 110.1:100의 비율을 보인다. 그런데 많은 사육가에게 문의하여 조사한 결과에 따르면 암컷을 더 귀중하게 여기는 경우도 있는 것 같다. 따라서 훌륭한 품종의 암컷 강아지가 수컷 강아지보다 고의적으로 더 많이 살해되는 경우가 전혀 없는 것은 아니지만 일반적인 현상은 아니라고 한다. 그러므로 위의 원리에 따라 그레이하운드 수컷의 출생률이 더 높은 이유를 설명할 수 있을지 내 능력으로는 결정하기가 어렵다. 그에 반해 암수 새끼 모두가 매우 귀중해 죽일 수 없는 말, 소, 양의 경우에 성비의 차이가 굳이 있다고 한다면 암컷이 수컷보다 약간 더 많다는 사실을 우리는 알고 있다.

식으로 작용하는 과정 속에서 유아 살해가 남자나 수컷을 더 많이 태어나게 하는 유일한 결정적 원인이 된다고 추측하는 것은 절대로 아니다. 이미 어느 정도 생식 능력이 떨어지고 인구도 점점 줄어드는 인종에 그런 상황이 일어나도록 유도하는 알려지지 않은 법칙이 있을 것이다. 전에 암시한 여러 원인 외에도 일부 야만인들이 갖고 있는 훌륭한 분만 기술과 출생 후 남아에게 가하는 상해는 상대적으로 심하지 않다는 이유 때문에 여자에 비해 남자의 비율이 증가하는 경향이 있을 것이다. 그러나 야만 생활과 남자의 비율이 높다는 사실 사이에 모종의 필연적인 관련성이 있는 것 같지는 않다. 현존하는 태즈메이니아인의 후손이 감소하고 현재 노퍽섬에 사는 타히티인의 혼혈 후손도 그 수가 적다는 특징으로 판단해보면 정말 그러하다.

많은 동물의 암컷과 수컷은 습성 면에서 어느 정도의 차이를 보이며 위험에 노출되는 정도 또한 다르다. 따라서 많은 경우에 두 성 중 어느 하나가 습관적으로 죽을 확률이 높은 것은 얼마든지 있을 수 있는 일이다. 그러나 내가 여러 가지 복잡한 원인을 추적한 바로는 두 성 중 어느 한쪽을 살상하는 것은 비록 그 살상이 대규모로 이루어진다고 해도 성을 구별하여 출생시키는 종의 능력을 변화시키지는 않는 것 같다. 벌이나 개미같이 철저하게 사회적인 동물은 수컷에 비해 불임성 암컷과 가임성 암컷이 엄청나게 많이 생산되고 이런 성적 불균형은 매우 중요한 것이다. 더 많은 암컷을 낳으려는 경향을 강하게 물려받은 암컷을 많이 보유하는 집단은 가장 성공적으로 번성할 것이다. 이런 경우에 똑같지 않은 성비의 경향은 궁극적으로 자연선택을 통해 획득했을 것이다. 북아메리카의 바이슨 들소나 일부 개코원숭이처럼 무리를 지어 사는 동물은 수컷이 앞에 나서서 집단을 방어한다. 이들에게 있어서 수컷을 낳으려는 경향이 자연선택을 통해 획득되었을 가능성은 있다. 왜냐하면 무리를 잘 방어하는 개체가 더 많은 후손을 남겼을 것이기 때문이다. 부족 내에 남자의 수가 많아짐으로써 인간에게 생긴 문제는 여아 살해가 이루어지는 주요한 원인 중의 하나가 되었을 것으로 추정한다.

우리가 알고 있는 어떠한 경우에도 두 성을 같은 수로 낳거나 한 성을 더 많이 낳으려는 경향이 있는 유전은 어떤 한 개인에게 직접적으로 유리하게 작용하거나 불리하게 작용하지 못했을 것이다. 예를 들어 암컷보다 더 많은 수컷을 낳는 경향이 있는 개체는 그렇지 않은 개체에 비해 생존을 위한 투쟁에서 성공하지 못했을 것이다. 그러므로 이런 유형의 경향은 자연선택을 통해 획득할 수 없었을 것이다. 그런데도 어류나 만각류 같은 일부 동물들은 암컷을 수정시키기 위해 둘 이상의 수컷이 필요한 것 같다. 따라서 수컷은 암컷보다 더 많다. 그러나 수컷을 낳으려는 경향을 어떻게 획득할 수 있었는지에 대해서는 전혀 알 수 없다. 나는 전에 두 성을 동일한 수로 낳으려는 경향이 그 종에 유리할 때 자연선택이 일어날 것이라고 생각했다. 그러나 지금 나는 모든 문제가 지나치게 복잡해 그 해답을 미래에 맡기는 것이 안전할 것이라고 생각한다.

제9장 동물계의 하등 계급에서 나타나는 이차성징

가장 하등한 계급에서는 이차성징이 나타나지 않는다―화려한 색깔―연체동물―환형동물―갑각류, 잘 발달된 이차성징, 이형, 색깔, 성숙하기 전까지는 획득되지 않는 형질―거미, 암수의 색깔, 수컷의 마찰음―다지류

하등 계급에 속하는 동물은 한 개체에 두 성이 함께 공존하는 경우가 드물지 않으므로 이차성징이 발달할 수 없다. 성이 분리된 경우에도 암수가 지지 구조에 부착하여 평생을 생활하면서 다른 개체를 찾거나 투쟁할 수 없는 경우도 많다. 더구나 이런 동물의 감각 기관은 매우 불완전하고 정신 능력도 매우 낮아 상대의 아름다움이나 매력을 올바르게 인식하지 못하고 경쟁심도 없을 것이 거의 확실하다.

그러므로 원생동물, 강장동물, 극피동물, 선형동물에게는 우리가 관심을 갖는 이차성징이 나타나지 않는다. 그리고 이러한 사실은 고등동물의 이차성징이 양쪽 성 모두의 의지, 욕구, 선택에 의존하는 성선택을 통해 획득되었다는 확신과도 일치한다. 그렇다고는 해도 분명한 예외적인 사례가 몇 가지 있다. 예를 들어 베어드(Baird)에게 들은 바에 따르면 어떤 체내 기생동물의 수컷은 색깔 면에서 암컷과 약간의 차이를 보인다고 한다. 그러나 우리는 그런 차이가 성선택을 통해 커졌다고 생각할 만한 근거를 갖고 있지 못하다. 암컷을 움켜잡기 위한 수컷의 장치는 종의 번성에 반드시 필요한 것으로서 성선택과는

무관하며 자연선택을 통해 획득된 것이다.

하등동물은 자웅동체, 자웅이체의 여부를 떠나 가장 빛나는 색조로 꾸며져 있거나 음영과 줄무늬가 우아하게 들어가 있는 경우가 많다. 예를 들어 많은 종류의 산호와 말미잘, 일부 종류의 해파리와 플라나리아, 그리고 많은 종류의 불가사리, 성게, 멍게 등이 이에 해당한다. 그러나 이미 지적한 여러 가지 이유, 즉 이들 동물의 일부가 보이는 성의 융합, 영구적인 부착, 낮은 정신 능력 등으로 볼 때 그런 색깔은 이성을 유인하는 데 관여하지 않으며 따라서 성선택을 통해 획득된 것이 아니다. 한쪽 성이 다른 성에 비해 훨씬 더 밝거나 뚜렷한 색깔을 띠면서 그런 색깔의 차이를 충분히 설명해줄 만큼 두 성이 뚜렷이 다른 습성을 갖고 있다면 성선택의 개념을 도입할 수도 있을 것이다. 그렇지만 그외의 경우는 성선택으로 색깔을 획득했다고 확신할 수 없다는 것을 명심해야 한다. 그러나 더 많이 꾸민 개체(대개는 수컷이다)가 자신의 매력을 이성 앞에서 자의적으로 전시하는 경우라면 성선택의 작용에 대한 증거는 완전한 것이 될 것이다. 왜냐하면 우리는 그러한 전시 행동이 유용하지 않다고 생각할 수 없으며 전시 행동이 유리하게 작용한다면 성선택이 거의 필연적으로 일어날 것이기 때문이다. 그렇지만 암수의 색깔이 서로 같으면서 동시에 이들이 포함된 집단 내 다른 종의 암수 중 어느 한쪽하고만 색깔이 비슷할 때 우리는 이 결론을 두 성 모두에게 확장해도 될 것이다.

그렇다면 아름답고 심지어 호화스러울 정도로 화려한 색깔이 매우 하등한 동물에서 나타나는 경우를 우리는 어떻게 설명할 수 있을까? 그런 색깔이 방어 수단으로 작용할지는 의심스러워 보인다. 그러나 이 주제에 대한 월리스의 탁월한 평론을 읽은 사람은 우리가 얼마나 쉽게 잘못을 저지를 수 있는지를 인정할 것이다. 예를 들어 처음에는 누구라도 해파리의 투명한 몸이 방어 수단이 된다고는 생각하지 않을 것이다. 그러나 해파리뿐만 아니라 많은 부유성 연체동물, 갑각류, 심지어는 소형 해양 어류의 몸이 유리처럼 투명하며 프리즘 색깔까지 띤다는 헤켈의 말을 되새겨보면 이들 생물들이 그런 특징 때문에 바닷새와 여러 포식자의 눈에 띄지 않을 것이라고 생각하지 않을 수 없다. 기어드도 일부 해면과 멍게가 갖고 있는 화려한 색깔이 방어 수단으로 작용한다고 확신한다.[1] 눈에 잘 띄는 색깔은 그들을 잡아먹을지도 모르는 동물에게 그들이 맛이 없다는 것을 알려주거나 그들이 특별한 방어 수단을 갖고 있다는 메시지를 보냄으로써 유리하게 작용한다. 그러나 이 주제에 대해서는 차후에 더 자세히 살펴보겠다.

대부분의 하등동물에 대한 우리의 지식은 턱없이 부족하다. 따라서 그들의 밝은 색깔로 얻은 이익은 둘째치고 화학적 성질이나 조직의 미세한 구조로 지식을 얻을 수 있다는 정도가 우리가 말할 수 있는 전부다. 동맥피만큼 훌륭한 색깔은 거의 없을 것이다. 그러나 피의 색깔이 그 자체로서 어떠한 이득을 준다고 생각할 만한 근거는 없다. 피의 색깔이 소녀의 뺨에 아름다움을 보태주고 있기는 하지만 그것이 이런 목적을 위해 획득되었다고는 아무도 감히 주장하지 않을 것이다. 또 많은 동물, 특히 하등동물에서 담즙은 농후한 색깔을 띤다. 예를 들어 핸콕(A. Hancock)이 내게 알려준 바에 따르면 해삼이 매우 아름다운 색깔을 띠는 것은 주로 투명한 표피를 통해 비치는 담즙샘 때문이라고 한다. 그렇지만 아름다운 이 색깔은 해삼에게 아무런 도움도 되지 못할 것이다. 아메리카의 숲속에서 볼 수 있는 낙엽 색깔은 누구에게나 화려한 것으로 묘사되지만 아무도 이런 색깔이 나무에 어떤 도움을 준다고는 생각하지 않는다. 최근 화학자들이 자연계의 유기물과 닮은 물질을 얼마나 많이 합성했으며 그런 물질이 얼마나 찬란한 색

---

1) M. Giard, *Archives de Zoologie Experimentale,* 1872. 10, 563쪽.

깔을 띠는지를 깊이 생각해보자. 그러면 비슷한 색깔을 띠는 물질이 색깔 때문에 얻은 유용한 목적은 둘째치고 살아 있는 생물체 몸속에 자리잡은 복잡한 실험실에서 기원하지 않았다고 생각하는 것이 오히려 이상한 일이 될 것이다.

연체동물아계(亞界) 엄청나게 큰 이 집단을 통해 우리가 여기서 고려하고 있는 이차성징이 나타나는 경우는 내가 알기로는 전혀 없다. 더구나 멍게류, 태충류, 완족류—일부 저자는 이들 세 집단을 몰루스코이다(Molluscoida)*로 분류한다—같은 가장 하등한 세 강(綱)에도 이차성징은 나타나지 않는다. 왜냐하면 이들 동물의 대부분은 지지 구조를 이용하여 평생 한곳에 고착된 채 생활하거나 동일한 개체 내에 암수 두 성이 함께 존재하기 때문이다. 두 개의 패각을 갖고 있는 판새강(Lamellibranchiata)에게 자웅동체 현상은 드물지 않게 나타난다. 그다음으로 고등한 복족강(Gasteropoda)은 하나의 패각을 갖고 있는데 두 성이 한 몸에 있기도 하고 따로 분리되어 있기도 하다. 그러나 복족강의 수컷은 암컷을 확보하거나 매혹시키는 기관을 갖고 있지 않으며 다른 수컷과 싸우기 위한 기관을 갖고 있는 경우도 없다. 제프리스(G. Jeffreys)가 내게 알려준 바에 따르면 외형으로 나타나는 암수 간의 유일한 차이점은 패각이 간혹 미세하게 다르다는 것뿐이다. 예를 들어 리토레아 총알고둥(*Littorina littorea*) 수컷의 패각은 암컷에 비해 좁고 끝이 더 뾰족하다. 그러나 이런 차이는 생식 활동이나 알의 발달과 직접적으로 관련되어 있다고 생각할 수도 있다.

복족강은 이동할 수도 있고 불완전하나마 눈도 갖고 있지만 같은 성의 개체들이 경쟁 관계 속에서 서로 투쟁할 정도로 충분한 정신 능력을 부여받아 그것으로 이차성징을 획득한 것으로는 보이지 않는다. 그런데도 폐호흡을 하는 육상 달팽이류는 짝짓기에 앞서 구애 행동을 한다. 이들은 비록 자웅동체이지만 구조상 짝짓기를 하지 않을 수 없다. 아가시는 다음과 같이 말했다. "달팽이의 사랑을 관찰할 기회가 있었던 사람은 누구라도 자웅동체의 개체들이 서로를 이중 포옹하기 위한 움직임과 걸음걸이에 나타나는 행위가 유혹적이라는 사실을 의심하지 않는다."[2] 또한 이 동물은 어느 정도 한곳에 영구히 정착할 수도 있는 것 같다. 치밀한 관찰자로 유명한 론스데일(Lonsdale)이 내게 다음과 같은 사실을 알려주었다. 그는 좁고 환경이 열악한 정원에 육상 달팽이(*Helix pomatia*) 한 쌍을 두었는데 그중 한 마리는 허약했다고 한다. 잠시 후 강하고 건강한 한 마리는 사라져버렸는데, 점액의 흔적을 추적해보니 그 달팽이는 환경이 좋은 이웃해 있는 정원으로 간 것이었다. 론스데일은 그 개체가 허약한 짝을 버린 것이라고 결론 지었다. 그러나 24시간 만에 그 달팽이는 되돌아왔고 그후 두 마리가 함께 같은 경로를 따라 벽을 넘어 사라졌다고 한다. 따라서 돌아온 달팽이가 자기의 성공적인 탐험 결과를 상대에게 전달한 것이 확실하다고 했다.

오징어류가 포함되는 두족강(Cephalopoda)은 연체동물의 고등한 집단으로서 이 강의 암수는 분리되어 있다. 그런데 내가 알기로는 현존하는 두족강도 이차성징을 보이지는 않는다. 이들이 적에게서 도망치는 뛰어난 솜씨를 본 사람이라면 누구나 이들의 감각 기관이 잘 발달되어 있으며 상당한 정도의 정신 능력을 갖고 있다는 것을 알 수 있다.[3] 그렇게 볼 때 이들에게 이차성징이 나타나지 않는다는 것은 오히려 놀랄 만한 상황이다. 그러나 어떤 두족류는 이상한 성적 특징을 갖고 있다. 즉 수컷 성분이 오징어의 다리 중의 하나 속에 모아지

---

2) L. Agassiz, *De l'Espèce et de la Classe,* 1869, 106쪽.

3) 예를 들어 나의 *Journal of Researches during the Voyage of the 'Beagle,'* 1845, 7쪽에 제시한 설명을 참조하시오.

고 수컷은 이 다리를 잘라버린다. 잘린 다리는 암컷의 빨판에 달라붙는데 그곳에서 이 다리는 한동안 독립적인 생활을 영위하여 잘린 다리는 개별적인 동물로 착각할 정도여서 퀴비에는 이것을 헥토코타일(Hectocotyle)이라는 이름의 기생충으로 묘사했다. 그러나 이 신기한 구조는 이차성징이라기보다는 일차성징으로 분류될 것이다.

연체동물의 경우 성선택이 작용한 것 같지는 않지만 고둥, 나사조개, 가리비 같은 달팽이와 조개 종류는 색깔과 모양이 아름답다. 대부분은 색깔이 방어 수단으로 이용되는 것 같지는 않다. 가장 하등한 강에서와 마찬가지로 색깔은 조직의 성질에 따라 생겨난 직접적인 결과일 것이다. 껍질의 유형과 무늬는 그들의 성장 방식에 따라 결정된다. 빛의 양이 어느 정도는 영향을 미치는 것 같다. 제프리스가 여러 번 말했듯이 매우 깊은 곳에 사는 일부 종의 껍질이 밝은 색상인 경우도 있지만, 대부분은 외투막에 덮여 있는 부분과 아래쪽 표면은 노출된 위쪽 표면보다 색상이 다양하지 못하다.[4] 산호나 밝은 색상의 해초와 섞여 살아가는 조개같이 밝은 색깔이 방어 수단으로 작용하는 경우도 있을 수 있다.[5] 그러나 아가미가 노출된 많은 연체동물이나 해삼류의 색상이 어떤 조개의 색상보다도 아름답다는 사실은 앨더(Alder)와 핸콕의 위대한 작품 속에서 찾을 수 있다. 그리고 핸콕이 친절하게도 내게 준 정보에 따르면 이런 색깔이 일반적인 방어 수단으로 기여하는지는 극히 의심스러워 보인다. 일부 종은 그럴 수도 있

---

4) 나는 *Geological Observations on Volcanic Islands,* 1844, 53쪽에서 조개껍질의 부서진 가루가 파도에 실려 어센션 섬의 해안 바위에 침전되어 형성되는 잎사귀 모양의 구조에 빛이 어떤 영향을 미치는지에 관해 기이한 한 가지 사례를 제시했다.

5) 모스(Morse)는 최근 그의 논문 "Adaptive Coloration of Mollusca" *Proceedings of the Boston Society of Natural History,* vol. 14, 1871. 4)에서 이 주제에 대해 논의했다.

다. 예를 들어 녹조류의 녹색 잎에 붙어사는 어떤 종은 자기도 녹색을 띤다. 그러나 밝은 색상이나 흰색 또는 눈에 잘 띄는 많은 종은 숨을 곳을 찾지 않는다. 그러나 어두운 색깔을 띠는 종류뿐만 아니라 일부 눈에 잘 띄는 색깔을 갖고 있는 종류가 돌 밑과 어두운 곳에 숨어 사는 경우도 있다. 그러므로 이렇게 아가미가 노출된 연체동물들이 보이는 색깔은 그들이 살고 있는 서식처의 성질과는 아무런 관계도 없는 것 같다.

이들 해삼 종류는 자웅동체이지만 매우 아름다운 껍질을 갖고 있는 육상 달팽이와 마찬가지로 두 마리가 모여 짝짓기를 한다. 상대의 멋진 아름다움에 끌린 두 마리의 자웅동체 개체가 그들의 멋진 아름다움을 물려받은 자손을 낳을지도 모른다. 그러나 체계화가 잘 이루어지지 않은 이 같은 생물에게 이런 일은 절대로 일어날 것 같지 않다. 실제로 활력과 아름다움이 일치하지 않는다면 자웅동체인 아름다운 개체 두 마리가 결합하여 태어난 자손이 그렇지 못한 개체에서 태어난 자손에 비해 개체수를 늘릴 정도로 얼마나 유리할지도 전혀 확실하지 않다. 다수의 수컷이 암컷보다 먼저 성숙하는 경우는 알려져 있지 않다. 또 활기찬 암컷이 아름다운 수컷을 선택하는 경우도 전혀 알려져 있지 않다. 자웅동체인 동물에게 밝은 색상이 일반 생활 습성과 관련되어 실제로 유리하다고 해보자. 그렇다면 더욱 밝은 색상을 갖는 개체들은 최고의 성공을 거두고 개체수도 증가할 것이다. 그러나 이것은 자연선택에 해당하는 것이지 성선택에 해당하는 것이 아니다.

연형동물아계; 환형동물강　이 강의 암수를 분류할 때 간혹 중요한 형질에서 서로 차이를 보이는 경우가 있다. 그래서 이들을 별개의 속이나 심지어는 별개의 과로 분류하기도 했지만 이들이 보이는 차이가 반드시 성선택의 결과인 것 같지는 않다. 이들 동물은 종종 아름다운 색깔을 띠지만 암수가 색깔의 차이를 보이지는 않으므로 거의 관심의 대상이 되지 않는다. 체계화의 수준이 미약하기는 하지만 유형동물*조차도 무척추동물의 다른 집단과 경쟁을 벌일 정도로 아름답고 다양한 색깔을 띠는 경우가 있다. 그러나 매킨토시(McIntosh)는 이들 색깔이 어떤 기여를 한다는 사실을 발견하지 못했다.[6] 콰트르파주에 따르면 고착 생활을 하는 환형동물은 생식기가 지나면 단조로운 색깔을 띠게 된다고 한다.[7] 나는 그 시기에 이들 동물의 활성이 떨어지기 때문에 일어나는 현상으로 생각한다. 벌레처럼 생긴 이들 모든 환형동물은 매우 하등하기 때문에 암수 모두가 배우자를 찾을 때 상대를 고르거나 같은 성의 개체들끼리 경쟁할 수 없을 것 같다.

절지동물아계; 갑각강　이 커다란 강에서 우리는 최초로 이차성징을 만나게 되는데, 이들이 보이는 이차성징은 종종 놀랄 정도로 발달되어 있다. 그러나 불행하게도 갑각류에 대해 알려진 사실은 매우 부실하다. 그래서 우리는 갑각류의 어느 한쪽 성에만 발달되어 있는 구조의 쓰임에 대해 알 수 없는 경우가 많다. 기생 생활을 하는 하등한 종은 수컷이 암컷보다 작으며 수컷만이 완전한 유영 팔, 더듬이, 감각 기관을 갖고 있다. 암컷은 이런 기관이 없어 일그러진 덩어리에 지나지 않는 경우가 종종 있다. 그러나 이 같은 암수 간의 극단적인 차이는 크게 다른 그들의 생활과 관련되어 있음이 틀림없기 때문에 우리의 관심거리가 되는 것은 아니다. 별개의 과에 속하는 여러 갑각류에서 앞더듬이는 실처럼 생긴 특수 구조로 장식되어 있는데 이들 구조

6) *British Annelids,* 제1부, 1873, 3쪽에 실린 그의 아름다운 논문을 참조하시오.
7) M. Perrier, "L'Origine de l'Homme d'après Darwin," *Revue Scientifique,* 1873. 2, 866쪽.

는 후각 기관으로 여겨지며 암컷보다는 수컷에 잘 발달되어 있다. 특별한 후각 기관이 발달하지 않고도 수컷이 빠르든 늦든 암컷을 확실하게 찾는 것으로 보아 수컷 더듬이에 돋은 많은 실은 성선택을 통해 획득되었을 것이다. 즉 이런 실을 잘 갖춘 수컷이 짝을 발견하고 자손을 낳는 데 더욱 성공적이라는 말이다. 프리츠 뮐러는 타나이스(*Tanais*) 중에서 뚜렷한 성적 이형을 보이는 종에 대해 보고했다. 이종의 수컷은 뚜렷이 다른 두 가지 형태로 존재하는데 그 둘을 연결하는 중간형은 존재하지 않는다. 그중 한 가지 유형의 수컷은 더 많은 후각 실(olfactory thread)을 갖고 있으며 다른 유형은 암컷을 잡을 때 사용하는 집게발이 강하고 길다. 프리츠 뮐러는 같은 종의 두 수컷이 이렇게 차이를 보이는 것은 후각 실의 개수가 변화된 일부 개체와 집게발의 모양과 크기가 변화된 일부 개체에서 유래되었을 것이라고 제안했다. 암컷을 좀더 잘 찾을 수 있게 된 수컷과 암컷을 잘 붙잡을 수 있게 된 수컷은 저마다의 이점을 물려받은 자손을 많이 남길 수 있었다는 것이다.[8]

하등한 갑각류 중에는 수컷의 오른쪽 앞더듬이 모양이 왼쪽 앞더듬이 모양과 크게 다른 종류가 있다. 왼쪽 앞더듬이는 그 가느다란 모양이 암컷 더듬이와 닮았다. 수컷의 변형된 오른쪽 더듬이는 중간 부분이 부풀거나 굽어져서(〈그림-4〉 참조) 미세하고 때로는 놀랄 정도로 복잡한 파악기로 변형되어 있다.[9] 러벅에게 들은 바에 따르면 이

---

8) Fritz Müller, *Facts and Arguments for Darwin,* 영역판, 1869, 20쪽. 후각 실에 관해 전에 논의한 내용을 참조하시오. 사스(Sars)는 노르웨이 갑각류 중의 하나인 폰토포레이아 아피니스(*Pontoporeia affinis*)를 대상으로 이와 유사한 사례에 대해 보고했다(*Nature*, 1870, 455쪽에서 인용).

9) J. Lubbock, *Annals and Magazine of Natural History,* vol. 11, 1853, 삽화 1, 9; vol. 12, 1853, 삽화 7. *Transactions of the Entomological Society,* vol. 4, 새 시리즈, 1856~58, 8쪽에 실린 러벅의 글도 참조하시오. 나중에 언급한 지그재그꼴

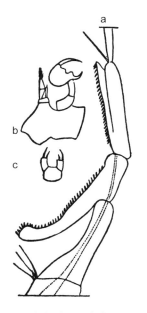

것은 암컷을 움켜잡는 데 사용된다. 그리고 오른쪽 뒷다리 (b)도 같은 목적을 위해 집게로 변형되어 있다고 한다. 또 다른 한 과(科)에서는 수컷의 아래쪽 더듬이나 뒤쪽 더듬이만이 기이하게 지그재그 꼴을 이룬다.

고등한 갑각류의 경우 앞다리는 발달하여 집게발이 된다. 그리고 수컷의 집게발이 일반적으로 암컷의 집게발에 비해 크다. 베이트(C.S. Bate)에 따르면 식용 게인 파구루스 은행게(*Cancer pagurus*) 수컷의 집게발은 상당히 커서 시장 가격이 암컷에 비해 다섯 배나 된다고 한다. 많은 종의 양쪽 집

〈그림-4〉 다윈 쇠뿔노벌레(*Labidocera Darwinii*: 러벅의 그림) a. 파악기로 변형된 수컷 오른쪽 앞더듬이의 일부, b. 수컷 가슴의 뒷다리. c. 암컷 가슴의 뒷다리.

게발은 크기가 다르다. 베이트에게 들은 바에 따르면 항상 그런 것은 아니지만 오른쪽 집게발이 큰 경우가 대부분이라고 한다. 대부분 이런 불균형은 암컷보다 수컷에서 더 심하게 나타난다. 수컷의 두 집게발은 종종 그 구조가 다른데(〈그림-5, 6, 7〉 참조) 작은 집게발이 암컷의 집게발과 닮았다. 양쪽의 집게발 크기가 다르며 이런 차이는 수컷에서 심하게 나타나는데 그 때문에 얻는 이점이 무엇인지는 알려져 있지 않다. 또 암수의 몸집이 같을 때는 수컷의 양쪽 집게발 모두가 암컷보다 크다. 그렇지만 우리는 그 이유를 알지 못한다. 베이트에게

더듬이에 대해서는 프리츠 뮐러의 앞의 책, 40쪽에 있는 각주를 참조하시오.

〈그림-5〉쏙붙이 수컷(에드워즈의 그림)의 앞부분으로서 두 집게발의 불균등과 차이를 보여주는 그림. 주의: 화가가 실수로 그림을 뒤집어 왼쪽 집게발이 큰 것으로 되었다.

〈그림-6〉오르케스티아 투쿠라틴가 수컷의   〈그림-7〉암컷의 같은 부위.
가운데 다리(프리츠 뮐러의 그림).

들은 바에 따르면 간혹 집게발이 지나치게 커서 음식물을 입으로 가져가는 데 사용할 수도 없다고 한다. 흰새우류(*Palaemon*)처럼 민물에 사는 일부 종의 수컷은 오른쪽 다리가 몸 전체의 길이보다도 길다.[10] 큰 집게발은 수컷이 경쟁자와 싸울 때 도움을 줄 수 있다. 그러나 암

---

10) *Proceedings of the Zoological Society*, 1868, 363쪽에 베이트의 논문이 실려 있으니 그림과 함께 참조하고, 앞의 책, 585쪽에 있는 이들 속에 대한 명명법도 참조하시오. 고등한 갑각류의 집게발에 대해 위에서 언급한 거의 모든 내용은 사실 베이트의 것으로서 나는 그에게 크게 신세를 졌다.

컷은 몸의 양쪽이 서로 다를 경우 동일한 설명을 적용시킬 수는 없다. 에드워즈에 따르면 겔라시무스 게는 한 굴 속에서 암컷과 수컷이 함께 사는데[11] 이것으로 보아 그들이 짝을 이루어 산다는 것을 알 수 있다. 이때 수컷은 크게 발달된 집게발로 굴의 입구를 막는 것으로 보아 집게발이 간접적인 방어 수단으로 작용함을 알 수 있다. 그렇지만 큰 집게발은 아마 암컷을 붙잡아 안전하게 확보하는 데 주로 이용할 것이다. 옆새우류(*Gammarus*) 같은 일부의 경우가 이에 해당하는 것으로 알려져 있다. 소라게(*Pagurus*) 수컷은 암컷이 살고 있는 조가비를 몇 주일씩 지니고 다닌다.[12] 그렇지만 베이트가 내게 알려준 바에 따르면 해안에 사는 일반 게(*Carcinus manas*)의 암수는 암컷이 딱딱한 껍질의 허물을 벗은 직후 직접 결합한다고 한다. 소라게의 경우 이 시기의 암컷은 몸이 아주 부드러워 수컷이 집게발로 암컷을 움켜잡았을 때 몸이 상할 수 있는 시기다. 그러나 소라게의 암컷은 허물을 벗기 전에 미리 수컷에게 잡혀 있었기 때문에 상처를 입지 않고도 수컷에게 잡힐 수 있었을 것이다.

프리츠 밀러에 따르면 멜리타 옆새우에 속하는 일부 종의 암컷은 다른 모든 단각류(Amphipoda)와 달리 다리 두 번째 마디의 밑마디 층판 구조가 갈고리 같은 돌기 모양으로 뻗어 있고, 수컷은 교미할 때 자신의 앞다리로 이 갈고리를 움켜잡는다고 한다. 갈고리 모양의 돌기가 발달하는 것은 생식 활동 중에 가장 안전하게 붙잡혀 가장 많은 후손을 낳은 암컷에게서 유래된 것 같다. 브라질에 서식하는 단각류의 한 종 (〈그림-8〉의 오케스티아 다위니이[*Orchestia darwinii*]를 참조하시오)은 타나이스와 마찬가지로 이형(異形)의 사례에 해당한다. 왜냐

---

11) M. Edwards, *Hist. Nat. des Crust.*, vol. 2, 1837, 50쪽.
12) C.S. Bate, *British Association, Fourth Report on the Fauna of S. Devon.*

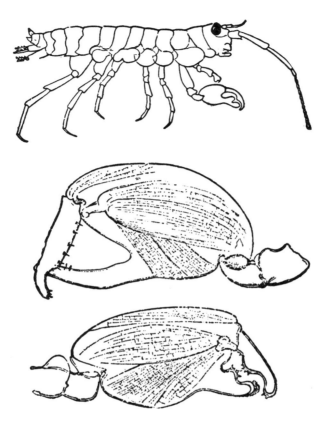

<그림-8> 오케스티아 다위니이(프리츠 뮐러의 그림). 두 유형의 수컷이 서로 다른 모양의 집게발이 있다는 것을 보여준다.

하면 집게발의 구조가 서로 다른 두 가지 유형의 수컷이 있기 때문이다.[13] 두 유형의 수컷에게 있는 집게발은 모두 암컷을 움켜잡기에 충분하므로—왜냐하면 두 집게발 모두가 현재 이 목적으로 사용된다—이들이 서로 다르게 변화된 개체, 즉 서로 다른 모양의 기관을 통해, 거의 같지는 않겠지만 어떤 특별한 이점을 끌어낸 두 유형의 조상에

---

13) Fritz Müller, 앞의 책, 1869, 25~28쪽.

게서 유래했을 것이다.

갑각류 수컷이 암컷을 차지하기 위해 서로 싸우는지에 대해서는 알려져 있지 않으나 그럴 가능성은 있을 것 같다. 왜냐하면 수컷이 암컷보다 큰 대부분의 동물의 경우 여러 세대를 거치며 다른 수컷과 투쟁을 벌여온 조상 때문에 수컷의 커다란 몸집이 만들어진 것으로 보이기 때문이다. 가장 고등한 단미류(Brachyura)* 같은 대부분의 목의 경우 수컷은 암컷보다 크다. 그러나 암수가 서로 다른 생활 습성을 보이며 기생 생활을 하는 속과 대부분의 절갑류(Entomostraca)는 제외해야 할 것이다. 많은 갑각류의 집게발은 싸움에 잘 적응된 무기다. 베이트의 아들은 꽃게(*Portunus puber*)가 카르시누스 뫼나스(*Carcinus mænas*)게와 싸우는 것을 관찰했는데, 카르시누스 뫼나스 게의 껍질이 벗겨지고 모든 다리가 몸통에서 잘려나가는 것을 보았다고 한다. 프리츠 뮐러가 거대한 집게발로 무장한 브라질 겔라시무스 게 수컷 여러 마리를 유리 그릇에 넣었을 때 그들은 서로 상대의 다리를 자르고 죽였다. 베이트는 카르시누스 뫼나스 암컷과 작은 수컷 한 마리가 들어 있는 냄비에 커다란 수컷 게 한 마리를 넣어주었다. 그러자 작은 수컷은 곧 암컷을 빼앗기고 말았다. 베이트는 "그들이 서로 싸웠다면 승부는 피 한 방울 흘리지 않은 채 결정되었을 것이다. 어떤 상처도 보이지 않았기 때문이다"라고 덧붙였다. 베이트는 영국 해안에서 아주 흔히 관찰되는 마리누스 옆새우(*Gammarus marinus*) 수컷 한 마리를 그의 짝인 암컷과 격리시켰다. 이 두 마리는 동종의 여러 개체와 함께 한 그릇 안에서 살던 커플이었다. 그렇게 분리된 암컷은 곧 다른 수컷들과 결합했다. 얼마 후 수컷을 그 용기에 다시 넣어주었다. 그러자 그 수컷은 한동안 이리저리 헤엄치더니 무리 속으로 돌진해 들어가 전혀 싸우지도 않고 자기 짝을 찾아 데리고 갔다. 이런 사실로 보아 하등한 단각류의 경우 암수는 서로를 구별하며 서로를 애정으로 속박한다는

108

것을 알 수 있다.

갑각류의 정신 능력은 처음에 생각했던 것보다는 높은 것 같다. 열대지방의 해안에 아주 흔하게 분포하는 게를 잡으려던 사람은 그들이 얼마나 조심성 있고 경계심이 많은지 알 수 있을 것이다. 산호섬에서 발견되는 커다란 게의 한 종류인 비르구스 라트로(*Birgus latro*)는 코코넛 열매의 섬유를 잘 다듬어 깊은 굴 속 바닥에 두툼한 침대를 만들어놓는다. 이 게는 떨어진 코코넛 열매 껍질의 섬유질을 한 올씩 벗겨 그 속의 열매를 먹고 산다. 그런데 이 게는 항상 열매의 눈처럼 생긴 세 개의 함몰 부위부터 껍질을 벗기기 시작한다. 게는 큰 집게발로 세 개의 눈 중 하나를 두드려 그곳을 파고들어간다. 그러고는 몸을 돌려 뒤쪽의 좁은 집게발을 이용해 배젖 부위를 파낸다. 그러나 이런 행동은 아마 본능적인 것 같다. 그래서 어린 게도 어른 게와 마찬가지로 이런 일을 잘 수행한다. 그러나 다음 사례는 도저히 그렇게 생각할 수가 없다. 믿을 만한 박물학자인 가드너는 해안에 굴을 파는 겔라시무스 게를 관찰하다가 조개껍질 몇 개를 들어 구멍을 향해 던졌다.[14] 하나는 구멍 속으로 굴러 들어갔고 나머지 껍질은 입구에서 몇 센티미터 안 되는 곳에 떨어졌다. 약 5분 후에 게는 구멍 속으로 굴러 들어간 껍질을 꺼내어 그것을 입구에서 30센티미터 정도 되는 곳에 갖다 놓았다. 그러고는 가까이 있는 세 개의 다른 껍질을 바라보면서 이들의 껍질도 구멍 속으로 굴러 들어갈지 모른다고 생각하는 것 같았다. 게는 그 껍질들도 첫 번째 껍질 주위로 옮겨다 놓았다. 내 생각으로는 이 같은 게의 행동과 사람의 이성적인 행동을 구별하는 것은 어려울 것 같다.

---

14) Gardner, *Travels in the Interior of Brazil*, 1846, 111쪽. 내가 쓴 *Journal of Researches during the Voyage of the 'Beagle'*, 463쪽에 비르구스(*Birgus*) 게의 생활 습성에 대해 설명해놓았다.

베이트는 영국의 갑각류 암수가 보이는 색깔 차이에 대한 사례를 전혀 알지 못하고 있다. 고등동물의 경우 암컷과 수컷이 색깔 차이를 보이는 경우가 흔하다. 암수가 색깔에서 약간의 차이를 보이는 경우가 있기는 하지만 베이트는 이런 현상이 기껏해야 그들이 서로 다른 서식 환경을 갖고 있기 때문이라고 생각했다. 예를 들어 수컷은 암컷에 비해 잘 돌아다니기 때문에 빛에 더 노출되는 시간이 많아서 색깔 차이가 난다는 식이었다. 파워(Power)는 모리셔스*에 살고 있는 몇몇 종의 성별을 색깔 차이로 구별하려 했지만 갯가재류의 한 종을 제외하고는 모두 실패했다. 아마 이 종은 스퀼라 스틸리페라(*Squilla stylifera*)로 여겨지는데 이 종의 수컷은 '아름다운 푸른빛이 도는 초록색'과 선홍색 부속지를 갖고 있는 것으로 묘사되어 있으며 암컷은 갈색과 회색 반점이 있으며 '수컷보다는 선명하지 못한 붉은 색깔'을 보이는 것으로 설명되어 있다.[15] 이 경우 우리는 성선택의 작용이 있는 것이 아닌가 하고 생각할 수 있다. 버트(M. Bert)는 프리즘 빛이 비치는 그릇에 물벼룩을 넣고 관찰했다. 그 관찰에서 얻은 결과는 아무리 하등한 갑각류라도 색깔을 구별할 수 있다는 우리 믿음의 근거가 되었다. 사피리나(*Saphirina*: 절갑류의 한 속으로 바다에 서식한다)의 수컷은 세포처럼 생긴 여러 개의 작은 방패로 장식되어 있는데 이것은 변화되는 아름다운 색을 띤다. 대신에 모든 암컷은 이런 방패를 갖지 않으며 암수 모두 이런 방패를 갖지 않는 종도 하나 있다.[16] 그러나 이런 기이한 구조가 암컷을 유인한다고 결론짓는 것은 지나치게 성급한 판단이다. 프리츠 뮐러가 내게 알려준 바에 따르면 겔라시무스 게 중 브라질에 서식하는 어떤 종의 암컷은 전체 몸이 거의 균일한 회갈색으로 덮여

---

15) C. Fraser, *Proceedings of the Zoological Society,* 1869, 3쪽; 파워(Power)의 진술 내용은 베이트가 내게 제공한 것이다.
16) C. Claus, *Die freilebenden Copepoden,* 1863, 35쪽.

있다고 한다. 수컷의 경우 두흉부(頭胸部)의 뒤쪽은 흰색을 띠고 앞쪽은 짙은 갈색으로 차츰 변화되는 진한 녹색을 띤다. 그런데 놀라운 것은 이런 색깔이 불과 몇 분 만에 변화될 수 있다는 것이다. 흰색은 탁한 회색으로 변하는데 심지어는 검은색으로까지 변하며 녹색은 반짝거리는 성질을 상당히 잃는다. 수컷이 성숙해지기 전까지 밝은 색깔을 띠지 않는다는 사실은 주목할 만하다. 수컷은 암컷보다 훨씬 더 흔한 것 같다. 또한 수컷에게는 커다란 집게발이 있어 암컷과 구별된다. 아마 이 속에 포함되는 대부분의 종은 암수가 짝을 이뤄 같은 굴 속에서 사는 것 같다. 그들은 우리가 이미 살펴보았듯이 정신 능력이 높은 동물이다. 이 같은 여러 가지 상황을 고려해보면 이 종의 수컷은 암컷을 유인하고 자극하기 위해 화려하게 장식된 것으로 보인다.

겔라시무스 게의 수컷은 성숙하여 교미하기 전까지는 뚜렷한 색깔을 보이지 않는다고 한다. 암수의 구조가 뚜렷하게 다른 것은 모든 강(綱)의 동물에게 해당되는 보편적인 규칙인 것 같다. 우리는 차후에 척추동물아계에도 이와 동일한 법칙이 적용된다는 것을 알게 될 것이다. 그리고 모든 경우에서 이것은 성선택을 통해 획득된 뚜렷한 형질의 차이라는 사실도 알게 될 것이다. 프리츠 뮐러는 이 법칙에 해당하는 몇 가지 인상적인 사례를 제시했다.[17] 예를 들어 모래벼룩(Orchestia) 수컷은 거의 성장하고 나서야 커다란 파악기(clasper)가 발달되어 암컷과 차이를 보이지만 암컷과 수컷이 어린 시절에 갖는 파악기는 비슷하다고 했다.

거미강(거미류) 거미의 암컷과 수컷은 색깔이 크게 다르지는 않지만 수컷이 암컷보다 대개 더 짙은 색깔을 띤다. 이런 내용은 블랙월

---

17) Fritz Müller, 앞의 책, 79쪽.

의 멋진 작품 속에서 찾을 수 있을 것이다.[18] 그러나 어떤 종의 경우에는 색깔 차이가 매우 뚜렷하다. 예를 들어 스파라수스 스마라그둘루스(*Sparassus smaragdulus*) 암거미는 침침한 녹색을 띠는 반면에 성체 수컷은 복부에 밝은 노란색을 띠며 화려한 빨간색 세로줄이 세 개 그어져 있다. 게거미류(*Thomisus*) 일부 종의 암수는 매우 비슷하지만 큰 차이를 보이는 종도 있다. 이와 비슷한 사례가 다른 속에서도 많이 보고되었다. 어떤 종의 암컷과 수컷 중에서 어느 쪽이 그들이 해당하는 속의 원래 색깔에서 많이 벗어났는지를 구별하는 것은 아주 어려운 경우가 많다. 그러나 블랙월은 일반적으로 그것은 수컷이라고 생각한다. 또한 카네스트리니에 따르면 일부 속의 경우 수컷들은 서로 쉽게 구별되는 반면 암컷들은 구별하기가 매우 어렵다고 한다.[19] 블랙월이 내게 알려준 바에 따르면 어린 시절의 암컷과 수컷은 대개 서로 닮았으며 암수 모두 성숙하기 전까지 여러 번의 탈피 과정을 거치며 커다란 변화를 겪는다고 한다. 수컷만이 색깔 변화를 겪는다고 여기는 경우도 있다. 예를 들어 앞에서 말했던 스파라수스 수거미는 어린 시절의 암거미와 비슷하지만 어른이 되어가면서 그 고유한 색깔을 띠게 된다. 거미는 예민한 감각을 갖고 있으며 지능도 높은 것으로 알려져 있다. 잘 알려져 있듯이 암컷은 견사로 된 거미집으로 봉해놓은 자신의 알에게 매우 강한 애정을 보이는 경우가 많다. 수거미는 암컷을 간절히 찾아다닌다. 또 카네스트리니와 여러 학자들은 수컷들이 암컷을 차지하기 위해서 싸우는 경우도 있다고 한다. 카네스트리니는

---

18) J. Blackwall, *A History of the Spiders of Great Britain*, 1861~64. 다음의 사실을 보려면 77, 88, 102쪽을 참조하시오.

19) 이 학자는 최근 아주 소중한 평론 「거미강의 이차성징」(Caratteri sessuali secondarii degli Arachnidi)을 발간했다(*Atti della Soc. Veneto-Trentina di Sc. Nat. Padova*, vol. 1, 3rd ed., 1873).

약 20종의 거미가 교미하는 것을 관찰했다. 그는 암거미가 자신의 큰 턱을 벌려 위협적인 자세를 취하며 구애 행동 중인 수컷의 일부를 배척하면서 오랫동안 망설이다가 결국 한 마리의 수컷을 선택하여 받아들인다고 강하게 주장한다. 이런 여러 상황을 고려해볼 때, 수컷이 자신의 장식을 전시한다는 최상의 증거를 여기에 댈 수는 없지만 우리는 어느 정도 확신을 갖고 일부 종의 암수가 보이는 뚜렷한 색깔의 차이가 성선택의 결과라는 것을 받아들일 수 있을 것 같다. 리네아툼 꼬마거미(*Theridion lineatum*) 같은 일부 종의 경우 수컷이 극단적인 색깔 변이를 보이는 경우가 있다. 이것으로 보아 이들 수컷의 성징이 아직 완전히 고정된 것 같지는 않다. 카네스트리니도 일부 종에서 턱 크기와 모양이 서로 다른 두 가지 유형의 수컷이 있다는 사실에서 같은 결론을 이끌어냈다. 이것은 갑각류의 이형과 비슷하다.

일반적으로 수거미는 암거미에 비해 아주 작은데 어떤 경우에는 비교도 되지 않을 정도로 작은 경우도 있다.[20] 이 경우 수컷은 움직일 때 아주 조심해야만 한다. 암컷이 그녀의 수줍음을 위험한 찌르기로 표출하는 경우가 종종 있기 때문이다. 그리어(Greer)가 관찰한 한 마리의 수컷은 예비적인 애무 동작 중에 조심해야 할 대상인 암컷에게 붙잡혀 거미줄에 친친 감긴 후 잡아먹히고 말았다. 그는 이 광경을 보고 공포와 분개에 사로잡혔다고 한다.[21] 케임브리지(O.P. Cambridge)는 무당거미의 수컷이 극도로 작은 것에 대해 다음과 같이 설명한다.

---

20) 빈슨(A. Vinson)은 에페이라 니그라(*Epeira nigra*) 거미 수컷의 작은 크기에 대한 훌륭한 사례를 *Araneides des Iles de la Reunion*, 삽화 6, 〈그림-1, 2〉에 제시했다. 이 종의 경우 수컷은 적갈색이고 암컷은 다리에 붉은색 줄무늬가 있는 검은색이라는 것을 덧붙여두고자 한다. 암수 간의 크기가 서로 다른 더욱 훌륭한 여러 사례가 기록되었으나(*Quarterly Journal of Science*, 1868. 7, 429쪽) 그것에 대한 최초의 기술은 찾지 못했다.

21) Kirby & H. Spencer, *Introduction to Entomology*, vol. 1, 1818, 280쪽.

"빈슨은 작은 수컷이 잔인한 암컷에게서 탈출하는 기민한 방식을 도식적으로 설명했다. 즉 수컷은 미끄러지듯 암컷의 뒤로 도망쳐 커다란 다리 사이로 내빼는 숨바꼭질로 탈출했다고 한다. 그리고 이런 추격전이 벌어질 때 덩치가 작은 수컷이 유리하다고 했다. 수컷의 덩치가 크다면 더 빨리 희생될 확률이 높다는 것이다. 그래서 수컷의 작은 부류가 점차 선택되어 생식 기능을 수행할 수 있는 가장 작은 크기까지 축소되었을 것이며 사실 그들의 작은 크기 때문에 암컷의 눈에 띄지 않거나 작고도 민첩하게 행동하기 때문에 웬만한 노력을 하지 않고는 암컷이 수컷을 잡을 수 없다는 것이 그의 설명이었다."[22]

웨스트링(Westring)은 꼬마거미속(*Theridion*) 일부 종[23]은 암컷이 아무 소리도 내지 못하는 데 반해 수컷은 마찰음을 낼 수 있다는 흥미로운 사실을 발견했다. 소리를 내는 장치는 복부의 기저부에 있는 톱니 모양의 융기 구조였는데 이것에 딱딱한 가슴 뒷부분을 비벼서 소리를 냈다. 암컷의 구조는 이것과는 아주 달랐다. 유명한 거미학자 월크너(Walckenaer)를 비롯한 여러 학자는 거미가 음악에 흥미를 보인다고 했는데 주목할 만한 내용이다.[24] 다음 장에서 설명하게 될 메뚜기목과 매미목도 비슷한 성질을 갖고 있는데 웨스트링도 믿듯이 마찰음이 암컷을 유인하거나 자극한다는 사실은 거의 틀림없다. 내가 알기로 이것은 동물계에서 고등한 순서로 올라가며, 이성을 유인하기 위해 소리를 내는 첫 번째 경우에 해당한다.[25]

---

22) *Proceedings of the Entomological Society,* 1871, 621쪽.

23) 네 개의 점을 갖고 있는 세라티페스 꼬마거미(*Theridion serratipes*). 크로여 (Kroyer)의 *Naturhist. Tidskrift,* vol. 4, 1842~43, 349쪽; vol. 2, 1846~49, 342쪽 에 실린 웨스트링의 글을 참조하시오. 다른 종에 대해서는 *Araneae Suecicae,* 184쪽을 참조하시오.

24) 주테빈(H.H. Zouteveen)은 이 작품에 대한 자신의 독일어 번역판, 제1권, 444쪽에서 여러 사례를 수집하여 보고했다.

다족강 이 강에는 노래기류와 지네류의 두 목이 포함되는데 나는 두 경우 모두에서 우리의 관심을 끄는 성적인 차이를 발견할 수 없었다. 그러나 글로메리스 림바타(*Glomeris limbata*)와 그외 몇몇 종의 수컷은 그 색깔에서 암컷과 약간의 차이를 보인다. 그러나 글로메리스 림바타는 매우 변이가 많은 종이다. 배각류 수컷의 경우 체절의 앞부분에 있는 다리든 뒷부분에 있는 다리든 움켜잡을 수 있는 갈고리 모양으로 변형되어 암컷을 확실하게 확보하는 데 이용한다. 이울루스(*Iulus*)에 속하는 일부 종의 경우 수컷의 발목마디에는 동일한 목적에 이용되는 막성 빨판이 있다. 곤충을 취급할 때 살펴보겠지만 돌지네(*Lithobius*)의 경우 이성을 움켜잡기 위해 배마디 끝에 파악기를 갖고 있는 쪽이 수컷이 아니라 암컷이라는 사실은 상당히 특이한 상황이다.[26]

---

25) 그러나 힐겐도르프(Hilgendorf)는 고등한 갑각류 일부에서 소리를 내는 데 적응한 것으로 보이는 유사한 구조에 대해 관심을 불러일으켰다. *Zoological Record,* 1869, 603쪽을 참조하시오.
26) Walckenaer & P. Gervais, *Hist. Nat. des Insectes: Apteres,* tom. 4, 1847, 17, 19, 68쪽.

제10장 곤충의 이차성징

암컷을 움켜잡기 위해 수컷에게 있는 다양한 구조 — 의미가 아직 알려지지 않은 암수 간의 차이 — 암수 간의 크기 차이 — 좀목 — 파리목 — 노린재목 — 매미목, 수컷에게만 있는 음악적 재능 — 메뚜기목, 다양한 구조의 음악 도구, 호전성, 색깔 — 풀잠자리목, 암수의 색깔 차이 — 벌목, 호전성과 색깔 — 딱정벌레목, 색깔, 장식임이 확실한 거대한 뿔, 전투, 암수 모두에게 있는 마찰음 기관

거대한 곤충강의 암수는 그들의 이동 기관이 서로 다른 경우가 있다. 또한 많은 종의 수컷에게 있는 빗살 모양의 아름다운 깃털형 더듬이처럼 감각 기관에서도 종종 차이를 보인다. 하루살이의 하나인 꼬마하루살이 수컷은 암컷에는 전혀 없는 커다란 기둥 모양의 눈을 갖고 있다.[1] 개미벌과 같은 일부 곤충의 암컷은 홑눈이 없는 경우가 있다. 그리고 개미벌과의 암컷은 날개도 없다. 그러나 우리가 관심을 두는 것은 힘, 호전성, 장식품, 음악을 통해 전투나 구애 행동에서 승리를 거둘 수 있도록 도와주는 수컷의 신체 구조에 관한 것이다. 그러므로 수컷이 암컷을 움켜잡기 위해 갖고 있는 많은 장치에 대해서는 간단하게만 살펴보겠다. 매우 중요한 기관으로 여겨져야만 할 복

---

1) J. Lubbock, *Transactions of the Linnean Society*, vol. 25, 1866, 484쪽. 개미벌과에 대해서는 J.O. Westwood, *Modern Classification of Insects*, vol. 2, 213쪽을 참조하시오.

부 끝의 복합 구조 외에도,[2] 월시가 말했듯이, "겉으로는 하찮아 보이는 여러 구조가 수컷이 암컷을 견고하게 붙잡도록 작용한다는 것은 놀라운 일이다."[3] 곤충의 큰턱(mandible)도 때로는 이 목적으로 이용된다. 예를 들어 코리달리스 코르누투스(*Corydalis cornutus*: 풀잠자리목에 속하는 곤충으로 잠자리와 어느 정도의 유연 관계가 있다) 수컷의 턱은 암컷의 턱보다 몇 배나 크고 휘어져 있다. 또한 날카로운 가시가 돋아나 있지도 않고 그 표면이 부드러워 암컷을 붙잡을 때 암컷에게 상처를 주지도 않는다.[4] 북아메리카산 사슴벌레의 일종인 루카누스 엘라푸스(*Lucanus elaphus*)는 턱이 암컷보다 훨씬 더 거대한데 이 턱을 같은 목적에 사용한다. 그러나 전투에도 이용하는 것 같다. 나나니벌(*Ammophila*)* 중의 하나는 암컷과 수컷의 턱이 비슷하지만 완전히 다른 목적으로 사용된다. 웨스트우드에 따르면 "수컷은 대단히 정열적이어서 낫처럼 생긴 턱을 이용하여 파트너의 목을 움켜잡는다."[5]

---

2) 이 기관은 매우 가까운 종들 사이에도 종종 다르다. 그래서 뚜렷한 종의 특징이 되고 있다. 그러나 기능적 관점에서 볼 때 그들의 중요성은 맥라클란(R. MacLachlan)이 내게 말했듯이 지나치게 과대평가된 경향이 있는 것 같다. 이들 기관의 미세한 차이가 뚜렷하게 서로 다른 변종이나 새로 생겨나는 종 사이에 교잡이 일어나지 않도록 할 것이며 그 때문에 이들 기관의 발달에 도움을 줄 것이라고 제안된 적이 있다. 그러나 서로 다른 종 사이에 일어나는 교미에 관해 보고된 많은 사례(H.G. Bronn, *Geschichte der Natur,* Bd. 2, 1843, 164쪽; J.O. Westwood, *Transactions of the Entomological Society,* vol. 3, 1842, 195쪽을 참조하시오)를 보면 이런 일은 거의 일어나지 않을 것 같다. 맥라클란이 Stett. *Ent. Zeitung,* 1867, 155쪽에서 내게 알려준 바로는 이 구조가 뚜렷한 다른 날도래과(Phryganidae)의 여러 종을 마이어(A. Meyer)가 한 장소에 함께 두었을 때 이들은 짝짓기를 했으며 한 쌍은 수정란을 낳기도 했다고 한다.
3) B.D. Walsh, *The Practical Entomologist,* vol. 2, 1867. 5, 88쪽.
4) B.D. Walsh, 위의 책, 107쪽.
5) J.O. Westwood, *Modern Classfication of Insects,* vol. 2, 1840, 205~206쪽. 월시는 내게 곤충의 턱이 이중적인 목적으로 사용된다는 것을 알려주었는데 그는 이런 사례를 여러 번 관찰했다고 한다.

반면에 암컷은 모래 언덕에 굴을 파 둥지를 건설하는 데 턱을 이용한다.

많은 딱정벌레의 경우 수컷의 앞다리 발목마디는 부풀어 있거나 넓은 털 뭉치로 싸여 있다. 그리고 물속에 사는 여러 속(屬)의 딱정벌레 수컷 발목마디는 둥글고 넓적한 빨판으로 변형되어 암컷의 미끄러운 몸에 부착할 수 있다. 물방개붙이(*Dytiscus*) 같은 일부 수생 딱정벌레의 경우 암컷의 시초(elytra)*가 깊이 주름져 있는 것은 특이하다. 아실리우스 술카투스(*Acilius sulcatus*)* 암컷의 경우는 털이 빽빽하게 돋아 나 있어 암컷을 붙잡는 수컷에게 도움이 된다. 알물방개(*Hydroporus*) 같은 일부 수생 딱정벌레의 암컷은 시초에 구멍이 나 있어 동일한 목적으로 이용된다.[6] 빗은주둥이벌(*Crabro cribrarius*)의 경우 수컷의 종아리는 부풀어 넓은 각질 판을 형성하고 수많은 막성 점을 갖고 있어 체 같은 특이한 모양으로 나타난다(〈그림-9〉 참조).[7] 딱정벌레의 한 속인 펜테

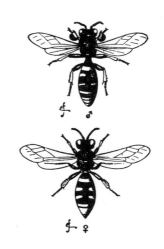

〈그림-9〉 빗은주둥이벌. 위 그림은 수컷, 아래 그림은 암컷이다

---

6) 아주 기이하고 설명하기 힘든 이형의 사례가 있다. 물방개붙이(*Dysticus*)의 일부 유럽 종과 알물방개(*Hydroporus*)의 일부 종은 시초가 매끄럽다. 굴곡이 지거나 구멍난 시초의 중간 형태는 발견되지 않으며 매끄러운 시초만이 나타날 뿐이다. *Zoologist,* vol. 5~6, 1847~48, 1896쪽에 실린 샤움(H. Schaum)의 글을 참조하시오. Kirby & Spence, *Introduction to Entomology,* vol. 3, 1826, 305쪽도 참조하시오.

7) J.O. Westwood, 앞의 책, 193쪽. 펜테에 대한 여러 설명과 인용 부호 속의 여러 곤충에 대한 내용은 B.D. Walsh, 앞의 책, 제3권, 88쪽에서 따온 것이다.

(*Penthe*)의 수컷은 더듬이 중간 마디 몇 개가 부풀어 있고 아래쪽 면은 털로 덮여 있는데 딱정벌레과(Carabidae) 발목마디의 털과 아주 흡사하며 "동일한 목적을 갖고 있는 것이 확실하다." 잠자리 수컷은 "꼬리 끝에 달린 부속 기관이 매우 다양하게 변형되어 암컷의 목을 껴안을 수 있게 되어 있다." 마지막으로 많은 곤충의 수컷은 다리에 기이한 가시나 돌기가 돋아나 있거나 다리 전체가 휘어져 있거나 두껍게 비후해 있지만 절대로 성적인 특징은 아니다. 어떤 경우에는 다리 한 쌍이나 세 쌍이 길게 신장되어 때로는 지나칠 정도의 길이까지 뻗는 경우도 있다.[8]

모든 목의 많은 종이 암수 간 차이를 보이지만 그 의미는 알려져 있지 않다. 한 종류의 딱정벌레는 참으로 기이한데(〈그림-10〉 참조) 수컷의 큰턱이 무척 확장되어 있고 그 때문에 입이 상당히 뒤틀려 있다. 또 다른 딱정벌레인 유리그나토우스(*Eurygnathous*)는 울라스턴이 생각하는 유일한 사례에 해당하는데[9] 이 곤충의 경우 암컷의 머리는

〈그림-10〉 타프로데레스 디스토르투스(*Taphroderes distortus*). 위 그림은 수컷, 아래 그림은 암컷이다.

수컷에 비해 정도의 차이는 있지만 훨씬 더 크고 넓다. 그런 사례는 얼마든지 추가할 수 있다. 이들 사례는 나비목에서 많이 나타난다. 가

---

8) Kirby & Spence, 앞의 책, 332~336쪽.
9) V. Wollaston, *Insecta Maderensia,* 1854, 20쪽.

장 특이한 것 중 하나는 일부 나비 수컷의 앞다리가 퇴화해 종아리와 발목마디가 혹 같은 흔적 구조로 축소되어 있는 경우다. 날개 시맥의 분포 상태도 암수 간에 차이를 보여[10] 아리코리스 에피투스(*Aricoris epitus*) 나비처럼 때로는 그 윤곽이 상당히 다른 경우도 있다. 이 표본은 대영박물관에서 버틀러가 내게 보여준 것이다. 남아메리카에 서식하는 어떤 나비의 수컷에는 날개 가장자리에 털 뭉치가 있으며 뒷날개에는 각질화된 혹이 있다.[11] 영국의 나비 중에는 원포가 보여주었듯이 수컷에게만 기이한 비늘이 부분적으로 돋아나 있는 경우도 있다.

밝은 빛을 사용하는 개똥벌레의 암컷은 많은 논의의 대상이 되고 있다. 수컷은 애벌레나 알과 마찬가지로 희미한 빛을 낸다. 일부 학자들은 불빛이 적을 놀라게 하여 쫓아버리는 역할을 한다고 주장한다. 수컷이 불빛을 따라 암컷에게로 접근한다고 주장하는 학자들도 있다. 마침내 그 어려운 문제는 벨트가 해결한 것으로 보인다.[12] 그는 곤충을 잡아먹고 사는 포유류와 새들이 반딧불이과(Lampyridae)의 곤충을 잡아먹기를 아주 싫어한다는 것을 알았다. 그런 이유 때문에 많은 종류의 곤충이 포식자에게 잡아먹히지 않기 위해 반딧불이과를 아주 흡사하게 모방한다고 한다. 이것은 베이츠의 견해로서 나중에 설명할 것이다. 더 나아가 베이츠는 이들 곤충이 내는 빛이 포식자에게 일단 맛이 없다는 신호로 인식되어 이득이 된다고 믿는다. 암수 모두 밝은

---

10) E. Doubleday, *Annals and Magazine of Natural History*, vol. 1, 1848, 379쪽. 일부 벌목(W.E. Shuckard, *Fossorial Hymenoptera*, 1837, 39~43쪽 참조)의 날개는 암수 간에 그 시맥이 다르다는 사실을 추가로 언급해도 될 것 같다.

11) H.W. Bates, *Journal of Linnean Society, Zoology*, vol. 6, 1862, 74쪽. 원포(Wonfor)가 관찰한 내용이 *Popular Science Review*, 1868, 343쪽에 인용되었다.

12) Belt, *The Naturalist in Nicaragua*, 1874, 316~320쪽. 알이 내는 인광에 대해서는 *Annals and Magazine of Natural History*, 1871. 11, 372쪽을 참조하시오.

빛을 내는 방아벌레에도 같은 설명을 적용시킬 수 있을 것 같다. 개똥벌레 암컷에게 왜 날개가 없는지는 알려져 있지 않다. 그러나 현재 상태로 보아 암컷은 애벌레와 매우 비슷하다. 그런데 애벌레가 수많은 포식자에게 잡아먹힌다는 사실로 보아 우리는 왜 암컷이 수컷보다 그렇게 강한 빛을 내어 자신을 드러내는지, 그리고 왜 애벌레 자신도 마찬가지로 빛을 내는지 이해할 수 있다.

암수 간의 크기 차이　모든 종류의 곤충의 경우는 일반적으로 수컷이 암컷보다 작다. 그리고 이런 차이는 종종 애벌레 시절에도 나타난다. 누에나방(*Bombyx mori*)의 경우 암수의 번데기 차이는 상당히 커서 프랑스에서는 번데기의 무게에 따라 암수를 분리한다고 한다.[13] 동물계의 하등한 강에서 암컷의 크기가 큰 것은 그들이 수많은 알을 생산하기 때문인 것 같다. 그리고 이것은 곤충의 경우도 마찬가지인 것 같다. 그러나 월리스는 더욱 그럴듯한 설명을 제시했다. 그는 봄빅스 친티아(*Bombyx cynthia*)와 봄빅스 야마마이(*Bombyx yamamai*)의 애벌레와 두 번째 배로 태어나 인공 먹이로 키워 크기가 작은 애벌레의 발생을 주의 깊게 연구하여 다음과 같은 사실을 밝혀냈다. "나방이 튼튼할수록 변태까지의 시간은 비례적으로 길어진다. 이런 이유 때문에 수많은 알을 갖고 있어 크고 무거워진 암컷은 수컷에 비해 변태가 늦게 일어난다. 수컷은 작고 성숙 기간이 짧다."[14] 대부분의 곤충은 생명이 짧고 많은 위험에 노출되어 있기 때문에 암컷이 가능한 빨리 수정되는 것이 유리하다는 것은 틀림없는 사실일 것이다. 많은 수컷이 미리 성숙되어 암컷이 출현하기를 기다림으로써 이런 목적을

---

13) Robinet, *Vers à Soie,* 1848, 207쪽.
14) A.R. Wallace, *Transactions of the Entomological Society,* 제3시리즈, vol. 5, 486쪽.

달성할 수 있을 것이다. 그리고 월리스도 말했듯이[15] 이것은 당연히 자연선택의 영향을 받았을 것이다. 왜냐하면 덩치가 작은 수컷들이 먼저 성숙하기에 이런 수컷의 작은 덩치의 형질을 물려받은 자손들이 많이 태어날 것이고 반면에 덩치가 큰 수컷은 좀더 늦게 성숙하기에 적은 수의 자손만을 남길 것이기 때문이다.

그러나 곤충의 수컷이 암컷보다 작다는 규칙에는 예외가 있다. 이들 예외 중 일부는 충분히 이해할 만한 것이다. 덩치와 힘은 암컷을 차지하려고 싸우는 수컷에게 유리했을 것이다. 이런 경우에는 사슴벌레(*Lucanus*)처럼 수컷이 암컷보다 크다. 그러나 수컷이 암컷보다 덩치가 크면서도 서로 싸우지 않는 것으로 알려져 있는 딱정벌레도 있다. 그 의미는 알려져 있지 않지만 우리는 거대한 디나스테스(*Dynastes*)와 메가소마(*Megasoma*) 같은 일부 종류는 수컷이 암컷보다 먼저 성숙하기 위해 암컷보다 작을 필요가 없다는 정도는 알고 있다. 왜냐하면 이 딱정벌레는 수명이 짧지 않아 암수가 짝짓기를 시도할 엄청난 시간이 있기 때문이다. 게다가 잠자리과(Libellulidae)의 수컷은 눈에 띄게 큰 경우가 가끔 있다. 수컷이 암컷보다 작은 경우는 절대로 없다.[16] 맥라클란이 믿고 있듯이 이 부류는 1~2주가 지나 수컷이 고유한 색깔을 띠고 나서야 암컷과 짝짓기를 한다. 그러나 가장 기이한 사례는 침을 갖고 있는 벌목의 경우다. 이들은 복잡하면서 암수의 덩치 차이처럼 사소한 형질이기 때문에 과거에는 중요하게 취급하지 않았다. 스미스(F. Smith)가 내게 알려준 바로는 이 큰 집단 전체를 통해 수컷은 일반적인 규칙에 따라 암컷보다 크기가 작고 약 일주일 정도 먼저 깨어난다. 그러나 꿀벌 중에서 양봉꿀벌(*Apis mellifica*), 안티디움 마니카

15) A.R. Wallace, *Proceedings of the Entomological Society*, 1867. 2. 4, 71쪽.
16) 암수의 크기와 그외의 언급에 대해서는 Kirby & Spence, 앞의 책, 제3권, 300쪽, 곤충의 수명에 대해서는 344쪽을 참조하시오.

툼(*Anthidium manicatum*),* 안토포라 아세보룸(*Anthophora acervorum*)*과 구멍을 파고 사는 벌류 중에서 메토카 이크뉴모니데스(*Methoca ichneumonides*)처럼 수컷이 암컷보다 더 큰 경우도 있다. 이런 이형에 대한 이유는 결혼 비행이 이들 종에 절대적으로 필요하다는 사실로서 설명될 수 있다. 결혼 비행을 할 때 공중에서 암컷을 붙잡고 있으려면 수컷에게는 강한 힘과 큰 덩치가 필요하다는 것이다. 이렇게 해서 수컷의 덩치는 암컷을 능가했지만 암컷보다 먼저 깨어나는 것으로 보아 수컷의 덩치는 크기와 발생 기간의 통상적인 관계와는 반대 방향으로 획득된 것이다.

이제부터는 우리의 관심을 끄는 사례들을 선택하여 여러 목에 대해 검토하겠다. 나비목(나비와 나방)은 별개의 장에서 설명할 것이다.

좀목(Thysanura) 이 하등한 목의 구성원들은 날개가 없고 칙칙한 색깔을 띠며 크기가 작은 곤충으로서 못생겼고 머리와 몸이 기형적이다. 암컷과 수컷은 서로 다르지 않다. 그러나 매우 하등한 동물인데도 수컷이 암컷 앞에서 꼼꼼하게 구애 행동을 벌이는 것은 흥미롭다. 러벅은 다음과 같이 말했다. "이 작은 벌레(*Smynthurus luteus*)가 서로 아양을 떨고 있는 것을 보는 것은 재미있다. 암컷보다 훨씬 작은 수컷은 암컷의 주위를 돌며 움직이다가 서로 충돌하기도 하는데 두 마리가 얼굴을 맞대고 앞뒤로 움직이는 꼴이 마치 두 마리의 장난꾸러기 양을 보는 것 같다. 그러다가 암컷이 달아나는 체하고 그 뒤를 따라서 수컷이 화난 듯이 기이한 모습으로 따라가 암컷을 앞질러 다시 얼굴을 맞닥뜨린다. 그러면 암컷은 부끄러워하며 몸을 돌리고 수컷도 더욱 빠르고 활기찬 모습으로 함께 돌아 마치 자기의 더듬이로 암컷을 채찍질하는 듯한 모습을 보인다. 잠시 그들은 그렇게 멈춰 더듬이로 장난을 치는데 서로가 상대에게 가장 중요한 존재처럼 보인다."[17]

파리목(Diptera)　암수의 색깔은 약간 다르다. 워커(F. Walker)에 따르면 가장 큰 차이는 털파리속(*Bibio*)에서 나타난다. 이 속의 파리는 수컷이 거무스름하거나 완전히 검은색을 띠고 암컷은 갈색이 도는 칙칙한 오렌지색을 띤다. 월리스가 뉴기니에서 발견한 엘라포미아 (*Elaphomyia*)는 아주 특징적인데 수컷에겐 뿔이 있지만 암컷에겐 뿔의 흔적이 전혀 나타나지 않는다.[18] 뿔은 눈 아래 부위에서 나뭇가지나 펼쳐진 손 모양으로 뻗어나는데 기이하게도 수사슴의 뿔과 닮았다. 어떤 종은 뿔이 몸의 전체 길이와 같을 정도로 긴 경우도 있다. 뿔은 싸우는 데 필요해 획득된 구조로 여길 수도 있으나 어떤 종은 뿔이 아름다운 분홍색을 띠며 검은색 테가 둘러져 있고 그 가운데로 옅은 색 줄무늬가 지나간다. 이들 곤충이 매우 우아하게 보이는 것으로 보아 뿔은 아마 장식으로 작용하는 것 같다. 일부 파리목의 수컷이 서로 싸운다는 것은 확실하다. 웨스트우드는 각다귀(*Tipulae*)에 대해 이런 현상을 여러 번 관찰했다.[19] 파리목의 다른 수컷은 음악을 이용하여 암컷을 얻으려고 한다. 헤르만 뮐러는 두 마리의 꽃등에(*Eristalis*) 수컷이 한 마리의 암컷에게 한참 동안 구애 행동을 벌이는 것을 관찰했다.[20] 그들은 암컷 위를 비행하기도 하고 양쪽 옆을 날며 동시에 윙윙거리는 소리를 크게 냈다. 모기과(Culicidae)에 속하는 각다귀와 모기도 윙윙거리는 소리로 서로를 유인하는 것 같다. 마이어는 최근 수컷 더듬이의 털들이 암컷이 내는 소리와 동일한 주파수로 울리는 소리굽쇠의 음에 맞춰 일제히 진동한다는 것을 확인했다. 긴 털들이

---

17) J. Rubbock, *Transactions of the Linnean Society*, vol. 26, 1868, 296쪽.

18) F. Walker, *The Malay Archipelago*, vol. 2, 1869, 313쪽.

19) J.O. Westwood, 앞의 책, 526쪽.

20) Hermann Müller, "Anwendung der Darwin'schen Lehre auf Bienen," *Verh. d. n. V. Jahrg.* 29, 80쪽; Mayer, *American Naturalist*, 1874, 236쪽.

저음에 맞춰 진동하고 짧은 털들은 고음에 맞춰 진동한다. 란도이스(H. Landois)도 자신이 특정한 음을 내어 각다귀 무리를 계속해서 유인할 수 있었다고 주장했다. 파리목은 신경계가 잘 발달해 있는 것으로 보아 다른 대부분의 곤충보다 정신 능력이 높다는 사실을 덧붙여야 할 것 같다.[21]

벌목(Hemiptera)　영국산 곤충에 특히 관심이 많았던 더글러스(J.W. Douglas)가 친절하게도 벌목의 성적인 차이를 내게 설명해주었다. 일부 종의 경우 수컷에겐 날개가 있지만 암컷에겐 날개가 없다. 또한 암컷과 수컷은 체형, 시초(elytra), 더듬이, 발목마디에서도 차이를 보인다. 그러나 이런 차이의 의미는 알려지지 않았으므로 여기서는 그냥 넘어가겠다. 일반적으로 암컷은 수컷보다 더 크고 튼튼하다. 더글러스에 따르면 영국에 서식하는 종과 외국에서 유입된 외래종의 암수 간 색깔 차이는 크지 않다고 한다. 그러나 영국산 벌 중에서 수컷이 암컷보다 상당히 짙은 색깔을 띠는 경우가 약 6종이었으며 암컷이 수컷보다 짙은 색깔을 띠는 경우가 약 4종이었다. 어떤 종은 암수 모두 아름다운 색깔을 띤다. 그리고 이들 곤충이 아주 불쾌한 냄새를 내는 것으로 보아 그들의 뚜렷한 색깔은 식충동물에게 자신이 맛이 없다는 것을 알리는 신호로 작용하는 것 같다. 또한 그들의 색깔이 직접적인 보호 역할을 하는 경우도 있는 것 같다. 예를 들어 호프만(Hoffmann)이 내게 알려준 바로는 라임나무에 많이 붙어사는 작은 종은 분홍색과 녹색을 띠어 나무줄기에 돋아난 싹과 비슷해 거의 구

---

21) 로운(B.T. Lowne)의 흥미로운 작품, *Anatomy and Physiology of the Musca vomitoria*, 1870, 14쪽을 참조하시오. 그는 "잡힌 파리는 기이하고도 애처로운 소리를 냈고 이 음을 들은 다른 파리들은 어디론가 사라져버렸다"(33쪽)고 말했다.

별하기가 힘들다고 한다.

　침노린재과(Reduvidae)의 일부 종은 울음소리를 낸다. 피라테스 스트리둘루스(*Pirates stridulus*)는 전흉강(prothoracic cavity) 내에서 목을 비벼 울음소리를 낸다고 한다.[22] 웨스트링(Westring)에 따르면 레두비우스 페르소나투스(*Reduvius personatus*)도 울음소리를 내는 것으로 알려져 있다. 그러나 나는 이것이 성징이라고 생각할 만한 근거를 전혀 갖고 있지 않다. 비사회성 곤충은 이성을 부르는 소리가 아니라면 소리를 내는 기관은 전혀 소용이 없을 것이라는 게 예외라면 예외가 될 것이다.

매미목(Homoptera)　열대의 숲속을 배회해본 사람이라면 누구나 매미 수컷이 내는 시끄러운 소리에 놀란 경험이 있을 것이다. 암컷은 소리를 내지 않는다. 그리스의 시인 크세나쿠스(Xenarchus)는 "매미는 소리를 지르지 않는 아내랑 함께 있으니 얼마나 행복하게 사는 것인가!" 하고 말했다. 그런 매미의 소리는 브라질 해안에서 400미터 떨어진 곳에 정박한 비글호의 갑판에서도 똑똑히 들을 수 있었다. 핸콕 선장은 1,600미터 떨어진 곳에서도 그 소리를 들을 수 있다고 말했다. 옛 그리스인들과 오늘날의 중국인들은 매미의 노랫소리를 들으려고 매미를 통 속에 보관한다. 그래서 여러 사람의 귀를 즐겁게 해주었을 것이다.[23] 매미과(Cicadidae)는 대개 낮에 울지만 꽃매미과(Fulgoridae)는 밤에 운다. 란도이스에 따르면 기관(tracheae)에서 빠져나가는 공기가 기문(spiracle)의 얇은 판을 진동시켜 소리를 낸다고 했다.[24] 그러나

---

22) J.O. Westwood, 앞의 책, 473쪽.

23) 이런 특이한 내용은 웨스트우드의 앞의 책, 422쪽에서 가져온 것이다. 꽃매미과에 대해서는 *Kirby & Spence, Introduction to Entomology*, vol. 2, 401쪽을 참조하시오.

이런 견해는 최근 들어 논란의 대상이 되었다. 파웰은 이미 특별한 근육이 활동을 함으로써 막이 움직이고 진동하면서 소리가 난다는 것을 증명한 것으로 보인다.[25] 울고 있는 곤충을 관찰하면 이 막이 진동하는 것을 볼 수 있다. 그리고 죽은 곤충의 경우 건조와 경화가 많이 진행되지 않은 근육을 바늘로 잡아당기자 비슷한 소리가 났다. 암컷도 복잡한 음악 장치를 내장하고 있기는 하지만 수컷에 비해 그 발달이 미약하고 소리를 내는 목적으로 쓰이는 경우는 없다.

하트만은 미국의 치카다 셉템데심(Cicada septemdecim)에 대해 말하면서 음악의 역할을 다음과 같이 말했다.[26] "현재(1851년 6월 6일, 7일) 모든 방향에서 울음소리를 들을 수 있다. 이것은 수컷들이 내는 소리로 호전적으로 소집하는 신호인 것 같다. 내 키 정도의 높이에서 새 잎들이 돋은 수백 그루의 빽빽한 밤나무 숲속에 서서 나는 노래를 부르는 수컷들 주위에 암컷들이 몰려드는 것을 보았다." 그는 계속해서 덧붙였다. "이 계절에(1868년 8월) 내 정원에 있는 난쟁이 배나무에는 치카다 프루이노사(C. pruinosa)의 애벌레가 약 50마리 정도 깨어났다. 나는 이 매미의 암컷이 수컷 가까이 착륙하는 것을 여러 번 보았는데 그때 수컷은 자기 노래의 음조를 바꾸었다." 프리츠 밀러가 브라질 남부 지역에서 내게 보낸 편지에서 그는 특별히 크게 노래를 부르는 종의 두세 마리 수컷이 서로 상당한 거리를 두고 앉아 부르는 소리의 경연을 종종 들었다고 했다. 한 마리가 노래를 멈추면 바로 이어서 다음 매미가 노래를 불렀고 그 이후에는 다시 다른 매미가 노래를 이어 불렀다. 매미의 수컷들이 그렇게 심한 경쟁을 벌이지는 않는 것으

24) H. Landois, *Zeitschrift für Wissenschaft Zoologie*, Bd. 17, 1867, 152~158쪽.
25) Powell, *Transactions of the New Zealand Institute*, vol. 5, 1878, 286쪽.
26) 하트만(Hartmann)이 쓴 *Journal of the Doings of Cicada septemdecim*를 발췌하여 보내준 월시에게 감사한다.

로 보아 암컷은 소리로 수컷을 발견할 뿐만 아니라 새의 암컷과 마찬가지로 가장 매력적인 소리를 내는 수컷에 자극을 받고 유인되는 것으로 보인다.

나는 매미목 암수의 장식이 뚜렷하게 서로 다르다는 말을 들어본 바 없다. 더글러스가 내게 알려준 바에 따르면 수컷은 검은색을 띠거나 검은 띠가 있고 암컷은 옅은 색이나 칙칙한 색을 띠는 매미가 영국에 세 종이 있다고 한다.

메뚜기목(Orthoptera: 귀뚜라미와 베짱이) 메뚜기목에서 높이뛰기로 유명한 세 과에 속하는 곤충의 수컷들은 음악적 재능이 탁월한데 귀뚜라미과(Achetidae), 풀무치과(Locustidae), 메뚜기과(Acridiidae)가 이에 해당한다. 풀무치과의 일부 종이 내는 울음소리는 굉장히 커서 밤이면 1,600미터 정도는 울려퍼진다.[27] 어떤 종이 내는 소리는 인간의 귀에도 음악적으로 들려 아마존 유역의 인디언들은 작은 가지로 만든 상자에 풀무치를 넣어 보관했다. 풀무치를 관찰했던 모든 사람들은 수컷이 내는 소리가 소리를 내지 못하는 암컷을 부르거나 자극하는 데 기여한다는 사실에 동의한다. 러시아의 이주메뚜기를 연구한 쾨르테(Körte)는 암컷이 수컷을 선택한다는 흥미로운 사례를 보고했다.[28] 이 종(*Pachytylus migratorius*)의 수컷은 암컷과 짝짓기를 하고 있을 때 다른 수컷이 접근하면 분노나 질투심을 나타내는 소리를 낸다. 밤에 인기척에 놀란 집귀뚜라미는 소리를 내어 다른 동료에게 위험을 알린다.[29] 북아메리카의 여치(*Platyphyllum concavum*: 풀무치과의 한 종

---

27) L. Guilding, *Transactions of the Linnean Society,* vol. 15, 154쪽.
28) 나는 F.T. Köppen, *Über die Heuschrecken in Südrussland,* 1866, 32쪽을 근거로 이렇게 말하는 것이다. 쾨르테의 작품을 구하려고 했지만 도저히 구할 수가 없었기 때문이다.

류)에게는 나뭇가지를 기어 올라가는 특징이 있는 것으로 알려져 있다.[30] 저녁이 되면 "시끄러운 종알거림이 시작되고 이웃 나뭇가지에서는 경쟁자들이 이에 대답하듯 다시 소리를 내어 밤새 캐티-쉬-디드-쉬-디드 하는 소리가 울려퍼진다." 베이츠는 유럽의 필드귀뚜라미(귀뚜라미과 한 종류)를 언급하면서 다음과 같이 말했다. "저녁이 되면 수컷은 자기의 굴 입구에 자리잡고 울음소리를 내어 암컷을 유인한다. 이들은 큰 소리와 부드러운 음색을 번갈아 쓰며 암컷을 부르는데 이에 성공한 음악가는 자신의 더듬이를 이용하여 가까이 다가온 배우자를 애무한다."[31] 스커더는 새의 깃대를 줄에 문질러 소리를 냄으로써 한 종류의 곤충을 자극할 수 있었다.[32] 지볼트는 암컷과 수컷의 앞다리에 자리잡고 있는 뚜렷한 청각 장치를 발견했다.[33]

세 과에 속한 곤충들은 서로 다른 소리를 낸다. 귀뚜라미과의 수컷은 똑같은 두 개의 장치가 양쪽 날개 덮개에 마련되어 있다. 필드귀뚜라미의 날개 덮개에는 란도이스가 설명했듯이(〈그림-11〉의 그릴루스 캄페스트리스[Gryllus campestris]를 참조하시오) 131~138개의 예리한 가로 융기, 즉 치상(齒狀)돌기 st가 날개 덮개의 날개맥 아랫면에 형성되어 있다.[34] 치상돌기가 돋은 이런 날개맥은 반대쪽 날개의 위 표면에 형성된 매끄럽고 딱딱한 돌출 날개맥 r에 빠르게 문질러진다. 먼저 한쪽 날개를 반대쪽 날개 위에 덮어서 문지르고 그 다음에는 반대로 날

29) G. White, *Natural History of Selborne,* vol. 2, 1825, 262쪽.

30) T.W. Harris, *Insects of New England,* 1842, 128쪽.

31) H.W. Bates, *The Naturalist on the Amazons,* vol. 1, 1863, 252쪽. 베이츠는 세 과의 곤충에서 나타나는 음악 장치의 점진적인 단계에 대해서 매우 흥미롭게 논의했다. J.O. Westwood, 앞의 책, 445, 453쪽도 참조하시오.

32) S.H. Scudder, *Proceedings of the Boston Society of Natural History,* vol. 11, 1868. 4.

33) C.T. Siebold, *Nouveau Manuel d'Anat. Comp.,* 프랑스어 번역판, tom. 1, 1850, 567쪽.

34) H. Landois, 앞의 책, 1867, 117쪽.

개를 바꿔서 문지른다. 양쪽 날개는 동시에 조금 올라가고 그에 따라 공명은 증가한다. 일부 종은 수컷의 날개 덮개 기저부가 운모처럼 생긴 판 구조로 장식되어 있다.[35] 여기에 귀뚜라미의 또 다른 한 종인 집귀뚜라미(*Gryllus domesticus*) 날개맥의 아랫면에 형성된 치상돌기가 그림에 나와 있다(〈그림-12〉 참조). 그루버는 치상돌기가 날개와 몸을 덮고 있는 미세한 비늘과 털로부터 선택의 도움을 받아 생겨났다는 것을 밝혔다.[36] 나도 딱정벌레목의 치상돌기에 대해 같은 결론을 얻었다. 그러나 그루버는 치상돌기의 발달이 어느 정도는 두 날개의 마찰로 생긴 자극 때문이라는 것을 보였다.

풀무치과에서 양쪽의 날개 덮개는 서로 구조가 다르다(〈그림-13〉 참조). 따라서 이제 막 살펴본 귀뚜라미과처럼 두 날개 덮개가 서로 교대로 교차하며 작동할 수 없다. 활의 역할을 하는 왼쪽 날개는 바이올린의 역할을 하는 오른쪽 날

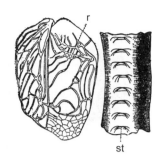

〈그림-11〉 그릴루스 캄페스트리스*
(란도이스의 그림). 오른쪽 그림은 날개맥의 일부를 아래에서 본 그림으로 크게 확대한 것이다. 치상돌기(st)를 볼 수 있다. 왼쪽 그림은 날개 덮개를 위에서 본 그림으로 돌출 구조와 매끄러운 날개맥(r)을 볼 수 있는데 이 부위에 치상돌기를 문지른다.

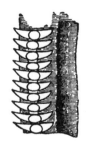

〈그림-12〉 집귀뚜라미 날개맥의 치상돌기(란도이스의 그림).

35) J.O. Westwood, 앞의 책, 제1권, 440쪽.
36) H.E. Gruber, "Über der Tonapparat der Locustiden, ein Beitrage zum Darwinismus," *Zeitschrift für Wissenschaft Zoologie,* Bd. 22, 1872, 100쪽.

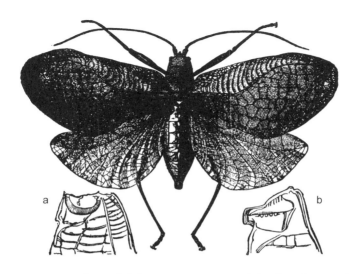

〈그림-13〉 클로로켈루스 타나나(*Chlorocoelus Tanana*. 베이츠의 그림). a, b: 양쪽의
날개덮개.

개 위에 자리잡고 있다. 왼쪽 날개의 아랫면에 있는 날개맥의 하나
a는 미세한 톱니 모양으로 오른쪽 날개 윗면에 있는 돌출된 날개맥에
문질러진다. 영국의 파스고누라 비리디시마(*Phasgonura viridissima*)
의 경우 톱니 모양의 날개맥이 반대쪽 날개의 둥근 뒤쪽 모서리에 비
벼지는 것 같다. 이 부위는 두껍고 갈색을 띠며 매우 날카롭다. 왼쪽
날개는 해당 사항이 없지만 오른쪽 날개에는 운모처럼 투명하고 날
개맥에 둘러싸인 작은 판 구조를 하나 관찰할 수 있는데 이것을 색
점(speculum)이라고 한다. 같은 과의 한 구성원인 에피피게르 비티움
(*Ephippiger vitium*)의 경우 기이하게도 부수적인 변형이 일어난다. 왜
냐하면 날개 덮개의 크기는 상당히 줄어들지만 앞가슴의 뒷부분이
날개 덮개의 위로 둥근 천장 모양으로 솟아오른다. 아마도 이 같은
변형으로 소리의 크기가 커지는 것 같다.[37]

　이렇게 해서 풀무치과(이 과에는 가장 훌륭한 연주가들이 포함되어 있

는 것으로 알려져 있다)의 음악 장치는 메뚜기과보다 더욱 분화되고 특수화되어 있다는 것을 알 수 있다. 메뚜기과의 경우 두 개의 날개 덮개는 동일한 구조와 동일한 기능을 갖고 있다.[38] 그러나 란도이스는 풀무치과에 속하는 덱티쿠스(*Decticus*)에서 단순한 흔적에 지나지 않는 작은 치상돌기가 오른쪽 날개 덮개의 아랫면에 짧고 좁은 줄을 이루는 것을 발견했다. 오른쪽 날개 덮개는 왼쪽 날개 덮개의 아래쪽에 자리 잡고 있어 활의 기능을 전혀 하지 않는 부위다. 나는 파스고누라 비리디시마 오른쪽 날개 덮개의 아랫면에서도 흔적 구조를 관찰했다. 그러므로 우리는 풀무치과의 조상이 현존하는 메뚜기과와 마찬가지로 양쪽의 날개 덮개 모두를 어느 쪽으로든 겹치게 하여 문지르며 동시에 양쪽 모두를 교대해 활로 이용할 수 있었다는 것을 확신하게 된다. 그러나 풀무치과의 두 날개 덮개는 분업의 원리에 따라 점차 분화되고 숙달되어 한쪽은 활로만 작용하게 되었고 다른 한쪽은 바이올린으로만 작용하게 된 것이다. 그루버의 견해도 같다. 그는 오른쪽 날개의 아랫면에 있는 치상돌기가 대개는 흔적에 지나지 않는다는 것을 밝혔다. 귀뚜라미과의 더 단순한 장치는 어떤 절차에 따라 생성되었는지 밝혀지지 않았지만 날개 덮개의 기저부가 원래부터 지금의 모습으로 포개져 있었을 수도 있다. 그리고 현존하는 암컷 날개 덮개처럼 날개맥의 마찰은 초기에는 삐걱거리는 소리를 냈을 수도 있다.[39] 수컷도 가끔 우연히 그런 삐걱거리는 소리를 낸다. 만약 이런 소리가 암컷을 부르는 사랑의 노래로 작용한다면 거친 날개맥의 변이는 보

---

37) J.O. Westwood, 앞의 책, 제1권, 453쪽.
38) H. Landois, 앞의 책, 121~122쪽.
39) 월시가 내게 알려준 바로는 플라티필룸 콘카붐(*Platyphyllum concavum*) 암컷은 잡혔을 때 날개 덮개를 교대로 문지르며 삐걱거리는 작은 소리를 낸다고 한다.

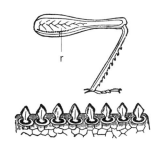

<그림-14> 스테노보트루스 프라토룸(*Stenobothrus pratorum*)의 뒷다리. r: 마찰음 융기. 아래 그림은 융기를 이루는 치상돌기를 확대한 것이다 (란도이스의 그림).

존되고 성선택을 통해 강화되었을 것이다.

마지막으로 세 번째 과인 메뚜기과의 울음소리는 매우 다른 방식으로 만들어진다. 스커더에 따르면 앞에서 설명한 두 과처럼 높은 소리는 나지 않는다고 한다. 넓적다리의 안쪽 표면(<그림-14>의 r 참조)은 미세하고 멋진 란셋 모양의 탄력 있는 치상돌기가 85~93개 정도 세로로 늘어서 있다.[40] 이것이 날개 덮개 위에 형성된 예리한 돌출 날개맥에 문질러지고 그렇게 되면 날개맥이 진동하여 소리가 울려퍼진다. 해리스[41]에 따르면 수컷 한 마리가 울기 시작하면 그는 먼저 "뒷다리의 정강이를 넓적다리 아래로 구부려 정강이를 받아들이도록 설계된 도랑 속으로 집어넣고 나서는 다리를 힘차게 위아래로 끌어당긴다. 수컷은 두 개의 바이올린을 동시에 연주하지 않고 교대로 하나씩 연주한다." 많은 종에서 복부의 기저부는 비어 있어 커다란 공간을 형성하는데 이곳이 공명을 일으키는 장치인 것 같다. 남아프리카에 서식하며 같은 메뚜기과에 속하는 프뉴모라(*Pneumora*, <그림-15> 참조)의 장치는 특이하고 뚜렷하게 변형되어 있다. 수컷의 경우 작은 틈이 있는 융기부가 복부의 양쪽에서 비스듬하게 뻗어 있어 뒷다리의 넓적다리가 여기에 문질러진다.[42] 수컷에겐 날개가 있지만(암컷에겐 날개가 없다) 넓적다리와 날개 덮개가 통상적인 방법으로 문질러지지 않는다는 사실은 놀

40) H. Landois, 앞의 책, 113쪽.
41) T.W. Harris, 앞의 책, 133쪽
42) J.O. Westwood, 앞의 책, 제1권, 462쪽.

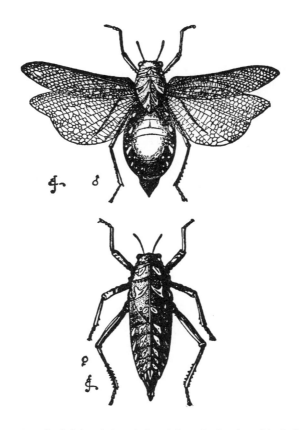

〈그림-15〉 프뉴모라(대영박물관에 소장된 표본을 그린 것). 위 그림은 수컷이고, 아래 그림은 암컷이다.

랄 만하다. 그러나 이것은 아마 뒷다리가 유별나게 작다는 사실로 설명할 수 있을 것 같다. 나는 넓적다리의 안쪽 표면을 조사할 수 없었다. 다른 비슷한 경우로 유추해보건대 미세한 톱니 모양이 형성되어 있을 것이다. 프뉴모라에 속하는 종들은 다른 어떤 메뚜기류보다도 마찰음을 내기 위해 크게 변형되어 있다. 왜냐하면 수컷의 몸 전체가 음악 도구로 바뀌어 있기 때문이다. 몸은 투명한 부레처럼 공기가 들어가 부풀어 있어 공명이 잘 일어나도록 되어 있다. 트리멘(R. Trimen)

이 내게 알려준 바로는 희망봉에 서식하는 곤충 중에서 세 종의 곤충이 밤에 굉장한 소음을 낸다고 한다.

앞서 언급한 세 과의 경우 암컷은 효과적인 음악 장치를 갖고 있는 경우가 거의 없다. 그러나 이 규칙에는 약간의 예외가 있다. 그루버에 따르면 에피피게르 비티움은 소리를 내는 기관이 암수 간에 어느 정도 다르기는 하지만 암컷도 소리를 낸다고 한다. 많은 동물에서 이차 성징은 수컷에서 암컷으로 전달된다. 그러나 위와 같은 이유로 이들의 음악 장치가 수컷에서 암컷으로 전달되었다고 생각할 수는 없다. 그런 장치는 암컷과 수컷이 독자적으로 발달시켰음이 틀림없다. 사랑의 계절에 이들이 서로 이성을 부른다는 것은 의심할 여지가 없다. 그외 대부분의 풀무치과(란도이스에 따르면 덱티쿠스는 예외다)에서 암컷의 마찰음 기관은 흔적으로 남아 있다. 아마 완전한 마찰음 기관을 갖고 있는 수컷에게서 전달받았을 것이다. 란도이스는 귀뚜라미과 암컷의 날개 덮개 아랫면과 메뚜기과 암컷의 넓적다리에도 그런 흔적이 있다는 것을 발견했다. 매미목도 암컷은 음악 장치를 갖고 있으나 제 기능을 수행하지 못한다. 우리는 앞으로 동물계의 다른 집단에서 수컷은 제대로 갖고 있으나 암컷은 흔적으로만 갖고 있는 구조에 대한 사례를 다시 만나게 될 것이다.

란도이스는 중요한 사실을 한 가지 발견했는데, 그것은 메뚜기과의 암컷이 마찰음을 내는 치상돌기를 유충 시기에 넓적다리에 돋은 모양 그대로 평생 간직한다는 것이다. 반면에 수컷의 경우는 치상돌기가 더욱 발달하여 번식할 준비가 이루어지는 마지막 탈피 시기에 최상의 조건으로 완성된다는 것이다.

지금까지 살펴본 사실로 우리는 메뚜기목의 수컷은 소리를 내는 수단이 매우 다양하다는 것과 매미목이 채택한 방식과는 전혀 다르게 소리를 낸다는 것을 알았다.[43] 그러나 전체 동물계를 통해 우리는 동일한 구조가 다양한 수단으로 획득되는 경우가 종종 있다는 것을 알고 있다. 이것은 모든 개체가 나이를 먹으며 다양한 변화를 겪고 부분적으로 이런 다양한 변이가 동일한 목적에 유리하게 작용하기 때문인 것 같다. 메뚜기목의 세 과와 매미목에서 소리를 내는 수단의 다양성은 이런 기관이 암컷을 부르고 유혹하는 데 수컷에게 매우 중요하다는 것을 시사하는 것이다. 이 점에서 메뚜기목이 겪은 변화의 정도에 놀랄 필요는 없다. 스커더의 놀라운 발견에 따라 우리는 이런 변화가 일어나기까지 엄청난 시간이 경과했다는 것을 알기 때문이다.[44] 최근 스커더는 뉴브라운슈바이크*에서 데본기에 형성된 화석 곤충을 발견했는데 이 곤충은 '풀무치과 수컷의 유명한 울음 장치'를 갖고 있었다. 그 곤충은 많은 점에서 풀잠자리목과 닮았지만 먼 옛날의 곤충이 대부분 그랬듯이 두 개의 가까운 목인 풀잠자리목과 메뚜기목을 연결하는 것으로 보인다.

이제 메뚜기목에 대해서는 얘기할 것이 거의 없다. 일부 종은 아주 호전적이어서 두 마리의 그릴루스 캄페스트리스 수컷을 한곳에 가두어놓으면 이들은 한 마리가 죽을 때까지 서로 싸운다. 사마귀 종류는 사브르를 든 경기병처럼 칼 같은 앞다리를 휘두른다. 중국 사람들은 이들 곤충을 대나무로 된 작은 상자에 넣어 닭싸움을 시키듯 싸움을 시킨다.[45] 메뚜기의 일부 외래종은 아름다운 색깔로 장식되어 있다. 뒷날개는 빨갛고, 파랗고, 검은 색깔로 꾸며져 있다. 그러나 전체 메뚜기목을 통해 암수는 색깔 차이를 크게 보이지 않으므로 그들의

---

43) 란도이스는 최근 일부 메뚜기목의 흔적 구조가 매미목의 소리 발생 기관과 매우 흡사하다는 것을 발견했다. 이것은 놀라운 사실이다. H. Landois, 앞의 책, Bd. 22, Heft 3, 1871, 348쪽을 참조하시오.

44) S.H. Scudder, *Transactions of the Entomological Society,* 제3시리즈, vol. 2, 117쪽.

45) J.O. Westwood, 앞의 책, 제1권, 427쪽. 귀뚜라미에 대해서는 445쪽을 참조하시오.

밝은 색깔이 성선택 때문인 것 같지는 않다. 뚜렷한 색깔은 자신이 맛이 없다는 표시를 함으로써 이들에게 쓸모가 있을 수도 있다. 예를 들어 새와 도마뱀에게 밝은 색깔의 인디언 메뚜기를 주면 이들은 절대로 먹지 않는다.[46] 그러나 메뚜기목의 색깔이 성선택 때문이라는 사례가 일부 알려져 있기는 하다. 미국산 귀뚜라미 수컷은 상아처럼 흰 색깔을 띠는 것으로 알려져 있다.[47] 그러나 암컷은 거의 흰색에서 녹황색이나 거무스름한 색깔을 띤다. 월시가 내게 알려준 바에 따르면 스펙트럼 페모라툼(*Spectrum femoratum*: 파스미대과[Phasmidae]의 한 종류)의 "다 자란 수컷은 밝은 갈황색을 띠고 다 자란 암컷은 단조롭고 광택 없는 회갈색을 띠며 어린 암컷과 수컷은 녹색을 띤다"고 한다. 마지막으로 기이한 귀뚜라미의 한 종이 알려져 있는데,[48] 이종의 수컷은 "긴 막성 부속지를 갖고 있는데 면사포처럼 표면을 덮고 있다." 그러나 이런 기관의 쓰임새에 대해서는 알려져 있지 않다.

풀잠자리목(Neuroptera)　여기서는 색깔 외에 별로 말할 것이 없다. 하루살이과(Ephemeridae)의 암컷과 수컷은 색깔의 차이를 미세하게 보이는 경우가 종종 있다.[49] 그러나 그렇게 해서 수컷이 암컷을 유인하는 것 같지는 않다. 잠자리과(Libellulidae)는 화려한 녹색, 푸른색, 노란색, 금속성 주홍색으로 장식되어 있으며 암컷과 수컷은 대개 다르다. 예를 들어 웨스트우드가 말했듯이[50] 아그리오니대과(Agrionidae)에 속하

46) C. Horne, *Proceedings of the Entomological Society,* 1869. 5. 3, 12쪽.
47) 외칸투스 니발리스(Oecanthus nivalis).* T.W. Harris, 앞의 책, 124쪽. 카루스(V. Carus)에게 들은 바로는 유럽의 외칸투스 펠루시두스(*Oecanthus pellucidus*)*의 암컷과 수컷도 거의 같은 방식으로 차이를 보인다고 한다.
48) 플라티블렘누스(Platyblemnus). J.O. Westwood, 앞의 책, 제1권, 447쪽.
49) B.D. Walsh, "Pseudo-neuroptera of Illinois," *Proceedings of the Entomological Society of Philadelphia,* 1862, 361쪽.

는 일부 종의 수컷은 날개가 검은색이고 몸이 짙은 푸른색이지만 암컷은 날개가 투명한 색이고 몸이 고운 녹색이다. 그러나 아그리온 람부리이(*Agrion ramburii*)는 암수가 정반대의 색깔을 띤다.[51] 북아메리카에 널리 퍼져 있는 헤타에리나(*Hetaerina*)는 수컷에게만 각 날개의 기저부에 아름다운 양홍색 점이 있다. 아낙스 주니우스(*Anax junius*)* 의 경우 수컷 복부의 기저부는 뚜렷한 군청색을 띠며 암컷은 연두색을 띤다. 그러나 유사한 측범잠자리(*Gomphus*)와 그외의 몇몇 속(屬)은 암수가 약간의 색깔 차이만을 보인다. 동물계의 매우 유사한 생물 집단에서는 암수 간의 색깔이 아주 다르거나, 약간만 다르거나 전혀 다르지 않은 사례들이 흔하게 발견된다. 잠자리과의 많은 곤충들이 암수 간의 색깔에서 큰 차이를 보이기는 하지만 어느 쪽이 더 화려한 색깔을 띤다고 말하는 것은 대개 어렵다. 우리가 이제 막 살펴본 아그리온(*Agrion*)의 한 종같이 원래의 암수 색깔이 역전되는 경우가 있기 때문이다. 어느 경우에도 그들의 색깔이 보호 목적으로 획득된 것 같지는 않다. 맥라클란은 잠자리과에 대해 면밀히 조사했는데 그가 보낸 편지에 따르면 곤충 세계의 폭군에 해당하는 잠자리는 모든 곤충 중에서 새나 그외의 적의 공격을 거의 받지 않을 것 같다고 했다. 따라서 그는 잠자리의 화려한 색깔이 성적 유인 작용을 한다고 믿고 있다. 특정한 잠자리가 특정한 색깔에 유인된다는 것은 확실하다. 패터슨이 관찰한 바에 따르면 아그리오니대과의 수컷 잠자리는 푸른색을 띠는데 낚싯줄의 푸른색 찌에 내려앉는 경우가 많다. 그러나 다른 두 종은 반짝이는 흰색에 유인된다.[52]

---

50) J.O. Westwood, 위의 책, 제2권, 37쪽.
51) B.D. Walsh, 위의 책, 381쪽. 나는 헤타에리나, 왕잠자리(*Anax*), 측범잠자리에 대한 다음에 언급하게 될 내용에 대해서 이 박물학자에게 도움을 받았다.
52) Patterson, *Transactions of the Entomological Society*, vol. 1, 1836, 81쪽.

셸버(Schelver)가 최초로 관찰한 내용은 흥미롭다. 그는 두 아과(亞科)의 몇몇 속은 번데기에서 최초로 깨어나는 수컷이 암컷과 똑같은 색깔을 띤다는 것을 알았다. 그러나 그들의 몸은 에테르나 알코올에 녹는 일종의 기름을 분비하여 곧 뚜렷한 우윳빛 푸른색을 띠게 되었다고 한다. 맥라클란은 리벨루라 데프레사(*Libellula depressa*)* 수컷은 번데기에서 깨어나 거의 2주가 지난 후, 짝짓기를 할 때가 되어서야 이런 색깔의 변화가 일어난다고 믿고 있다.

브라우어에 따르면 뉴로테미스(*Neurothemis*)의 일부 종은 아주 기이한 이형을 보이는데 암컷 중 일부는 날개가 일반적인 것인 데 비해 다른 일부는 "수컷과 마찬가지로 아주 치밀한 그물 구조로 되어 있다"[53]고 한다. 브라우어는 촘촘한 날개맥이 수컷의 이차성징이라고 가정함으로써 다윈 원리에 대한 현상을 설명한다. 즉 이런 특징이 일반적으로 모든 암컷에게 전달되는 것이 아니고 일부 암컷에게만 갑자기 전달되었다는 것이다. 맥라클란은 아그리온에 속하는 몇몇 종에 대해 또 다른 이형의 사례를 내게 알려주었는데 이들 중 오렌지 색깔을 띠는 개체들은 반드시 암컷이라고 했다. 이것은 아마 환원 유전의 사례일 것 같다. 보통 잠자리는 암수의 색깔이 다르면 암컷이 오렌지색이나 노란색을 띠기 때문이다. 그러므로 아그리온 잠자리가 전형적인 잠자리와 닮은 원시형에서 그 성징이 유래되었다고 가정한다면 이 같은 방식으로 변하려는 경향이 암컷에게만 일어난다는 것은 놀라운 일이 아닐 것이다.

비록 많은 잠자리가 크고 강하며 사나운 것이 보통이지만 잠자리를 관찰한 맥라클란은 아그리온에 속하는 소형 종을 제외하고는 일반적으로 잠자리의 수컷들은 서로 싸우지 않는다고 확실하게 말했다.

---

53) F. Brauer, *Zoological Record*, 1867, 450쪽에 실린 개요 부분을 참조하시오.

잠자리목의 다른 집단인 흰개미*는 떼를 지어 이주하는 시기에 암수가 뛰어 돌아다니는 것처럼 보인다. "수컷이 암컷을 추격하고 때로는 두 마리의 수컷이 한 마리의 암컷을 뒤쫓고 상을 타려는 것처럼 열심히 경쟁한다."[54] 아트로포스 풀사토리우스(*Atropos pulsatorius*)는 턱을 이용하여 소리를 내고 그 소리에 다른 개체들이 반응한다고 한다.[55]

벌목(Hymenoptera)　타의 추종을 불허하는 관찰자인 파브르(J.H. Fabre)가 말벌처럼 생긴 곤충인 노래기벌(*Cerceris*)의 습성을 설명하면서 다음과 같이 말했다. "수컷들은 특정한 암컷을 차지하기 위해 싸움을 벌이는 경우가 종종 있었다. 최고가 되기 위한 수컷들의 투쟁을 암컷은 그저 태연스레 구경하는 것이 분명하며 승부가 결정되면 암컷은 승자와 함께 조용히 사라졌다."[56] 웨스트우드는 잎벌아과(Tenthredinae)에 속하는 한 종의 수컷이 "그들의 큰턱을 마주 향한 채 서로 싸우는 것을 발견했다"[57]고 말했다. 특정한 암컷을 차지하기 위해 투쟁하는 노래기벌의 수컷에 대해 파브르가 말했듯이 벌목의 곤충들에겐 오랜만에 만난 동료를 서로 알아보고 깊은 애정을 느끼는 능력이 있다. 예를 들어 정확성 면에서는 아무도 의심하지 않는 후버는 같은 집단 내의 일부 개미를 4개월 동안 격리시켰다가 다시 만나게 했을 때 그들이 상대를 알아보고 더듬이를 이용하여 서로를 어루만지는 것을 관찰할 수 있었다고 했다. 만약 그들이 서로 낯선 사이였다면 그들은 서로 싸웠을 것이다. 게다가 두 집단 사이에 전투가 일어났을

54) Kirby & Spence, 앞의 책, 제2권, 1818, 35쪽.
55) J.C. Houzeau, *Études sur les Facultés Mentales des Animaux,* tom. 1, 104쪽.
56) *Nat. Hist. Review,* 1862. 4, 122쪽에 실린 흥미로운 논문 「파브르의 저작」(The Writings of Fabre)을 참조하시오.
57) J.O. Westwood, *Proceedings of the Entomological Society,* 1863. 9. 7, 169쪽.

때 같은 집단의 개미들끼리 혼동을 일으켜 서로 싸우는 경우도 있었지만 곧 자신의 실수를 깨닫고 상대를 달래주었다고 한다.[58]

벌목은 일반적으로 암수에 따라 색깔이 약간 다르다. 그러나 꿀벌과를 제외하고 뚜렷한 차이를 보이는 경우는 드물다. 하지만 어떤 집단의 암수는 매우 화려한 색깔을 띠는데 청벌류(Chrysis)는 흔히 주홍색과 금속성 녹색을 띤다. 이들의 색깔은 아주 화려하여 마치 성선택의 결과인 것 같다. 월시에 따르면 맵시벌과(Ichneumonidae)의 경우 대부분 수컷이 암컷보다 밝은 색깔을 띤다고 한다.[59] 그에 반해 잎벌과(Tenthredinidae)는 일반적으로 수컷이 암컷보다 짙은 색깔을 띤다. 송곳벌과(Siricidae)의 암수는 대개 다르다. 예를 들어 루리송곳벌(Sirex juvencus) 수컷에겐 오렌지 색깔의 띠가 있는 데 반해 암컷에겐 짙은 자주색 띠가 있었다. 그러나 암수 중 어느 쪽이 더 장식되어 있다고 말하기는 어렵다. 트레멕스 콜룸뵈(Tremex columboe)*는 암컷이 수컷보다 훨씬 더 밝은 색을 띤다. 스미스에게 들은 바로는 여러 개미류의 수컷은 검은색이고 암컷은 적갈색이라고 한다.

역시 스미스에게 들은 바에 따르면 꿀벌과에 속하는 종 중에서 특히 단독으로 생활하는 종은 암수의 색깔이 다르다고 한다. 수컷은 일반적으로 밝은 색을 띠며 아파투스(Apathus)뿐만 아니라 뒤영벌(Bombus)도 암컷보다는 수컷의 색깔이 다양한 변이를 보이는 것으로 나타난다. 안토포라 레투사(Anthophora retusa)* 수컷은 짙은 황갈색을 띠지만 암컷은 짙은 검은색을 띤다. 마찬가지로 어리호박벌류(Xylocopa) 여러 종도 암컷은 검은색을 띠지만 수컷은 밝은 노란색을 띤다. 그에 반해 안드레나 풀바(Andrena fulva)* 같은 일부 종은 암컷

---

58) P. Huber, *Recherches sur les Moeurs des Fourmis*, 1810, 150, 165쪽.
59) B.D. Walsh, *Proceedings of the Entomological Society of Philadelphia*, 1866, 238~239쪽.

이 수컷보다 더 밝은 색을 띤다. 암컷에겐 침이 있어서 자신을 잘 방어하지만 수컷은 무방비 상태로 있기 때문에 무언가 보호 장치가 필요하다는 이유로 이들의 색깔 차이를 설명하기는 어려울 것 같다. 꿀벌의 습성에 특히 관심을 기울였던 헤르만 뮐러는 색깔의 이런 차이는 주로 성선택 때문에 생기는 것이라고 했다.[60] 꿀벌의 색깔 인식 능력이 예민하다는 것은 확실하다. 헤르만 뮐러는 수컷이 암컷을 차지하기 위해 열심히 탐색하고 싸운다고 했다. 그리고 일부 종의 수컷이 암컷보다 거대한 큰턱을 갖는 이유는 수컷간에 벌어지는 바로 이런 경연 때문이라고 했다. 번식기 전이나 번식기 동안에 또 장소와 지역에 따라 수컷이 암컷보다 훨씬 더 많이 관찰되는 경우가 종종 있다. 물론 암컷이 수컷보다 더 많은 경우도 있다. 어떤 종은 암컷이 아름다운 수컷을 선택하는 것 같다. 그러나 수컷이 아름다운 암컷을 선택하는 경우도 있다. 결과적으로 어떤 속(屬)에서는(Hermann Müller, 42쪽) 몇몇 종의 암컷이 서로 거의 구별되지 않을 정도로 비슷한 반면 수컷은 외형에서 크게 다른 경우가 있다. 또 그 반대의 경향을 보이는 속도 있다. 헤르만 뮐러는 성선택을 통해 한쪽 성이 획득한 색깔이 다른 성으로 어느 정도 전달된다고 믿는다(82쪽). 예를 들어 암컷의 꽃가루 수집 장치는 그 장치가 전혀 쓸모 없는 수컷에게로 전달되는 경우가 종종 있다.[61]

---

(60) Hermann Müller, 앞의 글, 앞의 책.

(61) 페리에(M. Perrier)는 그의 기사 "La Selection sexuelle d'apres Darwin," *Revue Scientifique*, 1873. 2, 868쪽에서 이 주제에 대해 깊이 숙고하지도 않은 채, 사회성 꿀벌의 수컷이 미수정란에서 생겨나기 때문에 그들의 수컷 자손에게 새로운 형질을 전달할 수 없다는 이유를 들어 이 사실에 반대했다. 이것은 굉장한 것이다. 교미를 촉진시키는 능력이 있거나 암컷에게 매력적으로 보이는 형질을 갖춘 수컷이 암컷을 수정시키고, 그 암컷은 암컷으로 태어날 알만을 낳을 것이다. 그러나 이 알에서 태어나는 젊은 암컷들은 다음해에 수컷을 낳을 것이다. 그렇다면 이렇게 태어난 수컷들은 할아버지 수컷의 형질을 닮지

구주개미벌(*Mutilla europoea*)은 마찰음을 낸다. 구로(Goureau)에 따르면 암수 모두에게 이 능력이 있다고 한다.[62] 그는 두세 번째 배마디의 마찰로 소리가 난다고 했다. 내가 관찰한 바로는 이 부위의 표면에는 아주 미세한 융기가 집중적으로 돋아 있었다. 그리고 머리와 관절을 이루는 가슴마디의 돌출 깃 부위에도 융기가 돋아 있었다. 이 깃을 바늘 끝으로 문지르면 그 특유의 소리가 났다. 수컷은 날개가 있고 암컷은 날개가 없다. 그것으로 보아 암수 모두에게 이런 능력이 있는 것이 오히려 놀라울 정도다. 꿀벌이 윙윙거리는 소리를 통해 노여움 같은 특정한 감정을 표현한다는 것은 잘 알려진 사실이다. 헤르만 뮐러에 따르면(80쪽) 일부 종의 수컷은 암컷을 따라다닐 때 특정한 노랫소리를 낸다고 한다.

딱정벌레목(Coleoptera)　많은 종류의 딱정벌레는 그들이 습관적으로 자주 찾는 장소의 색깔과 비슷해서 적의 눈에 잘 띄지 않는다. 다이아몬드 딱정벌레 같은 일부 곤충은 화려한 색깔로 장식되어 있다. 주로 줄무늬나 점, 격자무늬, 그외 여러 우아한 양식의 무늬로 꾸며진다. 꽃을 먹고 사는 일부 종을 제외하고는 그런 색깔이 직접적으로 보호 작용을 한다고 보기는 어렵다. 그러나 이런 화려한 색깔은 개똥벌레의 인광과 마찬가지 원리에 따라 경고나 인식의 수단으로 작용할 수는 있다. 딱정벌레 암수의 색깔은 대개 비슷하다. 따라서 색깔이 성선택

않겠는가? 보통의 동물을 대상으로 가능한 비슷한 사례를 들어보자. 네발 동물이나 조류의 흰색 암컷이 검은색 수컷과 교미하여 암수 자손들이 태어났다. 이렇게 태어난 암수 자손이 서로 교미를 하여 손자가 태어났다면 이들이 할아버지의 검은색 경향을 물려받지 않는다고 말할 수 있겠는가? 불임성 일벌이 새로운 형질을 획득하는 것은 더 어려운 경우다. 그러나 나는『종의 기원』에서 불임성 일벌이 어떻게 자연선택의 영향을 받는지를 보이려 했다.

62) J.O. Westwood, 앞의 책, 제2권, 214쪽에 인용했다.

144

으로 획득되었다는 증거는 없다. 그러나 어느 정도 가능성은 있다. 왜냐하면 색깔은 한쪽 성에서 발달하여 다른 쪽 성으로 전달되기 때문이다. 그리고 이런 견해는 매우 뚜렷한 이차성징이 나타나는 일부 집단에도 어느 정도는 가능할 것 같다. 워터하우스(C.O. Waterhouse)에게 들은 바로는 눈이 멀어 서로의 아름다움을 볼 수 없는 딱정벌레 종류도 자기 껍질을 닦아 문지르기는 하지만 절대로 밝은 색깔을 띠는 법이 없다고 한다. 그러나 그들의 칙칙한 색깔은 그들이 일반적으로 굴이나 구석진 곳에 서식하기 때문에 생겨난 것 같다.

톱하늘소과(Prionidae)같이 더듬이가 긴 풍뎅이의 일부는, 딱정벌레가 암수 간에 색깔 차이를 보이지 않는다는 규칙에 예외가 되는 경우다. 이들은 대개 크고 화려한 색깔을 띤다. 베이츠가 소장하고 있는 표본 중의 하나인 피로데스(Pyrodes)의 수컷은 대개 암컷보다 더 붉은 색깔을 띠지만 오히려 단조롭다.[63] 암컷은 다소 화려한 금빛 녹색을 띤다. 그에 반해 수컷이 금빛 녹색을 띠고 암컷은 짙은 붉은 자줏빛을 띠는 종도 있다. 에스메랄다(Esmeralda)의 암컷과 수컷은 그 색깔이

---

63) 암수가 상당히 다른 피로데스 풀체리무스(Pyrodes pulcherrimus)에 대해서는 베이츠(H.W. Bates)가 Transactions of the Entomological Society, 1869, 50쪽에 설명했다. 딱정벌레의 암수가 서로 다른 색깔을 띠는 경우에 대해 내가 들은 몇 가지 사례를 열거하겠다. 커비와 스펜스는 Introduction to Entomology, vol. 3, 301쪽에서 칸다리스(Cantharis), 멜로에(Meloe), 라기움(Rhagium), 렙투라 테스타세아(Leptura testacea)에 대해서 언급했는데 렙투라 테스타세아의 수컷은 전체적으로 적갈색을 띠고 가슴 부위가 검으며 암컷은 온몸이 칙칙한 붉은색으로 덮여 있다고 했다. 라기움과 렙투라 테스타세아는 톱하늘소과에 속한다. 더듬이 끝이 층 구조로 된 두 종류의 풍뎅이류, 즉 페리트리키아(Peritrichia)와 호랑꽃무지(Trichius)에 대해 트리멘과 워터하우스가 내게 알려준 바에 따르면 호랑꽃무지 수컷의 색깔이 암컷의 색깔보다 훨씬 더 우중충하다고 한다. 틸루스 엘롱가투스(Tillus elongatus)*의 수컷은 검고 암컷은 항상 짙은 청색을 띠고 가슴 부위가 붉은 것으로 알려져 있다. 월시에게 들은 바로는 오르소다크나 아트라(Orsodacna atra)의 수컷도 검은색이고, 소위 오르소다크나 루피콜리스(O. ruficollis)라고 부르는 암컷은 적갈색 가슴을 갖는다고 한다.

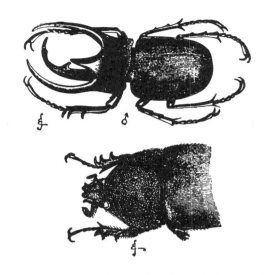

〈그림-16〉 칼코소마(*Chalcosoma*)의 그림. 위 그림은 수컷(축소된 그림)이고, 아래 그림은 암컷(실물 크기)이다.

너무 달라 서로 다른 종으로 보이기도 했다. 이에 속하는 어떤 종은 암수 모두 아름답게 빛나는 녹색을 띠지만 수컷에게만 붉은색 가슴마디가 있다. 내가 판단하기로는 암수가 차이를 보이는 톱하늘소과의 암컷은 대개 수컷보다 짙은 색을 띤다. 이것은 성선택으로 색깔을 획득한 일반적인 규칙에 위배되는 것이다.

많은 딱정벌레의 암수가 보이는 가장 뚜렷한 차이는 수컷의 거대한 뿔로 머리, 가슴, 이마방패에서 돋는다. 그리고 흔치는 않지만 몸의 아랫면에서 뿔이 돋는 경우도 있다. 풍뎅이과의 이런 뿔은 사슴, 코뿔소 등과 같은 여러 네발 동물의 뿔과 닮았으며 뿔의 크기와 그 다양함이 놀라울 정도다.

뿔에 대해 설명하는 대신, 형태가 뚜렷한 일부 종류의 암수를 그림으로 제시했다(〈그림-16~20〉 참조). 암컷의 뿔은 흔적만이 존재하여 작은 융기의 형태로 관찰되지만 흔적조차 나타나지 않는 경우도 있

〈그림-17〉 코프리스 이시디스(*Corpris isidis*). 왼쪽 그림이 수컷.

〈그림-18〉 파네우스 파우누스(*Phanaeus faunus*).

〈그림-19〉 디펠리쿠스 칸토리(*Dipelicus cantori*).

〈그림-20〉 온토파구스 란지퍼(*Ohthophagus rangifer*). 확대한 그림.

다. 그에 반해 파네우스 란시퍼(*Phanaeus lancifer*)는 수컷뿐만 아니라 암컷도 뿔이 잘 발달되어 있다. 그리고 코프리스(*Copris*)*에 속하는 일부 종도 암컷의 뿔이 수컷의 뿔에 버금갈 정도로 발달되어 있다. 베이츠가 내게 알려준 바로는 풍뎅이과의 뿔은 집단을 구별짓는 중요한 특징들과 분류의 기준이 되는 다른 특징들과 상관성이 없다고 한다. 예를 들어 온토파구스(*Onthophagus*)*의 한 아속(亞屬)에는 뿔이 하나인 종들도 있고 두 개인 종들도 있다고 한다.

대부분의 경우 뿔은 변이가 심하다는 것이 분명하다. 그래서 뿔이 아주 잘 발달된 수컷부터, 암컷과 거의 구별이 되지 않을 정도로 퇴화된 뿔이 있는 수컷에 이르기까지 점진적인 시리즈가 형성된다. 월시는 파네우스 카니펙스(*Phanaeus carnifex*)의 경우 일부 수컷의 뿔이 다른 수컷보다 세 배나 길다는 것을 발견했다.[64] 베이츠는 온토파구스 란지퍼(*Onthophagus rangifer*, 〈그림-20〉 참조) 수컷을 100마리 이상 조사한 후, 이 종이 뿔의 변이가 없다고 생각했지만 그후의 연구는 반대 결과를 보여주었다.

엄청나게 큰 뿔과 이들이 유연 관계가 가까운 종 사이에서도 다양한 변이를 보인다는 사실은 뿔이 특정한 목적을 위해 형성되었다는 것을 보여주는 것이다. 그러나 수컷의 뿔이 한 종 내에서도 극도의 다양성을 보이는 것으로 보아 이 목적이 명확한 성질의 것이라고는 볼 수 없을 것 같다. 뿔 고유의 작업을 위해 사용된 것 같은 긁힌 자국은 관찰되지 않는다. 일부 학자는 수컷이 암컷보다 더 많이 돌아다니기 때문에 적에 대한 방어 무기로 뿔이 필요하다고 생각한다.[65] 그러나 대부분의 뿔이 예리하지 못한 것으로 보아 방어 수단을 훌륭하게 수

---

64) B.D. Walsh, *Proceedings of the Entomological Society of Philadelphia,* 1864, 228쪽.
65) Kirby & Spence, 앞의 책, 제3권, 300쪽.

행할 것 같지는 않다. 수컷들이 서로 싸울 때 뿔을 사용한다는 것이 가장 그럴듯한 추측이 될 것이다. 그러나 수컷들이 싸우는 것은 한번도 관찰된 적이 없다. 수많은 종을 면밀히 조사한 베이츠도 뿔이 절단되고 손상된 상태가 싸움 때문이라는 충분한 증거를 얻지는 못했다. 만약 수컷이 습관적인 싸움꾼이라면 성선택을 통해 그들의 몸집이 커져 암컷보다 더 커졌을 것이다. 그러나 소똥풍뎅이과(Copridae) 백여 종의 암수를 비교 연구한 베이츠도 잘 자란 암수 개체들 사이에서 뚜렷한 크기 차이를 찾아내지는 못했다. 더구나 풍뎅이류에 속하는 레트루스(*Lethrus*)는 수컷이 싸우는 것으로 알려져 있고 수컷의 큰턱이 암컷의 큰턱보다 더 크지만 이 종류에겐 뿔이 없다.

비록 일정한 크기로 발달되지는 않았지만 뿔이 거대하다는 사실은 뿔이 장식 수단으로 획득되었다는 결론과 잘 들어맞는다. 이 같은 결론은 뿔이 한 종 내에서도 극단적인 차이를 보이며 가까운 친척 간에도 서로 엄청나게 다르다는 사실로도 알 수 있다. 이 견해는 언뜻 매우 불합리해 보이기도 한다. 그러나 우리는 차후 훨씬 고등한 동물, 즉 어류, 양서류, 파충류, 조류에서 여러 종류의 융기, 혹, 뿔, 볏 등이 단지 장식의 목적으로 발달되었다는 사실을 알게 될 것이다.

오니티스 푸르시퍼(*Onitis furcifer*) 수컷(〈그림-21〉 참조)은 앞다리의 넓적다리에 특이한 돌출 구조가 돋아 있고 가슴의 아랫면에는 한 쌍의 커다란 갈퀴가 있다. 이러한 현상은 동일 속의 일부 종에서도 나타난다. 다른 곤충에게서 얻은 자료로 판단하건대 이 구조는 수컷이 암컷에 달라붙을 때 도움을 주는 것 같다. 수컷의 몸의 윗면에 뿔의 흔적이 없지만 암컷의 머리 위에 뿔의 흔적

〈그림-21〉 오니티스 푸르시퍼. 배 쪽에서 본 수컷.

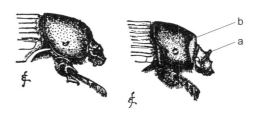

〈그림-22〉 왼쪽 그림은 오니티스 푸르시퍼 수컷을 옆에서 바라본 그림. 오른쪽 그림은 암컷. a. 머리 뿔의 흔적. b. 가슴 뿔의 흔적

(〈그림-22〉, a) 하나와 흉부에 융기의 흔적 b가 있다. 이 특이한 종의 수컷에게는 이런 돌기가 전혀 없지만 암컷의 흉부에는 작은 돌기 하나가 돋아 있다. 이것은 원래 수컷에게 있었던 돌기의 흔적에 해당하는 것이 틀림없다. 이런 말을 하는 이유는 부바스 비손(*Bubas bison*: 오니티스와 가까움) 암컷의 흉부에 이와 유사한 작은 돌기 하나가 있고 수컷의 똑같은 위치에 커다란 돌기가 있기 때문이다. 그러므로 유연 관계가 있는 서너 종의 암컷 머리에 돋은 돌기뿐만 아니라 오니티스 푸르시퍼 암컷의 머리에 돋은 작은 돌기 a는 파네우스(*Phanaeus*) 같은 많은 풍뎅이류 수컷에게 보편적인 머리 뿔의 흔적 구조에 해당한다고 볼 수 있다.

흔적 구조가 자연의 설계를 완성하기 위해 창조되었다는 과거의 믿음을 여기에 적용시키기는 어렵다. 따라서 이것은 소똥풍뎅이과에게는 원 상태의 정반대 경우가 된다. 많은 풍뎅이류에서 보듯이 수컷이 처음으로 뿔을 갖게 되었으며 뿔은 암컷에게 흔적 상태로 전달되었다고 추측하는 것이 타당할 것 같다. 그후 왜 수컷이 뿔을 잃게 되었는지는 알 수 없다. 그러나 커다란 뿔과 아랫면의 돌기가 만들어지면서 야기된 보상 원리를 통해 뿔을 잃게 될 수도 있다. 그리고 이런 현상이 수컷에게만 일어나는 것으로 보아 암컷에게 있는 위쪽 뿔의 흔적은 그렇게 사라지지 않았을 것이다.

〈그림-23〉 블레디우스(*Bledius taurus*) 타우루스 확대한 모습. 왼쪽이 수컷이고, 오른쪽이 암컷이다.

지금까지 제시한 풍뎅이류뿐만 아니라 바구미과(Curculionidae)와 반날개과(Staphylinidae)처럼 서로 크게 다른 두 딱정벌레 집단의 수컷에게도 뿔이 있는 경우가 있다. 풍뎅이류는 몸의 아랫면에 뿔이 돋으며[66] 바구미과와 반날개과는 머리와 가슴 윗면에 뿔이 돋는다. 반날개과의 경우에 수컷의 뿔은 풍뎅이류와 마찬가지로 같은 종 내에서도 그 변이가 아주 심하다. 납작반날개(*Siagonium*)에서는 이형(異形)의 사례가 나타난다. 즉 수컷은 몸집과 뿔의 발달을 기준으로 점진적인 중간 단계 없이 두 집단으로 나뉜다. 역시 반날개과에 포함되는 블레디우스(*Bledius*, 〈그림-23〉 참조)의 어느 한 종에 대해 웨스트우드는 다음과 같이 말했다. "같은 지역에서 발견되는 수컷 중에는 가슴의 중앙 뿔이 매우 크고 머리 뿔이 정말 흔적에 지나지 않는 경우도 있지만 반대로 가슴 뿔이 훨씬 더 짧고 머리 뿔이 길게 발달한 경우도 있다."[67] 이것은 보상 원리를 적용할 수 있는 사례임이 틀림없다. 이것은 이제 막 언급한 오니티스 수컷의 위쪽 뿔이 사라지는 현상을

---

66) Kirby & Spence, 앞의 책, 제3권, 329쪽.

67) J.O. Westwood, 앞의 책, 제1권, 172쪽. 납작반날개에 대해서도 172쪽을 참조하시오. 대영박물관에서 나는 납작반날개 수컷 표본 하나가 중간적인 상태를 보이는 것을 발견했다. 따라서 이형 현상은 엄격한 것이 아니라는 것을 알 수 있다.

설명할 수 있는 것이다.

전투의 법칙 싸움에는 적합해 보이지 않는 일부 딱정벌레 수컷들도 암컷을 차지하기 위해서 전투에 참여한다. 월리스는 매우 긴 주둥이가 있는 가느다란 체형의 딱정벌레인 렙토린쿠스 안구스타투스(*Leptorhynchus angustatus*)를 관찰하고는 다음과 같이 말했다. "옆에서 구멍을 파느라 바쁘게 움직이는 암컷을 차지하려고 두 마리의 수컷이 서로 싸우고 있었다. 그들은 주둥이를 이용하여 서로를 밀고 할퀴고 때렸는데 상대에게 심한 적개심을 품고 있음이 분명했다. 그렇지만 두 마리 중 작은 수컷이 자신의 패배를 인정하고 곧 도망쳤다."[68] 딱정벌레의 수컷에게는 암컷보다 훨씬 거대한 톱니 모양의 큰턱이 있어 전투에 아주 잘 적응한 경우는 그렇게 많지 않다. 일반 체르부스 사슴벌레(*Lucanus cervus*)가 이에 해당한다. 수컷은 암컷보다 약 일주일 전에 번데기에서 깨어나는데, 종종 여러 마리의 수컷이 한 마리의 암컷을 따라다니는 모습이 관찰되기도 한다. 이때 수컷들 사이에서는 치열한 전투가 벌어진다. 데이비스는 사슴벌레 수컷 두 마리와 암컷 한 마리를 한 상자 속에 넣어두었는데, 커다란 수컷이 작은 수컷을 심하게 물어 암컷 곁에 접근하지 못하도록 했다고 한다.[69] 내 친구가 알려준 바로는 그는 소년 시절에 수컷들이 서로 싸우는 것을 보기 위해 여러 마리의 수컷을 함께 보관했다고 하는데 고등동물과 마찬가지로 수컷이 암컷에 비해 대담하고 사나웠다고 한다. 손가락을 수컷 앞에

---

68) A.R. Wallace, *The Malay Archipelago*, vol. 2, 1869, 276쪽; Riley, *Sixth Report on Insects of Missouri*, 1874, 115쪽.
69) A.H. Davis, *Entomological Magazine*, vol. 1, 1833, 82쪽. 이 종의 싸움에 대해서는 커비와 스펜스의 앞의 책, 제3권, 314쪽과 웨스트우드의 앞의 책, 제1권, 187쪽을 참조하시오.

대면 수컷은 그의 손가락을 물려고 했으나, 암컷은 수컷에 비해 턱이 더 강했지만 그렇게 하지 않았다고 한다. 사슴벌레과의 많은 수컷은 앞에서 언급한 렙토린쿠스 수컷과 마찬가지로 암컷보다 크고 더 강하다. 풍뎅이류의 하나인 레트루스 세팔로테스(*Lethrus cephalotes*) 암컷과 수컷은 같은 굴속에서 함께 살며 수컷이 암컷보다 더 거대한 큰턱을 갖고 있다. 번식기에 남의 굴속으로 들어가려는 낯선 수컷은 공격을 받는다. 암컷도 수동적으로 방관만 하지 않고 굴의 입구를 막고 배우자를 뒤에서 계속 밀면서 용기를 북돋운다. 전투는 공격자가 죽거나 달아날 때까지 계속된다.[70] 또 다른 풍뎅이류인 아테우쿠스 시카트리코수스(*Ateuchus cicatricosus*) 암수는 짝을 이뤄 생활하는데 서로 애정으로 똘똘 묶여 있는 것 같다. 수컷은 암컷을 독려하여 알이 들어 있는 똥 덩어리를 굴리도록 한다. 만약 암컷을 제거하면 수컷은 매우 심하게 동요한다. 수컷을 제거하면 암컷은 모든 일을 멈춘다. 브룰레리(P. Brulerie)는 암컷이 꼼짝도 않고 한곳에 붙박여 있다가 결국 죽는다고 믿고 있다.[71]

사슴벌레과 수컷의 거대한 큰턱은 크기나 구조에서 변이가 심하다. 이 점에서 사슴벌레의 큰턱은 풍뎅이류와 반날개과 수컷의 머리와 가슴에 돋은 뿔과 흡사하다. 아주 훌륭한 큰턱부터 퇴화되어 형편없는 큰턱에 이르기까지 점진적 시리즈가 완벽하게 이루어져 있다. 일반 사슴벌레와 그외 많은 종이 큰턱을 싸우는 데 효과적인 무기로 사용하는 것은 사실이지만 큰턱의 거대한 크기가 전투로 획득되었다는 설명은 근거가 부족하다. 북아메리카의 루카누스 엘라푸스(*Lucanus*

---

70) *Dict. Class. d'Hist. Nat.,* tom. 10, 324쪽에 실린 피셔(J. von Fischer)의 글을 인용했다.
71) *Ann. Soc. Entomolog. France,* 1866. T.A. Murray, *Journal of Travel,* 1868, 135쪽에 인용했다.

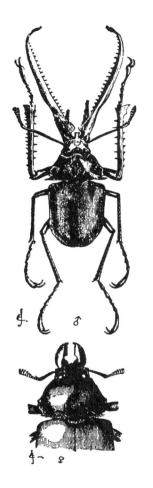

<elaphus>) 사슴벌레의 큰턱은 암컷을 움켜잡는 용도로 사용된다는 사실을 살펴본 적이 있다. 그들의 큰턱은 눈에 띄게 크며 우아하게 여러 갈래로 갈라져 있다. 그리고 길이가 길어 무언가를 꼬집듯이 움켜잡는 작용에는 적합하지 못하기 때문에 나는 그들이 장식으로 작용한다고 생각한다. 앞에서 언급했던 여러 종의 머리와 가슴에 돋은 뿔처럼 말이다. 칠레 남부에서 관찰된 키아소그나투스 그란티이(*Chiasognathus grantii*) 수컷도 사슴벌레과에 속하는 화려한 딱정벌레로서 엄청나게 발달한 큰턱이 있다(〈그림-24〉). 이 수컷은 거칠고 호전적이어서 위협을 받으면 몸을 돌려 거대한 턱을 벌리면서 크게 마찰음을 낸다. 그러나 내 손가락을 물었을 때 큰턱은 실제로 통증을 일으킬 만큼 강하지는 않았다.

〈그림-24〉 키아소그나투스 그란티이. 축소한 모습. 위가 수컷이고 아래가 암컷이다.

적지 않은 지각 능력과 강한 열정이 있음을 의미하는 성선택은 딱정벌레의 어떤 과보다도 풍뎅이류에서 매우 효과적으로 작용한 것 같다. 일부 종의 수컷에게는 전투용 무기가 있다. 일부는 짝을 이루어 생활하며 서로에 대해 애정을 보인다. 자극을 받았을 때 마찰음을 낼 수 있는 종이 많으며 아주 특이한 뿔을 갖고 있는 종류도 많은데 이 뿔은 장식용으로 갖춰진 것이 틀림없다. 주행성 풍뎅이의 일부 종류는 화려한 색깔을 띤다. 마지막으로 전 세계의 딱정벌레 중 가장 커다란 종의 일부가 바로 사슴벌레과에 포함되는데, 린네(C. von Linnaeus)와 파브리시우스(Fabricius)는 사슴벌레과를 딱정벌레목의 우두머리라고 생각했다.[72]

마찰음 기관 여러 과의 딱정벌레들에게는 마찰음 기관이 있다. 이들이 내는 마찰음은 몇 미터 떨어진 곳에서도 들을 수 있다.[73] 그러나 메뚜기목이 내는 소리에 필적할 정도는 아니다. 강판(rasp)은 대개 좁고 약간 돋은 표면과 이와 교차하는 미세하고 평행한 이랑으로 이루어지는데 때로는 너무 미세하여 무지개 색깔을 띠기도 한다. 현미경으로 관찰하면 이 부위는 매우 우아한 모습으로 나타난다. 티푀우스(*Typhœus*)의 일부는 털이나 비늘 같은 미세한 돌출 구조가 전체 주위 표면을 대략 평행선을 이루며 덮고 있으며 강판의 이랑 속으로 뻗어 들어가 있는 것을 관찰할 수 있다. 그들 돌출 구조는 서로 합류하고 직선으로 뻗으며 그와 동시에 더욱 두드러지고 매끄러워지면서 위치에 따라 모양이 변한다. 인접 부위의 딱딱한 융기부는 강판을 문지르는 일종의 비비개(scraper) 역할을 담당한다. 그러나 비비개가 목적에 맞춰 특별하게 변형되어 있는 경우도 있다. 비비개는 빠르게 움직이며 강판을 문지르거나 반대로 강판이 움직여 비비개를 문지른다.

마찰음 기관의 위치는 상당히 다양하다. 송장벌레(*Necrophorus*)는 두 개의 평행한 강판(〈그림-25〉, r)이 제5배마디 등쪽 표면에 자리잡

---

72) J.O. Westwood, 앞의 책, 제1권, 184쪽.
73) V. Wollaston, "On Certain Musical Curculionidae," *Annals and Magazine of Natural History*, vol. 6, 1860, 14쪽.

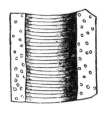

〈그림-25〉 송장벌레(란도이스의 그림). r: 두 개의 강판. 왼쪽 그림은 강판의 일부를 크게 확대한 것이다.

고 있다. 각각의 강판은 126~140개의 미세한 융기로 이루어져 있다.[74] 시초(elytra)의 뒤쪽에 돌출해 있는 돌기가 이들 강판에 문질러진다. 긴가슴잎벌레과(*Crioceridae*)의 많은 종류와 잎벌레과의 클리트라 4-푼크타타(Clythra 4-punctata), 그리고 일부 거저리과(Tenebrionidae) 등에서[75] 강판은 복부의 등쪽 끝인 항문상판(pygidium)이나 전미절(propygidium)에 자리잡고 있는데 마찬가지 방법으로 시초에 문지르게 된다. 다른 과에 속하는 진흙벌레(*Heterocerus*)의 강판은 제1배마디 옆면에 자리잡고 있고 넓적다리에 돋은 융기 구조가 이곳을 문지른다.[76] 바구미과(Curculionidae)와 딱정벌레과(Carabidae)의 일부는[77] 그 부위

---

74) H. Landois, 앞의 책, 127쪽.

75) 나는 크로치(G.R. Crotch)에게 신세를 많이 졌는데 그는 이 세 과와 다른 과에 속하는 여러 딱정벌레의 많은 표본을 귀중한 정보와 함께 내게 보내주었다. 그는 클리트라(*Clythra*)가 마찰음을 내는 능력이 전에는 알려지지 않았던 내용이라고 믿는다. 잰슨(E.W. Janson)에게도 신세를 많이 졌는데 그도 내게 정보와 표본을 제공했다. 내 아들인 프랜시스 다윈(Francis Darwin)은 무린수시렁이(*Dermestes murinus*)*가 마찰음을 낸다는 사실을 발견했지만 그 기관을 찾는 데는 실패했다는 것을 덧붙여도 될 것 같다. 채프먼(Chapman)은 최근 *Entomologist's Monthly Magazine,* vol. 6, 130쪽에 나무좀(*Scolytus*)이 마찰음을 낸다는 내용을 실었다.

76) 시외테(Schiödte)의 글이 *Annals and Magazine of Natural History*(번역본, 제 20권, 1867, 37쪽)에 실렸다.

77) 웨스트링(Westring)은 다른 과에서뿐만 아니라 바구미과와 딱정벌레과의 마

가 정반대의 위치에 자리잡고 있다. 왜냐하면 강판이 시초 끝부분의 아랫면이나 바깥쪽 가장자리에 자리잡고 배마디의 돌출된 융기가 비비개의 역할을 하기 때문이다. 물방개과(Dytiscidae)의 일종인 펠로비우스 헤르만니(*Pelobius hermanni*)는 시초 봉합선 가장자리에 강력한 융기 한 줄이 시초 봉합선과 평행으로 달리며 시맥과 교차하는데, 융기의 중앙부는 거칠고 양쪽 끝은 점점 가늘어져 특히 위쪽 끝에서는 더욱 희미해진다. 이 곤충을 물속이나 공기 중에 잡아두면 심하게 각질화된 복부 가장자리를 강판에 문질러 마찰음을 낸다. 긴뿔딱정벌레(*Longicornia*)의 대부분은 마찰음 기관이 전혀 다른 곳에 자리잡고 있는데 가운뎃가슴에 있는 강판을 앞가슴에 문지른다. 란도이스는 세람빅스 헤로스(*Cerambyx heros*)*의 강판에 돋은 미세한 융기를 세어 그 개수가 238개라고 했다.

많은 풍뎅이가 마찰음을 낼 수 있는데 소리를 내는 기관의 위치는 종에 따라 매우 다양하다. 어떤 종은 아주 시끄러운 소리를 낸다. 스미스가 큰송장풍뎅이(*Trox sabulosus*) 한 마리를 잡았을 때 옆에 서 있던 사냥터지기는 스미스가 생쥐를 잡았다고 생각했다고 한다. 그러나 나는 큰송장풍뎅이에서 소리를 내는 기관을 제대로 발견하지 못했다. 제오트루페스(*Geotrupes*)*와 티푀우스(*Typhœus*)*는 좁은 융기가 뒷다리의 밑마디(제오트루페스 스터코라리우스는 84개의 융기가 나타난다)를 가로질러 달리는데(〈그림-26〉, r), 배마디 중 하나에서 특이하게 돌출된 구조가 이 부위를 문지른다. 근연종인 코프리스 루나리스(*Copris*

찰음 기관에 대해서 설명했다(Kroyer, *Naturhist. Tidskrift*, Bd. 2, 1848~49, 334쪽). 딱정벌레과의 경우 나는 크로치가 내게 보내준 에알프루스 울리기노수스(*Ealphrus uliginosus*)와 블레티사 물티푼크타타(*Blethisa multipunctata*)를 조사했다. 블레티사의 경우 배마디의 주름진 가장자리에 형성된 가로 융기는 시초의 강판을 문지르는 역할을 하지 않는 것으로 판단된다.

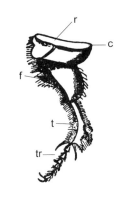

〈그림-26〉 제오트루페스 스테코라리우스(*Geotrupes stercorarius*)*의 뒷다리(란 도이스의 그림). r: 강판. c: 밑마디. f: 넓적다리. t: 종아리. tr: 발목.

lunaris)*는 아주 좁고 미세한 강판이 시초의 봉합선 가장자리를 따라 달린다. 그리고 또 다른 짧은 강판이 시초의 기저부 바깥쪽 가장자리 근처에 존재한다. 그러나 르콩트에 따르면 다른 일부 뿔소똥구리족(Coprini)의 강판은 복부의 등쪽 표면에 자리잡고 있다고 한다.[78] 오리크테스(*Oryctes*)*의 경우 강판은 전미절(propygidium)에 자리잡고 있다. 역시 르콩트에 따르면 다른 장수풍뎅이족(Dynastini)은 시초의 아랫면에 강판이 있다고 한다. 마지막으로 웨스트링은 오말로플리아 브룬네아(*Omaloplia brunnea*)*의 경우 앞가슴 복판(sternum)에 강판이 있으며 뒷가슴 복판에 비비개가 있다고 했다. 그렇게 해서 마찰음 기관은 긴뿔딱정벌레처럼 몸의 윗면에 있는 것이 아니라 몸의 아랫면에 자리잡는다.

우리는 이렇게 해서 딱정벌레의 여러 과의 마찰음 기관이 그 구조는 다양하지 않지만 위치는 놀랄 정도로 다양하다는 사실을 알게 되었다. 같은 과 내에서도 일부 종은 마찰음 기관을 갖고 있었지만 일부 종은 이 기관을 전혀 갖고 있지 않았다. 다양한 딱정벌레가 우연히 접촉하게 된 몸의 딱딱하고 거친 부위를 서로 비벼서 질질 끄는 소리나 쉬쉬 하는 소리를 낼 수 있게 되었다고 가정한다면 이런 다양성은 이해할 수 있는 내용이다. 또 그렇게 만들어진 소리가 어떤 방식으로든지 유익하게 작용함으로써 거친 부위가 점차적으로 발달하여 규

---

78) 나는 일리노이의 월시에게 신세를 졌다. 그는 르콩트(J.L. Leconte)의 *Introduction to Entomology* 중에서 101, 143쪽을 발췌하여 보내주었다.

칙적인 마찰음 기관으로 발달하는 것이 가능했을 것이다. 일부 딱정벌레는 이동할 때 적절한 기관 없이도 의식적이든 무의식적이든 질질 끄는 소리를 낸다. 월리스가 내게 알려준 바에 따르면 유키루스 론지마누스(*Euchirus longimanus*: 풍뎅이류의 한 종으로서 수컷은 앞다리가 매우 길어져 있다)는 이동할 때 배를 밀고 수축시킴으로써 쉬 하는 저음을 내며 잡혔을 때는 뒷다리를 시초의 가장자리에 비벼 삐걱거리는 소리를 낸다고 한다. 좁은 강판이 각 시초의 봉합선 가장자리를 따라 움직임으로써 쉬 하는 소리가 나는 것은 틀림없다. 넓적다리의 도톨도톨한 표면을 그에 대응하는 위치에 있는 시초의 껄껄한 표면에 문질러보면 삐걱거리는 소리를 들을 수 있다. 그러나 나는 이곳에서 제대로 된 강판 구조를 발견할 수 없었다. 이렇게 큰 곤충에서 내가 강판 구조를 못 보고 지나치지는 않았을 것이다. 웨스트링이 꼭지딱정벌레(*Cychrus*)*를 조사하고 쓴 글을 읽어보니 이 곤충이 비록 소리를 내는 능력은 있지만 진정한 강판을 갖고 있는지 아주 의심스러웠다.

　메뚜기목과 매미목이 비슷하다는 사실을 통해 나는 딱정벌레목에도 암수 간에 서로 다른 마찰음 기관을 발견할 수 있으리라 기대했다. 그러나 여러 종을 면밀히 조사한 란도이스는 어떤 차이도 발견하지 못했다. 웨스트링도 그랬고 내게 정성스레 많은 표본을 제작하여 보내준 크로치도 마찬가지였다. 그렇지만 이들 기관은 변이가 심하기 때문에 그 차이가 미세하다면 그 차이를 발견하기는 어려울 것이다. 예를 들어 내가 조사한 네크로포루스 휴마토르(*Necrophorus humator*)*와 펠로비우스(*Pelobius*)* 표본의 첫 번째 짝의 경우 수컷의 강판이 암컷보다 상당히 컸다. 그러나 이후의 표본에서는 그렇지 않았다. 나는 제오트루페스 스터코라리우스(*Geotrupes stercorarius*) 암수 세 마리씩을 관찰했는데, 수컷 모두가 암컷보다 강판이 두껍고 광택이 없었다. 암수 간에 마찰음을 내는 능력 차이를 조사하기 위해 내 아들 프랜시스 다윈은 살아 있는 57마리의 표본을 수집해 그들을 같은 방식으로 잡았을 때 그들이 내는 소리의 크기에 따라 그들을 두 집단으로 나누었다. 그리고 그는 모든 표본을 조사해 양쪽 집단 모두에서 암수의 비율이 거의 같다는 것을 발견했다. 스미스는 수많은 모노인쿠스 슈다코리(*Monoynchus pseudacori*)*를 키웠는데, 그는 그것의 암수 모두 소리를 내며 그들이 내는 소리는 모두 동일하다고 확신했다.

　그런데도 일부 딱정벌레목의 경우 마찰음을 내는 능력이 성징인 것은 확실하다. 크로치는 거저리과에 속하는 헬리오파테스(*Heliopathes*) 두 종을 조사하여 수컷에게만 마찰음 기관이 있다는 것을 발견했다. 나는 헬리오파테스 기부스(*Heliopathes gibbus*) 암수 다섯 마리씩을 조사했는데 모든 수컷은 강판이 잘 발달되어 있었으며 마지막 배마디의 등쪽 표면에서 강판은 일부가 두 갈래로 갈라져 있었다. 그러나 암컷에게는 강판의 흔적조차 나타나지 않았다. 해당하는 마디의 막은 투명했으며 수컷의 막보다 훨씬 더 얇았다. 헬리오파테스 크리브라토스트리아투스(*H. cribratostriatus*) 수컷에게도 유사한 강판이 있었지만 강판이 부분적으로 갈라져 있지는 않았다. 암컷 역시 마찬가지로 강판이 전혀 없었다. 게다가 수컷의 경우 시초 봉합선 양쪽의 끝부분에는 서너 개의 짧고 세로로 놓인 융기가 있었고 극도로 미세한 이랑이 융기를 가로지르고 있었는데, 이들 이랑은 배마디의 강판에 형성된 이랑과 평행이며 모양도 비슷했다. 이들 이랑이 독자적인 강판으로 작용하는지 아니면 배마디 강판에 대한 비비개로 작용하는지 결론을 내릴 수 없었다. 암컷에게는 이런 구조의 흔적도 나타나질 않았다.

　게다가 풍뎅이류인 오리크테스(*Oryctes*)에 포함되는 세 종에서 비슷한 사례가 발견된다. 오리크테스 그리푸스(*O. gryphus*)와 오리크테스 나시코니스(*O. nasicornis*) 암컷에서 전미절에 있는 강판의 이랑은 수컷보다 연속적이지도 않고 뚜렷하지도 않다. 그러나 가장 주요한 차이는 이 마디의 등쪽 표면 전체가 적절한 빛을 받았을 때 털로 덮여 있는 것처럼 나타난다는 것이다. 수컷에게는 이런 구조가 없거나 미미하게 관찰될 뿐이다. 모든 딱정벌레목에서 제대로 된 기능을 수행하는 강판 부위에는 털이 없다는 것을 주목해야 한다. 오리크테스 세네갈렌시스(*O. senegalensis*)는 암수 간의 차이가 더욱 뚜렷하다. 해당 배마디를 깨끗이 닦아 빛을 투과시켜 보면 이런 차이가 가장 잘 나타난다. 암컷의 경우 배마디의 전체 표면은 작고 개별적인 돌출 구조로 덮여 있는데 이 돌출 구조에는 가시가 돋아 있다. 반면에 수컷의 경우에는 이들 돌출 구조가 배마디의 뒤쪽을 향하고 있으며 점점 규칙적으로 합류하는 양상을 띠며 장식이 없어진다. 그래서 마디의 3/4은 아주 미세한 평행 이랑으로 덮이게 되는데 암컷에게는 이런 구조가 전혀 나타나지 않는다. 그렇지만 오리크테스에 속하는 세 종의 모든 암컷 표본에서 연화된 배마디를 앞뒤로 밀고 당기면 가벼운 마찰음이 난다.

헬리오파테스와 오리크테스의 사례에서 수컷이 암컷을 부르고 자극하기 위해 소리를 낸다는 것은 거의 의심할 여지가 없다. 그러나 대부분의 딱정벌레에서 그들이 내는 소리는 암수 모두에게서 상대를 부르는 소리로 작용한다. 새들이 그들의 배우자에게 보내는 신호 외에 여러 목적으로 그들의 목소리를 이용하는 것과 마찬가지로 딱정벌레도 여러 감정 상태를 표현하는 소리를 낸다. 거대한 키아소나투스 스트리둘라테스(*Chiasognathus stridulates*)는 화가 나거나 도전적 태도를 취할 때 소리를 낸다. 또 잡혀서 탈출할 수 없을 때 고통과 공포에 떠는 소리를 내는 종이 많다. 울라스턴과 크로치는 카나리 제도에서 속이 빈 나무줄기를 때려 소리를 내는 아칼레스(*Acalles*)*에 속하는 딱정벌레를 찾을 수 있었다. 아테우쿠스 스트리둘라테스(*Ateuchus stridulates*)* 수컷은 일하는 암컷의 용기를 북돋는 소리를 내며 암컷이 사라지면 고통에 찬 소리를 낸다.[79] 일부 박물학자는 딱정벌레가 적을 놀라게 만들어 쫓아버리기 위해 이런 소리를 낸다고 믿는다. 그러나 나는 커다란 딱정벌레를 게걸스레 잡아먹을 수 있는 네발 동물이나 새들이 그렇게 작은 소리에 놀랄 것이라고는 생각하지 않는다. 아노비움 테셀라툼(*Anobium tessellatum*)*이 서로의 똑딱거리는 소리에 대답하는 것을 보면 마찰음이 이성을 부르는 소리로 작용한다는 것을 알 수 있다. 그리고 내가 관찰한 바로는 인위적으로 이들이 똑딱거리는 소리를 내도록 할 수 있다. 더블데이는 가끔 똑딱거리는 소리를 내는 암컷을 관찰했는데[80] 한두 시간 후면 수컷 한 마리와 짝을 이룬다고 한다. 어떤 때는 여러 마리의 수컷에 둘러싸일 때도 있었다고 한다. 마지막으로 많은 딱정벌레의 암수는 인접해 있는 신체의 딱딱한 부위를 서로 비벼서 질질 끄는 작은 소리를 냄으로써 처음부터 상대를 찾는 것 같다. 그리고 더 큰 소리를 내는 암컷이나 수컷이 짝을 찾는 데 성공할 확률이 크기 때문에 신체 여러 부위의 주름은 성선택으로 점차 발달하여 마침내 마찰음 기관으로 발달한 것이다.

---

79) 브룰레리(P. Brulerie)가 관찰한 내용으로 머리(T.A. Murray)가 *Journal of Travel*, vol. 1, 1868, 135쪽에서 인용했다.

80) 더블데이(E. Doubleday)는 "그 곤충은 다리를 뻗어 몸을 가능한 한 높이 올렸다가 가슴 부위를 바닥에 5~6회 빠르게 부딪침으로써 소리를 냈다"고 말했다. 이 주제에 대한 참고 문헌은 란도이스의 앞의 책, 181쪽을 참조하시오. 올리비에(Olivier)는 피멜리아 스트리아타(*Pimelia striata*) 암컷이 복부를 주변의 딱딱한 물체에 부딪혀 아주 큰 소리를 내며 "수컷은 이 소리에 순종하여 암컷의 시중을 들다가 결국 짝을 이룬다"(Kirby & Spence, *Introduction to Entomology*, vol. 2, 395쪽에서 인용)고 했다.

제11장 곤충(계속): 나비목(나비와 나방)

나비의 구애 행동 — 전투 — 똑딱거리는 소리 — 암수 모두에게 보편적이거나 수 컷에게서 더 화려하게 나타나는 색깔 — 사례 — 생활 환경의 직접적이지 않은 작용 — 보호를 위해 적응된 색깔 — 나방의 색깔 — 전시 — 나비목의 지각 능력 — 변이성 — 암컷과 수컷의 색깔이 다른 이유 — 의태: 수컷보다 더 화려한 색깔을 띠는 암컷 나비 — 나비목 애벌레의 화려한 색깔 — 요약: 곤충의 이차성징에 대한 결론 — 새와 곤충의 비교

이 커다란 목에서 동종의 암컷과 수컷의 색깔에 차이가 있는 것과 같은 속에 속하는 여러 종의 색깔에 차이가 있는 것이 우리가 가장 관심 있게 보는 대상이다. 이번 장의 대부분을 이 주제에 할애할 것이다. 그러나 일단은 주제에서 벗어난 한두 가지 사항을 먼저 살펴보겠다. 우리는 여러 마리의 수컷이 한 마리의 암컷을 쫓아 모여드는 광경을 쉽게 관찰할 수 있다. 나비의 구애 행동은 시간을 오래 끄는 행위 같다. 왜냐하면 여러 마리의 수컷이 한 마리의 암컷 주위에서 회전하며 날아다니는 것을 보다가 구애 행동의 끝도 보지 못하고 내가 오히려 지쳐버린 적이 한두 번이 아니었기 때문이다. 버틀러(A.G. Butler)는 수컷 한 마리가 암컷에게 15분 넘게 구애 행동을 하는 것을 여러 번 관찰했다고 내게 알려주었다. 그러나 암컷은 단호하게 수컷을 피했으며 결국에는 땅 위에 내려앉아 날개를 접어 수컷의 사랑을 거부했

다고 한다.

나비는 비록 가냘프고 연약한 생물이지만 호전적인 생물로, 동료 수컷과 전투를 벌이다 날개 끝이 찢어진 제왕 나비를 채집한 적이 있다.[1] 콜링우드(Collingwood)는 보르네오섬에 서식하는 나비들끼리 종종 벌이는 전투에 대해 다음과 같이 말했다. "그들은 상대의 주위를 최대한 빠르게 도는데, 이 때문에 그들은 아주 사납게 변하는 것 같았다."

아게로니아 페로니아(*Ageronia feronia*) 나비는 소리를 내는데, 그 소리는 용수철로 작동되는 울퉁불퉁한 바퀴가 내는 소리와 비슷하며 몇 미터 밖에서도 들린다. 나는 리우데자네이루*에서 두 마리의 나비가 불규칙한 경로를 그리며 서로를 쫓을 때에만 이 소리가 난다는 것을 알았는데, 이 소리는 아마 암수가 구애 행동을 벌일 때 내는 소리인 것 같다.[2]

일부 나방도 소리를 내는데, 예를 들면 테코포라 포베아(*Thecophora fovea*) 나방의 수컷이 그렇다. 화이트는 두 번에 걸쳐 힐로필라 프라시나나(*Hylophila prasinana*) 나방의 수컷이 내는 날카롭고 성마른 소리를 들었다.[3] 그 소리는 매미와 마찬가지로 근육이 부착된 탄력막에서 발생하는 소리라고 그는 생각했다. 그는 또한 구니(A. Guenée)의

---

1) 번개오색나비(*Apatura Iris*). *The Entomologist's Weekly Intelligence*, 1859, 139쪽. 보르네오섬의 나비에 대해서는 C. Collingwood, *Rambles of a Naturalist in the Chinese Seas*, 1868, 183쪽을 참조하시오.

2) 나의 *Journal of Researches during the Voyage of the 'Beagle'*, 1845, 33쪽을 참조하시오. 더블데이(E. Doubleday)는, 앞날개 기저부에 자리잡고 있으면서 소리 발생과 관계 있는 것으로 보이는 특이한 막성 주머니를 찾았다(*Proceedings of the Entomological Society*, 1845. 3. 3, 123쪽). 테코포라(*Thecophora*)에 대해서는 *Zoological Record*, 1869, 401쪽을 참조하시오. 화이트(F.B. White)의 관찰 내용에 대해서는 *The Scottish Naturalist*, 1872. 7, 214쪽을 참조하시오.

3) F.B. White, *The Scottish Naturalist*, 1872. 7, 213쪽.

말을 인용하여 세티나(*Setina*) 나방이 똑딱거리는 시계 소리와 비슷한 소리를 낸다고 했다. 그 소리는 가슴 부위에 있는 두 개의 커다란 막성 주머니의 도움을 받아서 나는 것이 틀림없으며 이 구조는 암컷보다는 수컷에서 훨씬 잘 발달되어 있다고 했다. 따라서 나비목에서 소리를 내는 기관은 성적 기능과 어느 정도 관련이 있는 것 같다. 그러나 박각시나방이 내는 유명한 소리를 암시하는 것이 아니다. 박각시나방의 소리는 번데기에서 성충이 깨어나자마자 내는 소리이기 때문이다.

기어드는 두 종의 박각시나방 중 수컷만 사향 냄새를 풍긴다는 것을 자주 관찰했다.[4] 그리고 우리는 고등한 강에서도 수컷만 냄새를 풍기는 경우를 많이 관찰할 수 있다.

많은 나비와 일부 나방이 매우 아름답다는 것은 누구나 인정할 것이다. 사람들은 다음과 같이 물을 것이다. 그들의 색깔과 다양한 무늬는 이들 곤충이 살고 있는 물리적 환경의 직접적인 작용 때문에 ― 이들 곤충에게 아무런 이득도 되지 못하면서 ― 생긴 결과인가? 또는 연속적인 변이가 축적되어 하나의 방어 수단이나 미지의 목적을 위해 작용하게 되었는가? 또는 그렇게 됨으로써 한쪽 성이 다른 쪽 성을 유인하는 역할을 하게 되었는가? 게다가 일부 종은 암수의 색깔 면에서 큰 차이를 보이는데 그 의미는 무엇인가? 같은 속에 포함되는 여러 종의 암수가 비슷한 색깔을 보일 경우 그것의 의미는 또 무엇인가? 이런 질문에 대한 답을 찾기 전에 먼저 몇 가지 제시할 것이 있다.

영국의 아름다운 나비인 네발나비류, 공작나비류, 작은멋쟁이(바네사[*Vanessae*]*) 등 많은 종류의 암컷과 수컷은 색깔이 서로 같다. 매우

---

4) M. Giard, *Zoological Record*, 1869, 347쪽.

멋진 헬리코니데과(Heliconidae)*와 열대 지방의 왕나비과(Danaidae)
의 경우도 마찬가지다. 그러나 열대 지방에 사는 일부 나비와 번개오
색나비, 안토카리스 카르다미네스(*Anthocharis cardamines*)* 같은 영국
산 나비는 암수의 색깔이 크게 다르거나 약간이라도 차이가 난다. 열
대 지방에 서식하는 어떤 나비의 수컷은 매우 아름다워 그 아름다움
을 말로 다 표현할 수 없을 정도다. 한 속에 포함되어 있으면서도 어
떤 종은 암수가 매우 비슷하지만 암수의 차이가 현격한 종도 자주 발
견된다. 지금부터 제시하는 사례와 논의하는 대부분의 내용은 베이
츠에게서 도움을 받았다. 베이츠는 남아메리카에 서식하는 에피칼리
아(*Epicalia*)의 12종을 알고 있었는데 그중 2종은 대부분의 나비와는
달리 암수 모두 항상 같은 장소에 출현했다고 한다. 그러므로 이들은
외부 환경 때문에 서로 다른 영향을 받을 리 없다.[5) 12종 중에서 9종
의 수컷은 모든 나비 중에서 가장 아름다운 자태를 뽐내는 것으로 알
려져 있다. 이들은 비교적 평범한 색깔을 띠는 암컷과 매우 달라, 과
거에는 서로 다른 속으로 취급되기도 했다. 이들 9종의 암컷은 모두
평범한 색깔을 띠며 서로 비슷하게 닮았다. 또한 이들은 세계 여러
곳에서 발견되는 유사한 여러 속의 암수와도 닮았다. 그러므로 우리
는 이들 9종의 나비가 거의 같은 색깔을 띠던 공통 조상에게서 유래
했다고 추측할 수 있다. 이들 9종뿐만 아니라 동일 속에 포함되는 모
든 종이 마찬가지일 것이다. 10번째 종의 암컷도 다른 종과 마찬가지
로 비슷한 색깔을 띠지만 이 종은 암수가 서로 닮았다. 즉 이 종의 수컷
은 앞에서 언급한 여러 다른 종의 수컷에 비해 화려함이 적고 색깔의

5) *Proceedings of the Entomological Society of Philadelphia*, 1865, 206쪽에 실린 베
   이츠의 논문을 참조하시오. 또한 윌리스(A.R. Wallace)가 동일한 주제로 디
   아데마(*Diadema*)에 대해서 연구한 논문이 *Transactions of the Entomological
   Society of London*, 1869, 278쪽에 실려 있으니 참조하시오.

대비가 약하게 나타난다. 11번째 종과 12번째 종의 암컷은 다른 종들과는 다르다. 왜냐하면 그들은 약간 덜하기는 하지만 다른 수컷과 마찬가지로 화려하게 장식되어 있기 때문이다. 그러므로 마지막 이 두 종은 수컷의 화려한 색깔이 암컷에게 전달된 것 같다. 반면에 10번째 종의 수컷은 그 속의 부모형과 마찬가지로 암컷의 평범한 색깔을 유지하고 있거나 이차적으로 다시 획득한 것 같다. 따라서 이 세 경우의 암컷과 수컷은, 정반대 방식이기는 하지만 거의 같은 현상을 보여주는 것이다. 이들과 유연 관계가 깊은 에우바기스(*Eubagis*)에 속하는 일부 종의 암컷과 수컷은 색깔이 거의 비슷하고 평범하지만 대부분의 종은 수컷이 아름다운 금속성 색조를 다양하게 띠고 있어 암컷과 크게 다른 것이 일반적이다. 이 속의 암컷 대부분은 모두 비슷한 색깔을 띠고 있다. 그래서 그들 암컷은 자기 종의 수컷보다 오히려 다른 종의 암컷과 더 많이 닮았다.

호랑나비(*Papilio*)의 경우 아이네아스(*Aeneas*)에 속하는 모든 종은 놀랄 정도로 뚜렷하고 강하게 대조되는 색깔을 띤다. 또 암컷과 수컷의 차이가 단계적으로 나타나는 경향이 있다. 파필리오 아스카니우스(*Papilio ascanius*) 같은 몇몇 종은 암수가 비슷하다. 그밖의 종은 수컷이 암컷보다 약간 더 밝은 색깔을 띠거나 매우 화려한 색깔을 띠는 것이 보통이다. 바네사와 유연 관계가 깊은 유노니아(*Junonia*)*도 거의 비슷하다. 왜냐하면 많은 종의 암수가 서로 닮았고 화려한 색깔을 띠지는 않지만 유노니아 외노네(*J. oenone*) 같은 종은 수컷이 암컷보다 약간 더 밝은 색을 띤다. 그리고 유노니아 안드레미아야(*J. andremiaja*) 같은 일부 종은 암수가 서로 너무 달라 전혀 다른 종으로 취급될 정도다.

버틀러는 대영박물관에서 내게 놀랄 만한 사례를 한 가지 보여주었다. 그것은 열대 아메리카의 테클라(*Thecla*)*의 한 종이었는데 암수가 서로 비슷하게 생겼으며 매우 화려했다. 또 다른 한 종은 수컷이 이와 비슷할 정도로 화려한 색깔을 띠는 반면 암컷은 몸의 윗면이 단조롭고 칙칙한 갈색을 띠었다. 리케나(*Lycaena*)*에 속하며 영국에 흔한 소형 푸른 나비도 그렇게 심하지는 않지만 위에서 말한 외국산 속만큼이나 암수 간에 색깔 차이를 보인다. 리케나 아게스티스(*Lycaena agestis*)는 암수가 모두 갈색 날개를 갖고 있는데 날개의 가장자리에는 홑눈처럼 생긴 오렌지색 작은 점들이 박혀 있으며 암수가 거의 비슷한 색깔을 띠고 있다. 리케나 외곤(*L. oegon*)의 경우 수컷의 날개는 멋진 푸른색을 띠며 검은 테두리가 있지만 암컷의 날개는 갈색을 띠며 수컷과 비슷한 테두리가 있어 리케나 아게스티스의 날개와 아주 흡사하다. 마지막으로 리케나 아리온(*L. arion*)의 경우 암수는 푸른색을 띠며 암컷 날개의 가장자리가 조금 더 거무스름하고 검은 점들이 박혀 있지만 전체적으로 암수는 매우 비슷하다. 그리고 푸른색을 띠는 인도의 한 종은 암컷과 수컷이 매우 비슷하다.

내가 이 같은 세부적인 사례를 드는 첫 번째 이유는 나비의 암수가 차이가 있다면 일반적으로 수컷이 더 아름답다는 사실과 집단의 보편 색깔에서 더 벗어나는 것은 수컷이라는 사실을 보여주기 위해서다. 그러므로 한 속에 포함되는 여러 종을 비교했을 때 수컷은 서로 차이를 보이지만 암컷은 서로 비슷한 경우가 대부분이다. 그렇지만 앞으로 언급할 일부 사례처럼 암컷이 수컷보다 더 화려한 색깔을 띠기도 한다. 이렇게 세부적인 사례를 든 두 번째 이유는 같은 속에 포함되는 여러 종에서 암수의 색깔이 전혀 차이를 보이지 않는 경우부터 아주 큰 차이를 보이는 경우까지 점진적인 단계가 존재한다는 사실을 확실히 해두기 위해서다. 오래전에 곤충학자들은 암수의 차이가 심하면 이들을 한 속의 서로 다른 종으로 취급하기도 했다. 세번째 이유는 암수가 거의 같은 색깔을 띨 때는 수컷이 자기의 색깔을 암컷에게 전달해주거나 수컷이 그 집단의 원시적인 색깔을 그대로 유지하기 때문일 수 있으며 원시 색깔을 이차적으로 재획득하는 경우도 있다는 것을 보이기 위해서였다. 또한 암수가 서로 다른 형질을 보이는 집단이라 하더라도 암컷이 어느 정도는 수컷을 닮아 수컷이 매우 아름다울 때 암컷도 예외 없이 어느 정도 아름답다는 사실은 주목할 만한 일이다. 암수의 차이가 단계적인 변화를 보이는 많은 사례와 한 집단 전체에 일정한 색깔이 널리 퍼져 있는 사례에서 우리는 일부 종의 수컷만이 아름다운 색깔을 띠도록 만든 원인과 다른 종의 암수가 모두 아름다운 색깔을 띠도록 만든 원인이 동일하다는 결론을 내려도 될 것 같다.

열대 지방에는 아름다운 나비가 무척 많이 살고 있다. 그러므로 그들의 색깔이 아름다운 것은 높은 온도와 습도 때문이라고 추정하기도 한다. 그러나 베이츠는 온대 지방과 열대 지방에 서식하며 유연관계가 깊은 여러 나비를 비교하여 그런 견해에 오류가 있다고 반박했다.[6] 같은 종 내에서 화려한 색깔의 수컷과 평범한 색깔의 암컷이 같은 지역에 살고 있으며 똑같은 먹이를 먹고 생활 습관이 완전히 같은 것으로 보아 베이츠의 주장은 확실히 옳은 것 같다. 암수가 서로 비슷하더라도 그들의 화려하고 아름다운 색깔이 아무런 목적도 없이 그저 생체 조직의 성질에 따라 만들어진 것이며 주변 환경의 작용 때문이라고 생각하기는 어렵다.

모든 동물의 색깔이 어떤 특별한 목적을 위해 변했다면 우리가 알기로 이런 변화는 직·간접적 방어 수단으로 작용하거나 이성을 유인하는 수단으로 작용하는 것이다. 많은 종의 나비는 날개 윗면의 색깔이 칙칙하다. 이런 색깔 때문에 포식자에게 발견되지 않고 위험을 모

---

6) H.W. Bates, *The Naturalist on the Amazons,* vol. 1, 1863, 19쪽.

면할 확률이 매우 높다. 그러나 휴식을 취하는 나비는 적에게 공격받을 확률이 특히 높다. 대부분의 나비는 휴식을 취할 때 그들의 날개를 몸통 위로 수직으로 치켜올려 날개의 아랫면만을 노출시킨다. 그래서 일반적으로 나비가 휴식을 취하는 장소의 사물을 닮는 것은 날개의 아랫면이다. 바네사에 속하는 일부 나비와 그밖의 나비들이 날개를 접었을 때 외형이 나무 껍질과 닮았다는 사실을 최초로 관찰한 사람은 뢰슬러(Rössler)다. 이와 비슷하고 놀랄 만한 사례가 많이 있다. 월리스는 인도와 수마트라섬에서 흔하게 볼 수 있는 나비인 칼리마 (*Kallima*)에 대해 기록했는데 이것이 특히 흥미롭다.[7] 이 나비는 숲속에 앉으면 마술처럼 사라진다. 왜냐하면 이 나비는 앉아서 날개를 포개며 머리와 더듬이를 그 사이에 숨기는데 그 형체와 색깔과 무늬가 잎자루가 달린 시든 잎사귀와 구별이 되지 않을 정도로 비슷하기 때문이다. 날개의 아랫면이 화려한 색깔인 경우도 있는데 이때에는 방어 수단으로 작용한다. 예를 들어 테클라 루비(*Thecla rubi*)*의 접은 날개는 에메랄드 같은 초록색을 띠며 산딸기의 어린잎과 흡사하다. 이 나비는 봄에 산딸기에 종종 내려앉는다. 또한 날개 윗면의 색깔이 암수 간에 크게 다른 많은 종류의 나비에서 날개 아랫면의 색깔이 비슷하거나 동일하며 방어 수단으로 작용한다는 것은 특기할 만한 사항이다.[8]

많은 나비의 날개 윗면과 아랫면이 칙칙한 색깔을 띠는데 이처럼 눈에 잘 띄지 않는 색깔이 나비의 몸을 숨기는 데 도움을 주는 것은 의심할 여지가 없다. 그러나 이런 원리를 날개 윗면이 화려한 나

---

7) A.R. Wallace, *Westminster Review*, 1867. 7, 10쪽에 실린 흥미로운 기사를 참조하시오. 월리스는 칼리마 나비의 목판화 한 장을 *Hardwicke's Science Gossip*, 1867. 9, 196쪽에 실었다.

8) G. Fraser, *Nature*, 1871. 4, 489쪽.

비에게는 적용할 수 없다. 즉 네발나비류, 공작나비류, 배추흰나비류(*Pieris*) 그리고 넓은 늪지에 자주 나타나는 호랑나비는 색깔로 보호를 받는다고 할 수 없다. 왜냐하면 이들 나비는 어떤 경우에도 쉽게 발견되기 때문이다. 이들 종은 암수가 비슷하다. 그러나 멧노랑나비(*Gonepteryx rhamni*)는 수컷이 짙은 노란색을, 암컷은 수컷보다 훨씬 옅은 노란색을 띤다. 안토카리스 카르다미네스(*Anthocharis cardamines*)는 수컷만이 날개 끝에 밝은 오렌지색을 띤다. 이들은 암수가 모두 눈에 잘 띄기 때문에 그들의 색깔 차이가 본래의 보호 작용과 어떤 관련성이 있다고 보기는 어려울 것 같다. 바이스만에 따르면 리케나에 속하는 어느 한 종의 암컷은 바닥에 앉을 때 갈색 날개를 펴고 앉아 거의 눈에 띄지 않는다고 한다.[9] 그러나 수컷은 자기 날개 윗면의 밝은 파란색 때문에 생기는 위험을 아는 것처럼 날개를 포개고 앉는다. 이것은 파란색이 보호에는 전혀 도움을 주지 못한다는 사실을 보여주는 것이다. 그런데도 많은 종의 경우에 눈에 잘 띄는 색깔은 자신이 맛이 없다는 광고를 하는 효과를 발휘해 간접적으로 도움을 줄 수 있다. 아름다운 다른 종과 닮아가는 의태를 통해 아름다움을 획득하기도 한다. 이 경우 의태의 대상이 되는 종은 같은 지역에 서식하며 그들의 적을 어떻게 해서든 불쾌하게 만들어 공격받지 않는 특권을 누리는 종이다. 그러나 이때 우리는 의태의 대상이 되는 종이 갖고 있는 아름다움을 설명할 수 있어야만 한다.

월시(B.D. Walsh)가 내게 말했듯이 앞서 언급한 안토카리스 카르다미네스와 미국산 안토카리스 게누티아(*Anthocharis genutia*)의 암컷은 그들 조상이 띠던 원시 색깔을 드러내고 있는지도 모른다. 왜냐하면 넓은 지역에 분포하는 4~5종의 암수 모두 거의 동일한 색깔을 띠기

---

9) A. Weismann, *Einfluss der Isolirung au di. Artbildung*, 1872, 58쪽.

때문이다. 앞에서 살펴본 몇몇 사례와 마찬가지로 안토카리스 카르다미네스와 안토카리스 게누티아의 암수 중에서 그들이 포함된 전형적인 유형과 차이를 보이는 쪽은 수컷이라고 생각해도 될 것 같다. 캘리포니아에서 채집된 안토카리스 사라(*Anth. sara*) 암컷은 날개 끝이 어느 정도는 오렌지색을 띠었지만 수컷보다는 흐렸으며 여러 면에서 수컷과 약간 달랐다. 인도에 서식하는 근연종인 이피아스 글라우시페(*Iphias glaucippe*)는 오렌지색 날개 끝이 암수 모두에게서 잘 나타난다. 버틀러가 내게 말했듯이 이피아스의 날개 아랫면은 엷은 색깔의 나뭇잎과 매우 비슷하다. 영국 종의 경우 날개 아랫면은 이 나비가 종종 내려앉는 식물인 파슬리의 꽃 모습과 닮았다.[10] 우리는 날개 아랫면이 보호색이라고 믿기 때문에 보호를 목적으로 날개에 밝은 오렌지색 점이 박힌다고 생각하지는 않는다. 특히 이런 형질을 수컷에게 국한시켜볼 때 더욱 그러하다.

대부분의 나방은 낮에 날개를 내린 채 꼼짝 않고 앉아 있다. 월리스가 말했듯이 나방 몸 위쪽의 무늬와 색깔은 눈에 잘 띄지 않는데 감탄스러울 정도다. 누에나방과(Bombycidae)의 나방이 앉아서 쉬고 있을 때 보면 앞날개가 뒷날개에 겹쳐 뒷날개가 보이지 않는다.[11] 그래서 뒷날개가 밝은 색깔이어도 위험성이 높지는 않을 것이다. 사실 나방의 뒷날개는 앞날개보다 화려한 색깔을 띠는 경우가 흔하다. 비행 도중 나방은 적에게 잡히지 않고 종종 도망쳤을 것이다. 그렇지만 비행할 때 나방의 뒷날개가 완전히 노출되는 것으로 보아 뒷날개의 밝은 색깔은 일반적으로 어느 정도의 위험을 치르면서 획득한 것이 틀림없다. 그러나 다음의 사례는 우리가 이 주제에 대해 결론을 내릴

---

10) *The Student*, 1868. 9, 81쪽에 실린 우드(T.W. Wood)의 흥미로운 관찰 내용을 참조하시오.
11) A.R. Wallace, *Hardwicke's Science Gossip*, 1867. 9, 193쪽.

때 얼마나 주의해야 하는지를 잘 보여주고 있다. 흔하게 관찰되는 트리포에나(*Triphoena*)*의 나방은 흔히 낮이나 초저녁에 날아다니는데 이들은 뒷날개의 색깔 때문에 눈에 잘 띈다. 이것이 위험을 야기하는 원인이라고 생각하는 것은 당연할 것이다. 그러나 제너 위어(Jenner Weir)는 뒷날개의 색깔이 사실 탈출 수단이 된다고 믿는다. 왜냐하면 새들은 나방의 몸통 대신 화려하고 연약한 날개 부위를 공격하기 때문이다. 위어는 활발한 트리포에나 프로누바(*Triphoena pronuba*) 한 마리를 새장에 넣어주었다. 그러자 새장 안에 있던 유럽울새가 바로 이 나방을 추적하기 시작했다. 그러나 새는 날개의 색깔에만 정신이 팔려 약 50번의 공격을 하고 나서야 나방을 제대로 잡을 수 있었다. 그전까지는 나방 날개의 일부만을 반복적으로 쪼아 찢었을 뿐이다. 그는 제비와 트리포에나 핌브리아(*T. fimbria*)를 이용하여 새장 밖에서도 동일한 실험을 했지만 이 나방은 덩치가 커서 그랬는지 잡히지 않았다고 한다.[12] 우리는 월리스가 했던 말을 생각하게 된다.[13] 즉 브라질의 숲속과 말레이 제도에서 흔히 발견되는 화려한 많은 나비는 날개가 아주 크지만 비행 솜씨가 형편없다는 것이다. "이들은 채집되었을 때 새에게 잡혔다가 탈출한 것처럼 날개에 구멍이 나고 찢어져 있는 경우가 많았다. 만약 날개가 몸통에 비해 훨씬 더 작았다면 이들은 치명적인 부위를 공격받는 일이 흔했을 것이다. 따라서 날개가 커진 것은 간접적으로 이득이 되었다"는 것이 월리스의 설명이었다.

전시 많은 종류의 나비와 일부 나방의 밝은 색깔은 전시하기 위해 특별하게 배열되어 있다. 그래서 이런 색깔은 눈에 잘 띈다. 밤에

---

12) 이 주제에 대해서는 *Transactions of the Entomological Society,* 1869, 23쪽에 실린 제너 위어의 논문도 참조하시오.
13) A.R. Wallace, *Westminster Review,* 1867. 7, 16쪽.

는 색깔이 보이지 않고 야행성 나방이 나비에 비해 전반적으로 덜 화려하다는 것은 의심할 여지가 없다. 참고로 모든 나비는 주행성이다. 그러나 일부 과의 나방은 낮이나 초저녁에 날아다닌다. 알락나방과(Zygaenidae)가 그 예가 될 수 있다. 또한 박각시과(Sphingidae)와 제비나방과(Uraniidae)의 서너 종, 불나방과(Arctiidae), 산누에나방과(Saturniidae)의 일부 종도 이에 해당한다. 그런데 이들 중 많은 종이 매우 아름다운 색깔을 띤다. 밤에만 날아다니는 나방에 비해 훨씬 더 밝은 색깔을 띤다. 그렇지만 예외적으로 야행성 나방이 밝은 색깔을 띠는 몇 가지 사례가 보고된 바 있다.[14]

그외에도 전시에 대한 증거는 있다. 전에도 말했듯이 나비는 앉을 때 날개를 올린다. 그러나 햇볕을 쬘 때는 날개를 올렸다 내렸다 하는 경우가 종종 있다. 따라서 날개의 양쪽 면이 모두 노출되는 것이다. 그리고 아랫면이 방어 수단으로서 칙칙한 색깔을 띠기도 하지만 대부분 많은 종은 아랫면도 윗면과 마찬가지로 화려하게 장식되어 있다. 또한 날개의 윗면과 아랫면의 장식이 전혀 다른 경우도 간혹 있다. 열대 지방에 사는 일부 종은 날개의 아랫면이 윗면보다 더 화려한 경우도 있다.[15] 영국산 표범나비(Argynnis)는 날개 아랫면만 반짝이는 은색으로 장식되어 있다. 그래도 많이 노출되는 날개 윗면이 아랫면보다 화려하고 다양한 색깔을 띠는 것이 일반적이다. 그러므로 곤충

---

14) 예를 들어 리토시아(Lithosia)*를 들 수 있지만 웨스트우드는 이 사례 때문에 놀란 것 같다(J.O. Westwood, Modern Classification of Insects, vol. 2, 390쪽). 주행성 나비와 야행성 나비의 상대적인 색깔에 대해서는 위의 책, 333쪽과 392쪽을 참조하시오. T.W. Harris, Treatise on the Insects of New England, 1842, 315쪽도 참조하시오.

15) 호랑나비류의 여러 종에서 날개의 윗면과 아랫면의 이런 차이는 A.R. Wallace, "Memoir on the Papilionidae of the Malayan Region," Transactions of the Linnean Society, vol. 25, 1865, 제1부에 실린 아름다운 삽화에서 볼 수 있다.

학자는 여러 종의 유연 관계를 결정할 때 날개의 아랫면을 윗면보다 중요한 형질로 취급하는 경우가 많다. 프리츠 뮐러(Fritz Müller)는 카스트니아(*Castnia*)*에 속하는 3종의 나방을 브라질 남부에 있는 자기 집 근처에서 발견했다고 내게 말했다. 이들 중 2종은 뒷날개의 색깔이 칙칙하고 앉을 때는 항상 앞날개로 뒷날개를 덮는다. 그러나 나머지 한 종의 뒷날개는 검은색을 띠며 붉고 흰 점이 아름답게 박혀 있는데 앉을 때마다 뒷날개를 크게 펴서 잘 보이도록 전시한다고 했다. 이와 비슷한 사례를 더 들 수도 있다.

스테인턴(H.T. Stainton)에게 들은 바에 따르면 대부분의 나방은 날개 아랫면을 전부 노출시키지 않는다고 한다. 이런 나방을 살펴보면 아랫면이 윗면에 비해 화려하지도 않고 심지어 비슷한 정도의 색깔을 띠는 경우조차 거의 없다는 것을 알게 된다. 그러나 히포피라(*Hypopyra*)*의 날개처럼 위의 규칙에서 명백하게 벗어나는 사례도 있다는 것을 알아야 한다.[16] 트리멘(R. Trimen)은 구니의 위대한 작품 속에 3종의 나방 그림이 있다고 알려주었다. 이들 3종의 나방은 날개 아랫면이 훨씬 더 화려하다고 했다. 예를 들어 오스트레일리아산 가스트로포라(*Gastrophora*)는 앞날개 윗면이 옅은 회색이 도는 오커색을 띠는 반면에 아랫면에는 검은 색깔 바탕에 암청색 눈알무늬가 화려하게 나타난다. 그리고 오렌지색이 도는 노란색이 그 주위를 둘러싸고 있고 다시 그 주위를 푸르스름한 흰색이 둘러싸고 있다. 그러나 이들 3종의 나방에 대한 생활 습성은 알려져 있지 않다. 따라서 그들의 색깔이 특이한 이유에 대해서는 알려진 것이 전혀 없다. 역시 트리멘이 내게 알려준 바에 따르면 게오메트라(*Geometra*)*[17]와 날개가 네 갈래

---

16) 이 나방에 대해서는 1868년 3월 2일 발간된 *Proceedings of the Entomological Society*에 실린 워말드(Wormald)의 글을 참조하시오.

17) 남아메리카에 서식하는 에라테이나(*Erateina*: 게오메트라의 하나)에 대한 설

로 갈라진 녹투아(*Noctua*)*의 날개 아랫면은 윗면보다 다양하고 화려한 색깔로 장식되어 있다. 그러나 이들 중 일부는 날개를 곧추세우고 앉아 상당히 오랜 시간을 움직이지 않은 채 있을 수 있다. 결국 날개 아랫면이 노출되는 것이다. 그밖의 종들도 바닥이나 풀 위에 앉을 때 돌연히 날개를 들어올리거나 날개를 약간 치켜세우기도 한다. 그러므로 일부 나방에서 날개 윗면보다 아랫면이 화려한 것은 처음 생각했던 것처럼 그렇게 이례적인 것이 아니다. 이 세상에서 가장 아름다운 나방의 일부가 산누에나방과(Saturniidae)에 포함되어 있다. 그들의 날개는 영국의 산누에나방에서 보듯이 미세한 눈알무늬로 장식되어 있다. 우드는 그들의 움직이는 모습이 나비와 닮았다는 것을 알았다.[18] "이들이 날개를 위아래로 부드럽게 움직이는 모습을 보면 자신을 전시하는 것 같다. 이런 움직임은 야행성 나비목보다는 주행성 나비목의 한 특징이다."

화려한 색깔의 많은 나비는 암수 간에 색깔 차이를 보인다. 그러나 화려한 색깔을 띠는 모든 영국산 나방과 내가 관찰한 대부분의 외국산 종들이 암수 간에 색깔 차이를 보이는 경우가 거의 없다는 것은 특이한 사실이다. 그렇지만 미국산 나방인 사투르니아 이오(*Saturnia io*)*의 수컷은 앞날개가 짙은 노란색인 것으로 알려져 있다. 그리고 여기에 특이하게도 자줏빛을 띤 붉은 점들이 박혀 있다. 반면에 암컷의 날개는 자줏빛을 띤 갈색이며 회색 선이 그어져 있다.[19] 암수의 색깔이 다른 영국의 나방은 모두 갈색이거나 칙칙한 노란색, 또는 거의 흰색

명이 *Transactions of the Entomological Society*, 신간 시리즈, vol. 5, 삽화 15, 16에 있으니 참조하시오.

18) T.W. Wood, *Proceedings of the Entomological Society of London*, 1868. 7. 6, 27쪽.

19) T.W. Harris, *A treatise on some of the insects injurious to vegetation*, Flint ed., 1862, 395쪽.

에 가깝다. 일부 종은 수컷이 암컷보다 더 짙은 색을 띤다.[20] 그리고 이들은 대개 오후에 날아다닌다. 그에 반해 스테인턴이 관찰한 내용에 따르면 수컷의 뒷날개가 암컷보다 더 흰색을 띠는 속도 많이 있는데 아그로티스 엑스클라마티오니스(*Agrotis exclamationis*)*가 이에 해당하는 적절한 사례라고 한다. 유령나방이라고 알려진 헤피알루스 후물리(*Hepialus humuli*)*는 암수의 차이가 더욱 뚜렷하다. 수컷은 흰색, 암컷은 짙은 점이 박힌 노란색을 띠고 있다.[21] 이들은 수컷이 더욱 눈에 잘 띄기 때문에 그늘 속을 날아다닐 때 암컷이 쉽게 발견할 수도 있다.

앞서 말한 여러 가지 사실에서 나비와 일부 나방의 화려한 색깔이 보호의 목적으로 획득되었다고 보기는 지극히 어려울 것 같다. 우리

---

20) 이를테면 내 아들의 장식장에서 관찰한 라시오캄파 퀘르쿠스(*Lasiocampa quercus*), 오도네스티스 포타토리아(*Odonestis potatoria*),* 매미나방(*Hypogymna dispar*),* 다시키라 푸디분다(*Dasychira pudibunda*)* 그리고 칙니아 멘디카(*Cycnia mendica*)*는 수컷이 암컷보다 더 짙은 색을 띠었다. 칙니아 멘디카의 경우 암컷과 수컷의 색깔 차이가 뚜렷했다. 월리스가 내게 알려준 바에 따르면 그는 이 종에서 한쪽 성에 국한되어 일어나는 보호용 의태의 사례를 찾을 수 있을 것으로 생각한다고 했다. 그 문제에 대해서는 차후에 자세하게 살펴보겠다. 칙니아의 흰색 암컷은 흔하게 발견되는 스필로소마 멘트라스티(*Spilosoma menthrasti*)*와 닮았다. 이 종의 암수는 모두 흰색이다. 스테인턴은 한배에서 태어난 칠면조 새끼 모두가 여러 종류의 나방을 맛있게 먹었지만 스필로소마 멘트라스티만큼은 넌더리를 낼 정도로 싫어한다는 것을 발견했다. 따라서 영국의 새들이 칙니아를 스필로소마로 착각하기만 한다면 칙니아는 잡아먹히지 않을 것이다. 그렇게 된다면 칙니아의 흰색은 새를 속이는 데 매우 유리하게 작용했을 것이다.

21) 셰틀랜드 제도에 서식하는 이 나방의 수컷은 암컷과 큰 차이를 보이는 것이 아니라 놀랍게도 암컷과 색깔이 비슷한 경우가 종종 있다(R. MacLachlan, *Transactions of the Entomological Society*, vol. 2, 1866, 459쪽). 프레이저(G. Fraser)가 Nature, 1871. 4, 489쪽에서 제안한 바에 따르면 일 년 중 북쪽의 여러 섬에 헤피알루스 후물리가 출현하는 시기에는 수컷의 흰색이 어스름한 밤중에 암컷에게 자신을 드러내는 데 아무런 쓸모가 없다고 한다.

는 그들의 화려한 색깔과 우아한 무늬가 전시하려는 것처럼 배열되어 있으며 그렇게 보인다는 것을 알았다. 그래서 나는 암컷이 화려한 수컷을 좋아하며 화려한 색깔에 자극받는다고 믿게끔 되었다. 왜냐하면 우리가 알 수 있는 그밖의 어떠한 가정으로도 수컷이 갖고 있는 장식의 의미를 설명할 수 없기 때문이다. 우리는 개미와 일부 풍뎅이가 서로 애정을 느낄 수 있다는 것을 알고 있다. 개미는 헤어진 지 수개월 만에 다시 만난 동료도 알아본다. 따라서 나비목이 개미나 풍뎅이처럼 화려한 색깔을 좋아할 만큼 정신 능력이 높다고 말하는 것이 이론적으로 불가능하지는 않다. 그들이 색깔로 꽃을 발견하는 것은 틀림없는 사실이다. 하늘을 날던 박각시나방이 푸른 잎 한가운데에 있는 꽃송이를 내리덮치는 광경을 종종 볼 수 있다. 외국에 있는 두 사람이 내게 확인시켜준 바에 따르면 박각시나방은 방의 벽에 그려놓은 꽃에 달려들어 그들의 주둥이를 꽃 그림에 꽂는 작업을 계속해서 반복했다고 한다. 프리츠 뮐러가 내게 알려준 바에 따르면 브라질 북부에 서식하는 여러 나비는 특정한 색깔을 좋아하는 것이 틀림없다고 한다. 그는 나비들이 대여섯 개 속 식물의 화려한 빨간색 꽃에 자주 날아들지만 같은 정원에 있는 같은 속이나 그밖의 속 식물이 피운 흰 꽃이나 노란 꽃에는 절대로 날아드는 법이 없다는 사실을 관찰했다. 다른 사람에게서도 이와 동일한 내용을 들은 적이 있다. 더블데이(E. Doubleday)에게 들은 바에 따르면 흔히 발견되는 흰색 나비는 바닥에 떨어진 종잇조각 위에 내려앉는다고 한다. 종잇조각을 자기 동료로 착각한 것이 틀림없다. 콜링우드는 말레이 제도에 채집하기 힘든 나비가 살고 있다고 하면서 다음과 같이 말했다. "눈에 잘 띄는 나뭇가지에 죽은 표본을 핀으로 꽂아놓으면 같은 종의 나비가 무모하게 달려들어 포충망에 걸려들곤 했다. 특히 달려드는 나비가 죽은 표본의 이성일 경우는 더욱 쉽게 잡을 수 있었다."[22]

나비가 구애 행동을 할 때는 앞에서 말했듯이 긴 시간이 걸린다. 때때로 수컷들이 경쟁자와 싸우는 일도 벌어진다. 여러 마리의 수컷이 한 마리의 암컷을 쫓아 모여드는 광경도 관찰할 수 있다. 암컷이 수컷을 선택하지 않는다면 짝짓기는 단지 우연하게 일어날 것이 틀림없겠지만 이런 일은 일어날 것 같지 않다. 그에 반해 만약 암컷이 늘, 또는 가끔이라도, 아름다운 수컷을 선호한다면 수컷의 색깔은 점차 화려하게 변할 것이다. 그래서 그 화려한 색깔은 보편적인 유전 법칙에 따라 양쪽 성이나 한쪽 성의 자손에게 전달될 것이다. 만약 이러한 결론이 제9장의 부록에서 제시한 여러 증거, 즉 대부분의 나비목은 최소한 성충 시절에 수컷이 암컷보다 수가 더 많다는 등의 여러 증거로 신뢰를 얻는다면 성선택 과정은 훨씬 더 촉진될 것이다.

그렇지만 암컷이 아름다운 수컷을 선호한다는 믿음에서 벗어나는 사례도 있다. 예를 들어 여러 수집가에게 확인한 바에 따르면 새로 깨어난 암컷이 지치고 쇠퇴하거나 거무죽죽한 수컷과 짝짓기를 하는 것은 흔히 관찰할 수 있는 광경이라고 한다. 그러나 이것은 수컷이 암컷보다 먼저 번데기에서 깨어난 상황을 고려한다면 얼마든지 일어날 수 있는 일이다. 누에나방과(Bombycidae)에 속하는 나방은 성충 시기가 시작되자마자 짝짓기를 한다. 이들은 입이 퇴화해 성충이 된 후에는 아무것도 먹을 수 없기 때문이다. 여러 곤충학자가 내게 말한 바에 따르면 암컷은 동면하는 상태처럼 움직임이 거의 없어 최소한 배우자를 선택하는 데 아무런 의사표시도 못하는 것 같다고 한다. 유럽 대륙과 영국의 몇몇 사육가들은 흔한 누에나방(*Bombyx mori*)이 이 경우라고 말한다. 봄빅스 친티아(*Bombyx cynthia*)를 사육한 경험이 많은 월리스도 이들 나방의 암컷이 자신의 의사표시를 하지 못한다고 확신하고

---

22) C. Collingwood, *Rambles of a Naturalist in the Chinese Seas,* 1868, 182쪽.

있다. 월리스는 300마리 이상의 봄빅스 친티아를 키웠는데 가장 활기
찬 암컷이 왜소한 수컷과 교미하는 경우를 흔하게 관찰할 수 있었다
고 한다. 그 반대 상황은 좀처럼 일어나지 않는 것 같다. 월리스는 활
기찬 수컷이 약한 암컷을 거들떠보지 않고 가장 활기찬 암컷에 이끌
리는 것이 그 이유라고 믿었다. 누에나방과의 여러 나방은 비록 칙칙
한 색깔을 띠지만 날개의 얼룩 반점 때문에 우리의 눈에는 아름답게
보이는 경우가 많다.

  나는 이제까지 수컷의 색깔이 암컷의 색깔보다 화려한 종만을 다루
었다. 그리고 나는 이런 화려함이 여러 세대에 걸쳐 암컷이 좀더 매력
적인 수컷을 골라 짝짓기를 한 결과 때문이라고 말했다. 그러나 드물
기는 하지만 반대의 경우도 있다. 즉 암컷이 수컷보다 훨씬 더 화려한
경우다. 그리고 이 경우에 수컷은 아름다운 암컷을 선택해왔기 때문
에 역시 천천히 아름다워졌다고 나는 믿고 있다. 이런 현상은 여러 동
물 강의 극히 일부 종에서 일어나는데, 왜 수컷이 대부분의 동물처럼
어떤 암컷이라도 기꺼이 받아들이지 않고 조금이라도 더 아름다운 암
컷을 선택하는지 그 이유는 알려져 있지 않다. 그러나 나비목의 일반
적인 상황과 달리 암컷이 수컷보다 훨씬 더 많다면 수컷은 아름다운
암컷을 고르려 했을 것이다. 버틀러는 대영박물관에서 칼리드리아스
(*Callidryas*)의 몇 종을 내게 보여주었다. 이들 중 일부는 암컷과 수컷
이 비슷한 정도로 아름다웠고, 다른 일부는 암컷의 날개만이 그 가장
자리에 진홍색, 오렌지색 그리고 검은 점들로 뒤덮여 있어 수컷보다
훨씬 더 아름다웠다. 이들 종의 평범한 수컷이 서로 닮은 것으로 보
아 변화를 일으킨 쪽은 수컷이 아니라 암컷이라는 사실을 알 수 있었
다. 반면에 수컷이 더욱 치장을 하는 경우에는 변형된 쪽은 수컷이고
암컷은 거의 비슷하게 남아 있었다.

  그렇게 뚜렷하지는 않지만 영국에도 비슷한 사례들이 어느 정도 나

타난다. 테클라에 속하는 나비 중에는 암컷에게만 앞날개에 밝은 자줏빛이나 오렌지색 점이 있는 종류가 2종 있다. 히파르키아(*Hipparchia*)*의 암수는 크게 다르지 않다. 그러나 히파르키아 자니라(*H. janira*)는 암컷의 날개에 밝은 갈색 점이 나타난다. 게다가 콜리아스 에두사(*Colias edusa*)와 콜리아스 히알레(*C. hyale*)의 암컷은 오렌지색 점과 그 주위에 검은 테두리가 나타나는데 수컷은 희미한 흔적만이 나타난다. 그리고 흰나비류에서도 암컷의 앞날개에만 검은 점이 나타나고 수컷은 부분적으로 흔적만 나타날 뿐이다. 많은 종류의 나비가 결혼 비행을 할 때 수컷이 암컷을 보좌하는 것으로 알려져 있다. 그러나 이제 막 언급한 종은 오히려 암컷이 수컷을 보좌한다. 즉 그들의 상대적인 아름다움에 따라 성의 역할이 뒤바뀐 것이다. 동물계 전체에서 구애 행동을 할 때 좀더 적극적인 역할을 하는 것은 대개 수컷이다. 그리고 좀더 매력적인 개체를 받아들이는 암컷 때문에 수컷은 점점 더 아름다워지는 것으로 보인다. 그러나 이들 나비의 경우에는 결정적인 결혼 의식에 암컷이 수컷보다 적극적인 역할을 담당하는 것이다. 그래서 구애 행동을 할 때도 암컷이 수컷보다 좀더 적극적일 것이다. 이 경우에 우리는 어떻게 그들이 더욱 아름다운 개체로 변화되는지를 이해할 수 있다. 앞서 언급한 내용은 멜돌라의 말을 인용한 것이다. 그는 결론적으로 다음과 같이 말했다. "비록 곤충의 색깔을 만들어내는 성선택의 작용을 확신할 수는 없지만 이 같은 사실들이 다윈의 견해를 확실하게 뒷받침한다는 것은 부인할 수 없다."[23]

성선택의 작용은 일차적으로 변이성에 달려 있기 때문에 변이성에

23) Meldola, Nature, 1871. 4. 27, 508쪽. 멜돌라는 돈젤(Donzel)의 글을 인용하여 *Ann. Soc. Entomolog. France*, 1837, 77쪽에 짝짓기 시기에 일어나는 나비의 행동에 대해 설명했다. 프레이저가 *Nature*, 1871. 4. 20, 489쪽에 여러 영국산 나비의 암컷과 수컷의 차이에 대해 언급했으니 그것도 참조하시오.

대해 약간 부언해야 할 것이 있다. 색깔에 대해서는 어려운 점이 없다. 왜냐하면 변이가 심한 나비목은 어떠한 종류라도 이름을 부여할 수 있었기 때문이다. 훌륭한 사례 한 가지만 들어도 충분할 것 같다. 베이츠는 내게 파필리오 세소스트리스(*Papilio sesostris*)와 파필리오 칠드레네(*P. childrenae*)의 모든 표본을 보여주었다. 파필리오 칠드레네의 수컷은 몇 가지 면에서 변이가 심했다. 우선 앞날개에 유약을 아름답게 칠한 듯한 초록색 점이 있었는데, 그 크기가 개체에 따라 다양했다. 또한 흰색 표지도 다양한 크기로 나타났다. 그리고 뒷날개에 그어진 화려한 진홍색 줄무늬도 역시 개체간에 동일하지 않았다. 따라서 가장 아름다운 수컷과 가장 추악한 수컷은 확연히 대비가 됐다. 파필리오 세소스트리스 수컷은 파필리오 칠드레네 수컷보다 훨씬 아름답지 못하다. 또 앞날개의 녹색 점 크기에도 변이가 심하지 않으며 뒷날개에 간혹 나타나는 작은 진홍색 줄무늬에도 큰 변이가 나타나지 않는다. 이들의 줄무늬는 암컷에게서 빌려온 것 같다. 왜냐하면 이 종의 암컷과 아이네아스(*Aeneas*) 집단에 속하는 여러 종의 암컷에게 진홍색 줄무늬가 있기 때문이다. 그러므로 파필리오 세소스트리스의 가장 화려한 표본과 파필리오 칠드레네의 가장 칙칙한 표본 사이에는 약간의 차이만이 있을 뿐이다. 단순한 변이성만을 고려해본다면, 선택을 통해 두 종의 아름다움을 영구히 증가시키는 일은 쉽게 일어날 것이 확실하다. 여기서 변이성은 거의 수컷에게만 국한되어 있다. 그러나 윌리스와 베이츠는 일부 종을 대상으로 수컷에게는 거의 변이가 나타나지 않으나 암컷에게는 심한 변이가 나타날 수 있다는 것을 밝혔다.[24] 앞으로 살펴볼 장에서 많은 나비목의 날개에 나타나는

---

24) A.R. Wallace, "Memoir on the Papilionidae of the Malayan Region," *Transactions of the Linnean Society*, vol. 25, 1865, 8, 36쪽. 윌리스는 인상적이고도 희귀한 변이에 대한 사례를 한 가지 보고했는데, 그것은 서로 크게 다른 두 종류의

눈알무늬의 아름다운 반점이 심한 변이성을 보인다는 사실을 설명할 기회가 있을 것이다. 여기서는 나비의 눈알무늬로 성선택 이론을 펴는 데 어려움이 있다는 것을 덧붙여 말하고 싶다. 왜냐하면 우리 눈에 이들 무늬가 장식처럼 아름답게 보이는 것은 사실이지만 이들 무늬가 암수 중 어느 한쪽에만 나타나고 다른 쪽 성에는 나타나지 않는 경우는 절대로 없기 때문이다. 또한 이들 무늬는 성에 따라 크게 다르지도 않기 때문이다.[25] 현재는 이 사실을 설명할 수 없다. 그러나 눈알무늬가 발생 초기 단계에 생기는 날개 조직의 변화 때문에 형성된다는 사실이 나중에라도 밝혀진다면, 알려진 유전 법칙으로 미루어 우리는 그런 형질이 양쪽 성 모두에게 전달되었다고 추측할지도 모른다. 어느 한쪽 성에서만 형질이 발현되어 완전하게 나타나는 것은 별개의 문제다.

심각한 반대가 많이 일어나겠지만 일부를 제외한 나비목은 대부분 성선택 때문에 아름다운 색깔을 갖게 된 것이다. 앞으로 언급하겠지만 눈에 잘 띄는 색깔은 자신을 보호하기 위한 의태를 통해 획득된 것이다. 거의 모든 동물의 수컷은 열정이 있기 때문에 일반적으로 어떤 암컷이라도 받아들이려 한다. 보통 선택권을 발휘하는 것은 암컷이다. 따라서 만약 나비목에서 성선택이 효과적으로 일어난다면 수컷이—암수가 서로 다를 때—화려한 색깔을 띨 수밖에 없다. 이것은 틀림없는 사실이다. 암수 모두 화려한 색깔을 띠고 서로 닮은 경우에는 수컷이 획득한 형질이 암수 모든 자손에게 전달되는 것으로 보인다. 우리가 이렇게 결론을 내릴 수 있는 것은 암수가 엄청난 색깔 차이를

암컷이 갖고 있는 형질의 정확한 중간형을 나타내는 것이었다. *Proceedings of the Entomological Society*, 1866. 11. 19, 40쪽에 실린 베이츠의 글을 참조하시오.
25) 베이츠는 친절하게도 이 주제를 곤충학회에 제출했으며 나는 여러 곤충학자에게서 이 효과에 대한 답을 얻을 수 있었다.

보이는 경우부터 똑같은 색깔을 띠는 경우까지 단계적으로 변화하는 사례들이 하나의 속 안에서도 존재하기 때문이다.

그러나 암수 간의 색깔 차이를 성선택 이외의 다른 수단으로도 설명할 수 있지 않겠느냐는 의문을 제기할 수 있다. 예를 들어 암수가 서로 다른 곳, 즉 수컷은 햇볕을 찾고 암컷은 어두운 숲속을 찾는 나비를 간혹 발견한다.[26] 그러므로 다른 생활 조건이 암수에게 각각 직접 작용할 가능성은 있다. 그러나 그들이 서로 다른 환경에 노출되는 성충 시기가 아주 짧고 유충 시기에는 암수 모두 동일한 환경에 서식하고 있는 것으로 보아 이런 일은 일어날 것 같지 않다.[27] 월리스는 암수의 색깔이 서로 차이를 보이는 이유가 대부분의 경우 수컷이 변형되었다기보다는 암컷이 자신을 보호하기 위해 칙칙한 색깔을 획득했기 때문이라고 믿었다. 그러나 내가 생각하기에는 성선택을 통해 수컷이 주로 변형되었고 암컷은 거의 변하지 않았을 가능성이 훨씬 높아 보인다. 그렇게 해서 우리는 유연 관계에 있는 여러 종의 암컷이 수컷보다 훨씬 더 서로를 닮았다는 사실을 이해할 수 있다. 또 그렇기 때문에 암컷은 그들이 속해 있는 집단의 부모 종이 갖고 있던 원시적인 색깔을 어느 정도 드러내는 것이다. 그렇지만 암컷도 연속적인 변이의 일부를 전달받음으로써 항상 약간의 변화를 간직하고 있다고 볼 수 있다. 그리고 이런 변화가 축적됨으로써 수컷들이 아름답게 되는 것이다. 그러나 암컷만이 보호의 목적으로 특별하게 변형된 종도 일부 존재한다는 사실을 부인하고 싶지는 않다. 대부분의 경우 서로 다른 종의 암수는 긴 유충 시기를 서로 다른 환경에서 보낼

---

26) H.W. Bates, *The Naturalist on the Amazons,* vol. 2, 1863, 228쪽; A.R. Wallace, *Transactions of the Linnean Society,* vol. 25, 1865, 10쪽.
27) 이 모든 주제에 대해서는 *The Variation of Animals and Plants under Domestication,* 1868, vol. 2, Chap. 23을 참조하시오.

것이고 나름대로 환경의 영향을 서로 달리 받았을 것이다. 비록 유충 시기의 환경 때문에 일어난 약간의 변화가 수컷에게 일어났다고 해도 그것은 성선택을 통해 획득된 화려한 색조에 가려지는 것이 보통이다. 다음에 새에 관해서 살펴볼 때 암수 간의 색깔 차이에 대한 전반적인 의문거리를 논의할 것이다. 즉 수컷의 색깔은 성선택을 통해 장식용으로 변형되었으며 암컷의 색깔은 자연선택을 통해 보호용으로 획득되었다는 사실을 논의할 것이다. 따라서 여기에서는 이 주제에 대해 약간만 언급하겠다.

암수 자손에게 동일한 형질이 유전되는 모든 경우에 화려한 색깔의 수컷이 선택되면 결국 암컷도 화려한 색깔을 띠는 경향이 있다. 또 칙칙한 색깔의 암컷이 선택되면 수컷을 칙칙한 색깔을 띠게 만드는 경향이 있다. 두 과정이 동시에 일어났다면 그 효과는 서로 중화되었을 것이다. 결국 최종 결과는 칙칙한 색깔 때문에 얼마나 많은 암컷이 보호받고 있는지, 화려한 색깔 때문에 얼마나 많은 수컷이 배우자를 찾아 많은 후손을 남기는지의 여부에 달려 있었을 것이다.

월리스는 종종 한쪽 성에만 전달되는 유전 현상을 설명하기 위해 다음과 같이 자신의 신념을 표명했다. 즉 암수 모두에게 형질이 전달되는 유전이 일반적이기는 하지만 이것이 성선택을 통해 한쪽 성에만 형질이 전달되는 유전 양상으로 변화된다는 것이다. 그러나 나는 이런 견해가 옳다고 할 만한 어떠한 증거도 발견하지 못했다. 가축화 과정에서 새로운 형질이 나타나는 경우가 종종 있다. 이때 그 형질은 처음부터 한쪽 성에만 전달되어 발현된다는 사실을 우리는 알고 있다. 그런 변이들이 선택된다면 수컷에게만 화려한 색깔이 나타나는 것은 조금도 어려운 일이 아니었을 것이다. 이와 동시에 또는 차후에 칙칙한 색깔이 암컷에게만 나타나는 현상도 일어날 수 있었을 것이다. 그래서 일부 나비와 나방의 암컷이 보호용으로 눈에 잘 띄지 않는 색깔을 갖게 되고 수컷과 크게 달라지는 것이 가능할 것이다.

같은 성의 자손에게 새로운 형질을 전달하는 과정은 복잡한데, 이런 과정이 그렇게 많은 종의 암수에서 모두 일어났다고 인정하고 싶지는 않다. 뚜렷한 증거가 없지 않은가. 수컷은 경쟁자를 무찌름으로써 더욱 화려해졌고 암컷은 적에게서 탈출함으로써 더욱 칙칙한 색깔을 띠게 되었다고 인정할 수는 없다. 예를 들어 멧노랑나비(*Gonepteryx*)의 암컷이 눈에 잘 띄는 것은 사실이지만 그래도 수컷의 노란색이 암컷보다 훨씬 더 짙다. 수컷이 성적 유인을 위해 화려한 색깔을 획득했을 가능성은 있지만 암컷이 보호를 목적으로 옅은 노란색을 특별히 획득한 것 같지는 않다. 안토카리스 카르다미네스(*Anthocharis cardamines*) 수컷의 날개 끝은 아름다운 오렌지색으로 물들어 있지만 암컷은 그렇지 못하다. 결국 암컷은 정원에서 흔하게 발견되는 배추흰나비(*Pieris*)와 비슷하다. 그러나 이런 유사성이 암컷에게 도움이 된다는 증거를 우리는 전혀 갖고 있지 않다. 그것보다는 세계 여러 지방에 서식하며 동일 속에 들어가는 여러 종의 암수를 닮은 것으로 보아 안토카리스 카르다미네스 암컷은 단지 조상의 색깔을 대부분 그대로 간직하고 있다고 보는 것이 타당할 것이다.

결국 이제까지 살펴본 바와 같이 화려한 색깔을 띠는 대부분의 나비목에서 여러 가지 정황으로 보아 우리는 성선택을 통해 주로 변형된 쪽은 수컷이라는 결론에 도달하게 된다. 그리고 암수 간의 차이 정도는 오늘날 인정되는 유전 방식의 결과인 것이다. 유전을 지배하는 법칙은 대부분 알려져 있지 않다. 따라서 유전은 그 활동 양상이 변덕스러운 것으로 보인다.[28] 이렇게 해서 우리는 아주 가까운 종의 암수가 색깔이 매우 다른 경우도 있고 동일한 경우도 있다는 사실을

---

28) *The Variation of Animals and Plants under Domestication*, vol. 2, Chap. 12, 17쪽.

어느 정도 알게 되었다. 변이가 일어나는 과정의 연속적인 모든 단계는 암컷을 통해 전달될 수밖에 없다. 따라서 그런 단계의 대부분 또는 일부분이 암컷에게서 쉽게 발현될 가능성도 배제할 수는 없다. 이렇게 해서 우리는 근연종의 암수가 색깔에서 큰 차이를 보이는 단계부터 전혀 차이가 없는 단계까지 점진적인 변화를 보이는 경우가 흔하다는 사실을 이해할 수 있는 것이다. 다음과 같은 내용을 덧붙여도 될 것 같다. 즉 암컷이 변화의 과정을 실제로 겪고 있으며 자신을 보호하기 위해 화려함을 잃고 있다는 추측에 힘을 실어주는 단계적 변화의 사례들이 매우 흔하다는 것이다. 이런 말을 하는 이유는 과거에 많은 종이 살았던 환경이 일정했다고 할 만한 충분한 근거가 있기 때문이다.

의태　의태의 원리는 베이츠의 훌륭한 논문에서 최초로 명백하게 밝혀졌다.[29] 의태의 원리를 이용하여 베이츠는 애매한 문제들에 큰 빛을 비춰주었다. 남아메리카에 서식하는 일부 나비는 헬리코니데과와는 전혀 다른 과에 속하면서도 모든 줄무늬와 색깔이 헬리코니데과의 나비를 닮아 숙련된 곤충학자도 그들을 제대로 구별해내지 못했던 적이 있었다. 헬리코니데과는 자신의 고유한 색깔을 띠고 있지만 그밖의 나비들은 그들이 속한 집단의 일반적인 색깔과는 거리가 멀다. 따라서 나머지 개체들이 헬리코니데과를 의태하는 것은 확실하다. 즉 모조 헬리코니데과인 셈이다. 더 나아가 베이츠는 의태를 시도하는 종은 비교적 희귀하다는 사실을 알아냈다. 반면에 의태의 대상이 되는 종은 풍부하며 이 두 세트가 함께 섞여 살아간다는 것이다. 눈에 잘 띄고 아름답지만 종이나 개체가 흔한 곤충인 헬리코니데과

---

29) H.W. Bates, *Transactions of the Linnean Society,* vol. 23, 1862, 495쪽.

의 사례를 통해 베이츠는 이들이 일종의 분비물을 내어 적의 공격을 막아냄으로써 보호받고 있는 것이 틀림없다고 결론지었다. 오늘날 이런 결론은 벨트 같은 학자가 충분히 확인해주고 있다.[30] 베이츠는 보호받는 종을 닮아가는 나비는 변이와 자연선택을 통해 놀라울 정도로 훌륭하게 남을 속이는 외형을 획득하여 포식자에게 잡아먹히지 않는 것이라고 추측했다. 여기서는 모방 대상의 화려한 색깔에 대한 설명은 하지 않고 단지 의태자의 색깔에 대해서만 설명을 했다. 우리는 의태의 대상이 되는 종의 색깔에도 이번 장의 앞에서 논의한 방식과 동일한 방식으로 설명할 수 있어야 한다. 베이츠의 논문이 발간된 이래, 말레이 지역의 월리스, 남아프리카의 트리멘, 미국의 라일리도 놀랄 만한 사실을 관찰했다.[31]

의태의 첫 단계가 어떻게 자연선택을 통해 효과를 거둘 수 있었는지를 이해하는 데 일부 학자들은 어려움을 느낀다. 그렇기 때문에 색깔이 크게 다르지 않은 생물 사이에 아주 오래전에 의태 현상이 나타나기 시작했을 것이라고 언급하는 것이 도움이 될 것 같다. 이 경우에 하나의 변이가 한 종을 다른 종과 비슷하게 만들었다면 그 변이가 아무리 하찮은 것이라 해도 그것은 이득이 되었을 것이다. 그리고 후에 의태의 대상이 된 종은 자연선택이나 그밖의 수단을 통해 다시 극도로 변형되었을지도 모른다. 만약 이런 변화가 단계적으로 일어났다면 의태자는 쉽게 같은 길을 추적해 의태 대상을 닮아가면서 원래

---

30) Belt, *Proceedings of the Entomological Society*, 1866. 12. 3, 45쪽.
31) A.R. Wallace, *Transactions of the Linnean Society*, vol. 25, 1865, 1쪽; *Transactions of the Entomological Society*, vol. 4, 제3시리즈, 1867, 301쪽; R. Trimen, *Transactions of the Linnean Society*, vol. 26, 1869, 497쪽; Riley, *Third Annual Report on the Noxious Insects of Missouri*, 1871, 163~168쪽. 이 마지막 평론은 매우 귀중한 것이다. 왜냐하면 라일리는 이 평론에서 베이츠의 이론에 반대하는 모든 이론에 대해서 논의했기 때문이다.

의 상태와는 상당히 달라졌을 것이다. 결국 의태자는 그들이 소속되어 있는 집단의 다른 구성원과 외형이나 색깔이 완전히 달라졌을 것이다. 나비목의 많은 종에서 색깔의 큰 변화가 돌연 일어날 수 있다는 것도 기억해두어야 한다. 이번 장에서 우리는 몇 가지 사례에 대해 살펴보았다. 베이츠와 월리스가 쓴 여러 논문에는 더 많은 사례가 나타난다.

일부 종은 암컷과 수컷이 동일하며 다른 종의 암수를 닮은 경우도 있다. 그러나 앞에서 언급한 바 있는 논문에서 트리멘은 의태의 대상이 된 종의 암수가 색깔이 서로 다르고 의태자의 색깔도 이에 따라 다른 세 가지 사례를 제시했다. 화려하고 보호되는 종을 암컷만이 닮은 경우도 일부 보고되었다. 이 경우 수컷은 '가까운 동료들의 정상적인 특징'을 간직하고 있었다. 이제 암컷을 변화시킨 연속적인 변이가 암컷에게만 전달되었다는 것은 명백하다. 그렇지만 많은 연속 변이의 일부가 수컷에게 전달되어 발달되었을 가능성은 있다. 그러나 이것은 그렇게 변화된 수컷이 암컷에게 매력적이지 못해 제거되지 않았다는 것을 전제로 한다. 그래서 처음부터 암컷에게 국한되어 전달된 변이만이 보존된 것이다. 벨트의 말에서 우리는 이런 사항에 대한 예시를 부분적으로나마 찾을 수 있다.[32] 즉 보호되는 종을 모방하는 렙탈리데스(*Leptalides*)의 일부 수컷은 그들의 원래 형질을 발현시키지는 않지만 그래도 여전히 보유하고 있다는 것이다. 예를 들어 수컷은 "뒷날개의 윗면이 순백색이고 그외의 날개 색깔은 그들이 닮으려는 종과 마찬가지로 검고, 붉으며, 노란색 막대기 모양이나 점이 찍혀 있다. 암컷에게는 이 백색 부위가 없다. 그리고 수컷은 윗날개로 이 백색 부위를 가리고 있다. 따라서 나는 이런 부위를 암컷에게 전시

---

32) Belt, *The Naturalist in Nicaragua*, 1874, 385쪽.

함으로써 구애 행동을 할 때 암컷을 유인하는 작용 외에 또 다른 목적이 있는지 도저히 모르겠다. 또한 그렇게 함으로써 렙탈리데스가 속한 목(目)의 일반 색깔에 대한 뿌리 깊은 선호도를 만족시킬 수 있을지에 대한 확신도 없다".

나비목 애벌레의 화려한 색깔 많은 나비목의 아름다움을 생각하다가 나는 이들의 애벌레 중 일부가 화려한 색깔을 띠고 있다는 생각이 들었다. 애벌레 시기에는 성선택이 작용할 수 없다. 따라서 애벌레의 화려한 색깔을 어느 정도 설명하기 전까지는 애벌레가 아름답기 때문에 성충이 아름답다는 식의 설명은 지나치게 성급한 것 같았다. 우선 애벌레의 색깔은 성충의 색깔과 직접적인 관련성이 있는 것 같지 않았다. 다음으로 애벌레의 화려한 색깔은 그들을 보호해주는 어떠한 작용도 하지 못한다. 베이츠는 이에 대한 사례를 내게 알려주었다. 그가 이제껏 관찰한 가장 눈에 잘 띄는 애벌레는 박각시나방의 애벌레였는데 이들은 남아메리카 대초원에 자라는 어떤 나무의 커다란 푸른 잎을 먹고 살아간다. 애벌레는 길이가 약 10센티미터였으며 가로로 검고 노란 줄무늬가 나타났다. 그리고 머리, 다리, 꼬리에는 밝은 빨간색이 나타났다. 따라서 이들은 지나가는 어느 누구의 눈에도 잘 띄었다. 심지어는 몇 미터 밖에서도 잘 보였다. 물론 날아가는 새들도 이들을 잘 볼 수 있으리라는 것은 의심할 여지가 없었다.

그래서 나는 월리스에게 문의했다. 월리스는 어려운 문제를 해결하는 데 타고난 천재다. 깊이 생각한 끝에 월리스는 다음과 같이 대답했다. "대부분의 애벌레는 보호가 필요합니다. 애벌레 중 일부에겐 가시가 있고 다른 일부에겐 가려움증을 유발하는 털이 있는 것을 보면 알 수 있습니다. 또 그들이 먹고 사는 잎과 같은 색깔인 초록색을 보호색으로 갖고 있는 종류가 많다는 사실로도 알 수 있습니다. 또 일부 종은 그들이 사는 나뭇가지 모양을 하고 있지 않습니까?" 월(J.M. Weale)에 따르면 남아프리카에 서식하는 미모사를 먹고 사는 나방의 애벌레가 또 다른 보호의 사례가 된다고 한다. 이들은 주위의 가시와 거의 구별이 되지 않는 주머니를 만들어 그 속에 들어가 생활한다. 그런 사항들을 아는 월리스는 눈에 잘 띄는 색깔을 갖는 애벌레는 악취를 풍겨 보호할 수 있다고 생각했다. 그러나 그들의 피부는 매우 연약하고 상처가 나면 내장이 쉽게 밖으로 밀려나올 수 있기 때문에 새가 애벌레의 몸을 약간만 쪼아도 그들은 잡아먹히는 것만큼 치명적인 상처를 입는다. 그러므로 월리스의 말에 따르면 "맛이 없다는 사실만으로 애벌레가 보호되기는 힘들며 포식자에게 자신이 맛이 없다는 표시를 어떻게 해서든 나타내야만 하는 것입니다." 이런 상황에서 모든 새나 그밖의 여러 동물에게 자신은 입에 넣자마자 확실히 맛이 없는 벌레로 인식될 수 있다면 유리했을 것이다. 그러므로 최대로 화려한 색깔은 도움이 되었을 것이다. 따라서 변이가 일어나고 가장 눈에 잘 띄는 개체가 생존함으로써 이들은 화려한 색깔을 획득하게 되었을 것이다.

이 가설은 일견 상당히 대담해 보였지만 곤충학회에서 발표되었을 때, 많은 사람이 이 가설을 지지했다.[33] 제너 위어는 새장에 많은 새를 키우면서 여러 실험을 했다고 한다. 그의 실험에 따르면 야행성이며 은둔 생활을 하는 애벌레는 하나같이 피부가 부드러운 녹색이었는데 모두 나뭇가지 모양을 흉내내고 있었다고 한다. 그런데 그가 키우는 새들은 이들 애벌레를 모두 게걸스레 잡아먹었다고 한다. 그러나 털과 가시가 돋아난 종류와 눈에 잘 띄는 색깔의 애벌레 4종을 먹은 새들은 한결같이 먹은 것을 토해냈다고 한다. 먹은 것을 토한 새

---

33) *Proceedings of the Entomological Society*, 1866. 12. 3, 45쪽; 1867. 3. 4, 80쪽.

들은 머리를 흔들고 부리를 닦는 것으로 보아 그 맛을 매우 싫어하는 것이 틀림없었다고 한다.[34] 버틀러는 도마뱀과 개구리에게 눈에 잘 띄는 나비와 나방의 애벌레 세 종류를 먹이로 준 적이 있다. 이들은 다른 종류의 애벌레는 게걸스레 먹어치웠지만 이 세 종류만큼은 모두 토해냈다. 그렇게 해서 월리스의 견해가 옳다는 것이 확인되었다. 즉 일부 애벌레가 자신의 이익을 위해 적에게 눈에 잘 띄도록 변화했다는 것이다. 사람들의 안전을 위해 약제사가 독약을 색깔이 있는 병에 담아 파는 것과 같은 원리다. 그렇지만 현재로서는 많은 애벌레가 보이는 우아한 색깔이 그렇게 다양하다는 사실을 그런 식으로 설명할 수는 없다. 과거 한때 주변 물체에 대한 의태나 기후 등의 직접적인 영향을 받아 칙칙하고 반점무늬나 줄무늬를 획득한 어떤 종이 진하고 화려한 색깔을 한결같이 갖추는 방향으로 변화하지는 못했을 것이다. 왜냐하면 애벌레를 단지 눈에 잘 띄게 하기 위해 작용하는 어떤 결정적인 방향의 선택도 존재하지 않기 때문이다.

곤충에 대한 결론과 요약　이제까지 살펴본 곤충의 여러 목을 돌이켜 생각해보면 암수의 여러 형질이 서로 다른 경우가 흔하다는 사실을 알 수 있다. 그러나 그 의미는 잘 알려져 있지 않다. 또한 암수는 감각 기관과 이동 방식에도 차이를 보이는 경우가 흔하다. 그래서 수컷이 암컷을 빨리 발견하고 암컷에게 갈 수 있는지도 모른다. 또한 수컷이 암컷을 발견했을 때 암컷을 도망가지 못하도록 붙잡는 데 필요한 다

---

34) J. Jenner Weir, "Insects and Insectivorus Birds," *Transactions of the Entomological Society,* 1869, 21쪽을 참조하시오. 또한 위의 책, 27쪽에 실린 버틀러의 논문도 참조하시오. 라일리는 *Third Annual Report on the Noxious Insects of Missouri,* 1871, 148쪽에서 비슷한 사례를 소개했다. 그러나 월리스와 오빌리(M.H. d'Orville)는 일부 반대되는 사례를 발표했다. *Zoological Record,* 1869, 349쪽을 참조하시오.

양한 장치를 갖고 있다는 점에서도 암수는 서로 차이를 보인다. 그러나 여기서 우리는 곤충의 이차적인 성적 차이에만 관심이 있다.

대부분의 목에서 수컷은 연약하고 가냘프더라도 대개 아주 호전적인 것으로 알려져 있다. 그리고 경쟁자와 싸우기 위해 특별한 무기를 갖고 있는 경우도 있다. 그러나 고등동물에서 나타나는 것과 동일한 전투 법칙이 곤충에게는 보편화되어 있지 않다. 따라서 수컷이 암컷보다 크고 강해지는 경우는 일부에 불과하다. 대개 수컷은 상대적으로 몸집이 작아 비교적 짧은 기간에 성숙할 수 있다. 그래서 대부분의 수컷이 암컷의 출현을 기다리게 된다.

매미목의 두 과와 메뚜기목의 세 과는 마찰음 기관을 갖고 있는데 수컷의 기관만이 제대로 소리를 낸다. 이들은 번식기에 마찰음 기관을 끊임없이 사용한다. 암컷을 부르는 목적뿐만 아니라 다른 수컷과 경쟁하는 관계에서 암컷을 매혹하고 자극하는 목적으로 사용되는 것이 틀림없다. 위의 논의를 읽어본 후 선택 작용을 조금이라도 인정하는 사람이라면 이런 음악 장치가 성선택을 통해 획득되었다는 사실에 대해 이의를 제기하지 않을 것이다. 그외에도 암수 중 어느 한쪽만이 여러 가지 소리를 내기도 하고, 암수 모두 소리를 내기도 하는(이 경우가 더 흔하다) 네 개 목에 대해서도 살펴보았다. 이 경우 소리는 단지 상대를 부르는 도구로 이용되는 것이 틀림없다. 암수가 모두 소리를 낼 수 있을 때 더욱 크고 연속적인 소리를 낼 수 있는 개체가 그렇지 못한 개체보다 먼저 짝을 얻을 수 있었을 것이다. 그래서 그들의 마찰음 기관은 성선택을 통해 획득했을 것이다. 암컷과 수컷 모두 매우 다양한 수단으로 소리를 내는 종류는 최소한 여섯 개 목이다. 이들의 다양성을 곰곰이 생각해보는 것은 가치 있는 일이다. 그러면 우리는 매미목처럼 생물체의 중요한 부위가 간혹 변형되고 성선택이 이런 변형 과정에 얼마나 효과적으로 작용하는지 알 수 있게 된다.

지난 장에서 설명한 여러 이유를 생각해보면 여러 풍뎅이류와 일부 딱정벌레 수컷이 갖고 있는 거대한 뿔이 장식용으로 획득되었을 가능성은 높다. 곤충의 크기는 작다. 따라서 우리는 그들의 외형을 과소평가하기 쉽다. 우아한 청동색 등딱지와 매우 복잡한 뿔을 갖고 있는 칼코소마(*Chalcosoma*) 수컷(〈그림-16〉 참조)이 말이나 개만 한 크기였다고 상상해보자. 아마 그것은 이 세상에서 가장 당당한 동물 중의 하나였을 것이다.

　곤충의 색깔은 복잡하고 애매한 주제다. 암컷과 수컷이 약간만 다르면서 어느 쪽도 색깔이 화려하지 않을 때 암수가 약간 다른 방식으로 변화되는 것은 가능하다. 그리고 이런 변이가 암수 모두를 통해 똑같이 전달되고 그 대가로 어떤 이익이나 불이익이 생겨나지는 않았을 것이다. 일부 잠자리나 여러 나비같이 수컷이 화려한 색깔을 띠며 암컷과 상당한 차이를 보일 때, 수컷이 화려한 색깔을 띠게 된 것은 성선택 때문일 것이다. 반면에 암컷은 원시적인 색깔을 보유하며 앞서 설명한 작용으로 약간만 변형되었을 것이다. 그러나 직접적인 보호 수단으로 암컷에게만 전달된 변이로 암컷이 눈에 잘 띄지 않게 되는 경우도 있다는 것은 확실하다. 그리고 암컷이 때로는 같은 지역에 살며 보호받는 종을 닮기 위해 화려하게 변하는 경우가 있다는 것도 거의 확실하다. 암수가 서로 비슷하며 칙칙한 색깔을 띠는 경우도 있는데 자신을 보호하기 위해 그런 색깔을 띠는 경우가 많다는 것은 의심할 여지가 없다. 때로는 암수 모두 화려한 색깔을 띠는 경우도 이에 해당할 수 있다. 왜냐하면 그들은 화려한 색깔을 드러냄으로써 보호를 받거나 꽃과 같은 주위 환경과 비슷한 모습을 띠기 때문이다. 또 적에게 자신이 맛없다는 표시를 하는 경우도 있다. 암수가 서로 비슷하게 화려하며 특히 전시를 위해 색깔이 배열된 경우는 암컷을 유인하기 위해 수컷이 화려한 색깔을 획득한 후 암컷에게 전달했다고 결론내릴 수 있을 것 같다. 전체 집단에 동일한 유형의 색깔이 널리 퍼져 있는 경우에 우리는 특히 이런 결론을 내리게 된다. 또 수컷이 암컷과 크게 다른 종도 있다는 것이 알려져 있다. 그런데 어떤 종은 이런 극단적인 상태를 연결하는 중간 단계와 거의 비슷하기도 하다.

화려한 색깔이 수컷에게서 암컷에게 어느 정도 전달되는 것과 마찬가지로 많은 풍뎅이류와 그외 여러 딱정벌레의 거대한 뿔도 수컷에게서 암컷에게 부분적으로 전달된다. 게다가 매미목과 메뚜기목 수컷은 적절한 소리를 낼 수 있는 마찰음 기관이 암컷에게 흔적으로 전달되거나 거의 완전한 상태로 전달되는 경우도 있지만 제 기능을 다할 정도로 완전하지는 않은 것 같다. 성선택의 관점에서 보면 다음과 같은 사실도 흥미롭다. 즉 일부 메뚜기목 수컷의 마찰음 기관은 마지막 탈피를 하고 나서야 완전히 발달한다는 것이다. 또한 어떤 잠자리의 색깔은 번데기에서 깨어나서 일정한 시간이 지나 번식할 준비가 되어야만 충분히 발현된다는 것도 흥미롭다.

매력적인 개체가 이성에게 선망의 대상이 된다는 생각이 성선택의 기초가 된다. 암수가 서로 다른 형태를 갖는 곤충은 아주 약간의 예외는 있지만 많이 장식되어 있고 그 종이 속해 있는 보통의 유형과 차이를 보이는 것이 수컷이다. 또 이성을 열심히 찾아다니는 것도 수컷이다. 그러므로 암컷이 습관적으로, 또는 가끔이라도 좀더 아름다운 수컷을 선호할 것이라는 사실과 그렇게 해서 수컷이 아름다움을 획득했다는 사실을 우리는 알아야만 한다. 곤충 대부분의 목에서 수컷이 갖고 있는 특이한 장치를 생각해보면 암컷이 특정한 수컷을 거부할 능력을 가질 수 있다는 것을 알 수 있다. 암컷을 붙잡기 위한 커다란 턱, 끈끈한 받침, 가시, 길어진 다리 등이 그 예가 될 수 있을 것 같다. 왜냐하면 이런 장치들은 모두 암컷을 붙잡는 행위에 어려움이 있다는 것을 반증하는 것이며 암컷을 붙잡는 행위에 암컷의 협력이 필요하다는 것을 보여주는 것이다. 우리는 여러 곤충에게 지각 능력과 애정이 있다는 것을 알고 있다. 따라서 성선택의 작용이 아예 불가능하다고 생각할 수는 없을 것이다. 그러나 이 주제에 대한 직접적인 증거는 여전히 없는 상태다. 더구나 일부 사례들은 정반대의 상황을 보여주기도 한다. 그렇지만 한 마리 암컷을 쫓고 있는 여러 마리의 수컷을 볼 때면 짝짓기가 단지 우연으로 결정된다고 생각하기는 어려울 것 같다. 또 암컷이 어떤 선택권을 갖고 있지 않다고 말하는 것도 쉽지 않다. 그리고 수컷의 화려한 색깔이나 장식은 암컷이 결정하는 영향을 주지 않는다고 단정적으로 말하기도 어렵다.

만약 우리가 매미목과 메뚜기목의 암컷이 수컷 짝이 내는 음악 소리를 식별하고 여러 음악 장치가 성선택을 통해 완벽하게 변한다는 사실을 인정한다면 그밖의 곤충 암컷이 형태와 색깔의 아름다움을 식별할 수 있으며 그 결과로 수컷이 그런 형질을 획득할 가능성이 전혀 없는 것은 아니다. 그러나 색깔이 매우 다양하고 보호의 목적에 따라 색깔이 변화되는 일이 종종 일어난다는 상황을 생각해볼 때, 성선택의 작용으로 변화되는 부분이 어느 정도인지 결정하기란 보통 어려운 것이 아니다. 특히 메뚜기목(Orthoptera), 벌목(Hymenoptera), 딱정벌레목(Coleoptera)은 더욱 어렵다. 이들의 암컷과 수컷은 색깔 면에서 크게 차이나지 않는다. 그래서 이들에 대해서는 그저 유추 정도밖에는 할 수 없다. 그러나 딱정벌레목은 앞에서도 말했듯이 일부 학자가 거대한 풍뎅이류를 딱정벌레목의 정상에 올려놓는다. 그리고 우리는 암컷과 수컷이 서로에게 갖고 있는 애정을 보기도 한다. 또 이들 중 많은 종의 수컷은 암컷을 차지하기 위한 무기를 갖고 있으며 훌륭한 뿔을 갖고 있는 종도 있다. 또 많은 종이 마찰음을 내며 화려한 금속성 색깔로 장식되어 있기도 하다. 그러므로 이런 모든 형질이 동일한 수단, 즉 성선택을 통해 획득되는 것이 가능해 보인다. 나비의 경우 우리는 가장 훌륭한 증거를 갖고 있다. 나비 수컷은 자신의 아름다움을 전시하기 위해 때로 고통을 겪는다. 이런 전시가 구애 행동에 아무 소용이 되지 않는데도 그들이 그런 행동을 한다고는 믿어지지 않는다.

조류에 대해 살펴볼 때, 조류가 곤충과 매우 비슷한 이차성징을 보인다는 것을 알게 될 것이다. 예를 들어 많은 새는 극히 호전적이고 일부는 경쟁자와 싸우는 데 도움이 될 만한 특별한 무기를 갖고 있다. 조류는 특별한 기관을 갖고 있어 번식기에 성악과 기악을 낸다. 새는 볏, 뿔, 아랫볏 그리고 매우 다양한 종류의 깃털을 갖고 있으며 아름다운 색깔로 장식되어 있다. 이 모든 것은 전시를 위한 것임이 틀림없다. 곤충과 마찬가지로 일부 종의 경우에는 암수 모두 아름다운 경우도 있다. 또 보통 수컷에게만 국한되어 있는 장식이 암수 모두에게 나타나는 경우도 발견할 수 있을 것이다. 암수 모두 평범한 색깔을 띠며 특별한 장식이 없는 집단도 있다. 마지막으로 암컷이 수컷보다 더 아름다운 경우도, 드물기는 하지만, 있다는 것을 알게 될 것이다. 하나의 조류 집단에서 암수 간에 전혀 차이가 없는 경우부터 극도의 차이를 보이는 경우까지 단계적 변화를 보이는 사례가 종종 발견된다. 곤충의 암컷과 마찬가지로 새의 암컷은 수컷이 갖고 있으며 수컷에게만 소용이 되는 형질의 흔적을 어느 정도 분명하게 갖고 있는 경우가 있다. 실제로 이런 모든 점에서 조류와 곤충이 보이는 유사성은 이상할 정도로 매우 흡사하다. 한 집단에 적용한 설명을 다른 집단에도 적용할 수 있을 것이다. 이것이 바로 우리가 앞으로 자세하게 밝히려는 성선택이다.

제12장 어류, 양서류, 파충류의 이차성징

어류: 수컷의 구애 행동과 전투―암컷의 큰 몸집―화려한 색깔과 장식용 부속 기관, 그리고 그외의 이상한 형질을 갖춘 수컷―번식기에만 나타나는 수컷의 색깔과 부속 기관―암수 모두 화려한 색깔을 띠는 경우―보호색―덜 뚜렷한 암컷의 색깔은 보호 원리로 설명할 수 없다―둥지를 짓고 알과 어린 새끼를 돌보는 수컷. 양서류: 암수 간에 나타나는 구조·색깔의 차이―발성 기관. 파충류: 거북―악어―보호용 색깔을 갖는 뱀―도마뱀의 전투―장식용 부속 기관―암수의 구조에서 나타나는 이상한 차이―색깔―조류만큼 엄청난 성적 차이

이제 우리는 거대한 척추동물아계*에 도달했다. 우선 가장 하등한 강(綱)인 어류부터 살펴보겠다. 플라지오스토마타(Plagiostomata: 상어, 가오리),* 은상어과(Chimaeroidae: 은상어)의 수컷에겐 파악기가 있어 하등동물의 여러 구조와 마찬가지로 이것은 암컷을 붙잡는 데 이용된다. 파악기 외에도 많은 가오리류 수컷은 그들의 머리 위에 강하고 날카로운 가시 다발을 갖고 있다. 또 가슴지느러미의 위쪽 바깥 표면에는 여러 개의 줄무늬가 관찰된다. 이런 구조는 몸의 대부분이 부드러운 피부로 덮여 있는 일부 종의 수컷에서 관찰된다. 파악기는 번식기에만 일시적으로 발달된다. 귄터(A. Günther)는 이런 구조는 몸 양쪽에서 아래로 향하며 안쪽으로 겹쳐질 수 있어 포획 기관(prehensile organ)으로 작용하는 것이 아닌가 생각하고 있다. 라이아 클라바타

(*Raia clavata*)* 같은 일부 종은 수컷이 아닌 암컷의 등에 갈고리 모양의 커다란 가시들이 돋아나 있다.[1]

연어과의 일종인 열빙어(*Mallotus villosus*)*는 수컷에게만 등줄기에 브러시 같은 비늘이 빽빽하게 돋아나 있다. 두 마리의 열빙어 수컷이 이 구조를 이용하여 암컷 한 마리를 양쪽에서 붙잡고 암컷은 재빠르게 모랫바닥으로 달려가 그곳에 알을 낳는다.[2] 모나칸투스 스코파스(*Monacanthus scopas*)*는 크게 다른 종이지만 어느 정도 구조가 비슷하다. 귄터에 따르면 수컷에겐 꼬리의 양쪽에 빗처럼 생긴 딱딱하고 일직선으로 돋아난 가시가 있다고 한다. 길이가 15센티미터 정도인 표본을 통해 측정한 결과 그 길이는 4센티미터 정도며, 암컷은 같은 부위에 칫솔의 털과 견줄 만한 강모가 돋아나 있었다고 한다. 같은 과에 속하는 모나칸투스 페로니이(*M. peronii*) 수컷은 모나칸투스 스코파스 암컷에게 있었던 강모와 비슷한 구조를 갖고 있다. 같은 모나칸투스에 속하는 종 중에는 수컷의 꼬리가 약간 거칠고 암컷의 꼬리가 아주 매끄러운 경우도 있다. 그리고 암수 모두의 꼬리가 매끄러운 경우도 있다.

물고기 중에는 수컷이 암컷을 차지하기 위해 싸움을 벌이는 종류가 많다. 예를 들어 가스테로스테우스 레이우루스(*Gasterosteus leiurus*) 수컷은 암컷이 은신처에서 나오면 '기뻐서 날뛰며' 암컷을 위해 마련한 둥지를 둘러보는 것으로 알려져 있다. "수컷은 여러 방향에서 암컷을 향해 빠르게 돌진하다가 방향을 바꿔 둥지를 만들려고 자기가 모아 놓은 재료 더미로 돌진하고 다시 암컷에게 재빠르게 되돌아온다. 암컷이 앞으로 헤엄치지 않으면 수컷은 자기의 주둥이로 암컷을 밀려고

---

1) W. Yarrell, *History of British Fishes,* vol. 2, 1836, 417, 425, 436쪽. 귄터가 내게 알려준 바에 따르면 라이아 클라바타는 암컷에게만 가시가 있다고 한다.
2) *The American Naturalist,* 1871. 4, 119쪽.

하며 꼬리와 측면의 가시를 이용하여 암컷을 둥지로 끌어당기려고도 한다."[3] 수컷은 일부다처제를 고수하는 것으로 알려져 있다.[4] 암컷이 아주 얌전한 반면에 수컷은 극도로 거칠고 호전적이다. 수컷들은 때로 필사적인 싸움을 벌이기도 한다. 이 '귀여운 투사'들은 몇 초 동안 서로를 옴짝달싹할 수 없게 밀어제치며 그들의 힘을 다 써버릴 때까지 몸부림친다. 거친꼬리큰가시고기(*G. trachurus*) 수컷은 싸우는 동안 서로의 주위를 빙빙 돌며 헤엄을 치다가 물어뜯기도 하고 측면에 돋아난 가시를 이용하여 상대를 찌르기도 한다. 귄터는 다음과 같이 말한다.[5] "이 작은 복수의 화신들이 서로를 물어뜯는 행위는 아주 맹렬하다. 또 그들은 측면 가시를 이용하여 상대에게 치명적인 상처를 입히기도 한다. 나는 상대의 피부를 완전히 찢어 상대를 바닥에 가라앉아 죽게 만든 싸움을 관찰한 적도 있다." 전투에서 패배한 물고기는 "용감했던 태도가 움츠러들고 화려한 색깔도 사라진다. 그는 얌전한 동료들 사이에서 자신의 불명예를 감추지만 한동안 정복자의 박해를 끊임없이 받게 된다."

수컷 연어도 큰가시고기와 마찬가지로 호전적이다. 귄터에게 들은 바에 따르면 수컷 송어도 역시 호전적이라고 한다. 쇼(Shaw)는 수컷 연어 두 마리가 하루 종일 격렬하게 싸우는 것을 보았다고 한다. 수산부 장관인 부이스트(R. Buist)에 따르면 그는 퍼스*의 한 다리에서 암컷이 알을 낳는 동안 수컷들끼리 서로를 몰아내려고 벌이는 전투를 종종 관찰했다고 한다. "수컷들은 산란 장소에서 끊임없이 싸우고 서로를 물어뜯고 있다. 상처가 심해 많은 수컷이 죽음에 이르기도 한

---

3) 워링턴(R. Warington)의 흥미로운 기사가 *Annals and Magazine of Natural History*, 1852. 10; 1855. 11에 실려 있으니 참조하시오.

4) H.N. Humphreys, *River Gardens*, 1857.

5) A. Günter, *Loudon's Magazine of Natural History*, vol. 3, 1830, 331쪽.

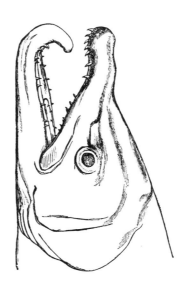

〈그림-27〉 번식기의 살모 살라르(Salmo salar)* 수컷의 머리.

다. 또 많은 수컷이 탈진하여 강의 제방 근처에서 이리저리 움직이는 모습을 보면 머지않아 죽을 것이 확실했다."[6] 부이스트가 내게 알려준 바에 따르면 스토몬트필드 양어장 관리인이 1868년 6월 영국 북쪽의 타인강을 찾아갔을 때 약 300마리의 연어가 죽어 있는 것을 발견했는데, 단 한 마리를 빼고는 모두 수컷이었다고 한다. 그 관리인은 연어들이 모두 싸우다가 죽은 것으로 확신하고 있었다.

수컷 연어에 대해 가장 기이한 점은 번식기에 색깔이 약간 변하는 것 외에도 "아래턱이 길어지며 연골성 돌기가 턱 끝에서 위로 휜다는 것이다. 그래서 턱을 닫았을 때 위턱과 아래턱 사이에는 움푹 파인 공

---

6) *The Field*, 1867. 6. 29. 쇼에 대해서는 *Edinburgh Review*, 1843을 참조하시오. 관찰 능력이 탁월했던 스크로프는 수컷 연어도 사슴벌레처럼 다른 모든 수컷을 멀리 쫓아버릴 수 있는 능력을 갖고 있다고 말했다(Scrope, *Days of Salmon Fishing*, 60쪽).

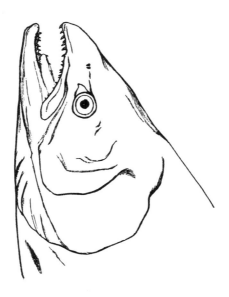

〈그림-28〉 암컷 연어의 머리.

간이 형성된다"[7]〈〈그림-27, 28〉 참조〉. 영국산 연어에게 이런 구조 변화는 번식기 동안만 지속된다. 그러나 로드에 따르면 북아메리카산 연어(*Salmo lycaodon*)에게는 이런 변화가 번식기와 상관없이 영구적이며 강을 거슬러 올라간 시간이 오래된 수컷일수록 이런 변화는 심하게 나타난다고 한다.[8] 이렇게 오래된 수컷은 턱이 거대한 갈고리 모양의 돌기로 발달하고 치아가 규칙적으로 돈아나는데 그 길이가 1.3센티미터에 달하는 경우도 종종 관찰된다. 로이드는 유럽산 수컷 연어의 경우 갈고리 모양의 일시적인 구조는 다른 수컷을 맹렬히 공격할 때 턱을 강화시키고 보호하는 데 도움이 된다고 했다.[9] 그러나 미국산 연어의 크게 발달된 치아는 여러 포유류의 엄니와 비교할 수

---

7) W. Yarrell, 앞의 책, 10쪽.

8) J.K. Lord, *The Naturalist in Vancouver's Island,* vol. 1, 1866, 54쪽.

9) L. Lloyd, *Scandinavian Adventures,* vol. 1, 1854, 100, 104쪽.

있을 것 같다. 이런 구조는 보호용이라기보다는 오히려 공격용임을 보여주는 것이다.

암컷과 수컷의 턱이 서로 다른 어류는 연어뿐만이 아니다. 많은 종류의 가오리도 암수의 턱이 서로 다르다. 유럽산 홍어의 일종인 라이아 클라바타 수컷의 치아는 날카롭고 뾰족하며 뒤쪽을 향하고 있다. 반면에 암컷의 치아는 넓고 평평하며 포장도로 같은 형상이다. 이 종의 암수는 같은 과에 속하는 여러 속이 보이는 치아의 일반적인 차이보다 더 큰 차이를 보인다. 수컷의 치아는 성어가 되어야만 날카로워진다. 어렸을 때는 암컷의 치아와 마찬가지로 넓고 평평하다. 이차성징에서 흔하게 관찰되는 일이지만 라이아 바티스(*R. batis*) 같은 일부 가오리의 암수는 성어가 되었을 때 모두 날카로운 치아를 갖게 된다. 이것은 수컷이 획득한 수컷 고유의 형질이 암수 모든 후손에게 전달되었기 때문으로 보인다. 라이아 마쿨라타(*R. maculata*)* 암수의 치아는 모두 뾰족하지만 이렇게 동일한 치아는 이들이 완전히 성어가 되었을 경우에만 관찰된다. 사실 수컷의 뾰족한 치아는 암컷보다 더 이른 시기에 형성된다. 우리는 차후에 일부 조류에서 비슷한 경우를 만나게 될 것이다. 즉 조류도 수컷이 암컷보다 빨리 암수 공통의 색깔을 갖게 되는 경우가 있다. 그러나 늙을 때까지 날카로운 치아가 생기지 않는 가오리 종류도 있다. 이들의 치아는 암수 모두 넓고 평평한 것이 어린 시절의 치아와 다르지 않다. 앞에서 언급했던 종의 암컷 성어와 비슷한 경우다.[10] 가오리는 대담하고 강하며 식욕이 왕성한 어류다. 따라서 수컷은 경쟁자와 싸우기 위해 날카로운 치아가 필요할 것이라고 생각할 수 있다. 그러나 가오리 수컷이 암컷을 붙잡기

10) 야렐(W. Yarrell)은 자기가 쓴 *History of British Fishes*, vol. 2, 1836, 416, 422, 432쪽에 탁월한 그림을 곁들여 가오리에 대해 설명했다.

위해 변형되고 적응된 여러 구조를 갖고 있는 것으로 보아 수컷의 치아가 암컷을 붙잡는 목적으로 사용될 가능성은 있다.

카보니어는 거의 대부분의 어류에서 암컷이 수컷보다 크다고 주장한다.[11] 귄터도 수컷이 큰 경우를 단 한번도 관찰하지 못했다고 한다. 일부 송사리류는 수컷이 암컷의 절반에도 미치지 못한다. 어류 중에서 수컷들이 상습적으로 싸우는 종류는 많다. 따라서 수컷들이 성선택의 효과를 통해 암컷보다 일반적으로 더 크고 강해지지 않은 것은 놀라운 일이다. 수컷들은 크기가 작아 고통을 겪는다. 카보니어에 따르면 육식종의 경우 수컷들은 자칫하면 동종 암컷들에게 잡아먹히는 일이 일어난다고 한다. 다른 종에게 잡아먹히는 것은 말할 것도 없다. 수컷이 다른 수컷과 싸우기 위해 힘과 덩치가 필요한 것보다 암컷의 덩치가 커지는 것이 어떤 의미로는 더 중요했을 것이다. 덩치가 커져서 암컷은 알을 많이 낳을 수 있게 되었을 것이다.

많은 종의 경우 수컷만이 화려한 색깔로 장식되어 있거나 수컷의 장식이 암컷보다 훨씬 더 화려하다. 또 간혹 수컷은, 수컷 공작의 꼬리깃과 마찬가지로 일상생활에 아무 쓸모도 없어 보이는 부속 기관을 갖고 있는 경우도 있다. 지금부터 설명하는 대부분의 내용은 귄터의 호의로 얻은 것이다. 열대 지방에 서식하는 많은 어류가 색깔과 구조 면에서 성적 차이를 보인다고 여길 만한 이유가 있다. 영국 어류에도 몇 가지 인상적인 사례가 있다. 칼리오니무스 리라(*Callionymus lyra*)* 수컷은 보석처럼 색깔이 화려해 '보석 동갈양태'라고 불린다. 바다에서 막 잡힌 동갈양태 수컷의 몸은 여러 농도의 노란색으로 덮여 있다. 그리고 머리에는 선명한 파란색 줄무늬와 점들이 박혀 있다. 등지느러미는 짙은 세로 띠가 새겨져 있는 연한 갈색이다. 배지느러미, 꼬리

---

11) Carbonnier, *The Farmer*, 1868, 369쪽에 인용했다.

지느러미, 뒷지느러미는 검푸른색을 띠고 있다. 린네(C. von Linnaeus)와 그 이후의 여러 박물학자는 칙칙한 색깔의 암컷 동갈양태를 서로 다른 종으로 취급했다. 그들의 몸은 거무죽죽한 적갈색이고 등지느러미는 갈색이며 다른 지느러미는 흰색이다. 머리와 입의 상대적인 크기, 눈의 위치도 암수는 차이를 보인다.[12] 그러나 가장 뚜렷한 차이는 수컷의 등지느러미가 매우 길다는 것이다(〈그림-29〉 참조). 켄트는 다음과 같이 말했다. "잡힌 어류를 관찰한 바에 따르면 이렇게 특이한 부속 기관이 가금류 수컷의 아랫볏, 윗볏, 그외의 부속 기관과 마찬가지로 그들의 배우자를 매혹시키는 데 기여하는 것 같다."[13] 어린 수컷은 다 자란 암컷과 구조나 색깔이 비슷하다. 칼리오니무스에 속하는 어류의 수컷에겐 암컷보다 훨씬 화려한 얼룩무늬가 있다.[14] 그리고 등지느러미뿐만 아니라 뒷지느러미가 암컷보다 더 긴 종도 일부 존재한다.

코투스 스코르피우스(*Cottus scorpius*)* 수컷은 암컷보다 호리호리하고 덩치가 작다. 그들은 색깔에서도 큰 차이를 보인다. 로이드가 말했듯이[15] 산란기에 이 물고기의 화려한 색깔을 보지 못한 사람은 참으로 못생긴 이 물고기에게 산란기에 그렇게 화려한 색깔이 나타난다는 사실을 상상조차 하지 못할 것이다. 라브루스 믹스투스(*Labrus mixtus*)*의 암수는 색깔이 매우 다르지만 모두 아름답다. 수컷은 밝은 파란색 줄무늬가 있는 오렌지색이며 암컷은 약간의 검은 점이 등에 박힌 밝은 빨간색이다.

12) 이 설명은 W. Yarrell, *History of British Fishes,* vol. 1, 1836, 261, 266쪽에서 갖고 온 것이다.
13) W.S. Kent, *Nature,* 1873. 7, 264쪽.
14) A. Günther, *Catalogue of Acanth. Fishes in the British Museum,* 1861, 138~151쪽.
15) L. Lloyd, *Game Birds of Sweden, etc.,* 1867, 466쪽.

〈그림-29〉 칼리오니무스 리라. 위 그림은 수컷이고, 아래 그림은 암컷이다. 아래 그림은 위 그림보다 더 많이 축소되었다는 사실을 주의하라.

영국 이외 다른 지역의 담수에 서식하는 매우 독특한 과의 하나인 시프리노돈티데과(Cyprinodontidae) 암수는 여러 가지 형질에서 큰 차이를 보이는 경우가 간혹 있다. 몰리에네시아 페테넨시스(*Mollienesia petenensis*)* 수컷의 등지느러미는 잘 발달되어 있으며 등지느러미에 크고 둥근 눈알무늬의 밝은 점이 일렬로 늘어선 것이 뚜렷하다.[16] 그러나 암컷의 등지느러미는 작고 수컷과는 다른 모양이며 갈색 점이 불규칙하게 그려져 있는 것이 특징이다. 수컷 뒷지느러미의 기저부 가장자리는 약간 돌출되어 있으며 짙은 색깔을 띠고 있다. 이와 근연종인 소드테일(*Xiphophorus hellerii*,* 〈그림-30〉 참조)의 수컷은 꼬리지느러미의 아래쪽 가장자리가 긴 필라멘트처럼 발달되어 있다. 귄터에게 들은 바로는 이 필라멘트에 밝은 색깔의 줄무늬가 나타난다고

---

16) 이 종과 다음에 언급하게 될 종에 대해 나는 귄터의 도움을 받았다. A. Günther, "Fishes of Central America," *Transactions of the Zoological Society*, vol. 6, 1868, 485쪽도 참조하시오.

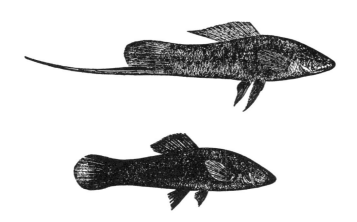

〈그림-30〉 소드테일. 위 그림이 수컷이고, 아래 그림이 암컷이다.

한다. 이 필라멘트에는 근육이 없으며 직접적으로 소용되는 게 없는 것이 확실하다. 칼리오니무스처럼 이들의 어린 수컷은 색깔과 구조가 다 자란 암컷을 닮았다. 이 같은 성적 차이는 가금류에게서 흔히 일어나는 성적 차이에 똑같이 비유할 만하다.[17]

남아메리카의 담수에 서식하는 메기류의 일종인 플레코스토무스 바르바투스(*Plecostomus barbatus,* 〈그림-31〉 참조)의 수컷은 입 주변과 아가미 덮개 사이에 뻣뻣한 털이 돋아나 있다.[18] 암컷에게는 이런 형질의 흔적조차 찾기 힘들다. 이 털들은 원래 비늘이 변해서 이루어진 것이다. 같은 속의 물고기 중에는 수컷의 머리 앞쪽에 부드럽고 나긋나긋한 촉수가 돋아난 종이 있다. 그러나 암컷에게는 이런 구조가 관찰되지 않는다. 이 촉수는 피부의 연장이다. 따라서 앞서 언급한 종의 뻣뻣한 털과는 상동성이 없다. 그러나 이 두 구조가 동일한 목적에 기여한다는 사실은 거의 확실하다. 그 목적이 무엇인지 추측하기는 어

---

17) A. Günther, *Catalogue of Fishes in the British Museum,* vol. 3, 1861, 141쪽.
18) 이 속(屬)에 대해서는 *Proceedings of the Zoological Society,* 1868, 232쪽에 실린 권터의 글을 참조하시오.

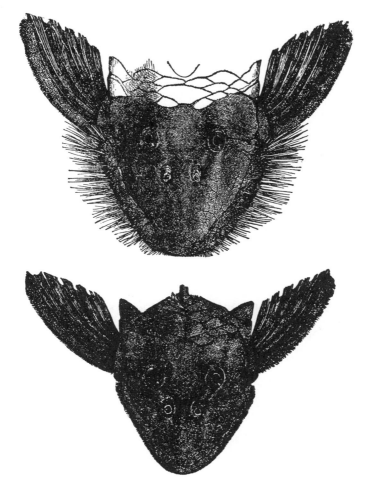

〈그림-31〉 플레코스토무스 바르바투스. 위 그림은 수컷, 아래 그림은 암컷의 머리다.

렵다. 다만 장식으로 작용하는 것 같지는 않다. 그러나 뻣뻣한 털과 나긋나긋한 필라멘트가 어류의 통상적인 생활 양식 속에서 수컷에게만 소용이 닿는다고 생각할 수는 없다. 기이한 괴물인 키메라 몬스트로사(*Chim a monstrosa*)* 수컷에겐 머리 위에 앞으로 향한 갈고리 모양의 뼈가 있다. 뼈의 끝은 둥글고 이곳에 예리한 가시들이 덮여 있다. 암컷에겐 이런 구조가 전혀 없다. 그러나 이 구조가 수컷에게 어떤 기여를 하는지는 전혀 알려져 있지 않다.[19]

이제껏 언급한 구조들은 수컷이 성장한 이후에도 영구적으로 남는다. 그러나 일부 베도라치*나 이와 비슷한 속의 수컷들은 번식기에만 머리 위에 깃 장식이 발달하며 이 시기에만 몸통에 화려한 색깔이 나타난다.[20] 이런 깃 장식이 일시적인 성적 장식으로 작용한다는 것은 거의 확실하다. 왜냐하면 암컷은 그 흔적조차 갖고 있지 않기 때문이다. 같은 속에 포함되는 일부 종의 암수 모두에게 깃 장식이 있는 경우도 있다. 그리고 암수 모두에게 이런 구조가 없는 종류가 적어도 한 종은 있다. 아가시(L. Agassiz)에게 들은 바에 따르면,[21] 크로미데과 (Chromidae)에 속하는 여러 종류 중에서 게오파구스(*Geophagus*)나 특히 치클라(*Cichla*)의 수컷은 앞머리에 혹이 튀어나와 있다고 한다. 암컷이나 어린 수컷에게는 이 구조가 전혀 나타나지 않는다. 아가시는 다음과 같이 덧붙였다. "혹이 가장 크게 발달하는 번식기와 혹이 완전히 사라지는 그외의 계절에 이들 물고기를 관찰한 적이 종종 있다. 번식기가 아닌 계절에는 암수의 머리 모양에 어떤 차이도 보이지 않았다. 이 구조가 어떤 특별한 기능을 수행하고 있다는 확신은 전혀 없다. 아마존 유역의 인디언들도 그것의 쓰임은 전혀 모르고 있었다." 혹이 주기적으로 출현하는 것으로 보아 이 혹은 일부 조류의 머리 위에 생기는 육질의 혹과 비슷하다. 그러나 그 용도가 장식으로 사용되는지의 여부는 아직 확실하지 않다.

---

19) F. Buckland, *Land and Water*, 1868. 7, 377쪽에 그림이 하나 실려 있다. 그외에도 수컷에게만 국한되며 그 쓰임이 알려지지 않은 많은 구조가 추가될 수 있다.
20) A. Günther, 앞의 책, 221, 240쪽.
21) L. Agassiz and Mrs. Agassiz, *A Journey in Brazil*, 1868, 220쪽도 참조하시오.

아가시와 귄터에게 들은 바로는 이들 어류의 수컷은 암컷과 영구적인 색깔 차이를 보이는데 번식기에는 더욱 화려한 색깔을 띤다고 한다. 번식기 외에는 색깔 차이가 나지 않는 어류도 번식기에는 수컷이 암컷보다 화려한 색깔을 띠는 경우는 흔하게 관찰된다. 유럽산 잉어와 농어가 그 예다. 번식기에 들어선 수컷 연어는 "놀래기(*Labrus*)의 특징인 오렌지색의 줄무늬가 뺨에 나타난다. 또한 몸에는 옅은 황금색이 나타난다. 암컷은 짙은 색깔이어서 일반적으로 '검은 물고기'라고 불린다."[22] 살모 에리옥스(*Salmo eriox*)*에도 비슷한 변화가 일어나며 그 변화의 정도가 더 심한 경우도 있다. 살모 움블라(*S. umbla*)* 수컷도 번식기에는 암컷보다 화려한 색깔을 띤다.[23] 미국산 창꼬치(*Esox reticulatus*) 중 특히 수컷의 색깔은 번식기에 대단히 짙고 화려하며 진주색이 돈다.[24] 가스테로스테우스 레이우루스 수컷은 수많은 사례 중에서 두드러진 예가 되고 있다. 워링턴에 따르면 이들은 "이루 말로 표현할 수 없을 정도로 아름답다"[25]고 한다. 암컷의 등과 눈은 갈색만을 띠며 배는 흰색을 띤다. 그러나 수컷의 눈은 매우 화려한 녹색이며 일부 벌새의 녹색 깃털처럼 금속성 광택이 난다. 주둥이와 배는 밝은 진홍색이며 등은 창백한 녹색이다. 몸 전체는 어느 정도 반투명하고 내부에서 백색의 불꽃이 타오르는 듯 강렬하다. 번식기가 지나면 이 모든 색깔은 변한다. 주둥이와 배는 옅은 붉은색으로 변하고 등은 짙은 녹색으로 바뀌며 강렬한 색조는 가라앉는다.

이 책의 제1판에서 나는 어류의 구애 행동에 대한 예로 큰가시고기의 사례를 제시했다. 그후 또 다른 사례들이 관찰되었다. 전에 살펴

---

22) W. Yarrell, 앞의 책, 10, 12, 35쪽.

23) W. Thompson, *Annals and Magazine of Natural History,* vol. 6, 1841, 440쪽.

24) *The American Agriculturist,* 1868, 100쪽.

25) R. Warington, *Annals and Magazine of Natural History,* 1852. 10.

본 것처럼 암수의 색깔이 다른 라브루스 믹스투스의 수컷에 대해 켄트는 다음과 같이 말했다. "수컷은 수조의 모랫바닥에 깊은 구멍을 뚫어 둥지를 만든다. 그리고 둥지와 암컷 사이를 오가면서 구멍에 암컷이 같이 따라 들어오도록 끈질기게 구애한다." 칸타루스 리네아투스 (*Cantharus lineatus*)* 수컷은 번식기에 짙은 납빛 검은색으로 변한다. 그리고 서식처인 여울을 떠나 구멍을 파고 둥지로 삼는다. 각각의 수컷은 경계심을 갖고 저마다의 구멍을 지키며 다른 수컷에게 격렬한 공격을 퍼부어 접근하지 못하도록 쫓아버린다. 그러나 암컷을 대하는 태도는 완전히 다르다. 많은 암컷이 알을 배어 배가 불룩한 상태인데도 수컷은 온갖 수단을 다 동원하여 암컷을 자기가 준비한 둥지로 유인하여 구멍을 가득 채울 정도로 많은 알을 낳게 한다. 그후 수컷은 온갖 정성을 다하여 알을 보호하고 지킨다.[26]

카보니어는 중국산 버들붕어(*Macropus*)를 수조에 키우며 자세히 조사하여 수컷이 보이는 전시와 구애 행동에 대해 놀라운 사례를 보고했다.[27] 수컷은 암컷보다 훨씬 더 색깔이 아름답다. 번식기를 맞이한 수컷들은 암컷을 차지하기 위해 서로 다툰다. 그리고 지느러미를 펼치며 구애 행동을 벌이는데 지느러미에는 점이 박혀 있으며 밝은 색깔의 부챗살 무늬가 나타난다. 카보니어에 따르면 수컷 공작 같은 방식이다. 수컷들은 암컷 주위를 즐겁게 헤엄치며 노는데 이는 마치 자기들의 화려한 색깔을 과시함으로써 암컷의 환심을 사려고 하는 것 같다. 그렇지만 암컷들은 수컷들의 이런 행동에 별 관심을 보이지 않은 채 천천히 수컷들 쪽으로 다가가서는 그들 가까이 있는 것만으로도 만족한 듯이 행동한다. 수컷이 신부를 맞이하게 되면 수컷은 입으

---

26) *Nature,* 1873. 5, 25쪽.
27) Carbonnier, *Bulletin de la Societe d'Acclimation,* Paris, 1869. 7; 1870. 1.

로 공기와 점액을 내뿜어 작은 거품 덩어리를 만든다. 그후 수컷은 수정된 알을 입에 모은다. 이런 광경은 카보니어를 무척 놀라게 했는데 처음에 그는 수컷이 알을 다 먹어치우려는 줄 알았다. 그러나 수컷은 곧 알들을 거품 속에 넣고 거품을 보수하며 알들을 지킨다. 그리고 알에서 깨어나 새끼가 나오면 또 그 어린 새끼들을 보살핀다. 내가 이런 세부적인 사항을 설명하는 이유는 다음과 같다. 곧 살펴보겠지만 수컷이 수정란을 입속에 보관하며 부화시키는 물고기 종류가 있기 때문이다. 그리고 단계적 진화의 원리를 믿지 않는 사람은 그런 행위의 기원에 대해 문의할지도 모르기 때문이다. 그러나 그렇게 알을 입에 모아 갖고 다니는 물고기가 있다는 사실을 알면 어려움은 상당히 줄어든다. 왜냐하면 어떤 원인에서든 입 속에 든 알을 내뱉는 사건이 지연되었다면 입 속에서 알을 부화시키는 습성이 획득되었을 수도 있는 일이기 때문이다.

좀더 화급한 주제로 되돌아가자. 상황은 다음과 같다. 상식적으로 생각해볼 때 수컷이 없는 상황에서 암컷은 절대로 알을 낳으려 하지 않을 것이다. 또 암컷이 없다면 수컷도 절대로 알을 수정시키지 못한다. 수컷들은 암컷을 차지하려고 서로 싸운다. 많은 종의 어린 수컷은 색깔 면에서 암컷과 닮았다. 그러나 성어가 되면 수컷의 색깔은 더욱 화려해져 그 색깔을 평생 보유한다. 사랑의 계절에만 수컷이 암컷보다 화려하거나 더 많은 장식을 갖는 종도 있다. 수컷은 끈질기게 암컷에게 사랑을 호소한다. 암컷 앞에서 자신의 아름다움을 전시하느라 매우 애를 쓰는 수컷의 사례를 앞에서 살펴본 적이 있다. 구애 기간에 아무런 목적도 없이 그렇게 행동한다면 여러분은 그 사실을 믿겠는가? 암컷이 자기를 가장 즐겁게 자극한 수컷을 어느 정도 선택할 힘을 발휘하지 못한다면 그렇게 믿어도 될 것이다. 만약 암컷이 그런 힘을 발휘한다면 앞에서 말한 수컷의 장식에 관한 모든 내용은 성선택의 작용과 함께 생각해보았을 때 충분히 이해될 만한 내용이다.

이제 우리가 조사할 것은 다음과 같다. 즉 성선택을 통해 수컷 물고기가 획득한 화려한 색깔이, 형질은 암수 모든 자손에게 동일하게 전달된다는 법칙에 따라 암수 모두에게 전달되어 암수 모두 거의 같은 정도로 화려한 색깔을 띠게 되는지 조사해야 한다. 놀래기(*Labrus*) 같은 속에는 세상에서 가장 아름다운 물고기 일부가 포함되어 있다. 예를 들어 공작 놀래기(*L. pavo*)는 '용서할 수 있을 정도의 과장된 아름다움'을 갖고 있다고 묘사되어 있다.[28] 광택 있는 황금 비늘에 청금석, 루비, 사파이어, 에메랄드, 자수정 색깔이 아로새겨져 있다. 우리는 굳은 확신을 갖고 이 믿음을 받아들일 수 있을 것 같다. 왜냐하면 우리는 놀래기에 속하는 최소한 하나의 종에서 암수의 색깔이 매우 다른 경우를 보았기 때문이다. 여러 하등동물과 마찬가지로 일부 어류에도 화려한 색깔이 어떤 선택의 도움도 전혀 받지 않고 조직 자체의 성질이나 주변 환경이 직접적인 영향을 미친 결과일 수도 있다. 금붕어(*Cyprinus auratus*)*가 일반적인 금빛 변종 잉어와 유사하다는 사실로 볼 때 금붕어가 이에 해당하는 적절한 사례가 될 것 같다. 왜냐하면 사육되는 상태에서 갑작스러운 단 한 번의 변이로 화려한 색깔의 변종 잉어가 생길 수도 있기 때문이다. 그러나 금붕어의 색깔은 인위선택을 통해 강화되었다고 보는 것이 더 타당할 것 같다. 왜냐하면 금붕어는 아주 오래전부터 중국에서 정성스럽게 사육되었기 때문이다.[29] 어류처럼 고도로 조직화되어 있고 복잡한 관계 속에서 살아

---

28) B. de Saint Vincent, *Dictionnaire Classique d'Histoire Naturelle,* tom. 9, 1826, 151쪽.
29) 내가 쓴 *The Variation of Animals and Plants under Domestication*에서 이 주제에 대해 언급한 몇 마디 때문에 메이어스(W.F. Mayers)는 중국의 고대 백과사전을 검색했다(*Chinese Notes and Queries,* 1868. 8, 123쪽). 메이어스는 금붕어를 기르기 시작한 시기가 서기 960년에 시작된 송나라 때부터였다는 것을 찾아냈다. 1129년의 중국은 금붕어가 아주 흔했다고 한다. 다른 지역에서는

가는 생물체가 큰 변화로 재난을 받지도 않고 이익을 얻지도 않으면서 자연 상태에서 화려한 색깔을 획득한다는 것은 어려워 보인다. 즉 자연선택의 간섭을 받지 않으면서 화려한 색깔을 얻기란 불가능해 보인다.

그렇다면 암수 모두 화려한 색깔로 장식된 많은 물고기에 대해서는 어떻게 결론을 내려야 할까? 월리스는 산호와 화려한 색깔의 생물이 암초 부근에 풍부하다고 말하면서 이곳에 모이는 종은 적에게 발각되지 않도록 화려한 색깔을 띠고 있다고 믿고 있다.[30] 그러나 내가 갖고 있는 수집품을 조사해보면 그들은 아주 눈에 잘 띈다. 열대 지방의 담수에는 물고기가 은신처로 이용할 만한 화려한 색깔의 산호나 생물들이 살지 않는다. 그러나 아마존의 물고기 중에는 화려한 색깔을 띠는 종류가 많다. 또한 인도에 서식하는 육식성 잉어과(Cyprinidae)의 어류 중에는 여러 색조의 세로 줄무늬로 화려하게 장식된 종류가 많다.[31] 맥클렐랜드(J. McClelland)는 이 물고기의 화려함이 이들의 숫자를 제한하는 물총새, 제비갈매기 그리고 그외의 여러 새를 위한 훌륭한 표식이 되었다고 상상하기까지 했다. 그러나 잡아먹히기 위해 눈에 잘 띄게 변화된 동물이 있었다고 생각하는 박물학자는 현재 거의 없을 것이다. 물고기가 새나 포식동물에게 자기가 맛이 없다는 것을 광고하기 위해 눈에 잘 띄게 변화되었을 가능성은 있다. 나비목 애벌레에서 설명한 것과 같은 원리다. 그러나 어류를 잡아먹는 포

1548년부터 항주*라는 곳에서 붉은 색깔이 짙어 '파이어피시'(firefish)라고 부르는 변종이 만들어졌다고 한다. 일반적으로 금붕어를 기르지 않는 집은 없었고 사람들은 금붕어의 색깔을 감탄의 대상으로 여겼으며 부를 가져다주는 수입원이기도 했다고 한다.

30) A.R. Wallace, *Westminster Review,* 1867. 7, 7쪽.

31) J. McClelland, "Indian Cyprinidae," *Asiatic Researches,* vol. 19, part 2, 1839, 230쪽.

식자는 적어도 담수어류에 대해서는 어떤 물고기도 맛이 없다고 토해내지는 않는다. 대체로 암수 모두 화려한 색깔을 띠는 어류에 대한 가장 그럴듯한 설명은 다음과 같다. 즉 수컷이 성적인 장식을 위해 화려한 색깔을 획득했고 그 화려함은 암수 후손 모두에게 거의 같은 정도로 전달되었다는 것이다.

색깔이나 그외의 장식에서 수컷이 크게 다른 경우 수컷만이 변화되어 그 변화가 수컷 자손에게만 전달된 것인가? 또는 암컷이 보호받을 목적으로 눈에 잘 띄지 않게 특별히 변형되고 그런 변화는 암컷에게만 전달되는 것인가? 이것이 우리가 이제부터 심사숙고해야 할 문제다. 보호용으로 색깔을 획득한 물고기가 많다는 사실은 의심할 여지가 없다. 가자미의 윗면에 형성된 얼룩무늬를 본 사람이라면 그 무늬가 그들이 서식하는 바다의 모랫바닥과 비슷하다는 사실을 간과하지 않을 것이다. 더구나 일부 어류는 신경계의 활동으로 주변 물체에 맞게 자신의 몸 색깔을 매우 짧은 시간에 변화시킬 수 있다.[32] 보관된 표본으로 판단하건대 구조뿐만 아니라 색깔로 보호받는 동물 중에서 이제까지 알려진 가장 놀랄 만한 사례 중의 하나는 귄터가 제시한 실고기의 사례일 것이다.[33] 실고기는 물이 흐르는 듯한 붉은색 필라멘트처럼 보이기 때문에 해초에 꼬리를 감고 살아가는 실고기를 해초와 구별하기란 매우 어렵다. 그러나 현재 우리가 궁금해하는 문제는 이런 변형이 암컷에게만 일어났는지 하는 것이다. 어떤 종의 암수 모두 변화되었다는 가정 아래, 한쪽 성만이 오랫동안 위험에 노출되거나 위험에서 벗어날 힘이 약한 경우를 제외한다면 이성보다 더 잘 보호되기 위해 한쪽 성만이 자연선택을 통해 변형되지는 않을 것

---

32) M.G. Pouchet, *L'Institut,* 1871. 11. 1, 134쪽.
33) A. Günter, *Proceedings of the Zoological Society,* 1865, 327쪽, 삽화 14, 15.

이라는 사실을 우리는 알고 있다. 어류의 암컷과 수컷도 이런 이유로 색깔의 차이를 보이는 것 같지는 않다. 암수 간에 차이가 있다면 일 반적으로 더 작고 여기저기를 돌아다니는 수컷이 암컷보다 더 자주 위험에 노출된다. 그러나 암수가 서로 차이를 보이는 경우 눈에 잘 띄는 색깔을 갖는 것은 거의 대부분 수컷이다. 알은 산란되자마자 즉 시 수정된다. 연어처럼 산란과 수정 과정이 며칠 동안 지속되는 경우 암컷 옆에는 항상 수컷이 따라다닌다.[34] 대부분 알은 수정된 후 부모 에게 보호받지 못하고 그대로 방치된다. 그렇기 때문에 산란할 때 암 컷과 수컷에게 부여되는 위험은 같다. 그리고 수정란을 만드는 데에 는 암수가 동일하게 중요한 역할을 담당한다. 결과적으로 암컷이든 수컷이든 다소 화려한 색깔의 개체들은 사라지거나 보존되는 확률이 같았을 것이다. 따라서 그들 후손의 색깔에는 암수가 동일한 정도의 영향을 미쳤을 것이다.

여러 과의 어류 중에는 둥지를 만드는 종류가 있으며, 또 이들 중 일부는 부화된 새끼들을 보살피는 경우도 있다. 크레닐라브루스 맛 사(*Crenilabrus massa*)*와 크레닐라브루스 멜롭스(*C. melops*)*는 암수 모두 화려한 색깔을 띠는데 암수가 협조하여 해초와 조개껍질 등으 로 집을 짓는다.[35] 수컷이 모든 일을 도맡아 하며 어린 새끼들을 혼 자서 키우는 종류도 있다. 칙칙한 색깔을 띠는 망둥이가 이에 해당 한다.[36] 망둥이 암수의 색깔 차이는 알려져 있지 않다. 큰가시고기 (*Gasterosteus*)도 수컷이 모든 일을 담당하지만 번식기에 들어선 큰가 시고기의 수컷은 화려한 색깔을 보인다. 큰가시고기의 일종인 가스테

---

34) W. Yarrell, 앞의 책, 11쪽.

35) 거브(M. Gerbe)가 관찰한 내용에 대해서는 A. Günther, *Record of Zoological Literature*, 1865, 194쪽을 참조하시오.

36) G. Cuvier, *Règne Animal*, tom. 2, 1829, 242쪽.

로스테우스 레이우루스 수컷은 잠도 자지 않으면서 오랫동안 이 임무를 성실하게 수행한다. 새끼들이 둥지를 멀리 떠나 길을 잃게 되면 아버지 수컷은 그들을 살살 달래서 둥지로 되돌려보내는 전략을 쓰기도 한다. 수컷은 동종의 암컷까지도 적으로 간주하고 모든 적을 쫓아낸다. 만약 암컷이 알을 낳자마자 적에게 잡아먹히게 된다면 그것은 수컷에게는 사실 천만다행인 일이 될 수도 있다. 수컷이 끊임없이 암컷을 둥지에서 몰아내는 상황을 생각해보면 이해할 수 있다.[37]

남아메리카와 실론섬*에 서식하는 일부 종의 수컷에게는 암컷이 산란한 알을 그들의 입이나 아가미 속에서 부화시키는 특이한 습성이 있는데 이들은 모두 두 목(目)에 포함되는 종류들이다.[38] 아가시에게 들은 바로는 아마존강에 서식하며 이런 습성을 갖는 한 종의 수컷은 암컷보다 화려할 뿐만 아니라 번식기에는 그 차이가 더욱 커진다고 한다. 게오파구스(*Geophagus*)*의 종들도 같은 방식으로 활동한다. 이 속의 수컷들은 번식기에 앞이마에 뚜렷한 혹이 돋아난다. 크로미드(*Chromid*)*도 아가시가 알려준 바에 따르면 성적 차이를 보이는 종이 많다. 일부 종은 알을 수생식물 사이에 낳고 일부 종은 구멍 속에 낳고는 더 이상 보살피지 않고 그대로 방치한다. 또 다른 일부 종은 포모티스(*Pomotis*)*처럼 강바닥의 진흙에 얕은 둥지를 만들어놓고는 그 위에서 알을 품는다. 이렇게 알을 품는 종류는 그들이 속한 과에서 가장 화려한 종들이라는 사실을 주목해야만 한다. 예를 들어 히그로고누스(*Hygrogonus*) 물고기는 밝은 녹색이고 커다란 검은색 눈알

---

37) R. Warington, *Annals and Magazine of Natural History*, 1855년 11월에 가스테로스테우스 레이우루스의 습성에 대해 매우 흥미로운 글을 실었으니 참조하시오

38) J. Wyman, *Proceedings of the Boston Society of Natural History*, 1857. 9. 15. 또한 *Journal of Anatomy and Physiology*, 1866. 11. 1, 78쪽에 실린 터너의 글도 참조하시오. 귄터도 비슷한 사례를 보고했다.

무늬가 있으며 그 주변을 매우 화려한 빨간색이 둘러싸고 있다. 크로 미드의 모든 종에 대해 수컷만이 알을 품는지는 알려져 있지 않다. 그 렇지만 알을 부모가 보호하느냐 그렇지 않느냐는 암수 간의 색깔 차 이에 거의 아무런 영향을 미치지 못한다는 사실만은 명백하다. 게다 가 수컷이 둥지와 어린 새끼를 보살피는 임무를 홀로 맡는 모든 종에 서 화려한 색깔의 수컷이 대량으로 살상되었다면 화려한 색깔의 암 컷이 살상되는 것보다 혈통의 형질에 틀림없이 훨씬 더 큰 영향을 미 쳤을 것이다. 왜냐하면 부화와 양육 시기에 수컷이 죽는다면 어린 새 끼들이 죽을 것이며 그렇게 되면 결국 새끼들은 아버지의 특징을 물 려받지 못하게 되기 때문이다. 그러나 이 같은 많은 경우에 여전히 수컷은 암컷보다 눈에 잘 띄는 색깔을 갖고 있다.

대부분의 로포브란키이(*Lophobranchii*: 실고기, 해마 등)에서 수컷은 육아낭을 갖고 있거나 복부가 반구형으로 함몰되어 있다. 이곳에 암 컷이 낳은 알을 보관하면서 부화시킨다. 또한 수컷은 어린 새끼들에 게도 강한 애착을 보인다.[39] 일반적으로 암수의 색깔은 크게 다르지 않다. 그러나 귄터는 수컷 해마가 암컷보다 약간 더 화려하다고 믿는 다. 그러나 솔레노스토마(*Solenostoma*)*는 매우 예외적인 사례에 해당 한다.[40] 이들의 암컷은 수컷보다 훨씬 더 화려하며 몸에는 반점무늬 가 나타난다. 그리고 암컷만이 육아낭을 갖고 있어 알을 부화시킨다. 이 점이 솔레노스토마의 암컷은 로포브란키이의 모든 종들과 다르다. 그리고 암컷이 수컷보다 더 화려한 색깔을 띤다는 점에서 그외의 다 른 모든 어류와도 다르다. 이처럼 암컷의 형질이 이중으로 바뀐 것이 우연의 일치인 것 같지는 않다. 알과 어린 새끼를 보살피는 임무가

---

39) W. Yarrell, 앞의 책, 329, 338쪽.
40) 귄터는 플레이페어(Playfair)의 *The Fishes of Zanzibar*, 1866, 137쪽에 이 종에 대한 설명을 실은 후, 다시 표본을 조사하여 위의 정보를 내게 주었다.

수컷에게만 부과되는 일부 종의 수컷은 암컷보다 더 화려한 색깔을 띤다. 방금 언급한 솔레노스토마는 암컷이 그 역할을 담당하며 수컷보다 화려한 색깔을 띤다. 따라서 자손의 번영을 위해 더 중요한 역할을 담당하는 쪽이 뚜렷한 색깔을 갖는 것으로 보아 무언가 보호의 역할을 한다는 주장을 제기할지도 모르겠다. 그러나 대부분의 어류에서는 자손의 번영을 위해 암컷보다 전혀 중요한 일을 담당하지 않는 수컷이 영구적이든 주기적이든 더 화려한 색깔을 띤다. 따라서 위의 견해는 거의 신빙성이 없는 것 같다. 우리가 조류를 살펴볼 때 암수의 보편 규칙에 정반대인 사례들을 접하게 될 것이다. 그곳에서 우리는 한 가지 가능성을 제시하게 될 것이다. 즉 동물계의 일반적인 규칙은 암컷이 수컷을 선택하는 것이지만 이 경우에는 수컷이 매력적인 암컷을 골라 선택한 것이다.

색깔이나 장식 면에서 암수가 차이를 보이는 대부분의 어류에 대해 우리는 다음과 같은 결론을 내릴 수 있을 것 같다. 즉 원래 변한 것은 수컷이고 그들의 형질을 수컷 자손에게 물려주었으며 암컷을 유혹하고 자극하면서 해당 형질이 성선택의 작용으로 축적되었다는 것이다. 그렇지만 그런 형질은 일부이든 전부이든 암컷에게도 전달되는 경우가 많다. 게다가 암수 모두 보호를 위해 똑같은 색깔을 갖는 사례도 있다. 그러나 보호 목적으로 암컷만이 색깔을 갖거나 특별하게 변형된 구조를 갖는 경우는 없다.

마지막으로 논의해야 할 것은 어류가 갖가지 소리를 낸다는 사실이다. 일부 소리는 음악성이 있다고 묘사되기까지 한다. 이 주제에 특히 정통한 두포세(Dufossé)에 따르면 여러 종류의 어류가 부레에 연결된 특정한 근육을 수축시키고 부레 속의 여러 근육을 진동시킴으로써 인두골을 마찰시켜 의도적으로 소리를 낸다고 한다. 이때 부레는 공명판 역할을 한다. 트리글라(*Trigla*)*는 부레 속의 근육을 진동시켜 소리를 내는 어류인데 거의 한 옥타브에 걸쳐 순수하고 길게 이어지는 소리를 낸다. 그러나 가장 우리의 관심을 끄는 것은 오피디움(*Ophidium*)*에 속하는 두 종의 사례다. 이들은 수컷만이 소리를 내는 장치를 갖고 있다. 그 장치는 움직일 수 있는 작은 뼈와 근육으로 이루어지는데 근육은 부레에 연결되어 있다.[41] 유럽의 바다에 서식하는 움브리나스(*Umbrinas*) 물고기는 둥둥거리는 소리를 내는데, 이 소리는 20길 깊이의 바닷속에서 울려도 들을 수 있다고 한다. 로셸*의 어부들은 번식기의 수컷들만이 소리를 내며 그 소리를 모방하여 미끼 없이도 이들을 잡을 수 있다고 주장한다.[42] 이들의 주장과 특히 오피디움의 사례로 보아 척추동물 중에서 하등하다고 볼 수 있는 어류강은 많은 곤충이나 거미와 마찬가지로 이들이 갖고 있는 소리 발생 기관이 최소 일부의 경우에는 암수 모두에게 작용한 성선택을 통해 발달한 것이 거의 확실하다.

양서류

유미목(Urodela) 꼬리가 있는 양서류부터 시작하겠다. 도롱뇽이나 영원(newt)의 암컷과 수컷은 색깔이나 구조가 크게 다른 경우가 많다. 번식기의 수컷 앞다리에 물건을 움켜잡기에 적합한 발톱이 발달하는 종이 있다. 영원의 일종인 트리톤 팔미페스(*Triton palmipes*) 수컷은 번식기에는 뒷다리에 물갈퀴가 생긴다. 그러나 겨울에는 이 구조가 흡

---

41) *Comptes Rendus des Sciences*, tom. 46, 1858, 353쪽; tom. 47, 1858, 916쪽; tom. 54, 1862, 393쪽. 일부 저자는 움브리나스 어류인 시에나 아퀼라(*Sciœna aquila*)가 내는 소리를 북소리보다는 플루트나 오르간 소리에 비유하기도 한다. 주테빈(H.H. Zouteveen)은 이 작품을 독일어로 번역하면서 어류가 내는 소리에 대해 추가 항목들을 제시했다(제2권, 36쪽).
42) C. Kingsley, *Nature*, 1870. 5, 40쪽.

<그림-32> 트리톤 크리스타투스. 실물의 절반 크기이며 벨의 『영국의 파충류사』에서 인용한 것이다. 위 그림은 번식기의 수컷이고, 아래 그림은 암컷이다.

수되어 완전히 사라져서 그 모양이 암컷과 비슷하다.[43] 이 구조가 암컷을 찾아 쫓아다니는 수컷에게 도움이 된다는 것은 너무도 당연한 일이다. 구애 행동을 하는 수컷은 꼬리 끝을 빠르게 떤다. 흔하게 관찰되는 영원류인 트리톤 푼크타투스(*Triton punctatus*)와 트리톤 크리스타투스(*T. cristatus*)는 번식기에 수컷의 등을 따라 톱니 모양의 볏이 발달하지만 겨울에는 사라진다. 마이바르트(G.J. Mivart)가 내게 알려준 바로는 볏에는 근육이 부착되어 있지 않기 때문에 이동 목적으로 볏을 사용하지는 않는다고 한다. 구애 행동의 계절에 볏의 가장자리에는 화려한 색깔이 나타난다. 따라서 이것이 수컷의 장식이라는 사실은 거의 의심할 여지가 없다. 강한 색조를 띠면서 몸이 강하게 대비되는 종이 많다. 그리고 이런 대비는 번식기에 더욱 뚜렷해진다. 예를 들어 흔하게 관찰되는 소형 영원인 트리톤 푼크타투스 수컷의 몸위쪽은 갈색이 도는 회색인데 배 쪽으로 내려오면서 노란색으로 변한다. 또한 봄에는 화려한 밝은 오렌지색 바탕에 둥글고 짙은 반점이

43) Bell, *History of British Reptiles,* 2nd ed., 1849, 156~159쪽.

나타난다. 볏의 가장자리도 선홍색이나 보라색으로 장식된다. 암컷은 대개 황갈색 바탕에 갈색 점들이 박혀 있으며 몸의 아랫면은 색깔을 띠지 않은 경우가 흔하다.[44] 어린 개체들은 칙칙한 색깔을 띤다. 알은 산란되면서 바로 수정이 이루어지는데 암수 모두 수정된 알을 돌보지는 않는다. 따라서 우리는 수컷의 짙은 색깔과 장식적인 부속 기관이 성선택을 통해 획득되었다는 결론을 내릴 수 있을 것 같다. 그리고 이런 형질이 수컷 후손에게만 전달되었거나 암수 모든 후손에게 전달된 것이다.

무미목(Anura, Batrachia) 개구리와 두꺼비에게는 색깔이 보호 장치로 작용하는 것이 확실한 경우가 많다. 프리니스쿠스 니그리칸스(*Phryniscus nigricans*) 두꺼비는 내가 이제껏 본 두꺼비 중에서 가장 두드러진 색깔을 띠고 있었다.[45] 등은 잉크처럼 검었으며 발바닥과 복부의 일부는 매우 화려한 주홍색이었다. 이들은 라플라타강*의 모래밭이나 드넓은 평원의 작열하는 태양을 받으며 생활하는데 지나가는 모든 생물의 시선을 끌 정도로 화려하다. 이들은 자신의 색깔로 모든 포식조류에게 자신이 맛이 없다는 것을 알림으로써 이득을 얻었을 것이다.

니카라과에 서식하는 소형 개구리는 빨갛고 파란색으로 된 화려한 제복을 입고 있다. 그래서 이들은 다른 대부분의 종과는 달리 눈에 잘 띄며 낮에는 이리저리 뛰어다닌다. 벨트의 말에 따르면 그 '교묘한 보호 장치'를 보자마자 그 개구리가 식용이 아니라는 걸 확신했다고 한다.[46] 여러 번의 시도 끝에 그는 어린 오리 한 마리가 그 어린 개구리를 잡아먹도록 할 수 있었다. 그러나 개구리를 먹은 오리는 곧 먹은

44) Bell, 앞의 책, 146, 151쪽.
45) *Zoology of the Voyage of the 'Beagle.'* 1843; Bell, 위의 책, 49쪽.
46) Bell, *The Naturalist in Nicaragua,* 1874, 321쪽.

것을 토해냈다. 오리는 머리를 뒤흔들면서 이리저리 돌아다니는 모습이 불쾌한 맛을 지우려는 것 같았다.

권터는 개구리나 두꺼비의 암수가 뚜렷한 색깔 차이를 보이는 사례는 알지 못했지만 수컷의 색깔이 암컷보다 약간 더 진하다는 사실을 이용하여 종종 암수를 구분할 수 있었다. 또한 권터는 암수가 보이는 외부 구조의 뚜렷한 차이점을 알지 못했지만 번식기에 암컷을 움켜잡을 수 있도록 수컷의 앞다리에 발달하는 융기 구조는 알고 있었다.[47] 개구리와 두꺼비는 냉혈동물이기는 하지만 강한 열정을 갖고 있다. 따라서 이들이 지금보다 더 뚜렷한 성징을 획득하지 않은 것은 놀랍다. 권터가 내게 알려준 바로는 서너 마리의 수컷이 너무 강하게 껴안아 숨이 막혀 죽은 불행한 암컷 두꺼비를 관찰한 적이 여러 번 있다고 했다. 기센*의 호프만(Hoffman)은 번식기를 맞은 개구리들이 하루 종일 싸우는 것을 관찰했다고 한다. 그 싸움은 매우 격렬하여 껍질이 벗겨진 개구리도 있었다고 한다.

개구리와 두꺼비는 한 가지 흥미로운 성적 차이를 보인다. 즉 수컷에게만 음악적 재능이 있다는 것이다. 그러나 황소개구리나 그외 일부 종의 수컷이 내는 소리는 우리 인간의 취향에는 거슬리는 위압적인 소리며 전혀 음악적인 소리로 들리지 않는다. 그러나 정말로 즐거운 소리로 노래를 부르는 개구리도 있다. 리우데자네이루 근처에서 나는 수없이 많은 작은 청개구리(*Hylae*)의 노래를 들으며 오후를 보내곤 했다. 그들은 물 가까운 곳에 있는 풀잎에 앉아 달콤한 소리로 조화롭게 울어댔다. 주위에서 흔하게 관찰되는 개구리의 개굴개굴하

---

47) 앤더슨(Anderson)은 부포 시킴멘시스(*Bufo sikimmensis*)*의 수컷만이 가슴에 접시 모양의 굳은살과 앞다리의 발가락에 주름살이 있다고 했다(*Proceedings of the Zoological Society*, 1871, 204쪽). 이런 구조는 앞에서 언급한 융기 구조와 같은 목적으로 이용될 것이다.

는 울음소리처럼 개구리가 내는 갖가지 소리는 번식기에 주로 수컷이 내는 소리다.[48] 즉 수컷의 발성 기관이 암컷보다 훨씬 더 잘 발달되어 있다고 할 수 있다. 일부 속은 수컷만이 인두와 연결된 주머니를 갖는 경우도 있다.[49] 예를 들어 식용개구리인 라나 에스쿨렌타(*Rana esculenta*)는 수컷만이 주머니를 갖고 있는데 개굴개굴거리며 공기를 채워 넣으면 이 주머니는 머리의 양쪽, 입 가장자리에 매달린 커다란 공처럼 부푼다. 개굴개굴 우는 수컷의 울음소리는 그렇게 아주 강한 것으로 여겨지지만 암컷의 울음소리는 작은 신음 소리에 지나지 않는다.[50] 개구리과 여러 속의 성대 구조는 상당히 다르다. 어느 경우에나 성대 발달은 성선택으로 일어났을 것이다.

파충류

거북목(Chelonia)   민물거북(tortoise)과 바다거북(turtle)의 암수가 보이는 성적 차이는 그렇게 뚜렷하지 않다. 어떤 종은 수컷의 꼬리가 암컷의 꼬리보다 길며 수컷의 배껍질이 암컷의 등보다 약간 더 불룩한 경우도 있다. 미국의 진흙거북(*Chrysemys picta*) 수컷은 앞발의 발톱이 암컷보다 두 배 정도 길다. 이렇게 긴 발톱은 암컷과 교미할 때 이용된다.[51] 갈라파고스 제도의 대형 거북인 테스투도 니그라(*Testudo nigra*)는 수컷이 암컷보다 더 크게 자란다고 한다. 그리고 번식기에 들어선 수컷은 쉰 목소리를 내는데 번식기 외에는 이런 소리를 내는 법이 없다. 이들이 내는 소리는 90미터 밖에서도 들을 수 있다. 그러

---

48) Bell, *History of British Reptiles,* 1849, 93쪽.
49) J. Bishop, *Todd's Cyclopaedia of Anatomy and Physiology,* vol. 4, 1503쪽.
50) Bell, 위의 책, 112~114쪽.
51) C.J. Maynard, *The American Naturalist,* 1869. 12, 555쪽.

나 암컷은 절대로 소리를 내는 법이 없다.[52]

인도의 테스투도 엘레간스(*Testudo elegans*)의 경우 수컷들끼리 서로 싸우고 부딪치며 내는 소리가 상당히 멀리서도 들린다고 한다.[53]

악어목(Crocodilia) 암수의 색깔이 다르지 않은 것은 틀림없다. 그리고 수컷들이 서로 싸우는지는 알려져 있지 않다. 물론 일부 종이 암컷 앞에서 거창한 전시를 하는 것으로 보아 이들이 서로 싸우는 일이 가능하기는 할 것이다. 버트럼은 수컷 악어에 대해 설명하면서 이들이 암컷을 차지하기 위해 늪지의 한가운데서 물을 튀기며 포효한다고 했다. "머리와 꼬리를 치켜들고 터질 듯이 몸을 부풀리며 수면을 튀어오르거나 빙빙 돈다. 마치 인디언들이 전쟁의 무공을 기리는 것 같다."[54] 사랑의 계절에 악어는 하악샘(sub-maxiliary gland)에서 사향 냄새를 풍겨 주거지에 널리 퍼뜨린다.[55]

뱀류(Ophidia) 귄터가 내게 알려준 바에 따르면 뱀의 수컷은 항상 암컷보다 작고 꼬리가 가늘며 길다고 한다. 그러나 그외의 차이점에 대해서는 아는 바가 없다고 했다. 귄터는 수컷의 색깔이 좀더 짙다는 사실을 이용해 암수를 구별할 수 있었다. 예를 들어 영국산 독사 수컷의 등에 있는 검은색 지그재그 줄무늬는 암컷의 무늬보다 더욱 뚜렷하다고 한다. 북아메리카산 방울뱀은 그 차이가 더욱 뚜렷하다. 런던 동물원 사육사가 내게 보여준 방울뱀 수컷은 화려하게 빛나는 노

---

52) 내가 쓴 *Journal of Researches during the Voyage of the 'Beagle',* 1845, 384쪽을 참조하시오.

53) A. Günther, *Reptiles of British India,* 1864, 7쪽.

54) Bartram, *Travels through Carolina,* 1791, 128쪽.

55) R. Owen, *Anatomy of Vertebrates,* vol. 1, 1866, 615쪽.

란색이 온몸에 나타나 암컷과 쉽게 구별되었다. 남아프리카에 서식하는 뱀인 부체팔루스 카펜시스(*Bucephalus capensis*)도 비슷한 차이를 보인다. 왜냐하면 수컷은 몸의 옆면에 노란색이 잘 나타나지만 암컷은 그렇지 않기 때문이다.[56] 그러나 인도에 서식하는 뱀인 딥사스 치노돈(*Dipsas cynodon*)의 수컷은 거무스름한 갈색을 띠며 복부에 부분적으로 검은색이 돌지만 암컷은 불그스름하거나 누르스름한 황록색이며 복부도 전체가 노란색이거나 검은색이 옅게 나타난다. 역시 인도에 서식하는 뱀인 트라곱스 디스파르(*Tragops dispar*)는 수컷이 밝은 녹색이고 암컷은 청동색이다.[57] 일부 뱀의 경우 색깔이 보호 작용을 한다는 것은 의심할 여지가 없다. 나무에 서식하는 뱀은 녹색을 띠고 모래에 서식하는 뱀은 여러 가지 반점을 갖고 있는 사실로 보아 알 수 있다. 그러나 일부 뱀의 경우 색깔이 그들을 숨기는 데 기여하는지 의심스러운 경우도 있다. 예를 들어 영국산 일반 뱀과 독사가 이에 해당한다. 정말로 우아한 색깔을 띠는 많은 외국산 뱀들은 더욱 그러하다. 어린 시절의 색깔과 다 자랐을 때의 색깔이 아주 다른 종들도 있다.[58]

번식기에 뱀의 항문 향기샘은 활발한 작용을 한다.[59] 도마뱀의 향기샘도 마찬가지다. 전에 살펴본 악어의 턱밑샘과 마찬가지다. 대부분 동물의 수컷은 암컷을 찾아 돌아다닌다. 그렇기 때문에 이처럼 향기를 내는 분비샘은 수컷이 있을 만한 곳으로 암컷을 유인한다기보다는 암컷을 자극하고 매료시키는 데 이용할 것이다. 수컷 뱀은 비록 동작이 활발하지 못한 것으로 보이기는 하지만 호색적이다. 한 마

---

56) A. Smith, *Illustrations of the Zoology of South Africa: Reptilia,* 1849, 삽화 10.

57) A. Günther, *Reptiles of British India, Ray Society,* 1864, 304, 308쪽.

58) Stoliczka, *Journal of Asiatic Society of Bengal,* vol. 39, 1870, 205, 211쪽.

59) R. Owen, 앞의 책, 615쪽.

리의 암컷 주위에 여러 마리의 수컷이 모여 있는 광경이 종종 관찰될 뿐만 아니라 심지어는 죽은 암컷 주위에 몰려드는 경우도 있기 때문이다. 뱀이 경쟁자와 싸우는 경우는 알려져 있지 않다. 뱀의 지적 능력은 예상했던 것보다는 높다. 런던 동물원에 새로 들어간 뱀들은 우리를 청소하는 쇠막대기를 공격하지 않아야 한다는 것을 곧 알게 된다. 필라델피아의 킨(Keen)에 따르면 그가 사육하는 뱀들 중 일부는 처음에는 올가미에 쉽게 걸려들었지만 이런 경험을 4~5회만 반복해도 올가미를 피해야 한다는 것을 알게 된다고 한다. 실론 섬에서 활발한 관찰 활동을 편 레이어드(E.L. Layard)는 코브라가 좁은 구멍 속으로 머리를 집어넣어 그 속에 숨은 두꺼비를 집어삼키는 광경을 보았다고 한다. "삼킨 두꺼비 때문에 뱀은 굴 밖으로 몸을 뺄 수가 없게 되었다. 이 사실을 안 뱀은 아깝지만 먹은 것을 마지못해 토해냈다. 그러자 두꺼비는 다시 움직이기 시작했다. 이런 상황이 뱀에게는 너무나 견디기 어려운 유혹이었다. 그래서 두꺼비를 다시 물고 탈출을 시도해보지만 어쩔 수 없이 다시 먹이를 뱉을 수밖에 없었다. 그러나 이번에는 뱀이 한 가지 사실을 깨달아 두꺼비의 한쪽 다리만 문 채 굴 밖으로 끌어내고는 의기양양하게 두꺼비를 집어삼켰다."[60]

런던 동물원의 사육사 한 분은 크로탈루스(*Crotalus*)와 피톤(*Python*) 같은 일부 뱀이 자신과 다른 사람을 구별한다고 확신했다. 한 우리에서 사육되는 여러 마리의 코브라는 상호 애정을 갖고 있는 것이 틀림없다.[61]

그러나 뱀이 추리력과 강한 열정, 그리고 상호 애정을 갖고 있다고 해서 파트너의 화려한 색깔을 찬미할 만한 충분한 취향을 갖고 있고,

---

60) E.L. Layard, "Rambles in Ceylon," *Annals and Magazine of Natural History,* 제2시리즈, vol. 9, 1852, 333쪽.
61) A. Günther, 앞의 책, 1864, 340쪽.

그래서 성선택을 통해 종의 아름다운 장식이 획득되었다는 것은 아니다. 그렇지만 일부 종이 보이는 극단적인 아름다움은 어떤 방법으로도 설명하기 어렵다. 예를 들어 남아메리카의 산호뱀은 선명한 빨간색에 검고 노란 가로 무늬가 그어져 있는데 그 이유를 어떻게 설명할 것인가? 브라질에서 오솔길을 가로질러 미끄러지듯 나아가는 산호뱀을 처음 보았을 때 내가 그 아름다움에 얼마나 놀랐는지 아직도 기억이 생생하다. 월리스가 귄터의 말을 빌려[62] 언급한 바에 따르면 이렇게 특이한 방식으로 채색된 뱀은 남아메리카에서만 발견된다고 한다. 그리고 남아메리카에서는 이런 뱀이 네 개 속에서나 발견된다고 한다. 이들 중 하나인 엘랍스(*Elaps*)는 독이 있으며 두 번째 속은 다른 것들과는 매우 다른 모습인데 독이 있는지는 확실하지 않다. 그리고 나머지 두 개 속에 해당하는 뱀에게는 독이 전혀 없었다. 이들 별개의 속에 포함되는 종들은 모두 동일한 지역에 사는데 서로 많이 닮아서 박물학자를 제외한 어느 누구도 독이 있는 뱀과 독이 없는 뱀을 구분하지 못할 것이다. 그러므로 독이 없는 종류들은 보호 목적으로 모방의 원리에 따라 그들의 색깔을 획득한 것 같다. 그렇게 함으로써 적들에게 위험한 종류로 여겨질 것이기 때문이다. 이것은 월리스의 신념이기도 하다. 그러나 독사인 엘랍스가 화려한 색깔을 띠게 된 이유는 아직 밝혀지지 않았다. 아마도 성선택 때문인 것 같다.

뱀은 쉬쉬하는 소리 외에도 여러 가지 소리를 낸다. 치명적인 독사인 에키스 카리나타(*Echis carinata*)는 몸의 좌우 양쪽에 기이하게 생긴 비늘이 비스듬하게 배열되어 있는데, 이들 비늘의 가장자리는 톱니 모양으로 되어 있다. 뱀이 흥분했을 때 이 비늘은 서로 비벼지며 거의 쉬쉬하는 소리에 가까운 소리가 지속적으로 난다.[63] 방울뱀의

---

62) A. Günther, *Westminster Review*, 1867. 7. 1, 32쪽.

딸랑거리는 소리에 대해 마침내 몇 가지 결정적인 정보를 얻었다. 오그헤이는 이제껏 한번도 알려진 바 없는 사례를 두 가지 보고했다.[64] 그는 어느 정도의 거리를 두고 방울뱀 한 마리가 똬리를 튼 채 머리를 치켜세우고 있는 것을 보았다고 한다. 방울뱀은 약 30분 동안 약간의 간격을 두고 계속해서 방울 소리를 냈다. 그러자 마침내 한 마리의 뱀이 다가왔고 결국 두 마리의 방울뱀은 짝짓기를 했다고 한다. 따라서 그는 방울 소리가 갖고 있는 한 가지 기능이 암수를 한곳에 모으는 것이라고 확신한다. 그렇지만 불행하게도 오그헤이는 움직이지 않고 방울 소리를 내며 이성을 부른 것이 암컷인지 수컷인지는 확인하지 못했다. 그러나 위의 사실로 보아 방울뱀이 내는 방울 소리가 자신을 공격할 수도 있는 다른 동물에게 경고를 하는 등의 다른 용도로 사용될 가능성은 충분히 있다. 또한 그들의 소리가 먹잇감을 공포에 떨게 하여 꼼짝하지 못하게 한다는 여러 사람의 설명을 완전히 부정할 수도 없다. 자신의 꼬리를 근처의 나무 줄기에 빠르게 두드려 독특한 소리를 내는 뱀도 있다. 나도 남아메리카에서 트리고노세팔루스(*Trigonocephalus*)가 내는 소리를 직접 들은 적이 있다.

도마뱀류(Lacertilia)　　많은 종류의 도마뱀 수컷은 경쟁자와 싸운다. 예를 들어 남아메리카의 나무 위에서 생활하는 아놀리스 크리스타텔루스(*Anolis cristatellus*)*는 매우 호전적이다. 봄이나 이른 여름에 다 자란 두 마리의 수컷이 만나면 거의 항상 싸움을 벌인다. 처음으로 상대를 보면 그들은 머리를 위아래로 서너 차례 끄덕인다. 그와 동시에 목 아래에 있는 주름 장식을 팽창시킨다. 그들의 눈은 분노로 이글거

---

63) Anderson, *Proceedings of the Zoological Society*, 1871, 196쪽.
64) Aughey, *American Naturalist*, 1873, 85쪽.

리며 마치 에너지를 모으듯 꼬리를 몇 초 동안 좌우로 흔든다. 그러
고는 서로를 향해 격렬하게 몸을 내던진다. 이리저리 뒹굴며 그들은
상대를 이빨로 강하게 물어뜯는다. 전투는 대개 한쪽의 꼬리가 잘리
면 끝난다. 승자는 패자의 잘린 꼬리를 게걸스레 먹어치운다. 이 종의
수컷은 암컷보다 상당히 크다.[65] 귄터에 따르면 모든 종류의 도마뱀
에게 이것은 일반적인 법칙이라고 한다. 안다만 제도에 서식하는 치
르토닥틸루스 루비두스(*Cyrtodactylus rubidus*) 도마뱀은 수컷에게만
항문 앞쪽에 구멍이 나 있다. 다른 동물과의 유사성으로 판단하건대
이 구멍에서는 향기가 발산되는 것 같다.[66]

여러 외부 형질에서 암컷과 수컷은 큰 차이를 보인다. 앞에서 언
급한 아놀리스(*Anolis*) 도마뱀의 수컷은 등에서 꼬리까지 이어지는
볏을 갖고 있는데 즐거울 때 이들은 볏을 세운다. 그러나 암컷에게
서는 이런 볏의 흔적이 발견되지 않는다. 인도의 코포티스 체일라니
카(*Cophotis ceylanica*) 도마뱀 암컷은 수컷보다 덜 발달되기는 했지
만 등에 볏을 갖고 있다. 귄터가 내게 알려준 바에 따르면 많은 종류
의 이구아나, 카멜레온 그리고 그외 여러 도마뱀의 암컷도 이와 비슷
한 현상을 보인다고 한다. 그렇지만 이구아나 투베르쿨라타(*Iguana
tuberculata*) 같은 일부 종은 암수의 볏이 동일하게 발달되어 있다. 시
타나(*Sitana*)는 수컷만이 커다란 인후 주머니(throat-pouch, 〈그림-33〉
참조)를 갖고 있다. 이 주머니는 부채처럼 접힐 수 있으며 파란색, 검
은색, 빨간색으로 채색되어 있다. 그러나 이렇게 화려한 색깔은 짝짓
기 계절에만 나타난다. 암컷은 이 구조의 흔적조차 갖고 있지 않다. 오
스텐에 따르면 아놀리스 크리스타텔루스(*Anolis cristatellus*) 도마뱀의

---

65) 오스텐(N.L. Austen)은 이 도마뱀을 상당히 오랫동안 사육했다. *Land and Water*,
　　1867. 7. 9쪽.
66) Stoliczka, 앞의 책, 제34권, 1870, 166쪽.

〈그림-33〉 시타나 미노르(Sitana minor). 수컷의 확장된 인후 주머니를 볼 수 있다. 귄터의 『영국령 인도의 파충류』에서 인용했다.

경우 인후 주머니는 노란색 무늬가 들어간 선홍색인데, 암컷도 흔적적인 인후 주머니를 갖고 있다고 한다. 또 암수가 모두 잘 발달된 인후 주머니를 갖는 도마뱀도 있다. 여기서 우리는 동일한 집단에 속하는 여러 종이 앞서 살펴본 수많은 사례와 비슷한 경우를 살펴보았다. 즉 하나의 형질이 수컷에게만 국한되어 있을 수도 있고, 암수가 모두 갖고 있기는 하지만 수컷에게 더욱 발달되어 있을 수도 있으며, 암수 모두에게 잘 발달되는 경우도 있다는 것이다. 드라코(Draco)의 소형 도마뱀은 옆구리에 형성된 비막을 이용해 공중을 미끄러져 날아갈 수 있는 종류인데 그들의 색깔은 말로 표현할 수 없을 정도로 아름답다. 이들은 인후부에 가금류의 아랫볏과 비슷한 피부성 부속물을 갖고 있다. 이 동물이 자극을 받으면 이 부속물이 곤두선다. 이런 부속물은 암수 모두에게 나타나지만 성숙기에 접어든 수컷에 특히 잘 발달되어 있다. 성숙기에 이 부속물은 그 길이가 머리의 두 배에 달한다. 대부분의 종이 목 아래에 아랫볏을 갖고 있다. 그리고 이 구조 역시 암컷이나 어린 수컷보다는 다 자란 수컷에 잘 발달되어 있다.[67]

중국에는 번식기에 짝을 이뤄 사는 도마뱀이 한 종 있다고 한다.

---

67) 앞으로 얘기하게 될 체라토포라(Ceratophora) 도마뱀과 카멜레온(Chamaeleon) 도마뱀에 관한 사항뿐만 아니라, 전에 언급한 코포티스(Cophotis), 시타나, 드라코 도마뱀에 관한 모든 내용과 인용은 귄터에게 직접 들었거나 그의 위대한 작품 Reptiles of British India, Ray Society, 1864, 122, 130, 135쪽에서 따온 것이다.

만약 둘 중 한 마리가 잡히면 나머지 한 마리도 나무 위에서 바닥으로 떨어져 잡히고 만다. 모든 희망을 잃었기 때문으로 보인다.[68]

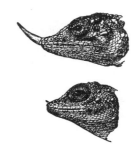

<그림-34> 체라토포라 스토다르티이. 위 그림은 수컷이고, 아래 그림은 암컷이다.

이것보다 훨씬 더 큰 차이를 보이는 도마뱀도 있다. 체라토포라 아스페라(*Ceratophora aspera*) 도마뱀 수컷은 주둥이 끝에 머리 절반 길이의 부속 기관을 갖고 있다. 그것은 원통형으로 비늘이 덮여 있고 휘어지기 쉬우며 곤두설 수도 있다. 암컷에게는 약간의 흔적만이 나타난다. 같은 속에 속하는 다른 종의 경우 맨 끝 비늘이 미세한 뿔로 변형되어 있다. 그리고 또 다른 한 종의 경우(<그림-34>의 체라토포라 스토다르티이[*Ceratophora stoddartii*] 참조) 부속물 전체가 뿔로 변해 있다. 그것은 대개 흰색이지만 흥분하면 자줏빛 색조를 띤다. 이 종의 다 자란 수컷은 뿔이 1.3센티미터 정도의 길이지만 암컷이나 어린 새끼는 그 크기가 아주 작다. 귄터가 내게 알려준 바에 따르면 이 부속물은 가금류의 볏에 견줄 만하며 장식으로 작용하는 것이 틀림없다고 한다.

우리가 알기로 카멜레온은 성적 차이의 극치를 보여준다. 마다가스카르에 서식하는 카멜레온 비푸르쿠스(*Chamaeleon bifurcus*, <그림-35> 참조) 수컷 두개골의 윗부분에는 딱딱하고 뼈로 이루어진 두 개의 큰 돌기가 돋아 있다. 이 돌기는 머리의 나머지 부분과 마찬가지로 비늘로 덮여 있다. 그러나 암컷에게는 이런 놀랄 만한 변형이 약간의 흔적으로만 나타난다. 게다가 아프리카 서해안에 사는 카멜레온 오웨니이

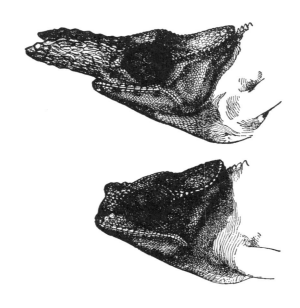

〈그림-35〉 카멜레온 비푸르쿠스. 위 그림은 수컷이고, 아래 그림은 암컷이다.

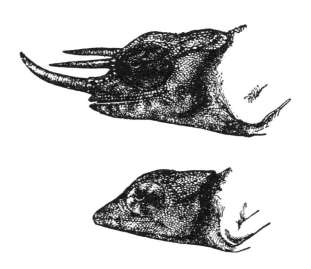

〈그림-36〉 카멜레온 오웨니이. 위 그림은 수컷이고, 아래 그림은 암컷이다.

(*Chamaeleon owenii*, 〈그림-36〉 참조)는 수컷의 주둥이와 앞이마에 기이하게 생긴 세 개의 뿔이 돋아나 있지만 암컷은 흔적도 갖고 있지 않다. 이 뿔은 혹처럼 튀어나온 뼈와 이것을 덮고 있는 부드러운 덮개로 이루어져 있는데 이 덮개는 일반 체표의 일부에 해당하는 것이다. 따라서 이들의 뿔은 황소나 염소, 또는 덮개로 이루어진 뿔을 갖고 있는 그밖의 반추동물의 뿔과 동일한 구조다. 이들 세 개의 뿔이 카멜레온 비푸르쿠스의 기다란 두 개의 돌출물과 그 모양은 많이 다르지만 이 두 동물에게 동일한 기여를 한다는 사실을 의심하기는 어려울 것 같다. 모든 사람이 생각할 만한 첫 번째 추측은 수컷들이 싸울 때 이 구조를 이용한다는 생각이다. 실제로 이들 동물이 매우 호전적인 것으로 보아 이 추측은 옳을 것도 같다.[69] 우드(T.W. Wood)도 내게 다음과 같은 사실을 알려주었다. 언젠가 그는 나뭇가지 위에서 격렬하게 싸우는 카멜레온 푸밀루스(*C. pumilus*) 두 마리를 본 적이 있다고 했다. 그들은 머리를 내밀고 상대를 향해 돌진했고 서로를 물려고 했으며 싸움 도중 잠시 쉬기도 하다가는 다시 전투를 시작했다고 했다.

도마뱀은 암수 간에 약간의 색깔 차이를 보이는 종류가 많다. 수컷의 색깔과 줄무늬는 암컷보다 화려하며 선명하다. 예를 들면 앞에서 언급했던 코포티스(*Cophotis*) 도마뱀과 남아프리카에 서식하는 아칸토닥틸루스 카펜시스(*Acanthodactylus capensis*) 도마뱀이 이에 해당한다. 남아프리카의 코르딜루스(*Cordylus*) 도마뱀은 수컷이 암컷보다 더 붉거나 녹색을 띤다. 인도에 서식하는 칼로테스 니그릴라브리스(*Calotes nigrilabris*) 도마뱀은 성적 차이가 더욱 크다. 암컷의 입술은 녹색인 반면 수컷의 입술은 검은색이다. 흔하게 관찰되는 소형의 태

---

69) Bucholz, *Monatsbericht K. Preuss. Akad.*, 1874. 1, 78쪽.

생 도마뱀인 주토카 비비파라(*Zootoca vivipara*) 수컷은 몸과 꼬리의 아랫면이 화려한 오렌지색을 띠며 검은 반점이 박혀 있다. 그러나 암컷은 엷고 희끄무레한 녹색이며 반점은 나타나지 않는다.[70] 시타나 도마뱀은 수컷만이 인후 주머니를 갖고 있다는 사실을 설명한 적이 있다. 이 주머니는 파란색, 검은색, 빨간색으로 화려하게 채색되어 있다. 칠레에 서식하는 프록토트레투스 테누이스(*Proctotretus tenuis*) 도마뱀은 수컷만이 파란색, 녹색, 적갈색의 반점을 띤다.[71] 수컷이 일년 내내 같은 색깔을 유지하는 종류가 많다. 그러나 일부 종들은 번식기에 더욱 화려한 색깔을 띤다. 칼로테스 마리아(*Calotes maria*) 도마뱀을 사례로 들 수 있을 것 같다. 번식기에 이들의 머리는 화려한 빨간색을 띠며 몸은 녹색을 띤다.[72]

암수가 동일하게 아름다운 색깔을 갖는 종도 많다. 그런 색깔이 보호색으로 작용한다고 믿을 만한 근거는 어디에도 없다. 초목 속에서 살아가며 화려한 녹색을 띠는 종류에게 이들 색깔이 그들을 숨기는 데 기여한다는 것은 의심할 여지가 없다. 북부 파타고니아*에서 내가 본 도마뱀인 프록토트레투스 물티마쿨라투스(*Proctotretus multimaculatus*)는 놀라면 몸을 넓게 펴고 눈을 감는다. 그러면 그 얼룩무늬 때문에 그 주위의 모래와 거의 구별되지 않는다. 그러나 많은 도마뱀이 갖고 있는 여러 가지 특이한 부속물뿐만 아니라 장식에 이용되는 화려한 색깔은 매혹의 수단으로 수컷이 획득한 후, 그 형질이 수컷 후손이나

---

70) Bell, 앞의 책, 40쪽.

71) 프록토트레투스 도마뱀에 대해서는 *Zoology of the Voyage of the 'Beagle'*과 벨의 위의 책, 8쪽을 참조하시오. 남아프리카의 도마뱀에 대해서는 스미스의 앞의 책, 삽화 25, 39를 참조하시오. 인도의 칼로테스(Calotes) 도마뱀에 대해서는 A. Günther, *Reptiles of British India*, 143쪽을 참조하시오.

72) A. Günther, *Proceedings of the Zoological Society*, 1870, 778쪽. 한 장의 채색 그림이 함께 제시되었다.

암수 후손 모두에게 전달되었을 것이다. 사실 성선택은 조류에서와 마찬가지로 파충류에서도 중요한 역할을 하는 것으로 보인다. 월리스는 조류 암컷이 수컷에 비해 눈에 잘 띄지 않는 색깔을 띠는 이유가 암컷이 알들을 부화시키는 동안 수컷보다 더 많은 위험에 노출되기 때문이라고 믿는다. 그러나 파충류의 경우 같은 이유를 들어 암컷의 색깔을 설명할 수는 없을 것 같다.

제13장 조류의 이차성징

성적 차이 — 전투의 법칙 — 특별한 무기들 — 발성 기관 — 기악 — 사랑을 구하는 몸짓과 춤 — 영구적인 장식과 계절적인 장식 — 연중 한 번만 일어나는 털갈이와 두 번 일어나는 털갈이 — 수컷의 자기 전시

조류의 이차성징은 다른 동물에 비해 중요한 구조적 변화를 수반하지는 않지만 다른 어떤 동물보다도 더욱 다양하고 뚜렷하다. 따라서 이 주제에 대해서는 자세하게 다루겠다. 비록 드물기는 하지만 수컷 조류는 전투를 위해 특별한 무기를 갖고 있는 경우가 있다. 또한 수컷은 갖가지 성악과 기악을 이용하여 암컷을 매혹시키기도 한다. 그들은 여러 가지 종류의 볏, 턱볏, 혹, 뿔, 공기주머니, 관모(top-knot),* 털이 없는 깃대, 깃 장식 그리고 신체 여러 부위에서 우아하게 돋은 긴 깃을 갖고 있다. 부리, 머리의 털이 벗겨진 피부 그리고 깃은 색깔이 화려한 경우가 많다. 때로 수컷은 춤으로 사랑을 구하거나 바닥이나 하늘에서 환상적인 동작을 선보임으로써 구애 행동을 하기도 한다. 수컷이 사향 냄새를 풍기는 새도 최소한 한 종류는 있는데, 이들이 내는 사향 냄새는 암컷을 매혹시키고 자극하는 것으로 보인다. 훌륭한 관찰자인 램지(Ramsay)는 오스트레일리아의 사향오리(*Biziura*)*에 대해 다음과 같이 말했다. "수컷은 여름철에 냄새를 풍기는데 암컷이 냄새를 풍기는 경우는 없으며 일부 수컷들은 일 년 내내 사향 냄새를

풍기기도 한다. 내가 쏜 새 중에는 번식기라 할지라도 사향 냄새를 풍기는 암컷이 단 한 마리도 없었다."[1] 짝짓기 계절에는 이 냄새가 아주 강렬하여 꽤 먼 곳에서도 냄새를 맡을 수 있다.[2] 일반적으로 조류는 인간을 제외한 모든 동물 중에서 가장 미적 감각이 뛰어난 것으로 보이며, 아름다운 것에 대한 취향이 우리 인간과 거의 같아 보인다. 우리가 새의 노래를 즐기고 문명화의 여부를 떠나 새에게서 빌려온 깃 장식으로 머리를 꾸미며 여성들이 일부 조류의 피부와 턱볏보다 결코 아름다운 색깔이라고 볼 수 없는 보석을 이용하여 치장하는 것을 보면 이 사실을 알 수 있다. 그렇지만 인간은 문명화가 진행될수록 미적 감각이 더 복잡해지고 여러 가지 지적 사고와 결합된다.

생활 습성에 따라 생물체의 구조가 달라지는 것은 하등동물에서는 흔히 일어나는 일이지만 고등동물에서는 드문 일이기 때문에, 특별히 관심의 대상이 되는 성징에 대해 살펴보기 전에 암수의 생활 습성이 다르기 때문에 생기는 것이 분명한 몇 가지 차이를 말해두겠다. 에우스테파누스(*Eustephanus*)*에 속하는 두 종류의 벌새가 후안페르난데스 제도*에 서식하는데 이 벌새들은 오랫동안 서로 다른 종으로 여겨졌다. 그러나 굴드가 내게 알려준 바에 따르면 현재 이들은 한 종의 암컷과 수컷이며 부리의 모양은 약간의 차이를 보이는 것으로 알려져 있다. 또 다른 벌새인 그리푸스(*Grypus*)의 경우 수컷의 부리는 그 가장자리가 톱니 모양으로 되어 있고 끝부분은 갈고리처럼 휘어져 있어 암컷의 부리와는 상당히 다르다. 뉴질랜드의 네오모르파(*Neomorpha*)*는 암컷과 수컷의 섭식 습성이 달라 부리가 서로 크게 다른 모습을 보인다. 오색방울새(*Carduelis elegans*)*에도 비슷한 무언가가 있다. 제너 위

---

1) Ramsay, *Ibis,* vol. 3(신간), 1867, 414쪽.
2) J. Gould, *Handbook of the Birds of Australia,* vol. 2, 1865, 383쪽.

어(J. Jenner Weir)에게 들은 바에 따르면 새 사냥꾼들은 수컷의 부리가 약간 더 길다는 사실을 이용하여 암수를 구별한다고 한다. 수컷들은 무리를 지어 산토끼꽃(*Dipsacus*) 식물의 씨앗을 먹는 광경이 종종 관찰된다. 수컷은 긴 부리를 이용하여 씨앗을 먹을 수 있다. 반면에 암컷은 대개 현삼(*Scrophularia*) 식물의 씨앗을 먹고 산다. 이런 종류의 작은 차이를 근거로 우리는 암컷과 수컷의 부리가 자연선택을 통해 크게 달라질 수 있다는 것을 알 수 있다. 그렇지만 앞에서 말한 사례 중 일부는 수컷의 부리가 일차적으로 다른 수컷과 경쟁한 것에 관계되어 변형되었으며 그것 때문에 생활 방식이 어느 정도 변화되었을 가능성은 있다.

전투의 법칙   거의 대부분 조류의 수컷은 전투를 할 때 부리, 날개, 다리를 이용하는 매우 호전적인 동물이다. 매년 봄 유럽울새와 참새가 싸우는 광경을 쉽게 볼 수 있다. 조류 중에서 가장 작은 벌새는 가장 호전적인 싸움꾼 중의 하나다. 고세(P.H. Gosse)는 새의 전투에 대해 설명하면서 두 마리의 새가 서로의 부리를 물고는 이리저리 뒹굴면서 결국 바닥에 거의 쓰러질 때까지 싸운다고 했다.[3) 오카(M. de Oca)는 다른 속의 벌새를 설명하면서 수컷 두 마리는 만날 때마다 공중에서 치열한 전투를 벌인다고 말했다. 새장 안에 가두어둔 수컷 두 마리는 "대개 어느 한 마리의 혀가 찢어져야만 싸움이 끝나고 패배자는 먹이를 먹을 수 없어 거의 대부분 죽게 된다."[4) 일반적인 쇠물닭(*Gallinula chloropus*)* 수컷은 짝짓기 철에 암컷을 차지하려고 서로 격렬하게 싸운다. 그들은 물에 곧추서서 발로 상대를 때린다. 두 마리

---

3) J. Gould, *Introduction to the Trochilidae*, 1861, 29쪽에서 인용했다.
4) J. Gould, 위의 책, 52쪽.

쇠물닭은 30분 동안이나 그렇게 싸우는데 한 마리가 다른 놈의 머리를 누르면 싸움이 끝난다. 구경꾼이 간섭하지 않는다면 패배자는 죽고 말 것이다. 암컷은 조용한 방관자로 옆에서 계속 지켜보고만 있을 뿐이다.[5] 블리스(E. Blyth)가 내게 알려준 바에 따르면 쇠물닭과 비슷한 갈리크렉스 크리스타투스(Gallicrex cristatus)*의 수컷은 암컷보다 1/3이 더 큰데 번식기에 매우 호전적으로 변한다고 한다. 그래서 벵골 동부의 원주민들은 이들을 사육하며 서로 싸움을 시킨다고 한다. 그외에도 여러 종류의 조류가 싸움용으로 인도에서 사육된다. 매우 치열한 전투를 벌이는 것으로 유명한 피크노노투스 회모로우스(*Pycnonotus hoemorrhous*)는 직박구리과의 조류로서 이들이 주로 사육하는 종류다.[6]

일부다처제를 고집하는 목도리도요(Machetes pugnax,* 〈그림-37〉 참조) 수컷은 극단적인 호전성으로 유명하다. 수컷은 암컷보다 상당히 크며 봄철에 암컷들이 산란하는 특정한 장소에 매일 모여든다. 새 사냥꾼들은 이런 장소의 바닥을 많은 수컷이 다져서 어느 정도 벌거숭이로 드러나 있다는 것을 알고 있다. 이곳에서 수컷들은 싸움닭처럼 부리로 서로를 물고 날개로 때리며 아주 격렬하게 싸운다. 이 시기에 이들은 거대한 목털을 치켜세운다. 몬터규(G. Montagu) 대령에 따르면 목털이 "자신의 연약한 부위를 방어하는 방패로 작용하듯 바닥에 끌린다"고 말했다. 내가 알기로 이것은 조류가 방패 구조를 갖는 유일한 사례다. 그러나 목털의 색깔이 다양하고 진한 것으로 보아 장식으로도 주요한 역할을 수행하는 것 같다. 대부분의 호전적인 조류와 마찬가지로 목도리도요는 언제라도 싸울 준비가 되어 있는 것처럼

---

5) W. Thompson, *Natural History of Ireland: Birds,* vol. 2, 1850, 327쪽.
6) Jerdon, *Birds of India,* vol. 2, 1863, 96쪽.

〈그림-37〉 목도리도요. 브렘의 『동물생활 도해』(*Illustriertes Thierleben*)에서 인용했다.

보인다. 이들을 한공간에 가두어두면 서로를 죽이는 일이 흔히 벌어진다. 몬터규 대령은 목털이 가장 길게 발달하는 봄에 호전성이 가장 극심해진다는 것을 발견했다. 이 시기에는 새의 작은 움직임도 곧장 전투로 이어진다.[7] 물갈퀴를 갖는 조류의 호전성에 대해서는 두 가지 예를 드는 것으로 충분할 것 같다. 기아나* 지방에서는 번식기를 맞이한 카이리나 모스카타(*Cairina moschata*)*들이 치열한 전투를 벌인다. 전투가 있었던 강가는 뽑힌 깃털로 뒤덮인다.[8] 전투에 제대로 적응하지 못하는 것으로 보이는 조류도 격렬한 투쟁을 벌인다. 예를 들어 펠리컨은 강한 수컷이 거대한 부리로 치고 날개로 때리며 약한 수컷을 몰아낸다. 수컷 도요새는 우리가 상상할 수 있는 가장 기이한 방식으로 부리를 이용하여 밀고 당기며 서로 싸운다. 절대로 싸우지 않는 조

---

7) W. Macgillivray, *History of British Birds,* vol. 4, 1852, 177~181쪽.
8) R. Schomburgk, *Journal of Royal Geographical Society,* vol. 8, 1843, 31쪽.

류도 어느 정도는 있다. 오듀본에 따르면 미국산 딱따구리의 일종인 피쿠스 아우라투스(*Picus auratus*)는 예닐곱 마리의 수컷 구혼자가 한 마리의 암컷을 따라다니는 상황에서도 절대로 싸움이 일어나지 않는다고 했다.[9]

조류 수컷은 암컷보다 큰 경우가 많다. 이것은 크고 강한 수컷이 여러 세대에 걸쳐 그들의 경쟁자를 물리침으로써 얻은 이익의 결과임이 틀림없다. 오스트레일리아에 서식하는 몇몇 조류에서 극단적인 암수의 차이가 나타난다. 예를 들어 사향오리 수컷이나 친클로람푸스 크루랄리스(*Cincloramphus cruralis*: 논종다리와 유연 관계가 있다) 수컷은 암컷에 비해 두 배나 크다.[10] 물론 암컷이 수컷보다 큰 경우도 많이 있다. 전에도 말했지만 암컷이 어린 새끼를 키우는 데 대부분의 역할을 담당하기 때문에 암컷이 수컷보다 더 클 수밖에 없다는 식의 설명을 종종 제기하기는 한다. 그러나 이런 설명은 근거가 부족한 것 같다. 앞으로 살펴보겠지만 암컷이 다른 암컷을 무찌르고 수컷을 차지할 목적으로 크기와 강한 힘을 획득한 것이 틀림없는 경우도 전혀 없는 것은 아니다.

많은 순계류 중 특히 일부다처제를 고집하는 종류의 수컷은 경쟁자와 싸울 때 적절하게 이용할 수 있는 특별한 무기를 갖고 있다. 그것은 바로 며느리발톱(spur)*인데 수컷은 며느리발톱을 이용하여 엄청난 효과를 거둘 수 있다. 믿을 만한 작가 한 분의 기록에 따르면 더비셔에서 솔개 한 마리가 병아리들과 함께 있던 투계 암컷을 공격했다고 한다.[11] 그러자 수컷이 암컷을 구원하러 돌진해왔는데 수컷은

---

9) J.J. Audubon, *Ornithological Biography*, vol. 1, 191쪽. 펠리컨과 도요새에 대해서는 vol. 3, 138, 477쪽을 참조하시오.

10) J. Gould, *Handbook of the Birds of Australia*, vol. 1, 395쪽; vol. 2, 383쪽.

11) Tegetmeier, *Poultry Book*, 1866, 137쪽에서 헤위트(Hewitt)가 언급했다.

며느리발톱을 날려 공격자의 눈과 두개골에 정확하게 구멍을 냈다고 한다. 며느리발톱은 두개골에서 잘 빠지지 않았으며, 결국 솔개는 죽었지만 솔개도 움켜잡은 것을 놓지 않았기 때문에 두 마리는 꽁꽁 얽혀 있었다. 그러나 뒤엉킨 두 마리를 떼어놓았을 때 수컷 투계는 거의 상처 하나 입지 않은 상태였다고 한다. 다음에 언급하는 수컷 투계가 보여준 불굴의 용기는 유명한 얘기다. 오래전 잔인한 광경을 목격한 한 신사 분의 이야기로는 투계장에서 일어난 사고로 투계 한 마리의 두 다리가 부러졌다고 한다. 그 닭의 주인이 닭의 두 다리를 이어붙이면 그 닭이 다시 일어나 싸울 수 있는지 내기를 했다고 한다. 부러진 다리를 연결하자 효과는 당장 나타나 수컷은 결국 치명적인 가격을 받았지만 그전까지 불굴의 용기로 싸움을 계속했다고 한다. 실론섬에는 닭과 유연 관계가 깊은 야생의 갈루스 스탄레이이(*Gallus stanleyi*)*가 서식하는데 이들도 암컷을 지키기 위해 필사적인 전투를 벌이는 것으로 알려져 있다. 싸우다가 죽은 놈을 발견하는 것은 흔한 일이라고 한다.[12] 인도에 서식하는 오르티고르니스 굴라리스(*Ortygornis gularis*)*는 수컷이 강하고 날카로운 며느리발톱을 갖고 있다. 이들은 아주 호전적이어서 사냥으로 잡은 거의 모든 새의 가슴에는 이들이 벌였던 전투의 흔적으로 흉터가 남아 있었다.[13]

순계류라고 해서 모두 며느리발톱을 갖고 있는 것은 아니다. 그렇지만 번식기에 들어선 거의 모든 순계류 사이에서는 치열한 전투가 벌어진다. 테트라오 우로갈루스(*Tetrao urogallus*)*와 멧닭(*T. tetrix*)*은 모두 일부다처제를 고집하는 조류인데 이들은 몇 주 동안 일정한 장소에 많은 수가 모여 서로 싸우기도 하고 암컷 앞에서 자신의 매력

---

12) E.L. Layard, *Annals and Magazine of Natural History*, vol. 14, 1854, 63쪽.
13) Jerdon, 앞의 책, 574쪽.

을 과시하기도 한다. 코발레브스키(W. Kovalevsky)는 러시아에서 큰 들꿩이 전투를 벌였던 전장에 덮인 하얀 눈이 온통 피투성이가 된 것을 본 적이 있다고 했다. 또한 멧닭의 큰 전투가 여러 차례 벌어진 곳에는 깃털이 사방에 날린다고 했다. 선배 학자인 브렘은 독일어로 멧닭의 구애 춤과 구애 노래를 일컫는 용어인 '발츠'(Balz)에 대해 특이한 설명을 제시했다. 멧닭은 계속해서 이상한 소리를 내는데, "수컷은 꼬리를 치켜들고 꼬리깃을 부채처럼 펼친다. 머리와 목을 높이 들고 모든 깃을 치켜세우고는 날개를 쭉 편다. 그다음에 몇 차례 이리저리 뛰어다니는데 때로는 원을 그리며 뛰기도 한다. 그리고 턱의 깃이 바닥에 문질러 없어질 정도로 부리를 바닥까지 내리곤 한다. 이런 동작을 하면서 멧닭은 날개를 내리치며 계속해서 회전한다. 열정적인 수컷일수록 그들은 더욱 활기를 얻는다. 결국에는 극도로 흥분한 것처럼 보인다." 이 시기에 멧닭은 자기 행동에 지나치게 열중한 나머지, 큰들꿩보다는 덜하지만 거의 눈이 멀고 귀가 멀 정도로 주위의 상황에 신경을 쓰지 않는다. 그래서 한 장소에서 여러 마리의 새를 쏘아 맞출 수 있고 심지어는 손으로 잡을 수도 있다. 이렇게 이상한 동작을 선보인 후 수컷들은 서로 싸우기 시작한다. 다른 경쟁자들보다 자신이 더 강하다는 것을 보이기 위해 멧닭 한 마리가 오전에만 여러 발츠를 찾아다니기도 한다. 이러한 발츠는 다음해에도 같은 지역에서 열린다.[14]

　꼬리가 길게 처진 수컷 공작은 전사라기보다는 멋쟁이처럼 보인다. 그러나 공작도 치열한 경쟁에 끼여드는 경우가 간혹 있다. 폭스(W.D. Fox)가 내게 알려준 바에 따르면 체스터에서 그리 멀리 떨어지

14) A.E. Brehm, *Illustriertes Thierleben*, Bd. 1, 1867, 351쪽. 앞서 말한 일부 내용은 L. Lloyd, *Game Birds of Sweden*, 1867, 79쪽에서 인용한 것이다.

지 않은 곳에서 벌어진 전투에서 두 마리의 수컷 공작은 너무 흥분한 나머지 성 존스궁의 탑 꼭대기에 내려앉을 때까지 전투를 벌이며 온 도시를 날아다녔다고 한다.

순계류의 며느리발톱은 대개 하나다. 그러나 폴리플렉트론(*Polyplectron,*＊〈그림-51〉참조)은 한쪽 발에 두 개 이상의 며느리발톱을 갖고 있다. 꿩의 한 종류인 이타기니스 크루엔투스(*Ithaginis cruentus*)에게서 다섯 개의 며느리발톱이 관찰된 적도 있다. 일반적으로 수컷만이 며느리발톱을 갖고 있으며 암컷은 단순한 혹이나 흔적적인 구조만을 갖고 있을 뿐이다. 그러나 자바공작(*Pavo muticus*) 암컷은 며느리발톱을 갖고 있다. 또 블리스에게 들은 바에 따르면 작은 꿩의 일종인 에우플로카무스 에리트롭탈무스(*Euplocamus erythropthalmus*) 암컷도 며느리발톱을 갖고 있다고 한다. 갈로페르딕스(*Galloperdix*)＊의 경우 대개 수컷은 한쪽 발에 며느리발톱을 두 개씩 가지며 암컷은 며느리발톱을 한 개씩 갖는다.[15] 그러므로 며느리발톱은 수컷의 특징적인 구조이며 가끔 암컷에게 전달되는 것 같다. 대부분의 이차성징과 마찬가지로 며느리발톱은 숫자나 그 발달 정도가 같은 종 내에서도 변이가 심하다.

여러 종류의 새가 날개에 며느리발톱을 갖고 있다. 그러나 이집트오리(*Chenalopex aegyptiacus*)는 '털이 벗겨진 뭉뚝한 혹'을 갖고 있을 뿐이다. 그리고 이것은 며느리발톱이 발달하는 첫 번째 단계를 보여주는 것일 수 있다. 날개에 며느리발톱이 있는 거위의 한 종류인 플렉트롭테루스 감벤시스(*Plectropterus gambensis*) 수컷은 암컷의 며느리발톱보다 훨씬 더 큰 며느리발톱을 갖고 있다. 바틀릿(A.D. Bartlett)

---

15) Jerdon, 앞의 책. 이타기니스 꿩에 대해서는 제3권, 523쪽, 갈로페르딕스 꿩에 대해서는 541쪽을 참조하시오.

〈그림-38〉 팔라메데아 코르누타(*Palamedea cornuta*). 브렘에게서 인용한 이 그림에서 날개에 있는 두 개의 가시와 머리 위에 달린 필라멘트를 볼 수 있다.

에게 들은 바에 따르면 이들 거위는 서로 싸울 때 날개의 며느리발톱을 이용한다고 한다. 그러므로 이 경우 날개의 며느리발톱은 성적 무기로 작용하는 것이다. 그러나 리빙스턴(Livingstone)에 따르면 날개의 며느리발톱은 주로 어린 새끼들을 보호하는 데 이용한다고 한다. 팔라메데아(*Palamedea*,* 〈그림-38〉 참조)는 각각의 날개에 한 쌍의 며느리발톱을 갖고 있다. 이것은 만만찮은 무기로 단 한 방이면 달려들던 개를 깨갱거리며 도망치게 할 수 있을 정도다. 그러나 이 경우에 수컷의 며느리발톱이 암컷에 비해 큰 것 같지는 않다. 그리고 날개에

248

며느리발톱을 갖는 일부 뜸부기류도 수컷의 며느리발톱이 암컷에 비해 크지는 않다.[16] 그렇지만 일부 물떼새가 갖고 있는 날개의 며느리발톱은 성적 특징으로 여겨야만 한다. 예를 들어 바넬루스 크리스타투스(*Vanellus cristatus*)* 수컷 날개의 어깨 부위에 작은 혹이 있는데 이것은 번식기가 되면 더 크게 튀어나온다. 그리고 이 시기에 수컷들은 서로 싸우는 일이 흔하다. 로비바넬루스(*Lobivanellus*)*에 속하는 일부 조류도 이와 비슷한 작은 혹을 갖고 있으며 번식기가 되면 이 혹이 각질화된 작은 며느리발톱으로 발달한다. 오스트레일리아에 서식하는 로비바넬루스 로바투스(*L. lobatus*)의 암컷과 수컷은 모두 며느리발톱을 갖고 있다. 그러나 수컷의 며느리발톱이 암컷의 그것보다 훨씬 더 크다. 이와 비슷한 종류인 호플로프테루스 아르마투스(*Hoplopterus armatus*)*는 번식기에도 며느리발톱의 크기가 커지지 않는다. 그러나 이집트에서 이 새들이 서로 싸우는 것이 목격된 적이 있다. 이들은 영국의 댕기물떼새와 마찬가지로 공중에서 급회전을 하며 상대의 옆구리를 가격하는데 때로는 치명적인 손상을 입히기도 한다. 그렇게 해서 그들은 적을 몰아낼 수도 있다.[17]

사랑의 계절은 전투의 계절이다. 그러나 투계나 목도리도요 그리고 심지어 야생 칠면조와 거위는 나이가 어린 수컷들까지도 만나기

---

16) 이집트 거위에 대해서는 W. Macgillivray, 앞의 책, 제4권, 639쪽을 참조하시오. 플렉트롭테루스에 대해서는 Livingstone, *Travels and Researches in South Africa*, 254쪽을 참조하시오. 팔라메데아에 대해서는 브렘의 앞의 책, 제4권, 740쪽을 참조하시오. 이 새에 대해서는 Azara, *Voyages dans l'Amérique mérid.*, tom. 4, 1809, 179, 253쪽도 참조하시오.

17) 영국의 물떼새에 대해서는 *Land and Water*, 1868. 8. 8, 46쪽에 실린 카르(R. Carr)의 글을 참조하시오. 로비바넬루스에 대해서는 제르돈의 앞의 책, 제3권, 647쪽; J. Gould, *Handbook of the Birds of Australia*, vol. 2, 220쪽을 참조하시오. 호플로프테루스에 대해서는 *Ibis*, vol. 5, 1863, 156쪽에 실린 앨런(S.S. Allen)의 글을 참조하시오.

만 하면 항상 싸우려고 한다.[18] 암컷의 존재는 전쟁의 원인이 된다. 벵골의 인도인들은 작은 아름다운 수컷 명금류인 에스트렐다 아만다바(Estrelda amandava)를 싸움시킬 때 다음과 같은 방법을 쓴다. 즉 세 개의 새장을 나란히 늘어놓는데 가운데에는 암컷을 그리고 양쪽으로 수컷이 든 새장을 놓는다. 잠시 후 두 마리의 수컷을 풀어놓으면 즉시 치열한 전투가 벌어진다고 한다.[19] 여러 마리의 수컷이 지정된 장소에 모여 서로 싸울 때, 뇌조와 그외의 여러 조류에서 보듯이 싸움터에는 항상 암컷이 있다.[20] 이 암컷은 싸움이 다 끝나면 승자와 짝짓기를 한다. 그러나 짝짓기가 전투보다 먼저 일어나는 경우도 있다. 오듀본에 따르면 버지니아 쏙독새(Caprimulgus virgianus)는 여러 마리의 수컷이 매우 재미있는 방식으로 암컷에게 구애 행동을 벌인다고 한다. 암컷이 결정을 내리자마자 그 지역은 선택받은 수컷의 영토가 되고 선택받은 수컷은 모든 침입자를 자기의 영토 밖으로 몰아낸다고 한다.[21] 일반적으로 수컷은 짝짓기를 하기 전에 경쟁자를 몰아내거나 죽이려고 한다. 그렇지만 승리를 거둔 수컷이 항상 암컷의 사랑을 차지하는 것은 아닌 것 같다. 코발레브스키가 내게 확인시켜준 바에 따르면 다 자란 큰들꿩 수컷들의 전투에 감히 참석할 정도로 성숙하

---

18) J.J. Audubon, *Ornithological Biography,* vol. 2, 492쪽; vol. 1, 4~13쪽.

19) E. Blyth, 앞의 책, 1867, 212쪽.

20) 테트라오 움벨루스(*Tetrao umbellus*)*에 대해서는 *Fauna Boreali-Americana: Birds,* 1831, 343쪽에 실린 리처드슨(J. Richardson)의 글을 참조하시오. 큰들꿩과 멧닭에 대해서는 L. Lloyd, *Game Birds of Sweden,* 1867, 22, 79쪽을 참조하시오. 그러나 A.E. Brehm, *Illustriertes Thierleben,* Bd. 4, 352쪽에서 다음과 같이 주장했다. 즉 독일에서 멧닭 암컷들은 대개 교미 장소에 참석하지 않지만 이것은 예외에 해당한다는 것이다. 암컷이 근처의 덤불에 숨어 있을 가능성은 있다. 이것은 스칸디나비아와 북아메리카의 여러 종에서 흔하게 나타나는 현상이다.

21) J.J. Audubon, 앞의 책, 제2권, 275쪽.

지 않은 어린 수컷의 애정을 암컷이 슬쩍 차지하는 경우가 간혹 생긴다고 했다. 이것은 스코틀랜드의 붉은 사슴에서 일어나는 현상과 같은 것이다. 수컷 두 마리가 암컷 한 마리를 차지하기 위해서 전투를 벌일 때 대개는 두 마리의 수컷 중에서 승자가 암컷을 차지하게 되지만, 짝을 이루어 평화롭게 살아가는 한 쌍을 방해하려는 방랑 수컷 때문에 전투가 일어나는 경우도 간혹 있다.[22]

아무리 호전적인 종이라 하더라도 단지 수컷의 힘과 용기로만 짝짓기가 결정되지 않을 가능성은 있다. 호전적인 종의 수컷은 일반적으로 갖가지 장식으로 치장되어 있으며 이런 장식은 번식기에 더욱 화려해지고 수컷은 암컷 앞에서 자신의 장식을 열심히 드러내 보인다. 또한 수컷은 사랑의 신호나 노래, 익살스런 몸짓으로 배우자를 매혹시키거나 자극하려고 한다. 구애 행동에는 오랜 시간이 소요된다. 결국 암컷은 이성의 매력에 무관심한 것 같지는 않다. 그렇다고 승리를 거둔 수컷을 무조건 따르는 것 같지도 않다. 전투를 전후로 암컷이 특정한 수컷에게 자극을 받고 그 때문에 자기도 모르게 그 수컷을 좋아하게 되는 것이 더욱 그럴듯한 상황이다. 훌륭한 관찰자 한 분은 테트라오 움벨루스에 대해 다음과 같은 믿음을 갖고 있기도 하다. "수컷의 전투는 모두 허풍이고 주위에 모여 있는 매력적인 암컷 앞에서 최대의 이익을 얻으려고 행하는 것입니다. 나는 싸우다가 불구가 된 영웅을 한 번도 본 적이 없습니다. 깃 하나도 손상되지 않는 것이 대부분입니다."[23] 이 문제는 나중에 다시 살펴보겠다. 그러나 미국에 서식하는 테트라오 쿠피도(*Tetrao cupido*)*는 약 10마리의 수컷이 특정한 장소에 모여 서로 거드름을 피우며 이상한 소리를 낸다는 사실

---

22) A.E. Brehm, 앞의 책, 제4권, 1867, 990쪽; J.J. Audubon, 앞의 책, 제2권, 492쪽.
23) E. Blyth, 앞의 책, 1868. 7. 25, 14쪽.

을 덧붙이고 싶다. 암컷에게서 첫 번째 응답이 있으면 수컷들은 격렬하게 싸우기 시작하고 약한 수컷은 싸움을 포기하게 된다. 그러나 오듀본에 따르면 전투 후에 승리를 거둔 수컷이든 패배한 수컷이든 모두 암컷의 사랑을 얻으려고 한다. 그래서 암컷은 이때 누군가를 선택해야만 한다고 한다. 그러지 않으면 다시 싸움이 일어난다는 것이다. 게다가 미국에 서식하는 찌르레기의 한 종인 스투르넬라 루도비치아나(*Sturnella ludoviciana*)는 수컷들이 격렬한 전투를 벌이다가도 암컷이 나타나면 모두 미친 듯이 암컷을 뒤쫓는다고 한다.[24]

성악과 기악 조류에게 소리는 고민, 두려움, 분노, 승리, 단순한 행복감 등 여러 감정을 표현하는 수단이다. 알에서 갓 깨어난 새끼 새들이 내는 쉿하는 소리처럼, 소리는 두려움을 일으키는 데 가끔 사용하는 것이 명백하다. 오듀본은 자신이 길들인 아르데아 닉티코락스(*Ardea nycticorax, Linn*)*가 고양이를 만났을 때의 행동을 다음과 같이 설명했다. "왜가리는 자기의 몸을 숨기고 매우 크게 소리를 지르는 일이 종종 있지요. 고양이가 놀라 달아나는 것을 재미있어하는 것이 틀림없습니다."[25] 맛있는 음식을 발견한 수탉은 암탉을 향해 꼬꼬 운다. 그러면 암탉은 다시 병아리들을 향해 꼬꼬거린다. 알을 낳은 암탉은 "동일한 울음소리를 여섯 번씩 아주 자주 반복하는데 마지막 여섯 번째 소리는 어느 정도 길게 지속된다."[26] 그렇게 해서 암탉은 자신의 기쁨을 표현하는 것이다. 사회 생활을 하는 조류 중 일부 종류는 소리를 내어 집단의 다른 새에게 도움을 청하는 것이 틀림없다. 그

---

24) J.J. Audubon, 앞의 책. 테트라오 쿠피도에 대해서는 제2권, 492쪽, 찌르레기 (*Sturnus*)에 대해서는 제2권, 219쪽을 참조하시오.

25) J.J. Audubon, 앞의 책, 제5권, 601쪽.

26) D. Barrington, *Philosophical Transactions*, 1773, 252쪽.

들은 나무와 나무 사이를 날아다닐 때 쩍쩍거리는 소리에 같은 소리로 응답하며 흩어지지 않고 하나의 집단을 형성한다. 거위나 물새류가 야간에 이동할 때 맨 앞에 선 새가 내는 소리는 모든 새에게 울려 퍼진다. 그러면 맨 뒤의 새도 소리를 내어 응답한다. 새들이 내는 일부 특정한 소리는 위험 신호로 인식된다. 사냥꾼들은 쓰라린 경험을 통해 이들 소리가 동종의 다른 개체나 다른 종에게까지 위험을 알리는 신호로 작용한다는 사실을 안다. 경쟁자를 물리치고 의기양양해진 수탉은 꼬꼬거리고 찌르레기는 쩍쩍거린다. 그러나 대부분의 조류는 번식기에 접어들어서야 진정으로 노랫소리와 갖가지 야릇한 울음소리를 낸다. 이들이 내는 소리는 이성을 매혹시킬 수도 있고 단지 이성을 부르는 소리일 수도 있다.

새들이 내는 노래의 역할을 해석하는 데 박물학자들의 의견은 여럿으로 갈린다. 몬터규보다 주의 깊은 관찰자는 아마 없을 것이다. 몬터규는 다음과 같이 주장했다. "명금류나 그외 많은 종류의 조류 수컷은 일반적으로 암컷을 찾아다니지 않는다. 아니 찾아다니기는커녕 눈에 잘 띄는 곳에 자리잡고 앉아 사랑의 노래를 마음껏 부른다. 그러면 이 노랫소리를 본능적으로 알아차린 암컷들이 짝을 고르기 위해 그곳으로 모여드는 것이다."[27] 제너 위어가 내게 알려준 바에 따르면 나이팅게일에게도 이 같은 일이 벌어진다고 한다. 일생을 새를 기르며 살았던 베흐슈타인은 다음과 같이 주장했다. "암컷 카나리아는 항상 최고의 가수를 선택한다. 자연 상태의 방울새는 수백 마리의 수컷 중에서 노래로 자신을 가장 즐겁게 해주는 수컷을 선택한다."[28]

---

27) G. Montagu, *Ornithological Dictionary,* 1833, 475쪽.
28) Bechstein, *Naturgeschichte der Stubenvögel,* 1840, 4쪽. 해리슨 위어(Harrison Weir)도 나에게 편지를 보냈다. "새들을 같은 방에서 키워보면 가장 노래를 잘 부르는 수컷이 대개 가장 먼저 짝을 만난다는 사실을 알게 됩니다."

새들이 상대의 노래를 거의 똑같이 따라 배운다는 사실은 의심할 여지가 없다. 제너 위어는 독일풍의 왈츠 소리를 내도록 훈련받은 황소방울새가 있다는 사실을 내게 알려주었다. 그 새는 노래를 아주 잘 불러 가격이 10기니*나 되었다고 했다. 이 새를 약 20마리의 홍방울새*와 카나리아가 사는 방에 넣자 이 새는 노래를 부르기 시작했다. 그러자 나머지 새들은 새장 속에서 새로 들어온 전입자 쪽으로 몸을 움직이며 새로운 노랫소리에 귀를 기울였다. 박물학자들 중에는 새들이 단지 경쟁 관계 때문에 노래를 부르는 것이지 이성을 매혹시키려고 노래를 부르는 것은 아니라고 믿는 사람들이 많다. 특히 배링턴과 셸본의 화이트가 이러한 견해를 갖고 있는데, 이들은 특히 이 주제에 주의를 기울이고 있는 학자들이다.[29] 그러나 배링턴은 "새 사냥꾼들에게 잘 알려져 있듯이 노래를 잘 부르는 새는 다른 새에 비해 놀랄 만한 우월권을 갖게 된다"는 사실을 인정한다.

수컷들이 노래를 부를 때 그들 사이에 격렬한 경쟁 관계가 형성되어 있는 것은 확실하다. 애조가들은 가장 오랫동안 노래를 부를 만한 새를 알아보기 위해 각자가 키우는 새들로 시합을 한다. 야렐(W. Yarrell)이 내게 알려준 바에 따르면 일등급의 새는 거의 지쳐 죽을 때까지도 노래를 한다고 한다. 또 베흐슈타인은 노래를 부르다가 폐의 혈관이 파열되어 실제로 죽는 경우도 있다고 주장한다.[30] 제너 위어에게 들은 바로는 이유가 무엇이든 간에 수컷 새들은 노래를 부르는 계절에 갑자기 죽는 경우가 종종 있다고 한다. 노래를 부르는 습성이 사랑과 전혀 관계가 없는 경우도 있다는 것은 틀림없는 사실이다. 불임성 잡종 카나리아도 거울에 비친 자신의 모습을 바라보며 노래를

---

[29] D. Barrington, 앞의 책, 263쪽; G. White, *Natural History of Selborne,* vol. 1, 1825, 246쪽.

[30] Bechstein, 앞의 책, 252쪽.

부르다가 거울을 향해 돌진했으며 같은 새장에 있는 암컷 카나리아
를 맹렬하게 공격했다는 보고가 있다.[31] 새 사냥꾼들은 노래 때문에
생긴 질투심을 늘 이용하고 있다. 노래를 잘 부르는 수컷을 가두어
숨겨두고 박제 새를 설치한 후 그 주위의 나뭇가지에는 끈끈한 액체
를 발라놓는다. 제너 위어가 알려준 바에 따르면 이 같은 방법으로 한
사람이 하루 만에 50마리의 푸른머리되새 수컷을 잡은 적이 있으며
심지어 70마리를 잡은 적도 있다고 한다. 노래를 부르는 능력과 노래
를 부르려는 경향은 새들마다 크게 다르다. 그래서 푸른머리되새 보
통 수컷의 가격은 단지 6펜스에 불과하지만 제너 위어는 수컷 한 마
리에 3파운드*를 달라고 요구하는 새 사냥꾼을 본 적도 있다고 했다.
새가 정말로 훌륭하게 노래를 부르는지의 여부는 새 주인이 새장을
자기 머리 위에서 빙빙 돌리는 동안 새가 계속해서 노래를 부르는 것
으로 판정한다고 한다.

수컷 조류는 암컷을 매혹시키는 목적뿐만 아니라 서로 경쟁하기
위해 노래를 부를 것이다. 이것은 전혀 모순된 것이 아니다. 또한 이
런 두 가지 습성은 전시와 호전성의 경우와 마찬가지로 서로 협력적
으로 작용할 것이다. 그러나 일부 저자는 수컷의 노랫소리가 암컷을
매혹시키는 데 기여하지 않는다고 주장한다. 왜냐하면 카나리아, 유
럽울새, 종달새, 황소방울새 같은 일부 종의 암컷은 특히 수컷을 잃
은 상태에서도 베흐슈타인이 말했듯이 정말로 아름다운 곡조로 노래
를 부르기 때문이다. 일부의 경우에 노래를 부르는 습성은 섭식이 좋
고 산란을 끝낸 암컷의 몫일 것이다.[32] 왜냐하면 노래를 부르는 습성
은 종의 생식과 관련된 모든 기능을 교란시키기 때문이다. 암컷에게

---

31) Bold, *Zoologist*, 1843~44, 659쪽.
32) D. Barrington, 앞의 책, 262쪽; Bechstein, 앞의 책, 4쪽.

수컷의 이차성징이 부분적으로 전달되는 사례가 많이 보고되었다. 따라서 일부 종의 암컷에게 노래를 부르는 능력이 있는 것은 전혀 놀라운 일이 아니다. 수컷의 노래가 암컷을 매혹시키는 수단으로 작용하지 않는다는 것 또한 논쟁이 되어왔다. 예를 들어 유럽울새 같은 일부 종의 수컷은 번식기가 아닌 가을에도 노래를 부른다.[33] 그러나 동물에게 정말로 좋은 무엇인가를 위해 번식기 외의 시기에 본능에 따라 행동함으로써 즐거움을 얻는 것은 가장 흔히 있는 일이다. 우리는 새들이 공중을 사뿐사뿐 날며 미끄러지듯 활주하며 즐거워하는 모습을 자주 보지 않는가? 고양이는 자기가 잡은 생쥐를 갖고 논다. 가마우지도 잡은 물고기를 갖고 장난을 친다. 위버버드(*Ploceus*)*를 새장에 가두어 키우면 이 새는 새장의 철사를 풀잎으로 이으며 즐거워한다. 번식기에 습관적으로 싸움을 벌이는 새들은 대부분 언제라도 싸울 준비가 되어 있다. 또 수컷 큰들꿩은 번식기에 그들이 교미 장소로 이용했던 장소에 가을이 되어도 모여드는 것이 보통이다.[34] 따라서 번식기가 끝난 이후에도 수컷이 그저 즐거워서 노래를 계속 부른다는 사실은 전혀 놀라운 일이 아니다.

앞장에서 살펴보았듯이 노래를 부른다는 것은 어느 정도 기술에 해당하며 그 기술은 연습으로 상당히 향상될 수 있다. 조류는 여러 가지 곡조를 학습할 수 있다. 심지어 음악적 소질이 적은 참새도 홍방울새처럼 노래를 부르도록 학습시킬 수 있다. 조류는 자기를 길러준 양부모의 노래를 배운다.[35] 때로는 이웃 새들의 노래를 배울 수도 있다.[36] 명금류는 모두 인세소레스목(Insessores)*에 속한다. 그들의 발

---

33) 물까마귀도 마찬가지다. *Zoologist,* 1845~46, 1068쪽에 실린 헵번(Hepburn)의 글을 참조하시오.
34) L. Lloyd, 앞의 책, 25쪽.
35) D. Barrington, 앞의 책, 264쪽; Bechstein, 앞의 책, 5쪽.

성 기관은 다른 새들에 비해 훨씬 더 복잡하다. 그러나 갈까마귀, 까마귀, 까치 같은 조류는 인세소레스목에 속하지만 이상하게도 노래를 전혀 부르지 않으며 선천적으로 자기 목소리를 변화시키지도 않는다. 그렇지만 이들도 발성 기관은 제대로 갖추고 있다.[37] 헌터(J. Hunter)는 노래를 잘 부르는 명금류는 수컷이 암컷보다 후두부 근육이 더 강하다고 주장했다.[38] 또 대부분은 수컷이 암컷보다 노래를 잘 부르고 더 오랫동안 부르기는 하지만 암수의 발성 기관은 서로 다르지 않다.

노래를 잘 부르는 새는 모두 덩치가 작다는 사실은 주목할 만하다. 그러나 오스트레일리아에 서식하는 조류인 메누라(*Menura*)는 예외다. 메누라 알베르티(*M. alberti*)는 칠면조의 절반 크기 정도인데 다른 새들의 노랫소리를 흉내낼 뿐만 아니라 매우 아름답고 다양한 소리로 독특하게 지저귄다. 여러 마리의 수컷이 오스트레일리아 원주민처럼 한 곳에 둥그렇게 모여 노래를 부르고 공작처럼 꼬리를 치켜올려 활짝 펴며 날개는 아래로 늘어뜨린다.[39] 노래를 잘 부르는 새는 화려한 색이나 장식이 있는 경우가 좀처럼 없다는 사실도 주목할 만하다. 영국에 서식하는 조류 중에서 황소방울새와 오색방울새를 제외하면 노래를 잘 부르는 새의 색깔은 대부분 평범하다. 물총새, 딱새, 롤러 카나리아, 후투티, 딱따구리 등이 내는 소리는 귀에 거슬린다. 그리고 열대 지방에 서식하는 화려한 조류들은 거의 노래를 부르

---

36) 말(Dureau de la Malle)은 파리에 있는 자기 정원으로 날아든 야생 지빠귀의 일부가 새장의 새들이 내는 곡조를 자연스레 배우게 되었다는 기이한 사례를 보고했다. *Annales des Sciences Naturelles*, 제3시리즈, 동물학 편, 제10권, 118쪽.

37) J. Bishop, *Todd's Cyclopaedia of Anatomy and Physiology*, vol. 4, 1496쪽

38) D. Barrington, 앞의 책, 262쪽에서 제시했다.

39) J. Gould, *Handbook of the Birds of Australia*, vol. 1, 1865, 308~310쪽; T.W. Wood, *Student*, 1870. 4, 125쪽.

지 않는다.[40] 따라서 화려한 색깔과 노래를 부르는 능력은 서로의 자리를 대신하는 것 같다. 만약 깃이 화려하지 않거나 화려하더라도 그것으로 위험에 처할 수 있는 경우에는 암컷을 매혹시키기 위해 다른 수단을 이용하리라는 것을 우리는 알 수 있다. 그리고 노래가 그 같은 수단의 하나가 되는 것이다.

일부 조류에서는 암컷과 수컷의 발성 기관이 매우 다르다. 테트라오 쿠피도(*Tetrao cupido,* 〈그림-39〉 참조) 수컷은 털로 덮여 있지 않은 두 개의 오렌지색 주머니를 목의 양쪽에 하나씩 갖고 있다. 이 주머니는 번식기를 맞은 수컷이 기이하게 울려퍼지는 소리를 낼 때 크게 부풀어오르는데, 이 소리는 아주 먼 곳에서도 들을 수 있다. 오듀본은 이들이 내는 소리가 이 주머니와 밀접하게 관련되어 있다는 것을 밝혔다(이 장치를 보면 일부 수컷 개구리 입 양쪽에 있는 공기 주머니가 생각난다). 오듀본은 사육하는 새의 한쪽 주머니를 바늘로 찔러 구멍을 냈을 때는 노랫소리가 줄어들고, 양쪽 주머니 모두에 구멍을 냈을 때는 전혀 소리가 나지 않는다는 것을 알아냈다. 암컷에게도 수컷의 주머니와 비슷하게 노출된 주머니가 목 주위에 있기는 하지만 부풀어오르지는 않는다.[41] 멧닭의 또 다른 한 종류인 테트라고 우로파시아누스(*Tetrao urophasianus*) 수컷은 암컷을 유혹할 때 털이 없는 노란색 목 부위를 몸의 절반 정도가 되도록 크게 부풀린다. 그러고는 깊고 울려퍼지는 갖가지 소리를 귀에 거슬리게 지른다. 수컷은 목의 깃을 치켜세우고 날개를 낮추며 바닥을 분주히 돌아다니면서 뾰족하고 긴 날개를

---

40) 이 의미에 대해서는 J. Gould, *Introduction to the Trochilidae,* 1861, 22쪽을 참조하시오.

41) W.R. King, *The Sportsman and Naturalist in Canada,* 1866, 144~146쪽; 우드는 Student, 1870. 4, 116쪽에서 구애 행동을 할 때 일어나는 이 조류의 자세와 습성에 대해서 탁월하게 설명했다. 그는 귀나 목의 깃이 곧추서서 머리 위에서 서로 만난다고 했다. 〈그림-39〉에 그가 그린 그림이 있으니 참조하시오.

〈그림-39〉테트라오 쿠피도 수컷(우드의 그림).

부채처럼 활짝 펴는 등 우스꽝스러운 여러 가지 자세를 연출한다. 암컷의 목 부위가 눈에 띌 정도로 두드러진 경우는 절대로 없다.[42]

유럽에 서식하는 느시(*Otis tarda*)를 비롯한 최소 5종의 경우 수컷의 목 부위에 형성된 커다란 주머니를 과거에는 물을 저장하는 공간이라고 생각했다. 그러나 이곳은 물을 저장하는 공간이 아니라 번식기에 '오우크'처럼 들리는 소리를 내는 기능과 관련이 있다는 사실이 이제는 잘 알려진 것 같다.[43] 남아메리카에 서식하며 까마귀와 비슷한 새(체팔롭테루스 오르나투스[*Cephalopterus ornatus*], 〈그림-40〉 참조)

---

[42] J. Richardson, *Fauna Boreali-Americana: Birds,* 1831, 359쪽; J.J. Audubon, 앞의 책, 제4권, 507쪽.

[43] 다음에 열거하는 여러 논문은 최근에 이 주제에 대해 씌어진 것들이다. A. Newton, *Ibis,* 1862, 107쪽; Cullen, *Ibis,* 1865, 145쪽; W.H. Flower, *Proceedings of the Zoological Society,* 1865, 747쪽; J. Murie, *Proceedings of the Zoological Society,* 1868, 471쪽. 이 마지막 논문에 오스트레일리아산 느시가 목 주머니를 활짝 팽창시킨 훌륭한 그림이 있다. 특이하게도 이 종의 모든 수컷이 이런 주머니를 갖고 있지는 않다.

는 머리 위에 커다란 관모가 있어 '우산새'(umbrellabird)라고 불린다. 관모는 속이 빈 흰색 깃대와 이를 덮어 싸는 짙푸른 깃털로 이루어진다. 이것은 위로 뻗어 지름이 13센티미터나 되는 돔을 형성하여 머리 전체를 뒤덮을 수 있다. 우산 새는 목에 길고 가는 원통형 육질 돌기가 있는데 비늘 같은 푸른색 깃으로 덮여 있다. 이 구조는 어느 정도 장식으로 작용하는 것 같다. 그러나 소리를 울려퍼지게 하는 장치로도 이용되는 것 같다. 베이츠는 공기의 이동 통로인 기관과 발성 기관이 특이하게 발달되어 이 구조와 연결되어 있다는 것을 발견했다. 우산 새가 특이하게 깊고 울려퍼지는 피리 소리를 오랫동안 지속적으로 낼 때 이 구조는 부풀어오른다. 그렇지만 암컷의 관모와 목 주머니는 흔적으로만 나타난다.[44]

물갈퀴가 있는 여러 조류와 섭금류의 발성 기관은 매우 복잡하고 암컷과 수컷이 어느 정도 차이를 보인다. 공기 통로인 기관(氣管)이 호른처럼 말려 가슴뼈 속에 깊숙이 묻혀 있는 경우도 있다. 야생 치그누스 페루스(*Cygnus ferus*)*는 다 자란 수컷의 기관이 암컷이나 어린 새끼의 기관에 비해 훨씬 더 깊게 묻혀 있다. 수컷 비오리는 기관이 확장된 부위에 여분의 근육 한 쌍이 분포하고 있다.[45] 그러나 오리의 일종인 아나스 푼크타타(*Anas punctata*) 수컷은 암컷에 비해 뼈로 된 확장 부위가 단지 약간 더 발달해 있을 뿐이다.[46] 그러나 오리과(Anatidae) 조류의 암수의 기관이 이렇게 서로 다른 것에 대한 의미는 알려져 있지 않다. 이런 말을 하는 이유는 수컷이 암컷보다 항상

44) H.W. Bates, *The Naturalist on the Amazons,* vol. 2, 1863, 284쪽; A.R. Wallace, *Proceedings of the Zoological Society,* 1850, 206쪽. 최근에 아주 큰 목 주머니가 있는 체팔롭테루스 펜둘리제르(*Cephalopterus penduliger*)가 새로 발견되었다. *Ibis,* vol. 1, 457쪽을 참조하시오.
45) J. Bishop, 앞의 책, 제4권, 1499쪽.
46) A. Newton, *Proceedings of the Zoological Society,* 1871, 651쪽.

〈그림-40〉 우산새. 즉 체팔롭테루스 오르나투스 수컷(브렘의 그림)

큰 소리를 내는 것이 아니기 때문이다. 예를 들어 보통 오리는 수컷이 '쉿쉿'하는 소리를 내는 정도지만 암컷은 꽥꽥거리며 오히려 수컷보다 더 큰 소리를 낸다.[47] 쇠재두루미(*Grus virgo*)는 암수의 기관이 모두 가슴뼈를 관통한다. 그러나 암수에 따른 어느 정도의 '성적 변형'은 존재한다. 검은 황새 수컷은 기관지의 길이와 휘어진 정도에 따라 뚜렷한 성적 차이가 나타난다.[48] 그러므로 이 경우에는 매우 중요한 구조가 성에 따라 변형된 것이다.

---

[47] 플라탈레아(*Platalea*)* 조류의 기관은 8자 모양으로 말려 있다. 그래도 이 새는 소리를 내지 못한다(Jerdon, 앞의 책, 제3권, 763쪽). 그러나 블리스(E. Blyth)는 이렇게 꼬인 구조가 일정하게 늘 나타나는 구조는 아니라고 했다. 따라서 아마도 발육 부전으로 향하는 경향이 있는 것 같다.

[48] R. Wagner, *Elements of Comparative Anatomy*, 영역본, 1845, 111쪽. 위에서 언급했던 고니에 대해서는 W. Yarrell, *History of British Birds*, 2nd ed., vol. 3, 1845, 193쪽을 참조하시오.

번식기를 맞은 수컷이 단지 암컷을 매혹시키거나 호출하기 위해서만 이상야릇한 여러 소리와 곡조를 낸다고 상상하는 것은 아무래도 무리가 있다. 거북비둘기나 그외의 여러 비둘기가 부드럽게 구구거리는 소리는 암컷을 즐겁게 해준다고 보고된 적이 있었다. 야생 칠면조 암컷이 오전에 골골거리는 소리로 수컷을 부르면 수컷은 다른 소리로 대답하면서 깃을 세우고 날개를 살랑거리며 턱볏을 늘어뜨린 채 암컷 앞에서 숨을 훅훅 불며 거들먹거리면서 걷는다.[49] 멧닭이 내는 소리는 틀림없이 암컷을 부르는 효과가 있다. 갇혀 있는 한 마리 수컷에게로 상당히 먼 거리에서 네다섯 마리의 암컷이 몰려든다고 한다. 멧닭 수컷은 며칠 동안 몇 시간씩 계속해서 소리를 내고 또 큰들꿩은 열정에 가득 차 소리를 지르며, 모여든 암컷을 매혹시킬 수 있는 것으로 여겨진다.[50] 일반 당까마귀가 내는 소리는 번식기에 접어들면서 변화되는 것으로 알려져 있다. 따라서 이들의 소리는 어느 정도 성적인 것이다.[51] 마코앵무 같은 조류가 내는 거친 비명 소리에 대해 우리가 말할 수 있는 것은 무엇인가? 마코앵무의 색깔이 화려한 노란색과 푸른색의 깃으로 조화롭지 못한 대조를 이루는 것으로 보아 색깔에 대한 이들의 감각은 형편없다. 마찬가지로 이들은 음악에도 형편없는 취향을 갖고 있는 것인가? 사실 조류가 내는 커다란 소리가 그들에게 아무런 이익을 주지 않을 수도 있다. 그러면서도 강한 사랑의 열정이나 질투와 분노에 사로잡혔을 때 소리를 지르고 발성 기관을 계속해서 사용하며 또 그 효과가 후손에게 유전되었기 때문에 큰 소리를 내게 되었을 수도 있다. 그러나 이 문제는 네발 동물을 다룰 때 다시 살펴보겠다.

---

49) C.L. Bonaparte, *Naturalist Library: Birds,* vol. 14, 126쪽에서 인용했다.
50) L. Lloyd, 앞의 책, 22, 81쪽.
51) Jenner, *Philosophical Transactions,* 1824, 20쪽.

우리는 이제까지 조류의 목소리만을 논의했다. 그러나 많은 조류의 수컷은 구애 행동을 할 때 기악이라고 할 만한 소리를 낸다. 공작과 극락조*는 깃대를 서로 부딪쳐 딱딱거리는 소리를 낸다. 수컷 칠면조는 날개를 바닥에 문지르고 멧닭의 일부 종류는 그렇게 날개를 바닥에 문질러 윙윙거리는 소리를 낸다. 북아메리카에 서식하는 멧닭의 한 종류인 테트라오 움벨루스(*Tetrao umbellus*)는 꼬리를 치켜세우고 목털을 전시하며 근처에 숨어 있는 암컷에게 자기의 화려함을 자랑한다. 이때 수컷은 두 날개를 이용하여 북소리를 내는데 헤이먼드(R. Haymond)는 이 소리에 대해 언급하면서 과거 오듀본이 생각했던 것처럼 날개를 옆구리에 부딪혀 소리를 내는 것이 아니고 몸통 위에서 두 날개가 부딪치며 소리가 나는 것이라고 했다. 그렇게 발생하는 소리는 멀리서 들리는 천둥 소리에 비유할 수도 있고 어떤 사람들은 북채를 굴리며 내는 북소리에 비유하기도 한다. 암컷이 북소리를 내는 법은 없지만 수컷의 북소리를 들은 암컷은 북소리의 주인공인 수컷에게로 곧바로 날아온다. 히말라야에 사는 칼리즈 공작 수컷은 두 날개를 이용하여 종종 특이한 북소리를 내는데 그 소리는 뻣뻣한 천조각을 흔들 때 나는 소리와는 다르다. 아프리카의 서부 해안에는 검은 산까치류(위버버드인지는 확실하지 않다)가 사는데 이들은 규모가 크지 않은 개활지 주변 덤불에 몇 마리씩 모여들어 노래를 부르고 날개를 떨며 미끄러지듯 하늘을 난다. 이때 날개의 진동으로 아이들의 딸랑이 장난감 같은 '씽' 하는 소리가 난다. 한 마리가 소리를 내면 다음 새가 이어서 소리를 내는 식으로 몇 시간이고 이들이 내는 소리는 계속된다. 그러나 이런 광경은 번식기에만 볼 수 있다. 일부 쏙독새(*Caprimulgus*)의 수컷은 오로지 번식기에만 날개를 이용하여 윙윙거리는 소리를 낸다. 딱따구리의 여러 종류는 부리로 나무를 쪼아 낭랑하게 울려퍼지는 소리를 낸다. 이들이 나무를 쪼는 움직임은 매우 빠르기 때문에 머리가 두 개인 것처럼 보인다. 그렇게 해서 나는 소리는 상당히 먼 거리까지도 울려퍼지나 그 소리를 뭐라고 딱 꼬집어 묘사하기는 어렵다. 그 소리를 처음 들은 사람이라면 누구라도 그 소리가 어떻게 해서 나는 소리인지 추측하기 힘들 거라고 생각한다. 이 소리는 주로 번식기에 들리기 때문에 '사랑의 노래'로 여긴다. 아니 좀더 엄격하게 말한다면 '사랑의 부름'이라고 해야 할 것 같다. 둥지에서 쫓겨난 암컷은 그런 소리를 내며 자기 짝을 부른다는 사실을 확인했다. 그러면 수컷도 같은 방식으로 대답하고 얼마 지나지 않아 곧 암컷 앞에 나타난다. 마지막으로 수컷 후투티(*Upupa epops*)는 성악과 기악을 결합시켜 소리를 낼 수 있다. 스윈호우(R. Swinhoe)가 관찰한 바에 따르면 번식기를 맞은 후투티는 먼저 공기를 들이마신 후 부리 끝으로 지면의 돌이나 나무 줄기를 수직으로 가볍게 두드린다. 그러면 속이 빈 부리 속으로 떠밀려 들어간 공기 때문에 부딪치는 소리와는 다른 소리가 나는 것이다. 또 다른 식으로 부리를 두드리면 전혀 다른 소리가 난다. 공기를 들이마시는 동시에 식도는 크게 부푼다. 아마 이런 구조는 후투티뿐만 아니라 비둘기나 그외의 조류에게도 소리의 공명 장치로 작용하는 것 같다.[52]

---

52) 극락조에 대해서는 A.E. Brehm, *Illustriertes Thierleben*, Bd. 3, 325쪽을 참조하시오. 멧닭에 대해서는 J. Richardson, *Fauna Boreali-Americana: Birds,* 343, 359쪽; W.R. King, *The Sportsman and Naturalist in Canada,* 1866, 156쪽을 참조하시오. 그리고 Cox, *Geological Survey of Indiana,* 227쪽에 실린 헤이먼드의 글과, J.J. Audubon, *Ornithological Biography,* vol. 1, 216쪽을 참조하시오. 칼리즈 공작에 대해서는 Jerdon, *Birds of India,* vol. 3, 533쪽을 참조하시오. 위버버드에 대해서는 Livingstone, *Expedition to the Zambesi,* 1865, 425쪽을 참조하시오. 딱따구리에 대해서는 W. Macgillivray, *History of British Birds,* vol. 3, 1840, 84, 88~89, 95쪽을 참조하시오. 후투티에 대해서는 *Proceedings of the Zoological Society,* 1863. 6. 23; 1871, 348쪽에 실린 스윈호우의 글을 참조하시오. 쏙독새에 대해서는 오듀본의 위의 책, 제2권, 255쪽과 *American Naturalist,* 1873, 672쪽을 참조하시오. 마찬가지로 봄을 맞은 영국의 쏙독새도 빠르게

<그림-41> 스콜로팍스 갈리나고의 꼬리 바깥쪽에 있는 깃털(*Proceedings of the Zoological Society*, 1858에서 인용-).

앞에서 설명한 사례는 전부터 존재하는 구조나 다른 방식으로 소용이 닿는 구조의 도움을 받아 소리가 발생하는 것이었다. 그러나 이제부터 설명하는 사례는 깃의 일부가 소리를 낼 목적으로 특별하게 변형된 경우다. 도요의 한 종류인 스콜로팍스 갈리나고(*Scolopax gallinago*)가 내는 소리는— 관찰자에 따라—북소리, 재잘거리는 소리, 말 울음소리, 천둥 치는 소리로 묘사하는데 그 소리를 들은 사람은 모두 놀라게 된다. 이 종류는 짝짓기 계절에 높이가 거의 300미터나 되는 상공을 비행한다. 이들은 공중에서 잠시 지그재그로 왔다 갔다 하다가 꼬리를 펴고 날개 끝을 떨며 곡선을 그리면서 놀라운 속도로 지면을 향해 하강한다. 이렇게 빠르게 하강할 때에만 소리가 난다. 전에는 아무도 그 이유를 설명하지 못했는데 메베스(M. Meves)는 이 새의 꼬리 양쪽 끝에 있는 깃이 특이하게 생겼다는 것을 알아냈다(〈그림-41〉 참조). 이 깃의 깃대는 뻣뻣하고 사브르처럼 생겼으며 깃대에 비스듬한 방향으로 달린 깃가지(barb)는 상당히 길다. 또한 깃가지가 모인 테두리 부위인 우판(web)은 서로 강하게 얽혀 있다. 메베스는 이 깃에 입김을 불거나 이 깃을 가늘고 긴 막대기에 고정시키고 공중에서 재빠르게 흔들어서 새가 비행하면서 내는 북소리 비슷한 소리를 재현할 수 있었다. 암수 모두 이 깃을 갖고 있지만 대개는 수컷의

날며 야릇한 소리를 낸다.

〈그림-42〉 스콜로팍스 프레나타의 꼬리
바깥쪽에 있는 깃털

〈그림-43〉 스콜로팍스 자벤시스의 꼬리
바깥쪽에 있는 깃털

깃이 암컷의 깃보다 더 길고 더 깊은 소리를 낸다. 스콜로팍스 프레나타(*Scolopax frenata,* *〈그림-42〉 참조) 꼬리의 양쪽 끝 깃 중 네 개씩의 깃이, 스콜로팍스 자벤시스(*S. javensis,* 〈그림-43〉 참조)는 적어도 여덟 개씩의 깃이 크게 변형되어 있다. 서로 다른 종의 깃을 공기 중에서 흔들어 보면 서로 다른 음조의 소리가 난다. 미국의 스콜로팍스 윌소니이(*S. wilsonii*)의 경우는 바닥으로 빠르게 하강할 때 회초리를 휘두르는 것 같은 소리가 난다.[53]

아메리카의 대형 순계류인 카메페테스 우니콜로르(*Chamoepetes unicolor*) 수컷은 날개의 일차 깃*이 날개 끝을 향해 아치형으로 휘어져 있으며 암컷에 비해 훨씬 더 가늘게 변형되어 있다. 샐빈이 관찰한 바로는 순계류의 일종인 페넬로페 니그라(*Penelope nigra*) 수컷은 날개를 펴고 하강할 때 나무가 떨어질 때 내는 소리처럼 돌진하는 큰 소리가 난다고 한다.[54] 인도에 서식하는 느시의 한 종류인 시페오티데스 아우리투스(*Sypheotides auritus*)는 수컷만 끝이 뾰족한 일차 날개깃을 갖고 있다. 이와 비슷한 종류의 수컷도 암컷의 사랑을 구할 때 윙윙거리는 소리를 내는 것으로 알려져 있다.[55] 전혀 다른 조류인 벌새류는

---

53) *Proceedings of the Zoological Society,* 1858, 199쪽에 실린 메베스의 흥미로운 논문을 참조하시오. 도요의 습성에 대해서는 맥길리브레이의 앞의 책, 제4권, 371쪽을 참조하시오. 미국의 도요에 대해서는 *Ibis*(제5권, 1863, 131쪽)에 실린 블래키스턴(Blakiston) 선장의 글을 참조하시오.

54) O. Salvin, *Proceedings of the Zoological Society,* 1867, 160쪽. 이 탁월한 조류학자는 감사하게도 카메페테스의 깃 그림과 그외의 정보를 내게 제공해주었다.

일부 종의 수컷만이 날개 일차
깃의 깃대가 크게 확장되어 있
거나 끝 부위의 우판이 잘린 듯
한 형상을 하고 있다. 예를 들어
벌새(*Selasphorus platycercus*)의
다 자란 수컷은 날개의 일차 깃
중 맨 처음 것이 그렇게 끊어져

〈그림-44〉 벌새 날개의 일차 깃털(샐빈
의 그림에서 인용). 위 그림은 수컷의 깃
털이고, 아래 그림은 이에 상응하는 부위
에 존재하는 암컷의 깃털이다.

있다(〈그림-44〉 참조). 이 꽃 저 꽃을 날아다니는 동안 수컷은 '날카롭
고 거의 휘파람 소리에 가까운 소리'를 낸다.[56] 그러나 샐빈은 그 소
리가 의도적으로 내는 소리가 아니라고 했다.

　마나킨 새라고 불리는 피프라(*Pipra*) 조류에 대해 스클라터(P.L.
Sclater)가 설명한 바에 따르면 일부 종은 수컷 날개의 이차 깃*이 더
욱 뚜렷한 방식으로 변형되어 있다고 한다. 색깔이 화려한 피프라 델
리치오사(*Pipra deliciosa*)는 이차 깃의 처음 세 개의 깃대가 두껍고 몸
통을 향해 휘어져 있다. 네 번째 깃과 다섯 번째 깃(〈그림-45〉, a 참조)
의 변화는 더욱 크다. 또한 여섯 번째 깃 b와 일곱 번째 깃 c의 깃대는
아주 두꺼워 뼈 같은 딱딱한 구조다. 수컷의 깃가지 모양도 이에 상응
하는 암컷의 깃가지(d, e, f)에 비해 크게 변형되어 있다. 프레이저(C.
Fraser)는 이렇게 특이하게 생긴 깃을 지탱하는 날개의 뼈도 마찬가지
로 두껍게 비후되어 있다고 했다. 이 작은 새가 내는 소리는 굉장하
며 이들이 내는 날카로운 소리는 채찍 소리와는 다르다.[57]

　성악이든 기악이든 조류의 다양한 소리는 주로 번식기에 수컷들

55) Jerdon, 앞의 책, 제3권, 618, 621쪽.
56) J. Gould, *Introduction to the Trochilidae*, 1861, 49쪽; O. Salvin, 위의 책, 160쪽.
57) P.L. Sclater, *Proceedings of the Zoological Society*, 1860, 90쪽; P.L. Sclater, *Ibis*, vol.
　　4, 1862, 175쪽; O. Salvin, *Ibis*, 1860, 37쪽.

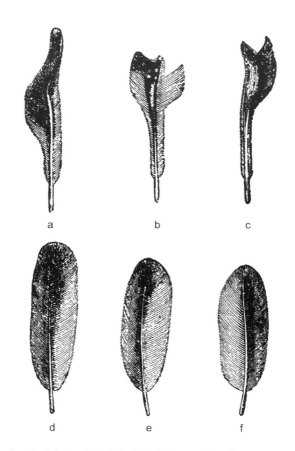

〈그림-45〉 피프라 델리치오사 날개의 이차 깃털(스클라터의 『동물학회 회보』, 1860 에서 인용). 위쪽에 있는 세 개의 깃털 a, b, c는 수컷의 것이고, 아래쪽에 있는 세 개 의 깃털 d, e, f는 이에 상응하는 암컷의 것이다.

이 내는 소리다. 또한 소리를 내는 방법도 놀랄 정도로 매우 다양하 다. 따라서 우리는 이런 소리가 성적으로 중요한 역할을 한다고 생각 할 수 있다. 이것은 곤충에서 얻은 결론과 비슷하다. 우리는 새의 소 리가 일차적으로는 단순한 호출 신호나 그외의 다른 목적으로 쓰여지 다가 점차 음악적인 사랑의 노래로 개선되었을 것이라고 어렵지 않게 상상할 수 있다. 우리는 북소리, 휘파람 소리, 또는 울부짖는 소리 같은 여러 소리를 내는 변형된 깃이 있는 조류는 이들이 구애 행동을 할 때 변형된 깃과 보통의 깃을 함께 펄럭이거나 흔들거나 진동시킨다는 것을 안다. 만약 암컷이 가장 훌륭한 소리를 내는 수컷을 선택하게 된다면 신체의 어느 부위에 있는 깃이든 강하거나 빽빽하게 나 있거나 가장 얇은 깃을 갖고 있어 연주를 가장 잘하는 수컷이 최고의 성공을 거둘 것이다. 그래서 깃은 조금씩 변하여 결국 어느 정도든 변형되었을 것이다. 물론 암컷이 깃의 미세한 연속적 변화와 그렇게 해서 만들어지는 소리를 알아차리지 못했을 수도 있다. 같은 부류에 속하는 여러 동물이 아주 다른 소리를 낸다는 것은 기이한 사실이다. 도요의 꼬리는 북소리를 내고 딱따구리의 부리는 두드리는 소리를 내고 일부 물새류는 거친 나팔 소리를 내며 거북 비둘기는 구구거리는 소리를 내며 나이팅게일은 노래를 부른다. 이 모든 소리가 몇몇 종의 암컷을 즐겁게 만들 것이다. 서로 다른 종의 취향을 일관된 기준이나 인간의 취향에 맞춘 기준으로 판단해서는 안 된다. 단조로운 북소리나 갈대의 새된 소리는 우리의 귀에는 거슬리게 들리겠지만 미개인의 귀에는 즐거운 소리가 될 수도 있다는 사실을 명심해야 한다. 베이커는 다음과 같이 말했다. "아랍인의 소화계는 날고기를 좋아하고 동물에서 바로 꺼내 체온이 그대로 느껴지며 냄새가 나는 간을 좋아한다. 마찬가지로 그들은 모든 사람에게 거칠고 귀에 거슬리는 소리를 좋아한다."[58]

사랑을 구하는 몸짓과 춤　일부 조류가 보이는 사랑의 몸짓은 이미 다른 곳에서 부수적으로 살펴본 바 있다. 따라서 여기에서는 조금만 알아보겠다. 북아메리카에 서식하는 멧닭의 일종인 테트라오 파시아넬

---

58) S. Baker, *The Nile Tributaries of Abyssinia*, 1867, 203쪽.

루스(*Tetrao phasianellus*)는 번식기를 맞으면 많은 수가 약속된 평지로 매일 아침 모여든다. 그들은 이곳에서 4.5~6미터 반지름의 원을 그리며 달린다. 그래서 바닥은 요정의 고리*같이 풀이 사라지고 다져진다. 사냥꾼들은 이들의 행동을 '멧닭의 춤'이라고 부르는데 이들은 매우 기이한 자세를 보이면서 원을 그리며 달리는데 어떤 새들은 왼쪽으로 돌고 어떤 새들은 오른쪽으로 돈다. 오듀본은 왜가리의 한 종류인 아르데아 헤로디아스(*Ardea herodias*) 수컷이 긴 다리를 이용하여 경쟁자에게 도전하는 자세로 암컷 앞에서 매우 품위 있게 걷는다고 한다. 메스껍게도 썩은 고기를 먹는 대머리수리(*Cathartes jota*)에 대해 오듀본은 다음과 같이 말했다. "사랑의 계절이 시작되면 수컷들이 기이한 몸짓으로 행렬을 벌이는데 그 모습이 아주 우스꽝스럽다." 아프리카의 검은 위버버드에 대해 이미 살펴보았듯이 일부 조류는 땅이 아닌 공중에서 비행하며 사랑의 몸짓을 보인다. 봄에 소형 흰목휘파람새(*Sylvia cinerea*)*은 덤불 속에서 몇십 센티미터에서 몇 미터까지 공중으로 튀어오르며 단속적이고 환상적인 움직임을 선보이며 계속 노래를 부르다가 다시 바닥에 내려앉는다. 영국에 서식하는 대형 느시는 암컷에게 사랑을 구하는 동안 형언할 수 없는 기이한 행동을 보이는데 그들이 보이는 동작은 마치 늑대가 보이는 동작과도 비슷하다. 사랑의 계절을 맞은 벵골느시(*Otis bengalensis*)는 날개를 파닥거리며 공중으로 치솟아올라 볏을 높이 세우고 목과 가슴 부위의 깃을 부풀린다. 그리고는 바닥으로 내려앉는다. 이런 동작은 여러 번 반복되는데 이때 특이한 음조의 윙윙거리는 소리가 난다. 우연히 가까이 있게 된 암컷이, 높이 도약하며 부르는 수컷의 호출에 따라 접근하면 수컷은 날개를 질질 끌면서 꼬리를 수컷 칠면조처럼 활짝 펼친다.[59]

---

59) 테트라오 파시아넬루스에 대해서는 리처드슨의 앞의 책, 361쪽을 참조하시

오스트레일리아에 서식하며 유연 관계가 있는 세 개 속의 조류가 가장 기이한 사례가 될 것이다. 이들은 그 유명한 바우어버드로서 사랑의 행위로 정자를 건설하는 이상한 습성을 옛날에 최초로 획득한 종의 후손임이 틀림없다. 정자(〈그림-46〉 참조)는 앞으로 계속해서 살펴보겠지만 새의 깃, 조개껍데기, 뼈, 낙엽 등으로 장식되어 있는 구조물이며 오로지 구애 행동을 위한 목적으로 건설된다. 둥지는 그곳이 아닌 나무에 따로 만들기 때문이다. 암수 모두 정자를 세우는 데 기여하지만 거의 모든 일은 수컷이 도맡아 한다. 이 본능은 아주 강하기 때문에 이들을 가두어두어도 이들은 정자를 만들어낸다. 스트레인지(Strange)는 뉴사우스웨일스*에서 새틴바우어버드 몇 마리를 새장에 가두어 길렀을 때 이들이 보였던 습성을 다음과 같이 설명했다. "때때로 수컷은 모든 새장을 뒤지며 암컷을 추적합니다. 그러고는 정자로 가서 화려한 깃이나 커다란 낙엽을 집어들고 이상한 소리를 내며 그의 모든 털을 치켜세우고는 정자 주위를 달리지요. 이때 수컷은 아주 흥분하여 눈이 마치 머리에서 빠져나오는 것 같습니다. 그는 두 날개를 교대로 펼치며 낮은 휘파람 소리를 냅니다. 그후에는 집에서 키우는 수탉처럼 바닥에서 무엇인가를 주워올리는 것 같습니다. 이런 동작은 암컷이 수컷을 향해 접근할 때까지 계속됩니다."[60] 스토케스(Stokes) 선장은 이와 다른 대형 바우어버드의 습성과 '장난감 집'에 대해 설명했다. 그는 정자의 한쪽에서 조개껍데기 하나를 입으로 주

오. 더욱 자세한 내용을 보려면 Blakiston, *Ibis,* 1863, 125쪽을 참조하시오. 대머리수리와 왜가리에 대해서는 오듀본의 앞의 책, 제2권, 51쪽과 제3권, 89쪽을 참조하시오. 흰목휘파람새에 대해서는 맥길리브레이의 앞의 책, 제2권, 354쪽을 참조하시오. 벵골느시에 대해서는 제르돈의 앞의 책, 제3권, 618쪽을 참조하시오.

60) J. Gould, *Handbook of the Birds of Australia,* vol. 1, 444, 449, 455쪽. 새틴 바우어버드의 정자는 동물학회에서 관리하는 동물원에서 볼 수 있다.

<그림-46> 바우어버드(*Chlamydera maculata*)와 그의 정자(브렘의 그림).

워물고는 아치의 통로를 통해 반대쪽으로 운반하고, 또 반대 방향으로 동일한 동작을 반복하면서 매우 즐거워하는 것 같다고 설명했다. 폐품을 모아서 만든 이 이상한 건축물에 대해 암수 모두 즐거워하며 그들의 구애 행동을 벌이는데, 수컷이 이것을 건설하는 데에는 많은 노동이 필요하다. 예를 들어 가슴 부위가 옅은 황갈색인 바우어버드의 정자는 그 길이가 거의 1.2미터에 달하고 높이는 45센티미터에 이르며 나뭇가지들이 빽빽하게 모인 장소 위에 세워진다.

장식 먼저 수컷만이 장식되어 있거나 수컷이 암컷에 비해 훨씬 더 잘 장식되어 있는 경우부터 살펴보겠다. 다음 장에서는 암수 모두 동일하게 장식되어 있는 경우를 논의하겠다. 그리고 마지막으로 드물기는 하지만 암컷이 수컷보다 더 화려한 색깔을 띠는 경우도 설명하겠다. 미개인과 문명인이 이용하는 인조 장식의 경우와 마찬가지로 조류의 자연 장식에서도 주로 장식 부위로 이용되는 곳은 머리다.[61] 이번 장의 처음에서도 언급했듯이 장식은 놀랄 정도로 다양하다. 머리의 앞쪽이나 뒤쪽은 갖가지 모양의 깃으로 장식되어 있는데, 이들 깃은 곧추서거나 팽창될 수 있기도 한데 그렇게 됨으로써 아름다운 색깔을 한껏 뽐낼 수 있다. 때때로 우아한 귀 깃(〈그림-39〉 참조)이 존재하는 경우도 있다. 꿩같이 머리가 벨벳 같은 부드러운 털로 덮여 있는 경우도 있다. 또 털이 없고 선명한 색깔이 드러나는 경우도 있다. 목 부위도 수염이나 턱볏이 달려 있거나 살이 늘어져 있는 경우도 있다. 이 같은 부속물은 대개 색깔이 화려하다. 우리의 눈에 이들이 항상 장식으로 보이는 것은 아니지만 이런 구조가 장식으로 작용한다는 것은 의심할 여지가 없다. 수컷이 암컷에게 구애 행동을 벌일 때 수컷 칠면조의 경우에서 보듯이 이들은 종종 부풀고 선명한 색조를 띠기 때문이다. 번식기에 수컷 호로호로새(*Ceriornis temminckii*)* 머리 부위에 형성되는 육질의 부속물은 부풀어 커다란 귓불처럼 변하여 목의 양쪽에 돋아나고 결국은 뿔처럼 길어진다. 이 두 개의 뿔은 결국 화려한 관모를 이루게 된다. 내가 관찰한 바로는 번식기에 가장 화려한 파란색을 나타낸다.[62] 아프리카 코뿔새(*Bucorax abyssinicus*)는 목 부위에 있는 부레 모양의 턱볏을 부풀릴 수 있다. 여기에 날개를 늘어뜨리고 꼬리를 활짝 펴면 정말로 화려한 모습이 된다.[63] 심지어 눈의 홍채도 수컷이 암컷보다 아름다운 경우가 간혹 있다. 이것은 부리도 마찬가지다. 예를 들어 일반 지빠귀가 그렇다. 부체로스 코루가투

---

61) 이것에 대해서는 J. Shaw, "Feeling of Beauty among Animals," *Athenaeum*, 1866. 11. 24, 681쪽을 참조하시오.

62) 색깔에 대해서는 *Proceedings of the Zoological Society*, 1872, 730쪽에 실린 뮤리(J. Murie)의 글을 참조하시오.

63) Monteiro, *Ibis*, vol. 4, 1862, 339쪽.

스(*Buceros corrugatus*)의 경우 전체 부리와 거대한 투구 색깔은 수컷이 훨씬 더 화려하다. 그리고 수컷에게만 아래턱 양쪽 표면에 비스듬하게 형성되어 있는 홈이 특징적으로 나타난다.[64]

　게다가 머리에는 육질의 부속물이나 가는 실 모양의 구조, 단단한 융기 등이 생겨나는 경우가 종종 있다. 이들 구조는 암수 모두에게 나타날 수도 있지만 한쪽 성에만 존재하는 경우라면 그것은 항상 수컷이다. 단단한 융기에 대해서는 마셜이 자세하게 설명했는데 그는 피부 아래쪽의 해면골이 부풀어 융기가 형성될 수도 있고, 진피나 그 외의 조직이 부풀어 융기가 형성될 수도 있다고 설명했다.[65] 포유류의 경우 진짜 뿔은 항상 전두골에 붙어 지지된다. 그러나 조류는 여러 종류의 뼈들이 이 목적을 위해 변형되었다. 심지어 같은 집단에서도 종에 따라 뿔이 형성되는 데 뼈가 관여할 수도 있고 전혀 관여하지 않을 수도 있다. 그리고 이들 두 극단을 연결하는 점진적인 단계도 관찰된다. 따라서 마셜이 옳게 지적했듯이 여러 종류의 변이가 성선택을 통해 작용하여 장식적인 부속물이 발달하게 된 것이다. 길게 신장된 깃은 신체의 어느 부위에서나 나타날 수 있다. 목이나 가슴 부위의 깃은 아름다운 목털로 발달하는 경우가 간혹 있다. 꼬리깃은 종종 길게 신장된다. 공작의 꼬리 덮깃(tailcovert)*과 아르구스 꿩의 꼬리가 이에 해당한다. 공작의 경우 꼬리의 뼈들도 무거운 꼬리 덮깃을 지탱하기 위해 변형되었다.[66] 아르구스 꿩의 몸체는 닭보다 크지 않다. 그러나 부리에서 꼬리 끝까지의 길이는 1.58미터나 된다.[67] 그

64) *Land and Water,* 1868, 217쪽.
65) W. Marshall, "Über die knochernen Schädelhöcker der Vögel," *Niederländischen Archiv für Zoologie,* Bd. 1, Heft 2, 1872.
66) W. Marshall, 위의 책.
67) W. Jardine, *Naturalist Library: Birds,* vol. 14, 166쪽.

리고 눈알무늬(ocellus)가 아름답게 박힌 날개의 이차 깃 길이는 거의 90센티미터에 달한다. 아프리카에 서식하는 소형 쏙독새의 한 종류인 코스메토르니스 벡실라리우스(*Cosmetornis vexillarius*)는 몸통 길이가 단지 25센티미터에 불과한데, 번식기에는 날개의 일차 깃 길이가 66센티미터까지 신장되기도 한다. 이와 아주 유사한 다른 속의 쏙독새는 길게 신장된 날개깃의 깃대 끝을 제외하고는 깃털이 달려 있지 않다. 끝부분에는 원반 모양의 깃 장식 하나가 달려 있다.[68] 게다가 쏙독새의 또 다른 속은 꼬리깃이 매우 거창하게 발달되어 있다. 일반적으로 꼬리깃은 날개깃보다 더 길게 신장되어 있는 것이 보통이다. 길게 신장된 날개깃은 비행에 방해가 되기 때문이다. 그러므로 유연관계가 있는 여러 조류가 보이는 동일한 종류의 장식은 각각의 수컷들이 서로 다른 여러 종류의 깃을 발달시켜 획득했음을 알 수 있다.

서로 크게 다른 집단에 속하는 종의 깃이 거의 동일할 정도의 독특한 방식으로 변형되었다는 것은 기이한 일이다. 예를 들어 위에서 언급했던 쏙독새 한 종류의 날개깃에는 깃대를 따라 깃털이 없다가 끝부분에 가서 원반 구조의 깃 장식이 나타난다. 이 구조는 그 독특한 모양 때문에 숟가락이나 라켓으로 부르는 경우도 있다. 이런 종류의 깃털은 모트모트새(*Eumomota superciliaris*),* 물총새, 방울새, 벌새, 앵무새의 꼬리깃에서 나타난다. 또한 인도의 바람까마귀류—'디크루루스'(*Dicrurus*)와 '에돌리우스'(*Edolius*), 이들 중에는 원반이 수직으로 놓이는 경우도 있다—와 일부 극락조의 꼬리깃이 이에 해당한다. 극락조는 일부 순계류와 마찬가지로 아름다운 눈알무늬가 새겨진 깃이 머리를 장식한다. 시페오티데스 아우리투스(*Sypheotides auritus*)*는 귀

---

68) P.L. Sclater, *Ibis,* vol. 6, 1864, 114쪽; Livingstone, *Expedition to the Zambesi,* 1865, 66쪽.

부위에 밀생한 깃이 그 길이가 약 10센티미터에 달하며 역시 끝 부위에 원반형 장식이 달려 있다.[69] 샐빈은 모트모트새에 대해 한 가지 명백한 사실을 밝혔다.[70] 즉 이 새는 특이하게도 꼬리깃의 일부를 물어뜯어 라켓 모양으로 다듬는다는 것이다. 게다가 이렇게 계속해서 꼬리깃을 물어뜯는 작용은 어느 정도 유전적인 효과를 발휘한다는 것이다.

게다가 서로 다른 여러 조류의 깃가지는 실 모양이거나 다시 가지치기를 한다. 예를 들어 왜가리, 따오기, 극락조, 순계류의 일부가 이에 해당한다. 깃가지가 사라지는 경우도 있는데 이 경우는 처음부터 끝까지 깃대만 남게 된다. 파라디세아 아포다(*Paradisea apoda*)*의 꼬리에 매달린 깃대는 86센티미터에 달한다.[71] 파라디세아 파푸아나(*P. papuana,* 〈그림-47〉 참조)는 깃대가 훨씬 짧으며 가늘다. 그렇게 깃가지가 사라질 경우 수컷 칠면조의 가슴에 돋은 깃처럼 짧은 깃일수록 쉽게 부러지는 것 같다. 잠깐 동안 유행하는 복장에 인간이 감탄하듯이 조류도 수컷의 특정한 구조나 색깔이 변하면 암컷은 이에 감탄하는 것으로 보인다. 서로 크게 다른 조류의 깃이 유사한 방식으로 변형되어 왔다는 사실은 모든 깃의 구조가 거의 같으며 발생 방식이 같다는 것을 뜻하는 것이 틀림없다. 그래서 동일한 방식으로 변화되는 것이다. 우리는 집에서 키우는 가금류의 서로 다른 종이 깃의 변이에는 비슷한 경향을 보인다는 사실을 접하는 경우가 종종 있다. 예를 들어 머리에 관모가 있는 종은 여럿이다. 지금은 절멸된 칠면조의 한 종류는 관모가 벌거벗은 깃대와 깃대 끝에만 돋은 솜털로 이루어져 있었

69) Jerdon, 앞의 책, 제3권, 620쪽.

70) O. Salvin, *Proceedings of the Zoological Society,* 1873, 429쪽.

71) A.R. Wallace, *Annals and Magazine of Natural History,* vol. 20, 1857, 416쪽; A.R. Wallace, *The Malay Archipelago,* vol. 2, 1869, 390쪽.

〈그림-47〉 파라디세아 파푸아나(우드의 그림).

다. 그래서 깃대와 솜털의 모양은 앞에서 언급했던 라킷 모양 같은
형상을 띤다. 비둘기와 닭의 일부 품종은 깃 장식이 일어나면서 어느
정도 깃털이 사라지는 경향이 나타난다. 세바스토폴* 거위는 어깨깃
이 상당히 길어져 있으며 곱슬거린다. 심지어 깃털의 테두리 부위가
서로 꼬여 있기도 한다.[72]

색깔에 대해서는 여기서 거의 언급할 필요가 없다. 많은 조류가 아름다운 색깔을 띠고 있으며 이들이 얼마나 아름다운 조화를 이루는지는 너무도 잘 알려져 있기 때문이다. 금속성 빛깔이나 무지개 빛깔이 나타나는 경우도 흔하다. 원형 점 주위에 하나 이상의 서로 다른 색깔의 무늬가 둘러싸는 경우가 간혹 있다. 그래서 이것을 '눈알무늬'라고 한다. 암컷과 수컷이 놀랄 만한 차이를 보이는 조류가 많다는 사실은 더더욱 언급할 필요가 없다. 일반 공작은 이에 대한 매우 훌륭한 사례다. 극락조 암컷은 우중충한 색깔을 띠며 장식이라곤 전혀 없다. 반면에 수컷은 아마 이 세상 모든 새 중에서 가장 화려하게 장식되어 있다고 말할 수 있을 만큼 아름답다. 그들은 매우 다양한 방식으로 장식되어 있기 때문에 이들을 직접 관찰하지 않고는 제대로 평가한다는 것 자체가 불가능하다. 파라디세아 아포다가 날개의 아래쪽에서 뻗어나온 길고 황금색이 도는 오렌지빛 깃을 수직으로 뻗어 진동시키는 것을 보면 햇무리를 보는 듯하다. 햇무리의 중심부는 "두 개의 깃 장식으로 에메랄드빛을 내는 작은 태양이 자리잡고 있는 것으로 보인다."[73] 머리에 깃이 거의 없고 짙은 암청색을 띠며 매끄러운 검은색 깃 몇 가닥이 드리워져 있는 매우 아름다운 종도 있다.[74]

벌새류(〈그림-48, 49〉 참조) 수컷은 그 아름다움 면에서 극락조와 거의 맞먹는다. 굴드의 훌륭한 책이나 그가 수집한 귀중한 표본을 본 사람이라면 누구라도 이 사실을 인정할 것이다. 이들 조류가 얼마나 다

---

72) 내가 쓴 *The Variation of Animals and Plants under Domestication*, vol. 1, 289, 293쪽을 참조하시오.

73) *Annals and Magazine of Natural History*, vol. 13, 1854, 157쪽에 실린 므슈 드 라프레즈네이(M. de Lafresnaye)의 글에서 인용한 것이다. 제20권, 1857, 412쪽에 월리스가 훨씬 더 자세한 설명을 해놓았으니 참조하시오. 또한 월리스의 *The Malay Archipelago*도 참조하시오.

74) A.R. Wallace, 앞의 책, 제2권, 1869, 405쪽.

<그림-48> 로포르니스 오르나투스(*Lophornis ornatus*)의 암컷과 수컷(브렘의 그림).

양한 방식으로 장식되어 있는지는 실로 놀라울 정도다. 거의 모든 깃
이 장식에 이용되고 있으며 변형되어 있다. 굴드가 내게 알려준 바에
따르면 일부 종의 경우 이에 속하는 거의 모든 소집단에 이르기까지
변형이 일어났다고 한다. 이들 사례는 이상하게도 인간이 애완용으
로 키우는 동물에게서 일어나는 변화와 비슷하다. 일부 개체는 원래
부터 서로 차이를 보이는 형질을 갖고 있다. 그리고 또 다른 개체는
또 다른 형질에서 차이를 보인다. 인간은 이런 차이를 이용하여 공작
비둘기의 꼬리나 자코뱅 집비둘기의 두건, 또는 소식을 전하는 전서

〈그림-49〉 스파투라 운데르우디(*Spathura underwoodi*)의 암컷과 수컷(브렘의 그림).

구의 부리와 턱볏에서 보는 바와 같이 변이를 더욱 증폭시켰다. 이들 두 경우의 유일한 차이점은 애완동물은 인간의 선택으로 변형이 일어났다는 것이고 벌새나 극락조는 더욱 아름다운 수컷을 고르는 암컷의 선택으로 변형이 일어났다는 것이다.

그외의 조류에 대해서는 한 종류만을 추가로 언급하겠다. 이 종은 암수의 색깔이 매우 큰 대조를 보이는 종류로서 남아메리카에 서식하며 일명 '방울새'(bellbird)라는 유명한 이름으로 불리는 카스모린쿠스 니베우스(*Chasmorhynchus niveus*)다. 이 새의 울음소리는 거의 4.8킬로미터나 떨어진 곳에서도 들을 수 있으며, 이 새의 울음소리를 처음 들은 사람이라면 누구나 다 놀란다. 수컷은 순백색이지만 암컷은 거무스레한 녹색을 띤다. 육상에 살며 적당한 크기와 비공격적인 습성을 갖는 종이 흰색을 띠는 경우는 아주 드물다. 또한 워터턴(C. Waterton)이 설명한 대로 수컷의 부리 기저부에는 길이가 거의 8센티미터에 달하는 나선형의 관이 돋아 있다. 이것은 검은색이며 미세한 솜털이 점점이 박혀 있다. 이 관은 입천장과 연결되어 있어 이 연결 통로를 통해 공기를 채우면 부푼다. 부풀지 않았을 때에는 한쪽으로 축 늘어져 있다. 이 종을 포함하는 속에는 모두 4종이 있는데 이들의 수컷은 아주 다르다. 그러나 스클라터가 매우 흥미로운 논문에서 설명한 대로 이들 4종의 암컷들은 서로 매우 비슷하게 닮았다. 이런 결과는 같은 집단에서도 수컷이 암컷보다 더 많은 차이를 보인다는 일반적인 규칙을 보여주는 훌륭한 사례에 해당한다. 두 번째 종인 카스모린쿠스 누디콜리스(*C. nudicollis*)의 수컷은 거의 눈같이 흰색을 띤다. 그러나 목 주위와 눈 주위는 털로 덮여 있지 않다. 번식기에는 이 부위가 멋진 녹색으로 물든다. 세 번째 종인 카스모린쿠스 트리카룬쿨라투스 (*C. tricarunculatus*)의 수컷은 머리와 목 부위만이 흰색을 띤다. 몸의 나머지 부분은 밤색이다. 또한 이 종의 수컷은 몸통 길이의 거의 절반에 달하는 세 개의 필라멘트가 있는데 하나는 부리의 기저부에서 뻗어나오며 다른 두 개는 입의 가장자리에서 뻗어나온다.[75]

다 자란 수컷이 보이는 화려한 색깔의 깃과 일부 장식들은 평생 간직하거나 여름과 번식기에 주기적으로 새롭게 교환하기도 한다. 마찬가지로 부리의 색깔과 털 없는 머리 부위의 피부 색깔도 이 시기에

---

[75] P.L. Sclater, *Intellectual Observer*, 1867. 1; C. Waterton, *Wanderings*, 118쪽. 또한 *Ibis*, 1865, 90쪽에 실린 샐빈의 흥미로운 논문과 삽화를 참조하시오.

맞춰 변하는 경우가 종종 있다. 이 같은 일은 일부 왜가리, 따오기, 갈매기 그리고 방금 살펴본 방울새의 한 종에서 일어난다. 흰색 따오기는 뺨이 진홍색으로 변하며 부풀릴 수 있는 목의 피부와 부리의 기저부도 마찬가지로 진홍색을 띤다.[76] 뜸부기의 한 종류인 갈리크렉스 크리스타투스(*Gallicrex cristatus*) 수컷은 번식기에 머리 위에 근육혹(caruncle)이 돋는다. 이 구조는 펠리컨의 한 종류인 펠레카누스 에리트로린쿠스(*Pelecanus erythrorhynchus*)의 부리 위에 형성된 골성 볏과 마찬가지다. 왜냐하면 번식기가 지나면 수사슴의 머리 위에 돋은 뿔처럼 이들은 저절로 떨어지기 때문이다. 네바다 주 호수에 있는 일부 섬의 물가에서 이들의 기이한 잔해가 널려 있는 것을 발견한 적이 있다.[77]

계절에 따라 깃의 색깔이 바뀌는 것은 우선 이들이 일 년에 두 번의 털갈이를 하기 때문이다. 또한 깃 자체의 실제적인 색깔 변화 때문일 수도 있으며 마지막으로 칙칙한 가장자리의 색깔 부분이 주기적으로 떨어져나가기 때문에 일어날 수도 있다. 또는 이 세 과정이 어느 정도 혼합되어 나타난다. 가장자리가 떨어져나가는 것은 아주 어린 새가 털갈이로 솜털을 버리는 것에 비유할 수 있다. 왜냐하면 대부분은 진정한 일차 깃의 끝 부위에서 솜털이 돋아나기 때문이다.[78]

일 년에 두 번의 털갈이를 하는 조류는 몇 개의 집단으로 나눌 수 있는데 도요, 제비물떼새, 마도요 등이 첫째 집단에 해당한다. 이들은 암수가 서로 닮았으며 어떤 계절에도 색깔의 변화가 일어나지 않는다. 겨울 깃이 여름 깃에 비해 두껍고 보온 효과가 있는지는 알 수 없지만 색깔의 변화 없이 두 번의 털갈이를 함으로써 최적의 보온 효과

---

76) *Land and Water*, 1867, 394쪽.
77) D.G. Elliot, *Proceedings of the Zoological Society*, 1869, 589쪽.
78) C.L. Nitzsch, *Pterylography*, ed. P.L. Sclater, Ray Society, 1867, 14쪽.

를 얻는 것 같다. 둘째 집단으로는 토타누스(*Totanus*) 도요와 섭금류에 속하는 일부 종이 있다. 이 종류들도 암수의 모양이 비슷하다. 그러나 여름 깃과 겨울 깃은 색깔 면에서 약간의 차이를 보인다. 그렇지만 그 차이가 아주 적어 그들이 이 같은 색깔 차이를 이용한다고 보기는 어려울 것 같다. 따라서 이런 차이는 이들 조류가 서로 다른 계절에 노출됨으로써 다른 환경의 작용을 받기 때문인 것 같다. 셋째 집단에는 암수가 서로 닮았지만 여름 깃과 겨울 깃이 크게 다른 종류들이 포함된다. 넷째 집단은 암수가 서로 색깔이 다른 종류로 이루어진다. 암컷은 비록 일 년에 두 번의 털갈이를 하지만 계속해서 동일한 색깔을 띤다. 그러나 수컷에게는 색깔의 변화가 나타나는데 느시처럼 매우 큰 차이를 보이는 경우도 있다. 마지막으로 다섯째 집단은 암수 모두 여름 깃과 겨울 깃이 차이를 보이는 집단이다. 그러나 수컷이 암컷보다 훨씬 더 큰 변화를 겪는다. 목도리도요(*Machetes pugnax*)가 좋은 사례다.

여름과 겨울의 깃이 색깔 면에서 차이를 보이는 원인이나 목적은 뇌조처럼[79] 각각의 깃이 여름과 겨울에 나름대로 보호 작용을 하는 경우도 있기 때문이라고 생각할 수 있을 것이다. 두 종류의 깃이 미세한 차이를 보이는 것은 이미 언급한 대로 서식 환경의 직접적인 영향일 것이다. 그러나 많은 조류에서 설사 암수가 서로 같다고 하더라도 여름 깃이 장식적이라는 사실은 거의 의심할 여지가 없다. 왜가리, 큰 해오라기 등이 이러한 사례에 해당한다고 결론을 내릴 수 있을 것 같

---

79) 뇌조의 여름 깃에 박혀 있는 갈색 반점은 흰색의 겨울 깃과 마찬가지로 중요한 보호 장치로 작용한다. 봄에 스칸디나비아의 눈이 사라지면 뇌조들은 여름옷을 입기 전까지 포식조류 때문에 큰 괴로움을 겪는 것으로 알려져 있다. L. Lloyd, *Game Birds of Sweden*, 1867, 125쪽에 실린 라이트(W. von Wright)의 글을 참조하시오.

다. 왜냐하면 이들은 번식기에만 아름다운 깃으로 장식하기 때문이다. 더구나 이들의 암수 모두 장식적인 깃이나 관모 등이 있을지라도 이들 장식은 수컷에서 약간이라도 더 발달된다. 이들 장식은 수컷만이 장식이 있는 집단의 깃 장식과 닮았다. 새를 가두어놓으면 수컷의 생식 계통이 영향을 받아 이차성징이 발현되지 않는 경우가 흔하다는 사실이 알려져 있다. 그러나 그외의 형질에는 전혀 영향을 미치지 않는다. 바틀릿이 내게 알려준 바로는 영국 동물원에 있는 붉은가슴도요(*Tringa canutus*) 중 여덟아홉 마리가 겨울 깃을 그대로 간직하고 있었다고 한다. 암컷과 수컷 모두에게 여름 깃이 있기는 하지만 많은 조류에서 진정으로 수컷의 특징이 되는 것은 여름 깃이라고 생각할 수 있다.[80]

우리는 이제까지 여러 가지 사례를 살펴보았다. 특히 계절에 따라 암수 모두 색깔의 변화가 전혀 일어나지 않거나 아주 약간만 일어나서 그로 인한 기여가 거의 없을 것으로 여겨지는 사례와 일부 종은 일 년에 두 번의 털갈이를 하면서도 계속해서 같은 색깔을 유지하는 사례도 살펴보았다. 이제 우리는 다음과 같은 결론을 내려도 될 것 같다. 즉 일 년에 두 번의 털갈이를 하는 습성은 수컷이 번식기에 장식을 하는 데 필요해서 획득한 습성이 아니라 원래 다른 목적 때문에 획득했으며 차후에 혼인하는 데 필요한 깃으로 이용되는 사례가 일부 생기게 되었다는 것이다.

---

80) 앞에서 언급한 털갈이에 대해서는 다음을 참조하시오. 도요에 대해서는 맥길리브레이의 앞의 책, 제4권, 371쪽, 제비물떼새, 마도요, 느시에 대해서는 제르돈의 앞의 책, 제3권, 615, 630, 683쪽, 토타누스 도요에 대해서는 앞의 책, 700쪽, 왜가리의 깃 장식에 대해서는 위의 책, 738쪽을 참조하시오. 또한 *Ibis*, vol. 4, 435쪽에 실린 맥길리브레이의 글과 위의 책, 1863, 제5권, 33쪽에 실린 앨런(S.S. Allen)의 글도 왜가리의 깃 장식에 대해서 설명하고 있으니 참조하시오.

유연 관계가 매우 가까운 집단에서 일부 종이 규칙적으로 두 번의 털갈이를 하고 다른 일부 종이 한 번의 털갈이를 한다는 것은 의외의 상황으로 보일 수도 있을 것 같다. 예를 들어 뇌조는 일 년에 두 번의 털갈이를 하며 심지어는 세 번까지 하는 경우도 있다. 멧닭은 단지 한 번의 털갈이만 한다. 인도에 서식하며 화려한 색깔을 띠는 꿀빨이새의 한 종류인 넥타리니아(*Nectarinia*)와 칙칙한 색깔의 논종다리의 한 종류인 안투스(*Anthus*)는 두 번의 털갈이를 하지만 이들 중에는 단지 한 번만 털갈이를 하는 종류도 있다.[81] 그러나 털갈이 방식의 점진적인 단계를 보여주는 조류도 많다. 이런 사실로 보아 종이나 전체 집단이 원래 두 번의 털갈이 습성을 획득하게 되었고 나중에 한 번의 털갈이 습성을 잃게 되었을 가능성도 생각할 수 있다. 일부 뇌조와 물떼새의 경우 봄에 일어나는 털갈이는 완전치 못하다. 일부 깃은 새롭게 돋고 일부 깃은 색깔만 변한다. 두 번의 털갈이를 제대로 수행하는 일부 뇌조와 뜸부기류는 나이 든 수컷의 일부만이 일 년 내내 혼인 깃을 갖는다는 믿음에는 나름의 근거가 있다. 봄철에 기존의 깃과는 아주 다른 깃이 소량으로 돋아나 추가될 수도 있다. 인도에 서식하는 바람까마귀의 한 종류인 브링가(*Bhringa*)가 갖고 있는 원반 모양의 꼬리깃이 이에 해당한다. 또 일부 왜가리의 등, 목, 관모에 있는 길게 자란 깃도 이에 해당한다. 이 같은 단계를 통해 봄에 일어나는 털갈이가 더욱 완전한 것으로 되었고 결국에는 이중 털갈이를 획득하게 된 것인지도 모른다. 극락조의 일부 종류는 혼인 깃을 일 년 내내 간직한다. 따라서 이들의 털갈이는 일 년에 단 한 번만 일어난다. 그러나 번

---

81) 뇌조의 털갈이에 대해서는 J. Gould, *Introduction to the Birds of Great Britain*를 참조하시오. 꿀빨이새에 대해서는 제르돈의 앞의 책, 제1권, 359, 365, 369쪽을 참조하시오. 논종다리의 털갈이에 대해서는 Ibis, 1867, 32쪽에 실린 블리스의 글을 참조하시오.

식기가 끝나면 혼인 깃을 바로 벗어버리는 종류도 있다. 이들은 일 년에 두 번의 털갈이를 한다. 그러나 첫해에는 혼인 깃을 벗어버리지만 그다음 해부터는 그대로 간직하는 종류도 있다. 따라서 이 세 번째 종은 털갈이 방식 면에서 중간 단계다. 많은 조류는 두 번의 털갈이로 깃을 보유하는 각각의 기간에도 큰 차이를 보인다. 이런 차이 때문에 한 기간이 일 년 동안 계속 유지되고 다른 기간이 완전히 사라질 수도 있다. 예를 들어 목도리도요는 그들의 목둘레에 돋은 깃이 단지 봄철 두 달 동안만 유지된다. 나탈*에서 관찰된 수컷 천인조(*Chera progne*)는 화려한 깃과 긴 꼬리깃이 12월이나 1월에 생겼다가 3월이면 사라진다. 즉 이들 깃은 약 3개월만 지속된다. 두 번의 털갈이를 하는 대부분의 종은 장식용 깃을 약 6개월간 간직한다. 그러나 야생 갈루스 반키바(*Gallus bankiva*) 수컷은 목털을 9개월에서 10개월 동안 간직한다. 목털이 사라지면 그 아래쪽에 자리잡고 있던 검은 깃이 잘 드러난다. 그러나 이 종의 가축화된 후손은 수컷의 목털이 새로운 털로 즉각 교체된다. 그러므로 이 경우에는 두 번의 털갈이가 가축화의 과정을 거치며 단일 털갈이로 변화되었다는 것을 알 수 있다.[82]

일반 오리인 아나스 보스카스(*Anas boschas*) 수컷의 경우 번식기가

---

82) 앞서 말한 부분적인 털갈이에 대한 내용과 나이 든 수컷이 혼인 깃을 간직한다는 내용은 제르돈의 앞의 책, 제3권, 617, 637, 709, 711쪽에 뇌조와 물떼새를 대상으로 설명해놓았으니 참조하시오. *Land and Water*, 1867, 84쪽에 실린 블리스의 글도 참조하시오. 극락조의 털갈이에 대해서는 *Archives Neerlandaises*, tom. 7, 1871에 마셜(W. Marshall)의 흥미로운 기사가 실려 있으니 참조하시오. 비두아(*Vidua*)*에 대해서는 *Ibis*, vol. 3, 1861, 133쪽을 참조하시오. 때까치에 대해서는 제르돈의 위의 책, 제1권, 435쪽을 참조하시오. 헤로디아스 부불쿠스(*Herodias bubulcus*)의 봄철 털갈이에 대해서는 *Ibis*, 1863, 33쪽에 실린 앨런의 글을 참조하시오. 갈루스 반키바에 대해서는 *Annals and Magazine of Natural History*, vol. 1, 1848, 455쪽에 실린 블리스의 글을 참조하시오. 또한 나의 *The Variation of Animals and Plants under Domestication*, vol. 1, 236쪽도 참조하시오.

지난 후에 수컷의 특징적인 깃을 잃고 그 상태로 약 3개월을 보낸다는 사실은 잘 알려져 있다. 이렇게 해서 이 시기의 수컷은 암컷과 모습이 비슷하다. 수컷 고방오리(*Anas acuta*)는 깃을 잃는 기간이 조금 짧아 6주에서 두 달 정도다. 몬터규는 다음과 같이 말한다. "그렇게 짧은 시간에 두 번이나 털갈이를 한다는 사실은 매우 특이한 상황입니다. 그 기간이 너무 짧아 우리 인간의 추리력을 공공연히 반항적으로 시험하는 것 같아요." 그러나 종의 점진적인 변화를 신봉하는 사람들은 어떤 종류의 생물에서든 단계적인 변화를 발견한다고 해도 전혀 놀라지 않는다. 만약 수컷 고방오리가 더욱 짧은 기간에 새로운 깃을 얻게 되었다면 새로운 깃은 틀림없이 오래된 깃과 섞일 것이다. 그리고 암컷도 어느 정도 이 두 가지 종류의 깃을 갖게 된다. 이것은 비오리의 한 종류인 메르간세르 세라토르(*Merganser serrator*)처럼 크게 다르지 않은 조류 수컷도 이와 비슷할 것이다. 왜냐하면 수컷은 어느 정도 암컷과 비슷하게 깃의 변화가 일어나는 것으로 알려져 있기 때문이다. 이 과정이 조금 더 촉진되어 이중 털갈이는 완전하게 소멸되었을 것이다.[83]

전에도 말했듯이 봄에 털갈이를 하지 않으면서도 깃의 색깔이 실제 변하거나 깃의 칙칙한 가장자리가 떨어져나가기 때문에 봄에 수컷의 깃이 더욱 화려해지는 종류가 있다. 그렇게 생긴 색깔의 변화는 오랫동안 지속될 수도 있고 짧은 기간에만 나타났다가 사라질 수도 있다. 봄을 맞은 펠레카누스 오노크로탈루스(*Pelecanus onocrotalus*)*의 온 깃에는 아름다운 장밋빛 색조가 퍼지며 가슴 부위에는 옅은 황색 자국이 생긴다. 그러나 스클라터가 말했듯이 이런 색깔은 오랫동안

---

83) W. Macgillivray, 앞의 책, 제5권, 34, 70, 223쪽에 오리과의 털갈이에 대한 워터턴과 몬터규의 글이 인용되어 있으니 참조하시오. 또한 W. Yarrell, 앞의 책, 제3권, 243쪽도 참조하시오.

남아 있지 않으며 약 6주에서 두 달이 지나면 사라진다. 방울새 중에는 봄에 깃의 가장자리가 떨어져나가는 종류가 있다. 그렇게 되면 색깔이 화려해 보인다. 그러나 이런 변화를 전혀 겪지 않는 종류도 있다. 예를 들어 북아메리카 오색방울새(*Fringilla tristis*)는 아메리카에 서식하는 다른 많은 조류와 마찬가지로 겨울이 지나고 나서야 밝은 색깔을 띤다. 오색방울새의 습성도 이들과 동일하며 검은머리방울새의 구조가 이들과 매우 비슷하기는 하지만 연중 변화를 보이지는 않는다. 그러나 서로 가까운 종의 깃에 나타나는 이런 종류의 차이는 놀라운 것이 아니다. 왜냐하면 홍방울새는 동일한 과에 속하지만 가슴과 이마의 진홍색 깃은 영국에서는 여름에만 나타나지만 마데이라 제도*에서는 일 년 내내 나타나기 때문이다.[84]

수컷의 깃 전시　수컷 조류는 영구적 장식이든 일시적 장식이든 그 것을 부지런히 전시한다. 그리고 이렇게 꾸며진 장식 구조는 암컷을 자극하고 유인하며 매혹시키는 데 기여하는 것이 확실하다. 그러나 수컷은 암컷이 없을 때에도 자기의 장식 구조를 전시하는 일이 간혹 있다. 멧닭은 교미 장소에서 이런 행동을 자주 보인다. 또한 공작도 이런 행동을 보인다. 그러나 공작은 누구라도 구경꾼이 있기를 바라며 내가 관찰한 바로는 가금류나 심지어는 돼지 앞에서도 공작은 자신의 우아한 모습을 자랑하곤 했다.[85] 조류의 습성을 면밀히 조사한 경험이 있는 박물학자라면 누구라도 자연 상태의 새든 새장 속의 새

---

84) 펠리컨에 대해서는 *Proceedings of the Zoological Society*, 1868, 265쪽에 실린 스클라터의 글을 참조하시오. 아메리카의 방울새에 대해서는 오듀본의 앞의 책, 제1권, 174, 221쪽과 제르돈의 앞의 책, 제2권, 383쪽을 참조하시오. 마데이라 제도의 프린질라 칸나비나(*Fringilla cannabina*)*에 대해서는 *Ibis*, vol. 5, 1863, 230쪽에 실린 하코트(E.V. Harcourt)의 글을 참조하시오.
85) E.S. *Dixon, Ornamental and Domestic Poultry*, 1848, 8쪽도 참조하시오.

든, 모든 조류는 자신의 아름다움을 전시하면서 즐거워한다는 데 의견을 같이할 것이다. 오듀본은 수컷이 온갖 방법을 동원하여 암컷을 매혹시키려는 시도를 한다는 말을 자주 했다. 굴드는 수컷 벌새의 몇 가지 특성을 언급한 후 수컷이 암컷 앞에서 자신을 아주 효과적으로 전시하는 능력이 있다고 했다. 제르돈은 수컷의 아름다운 깃 장식이 암컷을 매혹시키고 유인하는 데 기여한다고 주장한다.[86] 런던 동물원에 근무하는 바틀릿은 이와 동일한 견해를 매우 강한 어조로 내게 말했다.

인도의 숲속에서 이삼십 마리의 공작을 갑자기 만나는 일이 있다. 만족한 표정을 짓는 암컷 앞에서 이들 수컷은 화려한 꼬리를 전시하며 자존심을 마음껏 뽐내듯 어슬렁거린다. 그야말로 장관임이 틀림없다. 야생 칠면조 수컷은 아름답게 구획된 꼬리와 가로줄무늬가 있는 날개깃을 펴고 화려한 깃을 세운다. 우리의 눈에는 이것이 괴상하게 보이지만 이것은 진홍색 볏과 파란색 볏과 함께 그야말로 매우 화려한 모습이다. 여러 종류의 멧닭에 대한 이와 유사한 사례는 이미 살펴본 바 있다. 또 다른 목을 살펴보자. 루피콜라 크로체아(*Rupicola crocea*)* 수컷(〈그림-50〉 참조)은 이 세상에서 가장 아름다운 조류 중의 하나다. 화려한 오렌지 색깔로 빛나며 깃 중 일부는 기이하게도 끝이 잘라져 있기도 하고 장식되어 있기도 하다. 암컷은 갈색이 도는 녹색을 띠며 부분적으로 빨간색이 들어가 있고 수컷보다 볏이 작다. 숌부르크(R. Schomburgk)는 그들의 구애 행동을 자세하게 묘사했다. 그는 이 새들이 모이는 회합 장소 한 곳을 발견했는데 그곳에는 열 마리의 수컷과 두 마리의 암컷이 있었다고 한다. 그 장소는 지름이

---

86) Jerdon, 위의 책, 제1권, 서론, 24쪽. 공작에 대해서는 제3권, 507쪽을 참조하시오. J. Gould, *Introduction to the Trochilidae*, 1861, 15, 111쪽.

〈그림-50〉 루피콜라 크로체아 수컷(우드의 그림).

1.2~1.5미터에 달하는 장소였는데 풀의 모든 잎들이 잘라져나간 것 같았고 사람의 손으로 다져놓은 것 같았다. "수컷 한 마리가 신나게 뛰어놀고 있었고 다른 여러 마리는 즐거워하는 빛이 역력했다. 날개를 펼치고 머리를 들어올리고 꼬리를 부채처럼 펼쳤다. 그러고는 팔짝거리는 걸음으로 지칠 때까지 자신을 과시했다. 이런 상태에서 수컷은 특정한 소리를 냈고 그후 다른 수컷이 다시 소리를 이어갔다. 그렇게 세 마리가 연속적으로 공연을 펼치고 그후에는 모두 만족한 모습으로 무대에서 내려와 휴식을 취한다." 이들의 가죽을 갖고 싶어하는 인도 사람들은 새들이 모이는 회합 장소 한 곳을 골라 새들이 열렬히 춤을 출 때까지 기다린다. 그리고 시기가 되면 독화살을 이용하여 차례로 네다섯 마리의 수컷을 잡는다.[87] 원주민들에 따르면 극

---

87) *Journal of Royal Geographical Society*, vol. 10, 1840, 236쪽.

락조는 깃이 충분히 자란 10마리 이상의 수컷이 댄스 파티를 열기 위해 나무로 모여든다고 한다. 이곳에서 새들은 이리저리 날아다니며 날개를 올리고 아름다운 깃을 치켜세우며 그들의 몸을 떤다. 월리스는 이때 나무 전체가 물결치는 깃으로 가득 찬 것 같다고 말했다. 그런 일이 벌어질 때 새들은 매우 열중하기 때문에 노련한 궁수라면 집단 전체를 거의 다 쏘아 떨어뜨릴 수도 있다. 말레이 제도에서 이 새들을 가두어 두었을 때가 있었는데 그 당시 새들은 자기의 깃을 깨끗이 고르는 데 훨씬 더 주의를 기울였다고 한다. 또 새들은 종종 깃을 활짝 펴고는 꼼꼼히 조사하며 오물을 모두 제거했다고 한다. 몇 쌍의 새를 키웠던 관찰자 한 분은 수컷이 전시하는 것은 암컷을 기쁘게 해주려는 의도가 있다는 사실을 의심하지 않았다.[88]

금계(*Chrysolophus pictus*)과 은계(*C. amherstiae*)는 구애 행동을 벌일 때 화려한 목털을 펼치지 않는다. 그 대신 내가 직접 관찰한 바로는 암컷이 어느 방향에 있든 간에 암컷이 있는 쪽을 향해 목털을 비틀어 돌린다. 암컷에게 더 넓은 표면을 보이려고 하는 것임이 틀림없다.[89] 그들은 아름다운 꼬리와 꼬리 덮깃을 역시 같은 방향으로 약간 뒤틀어 돌린다. 바틀릿은 폴리플렉트론(*Polyplectron*, 〈그림-51〉참조) 수컷의 구애 행동을 관찰했다. 그는 내게 표본 하나를 보여주었는데 그 표본은 속에 솜을 채워넣은 것으로서 생존 당시의 모습을 그대로 보여주었다. 이 새의 꼬리와 날개 깃은 공작의 꼬리에 새겨진 것과 같

88) *Annals and Magazine of Natural History,* vol. 13, 1854, 157쪽. *Annals and Magazine of Natural Histry,* vol. 20, 1857, 412쪽에 실린 월리스의 글과 월리스가 쓴 앞의 책, 제2권, 1869, 252쪽을 참조하시오. A.E. Brehm, *Illustriertes Thierleben,* Bd. 3, 326쪽에 실린 베네트의 글도 참조하시오.

89) Student, 1870. 4, 115쪽에 우드는 금계와 일본꿩(*Phasianus versicolor*)이 보이는 이런 방식의 전시에 대해서 자세하게 설명하며 이것을 '측면 전시'(lateral display) 또는 '일방 전시'(one-sided display)라고 불렀다.

〈그림-51〉 폴리플렉트론 킨쿠이스(*Polyplectron chinquis*) 수컷(우드의 그림).

은 아름다운 눈알무늬로 장식되어 있었다. 자신을 전시할 때 공작 수
컷은 꼬리를 들어 몸에 가로 방향으로 세운다. 왜냐하면 수컷은 암컷
앞에 있기 때문에 자신의 화려한 파란 목과 가슴을 꼬리깃과 함께 보
여주어야 하기 때문이다. 그러나 폴리플렉트론의 가슴 색깔은 칙칙
하다. 또 눈알무늬는 꼬리깃에만 국한되어 있는 것이 아니다. 결과적

으로 폴리플렉트론은 암컷 앞에 정면으로 서지 않고 비스듬히 서서는 꼬리깃을 약간 기울어진 방향으로 들어서 펼치고는 이와 동시에 암컷이 있는 쪽의 펼쳐진 날개를 내리고 반대 방향의 날개를 올리는 것이다. 이런 자세를 취함으로써 온몸에 있는 눈알무늬를 암컷 앞에서 동시에 전시하고 날개 하나를 웅대하고 화려하게 펼침으로써 암컷을 매혹시키는 것이다. 암컷이 움직이는 방향에 따라 수컷은 자신의 몸을 회전시켜 펼쳐진 날개와 기울어진 꼬리가 암컷을 향하도록 한다. 호로호로새도 거의 같은 방식으로 행동한다. 이 새의 수컷은 암컷이 있는 반대쪽의 날개를 올리지는 않지만 깃은 치켜세운다. 올리지 않았더라면 숨겨져 보이지 않았을 것이다. 결국 아름다운 점무늬가 박힌 깃의 거의 전부가 암컷에게 드러나게 된다.

아르구스 꿩은 더욱 놀랄 만한 사례에 해당한다. 이 종은 수컷만이 날개에 화려한 이차 깃을 갖고 있다. 각각의 깃에는 지름이 2.5센티미터가 넘는 눈알무늬가 20개에서 23개가 일렬로 장식되어 있다. 또한 이 깃에는 짙은 색의 우아한 줄무늬가 사선으로 그어져 있다. 마치 호랑이와 표범에 있는 줄무늬의 중간쯤에 해당한다. 이렇게 아름다운 장식은 수컷이 암컷 앞에서 자신을 전시하기 전까지는 드러나지 않는다. 암컷 앞에서 수컷은 꼬리를 세우고 커다란 원형 부채를 위로 편 것처럼 날개깃을 활짝 펼친다. 이렇게 펼친 깃은 몸의 앞쪽까지 이른다. 목과 머리는 한쪽으로 고정시켜 부채에 가려지게 한다. 그러나 자기 앞에 있는 암컷을 보기 위해 두 개의 긴 깃 사이로 자기의 머리를 간혹 내밀곤 한다(바틀릿이 관찰한 내용이다). 그런 자세는 아주 괴상해 보인다. 자연 상태에서 살아가는 새에게 이것은 일상적인 습성임이 틀림없다. 동양에서 보내온 손상되지 않은 새의 가죽을 관찰한 바틀릿과 그의 아들은 두 개의 깃 사이에서 많이 닳은 부위를 발견했다. 이 새는 이곳을 통해 습관적으로 머리를 내미는 것 같았다.

〈그림-52〉 암컷 앞에서 자신을 전시하고 있는 아르구스 꿩을 옆에서 본 모습. 자연
상태에서 우드가 관찰하고 스케치한 것이다.

우드는 이 새의 수컷이 부채 가장자리 너머로 암컷을 슬쩍 볼 수도
있다고 생각한다.

날개깃에 새겨진 눈알무늬는 경이로운 대상이다. 아질 공작은 그
들 눈알무늬가 소켓 속에 느슨하게 들어가 있는 공들처럼 보인다고
했다.[90] 대영 박물관에서 날개를 펼쳐 아래로 뻗은 표본을 보고 나는

크게 실망했다. 왜냐하면 눈알무늬가 평평하게 나타났으며 심지어는 오목하게 관찰되기도 했기 때문이다. 그러나 곧 굴드는 내게 상황을 명확하게 설명해주었다. 그는 자연 상태에서 전시될 듯한 형태로 깃을 세우고 표본을 유지했다. 그러자 위에서 비치는 빛 때문에 각각의 눈알무늬는 즉각적으로 '볼과 소켓'이라고 부르는 장식과 닮아 보였다. 여러 화가가 이 깃을 관찰했으며 그들 모두 깃을 완벽한 명암으로 나타냄으로써 그들의 감탄을 표현했다. 다음과 같은 질문은 당연해 보인다. "그렇게 예술적으로 명암으로 나타낸 장식이 성선택의 수단을 통해 획득되었겠는가?" 그러나 이런 질문에 대한 답을 제시하는 것은 다음 장에서 점진적인 진화의 원리를 다룰 때까지는 미루는 것이 나을 것 같다.

이제까지 말한 내용은 날개의 이차 깃에 관한 것이다. 그러나 대부분의 가금류가 갖고 있는 일차 깃이 일정한 색깔을 띠는 것에 비해 아르구스 꿩의 일차 깃은 이차 깃만큼이나 훌륭하다. 아르구스 꿩 날개의 일차 깃에는 부드러운 갈색에 수많은 짙은 색 반점이 있다. 각각의 반점은 두세 개의 검은 점과 이를 둘러싸고 있는 짙은 색 부위로 이루어져 있다. 그러나 암청색 깃대와 평행하게 놓여 있는 공간이야말로 주요한 장식으로 작용한다. 이 공간의 테두리에는 진짜 깃 안쪽으로 완전한 이차 깃이 형성되어 있다. 이 안쪽 부위는 옅은 밤색이며 작고 하얀 점이 빽빽하게 찍혀 있다. 나는 이 깃을 여러 사람에게 보여준 적이 있다. 그들 중 많은 사람이 이것을 볼과 소켓 모양의 깃보다 더 훌륭하다고 말했다. 그러면서 이것은 자연의 작품이라기보다는 예술 작품에 가깝다고 힘주어 말했다. 이 깃은 평상시 철저하게 가려져 있지만 수컷이 모든 깃을 활짝 펼쳐 커다란 부채나 방패를 만

---

90) Duke of Argyll, *The Reign of Law*, 1867, 203쪽.

들면 긴 이차 깃과 함께 아주 잘 드러난다.

수컷 아르구스 꿩의 사례는 매우 흥미로운 것이다. 가장 세련된 아름다움은 다른 목적이 아닌 성적 유인 역할을 수행한다는 훌륭한 증거가 되기 때문이다. 사실 날개의 일차 깃과 이차 깃은 전혀 드러나지 않는다고 결론을 내려야만 한다. 그리고 볼과 소켓 장식은 수컷이 구애 행동을 벌일 자세를 갖추기 전까지는 완전하게 드러나지 않는다는 것을 알아야 한다. 아르구스 꿩의 색깔은 화려하지 않다. 따라서 사랑에서 그들이 승리를 거두는 이유는 그들이 거대한 깃 장식을 갖고 있으며 그것이 정교하고 우아하기 때문인 것으로 보인다. 암컷이 미세한 명암과 절묘한 양식을 구별할 수 있다는 사실을 전혀 믿지 못하겠다고 주장하는 사람이 많을 것이다. 암컷이 거의 인간 수준의 감식력을 갖고 있다는 것은 틀림없이 놀라운 일이다. 하등동물의 분별력과 감식력을 올바르게 평가할 수 있다고 생각하는 사람은 암컷 아르구스 꿩이 그렇게 세련된 아름다움을 인식할 수 있다는 사실을 부정하려 할 것이다. 암컷의 인식 능력을 부정하게 되면 구애 행동을 할 때 이루어지는 수컷의 기이한 자세—이런 자세로 깃의 아름다움이 충분히 드러난다—도 아무런 의미가 없다고 생각해야만 한다. 나는 이런 사실을 절대로 받아들일 수 없을 것 같다.

많은 종류의 꿩과 가금류가 암컷 앞에서 그들의 깃을 정성스럽게 전시하는 것은 사실이다. 그러나 바틀릿이 내게 알려준 바로는 놀랍게도 칙칙한 색깔을 띠는 공작류(푸른귀꿩[*Crossoptilon auritum*]과 파시아누스 왈리치이[*Phasianus wallichii*])는 이에 해당되지 않는다고 한다. 이들 조류는 그들이 전시할 만한 아름다움을 갖추지 못하고 있다는 사실을 알고 있는 것 같다. 바틀릿이 이들 공작이 서로 전투를 벌이는 것을 관찰할 만한 적절한 기회가 충분하지 않았던 것은 사실이지만 이 두 공작 중 어느 쪽의 수컷도 서로 전투를 벌이는 것을 본 적이 전혀 없다고 했다. 제너 위어도 동일한 집단에 속하는 조류 중에서 화려한 색깔을 갖는 종류가 칙칙한 색깔을 갖는 종류보다 호전적이라는 사실을 발견했다. 예를 들어 오색방울새는 홍방울새보다 훨씬 더 호전적이다. 또 지빠귀는 개똥지빠귀보다 더 전투를 좋아한다. 마찬가지로 깃의 계절적 변화를 겪는 조류는 화려하게 장식된 계절에 훨씬 더 호전적으로 변한다. 물론 일부 칙칙한 색깔을 띠는 조류의 수컷도 서로 치열하게 싸우는 경우가 있다는 것은 의심할 여지가 없다. 그러나 성선택이 크게 영향을 미쳐 어떤 종류의 수컷이든 화려한 색깔을 띠게 되었을 때 자연선택은 동시에 호전적인 경향을 제공하는 것 같다. 포유류에 대해 논의할 때 이와 매우 유사한 여러 사례를 접하게 될 것이다. 그러나 조류의 수컷이 노래를 부르는 능력과 화려한 색깔을 갖는 능력을 모두 갖추는 경우는 거의 없다. 어느 경우든 그것으로 얻은 이득은 동일하여 암컷을 매혹시키는 데 모두 성공적이었을 것이다. 최소한 우리의 감식력에 따른다면, 깃을 이용한 기악은 많은 명금류의 성악에는 비할 바가 되지 못한다. 그런데도 여러 가지 화려한 색깔을 띠는 일부 조류의 수컷이 기악을 연주할 목적으로 그들의 깃을 변형시켰다는 사실은 인정해야만 한다.

이제 장식이 많지 않은 수컷 조류를 살펴보겠다. 그러나 이들도 구애 행동을 할 시기에는 그들이 갖고 있는 매력의 종류에 상관없이 자기의 매력을 전시한다. 어떤 점에서 보면 이런 사례가 전술한 여러 사례보다 더욱 호기심을 끈다. 이제까지는 거의 주목을 받지 못했던 분야이기도 하다. 제너 위어는 오랫동안 많은 종류의 새를 길렀는데 이제부터 논의할 내용에 대해 그에게 감사한다. 그는 영국산 되새과(Fringillidae)와 엠베리지대과(Emberizidae)*에 속하는 많은 새를 키웠다. 이제부터 언급하게 될 여러 사례는 그가 친절하게 내게 보내준 엄청난 분량의 소중한 자료에서 일부 발췌한 것이다. 황소방울새 수컷은 암컷에게 접근하여 자기의 가슴을 부풀리는데 그러면 진홍색 깃이 보통 때보다 더 많이 드러난다. 그와 동시에 수컷은 우스꽝스럽게도 자기의 검은색 꼬리를 뒤틀며 이리저리 움직인다. 수컷 푸른머리되새도 암컷 앞에 서서 자기의 붉은 가슴과 '푸른 종'(blue bell)―새 애호가들이 이 새의 머리를 이렇게 부른다―을 전시했다. 동시에 날개를 약간 펼쳐 어깨 부위의 순백색 띠가 잘 보이도록 한다. 홍방울새는 자기의 장밋빛 가슴을 활짝 펴고 갈색 날개와 꼬리를 약간 펼쳐 흰색 가장자리를 드러냄으로써 자신을 가장 멋지게 보이려 한다. 그러나 새가 오로지 전시를 목적으로 날개를 펼친다고 결론을 내리는 것에는 신중해야 한다. 날개가 아름답지 않으면서도 날개를 펼치는 조류도 일부 있기 때문이다. 집에서 키우는 수탉이 이에 해당한다. 그러나 수컷은 항상 암컷 반대쪽에 있는 날개를 펼치고 동시에 바닥을 문지른다. 오색방울새는 다른 모든 방울새와는 다르게 행동한다. 이 새의 날개는 아름답고 어깨는 검은색을 띤다. 날개깃의 끝은 짙은 색이고 흰색 점이 박혀 있으며 깃의 가장자리는 진노란색을 띤다. 암컷에게 구애 행동을 벌일 때, 오색방울새 수컷은 항상 몸을 좌우로 흔든다. 그러고는 약간 펼친 날개를 처음엔 한쪽으로 그다음엔 반대쪽으로 재빠르게 회전시킨다. 이것은 황금빛 섬광을 일으키는 효과를 가져온다. 제너 위어가 내게 알려준 바에 따르면 영국의 어떤 방울새도 구애 행동을 벌이면서 그렇게 이쪽저쪽으로 회전하는 종류는 없다고 한다. 심지어는 아주 가까운 친척인 검은머리방울새의 수컷도 오색방울새와 동일한 행동을 보이지는 않는다.

영국 멧새류의 대부분은 색깔이 평범하다. 그러나 봄철 검은머리쑥새(*Emberiza schoeniculus*) 수컷의 머리깃은 칙칙한 끝 부위가 벗겨지면서 검은 색깔이 멋지게 나타난다. 그리고 구애 행동을 벌일 때 이 깃을 곧추세운다. 제너 위어는 오스트레일리아에서 아마디나(*Amadina*)*

조류에 속하는 두 종을 길렀다. 아마디나 카스타노티스(*A. castanotis*)는 아주 작고 순수한 색깔의 방울새로서 짙은 색깔의 꼬리와 흰색 둔부에 위쪽 꼬리 덮깃은 새까만색이었다. 또한 각각의 꼬리 덮깃에는 계란형의 커다란 흰색 점이 뚜렷하게 박혀 있다.[91] 이 종은 암컷에게 구애 행동을 벌일 때 다채로운 색깔의 꼬리 덮깃을 약간 펼치고는 매우 특이한 방식으로 몸을 떤다. 그러나 수컷 아마디나 라타미(*A. lathami*)의 행동은 매우 다르다. 이 새는 암컷 앞에서 화려한 점이 박힌 가슴과 진홍색 둔부, 그리고 진홍색의 위쪽 꼬리 덮깃을 드러내 보인다. 제르돈이 연구한 인도의 피크노노투스 회모로우스(*Pycnonotus hoemorrhous*)*를 여기서 언급해도 될 것 같다. 이 새의 아래쪽 꼬리 덮깃은 진홍색인데 이 부위는 좀처럼 드러내지 않는 부위다. 그러나 이 새가 자극을 받으면 꼬리 덮깃을 옆으로 펼쳐 위쪽에서도 이 부위를 볼 수 있다.[92] 딱따구리의 일종인 피쿠스 마조르(*Picus major*) 같은 그외 조류는 진홍색의 아래쪽 꼬리 덮깃을 드러내 보이지 않으려고 해도 자연스럽게 드러난다. 일반적인 비둘기의 가슴 부위에는 무지개 빛깔의 깃이 있다. 암컷에게 구애할 때 수컷이 자기의 가슴을 부풀려 최상의 이득을 얻는 방향으로 자신을 전시하는 것을 쉽게 관찰할 수 있다. 제너 위어가 내게 설명한 바에 따르면 오스트레일리아에 서식하며 청동색 날개가 있는 비둘기의 한 종류인 오치팝스 로포테스(*Ocyphaps lophotes*)는 매우 다르게 행동한다고 한다. 수컷은 암컷 앞에 서서 머리를 거의 바닥까지 내리고 꼬리를 펼쳐 치켜세우며 날개는 반쯤 펼친다. 그러고는 몸을 서서히 올렸다 내렸다 하는 동작을 반복한다. 그럼으로써 무지개 빛깔의 금속성 깃이 잘 드러나고 햇빛을 받

---

91) 이 새에 대한 설명은 J. Gould, *Handbook of the Birds of Australia,* vol. 1, 1865, 417쪽에 있으니 참조하시오.
92) Jerdon, 앞의 책, 제2권, 96쪽.

아 반짝거리게 한다는 것이다.

수컷 조류가 자기의 매력을 최대한의 기술을 동원해 드러낸다는 사실을 잘 보여주는 여러 증거가 수집되었다. 부리로 깃을 다듬는 동안 수컷은 자신을 황홀하게 바라보게 되고 그에 따라 자신의 아름다움을 가장 잘 드러낼 방법을 학습하는 기회를 자주 갖게 된다. 그러나 한 종의 모든 수컷이 모두 동일한 방법으로 자신을 드러내는 것으로 보아 처음에는 의도적이었을 행동이 본능으로 바뀐 것 같다. 그것이 사실이라면 조류를 의식적으로 허영을 부리는 동물이라고 탓해서는 안 된다. 그래도 공작이 펼친 꼬리깃을 흔들며 점잔을 빼면서 걷는 모습을 보면 최고의 자만과 허영심을 상징적으로 보여주는 것 같다.

수컷에게 있는 갖가지 장식들은 그들에게 매우 중요한 것임이 틀림없다. 왜냐하면 여러 조류가 날거나 달리는 능력을 크게 손상시키면서까지 여러 장식을 획득했기 때문이다. 아프리카에 서식하는 쏙독새인 코스메토르니스(*Cosmetornis*)는 번식기에 날개의 일차 깃 중의 하나가 매우 길게 발달하여 장식품이 된다. 이들은 평소에는 아주 빠르게 비행하는 새지만 번식기에는 길게 늘어진 장식 때문에 비행하는 데 크게 지장을 받는다. 아르구스 꿩 날개의 이차 깃이 지나치게 커진 것에 대해 사람들은 이것이 새의 비행 능력을 완전히 빼앗아버릴 정도라고 말하곤 한다. 수컷 극락조의 화려한 깃 장식은 바람이 강하게 불 때 방해를 받는다. 남아프리카에 서식하는 천인조의 한 종류인 비두아(*Vidua*) 수컷의 꼬리깃은 매우 길어 비행하는 데 지장을 주지만 이 깃이 떨어지고 나면 수컷은 암컷처럼 빠르게 비행할 수 있게 된다. 조류는 항상 식량이 풍부할 때 번식한다. 그러므로 수컷은 기동성이 떨어졌다고 해서 식량을 찾는 데 큰 불편을 겪지는 않을 것이다. 그러나 훨씬 쉽게 포식자의 공격을 받을 것이라는 사실은 거의 확실하다. 공작이 긴 꼬리를 갖고 있고 아르구스 꿩도 긴 꼬리와 날개 깃을 갖고 있어 이들이 먹이를 찾아 헤매는 대형 삵괭이의 손쉬운 표적이 될 수밖에 없다는 사실은 의심할 여지가 없다. 심지어 많은 수컷 조류가 그들의 화려한 색깔 때문에 모든 종류의 적에게 자신을 잘 노출시킨다는 것도 확실하다. 그러므로 굴드가 말했듯이 화려한 장식을 갖춘 새는 조심성이 많다. 자신의 아름다움이 위험을 초래할 수 있다는 것을 아는 것 같다. 그래서 보호색을 띠며 비교적 유순한 암컷이나 어린 새끼, 또는 아직 장식을 갖추지 않은 수컷에 비해 이들은 발견하기도 힘들고 접근하기도 힘들다.[93]

일부 조류의 수컷은 전투를 위해 특별히 고안된 무기를 갖고 있으며 자연 상태에서 호전적인 성질 때문에 서로를 죽이는 일이 종종 벌어지는데 이들이 특별한 장식을 갖고 있어 고통을 겪는 것은 매우 기이한 사실이다. 투계꾼들은 자기 닭의 목털과 볏과 턱볏을 잘라낸다. 사람들은 이런 의식을 닭에게 작위를 준다고 말한다. 테제트메이어는 작위를 받지 못한 닭은 싸움에 대단히 불리하다고 주장한다. 닭은 주로 상대의 볏과 턱볏을 공격한다고 한다. 수탉은 자기가 물 수 있는 부위를 늘 공격하기 때문에 일단 적을 붙잡게 되면 전력을 다해 물고늘어진다고 한다. 설사 닭이 죽지 않는다고 해도 작위를 받지 못한 닭은 미리 작위를 받은 닭에 비해 피를 흘리며 겪는 고통이 더욱 크게 된다.[94] 젊은 칠면조 수컷은 싸울 때 항상 상대의 턱볏을 물고

---

93) 코스메토르니스에 대해서는 Livingstone, *Expedition to the Zambesi*, 1865, 66쪽을 참조하시오. 아르구스 꿩에 대해서는 W. Jardine, *Naturalist Library: Birds*, vol. 14, 167쪽을 참조하시오. 극락조에 대해서는 A.E. Brehm, *Illustriertes Thierleben*, Bd. 3, 325쪽에 실린 르송(Lesson)의 글을 참조하시오. 천인조에 대해서는 Barrow, *Travels in Africa*, vol. 1, 243쪽; *Ibis*, vol. 3, 1861, 133쪽을 참조하시오. 수컷 조류의 조심성에 대해서는 J. Gould, *Handbook of the Birds of Australia*, vol. 1, 1865, 210, 457쪽을 참조하시오.

늘어진다. 내 생각에는 나이가 든 칠면조도 그렇게 싸울 것 같다. 조류의 볏과 턱볏은 장식이 아니며 장식으로서 아무런 기여도 하지 않는다는 반대 의견을 제기할 수 있을 것이다. 그러나 검은 광택이 나는 에스파냐 수탉의 아름다움은 흰 얼굴과 진홍색 볏이 있기 때문에 우리의 눈에도 멋지게 보인다. 호로호로새 수컷이 구애 행동을 벌일 때 턱볏을 부풀려 화려하게 전시하는 것을 본 적이 있는 사람이라면 아름다움이 획득의 대상이라는 사실을 조금도 의심하지 않을 것이다. 이제까지 살펴본 사례로 우리는 수컷의 깃 장식이나 그밖의 장식들이 그들에게 매우 중요하다는 사실을 명백하게 알게 되었다. 더 나아가 아름다움은 전투에서 승리를 거두는 것보다 더 중요할 수도 있다는 사실을 알게 되었다.

---

94) Tegetmeier, *The Poultry Book,* 1866, 139쪽.

제14장 조류의 이차성징 —계속

암컷의 선택—구애 행동의 길이 — 짝을 이루지 못한 새—조류의 정신적 특성과 아름다운 개체에 대한 기호—특정한 수컷에 대한 암컷의 호의와 혐오—조류의 변이성—때로는 갑자기 나타나는 변이—변이의 법칙—눈알무늬의 형성—형질의 단계적 변화—공작, 아르구스 꿩, 벌새의 사례

암컷과 수컷이 아름다움이나 가창력, 또는 내가 '기악(器樂)'이라고 불렀던 음악을 연주하는 데 차이를 보이는 경우, 둘 중에서 더 훌륭한 재능을 보이는 것은 대개 수컷이다. 음악을 연주하는 이러한 자질은 우리가 이제까지 살펴보았듯이 수컷에게는 매우 중요한 것임이 틀림없다. 이러한 자질이 일 년 중 특정 기간에만 생긴다면 그것은 항상 번식기 전에 나타난다. 암컷이 있을 때 자기의 갖가지 매력을 공들여 전시하고 바닥이나 공중에서 기이한 동작을 해보이는 것은 항상 수컷이다. 모든 수컷은 경쟁자를 몰아내고, 할 수만 있다면 상대를 죽이기까지 한다. 따라서 우리는 암컷에게 자기와 짝을 이루도록 하는 것이 수컷의 목적이라는 결론을 내려도 될 것 같다. 그리고 이 목적을 위해 수컷은 갖가지 방법을 동원하여 암컷을 자극하고 매혹시키려고 노력한다. 이것은 살아 있는 조류의 습성을 면밀히 조사한 모든 사람의 한결같은 의견이다. 그러나 성선택과 중요하게 관련된 한 가지 질문거리가 남아 있다. 한 종 내의 모든 수컷은 암컷을

자극하고 매혹시키는 데 모두 동일한 능력을 보이는가? 또는 암컷이 선택권을 발휘하며 특정한 수컷을 더 좋아하는가? 이 두 번째 질문에 대해 암컷이 특정한 수컷을 선호한다는 많은 직·간접적인 증거들이 있다. 무슨 특징을 기준으로 암컷이 수컷을 선택하는지 판단하기란 지극히 어렵다. 그것에는 수컷의 투지, 용기, 그외의 정신적 능력이 작용하는 것은 틀림없지만 수컷의 외형적인 매력도 상당한 영향력을 발휘한다는 직·간접적인 증거도 일부 있다. 간접적인 증거부터 살펴보겠다.

구애 행동의 길이 구애 행동에는 많은 시간이 소요된다. 또 짝짓기 행위는 여러 번에 걸쳐 반복적으로 일어나기 때문에 특정 조류의 암컷과 수컷이 지정된 장소에서 매일 만나는 기간은 상당히 길게 지속된다. 예를 들어 독일과 스칸디나비아에서 멧닭 수컷이 모여 벌이는 구애 행동은 3월 중순에 시작되어 4월을 다 보내고 5월까지 지속된다. 이들의 구애 장소에는 보통 40~50마리나 되는 수컷들이 모여들며 그 이상이 모일 때도 있다. 그리고 같은 장소가 해마다 구애 장소로 이용되는 일이 흔하다. 큰들꿩의 구애 장소는 3월 말부터 5월 중순까지 열리는데 5월 말까지 지속되는 경우도 있다. 북아메리카에서 벌어지는 테트라오 파시아넬루스(*Tetrao phasianellus*)*의 구애 춤은 한 달 이상 지속된다. 북아메리카와 시베리아 동부에 서식하는 여러 종류의 멧닭에도 거의 비슷한 습성이 있다.[1] 새 사냥꾼들은 새의 목털

---

1) 노드만(A. Nordmann)은 아무르 지역에 존재하는 테트라오 우로갈로이데스 (*Tetrao urogalloides*)*의 구애 장소에 대해 설명했다. *Bull. Soc. Imp. des Nat. Moscou*, 1861, tom. 34, 264쪽. 그는 구애 장소에 모인 새들 중 주위 덤불 속에 숨어 있는 암컷을 제외한 수컷만 해도 100마리가 넘는다고 추산했다. 그들이 내는 소리는 테트라오 우로갈루스(*T. urogallus*)가 내는 소리와는 다르다.

이 떨어져 낮은 언덕의 풀밭에 쌓여 있으며 바닥이 다져진 곳을 찾는데, 이런 광경은 오랫동안 그곳에 많은 새가 모여들었다는 것을 보여주는 것이다. 기아나의 인디언들은 깨끗하게 다져진 경기장을 잘 안다. 그들은 그곳에서 화려한 수컷 양비둘기*를 볼 수 있다는 사실도 안다. 뉴기니*의 원주민들은 화려한 깃 장식을 갖춘 극락조 수컷이 10~20마리씩 모여드는 나무를 안다. 극락조는 수컷이 모이는 나무에 암컷도 모여든다는 사실을 특별히 언급한 적이 없다. 그러나 사냥꾼들은 암컷들이 모인다는 사실은 특별히 요청을 받기 전에는 말도 꺼내려 하지 않을 것이다. 암컷의 가죽 가격이 매우 형편없기 때문이다. 아프리카의 위버버드(Ploceus)는 번식기가 되면 소집단을 형성하며 모여들어 우아한 동작을 여러 시간 동안 선보인다. 집단을 이루지 않고 살아가는 스콜로팍스 마조르(Scolopax major)*도 해질 무렵이면 소택지로 다수가 모여든다. 그리고 다음 해에도 같은 목적으로 동일한 장소를 이용한다. 이곳에서 그들은 깃을 치켜올린 채 '많은 쥐처럼' 달리고 날개를 펄럭이며 기이하기 이를 데 없는 소리를 지르는 것이 관찰되곤 한다.[2]

이제까지 언급한 조류 중 멧닭, 큰들꿩, 뇌조, 목도리도요, 도요 그리고 그외도 여러 종류의 조류가 우리가 알고 있듯이 일부다처제를 고집한다. 이들 조류에 대해 우리는 강한 수컷이 약한 수컷을 몰아내고 가능한 많은 수의 암컷을 차지한다고 생각하기 쉽다. 그러나 암컷을 자극하고 즐겁게 만드는 것이 수컷의 타고난 운명이라고 한다면,

---

2) 위에서 언급한 멧닭의 집회에 대해서는 A.E. Brehm, *Illustriertes Thierleben*, Bd. 4, 350쪽과 L. Lloyd, *Game Birds of Sweden*, 1867, 19, 78쪽 그리고 J. Richardson, *Fauna Boreali-Americana*, 362쪽을 참조하시오. 그외 조류의 집회에 대한 참고 문헌은 이미 제시한 적이 있다. 극락조에 대해서는 *Annals and Magazine of Natural History*, vol. 20, 1857, 412쪽에 실린 월리스의 글을 참조하시오. 도요에 대해서는 로이드의 위의 책, 221쪽을 참조하시오.

우리는 구애 기간이 매우 길다는 사실과 같은 지역에 다수의 암수가
모여드는 현상을 이해할 수 있게 된다. 철저하게 일부일처제를 고집
하는 종도 번식기가 되면 군집을 이루는 종류가 있다. 스칸디나비아
반도에 서식하는 뇌조의 한 종류가 이에 해당하는 것으로 보인다. 이
들의 구애는 3월 중순부터 5월 중순까지 계속해서 한곳에서 이루어
진다. 오스트레일리아에 서식하는 금조*의 한 종류인 메누라 수페르
바(Menura superba)는 '작고 둥근 언덕'을 만든다. 또 메누라 알베르티
(M. alberti)는 땅을 긁어 파서 얕은 구덩이를 만든다. 원주민들은 이
장소를 '축제의 마당'이라고 부르는데 이곳에 암컷과 수컷이 함께 모
여든다고 생각한다. 메누라 수페르바는 간혹 매우 큰 규모의 집회를
여는 경우도 있다. 최근 여행자 한 분께서 금조의 집회에 대한 내용
을 책으로 냈는데[3] 그는 관목이 빽빽이 들어찬 골짜기에서 들려오는
엄청난 소음에 깜짝 놀랐다고 한다. 그가 살금살금 기어 그곳으로 갔
을 때 그 앞에는 정말 놀랄 만한 광경이 펼쳐졌는데 약 150마리의 화
려한 새들이 "전투형으로 포진하고는 형언하기 어려울 정도로 격렬
하게 전투를 벌였다"고 한다. 바우어버드의 정자(亭子)는 번식기에 암
컷과 수컷 모두가 드나드는 곳이다. 이곳에서 수컷들은 암컷을 차지
하기 위해 서로 만나 경쟁을 벌인다. 또 암컷들은 이곳에 모여 수컷들
에게 교태를 부린다. 바우어버드 중 두 종류는 여러 해에 걸쳐 같은
정자에 찾아든다.[4]

    폭스(W.D. Fox)에게 들은 바로는 일반 까치(Corvus pica, Linn.)는
성대한 결혼식을 올리는 것으로 알려져 있는데 결혼식을 축하하기
위해 델라미어 삼림지구*의 모든 숲에서 한곳으로 모여든다고 한다.

---

3) T.W. Wood, *Student*, 1870. 4, 125쪽에서 인용했다.
4) J. Gould, *Handbook of the Birds of Australia*, vol. 1, 300, 308, 448, 451쪽. 위에
   서 인용한 뇌조에 대해서는 로이드의 앞의 책, 129쪽을 참조하시오.

몇 해 전 까치는 그 숫자가 엄청나게 많았다. 사냥터지기 한 사람이 오전 중에 19마리의 수컷을 사냥한 적도 있었다. 또 다른 사람은 총 한 방에 홰에 앉아 있는 일곱 마리를 한꺼번에 쏘아 맞추기도 했다. 당시 까치들은 이른봄에 특정한 장소에 모여들곤 했다. 그곳에서 까치들은 떼를 이루어 시끄럽게 떠들고 때로는 싸우기도 하면서 나무 주위를 날아다니며 소란을 피운다. 모든 까치는 이 일 전체를 가장 중요한 일 중 하나로 여기는 것이 틀림없다. 회합이 끝나면 모든 까치는 바로 흩어져버린다. 폭스와 여러 사람들이 관찰한 바로는 그후 까치들은 짝을 이루어 번식기를 보낸다고 한다. 한 종의 많은 개체가 한 지역에 서식하지 않을 경우 이들이 대규모로 모이는 일은 물론 일어나지 않는다. 또한 같은 종이라고 해도 나라마다 습성이 서로 다르다. 예를 들어 웨더번(Wedderburn)에게 들은 바에 따르면 정기적으로 집회를 갖는 조류는 스코틀랜드에 서식하는 멧닭뿐이라고 한다. 그러나 독일과 스칸디나비아에 서식하는 여러 종류의 멧닭도 일정한 장소에 정기적으로 모인다는 사실이 잘 알려져 있다. 그래서 이들을 각각 개별적인 종으로 분류한다.

짝을 이루지 못한 새 이제까지 제시한 사실로써 서로 다른 많은 집단에 속하는 조류의 구애 행동이 장기적이고 섬세하며 까다롭게 이루어지는 경우가 많다는 결론을 내려도 될 것 같다. 처음에는 그렇게 생각하지 않겠지만 같은 지역에 서식하는 같은 종의 암수도 항상 서로를 즐겁게 해주지는 않으며 그 때문에 짝을 이루지 못하는 경우도 있다. 이런 생각에는 나름대로 믿을 만한 근거가 있다. 짝을 이룬 두 마리 중 어느 한 마리가 총에 맞아 죽을 경우 그 빈자리가 다른 새로 빠르게 채워진다는 내용을 설명하는 문헌은 많다. 이런 현상은 다른 조류보다 까치에서 많이 관찰되었는데 이것은 까치의 모습이 뚜렷하고 까치집도 눈에 잘 띄기 때문일 것이다. 저명한 학자인 제너(Jenner)는 월트셔*에서 까치 한 쌍 중 한 마리가 매일 총에 맞아 죽는 일이 연속해서 일곱 번이나 일어난 적이 있다고 했다. 남아 있는 까치 한 마리는 곧 다른 짝을 찾았으며 결국 마지막으로 맺어진 두 마리의 까치가 둥지의 어린 새끼들을 길렀다. 짝을 잃은 까치는 대개 다음 날 새로운 파트너를 만났지만 톰슨(W. Thompson)이 제시한 사례에 따르면 그날 저녁으로 새 짝을 찾는 경우도 있었다고 한다. 알이 부화한 후에도 부모 중 하나가 죽으면 새로운 파트너가 그 자리를 대신한다. 최근 러벅(J. Lubbock)의 사냥터지기 중 한 사람은 까치 한 마리가 죽은 후 2일 만에 새로운 파트너 관계가 형성되는 것을 관찰했다고 한다.[5] 일차적으로 가장 분명한 추측은 수컷 까치가 암컷보다 훨씬 더 많다는 것이다. 그리고 위의 경우에는 다른 조류와 마찬가지로 죽은 것은 수컷들이었다. 일부 사례에는 이것이 틀림없이 들어맞는다. 폭스가 델라미어 삼림지구의 여러 사냥터지기를 통해 확인한 바로는 그들이 둥지 근처에서 연속해서 대량으로 쏘아 잡은 까치와 까마귀의 대부분이 수컷들이었다고 한다. 그들은 이런 현상을 둥지에 앉아 있는 암컷에게 먹이를 날라다 주는 수컷이 쉽게 사냥의 표적이 되기 때문이라고 설명했다. 그러나 맥길리브레이는 저명한 관찰자 한 분의 말을 빌려 한 둥지에서 연속해서 사냥한 세 마리의 까치가 모두 암컷이었다고 했다. 또 다른 한 사례는 둥지에서 동일한 알을 품다가 연속적으로 사냥된 여섯 마리의 까치에 관한 경우였는데 대부분이 암컷일 가능성이 높다고 했다. 물론 폭스에게 들은 바로는 암컷이 살해당했을 때 수컷이 대신해서 알을 품을 수는 있다고 한다.

---

5) 까치에 대해서는 *Philosophical Transactions*, 1824, 21쪽에 실린 제너의 글을 참조하시오. W. Macgillivray, *History of British Birds*, vol. 1, 570쪽; W. Thompson, *Annals and Magazine of Natural History*, vol. 8, 1842, 494쪽.

러벅의 사냥터지기는 한 쌍의 어치(*Garrulus glandarius*)* 중 한 마리를 쏘아 죽이는 일을 계속했다. 사실 그가 말하지 않은 경우가 훨씬 더 많았을 것이다. 그런데 얼마 지나지 않아 살아남은 한 마리가 반드시 새로운 짝을 다시 만난다는 것을 확인했다. 폭스, 본드(F. Bond) 그리고 그외의 여러 사람이 한 쌍의 까마귀(*Corvus corone*) 중 한 마리만을 쏘아 죽였지만 그 둥지에는 암수 한 쌍이 다시 짝을 이루어 살게 되었다고 말했다. 까마귀는 어느 정도 흔한 새지만 매(*Falco peregrinus*)는 흔한 새가 아니다. 그러나 톰슨의 말에 따르면 아일랜드에서 "다 자란 암컷이나 수컷이 번식기에 죽는 일이 드물지 않게 일어나는데 불과 며칠 만에 새로운 새가 그 빈자리를 차지한다. 그런 식으로 맹금류의 새끼들은 부모를 잃는 불의의 사고를 당해도 어린 시절을 무사히 보내는 것이 확실하다." 제너 위어는 비치 헤드*에 사는 송골매에게서도 동일한 사실을 관찰했다. 제너 위어는 한 둥지를 찾아들던 황조롱이(*Falco tinnunculus*)* 수컷 세 마리를 차례로 모두 사냥했다고 했다. 그들 중 두 마리의 깃은 완전히 발달된 새로운 것이었으나 나머지 한 마리의 깃은 전년도의 깃 그대로였다. 스코틀랜드의 믿을 만한 사냥터지기 한 분이 버크벡(Birkbeck)에게 확인시켜준 바로는 희귀한 검독수리(*Aquila chrysaëtos*)도 한 마리가 죽으면 곧 다른 짝을 만난다고 한다. 올빼미의 한 종류인 스트릭스 플라메아(*Strix flammea*)의 경우에도 배우자를 잃고 홀로 남은 한 마리는 새로운 짝을 찾는다.

올빼미의 사례를 제공한 사람은 셀본의 화이트(G. White)인데, 그는 자기가 아는 사람의 얘기를 덧붙였다. 그 사람은 자고 수컷들이 서로 싸우기 때문에 짝짓기가 일어나지 않는다고 생각하고 싸움하고 있는 수컷을 항상 총으로 쏘았다고 한다. 그래서 어떤 암컷은 수컷을 여러 번 잃고 홀로 되었지만 항상 새로운 수컷 파트너를 만나 짝을 이루었다고 한다. 또 화이트는 흰털발제비의 둥지에 침입해 주인을 몰아내고 둥지를 차지한 참새를 쏘아 죽이라고 명령했다. 그러나 남은 참새가 수컷이든 암컷이든 간에 즉시 새로운 짝을 맞아들였고 그 같은 일은 계속해서 일어났다고 한다. 푸른머리되새, 나이팅게일, 딱새류에 관한 비슷한 사례를 더 추가할 수도 있다. 작가 한 분이 딱새의 한 종류인 푀니쿠라 루티칠라(*Phoenicura ruticilla*)에 대한 글을 쓰면서 수컷이 떠나자마자 알을 품고 있던 암컷이 자신이 혼자라는 표시를 매우 효과적으로 드러낸다는 사실에 대해 놀라움을 표현했다. 이 종은 주위에서 흔한 조류가 아니기 때문에 눈에 잘 띌 수 있도록 그렇게 효과적인 표시를 하는 것이다. 제너 위어는 내게 매우 비슷한 사례를 일러주었다. 그는 블랙히스*에서 야생 황소방울새를 본 적도 없으며 노랫소리를 들은 적도 없었다. 그러나 새장 속에 있는 수컷들 중 한 마리가 죽으니 며칠 안 돼 어디선가 수컷 한 마리가 날아들어 홀로 된 암컷 주변에 내려앉았다. 물론 암컷이 수컷을 부르는 소리는 크게 들리는 소리가 아니었다고 한다. 역시 제너 위어에게서 얻은 다른 사례를 한 가지만 더 들어보겠다. 한 쌍의 흰점찌르레기(*Sturnus vulgaris*) 중 한 마리가 아침에 총에 맞아 죽었는데 정오가 되자 새로운 짝이 발견되었다고 한다. 새로 온 짝을 다시 총으로 쏘아 없애버렸는데 밤이 되기도 전에 또 다른 새가 날아와 새로운 파트너 관계가 형성되었다고 한다. 결국 이 새는 하루에 여러 번 짝을 잃고 비탄에 잠기고 또 여러 번 슬픔을 달래게 된 것이다. 엥글허트(Engleheart)도 내게 비슷한 사례를 일러주었다. 그는 블랙히스의 한 집에 있는 구멍 속에 둥지를 튼 흰점찌르레기 한 쌍 중 한 마리를 며칠 동안 계속해서 쏘아 죽였다. 그러나 빈자리는 항상 다른 새로 채워졌다고 한다. 한 계절 동안 그는 한 둥지에서만 35마리의 새를 쏘아 죽였다. 이것은 암수 모두 포함된 숫자인데 암수의 성비는 알아내지 못했지만, 이렇게 대량으로 쏘아 죽였는데도 알들은 부화해 제대로 길러졌다고 한다.[6]

이런 사례들은 주의를 기울일 만한 가치가 있다. 암수에 상관없이 잃어버린 빈자리를 즉각적으로 대체하는 새의 종류가 많은 이유는 무엇인가? 봄철에 관찰한 까치, 어치, 까마귀, 자고 그리고 그외의 여러 조류는 항상 짝을 이루고 있으며 절대로 혼자서 생활하지 않는 것으로 보인다. 이것은 처음에는 가장 골치 아픈 문제로 보인다. 같은 성의 조류가 진정한 의미의 짝을 이루는 것은 아니지만 간혹 짝을 이루거나 소집단을 이루어 생활하는 경우는 있다. 비둘기와 자고가 이에 해당한다. 간혹 셋이서 함께 생활하는 조류도 있다. 흰점찌르레기, 까마귀, 앵무새, 자고가 이에 해당한다. 자고는 두 마리의 암컷이 한 마리의 수컷과 함께 생활하는 사례가 알려졌다. 또 두 마리의 수컷이 한 마리의 암컷과 함께 생활하는 사례도 알려졌다. 그런 모든 경우에 이들의 결합은 쉽게 깨어지며 셋 중 어느 하나는 홀로 된 암컷이나 수컷을 찾아 쉽사리 짝을 이루게 된다. 일부 조류의 수컷은 간혹 번식기가 한참 지난 후에도 사랑의 노래를 부르는 경우가 있다. 이것은 그들이 짝을 잃었거나 아예 짝을 만나지 못했다는 것을 보여주는 것이다. 사고나 질병으로 두 마리 중 한 마리가 죽으면 나머지 한 마리는 홀로 남아 자유롭게 된다. 번식기를 맞은 암수 중 특히 암컷이 때 아니게 죽는 경우가 많다. 여기에는 나름대로 믿을 만한 근거가 있다. 게다가 둥지가 파괴된 새, 새끼를 낳지 못하는 부부 새, 성장이 더딘 새는 배우자와 쉽게 헤어지는 것 같다. 그후 그들은 새로운 짝을 만나 비록 자기의 친자식이 아니더라도 새로 만난 배우자의 새끼를 키

6) 매에 대해서는 W. Thompson, *Natural History of Ireland: Birds,* vol. 1, 1849, 39쪽을 참조하시오. 올빼미, 참새, 자고에 대해서는 G. White, *Natural History of Selborne,* 1825, vol. 1, 139쪽을 참조하시오. 딱새류에 대해서는 *Loudon's Magazine of Natural History,* vol. 7, 1834, 245쪽을 참조하시오. A.E. Brehm, *Illustriertes Thierleben,* Bd. 4, 991쪽에는 하루 만에 세 번이나 새로운 짝을 만난 조류의 사례가 들어 있다.

우는 임무를 쾌히 분담하는 것 같다.[7] 이 같은 우연한 상황은 전술한 대부분의 사례를 설명해줄 수 있을 것 같다.[8] 그런데도 번식의 절정기에 똑같은 지역에서 짝을 잃은 새의 빈자리를 항상 채워줄 만한 다수의 암컷과 수컷이 존재한다는 것은 이상한 일이다. 이런 여분의 새들은 왜 미리 서로 짝짓기를 하지 않는 것인가? 제너 위어의 생각처럼 다음과 같이 생각하는 것은 근거가 있는가? 즉 조류의 구애 행동은 꽤나 많은 시간을 소비하고 지루한 작업으로 여겨지기 때문에 일부 암컷과 수컷이 번식기에 상대의 사랑을 구하지 못해 결과적으로 짝을 이루지 못하는 경우가 종종 발생한다고 생각할 수 있는가? 암컷이 특정한 수컷에게 극도로 싫어하는 감정이나 좋아하는 감정을 나

---

7) 수컷 자고가 번식기 초기에 작은 집단을 이루는 것에 대해서는 화이트의 앞의 책, 제1권, 140쪽을 참조하시오. 나는 다른 여러 곳에서도 이런 얘기를 들은 적이 있다. 일부 조류에서 생식 기관의 발달이 지연되는 사례에 대해서는 *Philosophical Transactions*, 1824에 실린 제너의 글을 참조하시오. 세 마리의 새가 함께 살아가는 흰점찌르레기와 앵무새의 사례는 제너 위어에게서 얻은 정보며 자고의 사례는 폭스에게서 얻은 정보다. 까마귀에 대해서는 Field, 1868, 415쪽을 참조하시오. 번식기가 지난 후에도 노래를 부르는 여러 종류의 수컷 조류에 대해서는 L. Jenyns, *Observations in Natural History*, 1846, 87쪽을 참조하시오.

8) 다음의 사례는 모리스(F.O. Morris)가 경애하는 포레스터(O.W. Forester)의 말을 빌려 *The Times*, 1868. 8. 6일에 발표한 것이다. "이곳의 사냥터지기가 올해 매의 둥지를 발견했다. 그 둥지에는 다섯 마리의 어린 새끼가 있었다. 그는 네 마리의 새끼를 꺼내어 죽여버리고 나머지 한 마리만 남겨놓았는데 그것도 날개를 부러뜨려놓았다. 부모 매를 사냥하려는 미끼로 이용한 것이었다. 부모 매는 다음 날 어린 새끼에게 먹이를 주다가 결국 모두 총에 맞았는데 사냥터지기는 그것으로 모든 것이 끝났다고 생각했다. 다음 날 그가 다시 왔을 때 그는 두 마리의 매를 발견했는데, 이들은 자비롭게도 고아가 된 어린 매를 양자로 받아들여 보살피고 있었던 것이다. 그는 다시 이 두 마리의 매를 죽이고 그곳을 떠났다. 나중에 다시 그곳을 찾았을 때 그는 더욱 자비로운 두 마리의 매가 똑같이 어린 매를 보살피는 것을 보았다. 그는 다시 이들 중 한 마리를 죽였고 다른 한 마리를 향해서도 총을 쏘았지만 그것을 찾을 수는 없었다고 했다. 이보다 더 성과 없는 일은 아마 없을 것이다."

타내는 일이 종종 있는 것으로 보아 이런 상황이 불가능한 것은 아닌 것 같다.

조류의 정신적 특성과 아름다운 개체에 대한 기호   암컷이 더욱 매력적인 수컷을 고르는지 처음으로 만난 수컷을 무조건 받아들이는지에 대한 문제를 논의하겠다. 그러나 그전에 조류의 정신 능력에 대해 간단히 살펴보는 것이 유익할 것 같다. 조류의 사고력은 일반적으로 낮은 편이다. 당연히 그럴 것이다. 그러나 사실 그렇지 않다는 것을 보여주는 사례도 있다.[9] 그러나 정신 능력이 낮은 개체도 강한 애정, 예리한 지각, 아름다운 개체를 좋아할 수 있다. 이런 상황은 우리 인간에게서도 볼 수 있다. 우리가 여기서 관심을 갖는 것은 바로 이 마지막에 언급한 아름다운 개체에 대한 취향이다. 앵무새는 배우자에 대한 서로의 애정이 매우 강하기 때문에 한 마리가 죽으면 홀로 남은 한 마리는 아주 오랜 세월을 홀로 슬프게 지낸다는 사실이 널리 알려져 있다. 그러나 제너 위어는 대부분의 조류가 갖고 있는 애정의 강도가 지나치게 과장되어 있다고 생각한다. 그렇지만 자연 상태에서 두 마리 중에 한 마리가 총에 맞아 죽으면 그후 며칠 동안 남은 한 마리가 부르는 구슬픈 노래를 들을 수 있다.[10] 베넷의 말에 따르면 아름다운

---

9) 다음에 언급하는 내용은 A.L. Adams, *Travels of a Naturalist*, 1870, 278쪽에 실린 뉴턴(A. Newton)의 글을 인용한 것이다. 새장에 가둔 일본동고비*에 대해 언급하면서 그는 다음과 같이 말했다. "일본 동고비의 통상적인 식량인 주목의 큰 열매 대신에 한번은 딱딱한 개암나무 열매를 먹이로 주었다. 새는 개암나무 열매를 깨뜨리지 못했다. 그러자 새는 물이 담긴 컵에 열매를 하나씩 넣었다. 어느 정도 시간이 지나면 열매가 부드러워진다는 것을 아는 것이 틀림없이 보였다. 이것은 이 새에게 정신 능력이 있다는 흥미로운 증거다.

10) *A Tour in Sutherlandshire*, vol. 1, 1849, 185쪽. Buller, *Birds of New Zealand*, 1872, 56쪽에서 잉꼬의 수컷 왕이 죽으면 암컷은 안달을 하고 얼굴을 찌푸리며 먹이를 먹지 않다가 결국 너무 낙담한 나머지 죽는다고 했다.

중국산 물오리는 수컷이 없어지면 암컷은 우울해한다고 한다.[11] 비록 다른 물오리 수컷이 암컷 앞에서 자기의 모든 매력을 뽐내며 부지런히 구애 행동을 벌인다 해도 암컷의 슬픔은 쉬 가시지 않는다는 것이다. 3주 후에 없어졌던 수컷이 다시 나타나면 암수는 서로를 즉시 알아보고 매우 기뻐한다고 한다. 그에 반해 흰점찌르레기는 우리가 전에 살펴본 것처럼 짝을 잃고 새로운 짝을 만나는 행위를 하루에 여러 번 반복하기도 한다. 비둘기는 공간에 대한 기억력이 아주 뛰어나기 때문에 집을 떠난 지 9개월이 지난 후에도 자기가 살던 집으로 되돌아온다. 그러나 해리슨 위어(Harrison Weir)에게 들은 바에 따르면 한 쌍의 비둘기가―자연 상태에서라면 평생을 부부 관계로 살았을 것이다―겨울에 일주일 동안 헤어진 후 다른 새와 짝을 이루었을 경우 나중에 이들이 다시 만났을 때 서로를 알아보는 경우는 드물었다고 한다.

조류는 인정이 넘치는 감정을 표현하는 경우가 간혹 있다. 새들은 다른 종이 버린 새끼를 먹여 살리기도 한다. 그러나 이것은 잘못 베풀어진 본능으로 여겨야 할 것 같다. 이 책의 초반부에서 논의했듯이 조류는 같은 종의 개체가 늙어서 눈이 멀게 되면 그들을 먹여 살린다. 벅스턴(C. Buxton)은 앵무새 한 마리가 동상에 걸려 불구가 된 다른 종의 암컷 새를 보살피고 깃털을 닦아주고, 심지어는 그의 정원을 돌아다니는 다른 앵무새가 그 암컷을 공격하려 할 때 방어까지 해주었다고 말했다. 새들이 동료들과 즐거움을 함께 나눈다는 아주 기이한 사실도 있다. 카커투* 한 쌍이 아카시아나무에 둥지를 틀었을 때 같은 종의 다른 새들이 둥지에 대해 과도한 흥미를 갖고 있음을 보는 것은 우스꽝스러운 일이었다. 또 앵무새들에겐 무한한 호기심이

11) Bennett, *Wanderings in New South Wales*, vol. 2, 1834, 62쪽.

있다. 그리고 '재산과 소유에 대한 개념'이 있는 것이 틀림없다.[12) 앵무새의 기억력은 훌륭하다. 런던 동물원의 앵무새는 몇 달 만에 보는 관리자도 알아본다고 한다.

새들의 관찰력은 뛰어나다. 짝을 이룬 모든 새가 자신의 배우자를 알아보는 것은 물론이다. 오듀본의 설명에 따르면 흉내지빠귀(*Mimus polyglottus*)의 대부분은 일정한 시기가 되면 동부에 있는 주로 이주하지만 일부는 남부의 루이지애나주에 일 년 내내 머문다고 한다. 이곳에 머무르는 새들은 이주했던 새들이 돌아오면 그들을 즉시 알아보고 늘 공격한다고 한다. 새장에서 키우는 새는 사람을 구별한다. 이것은 그들이 뚜렷한 이유도 없이 특정한 사람을 싫어하거나 좋아하는 감정이 매우 강하며 그런 감정이 지속적이라는 사실을 보면 알 수 있다. 나는 어치, 자고, 카나리아 그리고 특히 황소방울새에 대한 많은 사례를 들었다. 후세이는 훈련받은 자고가 얼마나 놀라운 방법으로 모든 사람을 알아보는지에 대해 설명했다. 이 새는 좋아하는 감정과 싫어하는 감정이 매우 강하다. 이 새는 화려한 색깔을 좋아하는 것 같다. 새로운 옷을 입거나 모자를 쓰면 반드시 그 새의 주의를 끌게 된다.[13)

헤위트(Hewitt)는 일부 오리의—최근에 야생 조류에서 유래됨—습성에 대해 보고했다. 이 오리에겐 낯선 개나 고양이가 접근하면 물속으로 뛰어들어 위험을 벗어나기 위해 전력질주하는 습성이 있었다. 그러나 그들은 헤위트가 키우는 개와 고양이들과는 매우 친숙해 그들 바로 옆에 드러누워 햇볕을 쬐곤 했다고 한다. 그들은 항상 낯선 사람을 피했으며 친숙했던 한 여성이 옷을 아주 색다르게 바꿔 입고 접근하는 경우에도 그들은 가까이하지 않고 멀리 피했다. 오듀본은

---

12) C. Buxton, "Acclimatization of Parrots," *Annals and Magazine of Natural History,* 1868. 11, 381쪽을 참조하시오.

13) Hussey, *Zoologist,* 1847~48, 1602쪽.

야생 칠면조 한 마리를 키우며 길들였는데 그 칠면조에게는 낯선 개만 보면 꽁무니를 빼고 도망치는 습성이 있었다. 그날도 이 칠면조는 낯선 개를 보고 숲속으로 도망쳤다. 며칠 후 그는 숲속에서 그 칠면조를 찾았는데 처음에 그는 그것이 도망간 칠면조가 아니고 야생 칠면조라고 생각했다. 그래서 그는 자기 개에게 칠면조를 추격토록 했다. 그러나 놀랍게도 칠면조는 도망치지 않았다. 그곳으로 가보니 개도 칠면조를 공격하지 않았다. 그들은 서로 옛 친구를 만난 것처럼 서로를 알아보았다.[14]

제너 위어는 새가 다른 새의 색깔에 질투심을 보이거나 동족 관계의 표시로 특별한 관심을 기울인다고 확신한다. 예를 들어 제너 위어는 검은머리쑥새(*Emberiza schoeniculus*) 한 마리를 새장 안에 넣었는데, 이 새의 머리는 검은 색깔을 띠었다. 그런데 새장 안에 있던 어떤 종류의 새도 이 새로운 전입자에게 관심을 기울이지 않았지만 머리 색깔이 전입자와 같은 황소방울새만큼은 검은머리쑥새에게 경계심을 보였다. 황소방울새는 매우 조용해서 머리가 검지 않은 어느 새하고도 절대로 싸워본 적이 없는 새였다고 한다. 검은머리쑥새라고 해도 머리만 검지 않으면 절대로 싸우는 법이 없었다. 그러나 새장에 들어간 검은머리쑥새는 머리가 검어서 결국 이 새는 새장 안에서 황소방울새에게 지독한 대접을 받아 검은머리쑥새를 다시 꺼내야만 했다. 번식기를 맞은 스피자 치아네아(*Spiza cyanea*)*는 화려한 푸른 색깔을 띤다. 이 새는 대개 얌전한 새였지만 머리가 푸른색인 스피자 치리스(*S. ciris*)를 공격해서 이 불쌍한 피해자의 머리털을 모두 뽑아버렸다.

---

14) 물오리에 대한 헤위트의 설명은 *Journal of Horticulture*, 1863. 1. 13, 39쪽을 참조하시오. 야생 칠면조에 대한 오듀본의 설명은 *Ornithological Biography*, vol. 1, 14쪽을 참조하시오. 흉내지빠귀에 대해서는 위의 책, 제1권, 110쪽을 참조하시오.

제너 위어는 새장에서 유럽울새도 꺼낼 수밖에 없었는데, 유럽울새는 새장 안에서 깃털이 붉은 새는 누구라도 공격했다. 그러나 다른 색깔의 새는 절대로 공격하는 일이 없었다. 이 유럽울새는 가슴이 붉은 솔잣새* 한 마리를 죽인 적이 있으며 오색방울새 한 마리도 거의 죽을 정도까지 공격한 적이 있었다. 그와는 반대로 새장 안에 들어가자마자 자기와 가장 색깔이 비슷한 새를 향해 날아가 그 옆에 다정하게 앉는 새들도 있었다고 한다.

조류 수컷이 암컷 앞에서 온갖 정성을 다하여 자기의 화려한 깃과 장식을 전시하는 것으로 보아 암컷은 구혼자의 아름다움을 식별할 수 있음이 거의 틀림없는 것 같다. 그러나 그들에게 아름다움을 식별하는 능력이 있다는 직접적인 증거를 얻기란 쉬운 일이 아니다. 새들이 거울에 비친 자신의 모습을 응시하면서—많은 사례를 조사했다—거울에 비친 자신을 경쟁자로 생각하고 질투심을 느끼지 않는다고 확신할 수는 없다. 물론 이와는 다른 결론을 내린 관찰자가 없었던 것은 아니다. 또 단순한 호기심과 가슴속에서 우러나는 감탄을 구별하는 것이 어려운 경우가 있다. 릴포드가 말했듯이[15] 목도리도요가 화려한 물체에 무조건적인 관심을 보이는 것은 본능인 것 같다. 이오니아 제도*의 목도리도요는 화려한 색깔의 손수건을 향해 몇 번이고 날아 내려온다. 작은 거울로 햇빛을 반사시켜 반짝거리게 하면 많은 종달새가 하늘에서 거울이 있는 지점으로 내려앉아 다수의 종달새를 잡을 수 있다. 까치, 갈까마귀 그리고 그외의 새들이 은 조각이나 보석같이 화려한 물건을 훔쳐 숨기는 것은 물건에 대한 동경 때문인가 호기심 때문인가?

굴드(J. Gould)의 설명으로는 벌새는 자신의 취향을 최대한 살려

---

15) L. Lilfold, *Ibis*, vol. 2, 1860, 344쪽.

둥지 바깥쪽을 장식한다고 한다. 그들은 본능적으로 둥지 위에 납작하고 아름다운 지의류 조각을 단단히 부착시키는데 큰 조각은 둥지의 중앙에 부착시키고 작은 조각은 나뭇가지와 연결된 둥지 주변부에 부착시킨다. 가끔 아름다운 깃털이 둥지의 바깥쪽에 부착되는 경우도 있다. 이때 둥지에 꽂히는 부위는 항상 깃대로서 깃 장식이 둥지 표면 위로 드러나게 한다. 그러나 아름다운 것을 좋아한다는 가장 훌륭한 증거는 앞에서도 언급했던 세 속의 오스트레일리아산 바우어버드에서 나타난다. 그들의 정자(〈그림-46〉 참조)는 암수가 모여들고 기이한 구애 행동을 벌이는 곳으로 이용되는데 그 형태가 가지각색이다. 그러나 우리의 관심을 가장 많이 끄는 것은 여러 종이 서로 다른 방식으로 정자를 꾸민다는 사실이다. 새틴바우어버드는 잉꼬의 꼬리깃, 희게 표백된 뼈와 조가비 같은 화려한 색깔의 물건들을 모아 나뭇가지 사이에 부착시키거나 입구에 배열해놓는다. 굴드는 한 정자에서 깔끔하게 손질된 돌도끼와 면직물 천 조각을 발견했다. 이것은 이들이 원주민 야영지에서 갖고 온 것이 틀림없었다. 이들 물건은 끊임없이 재배치되며, 바우어버드는 구애 행동을 벌일 때 이들 물건을 입에 물고 있기도 한다. 점박이바우어버드의 정자 안쪽은 길이가 길쭉한 풀들로 장식되어 있다. 이들 풀의 끝은 항상 거의 만날 것처럼 배치되며 주위에는 여러 가지 장식이 아주 많은 편이다. 풀의 아래쪽을 고정시키기 위해 둥근 돌을 이용하며 정자로 향하는 여러 경로를 만들기 위해서도 둥근 돌을 이용한다. 돌과 조가비는 아주 먼 곳에서 갖고 오는 경우가 많다. 램지(Ramsay)가 설명한 바에 따르면 섭정바우어버드는 5~6종에 해당하는 육상 달팽이의 표백된 껍질을 이용해 자기의 작은 정자를 장식한다. 또한 파랑, 빨강, 검정 등의 색깔을 보이는 갖가지 열매를 이용하여 정자를 꾸미는데 이들 열매가 신선할 때 정자는 매우 아름답게 보인다. 그외에도 새로 수집한 나뭇잎과 분홍색이 도는 어린 싹도 장식용으로 이용된다. 이 모든 것은 이들이 아름다운 물건을 좋아한다는 것을 결정적으로 보여주는 증거다. 굴드가 다음과 같이 말하는 것은 당연하다. "수집한 물건을 이용하여 이렇게 멋지게 장식한 집회장은 이제까지 발견된 조류의 건축물 중에서 가장 훌륭한 것으로 여겨야만 한다." 그리고 우리가 알고 있듯이 몇몇 종은 정자를 건설하는 취향이 서로 다름이 틀림없다.[16]

암컷이 특정한 수컷을 좋아하는 경우　이제까지 조류의 식별력과 취향에 대해 예비적인 언급을 했기 때문에 암컷이 특정한 수컷을 좋아하는 사례에 대해 내가 아는 모든 것을 여기에 제시하겠다. 서로 다른 별개의 종이 자연 상태에서 짝을 이뤄 잡종의 새끼를 낳는 경우가 간혹 있다는 것은 틀림없는 사실이다. 많은 사례가 이에 해당할 수 있는데 예를 들어 맥길리브레이는 수컷 지빠귀와 암컷 개똥지빠귀가 서로 사랑에 빠져 새끼를 낳는 과정을 설명했다.[17] 몇 년 전에 대영제국에서 멧닭과 꿩 사이에서 태어난 잡종 사례가 18건이 보고된 적이 있다.[18] 그러나 이들 사례의 대부분은 자기 종의 배우자를 만나지 못하고 고립된 생활을 하는 새를 대상으로 관찰한 사례인 것 같다. 다른 조류의 경우 아주 가까운 곳에 집을 짓고 살아가는 새들 사이에 우연히 교미를 해서 잡종이 형성되는 경우가 간혹 있다고 제너 위어는 확신한다. 집에서 길들인 서로 다른 새의 경우도 자기 종 집단과 함께 살면서도 다른 종의 새와 서로 사랑에 빠져 그들 사이에서 잡종이 태

---

16) 벌새의 장식된 둥지에 대해서는 J. Gould, *Introduction to the Trochilidae*, 1861, 19쪽을 참조하시오. 바우어버드에 대해서는 J. Gould, *Handbook of the Birds of Australia*, 1865, vol. 1, 444~461쪽을 참조하시오. Ramsay, *Ibis*, 1867, 456쪽도 참조하시오.

17) W. Macgillvray, *History of British Birds*, vol. 2, 92쪽.

18) *Zoologist*, 1853~54, 3940쪽.

어난 사례가 많이 알려져 있기는 했지만 이 경우에는 앞의 설명이 적용되지 않는다. 예를 들어 워터턴의 설명에 따르면 23마리의 캐나다 거위 중에서 한 마리의 암컷이 버니클거위 수컷과 짝을 이루었다고 한다.[19] 이들의 모습과 크기는 매우 달랐지만 그들은 잡종 새끼를 낳았다. 홍머리오리(*Mareca penelope*) 수컷이 동종의 암컷과 함께 살고 있으면서도 고방오리의 일종인 쿠에르쿠에둘라 아쿠타(*Querquedula acuta*) 암컷과 짝을 이루었다는 보고도 있다. 로이드는 혹부리오리의 한 종류인 타도르나 불판세르(*Tadorna vulpanser*)와 일반 오리 사이에 형성되었던 놀랄 만한 애정에 대해 설명했다. 그외에도 많은 사례가 있다. 딕슨은 다음과 같이 말한다. "많은 종류의 거위를 함께 키워본 사람이면 서로 다른 종 사이에 형성되는 설명하기 어려운 애정 관계를 잘 알 것이다. 또한 그들이 정말로 짝을 이루어 자기 자신의 종과는 명백하게 다른 품종의 새끼를 낳아 키우며 사는 일도 있을 법하다는 것을 잘 알고 있을 것이다."

폭스는 개리(*Anser cygnoides*)* 한 쌍, 일반 거위 수컷 한 마리와 암컷 세 마리를 동시에 사육했다고 한다. 두 집단은 완전히 격리된 상태를 유지했지만 개리 수컷이 일반 거위 암컷 중 한 마리에게 함께 살자고 부추기게 되면서 이러한 격리는 깨어지게 되었다. 일반 거위 알에서 부화한 어린 새끼 중 순수 혈통을 갖춘 놈은 단지 네 마리에 불과했다. 나머지 18마리는 모두 잡종으로 판명되었다. 따라서 개리는 일반

---

19) C. Waterton, *Essays on Natural History*, 제2시리즈, 42, 117쪽. 다음에 언급하게 될 내용 중 홍머리오리의 사례에 대해서는 *Loudon's Magazine of Natural History*, vol. 9, 616쪽과 L. Lloyd, *Scandinavian Adventures*, vol. 1, 1854, 452쪽을 참조하시오. 또한 E. S. Dixon, *Ornamental and Domestic Poultry*, 137쪽과 *Journal of Horticulture*, 1863. 1. 13, 40쪽에 실린 헤위트의 글과 베흐슈타인(Bechstein)의 *Naturgeschichte der Stubenvögel*, 1840, 230쪽을 참조하시오. 제너위어는 최근 두 종의 오리에 대한 비슷한 사례를 내게 제공했다.

거위 수컷보다 상당한 매력이 있었던 것으로 보인다. 한 가지 사례만 더 들겠다. 헤위트는 사로잡혀 사육하던 한 마리의 물오리에 대해 다음과 같이 말했다. "이 물오리는 동종의 수컷과 두 번의 번식기를 보낸 오리였다. 그런데 물에 고방오리 수컷 한 마리를 넣어주자마자 그 암컷은 동종의 수컷 배우자를 멀리했다. 첫눈에 고방오리 수컷과 사랑에 빠진 것이 틀림없었다. 왜냐하면 새로운 전입자가 암컷의 프러포즈에 놀라 그 제의를 받아들일 의사가 없다는 것을 표시했는데도 암컷은 새로운 수컷의 주위를 애무하듯이 헤엄쳤다. 그때부터 암컷은 옛 파트너에 대한 기억을 완전히 지워버린 듯했다. 겨울이 지나고 다음해 봄이 왔을 때 고방오리 수컷은 물오리 암컷의 아양에 마음이 움직였는지 그들은 둥지를 틀고 일고여덟 마리의 새끼를 낳아 키웠다."

이런 여러 가지 사례에서 단지 새로운 것에 대한 호기심의 수준을 넘어 존재하는 매력이 무엇인지 우리는 추측조차 할 수 없다. 그렇지만 색깔이 그 역할을 하는 경우가 간혹 있다. 베흐슈타인에 따르면 검은머리방울새(*Fringilla spinus*)와 카나리아를 키워 잡종을 얻으려면 같은 색깔의 새들을 함께 두는 것이 가장 좋은 방법이라고 한다. 제너 위어는 암컷 카나리아 한 마리를 그의 새장에 넣었다. 새장에는 이미 홍방울새, 오색방울새, 검은머리방울새, 초록방울새, 푸른머리되새, 그외 여러 종류의 수컷들이 함께 들어 있었다. 제너 위어의 의도는 암컷 카나리아가 어떤 수컷을 선택하는지를 보려는 것이었다. 그러나 의심할 것도 없이 암컷의 사랑을 차지한 것은 초록방울새였다. 그들은 짝을 이루어 잡종을 낳았다.

우리가 방금 전에 살펴본 바와 같이 서로 다른 종 사이에서도 짝짓기가 일어난다는 사실을 생각해보면, 암컷이 동종의 수컷 중에서 어느 한 마리의 수컷과 짝짓기를 하고 싶어한다는 사실은 그렇게 주의를 끌 만한 내용은 아닌 것 같다. 동종의 수컷 중에서 어느 한 마리의 수컷이 선택되는 사례는 가축화되거나 갇힌 채 사육되는 새에서 잘 관찰할 수 있다. 그러나 이들은 대부분 식량을 충분하게 공급받았으며 이따금 본능이 상당히 저해된 경우다. 비둘기의 본능이 손상된 사례에는 충분한 증거를 댈 수 있다. 가금류에 대해서도 마찬가지다. 그러나 여기서는 언급하지 않겠다. 손상된 본능으로도 위에서 언급한 이종 간의 결합이 일어날 수 있다. 그러나 대부분의 경우에 새들은 커다란 연못에 장소의 구애를 받지 않고 분포한다. 따라서 그들이 풍부한 식량 때문에 부적절한 자극을 받았다고 생각할 이유는 없다.

자연 상태로 살아가는 조류의 경우 번식기를 맞은 암컷이 자기가 만난 최초의 수컷을 배우자로 받아들이는 상황은 누구라도 일차적으로 가정할 수 있다. 그러나 암컷에게는 적어도 선택할 기회가 있다. 왜냐하면 암컷 주위에는 많은 수컷이 따라다닐 것이 거의 확실하기 때문이다. 오듀본은 암컷이 신중하게 수컷을 선택한다는 사실을 확신했다. 여기서 우리는 오듀본이 미국의 숲을 찾아다니며 새를 관찰하는 데 매우 오랜 시간을 보냈다는 사실을 기억해야만 한다. 딱따구리에 대해 오듀본은 여섯 마리의 수컷 청혼자가 암컷 한 마리를 쫓아다녔다고 했다. 암컷이 특정한 수컷에게 뚜렷한 호감을 표현할 때까지 수컷들은 암컷 앞에서 계속해서 기이한 몸짓을 선보인다고 했다. 붉은날개찌르레기(*Ageloeus phoeniceus*) 암컷에게도 여러 마리의 수컷이 접근한다. 지친 암컷이 내려앉아 그들의 청혼을 받아들일 때까지 수컷들의 접근은 계속된다. 결국 암컷은 한 마리의 수컷을 선택하게 된다. 또한 오듀본의 설명에 따르면 여러 마리의 수컷 쏙독새가 놀라운 속도로 공중에서 돌진하듯 날다가 갑자기 방향을 바꾸고 기이한 소리를 내는 동작을 반복적으로 선보이지만 암컷이 한 마리의 수컷을 선택하면 나머지 수컷들은 모두 다른 곳으로 날아가버린다는 것이다. 미국에 서식하는 대머리수리(*Cathartes aura*)는 8~10마리나 그이상의 암수가 쓰러진 통나무 위에 모여들어 서로를 즐겁게 해주려는 욕구를 강하게 드러낸다. 서로를 어루만지는 동작을 반복한 후 각각의 수컷은 자기의 파트너를 데리고 날아간다. 또한 오듀본은 야생 캐나다거위(*Anser canadensis*) 집단을 면밀히 조사하여 그들의 구애 행동에 대해 생생하게 설명했다. "전에 짝을 이루어본 경험이 있는 새는 1월 초 이미 구애 행동을 시작한다. 그동안 다른 새들은 하루 종일 싸우거나 애교를 부리며 여러 시간을 보낸다. 이들의 행동은 모든 구성원이 자신의 선택에 만족할 때까지 계속된다. 그후에도 그들은 비록 함께 모여 있더라도 서로 배우자 관계를 유지하려고 신경쓰고 있다는 것을 쉽게 알 수 있다. 나이가 들수록 새의 구애 행동의 예비 동작이 짧아진다는 것은 나도 직접 관찰한 바 있다. 나이가 들어 짝을 이루지 못한 암컷과 수컷은 슬픔에 젖어서인지 부산스러움에 관심을 두지 않아서인지 조용히 옆으로 피해 나머지 집단과 어느 정도 거리를 두고 쭈그리고 앉아 있었다."[20] 오듀본은 그외의 조류에 대해서도 유사한 사례를 많이 갖고 있었다.

이제 갇힌 채 사육되는 조류를 살펴보자. 일단 닭의 구애 행동에 대해 내가 아는 약간의 사례에서부터 시작하겠다. 나는 이 주제에 대해 헤위트와 테제트메이어(Tegetmeier)에게서 장문의 편지를 받았다. 그리고 지금은 고인이 된 브렌트(Brent)에게서 거의 평론에 가까운 글을 받았다. 이 학자들은 그들이 발간한 문헌으로 잘 알려져 있으며 신중하고 경험이 풍부한 관찰자들이다. 누구라도 이 사실을 인정할 것이다. 그들은 특정한 수컷의 깃 장식이 아름답다고 해서 암컷의 사

---

20) J.J. Audubon, *Ornithological Biography,* vol. 1, 191, 349쪽; vol. 2, 42, 275쪽; vol. 3, 2쪽.

랑을 독차지한다고 생각하지는 않았다. 닭이 오랜 기간 인위적 환경에서 사육되었다는 사실을 고려해야 한다는 것이다. 테제트메이어는 투계가 싸움을 위해 볏을 제거하고 목털을 다듬어 볼썽사납게 변해도 원래의 장식을 그대로 갖고 있는 것처럼 암컷의 사랑을 차지할 수 있다고 확신한다. 그렇지만 브렌트는 수컷의 아름다움이 암컷을 자극하는 데 기여할 수 있다는 사실만큼은 인정했다. 이때는 암컷의 묵인이 필요한 것이다. 헤위트는 짝짓기가 단지 우연으로만 일어나는 일은 절대로 생기지 않는다고 확신한다. 왜냐하면 암컷은 가장 활기 있고 도전적이며 혈기 왕성한 수컷을 더 좋아하는 것이 거의 확실하기 때문이라는 것이다. 따라서 헤위트가 말한 대로 건강하고 훌륭한 외모를 갖춘 투계가 닭장을 지배하는 상황이라면, 암컷들을 동일 품종의 수컷들과 번식시키려는 시도는 거의 쓸모 없다는 것이다. 왜냐하면 홰를 떠나는 모든 암컷은 다른 품종일지라도 승리를 거둔 수컷 투계를 의지하기 때문이다. 설사 그 투계가 자기 품종의 수컷을 실제로 몰아내지 않았더라도 말이다. 보통 상황에서 암탉과 수탉은 특정한 몸짓으로 서로를 이해하는 것 같다. 이들이 보이는 몸짓에 대해서는 브렌트가 내게 설명해주었다. 그러나 암탉들은 주제넘게 행동하는 어린 수탉을 회피하는 경우가 종종 있다. 브렌트는 나이 든 암탉과 호전적인 성향의 암컷이 낯선 수탉을 좋아하지 않으며 수컷에게 제압당해 얌전해지기 전까지는 절대로 굴복하지 않는다는 내용의 편지를 보내왔다. 그러나 퍼구손은 호전적인 암탉이 상하이 수탉의 신사다운 구애 행동에 태도를 누그러뜨리는 과정을 설명했다.[21]

사람들은 비둘기의 암수 모두 동일 품종의 비둘기와 짝을 맺고 싶어한다고 믿으며 이 믿음에는 나름대로 근거가 있다. 새장 속에서 생

---

21) Ferguson, *Rare and Prize Poultry*, 1854, 27쪽.

활하는 비둘기는 형질이 크게 바뀐 종류의 비둘기를 좋아하지 않는다.[22] 해리슨 위어가 최근 청비둘기를 사육하는 사람에게서 믿을 만한 얘기를 들었다고 한다. 청비둘기는 색깔을 띤 모든 변종, 즉 흰색, 붉은색, 노란색을 띠는 모든 비둘기를 쫓아버린다는 것이다. 또 다른 한 사람이 자신이 관찰한 내용을 해리슨 위어에게 전해준 바에 따르면 암갈색 전서구 암컷을 검은색 수컷과 짝지어주기 위해 여러 번 시도해보았지만 결국 실패했으나 같은 색깔의 암갈색 수컷과는 바로 짝을 이루었다고 한다. 게다가 테제트메이어는 푸른색의 암컷 집비둘기 한 마리가 있었는데 동일 품종의 두 마리 수컷을 교대로 몇 주일씩 그 암컷과 함께 두었지만 암컷은 수컷을 받아들이기를 한사코 거부했다고 한다. 그러나 암컷을 밖으로 꺼내 놓았더라면 그 암컷은 자기에게 맨 처음으로 다가와 사랑을 구한 푸른색 드래곤 비둘기의 사랑을 바로 받아들였을 것이라고 한다. 그 암컷은 귀중한 비둘기였기 때문에 아주 흐린 푸른색이 도는 실버 비둘기 수컷 한 마리와 한곳에 몇 주 동안을 함께 두었다. 그랬더니 결국 둘은 짝을 이루게 되었다고 한다. 그렇지만 대개는 비둘기의 색깔이 짝짓기에 별 영향을 미치지 않는 것으로 보인다. 내 요구에 따라 테제트메이어는 비둘기 중 몇 마리를 자홍색으로 염색했다. 그러나 이들 비둘기들은 다른 비둘기의 주의를 많이 끌지 못했다고 한다.

암컷 비둘기들은 뚜렷한 이유도 없이 특정한 수컷에게 강한 혐오감을 보이는 경우가 종종 있다. 45년 이상 이 실험을 해온 부아타르와 코르비에는 다음과 같이 말한다. "한 암컷이 짝짓기를 해야 할 특정 수컷에게 반감을 가지면 암컷은 6개월, 심지어 1년 동안 한곳에서 지내면서도 그 수컷의 구애를 끝내 거부한다. 아무리 수컷이 열정적

---

22) *The Variation of Animals and Plants under Domestication,* vol. 2, 103쪽.

으로 구애하고, 사람이 암컷의 기운을 돋우기 위해 유럽갈풀과 대마씨를 주어도 결과는 마찬가지다. 수컷의 그 어떤 열성적인 프러포즈, 교태스런 몸짓, 배회, 달콤한 속삭임도 암컷을 감동시키지는 못한다. 눈이 붓고 토라진 암컷은 그 '감옥'의 한 귀퉁이에 꼼짝도 않고 웅크리고 있다가 마시거나 먹을 일이 있을 때, 또는 수컷의 절박한 구애를 뿌리칠 일이 있을 때만 그 자리에서 일어난다."[23] 그에 반해 해리슨 위어는 암컷 비둘기 한 마리가 특정한 수컷에게 강한 호감을 갖게 되어 자신의 짝을 버리는 경우를 직접 관찰한 적이 있으며 여러 사육사에게서 이런 사례를 들은 적도 있다고 했다. 역시 경험이 풍부한 리델은 관찰을 통해 일부 암컷이 방탕한 성질이 있어 거의 모든 낯선 수컷을 자신의 배우자보다 더 좋아한다고 했다.[24] 영국의 동물 애호가들은 호색적인 암컷을 '바람난 새'라고 부르는데 이들 중 일부는 매우 성공적으로 정사를 치른다고 한다. 그래서 그들을 가둬두어야만 한다고 해리슨 위어가 내게 알려주었다.

오듀본에 따르면 미국에 서식하는 야생 칠면조 수컷이 가축 칠면조 암컷에게 구애하는 일이 간혹 벌어진다고 한다. 그리고 대부분은 암컷이 야생 칠면조를 반갑게 받아들인다고 한다. 이 암컷들은 동일 품종의 가축 칠면조 수컷보다 야생 칠면조를 더 좋아하는 것이 분명하다.[25]

더욱 기이한 사례가 있다. 혜론은 많은 공작을 키웠는데 그는 수년

---

23) Boitard & Corbié, *Les Pigeons de Voliere*, 1824, 12쪽. 뤼카(P. Lucas)는 비둘기에서 비슷한 상황이 벌어지는 것을 직접 관찰한 적이 있다(*Traité Philosophique et Physiologique de l'Hérédité, Naturelle*, tom. 2, 1850, 296쪽).
24) Riedel, *Die Taubenzucht*, 1824, 86쪽.
25) J.J. Audubon, 앞의 책, 제1권, 13쪽. J. A. Allen, *Mammals and Birds of Florida*, 344쪽에 동일한 사실을 다룬 브라이언트(Bryant)의 글이 실려 있으니 참조하시오.

동안 공작의 습성을 꼼꼼하게 기록했다. 그는 다음과 같이 진술했다. "암컷들은 특정한 수컷을 아주 좋아하는 경우가 종종 있다. 나이 든 얼룩무늬 공작 수컷 한 마리가 있었는데 암컷들은 모두 그 수컷을 좋아했다. 언젠가 수컷을 가두어놓은 적이 있었는데, 수컷이 눈에 보이는 곳에 있었는데도 암컷들은 수컷이 감금된 격자 울타리 근처로 끊임없이 모여들었다. 다른 옻공작 수컷 한 마리가 암컷들에게 접근하려 했지만 암컷들은 한사코 거부했다. 가을이 되어 감금시켜놓았던 그 수컷을 풀어놓자 가장 나이 든 암컷 한 마리가 즉시 그 수컷을 유혹해서 결국은 짝짓기에 성공했다. 다음 해에 그 수컷을 다시 마구간에 가두어두었다. 그러자 이번에는 모든 암컷이 그 수컷의 경쟁자에 해당하는 수컷을 유혹했다."[26] 이 경쟁자는 검은 날개를 가진 옻공작이었는데 우리가 보기에도 일반 공작보다 아름답게 보였다.

훌륭한 관찰자인 리히텐슈타인(Lichtenstein)은 희망봉에서 아주 좋은 관찰 기회를 가졌다. 그는 나중에 루돌피(Rudolphi)에게 다음과 같은 사실을 확인시켜주었다. 즉 천인조(*Chera progne*) 수컷은 번식기에 긴 꼬리깃으로 장식하는데 이 꼬리깃을 잃은 수컷은 암컷에게 버림을 받는다는 것이다. 나는 이것이 갇혀 사육되는 새에게서 관찰한 것이라고 생각한다.[27] 비슷한 사례가 또 있다. 빈 동물원의 관리자인 예거는 수컷 백한 한 마리가 모든 수컷 경쟁자를 물리치고 여러 암컷의 사랑을 독차지했지만 그후 장식용 깃이 손상된 적이 있다고 했다.[28] 그러자 그 수컷은 경쟁자에게 곧 자리를 빼앗겼고, 우두머리 자리를

---

26) R. Heron, *Proceedings of the Zoological Society*, 1835, 54쪽. 스클라터(Sclater)는 옻공작을 별개의 종으로 여겨 이 공작에게 파보 니그리페니스(*Pavo nigripennis*)라는 이름을 붙여주었지만 내가 보기에는 변종에 불과한 것 같다.

27) Rudolphi, *Beitráge zur Anthropologie*, 1812, 184쪽.

28) Jaeger, *Die Darwin'sche Theorie, und ihre Stellung zu Moral und Religion*, 1869, 59쪽.

차지한 새로운 수컷은 전체 무리를 거느렸다고 한다.

조류의 구애 행동에서 색깔이 얼마나 중요한지를 보여주었듯이, 미국 북부에서 여러 해 동안 조류 수집 활동과 관찰 활동을 수행한 저명한 학자 보드맨(Boardman)은 많은 경험을 통해 흰 색깔의 알비노* 새가 다른 새와 짝을 이루는 경우를 절대로 본 적이 없다고 했다. 주목할 만한 사실이다. 그는 지금도 여러 종에 속하는 알비노 새를 관찰한다고 했다.[29] 알비노 새가 자연 상태에서 번식할 수 없다고 주장하기는 힘들 것 같다. 왜냐하면 새장에서 그들은 아주 쉽게 사육되기 때문이다. 그러므로 그들이 짝을 이루지 못하는 것은 정상적인 색깔의 동료들이 알비노 새를 배척하기 때문인 것 같다.

암컷은 여러 마리의 수컷 중에서 하나를 고를 뿐만 아니라 때로는 수컷에게 사랑을 구걸하기도 한다. 심지어 수컷을 차지하기 위해 서로 싸울 때도 있다. 헤론은 공작의 경우 항상 암컷이 구애 행동을 시작한다고 말한다. 오듀본은 야생 칠면조의 경우에도 똑같은 일이 벌어진다고 한다. 큰들꿩의 경우 구애 장소에 모여 자신을 과시하는 수컷들 주위를 암컷들이 날아다니며 수컷의 주의를 끌려고 노력한다.[30] 우리는 길들인 물오리 암컷이 말을 듣지 않는 고방오리 수컷에게 끈덕지게 구애하며 유혹한다는 사실을 안다. 바틀릿은 로포포루스(*Lophophorus*) 꿩이 많은 가금류와 마찬가지로 자연 상태에서 일부다처제를 채택하고 있다고 믿는다. 그러나 두 마리의 암컷을 한 마리의 수컷과 함께 새장에 넣으면 치열한 싸움이 벌어지기 때문에 어지

---

29) 이것은 아담스(A.L. Adams)가 자신의 *Field and Forest Rambles*, 1873, 76쪽에서 언급한 내용이며 자신의 경험이기도 하다.

30) 공작에 대해서는 *Proceedings of the Zoological Society*, 1835, 54쪽에 실린 헤론의 글을 참조하시오. 또한 딕슨의 앞의 책, 1848, 8쪽도 참조하시오. 칠면조에 대해서는 오듀본의 앞의 책, 4쪽을 참조하시오. 큰들꿩에 대해서는 L. Lloyd, *Game Birds of Sweden*, 1867, 23쪽을 참조하시오.

간해서는 이들을 함께 두지 않는다고 한다. 다음에 언급하게 될 이야기는 황소방울새의 경쟁과 관련된 사례로서 이들이 평생을 짝을 이루고 살아간다는 사실로 비추어 보아 매우 놀라운 것이다. 제너 위어는 못생기고 칙칙한 색깔을 띠는 황소방울새 암컷 한 마리를 새장 안에 넣어주었다. 이 새장 안에는 이미 한 쌍의 황소방울새가 짝을 이루어 살아가고 있었다. 새로 들어온 암컷은 기존의 암컷을 무자비하게 공격하여 결국 두 마리를 헤어지게 했다. 이 새로운 암컷은 할 수 있는 모든 구애 행동을 했고 결국에는 성공적으로 수컷과 짝을 이룰 수 있었다. 그러나 얼마 후 그 암컷은 똑같은 보복을 받게 되었다. 결국 그 암컷은 호전성을 포기하고 옛 암컷에게 자리를 내주게 되었다. 수컷도 새 암컷을 버리고 옛사랑에게로 되돌아갔다.

일반적으로 수컷은 매우 열정적이어서 어떤 암컷이라도 받아들인다. 우리가 알기로는 수컷이 특정한 암컷을 선호하는 것 같지는 않다. 그러나 앞으로 살펴보겠지만 이 규칙이 들어맞지 않는 집단이 어느 정도 있다는 것은 사실이다. 가금류의 경우 특정한 암컷을 선호하는 수컷의 사례는 단 하나만 알려져 있다. 탁월한 헤위트의 연구에 따르면 수컷은 나이 든 암컷보다 젊은 암컷을 좋아한다고 한다. 그에 반해 수컷 꿩과 암탉이 이종 결합을 이루는 경우 수컷 꿩은 나이 든 암탉을 선호한다고 헤위트는 굳게 믿는다. 수컷 꿩은 암탉의 색깔에 영향을 받는 것 같지 않지만 수컷의 애정에는 변덕이 심하다.[31] 이유는 알 수 없지만 수컷 꿩은 특정한 암탉에게 극도의 혐오감을 보인다. 사육자의 처지에서 이것은 그냥 보아 넘길 일이 아니다. 헤위트가 알려준 바에 따르면 암탉 중에는 매력이라고는 전혀 없어 동종의 수

---

31) 이것은 헤위트가 한 말로 테제트메이어(Tegetmeier)의 *Poultry Book*, 1866, 165쪽에서 인용했다.

컷조차 관심을 주지 않는 암컷이 있다고 한다. 이들은 번식기에 여러 마리의 수컷과 함께 지내기는 하지만 이들이 낳은 40~50개의 알 중에서 수정된 알은 단 한 개도 없었다. 그에 반해 긴꼬리오리(*Harelda glacialis*)의 경우 어떤 암컷은 보통의 암컷보다 훨씬 더 데이트 신청을 많이 받는 것이 확실하다고 엑스트룀(M. Ekström)이 말했다. 사실 한 마리의 암컷이 사랑을 구걸하는 여섯에서 아홉 마리의 수컷에게 둘러싸이는 일도 있다고 한다. 이것이 신빙성이 있는지는 알 길이 없다. 그러나 원주민 수렵가들은 이런 암컷을 잡아 미끼로 사용한다.[32]

특정한 수컷을 선호하는 암컷 조류에 대해 말할 때 우리가 명심해야 할 것은 그들의 선택에 대해 우리가 내리는 판단은 단지 유추에 지나지 않는다는 것이다. 만약 다른 행성에서 생활하는 외계인이 다음과 같은 광경을 목격했다고 해보자. 즉 아름다운 젊은 여자에게 사랑을 구하는 다수의 시골뜨기 청년들이 구애 장소에 모인 새들처럼 서로 싸우고 여인을 기쁘게 해주고 자신을 전시하려고 애쓰는 모습을 보았다고 하자. 그러면 외계인은 그 여자에게 선택권이 있는 것으로 추측할 수도 있다. 새의 경우도 마찬가지다. 새들에겐 예리한 관찰 능력이 있다. 그리고 색깔과 소리가 아름다운 개체를 어느 정도는 좋아하는 것으로 보인다. 이유는 알 수 없지만 암컷이 특정한 수컷에게 매우 강한 혐오감이나 호감을 갖고 있다는 것은 확실하다. 색깔이나 장식에서 암수가 차이를 보이는 경우, 영구적이든 일시적이든 번식기에 화려한 장식을 갖추는 것은 거의 예외 없이 수컷이다. 수컷은 암컷 앞에서 갖가지 장식을 열심히 전시하고 목소리를 뽐내며 기이한 동작을 해보인다. 훌륭한 무기를 갖춘 수컷은 전투의 법칙에 따라 모두 성공할 것이라고 생각할 것이다. 이런 수컷에게조차도 대부

---

32) L. Lloyd, 앞의 책, 345쪽에서 인용했다.

분 뛰어난 장식이 있다. 그리고 이들의 장식은 특정한 능력을 잃으면서 획득한 것들이다. 또 포식조류나 맹수에 잡힐 위험성을 높게 하면서까지 획득하는 장식도 있다. 많은 종의 경우 암컷들과 수컷들이 한 곳에 집결하는데 이들의 구애 행동은 상당히 긴 시간 동안 지속된다. 또한 같은 지역에서 살아가는 암컷과 수컷이 항상 서로를 즐겁게 만들어 짝짓기에 성공하지는 않는다고 생각할 만한 근거도 있다.

그렇다면 이런 모든 상황을 고려하여 우리가 내릴 결론은 무엇인가? 수컷이 그렇게 장식적이고 경쟁적으로 자신의 매력을 드러내는 것이 아무런 목적도 없다는 것인가? 암컷이 선택권을 행사하고 자기 자신을 가장 즐겁게 한 수컷의 청혼을 받아들인다고 믿는 것이 합당하지 않은가? 암컷이 의식적으로 신중한 것 같지는 않다. 그러나 암컷은 최고로 아름답고 감미로우며 화려한 수컷에게 가장 이끌린다. 암컷이 갖가지 색깔의 줄무늬와 반점에 대해 학습한다고 가정할 필요는 없다. 예를 들어 암컷 공작이 수컷 공작의 화려한 꼬리를 장식하는 세부적인 항목에 감탄한다고 가정할 필요도 없다. 아마 암컷 공작은 일반적인 효과에 영향을 받을 것이다. 그러나 수컷 아르구스 꿩은 날개의 우아한 일차 깃을 얼마나 정성스럽게 전시하는가? 또 눈알 무늬가 박힌 깃 장식을 암컷이 충분히 볼 수 있도록 똑바로 세워 전시하는 것을 생각해보라. 게다가 수컷 오색방울새가 금빛으로 빛나는 자신의 날개를 교대로 전시하는 광경을 그려보라. 그러면 암컷이 세부적인 아름다움에 마음을 두지 않는다고 단정적으로 확신할 수는 없게 된다. 이미 말했듯이 우리는 단지 상황을 유추해보는 것만으로도 선택권이 작용한다는 것을 알 수 있다. 그리고 새의 정신 능력이 우리 인간의 정신 능력과 근본적으로 다르지 않다는 것을 알 수 있다. 이런 여러 가지 상황으로 유추해볼 때 우리는 새의 짝짓기가 단지 우연으로만 결정되는 것이 아니라고 결론지을 수 있을 것 같다.

일반적인 상황이라면 자신의 갖가지 매력을 충분히 활용하여 암컷을 즐겁게 해주고 자극하는 수컷이 선택되는 것이다. 이것이 옳다면 수컷이 그들의 장식적인 특징을 단계적으로 획득하게 된 경위를 이해하는 것이 그렇게 어려운 것은 아니다. 모든 동물은 개체 간의 차이가 있다. 또 인간은 인간의 눈에 가장 아름답게 보이는 개체를 선택함으로써 가금류를 변형시킬 수 있다. 따라서 암컷이 더 매력적인 수컷을 늘―심지어 이따금씩이라도―선호함으로써 수컷이 변형될 수 있다는 것은 거의 확실하다. 그리고 이런 변형은 긴 세월을 거치며 얼마든지 증폭되었을 것이다. 이것은 종이 존재한다는 사실 그 자체와도 모순이 되지 않는 것이다.

조류의 변이성, 특히 이차성징에 대해　변이성과 유전은 선택 작용이 일어나는 근거가 된다. 가금류가 다양한 변이를 보이고 그런 변이가 유전된다는 것은 확실하다. 자연 상태에서 새들이 변형되어 별개의 품종으로 갈라진다는 것은 이제 누구나 인정하는 사실이다.[33] 변이는 두 종류로 나눌 수 있을 것 같다. 하나는 우리도 모르게 자연적으로 일어나는 것이고, 다른 하나는 주변 환경과 직접적인 관련성이 있는 것이어서 동일 종의 거의 모든 개체가 다 함께 변형되는 것이다. 최

---

33) 블라시우스(Blasius) 박사에 따르면(*Ibis*, vol. 2, 1860, 297쪽), 유럽에는 확실한 종으로 인정되는 조류만 해도 425종이 서식한다고 한다. 그외에도 60종류가 더 있는데 이들도 뚜렷한 종으로 인정되는 경우가 종종 있다고 한다. 이 60종류에 대해 블라시우스는 단지 10종류가 개별적인 종이고 나머지 50종류는 가까운 종류와 묶여야 한다고 생각했다. 그러나 이런 사실로 보아 유럽에 서식하는 일부 조류에게는 상당한 정도의 변이가 있다는 사실을 확실하게 알 수 있다. 또한 북아메리카의 여러 조류를 유연 관계가 있는 유럽 종과 다른 별개의 종으로 취급해야 하는지의 여부도 박물학자가 앞으로 해결해야 할 문제로 남아 있다. 게다가 북아메리카에는, 최근까지 별개의 종으로 취급했으나 현재는 지리적 품종으로 여기는 많은 종류가 서식하고 있다.

근 앨런은 이 두 번째의 경우를 면밀히 조사하여 미국에 서식하는 조류의 많은 종이 남쪽으로 갈수록 짙은 색깔을 띠고 서쪽 내륙의 건조한 평원으로 갈수록 옅은 색깔을 띤다는 것을 보여주었다.[34] 이 경우 일반적으로 암수 모두 유사하게 영향을 받는 것 같다. 그러나 한쪽 성이 더 큰 영향을 받는 경우도 있다. 조류의 색깔은 주로 성선택을 통해 연속적인 변이가 축적되어 결정된다는 생각과 위의 결과는 모순되지 않는다. 왜냐하면 암수가 서로 크게 차이를 보이도록 분화된 이후에도 기후는 암수 모두에게 동일한 효과를 미치거나 체질상의 차이 때문에 한쪽 성에 더 큰 효과를 미칠 가능성이 있기 때문이다.

한 종에 포함되는 구성원들이 색깔 면에서 차이를 보이는 것은 자연 상태에서 얼마든지 일어날 수 있는 현상으로 여겨진다. 갑작스럽고 매우 뚜렷한 변이는 드물다. 또한 대규모의 변이가 설사 그 개체에게 이롭게 작용한다고 해도 자연선택을 통해 보존되고 다음 세대에 전달될 수 있을지의 여부도 의심스럽다.[35] 그래도 내가 수집할 수 있

---

34) J.A. Allen, *Mammals and Birds of East Florida; Ornithological Reconnaissance of Kansas.* 기후가 조류의 색깔에 영향을 미친다는 사실은 인정하지만 일부 지역에 서식하는 거의 모든 종이 칙칙하고 색깔이 짙다는 사실을 설명하기란 쉽지 않다. 예를 들어 적도 바로 아래의 갈라파고스 제도나 파타고니아의 광활하고 온난한 평원 등에 서식하는 조류가 이에 해당한다. 그리고 이집트에 서식하는 조류도 마찬가지인 것 같다. *American Naturalist,* 1873, 747쪽에 실린 하트손(Hartshorne)의 글을 참조하시오. 이들 지역은 출입이 자유로운 지역이고 새들이 좀처럼 둥지를 틀기 어려운 곳이다. 그러나 화려한 색깔의 종들이 없다는 사실이 보호의 원리로 설명될 수 있을 것 같지는 않다. 왜냐하면 남아메리카의 대초원도 출입이 자유롭고 녹색의 풀로 덮여 있으며 이곳에 서식하는 새들도 똑같이 위험에 노출되어 있는 지역이지만 이곳에서는 화려하고 눈에 잘 띄는 색깔의 조류가 흔하게 발견되기 때문이다. 위에서 언급한 지역의 환경이 칙칙한 색깔을 띠기 때문에 그곳에 서식하는 새들의 화려한 색깔을 식별하는 능력이 별 영향을 받지 않았을 것이라고 나는 간혹 생각해보았다.

35) 나는 『종의 기원』에서 기형이라고 부를 만한 희귀하고 뚜렷한 특징의 구조

었던 몇 가지 사례를 제시하는 것은 나름대로 가치가 있을 것 같다. 이것은 주로 색깔에 관련된 것으로서 단순한 백화 현상(albinism)과 흑화 현상(melanism)은 배제했다. 굴드는 아주 약간의 변이도 의미 있게 받아들이는 것으로 유명하다. 왜냐하면 그는 아주 미세한 변이도 종 특이성이 있는 것으로 평가하기 때문이다. 그는 보고타* 근처에 서식하는 치난투스(Cynanthus)에 속하는 특정한 벌새류가 두세 개의 품종 내지 변종으로 나뉜다고 말한다.[36] 이들은 꼬리 색깔이 서로 다른 종류이다. "어떤 벌새는 전체 깃이 푸른색이지만 다른 벌새는 중앙부의 여덟 개 깃에 아름다운 녹색 반점이 찍혀 있다." 이 사례나 차후에 언급할 사례에서 중간 단계는 나타나지 않는 것 같다. 오스트레일리아 잉꼬의 한 종류는 수컷의 일부만이 넓적다리에 진홍색을 띠며 그 외의 잉꼬는 연두색을 띤다. 역시 오스트레일리아에 서식하는 또 다른 잉꼬는 일부 개체에게서 날개 덮깃을 가로질러 연노랑 띠가 나타난다. 그러나 다른 개체의 동일한 부위는 붉은 색조를 띤다.[37] 미국에 서식하는 진홍색 풍금조(Tanagra rubra)* 수컷의 일부는 작은 날개 덮깃에 선명한 빨간색 가로 줄무늬가 아름답게 채색되어 있다.[38] 그러

변이가 자연선택을 통해 보존되는 일이 극히 드물다는 생각을 한다. 또한 아주 유익한 변이조차도 그것이 보존되려면 상당 부분 우연적인 요소가 작용해야 한다는 것도 알고 있다. 또한 단순한 개체간의 차이가 갖는 중요성도 충분히 인식한다. 그래서 나는 인간이 무의식적으로 행하는 선택 활동이 중요하다는 것을 강력하게 주장한다. 인위선택은 품종의 형질을 변형시키려는 인간의 의식이 전혀 개입되지 않은 상태에서 그저 태어난 새끼 중에서 가장 가치 있는 개체를 보존함으로써 일어난다. 나는 *North British Review*(1867. 3. 289쪽 이하 참조)에 실린 훌륭한 논문 한 편을 읽었는데 그것은 다른 어떤 평론보다도 내게 귀중한 것이었다. 그후에야 나는 한 개체에서 일어나는 변이가 크든 작든 간에, 그 변이가 보존되는 데 우연이 얼마나 크게 작용하는지 알게 되었다.

36) J. Gould, *Introduction to the Trochilidae,* 102쪽.
37) J. Gould, *Handbook of the Birds of Australia,* vol. 2, 32, 68쪽.

나 이 변이는 다소 희귀한 것 같다. 따라서 유리한 조건에서만 성선택을 통해 이 변이가 보존되었을 것이다. 벵골에 서식하는 벌매(*Pernis cristata*)는 머리에 작은 관모의 흔적을 갖고 있는 경우와 전혀 갖고 있지 않은 경우가 있다. 그러나 그 차이가 너무 미미해 만약 인도 남부에 서식하는 동일 종이 뒷머리에 계단처럼 보이는 깃으로 이루어진 관모를 갖고 있다는 사실을 알지 못했더라면 아마 거의 구별이 되지 않을 정도다.[39]

어떤 의미에서는 다음의 사례가 더욱 흥미롭다. 머리, 가슴, 배 그리고 날개와 꼬리깃의 일부가 흰색인 갈까마귀의 얼룩무늬 변종은 페로에 제도*에만 서식한다. 그곳에 서식하는 이들 갈까마귀는 드물지 않게 발견된다. 그라바(Graba)는 그곳을 방문했을 때 살아 있는 개체를 8~10마리 관찰했다고 한다. 변종의 여러 가지 형질이 완전히 균일한 것은 아니었지만 이름난 여러 조류학자는 그들을 하나의 종으로 취급했다. 얼룩무늬 갈까마귀는 섬에 서식하는 다른 갈까마귀 집단의 추적과 괴롭힘을 당한다. 이런 사실에서 브륀니히(Brünnich)는 그들이 뚜렷이 다른 종이라는 결론을 내렸다. 그러나 오늘날 이것은 잘못된 것으로 여긴다.[40] 이 사례는 동료들에게 배척받아 짝짓기를 하지 못하는 알비노 조류와 비슷한 것으로 보인다.

북해의 여러 지역에는 바다오리의 한 종류인 우리아 트로일레(*Uria troile*)의 특이한 변종이 살고 있다. 그리고 그라바의 추정에 따르면 페로에 제도에서도 다섯 마리에 한 마리꼴로 이 변종이 발견된다고 한다. 이 변종은 특징적으로 눈 주위에 순백색 테두리가 나타나며 테

---

38) J. J. Audubon, *Ornithological Biography,* vol. 3, 1838, 389쪽.
39) Jerdon, Birds of India, vol. 1, 108쪽; E. Blyth, *Land and Water,* 1868, 381쪽.
40) Graba, *Tagebuch Reise nach Färo,* 1830, 51~54쪽; W. Macgillivray, *History of British Birds,* vol. 3, 745쪽; Ibis, vol. 5, 1863, 469쪽.

두리에서부터 뒤쪽으로 약 3.8센티미터 길이의 흰색 곡선이 나타난다.[41] 이런 뚜렷한 특징 때문에 여러 조류학자는 이들을 우리아 라크리만스(*U. lacrymans*)라는 이름의 별개 종으로 취급했지만 오늘날에는 단지 변종에 지나지 않는 것으로 알려져 있다. 이들은 보통의 종류들과 짝을 짓는 일이 흔하다. 그러나 중간 단계는 전혀 발견되지 않는다. 그러나 이것은 놀랄 만한 상황이 아니다. 왜냐하면 갑자기 출현하는 변이는, 내가 다른 곳에서도 밝혔듯이[42] 전혀 변화되지 않고 유전되거나 전혀 유전되지 않는 일이 흔하게 일어나기 때문이다. 따라서 우리는 한 종에 속하면서도 뚜렷이 서로 다른 두 집단이 같은 지역에서 함께 살아가는 경우를 볼 수 있다. 또한 한 집단이 약간이라도 유리한 점이 있다면 다른 집단을 사라지게 할 만큼 그 수가 증가한다는 사실도 믿어 의심하지 않는다. 만약 수컷 얼룩무늬 갈까마귀가 동료들의 집단 괴롭힘을 당하지 않고 검은색 암컷 갈까마귀에게 아주 매력적이었다고 한다면―앞에서 언급했던 얼룩무늬 공작처럼―그들의 숫자는 급격히 증가했을 것이다. 이것은 바로 성선택의 사례에 해당할 것이다.

크든 작든 한 종의 모든 구성원에게서 흔하게 관찰되는 개체 간의 미세한 차이가 선택 과정에 매우 중요한 역할을 한다는 믿음에는 충분한 근거가 있다. 야생동물과 가축의 이차성징은 아주 변화되기 쉽다.[43] 제8장에서도 살펴보았듯이 암컷보다는 수컷에게서 주로 변이가 일어난다는 생각에는 나름의 근거가 있다. 이 모든 우연성은 성선택이 매우 잘 일어나도록 한다. 그렇게 획득된 특징이 한쪽 성에게만

---

41) Graba, 위의 책, 54쪽; W. Macgillivray, 위의 책, 제5권, 327쪽.

42) *The Variation of Animals and Plants under Domestication*, vol. 2, 92쪽.

43) 이 주제에 대해서는 *The Variation of Animals and Plants under Domestication*, vol. 1, 253쪽과 vol. 2, 73, 75쪽을 참조하시오.

전달되는지 아니면 암수 모두에게 전달되는지는 다음 장에서도 살펴보겠지만 어떤 형태의 유전이 작용하느냐에 달려 있다.

조류의 암수 간에 나타나는 어떤 미세한 차이가 성선택의 작용을 받지 않는 한성 유전*으로 생긴 변이의 결과인지 아니면 오히려 성선택으로 그 효과가 증폭되는지의 여부를 결정하는 것은 어려운 경우가 많다. 암컷에게는 미미하지만 수컷에게는 화려한 색깔이나 장식이 있어 이것을 전시하는 경우가 많은데 그것을 여기서 언급하지는 않겠다. 왜냐하면 이런 형질은 주로 수컷이 획득한 것이고 나중에 암컷에게 어느 정도 전달한 것이 확실하기 때문이다. 그렇다면 예를 들어 암수 간에 눈의 색깔이 약간 차이가 있는 조류에 우리가 내릴 수 있는 결론은 무엇인가?[44] 눈이 크게 다른 경우도 있다. 예를 들어 윽세노린쿠스(*Xenorhynchus*)에 속하는 황새의 경우 수컷의 눈은 거무스름한 갈색이지만 암컷의 눈은 옅은 황색이다. 부체로스(*Buceros*)에 속하는 여러 코뿔새도 블리스(E. Blyth)에게 들은 바[45]로는 수컷의 눈은 진홍색이며 암컷의 눈은 흰색이라고 한다. 부체로스 비코르니스(*Buceros bicornis*) 조류의 투구 뒤쪽 가장자리와 부리 능선에 새겨진 줄무늬의 경우 수컷은 검은색이지만 암컷은 그렇지 않다. 눈에 나타나는 이 검은 표지와 진홍색이 수컷에게 일어난 성선택을 통해 보존되고 증폭되었다고 가정해야 하는가? 이것은 매우 의심스럽다. 런던 동물원에서 바틀릿이 내게 보여준 바에 따르면 이 코뿔새 수컷의 입 안쪽은 검은색이었지만 암컷은 살색이었다. 또 그들의 외형이나 아름다움이 그런 식으로 영향을 받지는 않았을 것이다. 나는 칠레에 있을 때 약 1년 정도 자란 콘도르의 홍채가 짙은 갈색임을 관찰한 적

44) *Ibis*, vol. 2, 1860, 206쪽과 vol. 5, 1863, 426쪽에 실린 포디카(*Podica*)*와 뜸부기(*Gallicrex*)의 홍채에 관한 설명을 참조하시오.
45) Jerdon, 앞의 책, 제1권, 243~245쪽도 참조하시오.

이 있다.[46] 그러나 새가 성장하면서 수컷은 황갈색으로 변해가고 암컷은 밝은 적색으로 변해간다. 또한 수컷의 볏은 육질이고 작고 길며 납빛을 띤다. 많은 가금류의 볏은 장식적인 면이 강하며 구애 행동이 벌어지는 계절에는 매우 선명한 색깔을 띤다. 그러나 칙칙한 색깔을 띠는 콘도르의 볏은 우리 눈에도 전혀 장식적으로 보이지 않는데 이 것에 대해서는 어떻게 생각해야 하는가? 개리(*Anser cygnoides*)의 부리 기저부에는 혹이 돋아나 있는데 수컷의 혹이 암컷의 혹보다 훨씬 더 크다. 이 같은 여러 가지 형질에 대해서도 같은 질문을 던질 수 있다. 이런 질문에는 어떤 확실한 대답도 있을 수 없다. 그러나 혹 또는 여러 가지 육질의 부속물이 암컷에게 매력적으로 보이지 않는다고 가정하는 것은 경계해야 한다. 미개한 인종의 경우 살이 솟아오른 얼굴의 흉터, 코의 격벽에 나뭇가지나 뼈로 구멍을 뚫고 귀나 입술에 구멍을 내어 크게 넓히는 것 같은 끔찍한 기형이 모두 장식으로 이용되며 찬양의 대상이 된다는 것을 명심해야 한다.

이제 막 열거한 것같이 그렇게 중요하지 않은 암수 간의 차이가 성선택을 통해 보존되는지의 여부를 떠나, 이런 차이는 다른 차이와 마찬가지로 변이의 법칙에 따라야만 한다. 상관 발달의 원리에 따라 깃 장식은 신체의 다른 부분에서, 또는 신체의 모든 부분에서 같은 방식으로 종종 변한다. 가금류의 일부 품종에서 이런 사례가 잘 나타난다. 모든 종류의 가금류에서 수컷의 목과 허리 부위에 돋은 깃은 그 길이가 길다. 우리는 이것을 '목털'이라고 부른다. 암수 모두 가금류의 새로운 특징인 관모를 갖고 있을 때, 수컷 머리의 깃이 목털처럼 변하는데 이것은 상관의 원리 때문인 것이 확실하다. 물론 암컷 머리의 깃은 보통의 모양으로 나타난다. 수컷의 관모를 이루는 털색도 목과 허리

46) *Zoology of the Voyage of the 'Beagle',* 1841, 6쪽.

의 털색과 상관되어 있는 경우가 흔히 나타난다. 예를 들어 금빛과 은빛 무늬를 보이는 폴란드 품종, 후단 품종,* 크레브쿠어 품종이 이에 해당한다. 일부 야생종도 이와 동일한 깃의 색깔에서 아주 똑같은 상관 관계를 관찰할 수 있다. 예를 들어 화려한 금빛을 내는 수컷 은계가 이에 해당한다.

각각의 깃에서 일어나는 모든 변화는 대칭적으로 일어나는 것이 일반적이다. 가금류에게 갖가지 레이스 장식이 있거나 반짝이는 깃이 있는 경우, 또는 연필로 그린 듯한 무늬가 있는 경우에 이런 대칭성이 잘 나타난다. 그리고 상관의 원리에 맞춰 몸 전체를 뒤덮는 깃은 같은 방식의 색깔과 무늬가 있는 경우가 일반적이다. 그래서 우리는 자연 상태의 종처럼 거의 대칭적인 무늬의 깃을 갖는 품종을 어렵지 않게 사육할 수 있는 것이다. 레이스 장식과 반짝이는 깃이 있는 가금류에서 색깔을 띤 깃의 가장자리 경계 부위는 아주 뚜렷하다. 그러나 내가 키웠던 잡종은 에스파냐산 검은 수탉, 그리고 녹색과 흰색이 어우러진 투계 암컷의 후손이었는데 깃의 끝부분이 누르스름한 흰색을 띤다는 것을 제외하면 모든 깃은 초록빛이 도는 검은색을 띤다. 그러나 흰색 끝부분과 검은 기저부 사이의 경계 부위에는 각각의 깃마다 짙은 갈색의 휘어진 부위가 대칭적으로 나타났다. 깃대가 색깔의 분포를 결정하는 경우도 있다. 예를 들어 검은 에스파냐산 수탉과 은색으로 빛나는 폴란드산 암탉 사이에서 태어난 잡종의 경우, 온몸을 덮는 깃의 깃대는 양옆의 좁은 공간과 함께 초록빛이 도는 검은색이었다. 그리고 이 주위를 감싸는 것은 경계가 고른 짙은 갈색 부위였고 다시 그 주위의 테두리는 연갈색이었다. 이런 사례에서 깃의 무늬는 대칭적이다. 많은 야생종의 깃에서 볼 수 있는, 탁월한 우아함을 일으키는 깃에서도 이런 대칭적인 무늬는 나타난다. 또한 내가 관찰한 바로는 일반 비둘기의 한 변종은 부모 종처럼 날개 줄무늬가 쯧

빛 청색 바탕에 단순한 검은 무늬로 새겨져 있지 않고 세 개의 밝은 대칭적인 무늬로 새겨져 있었다.

조류의 깃은 종마다 색깔이 다른 경우가 대부분이지만 일부 반점, 표지, 줄무늬는 모든 종에 공통적으로 나타나는 경우가 많다. 비둘기의 여러 품종에서도 유사한 사례가 발견된다. 비록 날개 줄무늬의 색깔이 빨간색, 노란색, 흰색, 검은색, 파란색 등으로 다양하고 깃의 나머지 부분도 어느 정도는 완전히 다른 색조를 띠기는 하지만 날개 줄무늬만큼은 보편적으로 두 개가 나타난다. 더욱 기이한 사례도 있다. 깃에 나타나는 무늬의 색깔이 원래의 색깔과 정반대의 색깔을 띠게 되더라도 특정한 표지가 계속해서 유지되는 경우가 이에 해당한다. 토착 비둘기의 꼬리는 파란색인데, 꼬리의 좌우 양옆에 있는 두 개 깃의 바깥쪽 우판의 말단부 절반이 흰색이다. 오늘날 꼬리가 파란색 꼬리 대신에 흰색 꼬리인 비둘기 종류는 비록 깃의 색깔이 달라지기는 했지만 앞에서 언급했던 부위와 정확하게 같은 부위의 색깔이 부모 종의 흰색과 다르게 검은색을 띤다.[47]

조류 날개에 존재하는 눈알무늬의 형성과 변이성　눈알무늬는 여러 곳에서 나타난다. 예를 들어 여러 조류의 깃, 일부 포유류의 털가죽, 파충류와 어류의 비늘, 양서류의 피부, 여러 종류의 나비와 그외 곤충의 날개 위에서 나타날 수 있다. 이들 눈알무늬보다 더 아름다운 장식은 없다. 따라서 이들에게는 특별히 주목할 가치가 있다. 눈알무늬는 하나의 반점과 그 반점을 둘러싸는 다른 색깔의 테두리로 이루어져 있다. 동공을 홍채가 둘러싸는 것과 같은 형상이다. 그러나 여러 개의

---

47) 멍크 비둘기에 대해서는 Bechstein, *Naturgeschichte Deutschlands,* Bd. 4, 1795, 31쪽을 참조하시오.

동심원이 함께 나타나는 경우도 종종 발견된다. 공작나비(Vanessa)의 날개 위에 새겨진 눈알무늬뿐만 아니라 공작의 꼬리 덮깃에 새겨진 눈알무늬는 잘 알려진 사례에 해당한다. 트리멘(R. Trimen)은 영국산 제왕 나방과 유연 관계가 있는 남아프리카산 나방의 한 종류인 지나니사 이시스(Gynanisa isis)의 뒷날개 거의 전체에 커다란 눈알무늬가 새겨져 있다고 내게 알려주었다. 이 눈알무늬의 모양을 살펴보면 중심부에 초승달 모양의 반투명한 표지가 새겨진 검은색 반점이 하나 있으며 그 주위를 황토색, 검은색, 황토색, 분홍색, 흰색, 분홍색, 갈색 그리고 흰색 무늬가 연속적으로 테두리를 만들며 둘러싸고 있는 모양이다. 이렇게 놀랄 만큼 아름답고 복잡한 장식이 어떻게 발달했는지 그 과정은 모르지만 최소한 곤충의 경우 그 과정이 단순했을 것이다. 트리멘은 내게 보낸 편지에서 다음과 같이 말했다. "나비목 곤충이 갖고 있는 어떤 표지나 색깔도 그 수나 크기 면에서 눈알무늬만큼 불안정하지는 않을 것입니다." 이 주제에 대해 최초로 나의 주의를 끈 월리스가 내게 보여준 히파르키아 자니라(Hipparchia janira) 나비의 여러 표본은 그 눈알무늬가 단순한 하나의 작은 반점에서부터 우아한 색깔을 띠는 눈알무늬까지 수많은 점진적 단계를 보여주었다. 남아프리카산 나비 중 같은 과에 속하는 한 종인 칠로 레다(Cyllo leda, Linn.)는 눈알무늬의 변이가 더욱 심하게 나타난다. 일부 표본은 날개 윗면의 넓은 공간이 검은색을 띠며 불규칙한 흰색 표지가 나타난다(〈그림-53〉 A 참조). 이런 형태부터 완전한 눈알무늬(A¹)까지 점진적인 모든 중간 단계를 관찰할 수 있다. 이것은 불규칙한 반점이 축소되면서 나타나는 것이다. 또 다른 일련의 표본에서도 아주 작은 흰색 반점이 보일 듯 말 듯한 검은색 테두리로 둘러싸이는 단계(B)부터 완전히 대칭적이며 커다란 눈알무늬(B¹)까지 점진적인 변화가 나타난다.[48] 이같은 사례에서 보면 완전한 눈알무늬는 반드시 변이와 선택의 긴 과

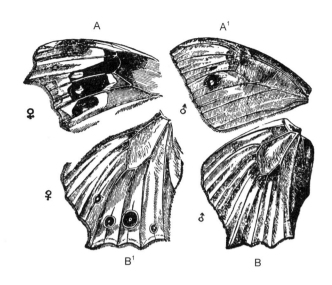

<그림-53> 칠로 레다 날개 눈알무늬의 심한 변이를 보여주는 트리멘의 그림. A. 모리셔스에서 채집된 표본의 앞날개 윗면. A¹. 나탈에서 채집된 표본의 같은 부위. B. 자바에서 채집된 표본의 뒷날개 윗면. B¹. 모리셔스에서 채집된 표본의 같은 부위

정을 거쳐 만들어지는 것이 아닌 것 같다.

조류와 그외의 많은 동물에 있어서 유연 관계가 있는 종을 서로 비교해보면 원형의 반점무늬는 줄무늬가 끊어지고 위축되어 만들어지는 것 같다. 호로호로새는 암컷의 희미한 흰색 줄무늬가 수컷의 아름다운 흰색 반점을 대신한다.[49] 아르구스 꿩의 암수에서도 비슷한 상황이 나타날 수 있다. 어떻든 간에 겉으로 나타나는 모습으로 본다면 짙은 색깔의 반점은 채색된 주변의 구조들이 가운데로 모이면서 형성되는 경우가 가장 흔한 것 같다. 그러면서 반점의 주변부는 밝은

---

48) 이 목판화는 아름다운 그림을 이용하여 새긴 것으로서 트리멘이 나를 위해 친절하게 만들어준 것이다. 이 나비의 날개에서 관찰되는 색깔과 모양의 놀라운 변이에 대해서는 그의 *Rhopalocera Africae Australis*, 186쪽을 참조하시오.
49) Jerdon, 앞의 책, 제3권, 517쪽.

342

색깔을 띠는 것 같다. 또 흰색 반점은 중심부의 색깔이 주위로 **빠져** 나가면서 주위가 짙은 색깔을 띠고 중심부는 흰색 반점으로 **남는** 경우가 가장 흔한 것 같다. 어느 경우에나 눈알무늬가 만들어진다. 채색된 부위는 거의 균일한 성질을 갖는 것 같다. 그러나 구심적으로든 원심적으로든 재배치는 일어난다. 일반적인 뿔닭의 깃은 흰색 반점에 짙은 색 테두리가 있는 좋은 사례다. 이 경우 흰색 반점이 크고 가까이 있을수록 주변의 짙은 색 부위는 서로 융합된다. 아르구스 꿩은 하나의 깃에서도 짙은 색깔의 점무늬가 옅은 색깔의 **테두리**에 둘러싸여 있는 경우와 흰색 점무늬가 짙은 색깔의 **테두리**에 둘러싸이는 경우가 함께 나타난다. 따라서 가장 우아한 눈알무늬가 **형성되는** 것은 단순한 사건인 것 같다. 여러 색깔의 연속적인 테두리가 주위를 둘러싸는 아주 복잡한 눈알무늬가 어떤 단계로 만들어지는지는 감히 말하지 않겠다. 서로 다른 색깔을 띤 닭들이 교배하여 만들어진 잡종의 구획된 깃과 많은 나비목 곤충의 극도로 다양한 눈알무늬를 보면 그들이 만들어지는 과정이 결코 복잡한 과정이 아니라 인접한 조직의 성질이 미세하게 점진적으로 변해서 이루어진다는 결론에 도달한다.

이차성징의 단계적 변화　점진적 변화의 사례는 중요하다. 왜냐하면 매우 복잡한 장식도 연속적인 작은 단계로 획득할 수 있다는 것을 보여주고 있기 때문이다. 현존하는 모든 조류의 수컷이 훌륭한 색깔과 장식을 획득한 실제 단계를 찾으려면 절멸한 조상의 긴 계열을 모두 알아야 되지만 이것은 아예 불가능하다. 그러나 집단이 크다면 그 집단에 속하는 모든 종을 비교함으로써 단서를 얻을 수 있다. 왜냐하면 그들 중 일부는 최소한 부분적으로라도 조상이 갖고 있었던 형질의 흔적을 갖고 있을 것이기 때문이다. 놀랄 만한 단계적 **변화**를 제공할 여러 집단의 지루한 세부 사항을 살펴보는 대신에 한두 가지 뚜렷한 사례를 살펴보는 것이 더 좋을 것 같다. 예를 들어 공작의 사례를 통해 공작이 그렇게 화려한 장식을 획득하게 된 단계에 대해 그 해결의 실마리를 찾을 수 있을 것이다. 공작의 꼬리 자체는 많이 길어져 있지 않지만 꼬리 덮깃이 보통 이상으로 길어 특히 주목할 만하다. 이 모든 깃의 깃가지는 서로 분리되어 나뉘어 있다. 그러나 이런 현상이 관찰되는 종은 사실 많이 있다. 그리고 일부 닭이나 비둘기 변종에게도 같은 현상이 관찰된다. 그런데 깃대의 끝으로 가면 깃가지는 다시 합체되어 난형의 원반, 즉 눈알무늬를 형성한다. 눈알무늬야말로 이 세상에서 가장 아름다운 대상 중의 하나임이 틀림없다. 눈알무늬의 중심부 한쪽은 안쪽으로 파여 들어간 모양으로 무지개 빛깔이 도는 짙은 청색을 띤다. 그리고 그 주위를 짙은 녹색 부위가 둘러싸고 있으며 다시 넓은 구릿빛 갈색 구역이 이를 둘러싸고 그 주위에는 약간 다른 무지개 빛깔을 띠는 다섯 개의 좁은 구역이 둘러싸고 있다. 눈알무늬의 사소한 형질도 주목할 가치가 있다. 깃대에서 뻗어나간 깃가지는 나뭇가지에서 잎이 돋듯 다시 작은 미세 깃가지를 뻗고 있다. 그런데 눈알무늬의 동심원 하나를 이루는 깃가지 부위에는 미세 깃가지가 거의 돋지 않는다. 그래서 눈알무늬의 한쪽은 거의 투명하게 나타나며 이것은 아주 세련된 모습으로 관찰된다. 그러나 나는 다른 곳에서 투계의 변종 중 하나가 갖고 있는 목털에서 나타나는 정확하게 동일한 변이에 대해 언급한 적이 있다.[50] 그 경우 목털의 끝부분이 금속성 광택을 내고 있었다. 또한 깃의 중간 부분에는 투명한 지역이 대칭적으로 분포하고 있어 깃의 아랫부분과 구별되었다. 이 투명한 부분은 바로 깃가지에 미세 깃가지가 부착되어 있지 않아

---

50) *The Variation of Animals and Plants under Domestication, vol.* 1, 254쪽.

투명하게 관찰되는 부위였다. 눈알무늬의 짙은 푸른색을 띠는 중심부의 기저부 가장자리는 깃대를 따라 안쪽으로 깊게 파여 있다. 주변 지역에서도 〈그림-54〉에서 볼 수 있듯이 안쪽으로 파인 흔적을 관찰할 수 있다. 그것은 오히려 갈라진 틈에 가까웠다. 이런 식으로 파인 모양은 인도공작(*Pavo cristatus*)과 자바공작(*P. muticus*)에서도 나타난다. 이렇게 파인 모양은 눈알무늬의 발달과 관련이 있는 것으로 특별한 주의를 끄는 것 같다. 그러나 나는 오랫동안 그 의미를 추측하지 못했다.

만약 우리가 점진적인 진화의 원리를 인정한다면 놀랄 만큼 긴 공작의 꼬리 덮깃과 모든 평범한 조류의 짧은 꼬리 덮깃을 연결하는 각각의 단계를 대표하는 아주 많은 종이 과거에 존재했어야만 한다. 게다가 공작의 화려한 눈알무늬나 다른 조류의 단순한 눈알무늬나 그저 채색된 반점 사이를 연결하는 수많은 종이 존재해야 함은 물론이다. 그리고 공작의 다른 여러 형질도 마찬가지다. 현존하는 점진적 변화의 사례에 대해서는 유연 관계가 있는 순계류를 대상으로 살펴보겠다. 폴리플렉트론(*Polyplectron*)에 포함되는 여러 종과 아종은 공작이 살아가는 지역과 인접한 곳에서 서식한다. 이들은 공작과 매우 비슷하기 때문에 '공작 꿩'(peacock pheasant)으로 불리는 경우도 있다. 또한 바틀릿을 통해 알게 된 바로는 이들이 내는 소리와 일부 습성도 공작과 비슷하다고 한다. 봄철에 수컷들은 전에 언급한 대로 비교적 평범한 색깔을 띠는 암컷들 앞에서 거들먹거리며 걸어다닌다. 이때 수컷은 눈알무늬로 장식된 꼬리깃과 날개깃을 활짝 펴서 바로 세운다. 앞으로 되돌아가 폴리플렉트론의 한 종류를 보여주는 〈그림-51〉을 참조하길 바란다. 폴리플렉트론 나폴레오니스(*Polyplectron napoleonis*)는 눈알무늬가 꼬리에서만 나타나며 등은 짙은 금속성의 푸른색을 띤다. 이 점에서 이 종은 자바공작과 비슷하다. 폴리플렉트

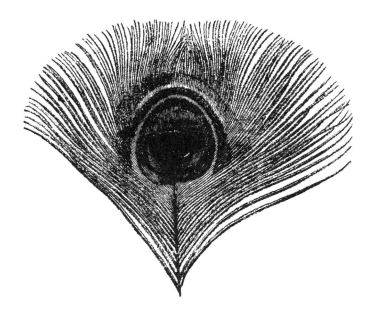

〈그림-54〉 공작의 깃으로 실제 크기의 2/3다(포드의 그림). 원반의 위쪽에 국한된 가장 바깥쪽의 흰색 지역은 투명하게 그려져 있다.

론 하드위키이(*P. hardwickii*)에게는 기이하게 생긴 관모가 있는데 이 것도 어느 정도 자바공작의 관모를 닮았다. 모든 종의 날개와 꼬리에 새겨진 눈알무늬는 원형이거나 난형이다. 또한 아름다운 진주색이 도 는 청록색이거나 초록색이 도는 자주색 원반으로 이루어져 있고 검 은색 테두리가 둘러져 있다. 폴리플렉트론 킨쿠이스(*P. chinquis*)의 경 우 이 가장자리는 갈색을 띠며 담황색 테두리가 둘러져 있다. 따라 서 비록 화려하지는 않지만 여러 색깔의 동심원이 눈알무늬를 둘러 싸고 있다. 꼬리 덮깃이 보통 이상으로 긴 것도 폴리플렉트론의 뚜렷 한 특징 중의 하나다. 일부 종의 꼬리 덮깃은 꼬리깃 길이의 1/2에서 2/3에 달하기도 한다. 꼬리 덮깃에도 공작과 마찬가지로 눈알무늬가 새겨져 있다. 따라서 폴리플렉트론의 여러 종은 꼬리 덮깃의 길이, 눈

알무늬의 구획 그리고 그외의 몇
몇 특징이 점진적으로 공작에 접
근하는 것이 확실하다.

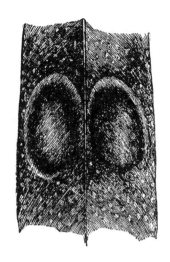

이런 접근 현상이 확실한데도
나는 폴리플렉트론의 첫 번째 종
을 조사하다가 연구를 포기하고
말았다. 왜냐하면 공작의 꼬리깃
이 완전히 평범한 색깔을 띠는 데
반해 이 종의 꼬리깃은 눈알무늬
로 장식되어 있었을 뿐만 아니라
모든 꼬리깃에 새겨진 눈알무늬
가 공작의 눈알무늬와는 근본적
으로 달랐기 때문이다. 공작은 깃

〈그림-55〉 폴리플렉트론 킨쿠이스의
꼬리 덮깃 일부. 그림에서 나타난 두
개의 눈알무늬는 실물 크기다.

대의 양쪽으로 하나씩, 즉 하나의 깃에 눈알무늬가 두 개씩 새겨져 있
다(〈그림-55〉 참조).

그래서 나는 공작의 먼 조상이 폴리플렉트론과 닮았을 수는 없다
고 결론을 내렸다. 그러나 연구를 계속해나가면서 나는 두 개의 눈알
무늬가 아주 근접해 있는 종이 존재한다는 사실을 알게 되었다. 폴리
플렉트론 하드위키이는 두 개의 눈알무늬가 서로 붙어 있다는 사실도
알게 되었다. 그리고 마지막으로 폴리플렉트론 말라첸세(*Polyplectron
malaccense.* 〈그림-56〉 참조)와 마찬가지로 내가 연구한 첫 번째 종의
꼬리 덮깃에 새겨진 눈알무늬가 실제로 융합되어 있다는 사실도 알
게 되었다. 눈알무늬의 중심부만이 융합됨에 따라 위아래 양쪽으로
파인 모양이 생기게 된다. 그리고 채색된 주변부도 역시 안쪽으로 파
여 들어간다. 따라서 각각의 꼬리 덮깃에 새겨진 눈알무늬는 비록 하
나의 눈알무늬로 관찰되기는 하지만 그 기원이 양쪽에서 생겼다는 것

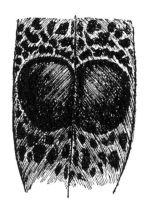

<그림-56> 폴리플렉트론 말라첸세의 꼬리 덮깃 일부. 실물 크기로 그려진 두 개의 눈알무늬는 부분적으로 융합되어 있다.

을 보여주는 것이다. 이렇게 융합된 눈알무늬는 공작의 단일 눈알무늬와는 다르다. 즉 공작의 눈알무늬는 기저부 쪽만 파여 있지만 융합된 눈알무늬는 위아래 양쪽으로 두 부위가 파여 있는 것이다. 그러나 이런 차이를 해석하는 일은 어려운 것이 아니다. 폴리플렉트론의 일부 종에서는 한 깃에 새겨진 두 개의 눈알무늬가 서로 평행하게 놓여 있는 경우가 있다. 또 폴리플렉트론 킨쿠이스 같은 종은 눈알무늬의 한쪽 부위만이 붙어 있다. 두 개 눈알무늬의 한쪽 부위만이 부분적으로 융합되면 융합된 쪽은 얕게 파이고 반대쪽은 깊게 파이는 결과가 된다. 눈알무늬가 접근하는 현상이 증폭되고 융합이 완전히 일어난다면 결국 둘 사이의 파인 흔적은 사라질 것이 틀림없다.

공작의 꼬리깃에는 눈알무늬가 전혀 나타나지 않는다. 이것은 공작의 꼬리가 긴 꼬리 덮깃에 덮여 가려져 있는 것과 관련이 있음이 틀림없다. 이 점에서 공작의 꼬리깃은 폴리플렉트론과는 많이 다르다. 폴리플렉트론에 속하는 대부분 종의 꼬리깃은 꼬리 덮깃보다 더 커다란 눈알무늬로 장식되어 있기 때문이다. 그래서 나는 여러 종의 꼬리깃을 자세하게 조사하게 되었다. 그들의 눈알무늬가 사라지는 경향이 조금이라도 나타나는지를 알고 싶어서였다. 그런데 매우 만족스럽게도 그런 경향은 실제로 나타나고 있었다. 폴리플렉트론 나폴레오니스의 가운데 꼬리깃에는 깃대의 양쪽에 아주 잘 발달된 두

348

개의 눈알무늬가 새겨져 있다. 그러나 양옆으로 갈수록 안쪽의 눈알무늬가 작아지고 눈에 잘 띄지 않는다. 그래서 가장 바깥쪽에 있는 깃은 안쪽 눈알무늬가 흔적으로만 관찰된다. 게다가 폴리플렉트론 말라첸세는 꼬리 덮깃 위의 눈알무늬가 이미 살펴보았듯이 융합되어 있다. 그리고 이들 깃은 유별나게 길어 꼬리깃 길이의 2/3에 달한다. 이 두 경우에 이들은 공작의 꼬리 덮깃을 닮아간다. 폴리플렉트론 말라첸세는 꼬리깃 중에서 가운데 있는 두 개의 깃에만 눈알무늬가 있다. 각각의 깃에는 화려한 색깔의 눈알무늬가 두 개씩 새겨져 있다. 이 두 개의 깃을 제외한 다른 모든 꼬리깃은 깃의 안쪽에 존재하는 눈알무늬가 완전히 사라져 관찰되지 않는다. 결과적으로 이 종의 꼬리 덮깃과 꼬리깃은 구조와 장식적인 면에서 각각 공작의 깃과 닮았다.

이제 공작이 화려한 형질을 획득하게 된 과정을 점진적 변화로 설명할 수만 있다면 거의 모든 것을 다 설명한 것이 된다. 만약 길고 화려한 꼬리 덮깃 하나에 눈알무늬 하나씩이 있는 현존 공작과 짧은 꼬리 덮깃에 몇몇 색깔로 이루어진 점무늬만이 있는 가금류의 중간형이 공작의 조상이라고 상상한다면 그것은 폴리플렉트론과 비슷한 조류일 것이다. 즉 바로 세워서 펼칠 수 있는 꼬리 덮깃에 새겨진 두 개의 눈알무늬는 부분적으로 융합되어 있고 꼬리깃을 덮을 정도로 그 길이가 길며 꼬리깃에는 눈알무늬가 이미 어느 정도 사라진 조류를 상상할 수 있다. 공작의 경우 눈알무늬의 중심부와 그 주위의 파인 부위는 이 견해가 옳다는 것을 명백하게 보여준다. 다른 방법으로는 도저히 설명할 수 없는 것이다. 폴리플렉트론에 속하는 수컷이 아름답다는 것은 의심할 여지가 없다. 그러나 자세히 관찰해보면 공작의 아름다움에 비교할 수 없다는 것을 알 수 있다. 공작 조상의 암컷은 긴 진화의 역사를 거치며 수컷의 탁월한 눈알무늬를 만드는 데 도움을 주었을 것이 틀림없다. 왜냐하면 그들은 가장 아름다운 수컷을 계속해서 선호함으로써 무의식적으로 공작을 세상에서 가장 화려한 새로 만드는 데 기여한 것이다.

아르구스 꿩　아르구스 꿩의 날개깃에 새겨진 눈알무늬는 조사할 만한 가치가 있는 매우 좋은 경우다. 이 새의 눈알무늬는 소켓에 느슨하게 들어 있는 공 같은 모양으로 그 모양이 매우 아름다우며 일반적인 눈알무늬와는 다르다. 경험 많은 예술가들의 감탄을 자아내게 한 이런 무늬가 우연, 즉 색깔을 나타내는 원자들의 우연적인 집합으로 만들어졌다고 생각하는 사람은 아무도 없을 것이다. 이런 장식이 많은 점진적인 변이가―이들 변이 중 어떤 것도 원래부터 '볼-소켓' (ball-and-socket) 모양을 만들려는 의도는 없었다―선택 과정을 통해 형성되었다는 것은 거의 불가능했을 것이다. 인간의 모습을 그리려는 의도 없이 젊은 예술가들이 그저 오랫동안 붓으로 물감을 칠하다가 라파엘의 성모 마리아 그림을 우연히 그리게 되었다고 생각하는 것과 같다. 눈알무늬가 어떻게 발달하게 되었는지를 알아보기 위해서 조상으로 이어지는 긴 계열을 모두 살펴볼 수는 없다. 또 유연 관계가 있는 많은 생물을 다 조사할 수도 없다. 왜냐하면 그들은 현재 존재하지 않기 때문이다. 그러나 다행스럽게도 날개의 몇몇 깃은 우리에게 문제를 해결할 단서를 충분히 제공한다. 그리고 그들은 단순한 반점부터 완성된 볼-소켓 모양의 눈알무늬로 이어지는 점진적 변화가 적어도 가능하다는 것을 보여준다.

눈알무늬가 있는 날개깃은 짙은 색 줄무늬로 덮여 있거나(〈그림-57〉 참조) 짙은 색 반점이 줄로 늘어서 있다(〈그림-59〉 참조). 각각의 줄무늬나 일련의 반점은 깃대의 바깥쪽에서 눈알무늬 중 하나를 향해 비스듬하게 달리고 있다. 일반적으로 반점들은 그들이 이루는

열에 가로 방향으로 길게 신장되
어 있다. 같은 열에 있는 반점들
은 융합되어 긴 줄무늬를 형성하
는 일이 종종 일어난다. 또는 인
접한 열의 반점들 사이에 가로로
융합이 일어나 가로 방향의 줄무
늬를 형성하기도 한다. 하나의 반
점이 여러 개의 작은 반점으로 나
뉘는 일도 일어난다. 그래도 나뉜
반점들은 제 위치에서 벗어나지
않는다.

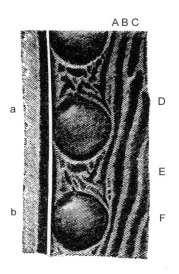

완벽한 볼-소켓 눈알무늬를 먼
저 설명하는 것이 편리할 것 같
다. 이 눈알무늬는 공과 매우 흡
사한 무늬와 이를 둘러싸는 짙은

〈그림-57〉 아르구스 꿩 이차 날개깃의
일부로서 두 개의 완전한 눈알무늬(a,
b)를 보여준다. A, B, C, D 등은 각각의
눈알무늬를 향해 비스듬하게 아래로
달리는 짙은 색 줄무늬다.

검은색 원형 고리로 이루어져 있다. 여기에 제시한 그림은 포드(Ford)
가 그린 훌륭한 그림을 목판화로 제작한 것이지만 목판화로는 원본
의 그 정교한 무늬를 살릴 수 없었다. 고리 위쪽의 일부는 거의 항상
약간 열려 있었다(〈그림-57〉 참조). 즉 닫혀진 공의 흰색 부위에서 위
쪽의 약간 오른쪽이 끊어져 있었다. 오른쪽의 기저부가 끊어져 있는
경우도 간혹 있었다. 이렇게 작게 끊어진 부위는 중요한 의미가 있
다. 여기에 제시한 그림은 깃을 곧추세웠을 때의 그림인데 이때 고리
는 항상 매우 두꺼우며 왼쪽 위 모서리 쪽의 경계가 애매하게 나타
난다. 이렇게 두꺼워진 부위의 아래에 있는 공의 표면에는 흰색의 표
지가 거의 기울어진 상태로 나타나며 아래로 내려올수록 차츰 변화
하여 옅은 납빛 색조를 띤다. 그리고 더 아래로 내려오면 노란색에서

갈색으로 바뀌는데 이 갈색은 눈에 띄지 않을 정도로 점점 짙어져 공의 아래쪽에 다다르게 된다. 바로 이런 색깔의 근소한 변화로 볼록한 면에서 그렇게도 아름다운 빛의 효과가 나타나는 것이다. 공의 하나를 관찰해보면 아래쪽은 갈색을 띠며 위쪽은 노랗고 납빛을 띠는데 이 두 부위는 곡선으로 희미하게 나누어져 있는 것을 알 수 있다. 이렇게 두 부위를 나누는 휘어진 곡선은 하얗게 빛나는 장축과 직각을 이루며 달린다. 사실 모든 무늬와 직각을 이룬다. 그러나 이 목판화에서는 나타나지 않는 색깔의 차이가 공의 완전한 무늬를 전혀 간섭하지 않는다. 각각의 눈알무늬가 짙은 줄무늬나 열을 이루는 반점과 명백하게 연결되어 있다는 사실을 주목해야 한다. 이런 두 가지 유형의 연결은 하나의 깃에서 모두 나타난다. 예를 들어 〈그림-57〉(그림을 참조하시오)에서 줄무늬 A는 눈알무늬 a를 향해 달리며 줄무늬 B는 눈알무늬 b를 향해 달린다. 줄무늬 C의 윗부분은 끊겨 있으며 목판화에는 나오지 않는 인접해 있는 다음의 눈알무늬를 향해 달린다. 그리고 줄무늬 D는 그 아래에 있는 다음의 눈알무늬를 향한다. 줄무늬 E, F도 마찬가지다. 마지막으로 몇 개의 눈알무늬는 불규칙한 검은색 표지로 이루어진 옅은 색 외관으로 분리되어 있는 것이 관찰된다.

이제부터는 눈알무늬 계열의 극단적인 반대쪽, 즉 눈알무늬가 나타나는 최초의 흔적에 대해 설명하겠다. 짧은 이차 날개깃(〈그림-58〉 참조)은 신체에 가까이 근접해 있으며 다른 깃과 마찬가지로 매우 짙은 색깔의 반점들이 열을 이루는데 이 열은 길게 기울어져 있으며 어느 정도는 불규칙하게 나타난다. 깃의 가장 아래쪽에 존재하는 열을 제외하고 그 위부터 다섯 개의 열을 관찰하면 깃대에서 가장 가까운 반점이 같은 열의 다른 반점들보다 약간 크며 가로 방향으로 약간 더 신장되어 있다는 것을 알 수 있다. 또한 이 반점의 위쪽에 약간 칙칙한 황갈색의 무늬가 나타난다는 사실도 다른 반점과 차이를 보이는 사항이다. 그러나 이 반점은 많은 조류의 깃에 새겨진 반점보다 눈에 띄지 않아, 보지 못하고 그냥 지나치기 쉽다. 그 바로 위에 있는 반점은 같은 열의 나머지 반점들과 전혀 다르지 않다. 기저부의 커다란 반점은 깃에 놓인 상대적인 위치가 긴 날개깃 위에 새겨진 완전한 눈알무늬와 매우 똑같다.

〈그림-58〉 이차 날개깃의 기저부로 신체에 가장 근접하는 부위다.

다음의 날개깃 두세 개를 관찰해보면 이제 막 언급한 기저부의 반점, 그리고 같은 열에 있는 인접한 반점부터 눈알무늬라고 할 수 없는 기이한 장식으로 이어지는 아주 미세한 점진적 변화가 나타난다. 더 적합한 용어가 없는 관계로 이 구조를 '타원형 장식'(elliptic ornament)이라고 부르겠다. 이것은 〈그림-59〉에서 볼 수 있다. 우리는 이 그림을 통해 평범한 특징을 갖고, 짙은 반점들로 이루어진 비스듬한 여러 개의 열, A, B, C, D 등을 볼 수 있다(그림의 오른쪽에 있는 모식도를 참조하시오). 반점의 각 열은 아래로 달리며 타원형 장식의 하나와 각각 연결되어 있다. 이것은 〈그림-57〉의 각 열이(그림을 참조하시오) 아래로 달려 볼-소켓 눈알무늬 하나와 각각 연결되는 방식과 정확하게 동일하다. 아무 열이나 하나 보자. 예를 들어 〈그림-59〉의 B열에서 가장 아래쪽에 자리잡은 표지 b는 그 위의 반점들보다 더 짙은 색깔을 띠고 상당히 길다. 그리고 왼쪽 끝은 뾰족하며 위쪽으로 휘어져 있다. 이 검은 표지의 위쪽은 농후한 색조의 다소 넓은 부위로 갑작스럽게 변하며 좁은 갈색 지역으로 이어진다. 계속해서 위로 올라가며 오렌지색, 옅은 납빛으로

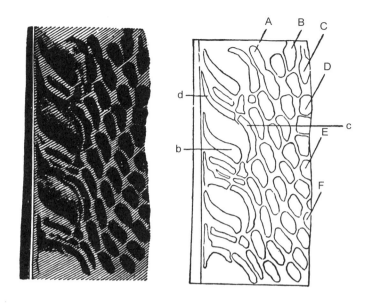

<그림-59> 신체에서 멀리 떨어지지 않은 이차 날개깃의 일부로서 소위 타원형 장식을 보여준다. 오른쪽의 그림은 부위의 참조를 위해 나타낸 모식도다. A, B, C, D 등: 아래로 달리며 타원형 장식을 이루는 점들의 열. b: B 열의 가장 아래에 있는 점. c: 같은 줄의 바로 위에 인접해 있는 점. d: 같은 B열에 있으며 점 c와 연장되어 있으나 사이가 끊어진 것이 명백하게 관찰되는 점.

변하고 깃대를 향하는 끝부분은 더욱 엷은 색조를 띤다. 타원형 장식의 전체 내부 공간은 이렇게 명암이 들어간 색조가 어우러져 채워지는 것이다. 표지 b는 모든 면에서 앞의 문단에서 설명한 바 있는 단순깃의 기저부에 새겨진 반점에 해당하지만(〈그림-58〉 참조) 더욱 잘 발달되어 있으며 더 화려한 색깔을 띤다. 밝은 색조를 띠는 이 반점의 위 오른쪽(〈그림-59〉의 b 참조)에는 같은 열에 속하는 길고 좁은 검은 표지 c가 있다. 이 표지는 약간 아래쪽으로 휘어져 있어 표지 b와 마주 보고 있다. 표지 c는 간혹 두 부위로 나뉘어 있기도 한다. 또한 이 표지도 아래쪽 면이 황갈색의 색조를 띠고 있다. 동일하게 기울어진 방향에서 표지 c의 왼쪽 위에는 이것과 항상 약간의 차이를 보이는

또 하나의 검은 표지 d가 있다. 이 표지는 대개 다소 불완전한 삼각형 모양이거나 불규칙한 모양이다. 그러나 그림에서 글자로 나타낸 표지는 아주 좁고 길게 신장되어 있으며 그 모양이 규칙적이다. 옆에 있는 긴 표지 c가 위쪽에 있는 다음의 신장된 반점과 일부 끊어지며 일부 융합되어 있는 것은 명백히 관찰되지만 이것에 대해 확신하지는 못하겠다. 이들 세 개의 표지 b, c, d는 사이에 긴 밝은 무늬와 함께 소위 타원형 장식을 이루는 것이다. 이 장식들은 깃대에 평행하게 배열되어 있다. 볼-소켓 눈알무늬와 그 위치에서 대응하는 것이 분명하다. 지극히 우아한 이들의 모습을 그림으로 나타낸다는 것은 도저히 불가능하다. 검은색 표지와 잘 대비되는 오렌지 색깔과 납빛 색깔을 목판화를 통해 서로 다른 색깔로 구별하여 보여줄 수 없는 것과 마찬가지다.

타원형 장식 하나와 완전한 볼-소켓 눈알무늬 사이에는 점진적인 변화의 계열이 완벽하게 존재한다. 따라서 어느 단계부터 눈알무늬라는 용어를 사용할지를 결정한다는 것은 여간 어려운 일이 아니다. 아래쪽에 있는 검은색 표지(〈그림-59〉의 b)와 특히 위쪽 표지 c의 길이와 대만(greater curvature)*의 모양에 따라 단계적 변화의 계열이 결정된다. 이것과 함께 불완전한 삼각형 모양을 보이며 폭이 좁은 표지 d의 길이가 짧아지는 것도 단계적 변화의 계열을 결정하는 요인이 된다. 결국 이들 세 개의 표지는 서로 융합되어 모양이 고르지는 않지만 타원형의 고리를 만드는 것이다. 이 고리는 점진적으로 모양이 고른 원형으로 되며 동시에 지름이 커진다. 〈그림-60〉은 아직 그 모양이 완전하지 않은 눈알무늬를 실물 크기로 그린 것이다. 검은색 고리의 아래쪽 부분은 타원형 장식(〈그림-59〉의 b)보다 훨씬 더 많이 휘어져 있다. 고리의 위쪽은 두세 개 부위로 분리되어 있다. 그리고 흰색 무늬 위에 있는 검은색 표지를 이루는 부분은 약간 두꺼워진 흔적만

<그림-60> 타원형의 장식과 완전한 볼-소켓 눈알무늬의 중간적인 조건에 있는 눈알무늬.

이 나타날 뿐이다. 이 흰색 무늬는 아직 집중화 현상이 많이 나타나지 않고 있다. 이 무늬 바로 아래의 표면은 완전한 볼-소켓 눈알무늬보다 밝은 색깔이다. 가장 완벽한 눈알무늬에서조차 고리를 이루는 서너 개의 긴 검은 표지가 연결된 흔적이 나타나는 경우가 있다. 불완전한 삼각형 모양을 보이는 불규칙하고 좁은 표지(〈그림-59〉의 d)는 수축되고 균등화되면서 완전한 볼-소켓 눈알무늬의 흰색 부분 위에 있는 두꺼운 고리 부분을 형성하는 것이 틀림없다. 고리의 아랫부분은 항상 다른 부위보다 약간 더 두껍다(〈그림-57〉 참조). 이 부위는 타원형 장식(〈그림-59〉) 중에서 위쪽 표지 c보다 원래부터 두꺼웠던 아래쪽의 검은색 표지 b에서 만들어진 것이다. 융합되고 변형되는 과정에서 모든 단계가 나타날 수 있다. 그리고 눈알무늬의 공을 둘러싸는 검은 고리는 의심할 것도 없이 타원형 장식에서 나타나는 세 개의 검은 표지 b, c, d가 결합되고 변형되어 만들어진 것이다. 인접한 눈알무늬 사이에서 관찰되는 불규칙한 지그재그형 검은 표지(〈그림-57〉을 다시 참조하시오)는 타원형 장식 사이에 있는 다소 모양이 고르고 유사한 표지들이 끊어짐으로써 생기는 것이 틀림없다.

볼-소켓 눈알무늬의 명암에서 나타나는 점진적인 단계도 마찬가지로 명확하게 제시될 수 있다. 갈색, 오렌지색 그리고 옅은 납빛을 띠는 좁은 구역은 타원형 장식의 아래쪽에 있는 검은 표지와 맞닿아 있는데 서로에게 접근하면서 점차 연한 색조를 띠는 단계적인 과정이 관찰된다. 위쪽의 밝은 부분이 왼쪽 모서리를 향하며 점점 더 밝아져 거의 흰색이 되면서 동시에 짧게 수축되는 것도 관찰할 수 있다. 그러나 전에도 말했듯이 가장 완벽한 볼-소켓 눈알무늬에서조차도 공의 윗부분과 아랫부분 사이에 비록 명암의 차이는 나타나지 않더라도 미세하게 나타나는 색조의 차이를 관찰할 수 있다. 그리고 이들을 나누는 선이 타원형 장식에서 나타나는 밝은 그늘무늬와 동일한 방향으로 기울어져 있는 것을 알 수 있다. 따라서 볼-소켓 눈알무늬의 모양과 색깔에서 모든 세부적인 부위는 타원형 장식부터 단계적으로 변화된 것임을 알 수 있다. 또한 타원형 장식도 두 개의 단순한 반점이 결합되는 것부터 역시 작은 단계에 따라 발달함을 알 수 있다. 이때 두 개의 반점 중 아래에 있는 반점(〈그림-58〉을 참조하시오)의 윗면은 다소 칙칙한 황갈색을 띤다.

더 긴 이차 깃의 끝부분에는 완벽한 볼-소켓 눈알무늬가 새겨져 있으며 매우 기이하게 장식되어 있다(〈그림-61〉을 참조하시오). 장축을 따라 약간 기울어진 사선은 위쪽에서 갑자기 끝나며 끝부분이 흐지부지 사라진다. 그리고 그 부분을 벗어나면 깃의 위쪽 끝부분(a)이 흰색 반점들로 덮인다. 그리고 이 흰색 반점 주위에는 작은 검은색 테두리들이 둘러싸고 있으며 이들 무늬가 나타나는 바탕은 짙은 색깔을 띤다. 가장 위쪽의 눈알무늬 b에 연결되는 줄무늬는 기저부가 휘어져 있으며 아주 짧고 모양이 고르지 못한 검은 표지로 겨우 관찰된다. 그러나 이 줄무늬는 갑자기 끊어진다. 따라서 우리는 과거에 사라진 것뿐만 아니라 고리 위쪽의 두꺼워진 부분이 어떻게 사라지게 되었는지를 이해할 수 있다. 왜냐하면 앞에서도 말했듯이 이 두꺼워진 부위는 다음의 높은 위치에 있는 반점의 끊어진 연장 부위와 어느 정도 관련성이 있음이 틀림없기 때문이다. 고리의 위쪽에 두꺼운 부위가 없

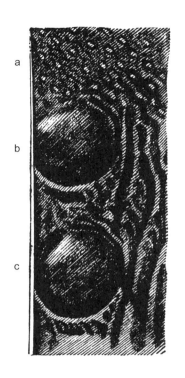

는 것으로 보아 가장 위쪽에 존재하는 눈알무늬는 비록 다른 모든 면에서는 완벽하게 보이지만 위쪽이 비스듬하게 잘려버린 것처럼 보인다. 아르구스 꿩의 깃이 현재 우리가 보는 모양으로 처음부터 창조되었다고 믿는 사람들이 가장 위쪽의 불완전한 눈알무늬를 설명하려면 매우 당황할 것 같다. 신체에서 가장 멀리 떨어진 이차 날개깃의 위에 새겨진 모든 눈알무늬는 다른 깃에 새겨진 눈알무늬에 비해 작고 불완전하며 눈알무늬를 이루는 고리의 위쪽이 이제 막 언급한 것처럼 불충분하다는 것을 추가로 언급해야 될 것 같다. 눈알무늬에서 나타나는 이런 불완전성은 깃의 반점이 줄무늬 속으로 융합되는 경향이 사라지는 것과 관련이 있는 것 같

〈그림-61〉 이차 날개깃의 거의 꼭대기 부위로 완전한 볼-소켓 눈알무늬를 보여준다. a: 장식적인 윗부분. b: 가장 위쪽의 불완전한 볼-소켓 눈알무늬(눈알무늬 꼭대기에 나타난 흰색 표지 위쪽의 무늬는 여기서 약간 지나치게 검게 나타났다). c: 완전한 눈알무늬.

다. 그들은 작은 반점으로 잘려 두세 개의 열이 눈알무늬 아래에 있게 된다.

아직도 매우 기이한 점이 남아 있다. 이것은 우드가 최초로 관찰한 것인데 주의를 기울일 만하다.[51] 워드(Ward)는 자신을 전시하는 새

---

51) T.W. Wood, *Field*, 1870. 5. 28.

를 찍은 사진을 내게 주었는데 그 사진에 따르면 수직으로 세워진 깃에 새겨진 눈알무늬의 표면에는 흰색을 띠는 부위가 있었다. 그런데이 흰색 부위는 볼록한 표면이 빛을 반사시키는 모양처럼 눈알무늬의위쪽 지역에 자리잡고 있었다. 즉 눈알무늬 내에서 위쪽에 치우쳐 있었다. 따라서 땅 위에서 자신을 전시하는 새의 모습은 마치 공중에서아래로 내리쬐는 빛을 받는 것 같은 모습이었다. 그러나 여기에 아주기이한 사실이 있다. 깃을 활짝 펼쳤을 때 바깥쪽에 있는 깃들은 거의 수평 상태를 유지하며 펼쳐질 것이다. 그리고 이들 바깥쪽의 깃들도 위에서 빛을 받는 것처럼 보이려면 이때에도 흰색 부위는 펼쳐진깃의 눈알무늬 내의 위쪽 지역에 자리잡고 있어야 할 것이다. 그런데놀랍게도 이들 흰색 부위는 그런 식으로 자리잡고 있었다! 따라서 여러 깃의 눈알무늬에서 빛을 반사시키는 듯한 흰색 무늬가 깃마다 서로 다른 위치에 놓여 있었지만 깃을 활짝 펼친 상태에서는 모든 눈알무늬가 위에서 빛을 비추는 것처럼 보인다. 마치 화가가 그렇게 명암의 변화를 점진적으로 준 것 같다. 그러나 각 눈알무늬를 살펴보면눈알무늬에 비치는 듯한 빛이 철저하게 한 지점에서 오는 것처럼 보이지는 않는다. 왜냐하면 거의 수평으로 놓인 깃의 눈알무늬에 새겨진 흰색 부위가 눈알무늬의 측면으로 정확하게 치우쳐 있지 않고 깃의 끝 쪽으로 약간 더 치우쳐 있기 때문이다. 그렇지만 우리는 성선택을 통해 장식으로 작용하는 부위가 실용적인 목적을 추구하는 자연선택을 통해 변형된 부위보다 절대적으로 완벽하기를 기대할 권리를 갖고 있지는 않다. 실용적인 용도의 예로서 인간의 경이로운 기관인 눈을 들 수 있다. 이 주제에 관한 유럽 최고의 권위자인 헬름홀츠가 인간의 눈에 대해 말한 다음의 내용은 잘 알려져 있다. "만약 안경상이 어떤 사람에게 아주 성의 없이 만든 안경을 팔았다면 그 사람은안경을 반납하는 것을 당연하게 생각할 것이다"[52] (시력을 추구하는 눈이 장식을 추구하는 안경에 우선한다는 뜻 —옮긴이).

우리는 이제 단순한 반점부터 훌륭한 볼-소켓 장식에 이르는 완벽한 계열을 추적할 수 있다는 것을 알게 되었다. 이런 깃의 일부를 친절하게도 내게 제공한 굴드는 점진적 변화의 단계가 완벽하게 존재한다는 나의 의견에 전적으로 동의한다. 한 마리의 새가 갖고 있는 깃에 나타나는 발달의 단계가 그 종의 멸종된 조상들이 갖고 있었던 단계를 나타내고 있을 필요는 전혀 없다. 그러나 새는 과거에 실제로 일어났던 점진적 단계에 대한 단서를 우리에게 제공하고 있을 수도 있다. 또 그들은 최소한 점진적 변화가 가능하다는 사실을 우리에게 보여주고 있다. 아르구스 꿩 수컷이 암컷 앞에서 자신의 깃을 아주 정성 들여 전시하는 과정이나 암컷이 더 매력적인 수컷을 선택하는 일이 가능하다는 것을 보여주는 많은 사례를 생각해보자. 모든 경우에 성선택이 작용한다고 인정하는 사람이라면 다소 황갈색을 띠는 단순한 이웃 반점 두 개가 접근하고 변형되어 색깔이 미세하게 변하면서 결국 소위 타원형 장식이 될 수 있다는 사실을 부인하지 않을 것이다. 타원형 장식을 관찰한 많은 사람은 그것이 아름답다는 사실을 인정하며 오히려 볼-소켓 눈알무늬보다도 더 아름답다고 생각하는 사람도 있다. 성선택을 통해 이차 깃이 길어지고 타원형 장식의 지름이 증가함에 따라 그 색깔은 화려함을 잃게 된 것이 틀림없다. 그후 모양과 색조가 개선되면서 깃 장식이 생겨났을 것이다. 그리고 이런 과정이 계속되면서 마침내 훌륭한 볼-소켓 눈알무늬가 만들어지게 된것이다. 이제 우리는 아르구스 꿩 날개깃의 현재 상태와 그 깃에 새겨진 장식의 기원을 이해할 수 있다. 다른 방법으로는 도저히 설명할

---

52) Helmholtz, *Popular Lectures on Scientific Subjects,* 영역본, 1873, 219, 227, 269, 390쪽.

수 없을 것이다.

　단계적 변화의 원리에 따라 밝혀진 사실과 변이의 법칙에 대해 우리가 아는 사실과 많은 종류의 가금류에서 일어나는 변화, 그리고 마지막으로 어린 새의 미성숙한 깃 장식의 특징(앞으로 더 자세하게 살펴보겠다)에서 우리는 조류의 수컷이 화려한 깃과 갖가지 장식을 획득한 단계를 볼 수도 있다. 그러나 사실 우리는 거의 아무것도 모르는 경우가 훨씬 더 많다. 몇 년 전 굴드는 내게 벌새(*Urosticte benjamini*)의 암컷과 수컷이 아주 기이한 큰 차이를 보인다고 했다. 벌새 수컷은 목 주위에 화려한 색깔을 띠는 것 외에도 초록빛이 도는 검은색 꼬리깃이 있다. 그중에서 중앙에 있는 네 개 꼬리깃의 끝은 흰색을 띤다. 즉 수컷은 꼬리깃의 중앙에 끝이 흰색으로 장식된 깃을 네 개 갖고 있지만 암컷은 끝이 흰색으로 장식된 깃을 주위에만 여섯 개 갖고 있다. 많은 종류의 벌새가 암수 간에 꼬리의 색깔이 뚜렷한 차이를 보이기는 하지만 굴드는 벌새 외에 수컷의 중앙 꼬리깃 끝이 흰색인 종을 단 한 종도 알지 못했다. 이 사실이 더욱 기이하다.
　아질 공작은 이 사례에 대해 논평하면서 성선택을 무시한 채 다음과 같은 질문을 던졌다.[53] "이같이 특이한 변이에 대해 자연선택의 법칙을 이용하여 제시할 수 있는 설명은 무엇인가?" 그는 "아무것도 없다"라고 말했다. 나는 그의 의견에 전적으로 동의한다. 그러나 성선택에 대해서도 그렇게 자신 있게 말할 수 있을까? 벌새류의 꼬리깃이 얼마나 다양한 차이를 보이는지를 생각하면 깃의 끝부분에 흰색이 생기는 특징이 왜 이 한 종의 네 개 중앙 깃에서만 변화되지 않았어야 하는가? 변이는 점진적이거나 다소 갑작스럽게 나타날 수 있다. 최

---

53) Duke of Argyll, *The Reign of Law*, 1867, 247쪽.

근 보고타 근처에 서식하는 벌새에게서 갑작스러운 변이가 관찰되었
다. 일부 개체들만이 중앙 꼬리깃의 끝이 아름다운 녹색으로 채색되
어 있었던 것이다. 나는 암컷 벌새에서 중앙부 네 개의 꼬리깃 중 바
깥 양쪽에 있는 두 개의 꼬리깃 끝이 아주 미세한 흰색의 흔적을 띤
다는 사실을 알아냈다. 따라서 이것은 이 종의 깃 장식 중 일부가 변
화하는 징후에 해당하는 것이다. 만약 우리가 수컷의 중앙 꼬리깃이
흰색을 띠는 정도에서 서로 차이를 보인다는 가능성을 받아들인다면
그 같은 변이가 성적으로 선택된다는 사실이 이상할 게 없다. 이 흰
색 끝부분은 역시 흰색의 작은 귀 깃털과 함께 아질 공작이 인정했듯
이 수컷에게 아름다움을 제공하고 있는 것이 명백하다. 그리고 흰색
이 다른 새들에게 선망의 대상이 된다는 것도 틀림없는 사실이다. 이
런 사실은 방울새의 순백색 수컷의 사례에서 추정할 수 있다. 헤론(R.
Heron)이 한 말을 잊어서는 안 된다. 그는 그가 키우는 암컷 공작을
얼룩무늬 수컷 공작에게 접근하지 못하도록 했다. 그러자 그 암컷은
다른 어떤 수컷과도 짝짓기를 하지 않았고 그 계절에 전혀 알을 낳지
않았다. 벌새의 꼬리깃에서 나타난 변이가 장식용으로 특별하게 선
택되었다는 사실도 전혀 이상한 일이 아니다. 오죽했으면 인접한 다
음 속(屬)에 깃이 아름다워 메탈루라(*Metallura*)라는 이름을 붙였겠는
가? 더구나 우리는 벌새류가 자신의 꼬리깃을 전시하면서 나름의 고
통을 겪는다는 사실에 대한 충분한 증거를 갖고 있다. 벨트는 플로리
수가 멜리보라(*Florisuga mellivora*)의 아름다움을 설명한 후 다음과 같
이 말했다. "나는 나뭇가지에 앉아 있는 암컷 한 마리와 그 앞에서 자
신의 아름다움을 전시하는 수컷 두 마리를 보았다. 한 마리는 로켓처
럼 높이 치솟았다가는 뒤집힌 낙하산처럼 갑자기 순백의 꼬리를 펼
치고 암컷 앞에서 천천히 하강하며 회전하여 자신의 앞과 뒤가 잘 보
이도록 했다. 펼쳐진 흰색 꼬리는 신체의 다른 부위에 비해 더 넓은

공간을 차지한다. 그 수컷이 보이는 연기는 분명히 화려했다. 그 수컷이 하강하는 동안 또 다른 수컷이 높이 치솟아 올랐다가 다시 날개를 펼치고 천천히 내려오곤 했다. 이들의 공연은 결국 두 연기자의 전투로 끝을 맺는 경우가 많다. 그러나 가장 아름다운 수컷이 암컷의 허락을 얻어내는지 아니면 가장 싸움을 잘하는 수컷이 암컷의 사랑을 차지하게 되는지는 알려져 있지 않다."[54] 굴드는 벌새의 독특한 깃 장식에 대해 설명한 후 다음과 같이 덧붙였다. "장식과 변이는 유일한 목적을 갖고 있다. 나는 이것을 거의 의심하지 않는다."[55] 만약 이것을 인정한다면 과거에 가장 우아하고 고귀한 방식으로 자신을 치장했던 수컷이 유리했을 것이다. 통상적인 생존경쟁에서 유리한 것이 아니고 다른 수컷과 경쟁하는 데 유리했다는 것이다. 그래서 새롭게 획득한 자신의 아름다움을 물려받은 후손을 많이 남겼을 것이다.

---

54) Belt, *The Naturalist in Nicaragua,* 1874, 112쪽.
55) J. Gould, *Introduction to the Trochilidae,* 1861, 110쪽.

제15장 조류의 이차성징—계속

일부 종은 수컷만이 화려한 색깔을 띠고 또 다른 일부 종은 암수 모두 화려한 색깔을 띠는 이유에 대한 논의—한쪽 성에만 나타나는 유전을 신체의 여러 구조와 화려한 색깔의 깃 장식에 적용시켜봄—색깔과 관련된 둥지 짓기—겨울에 사라지는 혼인 깃

우리는 이번 장에서 많은 조류의 암컷이 왜 수컷과 같은 장식을 획득하지 못했는지를 살펴보게 된다. 그리고 다른 많은 조류에서는 또 왜 암수가 모두 똑같거나 거의 비슷하게 장식되어 있는지에 대해서도 알아보게 된다. 다음 장에서는 암컷이 수컷보다 화려한 색깔을 띠는 몇몇 사례를 살펴보게 될 것이다.

『종의 기원』(*Origin of Species*)에서 나는 공작 암컷에게 수컷처럼 긴 꼬리가 있다면 알을 품을 때 불편할 것이며 큰들꿩 암컷이 수컷처럼 눈에 잘 띄는 검은 색깔을 띤다면 역시 알을 품을 때 매우 위험할 수 있다는 사실을 간단하게 시사한 바 있다.[1] 따라서 이런 형질이 수컷에게서 암컷 후손에게로 전달되는 것은 자연선택으로 저지되었을 것이다. 그런데도 나는 수컷의 형질이 암컷에게로 전달되는 일이 극히 일부의 사례에서 일어났을 수도 있다고 생각한다. 그러나 내가 수집

---

1) 제4판, 1866, 241쪽.

할 수 있는 모든 사례에 대해 심사숙고한 결과 나의 생각은 한쪽으로 기울어진다. 즉 암컷과 수컷이 서로 차이를 보일 때, 대를 거듭하여 나타나는 변이는 처음부터 그 변이가 최초로 생긴 성에만 제한된다는 것이다. 내 의견이 세상에 알려진 후, 월리스는 흥미로운 몇 편의 논문을 통해 암수의 색깔 차이를 논의했다.[2] 월리스는 대를 이어 계속되는 변이의 대부분이 처음부터 암수 모두에게 전달된다고 믿는다. 그러나 알을 품는 암컷이 두드러지게 눈에 잘 띄는 색깔을 갖게 된다면 아주 위험하기 때문에 자연선택을 통해 수컷의 특징이 되는 화려한 색깔을 획득하지 않게 되었다는 것이 월리스의 생각이다.

이 견해를 이해하려면 최초 암수 모두에게 전달되던 형질이 자연선택의 영향을 받아 한쪽 성에만 전달되도록 바뀔 수 있는지 여부에 대한 지루한 논의가 필요하다. 성선택에 대해 설명한 앞 장에서 이미 살펴보았듯이 한쪽 성에 나타나는 형질은 다른 쪽 성에도 항상 잠재적으로 간직되어 있다는 것을 명심해야 한다. 사례의 어려움을 이해하기 위해 가상적인 도해 한 가지를 제시하는 것이 가장 좋을 듯싶다. 동물 사육가 한 사람이 새로운 비둘기 품종을 개발하려 한다고 상상해보자. 그가 개발하고 싶은 것은 수컷만이 연한 푸른색을 띠고 암컷은 비둘기 특유의 쥐색을 그대로 보유하는 품종이다. 비둘기의 경우 모든 종류의 형질은 대개 암수 모두에게 전달되므로 사육가는 이런 유형의 유전이 한쪽 성에만 전달되도록 변화를 주려고 할 것이다. 그가 할 수 있는 일은 인내를 갖고 약간이라도 연한 푸른색을 띠는 수컷 비둘기를 골라내는 일이 전부일 것이다. 이런 과정을 아주 오랫동안 수행하고, 연한 푸른색 변이가 강하게 유전되거나 정기적으로 나타나는 일이 자주 발생한다면 그 사육가는 연한 푸른색을 띠

---

2) A.R. Wallace, *Westminster Review*, 1867. 7; *Journal of Travel, vol.* 1, 1868, 73쪽.

는 비둘기만으로 자기의 새장을 가득 채우게 될 것이다. 그러나 사육가는 세대를 거듭하면서 어쩔 수 없이 연한 푸른색을 띠는 수컷과 쥐색 암컷을 교배시킬 수밖에 없을 것이다. 왜냐하면 암컷은 계속해서 쥐색을 유지해야 하기 때문이다. 결과적으로 대개는 얼룩덜룩한 잡종 비둘기 집단을 얻을 것이다. 오히려 연한 푸른색은 빠르고 완전히 잃어버리는 경우가 더 많을 것이다. 왜냐하면 원시 시대부터 존재했던 쥐색이 우성으로 전달될 것이기 때문이다. 그렇지만 만약 연한 푸른색을 띠는 일부 수컷과 쥐색을 띠는 암컷이 태어나 계속해서 서로 짝짓기를 하면서도 세대가 지나도록 성에 따른 고유의 색깔을 계속해서 유지했다면, 쥐색 암컷은 혈관 속에 더 많은 푸른색 피를―이런 표현을 써도 될지 모르겠다―갖게 될 것이다. 왜냐하면 암컷 비둘기의 아버지와 할아버지 등은 모두 푸른색을 띠고 있었기 때문이다. 이런 상황에서(비록 이런 상황이 일어날 수 있다고 보여주는 결정적인 사례는 전혀 아는 바 없지만) 쥐색 암컷이 옅은 푸른색에 대한 잠재적 성향을 강하게 획득하여 딸에게는 여전히 쥐색을 물려주면서도, 아들이 연한 푸른색을 띠는 경향을 방해하지 않을 수도 있다. 만약 그렇다면 암수가 영구히 서로 다른 색깔을 띠는 품종을 만들려던 원래의 목적을 달성할 수도 있다.

옅은 푸른색은 암컷에게 잠재적으로 내재되어 있어 수컷 자손의 형질 발현을 방해하지 않는 것이다. 이같이 우리가 원하는 형질에서 아주 중요한 것, 아니 오히려 꼭 필요한 것은 다음의 사례에서 잘 나타난다. 수컷 코퍼긴꼬리꿩의 꼬리는 94센티미터에 달하지만 암컷의 꼬리 길이는 단지 20센티미터에 불과하다. 또 일반 수컷 꿩의 꼬리 길이는 약 51센티미터이지만 암컷의 꼬리 길이는 30센티미터 정도다. 만약 꼬리가 짧은 암컷 코퍼긴꼬리꿩과 수컷 일반 꿩을 교배시켰다면 이들 사이에서 태어난 수컷 잡종은 일반 꿩의 순수 혈통 수컷보다 훨씬 더 긴 꼬리를 갖고 태어날 것이 틀림없다. 반면에 암컷 코퍼 긴꼬리꿩보다 훨씬 더 꼬리가 긴 암컷 일반 꿩과 수컷 코퍼긴꼬리꿩 을 교배시켰다면 이들 사이에서 태어난 잡종 수컷은 순수 혈통의 수 컷 코퍼긴꼬리꿩보다 훨씬 더 짧은 꼬리를 갖고 태어날 것이다.[3]

사육가들은 암컷을 변화시키지 않으면서 수컷만이 옅은 푸른색을 띠는 새로운 비둘기 품종을 만들기 위해 여러 세대를 거치며 수컷을 선택하는 작업을 계속할 것이다. 그렇게 하여 각 단계의 옅은 색깔 이 수컷에게 고정되고 암컷에서는 잠재적으로 내재되어야만 할 것이 다. 이 작업은 극도로 어려운 작업이 될 것이다. 아직까지 한 번도 시 도된 적은 없지만 성공적으로 수행할지도 모른다. 옅은 푸른색 자손 을 만드는 잠재적인 성향을 처음에는 전혀 갖고 있지 않은 쥐색 암컷 과 반복해서 교배하는 것은 이 작업에 반드시 필요한 것이고 그 때문 에 옅은 푸른색이 초기에 완전히 상실될 수 있다. 이것이 가장 주요 한 장애물이다.

그러나 만약 한두 마리의 수컷에게 아주 약간이라도 색깔이 옅어 지는 변이가 일어나고 이런 변이가 초기에 수컷에게만 전달되었다면 원하는 새 품종을 만드는 작업은 어렵지 않을 것이다. 왜냐하면 그런 수컷을 그저 선택해서 보통의 암컷과 교배시키기만 하면 되기 때문 이다. 비슷한 사례가 실제로 관찰되고 있다. 벨기에에는 수컷에게만 검은 줄무늬가 있는 비둘기 품종이 존재한다.[4] 게다가 테제트메이어 는 최근 드래곤 비둘기가 은색을 띠는 새끼를 낳는 일이 드물지 않다

---

3) 테밍크(C.J. Temminck)는 암컷 코퍼긴꼬리꿩(*Phasianus soemmerringii*)의 꼬 리가 단지 15센티미터에 불과하다고 했다(*Planches coloriées*, vol. 5, 1838, 487~488쪽). 위에서 제시한 수치들은 스클라터(P.L. Sclater)가 내게 제공한 것이다. 일반 꿩에 대해서는 W. Macgillivray, *History of British Birds*, vol. 1, 118~121쪽을 참조하시오.

4) Chapuis, *Le Pigeon Voyageur Belge*, 1865, 87쪽.

는 것을 밝혔다.[5] 이 경우 은색의 비둘기는 거의 항상 암컷이었다. 테제트메이어 자신이 그런 암컷 비둘기를 10마리나 키웠다고 한다. 그에 반해 은색 수컷 비둘기가 출현하는 일은 매우 희귀한 사건이라고 한다. 따라서 원하기만 한다면 수컷은 푸른색을 띠고 암컷은 은색을 띠는 드래곤 비둘기 품종을 만드는 것도 아주 쉬운 일일 것이다. 사실 이 경향은 아주 강해서 테제트메이어가 마침내 은색 수컷 한 마리를 얻어 그것을 은색 암컷과 교배시켰을 때 그는 비둘기들 사이에서 태어날 암수 모든 새끼들이 은색을 갖게 될 것이라고 기대했다. 그러나 그의 기대는 무너지고 말았다. 왜냐하면 어린 수컷은 그의 할아버지가 가졌던 푸른색으로 되돌아갔기 때문이다. 은색은 어린 암컷에게만 나타났다. 우연히 나타난 은색 수컷과 은색 암컷을 교배하는 작업을 인내심을 갖고 계속하다 보면 이들이 낳은 수컷 자손에게서 할아버지의 색깔이 나타나는 환원 유전의 경향이 사라질 수도 있다. 그렇게 되면 암수 모두 동일한 색깔을 띠게 될 것이다. 바로 이런 과정을 통해 에스퀼란트(Esquilant)는 은색의 집비둘기를 만드는 데 성공했다.

닭에게는 수컷에게만 전달되는 색깔 변이가 늘 일어난다. 이런 형태의 유전이 널리 유행할 때, 연속적으로 일어나는 변이의 일부가 암컷에게 전달되는 일은 가능할 것이다. 그렇게 되면 암컷은 어느 정도 수컷을 닮게 될 것이다. 이런 일은 일부 품종에서 실제로 관찰된다. 게다가 모든 연속적 단계는 아니더라도 대다수 단계가 암수 모두에게 전달되어 암컷이 수컷과 아주 비슷하게 닮아갈지도 모른다. 의심할 것도 없이 이것이 바로 수컷 파우터 집비둘기가 암컷보다 다소 커다란 모이주머니를 갖고, 수컷 전서구가 암컷보다 약간 더 큰 턱볏을 갖는 이유가 될 것이다. 왜냐하면 사육가들은 암수 중 어느 하나를

---

5) Tegetmeier, *Field*, 1872. 9.

더 많이 선택하지 않았으며 이런 형질이 암컷보다 수컷에게서 더 강하게 나타나게 하려는 의도가 전혀 없었기 때문이다. 그런데도 두 품종에는 이런 현상이 나타나는 것이다.

만약 암컷만이 새로운 색깔을 갖는 품종을 얻으려고 했더라도 똑같은 과정과 이에 따른 어려움이 당연히 있었을 것이다.

마지막으로 우리의 사육가들은 조상 종과도 다르고 암수 간에도 차이를 보이는 품종을 만들려고 할지도 모른다. 이때 계속된 변이가 처음부터 암수 양쪽에 서로 다르게 나타나지 않는다면 어려움은 아주 크겠지만 만약 그런 일이 벌어지기만 한다면 아무런 어려움도 없을 것이다. 이것은 닭의 사례에서 볼 수 있다. 예를 들어 함부르크 닭의 암수는 서로 크게 다르다. 토착 갈루스 반키바(Gallus bankiva)의 암수도 역시 크게 다르다. 현재는 계속된 선택을 통해 이들이 보이는 화려함의 표준이 일정하게 유지된다. 만약 서로 다른 형질이 암수 각각에게 따로 전달되지 않았더라면 불가능한 일이었을 것이다.

에스파냐산 닭에게서는 더욱 기이한 사례가 나타난다. 수컷은 커다란 볏이 있지만 일부 연속적인 변이는 획득된 특징을 축적하는 과정을 통해 암컷에게 전달된 것으로 보인다. 왜냐하면 암컷에게는 조상 종 암컷보다 몇 배나 큰 볏이 있기 때문이다. 그러나 암컷의 볏은 축 늘어지는 경향이 있다는 면에서 수컷의 볏과 차이를 보인다. 최근 동물 애호가들은 볏이 항상 축 늘어진 종류를 주문했다. 그러자 곧 그 주문에 맞는 종류가 만들어진 것이다. 이제 볏이 늘어지는 것은 한쪽 성을 통해서만 전달되어야 한다. 그렇지 않으면 수컷의 볏도 곧 추서지 않고 늘어질 것이기 때문이다. 이것은 모든 동물 애호가가 지극히 싫어하는 상황일 것이다. 그러나 수컷의 볏이 곧추서는 것 역시 한쪽 성에만 국한되는 형질이어야 한다. 그렇지 않으면 다시 암컷의 볏이 늘어지지 않을 것이기 때문이다.

전술한 사례를 통해 우리가 알 수 있는 것은 아무리 무한한 시간이 주어진다고 하더라도 선택을 통해 한 가지 유형의 전달을 다른 유형으로 바꾸는 것이 극도로 어렵고 복잡하며 심지어는 불가능하다는 것이다. 그러므로 각 사례에 대한 뚜렷한 증거도 없이 자연 상태의 종에게서 이런 일이 일어났다는 것을 인정하고 싶지는 않다. 그러나 처음부터 한쪽 성에만 계속해서 전달되었던 변이 때문에 조류의 수컷이 색깔이나 그외의 다른 형질에서 암컷과 크게 차이를 보이는 일은 아무런 어려움 없이 일어날 수 있을 것이다. 암컷은 변화하지 않고 남아 있거나 약간만 변화하거나 자신을 보호할 목적으로 특이한 변화를 겪는다는 것이다.

화려한 색깔을 갖춘 수컷은 다른 수컷과 경쟁을 할 때 이득을 볼 수 있다. 따라서 한쪽 성에만 전달되는지의 여부를 떠나, 화려한 색깔은 일단 선택될 수 있을 것이다. 결과적으로 암컷이 수컷의 화려한 색깔을 어느 정도 갖고 있는 경우가 종종 일어나리라고 기대할 수 있다. 그리고 이런 일은 많은 종에서 실제로 일어난다. 계속해서 일어나는 모든 변이가 암수 모두에게 똑같이 전달된다면 암컷은 수컷과 구별되지 않을 것이다. 이런 일 역시 많은 조류에서 실제로 일어나는 상황이다. 그러나 땅 위에 알을 낳고 살아가는 많은 조류의 경우처럼 알을 부화시키는 암컷의 안전을 위해 칙칙한 색깔이 아주 중요하다면, 화려함을 갖추게 된 암컷이나 유전을 통해 수컷에게서 눈에 띄게 화려한 색깔을 물려받은 암컷은 조만간 사라지고 말 것이다. 그러나 수컷이 아주 오랫동안 딸들에게 자신의 화려함을 계속해서 물려주려는 경향은 유전 방식의 변화로 사라지게 될 것이다. 그리고 앞에서도 살펴보았듯이 암컷이 계속해서 화려한 색깔을 물려받는 일은 극도로 어려울 것이다. 이런 형태의 유전이 효과를 발휘한다고 치자. 그렇다면 화려한 색깔을 갖는 암컷이 긴 세월을 거치며 계속해서 사라지게 될 것이고 수컷은 칙칙한 색깔을 갖는 암컷과 계속해서 짝짓기를 함으로써 결국 수컷의 화려한 색깔이 옅어지거나 사라지는 결과가 될 것이다. 일어날 수 있는 모든 가능한 경우를 추적한다는 것은 지루한 작업이 될 것이다. 그러나 암컷에게만 일어나는 화려한 변이가 최소한 암컷에게 해롭지도 않고 결과적으로 제거되지 않는다고 하더라도, 그것이 선호되거나 선택되지는 않는다는 사실을 독자들에게 상기시키고 싶다. 왜냐하면 대개의 경우 수컷은 아무 암컷이나 받아들이며 더 아름다운 암컷을 선택하지 않기 때문이다. 결과적으로 암컷이 획득한 화려한 변이는 쉽게 사라지게 될 것이고 그 품종의 형질에 거의 영향을 미치지 못할 것이다. 그리고 이것은 암컷이 일반적으로 수컷보다 칙칙한 색깔을 갖는 이유를 설명하는 데 도움이 될 것이다.

많은 변이가 특정한 연령층에서만 나타난다는 사례는 이미 제8장에서 제시한 바 있다. 이 장에서는 그에 해당하는 많은 사례를 추가할 수 있을 것 같다. 또한 생의 늦은 시기에 일어나는 변이는 일반적으로 그 변이가 처음으로 나타난 성에만 전달된다는 것을 설명했다. 그러나 생의 이른 시기에 일어나는 변이는 암수 모두에게 전달되는 경향이 있다는 사실도 논의했다. 또 한쪽 성에만 형질이 전달되는 모든 사례가 그렇게 설명되는 것은 아니며 예외가 있을 수 있다는 내용도 이미 살펴보았다. 더 나아가 만약 조류의 수컷이 어린 시기에 더욱 화려해지는 변이가 생긴다면 그런 변이는 그 새가 생식기에 접어들어 수컷 라이벌 사이에 경쟁이 있기 전까지는 아무런 기여도 하지 못한다는 사실도 살펴보았다. 그러나 땅바닥에서 살아가고 보호를 위해 칙칙한 색깔이 필요한 조류에게는, 화려한 색깔은 다 자란 수컷보다는 경험이 없는 어린 새에게 더욱 위험하게 작용할 것이다. 결과적으로 어린 시절에 화려한 변이를 나타내는 수컷은 죽을 위험에 많이 노출될 것이고 자연선택을 통해 제거될 것이다. 그러나 거의 성숙했을 때 화려한 색깔을 띠는 새는 그들이 몇 가지 추가적인 위험에 더 노출된다고 할지라도 생존할 수는 있을 것이다. 그리고 성선택을 통해 선호됨으로써 자신 같은 종류의 새끼를 낳을 수 있을 것이다. 변이가 일어나는 기간과 유전 형태 사이에는 상관성이 있는 경우가 종종 있다. 만약 화려한 색깔의 어린 수컷은 제거되고 화려한 색깔의 성숙한 수컷은 짝짓기에 성공했다면, 수컷만이 화려한 색깔을 획득하게 될 것이고 그 화려한 색깔을 그들의 아들에게만 물려줄 것이다. 그러나 나는 이런 형태의 유전에서 나타나는 연령의 영향만이 많은 조류의 암수 간에 나타나는 화려함의 큰 차이를 일으키는 원인이라고 주장할 생각은 전혀 없다.

조류의 암컷과 수컷의 색깔이 다를 때 수컷만이 성선택을 통해 변화되고 암컷은 변화되지 않은 채 그대로 남아 있거나 단지 부분적이고 간접적으로만 변화된 것인지, 아니면 암컷이 보호 목적으로 자연선택을 통해 특이하게 변화된 것인지 여부를 결정하는 것은 흥미로운 일이다. 그러므로 나는 이 문제에 대해 어느 정도 상세하게 논의하겠다. 그 본질적인 중요성보다도 더 자세할 정도로 설명하겠다. 왜냐하면 그렇게 함으로써 기이하고 부수적인 여러 가지 문제점을 손쉽게 고려할 수 있기 때문이다.

색깔에 관한 주제 중 특히 월리스가 내린 결론과 관련된 부분을 살펴보기 전에, 별개의 몇 가지 성적 차이에 대해 비슷한 견해를 갖고 살펴보는 것은 유익할 것 같다. 전에 독일에 서식했던 닭의 한 품종은 암탉에게 며느리발톱이 있었다.[6] 그들은 훌륭한 암컷이었지만 며느리발톱 때문에 그들의 둥지는 크게 엉클어지는 일이 자주 발생했다. 그래서 그들은 자신의 알을 품고 싶어도 알 위에 앉을 수가 없었다.

---

6) Bechstein, *Naturgeschichte Deutschlands*, Bd. 3, 1793, 339쪽.

따라서 한때 나는 가금류 암컷에게 며느리발톱이 있으면 둥지에 손상을 입히기 때문에 자연선택을 통해 며느리발톱의 발달이 저해된다고 여기는 것이 그럴듯하다고 생각했다. 날개에 형성된 며느리발톱은 발목의 며느리발톱과는 달리 알을 부화시킬 때 큰 해가 되지 않는다. 암컷의 날개에 돋은 며느리발톱이 수컷보다 더 크게 발달하는 경우는 거의 없었지만 수컷과 비슷한 정도로 잘 발달되는 경우가 흔하므로 이러한 사실은 더욱 그럴듯해 보였다. 수컷의 발목에 며느리발톱이 나타나는 경우 암컷은 그 흔적을 거의 항상 갖고 있다. 그리고 이 흔적은 갈루스 멧닭처럼 그저 비늘에 불과한 경우도 간혹 있다. 그러므로 본래 암컷에게는 잘 발달된 며느리발톱이 있었지만 그것을 사용하지 않거나 자연선택 때문에 사라지게 되었다는 주장을 제기할 수 있을지도 모르겠다. 그러나 만약 이런 견해를 받아들인다면 다른 수많은 사례로 확장해야만 할 것이다. 그리고 이것은 현재 며느리발톱이 있는 종의 조상 종 암컷이 해로운 부속물 때문에 한때 방해를 받았다는 것을 의미하는 것이다.

갈로페르딕스(*Galloperdix*), 아코무스(*Acomus*) 같은 일부 속이나 자바공작(*Pavo muticus*) 같은 일부 종은 수컷뿐만 아니라 암컷 발목의 며느리발톱이 잘 발달되어 있다. 이 사실 때문에 그들이 가까운 친척과는 다른 종류의 둥지를 만들었고 이 둥지는 그들의 며느리발톱 때문에 쉽게 손상이 가지 않아서 며느리발톱이 제거되지 않았다고 추측해야만 하는가? 아니면 이런 여러 종의 암컷이 자신을 방어하기 위해 며느리발톱이 특별히 필요했다고 상상해야만 하는가? 그것보다는 암컷 며느리발톱의 존재 유무는 자연선택과는 관계가 없으며, 널리 통용되는 유전 법칙과는 다른 법칙에 따른 결과 때문이라고 결론을 내리는 것이 훨씬 더 가능성이 높아 보인다. 암컷에게 며느리발톱이 흔적으로 나타나는 많은 조류에 대해 우리는 수컷에게 며느리발톱을 선사한 계속된 변이의 일부가 생의 아주 이른 시기에 일어났으며 그 결과 암컷에게 전달되었다고 결론지을 수 있을 것 같다. 이것과는 다른 훨씬 더 희귀한 사례가 있다. 이것은 암컷에게 잘 발달된 며느리발톱이 있는 경우인데 이 경우에 우리는 암컷에게 변이가 계속해서 전달되었다고 결론을 내릴 수 있다. 그리고 둥지를 손상시키지 않는 습성을 점차 획득하여 후손에게 물려주게 되었다고 볼 수 있다.

암컷과 수컷의 발성 기관이 서로 다른 경우는 흔하다. 또 깃은 원래 그것의 사용 목적뿐만 아니라 소리를 발생시키는 방향으로 다양하게 변형되어 있는데 이것 역시 암수가 차이를 보이는 경우가 많다. 그러나 때로는 암수 간에 차이를 보이지 않는 경우도 있다. 수컷이 이들 기관과 본능을 획득했고 반면에 암컷은 포식조류나 포식동물의 주의를 끌게 되어 위험에 노출되는 이유 때문에 안전하게 보호되기 위해 그런 형질을 물려받지 않았다는 것이 형질의 차이를 설명할 만한 이유가 될 수 있을까? 봄철에 목소리로 온 나라를 즐겁게 해주는 수많은 조류를 생각해볼 때 이것은 그럴듯해 보이지 않는다.[7] 성악과 기악이 구애 행동을 벌일 때 수컷에게만 도움을 준다는 점을 생각해보면 성선택으로, 또 이들 기관을 수컷만이 계속하여 사용함으로써 해당 기관이 발달했으며 연속적인 변이와 사용 효과가 처음부터 수컷 자손에게만 전달되었다고 결론을 내리는 것이 위험성이 적을 것 같다.

비슷한 사례를 많이 제시할 수 있다. 예를 들어 머리 위에 돋은 깃

---

7) 그렇지만 배링턴(D. Barrington)은 암컷이 노래를 부르는 재능은 알을 품는 동안 그들을 위험에 빠뜨릴 수 있기 때문에 노래를 부르는 암컷이 거의 없는 것 같다고 생각했다(*Philosophical Transactions*, 1773, 164쪽). 그는 암컷 조류가 수컷보다 깃이 덜 화려한 이유에 대해서 비슷한 견해로 설명할 수 있다고 덧붙였다

은 수컷이 암컷보다 일반적으로 더 길다. 물론 암컷 깃의 길이가 수컷 깃의 길이와 거의 같은 경우도 있기는 하다. 또 간혹 암컷의 머리 위에 깃이 전혀 돋지 않는 경우도 있다. 이런 여러 사례가 동일 집단의 조류에서 다 함께 일어난다. 암컷이 수컷보다 약간 더 짧은 볏을 갖고 있기 때문에 이득을 얻었고 자연선택을 통해 볏의 길이가 계속해서 짧아지고 결국에는 완전히 사라지게 되었다는 식으로 암수 간의 차이를 설명하는 것은 어려울 것이다. 그러나 나는 더욱 그럴듯한 사례 한 가지를 더 들겠다. 그것은 꼬리의 길이에 관한 것이다. 공작의 긴 꼬리는 불편할 뿐만 아니라 알을 품거나 새끼를 동반한 암컷에게 위험하게 작용할 것이다. 그러므로 선험적으로 보아 자연선택을 통해 암컷의 꼬리 발달이 저지될 가능성은 적지 않다. 그러나 여러 종류의 암컷 꿩은 그들의 둥지가 노출되어 있어 암컷 공작만큼이나 큰 위험에 노출되어 있지만 꼬리가 비교적 긴 편이다. 메누라 수페르바(*Menura superba*)* 암컷도 수컷과 마찬가지로 꼬리가 길다. 이 새는 둥근 지붕으로 덮인 둥지를 만든다. 이러한 둥지는 그렇게 덩치가 큰 새에게는 매우 이례적인 것이다. 박물학자들은 이 암컷이 알을 품을 때 그 긴 꼬리를 처리하는 방법에 대해 의아하게 생각했다. 그러나 오늘날 다음과 같은 사실이 알려져 있다. "암컷은 머리부터 둥지에 들어가며 몸을 돌려 꼬리를 휘게 한다. 간혹 꼬리가 등 위에 덮이는 일도 있지만 주로 옆구리 쪽으로 휘어지게 된다. 그렇게 하여 꼬리는 적절하게도 완전히 휘어지고 둥지 속에 앉아 있는 새는 한쪽 방향으로 휘어진 긴 꼬리 때문에 한쪽 방향으로만 움직일 수 있게 된다."[8] 오스트레일리아산 물총새(*Tanysiptera sylvia*)는 암컷과 수컷의 중간 꼬리깃이 모두 길게 신장되어 있으며 암컷은 구멍 속에 둥지를 만든다.

---

8) Ramsay, *Proceedings of the Zoological Society*, 1868, 50쪽.

샤프(R.B. Sharpe)가 내게 알려준 바로는 이들 깃은 알을 품을 때 많이 구겨진다고 한다.

이 마지막 두 사례에서 보듯이 아주 긴 꼬리깃은 암컷에게 어느 정도 불편을 줄 것이 틀림없다. 그리고 두 종 모두 암컷의 꼬리깃이 수컷보다 약간 더 짧으므로 자연선택을 통해 암컷의 꼬리깃이 충분히 발달하는 것이 저지되었다는 주장이 제기될지도 모르겠다. 그러나 암컷 공작의 꼬리 발달이 불편을 주거나 위험스러울 정도로 클 때만 그 발달이 저지된다고 한다면 암컷 공작은 그들이 현재 갖고 있는 꼬리보다 훨씬 더 긴 꼬리를 갖고 있었을 것이다. 왜냐하면 암컷 공작의 꼬리는 많은 종류의 암컷 꿩과 비교해볼 때 몸의 크기에 비해 그렇게 긴 것이 아니기 때문이다. 암컷 칠면조의 꼬리에 비해서도 결코 긴 편이 아니다. 명심할 것이 있다. 이 견해에 따라서 암컷 공작의 꼬리가 위험스러울 정도로 길어지고 그에 따라 꼬리의 발달이 저지되기 시작하자마자 암컷은 수컷 자손에게 계속해서 영향을 미쳐 수컷 공작이 현재의 화려한 꼬리를 획득하는 과정을 방해했을 것이다. 따라서 우리는 수컷 공작의 꼬리가 길고 암컷 공작의 꼬리가 짧은 것이 처음부터 수컷 자손에게만 전달되어 수컷에게서 나타난 꼭 필요한 변이의 결과 때문이라고 추측해도 될 것 같다.

우리는 여러 종의 꿩에서 꼬리 길이에 대해 거의 비슷한 결론을 내리게 된다. 푸른귀꿩(*Crossoptilon auritum*)의 경우 암수의 꼬리 길이가 41~43센티미터 정도로 서로 같다. 일반 꿩은 수컷이 약 51센티미터, 암컷이 약 30센티미터의 꼬리를 갖는다. 코퍼긴꼬리꿩은 수컷의 꼬리가 94센티미터에 달하지만 암컷의 꼬리는 20센티미터에 불과하다. 그리고 마지막으로 긴꼬리꿩(Reeve's pheasant)은 수컷의 꼬리가 183센티미터에 달하는 경우도 관찰되지만 암컷의 꼬리는 41센티미터 정도다. 따라서 몇몇 종은 암컷의 꼬리 길이가 수컷의 꼬리 길이에 상관없이 큰 차이를 보인다. 이것은 유전의 법칙에 따라 다음과 같이 설명할 수 있을 것 같다. 즉 여러 친척 종의 암컷에게 어느 정도 의 해를 끼치는 긴 꼬리 때문에 야기된 자연선택의 작용보다는 처음 부터 다소 수컷에게만 계속해서 전달되는 변이 때문에 이런 상황이 벌어졌다는 것이다.

자, 이제 조류의 성적 색깔에 관한 월리스의 주장을 살펴볼 때가 되었다. 월리스는 거의 대부분의 경우 원래 성선택을 통해 수컷이 획 득한 화려한 색깔이 암컷에게 전달되었다고 믿는다. 물론 이런 전달 이 자연선택을 통해 저지되지 않았을 경우에 가능하다고 했다. 이 견 해에 반대되는 여러 사실에 대해서는 파충류, 양서류, 어류 그리고 나 비목을 대상으로 이미 제시한 적이 있다는 것을 독자에게 상기시키고 싶다. 다음 장에서 살펴보겠지만 월리스는 다음과 같은 상황을 자기 믿음의 주된 근거로 삼는다.[9] 즉 암수 모두 매우 눈에 잘 띄는 색깔 을 띨 때 둥지는 그 속에 있는 새끼들을 숨기는 데 적합한 성질을 갖 고 있다는 것이다. 그러나 암수의 색깔이 현저하게 달라 수컷은 화려 한 색깔을 띠고 암컷은 칙칙한 색깔을 띠는 경우 둥지는 열려 있고 둥 지 속에 있는 새끼들이 노출된다는 것이다. 이것이 옳다면 열린 둥지 에 앉아 있는 암컷이 자신의 보호에 도움이 되는 쪽으로 특별히 변형 되었다는 믿음을 뒷받침하는 것으로 보인다. 그러나 우리는 이제 더 욱 그럴듯한 설명을 접하게 될 것이다. 즉 눈에 잘 띄는 암컷이 칙칙 한 색깔을 띠는 암컷보다 둥근 지붕으로 덮인 둥지를 만드는 본능을 획득하는 일이 더 흔하다는 사실을 알게 될 것이다. 월리스는 자기의 두 가지 법칙에는 예상대로 예외가 있을 수 있다는 사실을 인정한다.

---

9) *Journal of Travel*, ed. T.A. Murray, vol. 1, 1868, 78쪽.

그러나 그런 예외가 법칙을 완전히 무력화시킬 정도로 흔한 것인지는 의문이다.

둥근 지붕이 있는 커다란 둥지가 지붕이 없는 작은 둥지보다 나무를 뒤지는 모든 포식동물의 눈에 잘 띈다는 아질 공작의 말에는 일단 진실성이 있다.[10] 열린 둥지를 짓는 많은 조류의 경우 수컷이 암컷을 도와 알을 품으며 새끼에게 먹이를 먹이는 과정에서도 암컷에게 도움을 준다는 사실을 잊어서는 안 된다. 예를 들면 미국에 서식하는 가장 아름다운 새 중의 하나인 피란가 에스티바(*Pyranga aestiva*)*가 그렇다.[11] 이 새의 수컷은 주홍색을 띠며 암컷은 옅은 갈색이 도는 초록색을 띤다. 열린 둥지에서 알을 품는 새의 화려한 색깔이 매우 큰 위험을 초래한다면 이들 수컷은 크게 고통을 겪었을 것이다. 그렇지만 수컷이 화려한 색깔을 띤다는 것은 경쟁자를 물리치는 데 엄청나게 중요하게 작용하므로 화려한 색깔 때문에 당하는 위험을 보상하고도 남음이 있었을 것이다.

윌리스는 바람까마귀(*Dicrurus*), 꾀꼬리, 팔색조(Pittidae)*는 암컷이 눈에 잘 띄는 색깔을 띠지만 열린 둥지를 짓는다는 사실을 인정한다. 그러나 윌리스의 주장에 따르면 바람까마귀는 아주 호전적이어서 자기 자신을 지킬 수 있다고 했다. 또한 꾀꼬리는 자신의 열린 둥지를 숨기는 데 극도의 주의를 기울이지만 별 효과는 없다고 한다.[12] 그리고 팔색조의 암컷은 주로 신체의 아랫면이 화려한 색깔이라고 한다. 이외에도 비둘기는 항상 눈에 잘 띄는 색깔을 띠며 화려한 색깔을 띠는 경우도 간혹 있어 다른 포식조류의 공격을 받기 쉬운 것으로 유명

---

10) 앞의 책, 281쪽.

11) J.J. Audubon, *Ornithological Biography,* vol. 1, 233쪽.

12) Jerdon, *Birds of India,* vol. 2, 108쪽; J. Gould, *Handbook of the Birds of Australia,* vol. 1, 463쪽.

하다. 따라서 비둘기는 위의 규칙에 예외에 해당한다. 왜냐하면 비둘기는 지붕이 없고 노출된 둥지를 짓는 경우가 대부분이기 때문이다. 또 다른 커다란 집단인 벌새과도 모든 종이 지붕 없는 둥지를 짓는다. 그렇지만 이들 중 일부는 암수 모두 아주 화려한 색깔을 띠며 암컷이 수컷보다 덜 화려하기는 하지만 그래도 화려한 색깔을 띠는 경우가 대부분이다. 또한 화려한 색깔을 띠는 모든 벌새의 암컷이 초록색을 띠고 있어서 발각되지 않는다고 주장할 수는 없다. 왜냐하면 몸의 윗면은 붉은색, 푸른색, 그외의 색깔을 띠고 있어 눈에 잘 띄기 때문이다.[13]

구멍 속에 둥지를 짓거나 둥근 지붕으로 덮인 둥지를 건설하는 조류는, 월리스의 말에 따르면 자신을 은폐시키는 것 외에도 다른 이득이 있다고 한다. 예를 들어 비를 피할 수 있고 따뜻하며, 더운 지방에서는 태양으로부터 보호를 받을 수도 있다.[14] 따라서 암수 모두 칙칙한 색깔을 띠는 많은 조류가 은폐된 둥지를 짓는 것이 명백한 장애 요인으로 작용하지는 않는다는 것이 월리스의 견해다.[15] 예를 들어 인도와 아프리카에 서식하는 코뿔새류인 부체로스(*Buceros*)의 암컷은

---

13) 예를 들어 암컷 에우페토메나 마크로우라(*Eupetomena macroura*)*의 머리와 꼬리는 짙은 푸른색이며 허리 부분은 붉은색을 띤다. 암컷 람포르니스 포르피루루스(*Lampornis porphyrurus*)*의 등은 검은색이 도는 초록색이며 눈과 윗부리 사이와 목의 양옆은 초록색을 띤다. 암컷 에울람피스 주굴라리스(*Eulampis jugularis*)*의 머리 꼭대기와 등은 초록색이지만 허리와 꼬리는 진홍색을 띤다. 이외에도 눈에 잘 띄는 암컷의 사례가 많이 있다. 벌새에 대해서는 굴드의 훌륭한 작품을 참조하시오.

14) 과테말라에서 샐빈(O. Salvin)은 날씨가 더울수록 벌새가 둥지를 떠나기 싫어한다는 사실을 발견했다(*Ibis*, 1864, 375쪽). 그는 시원하거나 구름이 끼거나 비 오는 날씨보다 햇빛이 강한 날에 알이 쉽게 손상을 입는 것 같다고 했다.

15) 숨겨진 둥지를 짓고 칙칙한 색깔을 띠는 사례로 굴드의 앞의 책, 제1권, 340, 362, 365, 383, 387, 389, 391, 414쪽에서 설명한 여덟 개의 오스트레일리아산 여러 속의 종들을 여기에 열거할 수도 있다.

알을 품을 때 자기 자신을 아주 훌륭하게 보호한다. 이들은 자신의 배설물을 이용하여 알을 품는 둥지의 통로 입구를 거의 막아 작은 구멍만을 남겨놓고 이 구멍을 통해 수컷이 갖다 주는 먹이를 받아먹는다. 따라서 알을 품는 시기에 암컷은 계속 둥지 속에 갇혀 있는 신세가 된다.[16] 그러나 암컷 코뿔새는 열린 둥지를 짓고 사는 비슷한 크기의 많은 새보다 결코 화려한 색깔을 띠지는 않는다. 일부 집단은 수컷이 화려한 색깔을 띠고 암컷이 칙칙한 색깔을 띠지만 둥근 지붕이 갖춰진 둥지에서 알을 부화시키는 쪽이 암컷인 경우가 있다. 이것은 월리스 자신도 인정했듯이 그의 견해에 중대한 약점으로 작용한다. 이에 해당하는 사례로는 오스트레일리아에 서식하는 그랄리네(Grallinae), 역시 오스트레일리아에 서식하는 매우 아름다운 말루리데(Maluridae),* 넥타리니에(Nectariniae), 오스트레일리아에 서식하는 몇몇 종의 꿀빨이새류(Meliphagidae) 등이 있다.[17]

만약 우리가 영국의 조류를 살펴본다면 새의 색깔과 그들이 지은 둥지의 성질 사이에 밀접하고 일반화된 규칙이 존재하지 않는다는 것을 알게 될 것이다. 덩치가 커서 자신을 방어할 수 있는 조류를 제외한 40~50종의 영국산 조류는 제방, 바위, 나무에 형성된 구멍 속에 집을 짓거나 둥근 지붕이 있는 둥지를 건설한다. 만약 앉아 있는 암컷에게 크게 위험을 끼치지 않으면서 눈에 잘 띄는 색깔의 표준으로서 오색방울새, 황소방울새, 지빠귀 암컷의 색깔을 생각한다면 앞에서 말한 40여 종의 조류 중 단지 12종의 암컷만이 위험할 정도로 눈에 잘 띄는 색깔을 갖고 있는 것 같다. 나머지 28종 정도는 그렇게 잘 눈에 띄지 않는다.[18] 또 같은 속 내에서 암수 간의 두드러진 색깔 차이와 둥지

---

16) C. Horne, *Proceedings of the Zoological Society,* 1869, 243쪽.
17) 꿀빨이새의 색깔과 집짓기에 대해서는 굴드의 위의 책, 504, 527쪽을 참조하시오.

의 성질 사이에는 어떤 밀접한 연관성도 없다. 예를 들어 집참새(*Passer domesticus*)의 암수는 서로 크게 다르다. 그러나 참새(*P. montanus*)의 암수는 전혀 다르지 않다. 그런데 두 종 모두 훌륭하게 가려진 둥지를 짓는다. 무스치카파 그리솔라(*Muscicapa grisola*)*의 암수는 거의 구별되지 않는다. 그러나 같은 딱새과에 속하는 무스치카파 룩투오사(*M. luctuosa*)의 암수는 상당히 다르다. 그리고 이들 두 종도 구멍 속에 둥지를 짓거나 둥지를 잘 은폐시킨다. 투르두스 메룰라(*Turdus merula*)*의 암수는 많이 다르며, 투르두스 토르콰투스(*T. torquatus*)의 암수는 약간의 차이를 보이지만 투르두스 무시쿠스(*T. musicus*)의 암수는 전혀 다르지 않다. 그러나 위의 세 종 모두 열린 둥지를 짓는다. 그러나 그렇게 먼 친척이 아닌 친클루스 아콰티쿠스(*Cinclus aquaticus*)*는 둥근 지붕의 둥지를 건설한다. 이 종의 암수가 보이는 차이는 투르두스 토르콰투스와 비슷하다. 멧닭(*Tetrao tetrix*)과 홍뇌조(*T. scoticus*)는 은폐가 잘 되는 장소에 열린 둥지를 짓는다. 그러나 멧닭은 암수가 큰 차이를 보이지만 홍뇌조는 거의 차이를 보이지 않는다.

---

18) 나는 이 주제에 대해서 W. Macgillivray, *History of British Birds*를 참고했다. 둥지의 은폐 정도와 암컷이 눈에 잘 띄는 정도에 비록 의문점이 없는 것은 아니지만 구멍 속이나 지붕이 둥근 둥지에 알을 낳는 다음과 같은 새들은 위의 기준에 따른다면 눈에 잘 띄는 종류라고 할 수 없을 것 같다. 참새(*Passer*) 2종, 암컷이 수컷보다 훨씬 덜 화려한 찌르레기(*Sturnus*), 친클루스(*Cinclus*), 모탈리카 보아룰라(*Motallica boarula*)(?), 에리타쿠스(*Erithacus*),* 프루티콜라 (*Fruticola*) 2종, 검은딱새(*Saxicola*), 루티칠라(*Ruticilla*) 2종, 실비아(*Sylvia*)* 3종, 박새(*Parus*) 3종, 메치스투라(*Mecistura*), 아노르투라(*Anorthura*), 나무발발이(*Certhia*),* 동고비(*Sitta*), 융스(*Yunx*), 무스치카파(*Muscicapa*)* 2종, 제비 (*Hirundo*) 3종, 칩셀루스(*Cypselus*).* 다음에 언급하는 12종류 새의 암컷은 동일한 기준에 따르면 눈에 잘 띄는 것으로 여길 수 있다. 즉 파스토르(*Pastor*), 알락할미새(*Motacilla alba*), 박새(*Parus major*), 청 박새(*Parus caeruleus*), 후투티(*Upupa*), 피쿠스(*Picus*) 4종, 코라치아스(*Coracias*),* 물총새(*Alcedo*), 메롭스 (*Merops*)* 등이 이에 해당한다.

앞서 말한 난점이 있는데도 나는 월리스의 탁월한 평론을 읽은 후, 전 세계의 조류에 대해 암컷이 눈에 잘 띄는 색깔을 갖는(이 경우 수컷도 거의 예외 없이 암컷과 마찬가지로 눈에 잘 띈다) 대부분의 종이 보호를 목적으로 숨겨진 둥지를 짓는다는 사실을 의심할 수가 없었다. 월리스는 이 규칙에 들어맞는 집단의 긴 목록을 일일이 열거했다.[19] 그러나 여기에서는 물총새, 큰부리새, 트로곤,* 퍼프버드(Capitonidae),* 투라코(Musophagae),* 딱따구리, 앵무새 등을 제시하는 것으로 충분할 것 같다. 월리스는 이들 집단은 수컷이 성선택을 통해 그들의 화려한 색깔을 점진적으로 획득하게 됨에 따라 이들의 화려한 색깔을 암컷에게 전달했다고 믿는다. 또한 그들은 둥지를 짓는 방식에 의해 이미 충분히 보호를 받았기 때문에 화려한 색깔이 자연선택으로 사라지지 않았다는 것이 월리스의 생각이다. 이 견해에 따르면 둥지를 짓는 현재의 습성은 현재의 색깔을 갖기 전에 획득했다는 것이다. 그러나 내 생각에는 대부분의 경우에 암컷이 수컷의 색깔을 약간 띠는 단계부터 점점 더 화려한 색깔을 띠는 단계로 변화함에 따라(원래 그들이 열린 둥지를 만들었다고 가정한다면) 점진적으로 그들의 본능을 변화시킨 것 같다. 그래서 둥근 지붕을 만들거나 숨겨진 둥지를 건설함으로써 보호 수단을 강구하는 것같이 보인다. 예를 들어 미국 북부와 남부에 서식하는 같은 종의 둥지가 보이는 지역적 차이에 대해 오듀본이 설명한 것을 조사해본 사람이라면 다음과 같은 사실을 쉽게 인정할 수 있을 것이다.[20] 즉 자신의 습성을 엄밀한 의미에서 변화시키거나

---

19) *Journal of Travel*, ed. T.A. Murray, vol. 1, 78쪽.

20) 오듀본의 *Ornithological Biography*에 언급된 많은 내용을 참조하시오. *Atti della Società Italiana di Scienza Naturale*, vol. 11, 1869, 487쪽에 이탈리아에 서식하는 조류의 둥지에 관한 기이한 관찰을 기록한 베토니(E. Bettoni)의 글이 실려 있으니 그것도 참조하시오.

소위 본능의 자발적인 변이가 자연선택되는 과정을 통해 조류가 그들의 둥지를 건설하는 방식을 쉽게 변형하게 되었을 수도 있다는 것이다.

암컷의 화려한 색깔과 그들이 둥지를 건설하는 방식 사이의 관련성을 적용할 수만 있다면 이들 관계를 바라보는 이런 방법은 사하라 사막에서 관찰되는 일부 사례로 지지할 수 있다. 다른 대부분의 사막과 마찬가지로 사하라 사막에는 여러 종류의 새와 동물이 주변 환경에 그들의 몸 색깔을 놀랄 정도로 잘 적응시킨다. 그런데도 트리스트람(H.B. Tristram)에게 들은 바로는 이 규칙에 어긋나는 아주 기이한 사례가 몇 가지 있다고 한다. 예를 들어 수컷 몬티콜라 치아네아(*Monticola cyanea*)*는 눈에 잘 띄는 화려한 푸른 색깔을 갖고 있다. 그리고 암컷도 갈색 반점과 흰색 깃을 갖고 있어 눈에 잘 띈다. 드로몰레아(*Dromolaea*)에 속하는 두 종의 암수는 모두 광택 있는 검은색 때문에 역시 눈에 잘 띈다. 따라서 이 세 종은 색깔로 보호를 받는 것과는 거리가 멀다. 그러나 그들도 역시 생존하고 있다. 왜냐하면 그들은 구멍 속이나 바위의 틈새를 이용하여 위험을 피하는 습성을 획득했기 때문이다.

암컷이 눈에 잘 띄는 색깔을 갖고 숨겨진 둥지를 건설하는 이런 집단에 대해 각각의 종이 둥지를 건설하는 본능을 일부러 변형시켰다고 가정할 필요는 없다. 다만 각 집단의 먼 조상이 둥근 지붕의 둥지나 숨겨진 둥지를 점진적으로 건설하게 되었고 나중에 이 본능이 화려한 색깔과 함께 그들의 후손에게 전달되어 후손을 변형시키게 되었다는 가정만 있으면 된다. 이 견해가 신뢰를 받기만 한다면, 성선택이 암컷과 수컷에게 똑같거나 거의 같은 정도로 전달되는 유전과 함께 전체 조류 집단의 둥지 건설 양식을 간접적으로 결정했다는 결론은 흥미로운 것이다.

월리스에 따르면 부화 시기에 둥근 지붕을 갖춘 둥지 때문에 보호

받는 암컷이 자연선택을 통해 화려한 색깔을 잃지 않는 경우에도 수컷이 암컷과 약간의 차이를 보이는 경우가 흔하며 간혹 상당한 차이를 보이는 경우도 있다고 한다. 이것은 중요한 사실이다. 왜냐하면 그러한 색깔 차이는 처음부터 수컷에게만 전달된 일부 변이로 설명해야 하기 때문이다. 이들 차이가 매우 작을 때 암컷에게 보호 장치로 기여할 수 있을지 의심스럽다. 예를 들어 깃이 화려한 집단인 트로곤의 모든 종은 구멍 속에 집을 짓는다. 굴드는 25종의 암컷과 수컷을 그림으로 제시했다.[21] 이중 단지 1종만이 부분적인 예외를 보였고 나머지 모두는 암수가 색깔에서 약간의 차이를 보이거나 눈에 띄는 차이를 보였다. 차이를 보이는 경우 암컷도 화려한 색깔을 띠고 있기는 했지만 항상 수컷이 더 화려한 색깔을 띠었다. 물총새의 모든 종은 구멍 속에 집을 짓는다. 그리고 대부분의 종이 암수 모두 화려한 색깔을 띤다. 월리스의 규칙이 아주 잘 들어맞는 경우다. 그러나 일부 오스트레일리아산 물총새는 암컷의 색깔이 수컷의 색깔에 비해 선명도 면에서 떨어진다. 그리고 매우 화려한 색깔을 띠는 1종의 경우 암컷과 수컷의 색깔이 너무 달라 처음에는 서로 다른 종으로 여긴 적도 있었다.[22] 특히 이 집단에 대해 연구를 많이 한 샤프는 내게 아메리카에 서식하는 체릴레(Ceryle)의 일부 종을 보여주었는데 수컷의 가슴에는 검은색 줄무늬가 있었다. 게다가 카르치네우테스(Carcineutes)는 암수 간의 차이가 뚜렷하다. 수컷의 몸 위쪽은 칙칙한 청색에 검은색 줄무늬가 있으며 아래쪽은 부분적으로 옅은 황갈색을 띤다. 그리고 머리에는 빨간색이 많이 들어가 있다. 암컷의 몸 위쪽은 적갈색에 검은 줄무늬가 있으며 아래쪽은 흰색 바탕에 검은색 반점이 찍혀 있다. 유연

---

21) 그의 *Monograph of the Trogonidae,* 제1판을 참조하시오.
22) 바로 치아날치온(*Cyanalcyon*)*의 경우다. J. Gould, 앞의 책, 제1권, 133쪽과 또한 130, 136쪽도 참조하시오.

관계가 있는 생물에서 동일 유형의 성적 색깔이 특징적으로 나타난다는 것은 흥미로운 일이다. 예를 들어 다쳴로(*Dacelo*)*에 속하는 세 종은 수컷의 꼬리에 단지 칙칙한 청색에 검은색 줄무늬가 있어 갈색에 검은색 줄무늬가 있는 암컷과 구별된다. 그러므로 이들의 꼬리 색깔이 암수 간에 차이를 보이는 것은 카르치네우스 조류의 암수가 몸의 위 표면에서 차이를 보이는 방식과 완전히 동일하다.

역시 구멍 속에 집을 짓는 앵무새도 비슷한 경우다. 대부분의 종에서 암수 모두 색깔이 화려하며 서로 구별되지 않는다. 그러나 수컷이 암컷보다 약간 더 선명한 색깔을 띠는 경우가 적지 않다. 물론 암수가 아주 다른 색깔을 띠는 경우도 있다. 그러므로 아주 뚜렷한 차이를 보이는 경우 외에도 수컷 아프로스믹투스 스카풀라투스(*Aprosmictus scapulatus*)*의 몸 아래쪽은 진홍색을 띠지만 암컷의 목과 가슴 부위는 붉은 색조를 띠는 녹색이다. 에우페마 스플렌디다(*Euphema splendida*)*의 경우에도 비슷한 차이가 나타난다. 암컷의 얼굴과 날개 덮깃은 수컷보다 옅은 청색을 띤다.[23] 은폐된 둥지를 건설하는 박새과(Paridae)는 영국의 일반 푸른박새(*Parus caeruleus*) 암컷이 수컷보다 화려함 면에서 훨씬 떨어진다. 인도에 서식하며 매우 화려한 술탄박새(Sultan yellow tit)는 이 차이가 더욱 크다.[24]

게다가 큰 집단인 딱따구리는 암컷과 수컷이 거의 동일하다.[25] 그러나 메가피쿠스 발리두스(*Megapicus validus*)*는 수컷의 머리, 목, 가슴 부위가 진홍색을 띠지만 암컷은 옅은 갈색을 띤다. 몇몇 딱따구리

---

23) 암수가 보이는 차이의 모든 점진적 변화는 오스트레일리아산 앵무새에서 잘 나타난다. J. Gould, 앞의 책, 제2권, 14~102쪽을 참조하시오.

24) W. Macgillivray, 앞의 책, 제2권, 433쪽; Jerdon, 앞의 책, 제2권, 282쪽

25) 다음의 모든 사례는 맬허비(M. Malherbe)가 1861년에 쓴 훌륭한 *Monographie des Picidées*에서 발췌한 것이다.

는 수컷의 머리가 밝은 진홍색을 띠는 반면에 암컷의 머리는 평범한 색이다. 따라서 나는 암컷이 화려한 색깔을 띠는 경우 암컷이 둥지 속에서 구멍 밖으로 머리를 내밀 때마다 이 화려한 색깔이 암컷을 위험스럽게도 눈에 잘 띄게 만들었을지도 모른다고 생각했다. 그런 이유 때문에 암컷 머리의 화려한 색깔은 사라지게 되었다는 것이 월리스의 믿음이다. 이 견해는 인도피쿠스 카를로타(*Indopicus carlotta*)에 대해 연구한 맬허비(M. Malherbe)의 설명으로 힘을 얻게 되었다. 그의 설명에 따르면 어린 암컷은 어린 수컷과 마찬가지로 머리에 약간의 진홍색을 띤다고 한다. 그러나 암컷이 다 자라게 되면 수컷의 머리 색깔은 더욱 진한 색깔을 띠는 반면 암컷의 머리에서는 진홍색이 사라지게 된다고 한다. 그렇지만 다음의 내용은 이 견해를 극도로 의심스럽게 만든다. 즉 수컷도 부화에 상당한 몫을 담당하며[26] 그에 따라 암컷과 마찬가지로 위험에 노출되는 경우를 생각해보라. 많은 종의 암컷과 수컷의 머리에 나타나는 진홍색은 그 밝기가 동일해 보인다. 다른 종에서도 암수가 보이는 진홍색의 차이가 매우 미미하여 색깔 때문에 야기되는 위험에 차이가 있다고 하기는 어렵다. 그리고 마지막으로 암수의 머리 색깔은 다른 방법으로 약간의 차이를 보이는 경우가 종종 있다.

이제까지 제시했듯이 일반적으로 암수가 비슷하게 닮은 집단의 암컷과 수컷이 미세하고 점진적인 색깔 차이를 나타내는 모든 사례는 둥근 지붕이나 은폐된 둥지를 건설하는 종과 관련되어 있다. 그러나 유사한 단계적 변화가 열린 둥지를 지으며 암수가 서로 닮은 집단 내에서도 역시 나타날 수 있다.

전에 오스트레일리아산 앵무새의 사례를 든 적이 있다. 여기에서

---

26) J.J. Audubon, 앞의 책, 제2권, 75쪽; *Ibis,* vol. 1, 268쪽도 참조하시오.

도 세부적인 내용을 제시하지 않고 오스트레일리아산 비둘기의 사례를 들겠다.[27] 모든 사례에 암수의 깃털에서 나타나는 미세한 차이와 이따금 나타나는 커다란 차이가 동일한 보편 성질을 갖고 있다는 사실은 특히 주목받을 만하다. 이 사실에 대한 좋은 사례를 물총새를 대상으로 이미 한 가지 제공했다. 물총새의 암수는 꼬리깃에서만 차이를 보일 수도 있고 깃의 윗면 전체에서도 차이를 보일 수 있는데 그 양상이 동일하다는 것이다. 앵무새와 비둘기에서도 비슷한 사례를 관찰할 수 있다. 또한 동일한 종의 암수가 보이는 색깔 차이는 같은 집단의 서로 다른 종 사이에서 나타나는 색깔 차이와 마찬가지로 똑같은 보편 성질을 갖고 있다. 한 집단에 속하는 대부분 종이 암수 간에 차이가 거의 없으면서 일부 종만이 특이하게 암수 간에 큰 차이를 보이는 경우 수컷이 전혀 새로운 유형의 색깔을 갖고 있지는 않기 때문이다. 따라서 우리는 이들 집단에서 암수의 색깔이 같을 경우 그들의 색깔은 성선택으로 결정된다고 생각할 수 있다. 마찬가지로 수컷의 색깔이 암컷과 약간 다르거나 많이 다른 경우 수컷의 색깔은 대개 동일한 보편 규칙, 즉 성선택에 따라 결정된다고 생각할 수 있다.

이미 말했듯이 암수의 색깔 차이가 극히 적을 때 그런 미세한 색깔 차이가 암컷을 보호하는 데 기여한다고 보기는 힘들 것 같다. 그렇지만 만약 기여한다면 그런 색깔 차이는 변화되어가는 중간 단계를 보여주는 사례라고 생각할 수 있다. 그러나 우리는 많은 종이 과거 한때 변화를 겪었다고 믿을 만한 근거를 갖고 있지 않다. 그러므로 우리는 수컷과 아주 약간의 색깔 차이만을 보이는 많은 암컷이 오늘날 자신을 보호하기 위해 모두 애매한 색깔을 갖기 시작했다고 받아들이기가 매우 어렵다. 설사 우리가 다소 뚜렷한 성적 차이를 고려한다고 해도

27) J. Gould, 앞의 책, 제2권, 109~149쪽.

다음과 같은 사실이 가능하겠는가? 예를 들어 암컷 푸른머리되새의 머리, 황소방울새 가슴 부위의 진홍색, 황금색 볏을 가진 굴뚝새의 볏이 모두 방어를 하려고 선택한 느린 과정을 통해 화려함을 잃는 일이 가능하겠는가? 나는 그렇게 생각할 수 없다. 그리고 은폐된 둥지를 건설하는 새의 암수가 보이는 미세한 차이에 대해서는 더욱 그런 생각이 들지 않는다. 그에 반해 암수의 색깔 차이는 그 정도를 떠나 성선택을 통해 수컷이 계속해서 획득한 변이가 처음부터 다소 제한적으로 암컷에게 전달되었다는 원리로 대부분 설명할 수 있다. 암컷에게 어느 정도 전달되었는지는 같은 집단에서도 종마다 다를 것이다. 유전 법칙을 공부한 사람이라면 아무도 이 사실에 놀라지 않을 것이다. 유전 법칙이라는 것은 매우 복잡해서 무지한 우리에게는 그 작용이 변덕스럽게 보이기 때문이다.[28]

내가 알기로 커다란 집단에 속하는 모든 종의 암수가 똑같이 화려한 색깔을 띠는 경우란 거의 없다. 그러나 스클라터에게 들은 바로는 투라코(Musophagae)의 암수는 모두 색깔이 화려하다고 한다. 또한 한 집단에 속하는 모든 종의 암수가 색깔 면에서 큰 차이를 보이는 경우가 있는지에 대해서도 확신이 없다. 월리스가 알려준 바에 따르면 방울새과(Cotingidae)*에 속하는 남아프리카의 미식조*는 매우 훌륭한 사례라고 한다. 이들의 수컷은 화려하고 가슴이 붉으며 암컷은 가슴 부위가 약간만 붉은색을 띤다고 한다. 그리고 다른 종의 암컷은 수컷의 특징인 녹색이나 그외의 색깔에 대한 흔적만을 보여준다고 한다. 그래도 우리는 이제 여러 집단에서 나타나는 암수 간의 밀접한 유사성이나 상이성으로 가는 길목에 가까이 도달했다. 그리고 전에 말했

---

28) *The Variation of Animals and Plants under Domestication*, vol. 2, chap. 12에 이 효과에 대한 내용이 실려 있으니 참조하시오.

듯이 유전이 변덕스럽게 일어난다는 사실을 생각해볼 때 이것은 다소 놀라운 상황이다. 그러나 유연 관계가 있는 동물 사이에 동일한 유전 법칙이 널리 작용한다는 사실은 놀라운 것이 아니다. 가금류는 매우 많은 품종과 아품종으로 갈라졌다. 이들의 암수 깃 장식은 대개 다르다. 그래서 암수의 깃 장식이 비슷하게 나타나는 아품종이 있다면 그것은 희귀한 사례로 주목을 받게 된다. 그에 반해 집비둘기도 많은 종류의 품종과 아품종으로 갈라졌지만 거의 예외 없이 암수가 똑같다.

그러므로 만약 갈루스(*Gallus*)와 콜룸바(*Columba*)*에 속하는 여러 종이 가축화되어 새로운 변종이 된다면 성적 유사성과 상이성의 비슷한 규칙이 유전 방식에 따라 두 경우 모두 효력을 발휘하게 될 것이라고 생각하는 것이 그렇게 성급한 예측은 아닐 것이다. 마찬가지로 자연 상태에서 한 집단에 속하는 구성원들은 동일한 유전 방식의 영향을 받는다. 물론 이 규칙에 어긋나는 아주 뚜렷한 예외가 있는 것은 사실이다. 예를 들어 동일한 과나 심지어 동일한 속의 구성원들 사이에서도 암수의 색깔이 매우 똑같거나 다를 수 있다. 참새, 딱새, 개똥지빠귀, 뇌조류 등의 속에서 여러 사례가 이미 제시된 바 있다. 꿩과에 속하는 거의 모든 종의 암수는 놀랄 정도로 큰 차이를 보인다. 그러나 푸른귀꿩(*Crossoptilon auritum*)의 경우는 암수가 아주 똑같다. 거위의 한 속인 클뢰파가(*Chloephaga*)의 두 종은 크기를 제외한다면 암컷과 수컷을 구별할 수 없다. 그러나 다른 두 종은 암수가 전혀 달라 서로 다른 종으로 취급되는 경우도 있을 정도다.[29]

유전 법칙으로는 암컷이 늦은 나이에 수컷 고유의 형질을 획득하고 결국 거의 비슷하게 수컷을 닮아간다는 정도의 사례를 설명할 수

---

29) *Ibis*, vol. 6, 1864, 122쪽.

있을 뿐이다. 여기에 보호 개념은 거의 작용하지 못한다. 블리스(E. Blyth)가 내게 알려준 바에 따르면 오리올루스 멜라노체팔루스(*Oriolus melanoce-phalus*)*와 몇몇 친척 종의 암컷은 번식할 정도로 충분히 성장했을 때 그 깃 장식이 수컷과 상당히 달라진다고 한다. 그러나 두세 번의 털갈이를 한 후에는 옅은 녹색을 띠는 부리만이 수컷과 차이를 보일 정도고 나머지는 거의 비슷해진다고 한다. 역시 블리스에 따르면 난쟁이알락해오라기(*Ardetta*)도 수컷은 이미 첫 번째 털갈이로 얻은 깃의 색깔을 평생 유지한다고 한다. 그러나 암컷의 경우에는 서너 번의 털갈이를 한 후에나 최종 깃이 출현한다고 한다. 그동안 암컷은 중간적인 깃을 갖고 있으며 이것은 마지막에 수컷의 깃과 똑같은 깃으로 대체된다는 것이다. 게다가 매(*Falco peregrinus*)의 암컷은 수컷보다 훨씬 더디게 푸른색 깃을 갖게 된다. 스윈호우(R. Swinhoe)에 따르면 검은바람까마귀(*Dicrurus macrocercus*) 수컷은 거의 어린 새끼 시절에 자기의 부드러운 갈색 깃을 벗어버리고 녹색이 도는 검은빛으로 균일하게 반짝거리는 깃을 갖게 된다고 한다. 그러나 암컷은 겨드랑이 부위에 흰색 줄무늬와 반점을 아주 오랫동안 갖고 있으며 3년이 지나야만 수컷처럼 몸 전체가 검은 색깔의 깃을 완전히 갖추게 된다고 한다. 탁월한 관찰 능력을 보유한 스윈호우의 말에 따르면 2년생 중국산 저어새의 한 속인 플라탈레아(*Platalea*) 암컷이 봄에 갖는 깃은 1년생 수컷의 깃과 비슷하다고 한다. 그리고 3년째 봄이 되면 다 자란 수컷의 깃과 같은 색깔의 깃을 갖게 된다. 수컷의 깃은 암컷의 깃보다 훨씬 더 이른 시기에 제 색깔을 갖추는 것이다. 봄비칠라 카롤리넨시스(*Bombycilla carolinensis*)*의 암컷은 수컷과 아주 작은 차이만을 보인다. 그러나 붉은 봉납(sealing-wax)으로 된 구슬처럼 생겨 날개깃을 장식하는 부속 기관은 수컷과는 달리 어린 암컷에게는 발달하지 않는다.[30] 인도잉꼬(*Paloeornis javanicus*) 수컷의 윗부리는 어린 시절부터 주홍빛을 띤다. 블리스는 새장에서 키우는 잉꼬와 자연 상태의 잉꼬를 관찰한 후, 암컷의 윗부리는 초기에 검은색을 띠다가 한 살이 되면 붉은색을 띠며 수컷과 비슷해진다고 한다. 야생 칠면조의 암수는 모두 가슴 부위에 장식용 억센 털이 다발로 돋아난다. 그러나 2년생 칠면조는 수컷의 털 다발이 약 10센티미터 정도로 자라지만 암컷은 거의 드러나지 않는다. 그러나 암컷은 네 살이 되어야 그 길이가 10~13센티미터로 자라난다.[31]

나이가 들거나 질병으로 암컷이 비정상적으로 수컷의 성질을 갖고 있는 경우와 위의 사례를 혼동해서는 안 된다. 또 가임성 암컷이 어린 시절에 특정 변이나 밝혀지지 않은 원인으로 수컷의 형질을 획득한 경우와도 구별해야 한다.[32] 그러나 이 모든 사례에는 공통점이 많기 때문에 범생 가설(hypothesis of pangenesis)에 따르면 그들은

---

30) 수컷이 암컷에게 구애 행동을 벌일 때 이들은 활짝 펼친 날개를 진동시킴으로써 이들 장식을 훨씬 잘 드러낸다. A.L. Adams, *Field and Forest Rambles*, 1873, 153쪽.

31) 퀴비에(G. Cuvier)의 『동물계』(*Règne Animal*)를 블리스가 번역했는데 참조하시오. 송골매에 대해서는 Charlesworth, *Annals and Magazine of Natural History*, vol. 1, 1837, 304쪽에 실린 블리스의 글을 참조하시오. 검은바람까마귀에 대해서는 *Ibis*, 1863, 44쪽을 참조하시오. 플라탈레아에 대해서는 *Ibis*, vol. 6, 1864, 366쪽을 참조하시오. 봄비칠라에 대해서는 오듀본의 앞의 책, 제1권, 229쪽을 참조하시오. 잉꼬에 대해서는 제르돈의 앞의 책, 제1권, 263쪽도 참조하시오. 야생 칠면조에 대해서는 오듀본의 *Birds of India*, vol. 1, 15쪽을 참조하시오. 그러나 캐턴(J.D. Caton)에게서 들은 바에 따르면 일리노이에 서식하는 암컷 칠면조는 털 다발을 갖고 있는 경우가 아주 드물다고 한다. R.B. Sharpe, *Proceedings of the Zoological Society*, 1872, 496쪽에서 페트르콕시푸스(*Petrcocssyphus*) 암컷에 대한 유사한 사례에 대해 보고했다.

32) 이 나중의 사례에 대해서 블리스는 퀴비에의 *Règne Animal*, 번역본, 158쪽에 때까치(*Lanius*), 루티칠라(*Ruticilla*), 홍방울새(*Linaria*) 그리고 오리의 한 속인 아나스(*Anas*)의 여러 가지 사례를 제시했다. 오듀본도 피란가 에스티바(*Pyranga aestiva*)를 대상으로 *Ornithological Biography*, vol. 5, 519쪽에 이와 유사한 사례를 제시했다.

잠재적일지라도 암컷이 갖고 있는 수컷의 각 부위에 해당하는 제뮬 (gemmule)에 따라 결정되는 것이다. 그들의 발달은 암컷의 조직이 갖고 있는 선택적 친화성의 미세한 변화에 따라 결정되는 것이다.

계절의 변화에 따른 깃의 변화에도 몇 가지 사항을 추가해야겠다. 큰 해오라기, 해오라기 그리고 그외의 많은 조류의 우아한 깃 장식이나 길게 늘어진 깃 또는 볏은 여름에만 생기고 유지된다. 비록 암수 모두 이런 구조를 갖고 있을지라도 전에 언급했던 이유로 이들 구조는 장식으로 작용하고 짝짓기에 기여하는 것이다. 예를 들어 암컷은 겨울보다는 알을 품는 시기에 더욱 눈에 잘 띄는 색깔로 장식한다. 그러나 해오라기나 큰해오라기는 자신을 방어할 수 있을 것이다. 그렇지만 겨울에는 깃 장식이 불편하고 쓸모 없는 것이 확실하므로 일 년에 두 번의 털갈이를 하는 습성은 겨울에 불편한 장식을 벗어던지기 위해 자연선택을 통해 점진적으로 획득되었다고 생각하는 것이 가능할 것이다. 그러나 이런 견해를 여름과 겨울의 깃이 거의 다르지 않은 섭금류의 여러 조류로 확대시키기는 곤란하다. 쏙독새와 천인조처럼 암수 모두 또는 수컷만이 번식기에 눈에 잘 띄는 색깔을 갖추거나 수컷만이 번식기에 비행을 방해할 정도의 긴 날개나 꼬리깃을 갖고 있어 자신을 방어할 수 없는 종이 이렇게 불편한 장식을 벗어던지기 위해 두 번째 털갈이의 습성을 획득했다는 것은 거의 확실하다. 그러나 우리는 극락조, 아르구스 꿩, 공작 같은 많은 조류가 겨울에 그들의 깃을 벗어버리지 않는다는 사실을 기억해야만 한다. 따라서 이런 조류 중 적어도 가금류의 체질이 두 번의 털갈이를 불가능하게 만드는 것은 아니라고 주장하기는 어려울 것 같다. 뇌조는 일 년에 세 번의 털갈이를 한다.[33] 따라서 겨울에 그들의 장식적인 깃을 벗어던지거나 화려한 색깔을 잃는 많은 종이 불편하거나 그들이 겪게 될

지도 모를 위험 때문에 이런 습성을 획득했다고 확신할 수는 없을 것 같다.

그러므로 내 결론은 다음과 같다. 즉 일 년에 두 번의 털갈이를 하는 습성은 처음에는 서로 별개의 목적 때문에 획득되었다는 것이다. 겨울 깃은 겨울에 더 따뜻한 털을 갖기 위한 목적이었을 것이다. 그리고 여름에 일어나는 깃 장식의 변이는 성선택을 통해 축적되어 여름에만 나타나도록 후손에게 전달되었을 것이다. 또한 그런 변이는 그 상황을 지배하는 유전 법칙에 따라 암수 모두에게 유전되거나 수컷에게만 유전되었을 것이다. 이 견해는 전에 언급했던 견해—모든 종은 그들의 장식적인 깃을 겨울에 유지하려는 습성을 간직하고 있었지만 그것이 불편하고 위험하여 자연선택을 통해 장식깃을 벗어버리게 되었다는 견해—보다는 훨씬 더 타당해 보인다.

사실 나는 이번 장에서 무기, 화려한 색깔 그리고 여러 가지 장식처럼 오늘날 수컷에게만 국한되어 나타나는 여러 특징이 원래는 암수 모두에게 전달되어 발현되었으며 이것이 나중에 자연선택을 통해 변형되어 수컷에게만 전달되었다는 주장이 신빙성이 없다는 것을 보이려 했다. 또한 처음부터 암컷에게만 전달된 색깔의 변이가 보호용으로 보존되어 오늘날 암컷의 색깔이 만들어졌다는 것도 의심스럽다. 그렇지만 이 주제에 대한 더 이상의 논의는 내가 다음 장에서 어린 새끼와 다 자란 조류의 깃 장식이 보이는 차이를 다룰 때까지 미루는 것이 나을 것 같다.

---

33) J. Gould, *Introduction to the Birds of Great Britain*을 참조하시오.

제16장 조류의 이차성징―결론

성숙한 암수의 특징을 보이는 미성숙 깃―여섯 부류의 사례―유연 관계가 있는 수컷 간의 성적 차이―수컷의 특징을 갖고 있는 암컷―성체의 여름 깃과 겨울 깃의 특징을 보이는 어린 새끼의 깃―전 세계 조류가 보이는 아름다움의 증가에 관하여―보호색―눈에 잘 띄는 색깔을 갖는 조류―진기함―조류에 대한 지난 네 장의 요약

이제 우리는 일정한 연령에서만 발현되는 형질의 유전을 성선택의 관점에서 살펴보아야 한다. 해당 연령에서 형질이 발현되는 유전 원리의 진실성과 중요성에 대해서는 이미 충분히 논의했기 때문에 여기에서 다시 논의할 필요는 없을 것 같다. 내가 아는 범위에서 어린 새끼와 성체가 보이는 깃 장식의 차이를 보여줄 여러 가지 사례와 다소 복잡한 규칙을 제시하기 전에 예비적으로 몇 마디 하는 것이 나을 것 같다.

다양한 배(胚)의 구조가 조상의 특징을 보여주는 것과 마찬가지로, 성체와 새끼의 색깔이 다르고 새끼의 색이 특별한 기능이 없는 경우 새끼의 특징은 조상의 형질이 남아 있는 것일 수도 있다. 그러나 집단 내 여러 종의 어린 새끼들이 서로 아주 비슷하게 닮았고 다른 종의 성체와도 닮은 경우에만 이런 견해를 지지할 수 있다. 왜냐하면 어린 개체가 다른 종의 성체와 닮았다는 사실은 과거에 그런 신체 특징을 보

이는 개체가 존재했다는 것을 보여주는 산 증거가 되기 때문이다. 어린 사자와 퓨마에게는 희미한 줄무늬나 줄지은 점무늬가 있다. 그리고 다른 많은 친척과 마찬가지로 어린 새끼나 성체 모두에게 비슷한 무늬가 있으므로 진화론을 믿는 사람이라면 사자와 퓨마의 조상이 줄무늬가 있는 동물이었다는 사실을 아무도 의심하지 않을 것이다. 또 줄무늬가 없는 검은 고양이 성체도 어릴 때에는 줄무늬의 흔적이 나타나는 것과 마찬가지로 사자와 퓨마의 어린 새끼들에게 줄무늬의 흔적이 있다는 사실 역시 의심하지 않을 것이다. 성체가 되었을 때 반점이 사라지는 사슴의 여러 종도 어렸을 때는 흰색 반점이 나타난다. 물론 성장해서도 흰색 반점을 그대로 보유하는 경우도 일부 있기는 하다. 게다가 멧돼지과에 속하는 모든 종의 어린 새끼들과, 맥(貘)*처럼 다소 유연 관계가 먼 일부 종의 어린 새끼들에게도 짙은 색 가로 줄무늬가 있다. 이것은 과거에 살았던 조상에게서 유래된 형질임이 틀림없으며 현재 어린 새끼에게서만 나타나는 특징이다. 어느 경우이건 성체는 진화하는 과정에서 색깔의 변화를 겪었으나 새끼의 색깔은 거의 변하지 않은 채로, 해당하는 연령에 별도로 작용하는 유전 원리를 따르고 있는 것이다.

　새끼들끼리는 비슷하지만 성체끼리는 큰 차이를 보이는 조류의 여러 종에게도 같은 원리가 적용된다. 대다수 가금류와 타조류의 새끼는 유연 관계가 다소 먼데도 모두 솜털에 세로 줄무늬가 나타나지만, 이 형질은 너무 머나먼 과거의 것이라 우리의 관심거리가 되지 않는다. 갓 부화한 어린 솔잣새에게는 방울새류처럼 곧게 뻗은 부리가 있다. 또 솔잣새의 미성숙 깃에는 줄무늬가 있어 오색방울새, 방울새 그리고 유연 관계가 있는 그외 다른 종의 어린 새끼와 비슷할 뿐만 아니라 홍방울새와 검은방울새 암컷과도 닮았다. 멧새류에 속하는 여러 종의 어린 새끼들은 서로 비슷하며 멧새류의 일종인 엠베리자 밀리아리아(*Emberiza miliaria*) 성체와도 닮았다. 지빠귀의 많은 종류가 어린 시절에 가슴에 반점이 찍혀 평생 이 특징을 간직하며 살아가는 종도 많다. 그러나 투르두스 미그라토리우스(*Turdus migratorius*)*처럼 이런 특징을 완전히 잃어버린 종도 있다. 게다가 지빠귀 중에는 첫 털갈이를 하기 전에 등에 있는 깃에 반점이 나타나는 종류가 많이 있다. 동부에 서식하는 일부 종에는 이런 특징이 평생 유지된다. 여러 때까치, 일부 딱따구리, 에메랄드비둘기(*Chalcophaps indicus*)의 어린 새끼들은 몸 아래쪽에 가로 방향의 줄무늬가 새겨져 있다. 그리고 이들과 유사한 일부 종은 성체가 되면 이와 비슷한 줄무늬가 나타난다. 유연 관계가 아주 가까우며 광택이 있는 인도의 뻐꾸기(*Chrysococcyx*)에 속하는 여러 종은 다 자라면 서로 큰 차이를 보이지만 어린 시절에는 서로 구별되지 않을 정도로 유사하다. 인도거위(*Sarkidiornis melanonotus*)의 어린 새끼는 유연 관계가 가까운 덴드로치그나(*Dendrocygna*) 성체와 아주 비슷한 깃을 갖고 있다.[1] 일부 왜가리에서도 유사한 사례가 나타나는데 이것은 차후에 살펴보겠다. 멧닭의 어린 새끼는 홍뇌조의 성체와 유사할 뿐만 아니라 홍뇌조의 어린 새끼와도 닮았다. 마지막으로 이 주제에 대해 면밀하게 연구한 블리스가 훌륭하게 언급했듯이 많은 종이 보이는 자연적인 유사성은 그들의 미성숙 깃에서 가장 잘 나타난다. 그리고 모든 생물의 진정한 유사성이 그들이 모두 공통 조

---

1) 개똥지빠귀, 때까치, 딱따구리에 대해서는 *Charlesworth, Annals and Maga zine of Natural History*, vol. 1, 1837, 304쪽에 실린 블리스의 글을 참조하시오. 또한 블리스는 퀴비에의 『동물계』(*Rène Animal*)를 번역하였는데 그 번역서의 159쪽에 실린 각주도 참조하시오. 솔잣새의 사례는 블리스가 제공한 정보에 따라 여기에 제시한 것이다. 개똥지빠귀에 대해서는 J.J. Audubon, *Ornithological Biography*, vol. 2, 195쪽도 참조하시오. 인도의 뻐꾸기와 인도 비둘기에 대해서는 *Jerdon, Birds of India*, vol. 3, 485쪽에 인용된 블리스의 글을 참조하시오. 인도거위에 대해서는 *Ibis*, 1867, 175쪽에 인용된 블리스의 글을 참조하시오.

상에서 유래되었기 때문이듯이 블리스의 언급은 미성숙 깃이 그 종의 과거 상태, 즉 조상이 갖고 있었던 상황을 대략적으로 보여주고 있다는 믿음을 강하게 확인시켜주는 것이다.

여러 과에 속하는 많은 조류의 어린 새끼들이 그들의 먼 조상이 가졌던 깃에 대한 정보를 이런 식으로 어렴풋이 보여주는 것이다. 그러나 칙칙한 색깔을 띠는 조류와 화려한 색깔을 띠는 조류 중에서도 어린 새끼가 부모를 닮은 종류는 많다. 이 경우 서로 다른 종의 어린 새끼들이 조상들보다 더 비슷할 수는 없다. 또한 성체가 되어서도 유연관계가 있는 다른 종과의 유사성이 눈에 띄게 나타나지는 않는다. 이들은 자기 조상이 가졌던 깃에 대해 거의 아무런 정보도 제공하지 않는다. 물론 한 집단의 여러 종의 어린 새끼와 성체가 모두 동일한 색깔의 깃을 갖고 있어 그들의 조상이 현재와 비슷한 색깔을 갖고 있을 것으로 여겨지는 경우는 예외가 될 것이다.

이제 우리는 여러 사례에 대해 살펴보아도 될 것 같다. 이들 사례는 암수 모두이든 한쪽 성이든 성체와 어린 새끼의 깃이 유사한 집단과 서로 다른 집단으로 구분해도 될 것이다. 이런 종류의 규칙을 최초로 표명한 사람은 퀴비에(G. Cuvier)였다. 그러나 지식이 진보함에 따라 규칙은 어느 정도 변형되고 확대되어야만 했다. 나는 이 작업을 하려고 했다. 이 주제가 갖는 극도의 복합성이 용납되는 범위에서 나는 여러 가지 출처에서 얻은 정보를 이용하여 이 작업을 시도했던 것이다. 그러나 이 주제에 대한 자세한 평론은 능력 있는 다른 조류학자가 쓰는 편이 훨씬 더 나을 것 같다. 각각의 규칙이 어느 정도 작용하는지를 확인하기 위해서 나는 다음의 네 가지 위대한 작품 속에서 제시된 여러 사례를 모아 표로 만들었다. 즉 맥길리브레이(W. Macgillivray)의 『영국 조류사』(History of British Birds), 오듀본(J. J. Audubon)의 『조류 일대기』(Ornithological Biography), 제르돈(Jerdon)의 『인도의 조류』(Birds of

India), 굴드(J. Gould)의 『오스트레일리아 조류 편람』(*Handbook of the Birds of Australia*)에서 여러 사례에 대한 자료를 얻었다. 여기서 몇 가지 전제할 것이 있다. 첫째, 여러 사례나 규칙은 점진적인 단계로 서로 연결될 수 있다. 둘째, 어린 새끼가 성체와 닮았다는 말이 아주 똑같다는 것을 의미하는 것은 아니다. 왜냐하면 어린 새끼의 깃 색깔은 대개 선명도가 떨어지고 부드러우며 다른 양상을 띠는 경우가 종종 있기 때문이다.

여러 사례와 그 속에 숨은 규칙들

1. 수컷 성체가 암컷 성체보다 아름답거나 눈에 잘 띄는 색깔을 갖는 경우, 암수 어린 새끼의 첫 번째 깃은 닭이나 공작과 마찬가지로 암컷 성체와 매우 유사하다. 어린 새끼가 암컷 성체나 수컷 모두와 어느 정도 비슷하게 닮는 경우도 있지만 이 경우에도 수컷보다는 암컷을 더 많이 닮는다.

2. 흔하지는 않지만 암컷 성체가 수컷 성체보다 눈에 잘 띄는 경우도 간혹 있다. 이 경우에 암수 어린 새끼의 첫 번째 깃은 수컷 성체와 유사하다.

3. 수컷 성체와 암컷 성체가 비슷한 경우, 암수 어린 새끼는 유럽 울새처럼 그들 나름대로의 독특한 깃을 갖는다.

4. 수컷 성체와 암컷 성체가 비슷한 경우, 암수 어린 새끼의 깃은 물총새, 여러 앵무새, 까마귀, 휘파람새처럼 첫 번째 깃이 성체와 유사하다.

5. 암수 성체 모두 별개의 겨울 깃과 여름 깃을 갖고 있는 경우에는 수컷과 암컷이 서로 차이를 보이는 경우든 그렇지 않은 경우든 어린 새끼는 암수 성체의 겨울 깃을 닮거나 이보다 훨씬 드물기는 하지만

여름 깃을 닮는 경우도 있다. 또는 암컷만을 닮는 경우도 있다. 또는 어린 새끼가 중간 형질을 가질 수도 있다. 게다가 여름 깃과 겨울 깃 모두 성체 암수와는 큰 차이를 보일 수도 있다.

6. 어린 새끼의 첫 번째 깃이 암수에 따라 서로 다른 경우도 극히 일부 존재한다. 어린 수컷은 수컷 성체와 어느 정도 유사하고 어린 암컷은 암컷 성체와 다소 비슷하다.

제1부류 이 부류의 암컷과 수컷은 서로 다르며 때로는 그 차이가 아주 큰 경우도 있지만 어린 새끼들은 암컷과 어느 정도 비슷하다. 조류의 모든 목(目)을 대상으로 수많은 사례를 제시할 수 있다. 그러나 일반 꿩, 오리, 집참새를 상기하는 정도로 충분할 것 같다. 이 부류의 사례들은 상호 점진적인 변화를 보인다. 예를 들어 암수 성체가 약간의 차이만을 보이며 어린 새끼도 성체와 약간만 다르기 때문에 이런 사례를 본 부류에 포함시켜야 하는지 제3부류나 제4부류에 포함시켜야 하는지 결정하기가 어려운 경우가 있다. 게다가 암수 어린 새끼는 모두 서로 동일하기보다는 제6부류와 마찬가지로 서로 약간의 차이를 보일 수 있다. 그렇지만 이런 과도적인 사례는 이 부류에 확실하게 해당하는 사례에 비해 드물게 나타난다. 적어도 흔하게 나타나지는 않는다.

암컷과 수컷 그리고 어린 새끼들이 일반적으로 서로 유사한 형질을 갖는 집단에 이 규칙은 잘 적용된다. 왜냐하면 이들 집단에서 앵무새, 물총새, 비둘기 등과 같이 암수가 서로 다른 경우, 암수 어린 새끼는 암컷 성체를 닮기 때문이다.[2] 이례적인 일부 사례에서도 이 같

---

2) 예를 들어 J. Gould, *Handbook of the Birds of Australia*, vol. 1, 133쪽에 물총새의 하나인 치아날치온(*Cyanalcyon*)에 관한 설명이 실려 있으니 이를 참조하시오. 그렇지만 치아날치온의 경우 어린 수컷이 암컷 성체와 유사하기는 하

은 사실이 아주 잘 나타난다는 것을 우리는 안다. 예를 들어 벌새의 한 종류인 헬리오트릭스 아우리쿨라타(*Heliothrix auriculata*) 수컷은 화려한 목털과 아름다운 귀 깃을 갖고 있다는 점에서 암컷과 다르다. 그러나 암컷은 수컷보다 훨씬 더 긴 꼬리를 갖고 있는 것이 특징이다. 어린 암컷과 수컷의 가슴에 청동색 반점이 있다는 것이 암컷 성체와 다르기는 하지만 그외의 형질은 암컷 성체와 매우 유사하다. 어린 새끼에게는 암컷 성체와 마찬가지로 긴 꼬리가 있다. 따라서 성장하면서 수컷의 꼬리는 실제로 더 짧아진다. 정말 특이한 상황이다.[3] 게다가 비오리(*Mergus merganser*) 수컷의 깃은 암컷보다 눈에 더 잘 띈다. 어깨 부위의 깃과 이차 날개깃도 암컷보다 더 길다. 그러나 이들 수컷 성체의 볏은 비록 암컷의 볏보다 넓기는 하지만 그 길이가 상당히 짧아 불과 2.5센티미터를 갓 넘을 뿐이다. 반면에 암컷의 볏은 6.4센티미터 정도다. 내가 알기로 다른 어떤 조류에서도 이런 현상은 나타나지 않는다. 이들의 경우도 암수 어린 새끼는 모두 암컷 성체와 완전히 유사하다. 그래서 어린 개체의 볏은 그 폭이 비록 좁기는 하지만 수컷 성체의 볏보다 실제로 더 길게 관찰된다.[4]

지만 화려함 면에서는 다소 떨어진다. 다첼로(*Dacelo*) 일부 종의 경우 수컷에게는 푸른 꼬리가 있으며 암컷에게는 갈색 꼬리가 있다. 샤프(R.B. Sharpe)가 내게 알려준 바에 따르면 다첼로 가우디카우디(*D. gaudichaudi*)의 어린 수컷은 첫 꼬리가 갈색이라고 한다. 굴드는 위의 책, 제2권, 14, 20, 37쪽에서 일부 검은 카커투와 진홍 잉꼬의 암컷·수컷. 어린 새끼에게도 동일한 규칙이 적용된다고 했다. 또한 Jerdon, *Birds of India*, vol. 1, 260쪽에서 소형 잉꼬인 팔뢰오르니스 로사(*Paloeornis rosa*)에 대해 설명하면서 어린 새끼가 수컷보다는 암컷을 많이 닮는다고 한다. 콜룸바 파세리나(*Columba passerina*)* 암수와 어린 새끼에 대해서는 J.J. Audubon, *Ornithological Biography*, vol. 2, 475쪽을 참조하시오.

3) 나는 굴드에게서 이 정보를 얻었다. 굴드는 내게 표본을 보여주었다. 그의 *Introduction to the Trochilidae*, 1861, 120쪽도 참조하시오.

4) W. *Macgillivray, History of British Birds*, vol. 5, 207~214쪽

어린 새끼와 암컷이 매우 유사하면서 수컷과는 차이를 보일 때, 우리가 내릴 수 있는 가장 명백한 결론은 수컷만이 변형되었다는 것이다. 헬리오트릭스(*Heliothrix*)와 메르구스(*Mergus*)의 이례적인 사례에서도 원래는 암수 성체 모두 다음과 같은 신체 구조를 갖고 있었을 가능성이 있다. 즉 한 종은 긴 꼬리가 있었고 다른 한 종은 긴 볏이 있었을 수 있다. 그후 알려지지 않은 이유 때문에 수컷 성체가 이들 특징을 부분적으로 잃게 되었고 일정한 나이에 도달한 수컷 후손에게만 이런 특징이 발현되도록 유전이 일어난 것이다. 이 부류에서 암수 성체가 어린 새끼와 보이는 차이점에 관해서 수컷만이 변형되었다는 믿음은 서로 다른 지역을 대표하며 유연 관계가 깊은 종에 대해 연구한 블리스가 보고한 놀랄 만한 몇 가지 사실로 강하게 지지된다.[5] 이들 여러 대표 종의 수컷 성체는 어느 정도의 변화를 겪었으며 다른 종의 개체와는 구별된다. 그러나 서로 다른 나라에서 수집된 암컷과 어린 개체는 서로 구별이 가지 않을 정도로 비슷한 것으로 보아 이들은 변화를 전혀 겪지 않았다는 것을 알 수 있다. 이에 해당하는 종류로는 인도 지빠귀(*Thamnobia*), 일부 넥타리니아(*Nectarinia*),* 때까치류(*Tephrodornis*), 일부 물총새(*Tanysiptera*), 칼리즈 공작(*Gallophasis*), 나무 자고(*Arboricola*) 등이 있다.

마찬가지로 여름 깃과 겨울 깃이 서로 다르면서도 암수는 거의 동일한 조류가 있다. 이 같은 사례에서 어린 시절의 깃이나 겨울 깃으로는 거의 구별되지 않을 정도로 비슷한 친척 종도 여름 깃, 즉 혼인 깃은 서로 달라 쉽게 구별되는 경우가 있다. 유연 관계가 깊은 인

5) E. Blyth, *Journal of Asiatic Society of Bengal*, vol. 19, 1850, 223쪽에 실린 그의 탁월한 논문을 참조하시오. Jerdon, *Birds of India*, vol. 1, 서론, 29쪽도 참조하시오. 물총새(*Tanysiptera*)에 대해 슐레겔(F. von Schlegel)은 수컷 성체를 비교하는 것만으로 여러 품종을 구별할 수 있다고 블리스에게 말했다.

도 할미새(*Motacillae*)의 몇몇 종류가 이에 해당한다. 스윈호우가 내게 알려준 바에 따르면 왜가리의 한 속인 흰날개해오라기류(*Ardeola*)의 세 종은 서로 다른 대륙에 분포하고 있는데, 이들이 여름 깃을 갖추게 되면 서로 아주 다른 모습을 보인다고 한다.[6] 그러나 겨울에는 거의 구별되지 않으며 전혀 그 차이가 나타나지 않는 경우도 있다고 한다. 이 세 종의 어린 새끼들도 그들의 미성숙한 깃이 성체의 겨울 깃과 매우 비슷하게 닮았다. 이 사례는 매우 흥미롭다. 왜냐하면 흰날개해오라기류에 속하는 조류 중에는 위에서 언급한 세 종 외에 다른 두 종의 암컷과 수컷 그리고 어린 개체가 여름과 겨울에 걸쳐 모두 동일한 깃을 갖고 있으며 그 깃은 위에서 언급한 세 종의 겨울 깃과 동일하기 때문이다. 또한 이 색깔은 그외에도 이들 집단의 여러 종에 걸쳐 여러 연령층과 계절에서 보편적으로 나타난다. 따라서 이 깃은 아마도 이들 집단의 조상이 가졌던 깃의 색깔을 보여주고 있는 것 같다. 이 모든 사례에서 혼인 깃은 번식기를 맞은 수컷이 처음으로 획득한 것으로 보이며 이것이 번식기의 암수 성체로 전달되었다는 추측이 가능하다. 겨울 깃과 미성숙 깃은 변화되지 않고 그대로 남아 있으면서 혼인 깃만이 변형된 것이다.

다음과 같은 질문을 제기하는 것은 당연하다. 나중에 언급한 여러 사례에서 암수의 겨울 깃은 어린 개체의 미성숙 깃과 마찬가지로 전혀 영향을 받지 않았단 말인가? 또 그 앞의 사례에서 암컷 성체의 깃도 전혀 영향을 받지 않았다는 것인가? 서로 다른 지역에 살면서 각각 그 지역을 대표하는 종들은 어느 정도 다른 환경에 노출되어 있을 것이 분명하다. 그러나 암컷과 어린 개체들은 이렇게 서로 다른 환경

---

6) *Ibis*, 1863. 7, 131쪽에 실린 스윈호우의 글도 참조하시오. 그리고 또 다른 논문 한 편이 있는데, 그 내용은 Ibis, 1861. 1, 25쪽에 블리스가 쓴 글의 각주에서 인용하여 발췌했다.

에서 살아가면서도 거의 영향을 받지 않은 것으로 보아 환경의 작용으로 수컷만이 깃의 변화를 일으켰다고 보기는 힘들 것 같다. 선택을 통해 무수히 많은 변이가 축적된다. 이것을 생각해볼 때 많은 조류의 암수가 보여주는 놀랄 만한 차이만큼 생활 환경의 직접적인 작용이 전혀 중요하지 않다는 것을 보여주는 예는 아마 없을 것이다. 왜냐하면 아무리 큰 차이를 보이는 암컷과 수컷이라 할지라도 똑같은 먹이를 먹고 똑같은 기후에 노출되어 있기 때문이다. 그런데도 우리는 새로운 생활 환경이 긴 시간을 통해 암수 모두에게 어느 정도 직접적인 영향을 미치거나 체질상의 차이로 주로 한쪽 성에게 영향을 미칠 수 있다는 생각을 떨쳐버리기가 어렵다. 우리가 아는 것이라고는 이것이 선택에 따른 축적된 결과보다 중요하지는 않다는 사실이다. 그렇지만 여러 지역의 종들이 갖고 있는 유사성으로 판단하건대 한 종이 새로운 지역으로 이주할 때(이것은 대표 종이 형성되기 훨씬 전에 일어날 것이 틀림없다) 그들을 둘러싼 새로운 환경은 그들이 어느 정도의 변이를 일으키도록 하는 원인이 될 것이다. 이 경우에 수컷을 향한 암컷의 취향이나 동경처럼 변화되기 쉬운 요소에 따라 작용되는 성선택은 새로운 색깔이나 여러 가지 변화가 일어나도록 할 것이며 이렇게 생긴 변화는 축적될 것이다. 성선택은 항상 작용하는 것이므로(인간의 의도와는 상관없이 가축에서 일어나는 결과를 생각해보라) 만약 동물이 서로 다른 두 지역에서 살아가며 지역 간의 교잡이 전혀 일어나지 않고 새로 획득한 형질이 서로 섞이는 일도 일어나지 않는다고 한다면, 오랜 시간이 지난 후에 두 지역의 동물이 서로 다르게 변형되지 않는다는 사실이 오히려 이상할 것이다. 이것은 혼인 깃이나 여름 깃에도 동일하게 적용할 수 있다. 이러한 깃이 수컷에게만 생기든지 암수 모두에게 생기든지 그것은 별개의 문제다.

위에서 언급한 사례는 유연 관계가 있는 종이거나 대표 종의 암컷들이 어린 새끼들과 마찬가지로 서로 차이를 거의 보이지 않아 수컷들만이 서로 차이를 보이는 사례다. 그러나 대개 같은 속에 포함되는 많은 종의 암컷들은 서로 뚜렷한 차이를 보인다. 그러나 수컷들만큼 암컷들이 큰 차이를 보이는 경우는 좀처럼 찾아보기 힘들다. 이런 사실은 모든 가금류를 통해서도 명백하게 드러난다. 예를 들어 일반 꿩, 일본꿩, 특히 금계와 은계, 백한 그리고 야생 오리의 암컷들은 색깔이 서로 아주 비슷하지만 이들의 수컷들은 상당한 차이를 보인다. 또 대부분의 방울새과(Cotingidae), 되새과(Fringillidae) 그리고 그외 많은 조류가 이와 비슷하다. 일반적으로 암컷이 수컷보다 많이 변형되지 않았다는 사실은 의심할 여지가 없다. 그러나 진기하고 설명하기 힘든 예외적인 조류도 어느 정도 있다. 예를 들어 파라디세아 아포다(*Paradisea apoda*) 암컷과 파라디세아 파푸아나(*P. papuana*) 암컷은 수컷들보다 더 큰 차이를 보인다.[7] 파라디세아 파푸아나 암컷은 몸 아래쪽이 순백색이지만 파라디세아 아포다 암컷은 몸 아래쪽이 짙은 갈색을 띤다. 게다가 내가 뉴턴(A. Newton)에게 들은 바에 따르면 때까치의 한 속인 옥시노투스(*Oxynotus*)에 속하면서 모리셔스섬과 부르봉 지방을 각각 대표하는 두 종의 수컷은 거의 차이를 보이지 않지만 암컷은 큰 차이를 보인다고 한다.[8] 부르봉 종의 암컷은 어린 시절의 깃을 부분적으로 간직하고 있는 것 같다. 언뜻 보면 이 암컷은 모리셔스 종의 어린 새끼로 착각이 들 정도도. 이들 차이점은 투계의 여러 아품종이 보이는 불가해한 차이점과 비교할 수 있을 것 같다. 일부 아품종에서 이들이 보이는 차이점은 인간의 선택과는 상관없이 나타나는데, 암컷들은 서로 큰 차이를 보이지만 수컷들은 거의 구별

---

7) A.R. Wallace, *The Malay Archipelago,* vol. 2, 1869, 394쪽.
8) 폴렌(F. Pollen)은 *Ibis,* 1866, 275쪽에 칼라 그림을 곁들여 이들 종에 대해 설명했다.

되지 않는다.[9]

　유사한 여러 종의 수컷들이 보이는 차이점을 나는 성선택에 비중을 크게 두어 설명했다. 그렇다면 보통의 모든 사례에 나타나는 암컷들의 차이점은 어떻게 설명할 수 있을까? 여기서 서로 다른 속의 종을 고려할 필요는 없다. 왜냐하면 서로 다른 속의 종이라면 서식 환경의 차이에 따른 적응과 그외의 여러 요소가 작용할 수 있기 때문이다. 같은 속에 포함되는 여러 종의 암컷들이 보이는 차이를 알아보려고 나는 여러 큰 집단을 조사했다. 그 결과 나는 성선택을 통해 수컷이 획득한 형질이 어느 정도 암컷에게 전달되는 것이 가장 주된 요소라는 생각을 하게 되었다. 영국산 여러 방울새는 성에 따라 아주 작은 차이를 보이기도 하고 상당히 큰 차이를 보이기도 한다. 만약 방울새, 푸른머리되새, 오색방울새, 황소방울새, 솔잣새, 참새 등의 암컷들을 비교해본다면 그들이 각각의 수컷을 부분적으로 닮았기 때문에 서로 차이를 보인다는 사실을 알게 될 것이다. 그리고 수컷의 색깔은 틀림없이 성선택 때문일 것이다. 암컷과 수컷이 큰 차이를 보이는 가금류가 많이 있다. 공작, 꿩, 닭이 그 예가 될 수 있다. 그러나 수컷의 형질이 암컷에게 부분적으로 전달되거나, 심지어는 모든 형질이 완전하게 전달된 경우도 있다. 폴리플렉트론(*Polyplectron*)에 포함되는 여러 종의 암컷에게는 수컷이 보이는 화려한 눈알무늬의 희미한 흔적이 있다. 이런 흔적은 주로 꼬리에서 잘 나타난다. 암컷 자고는 가슴에 새겨진 붉은 반점이 수컷보다 작다는 것을 제외하면 수컷과 거의 동일하다. 야생의 암컷 칠면조는 색깔이 약간 칙칙하다는 것만이 수컷과의 유일한 차이점이다. 뿔닭의 암수는 서로 구별되지 않는다. 뿔닭의 수컷이 성선택을 통해 깃에 특이하게 나타나는 반점을 획득

---

9) *The Variation of Animals and Plants under Domestication*, vol. 1, 251쪽

하고 나중에 이것을 암수 모두에게 전달하는 것이 불가능한 것은 아니다. 왜냐하면 이런 반점 깃은 호로호로새 수컷에게만 특징적으로 나타나는 훨씬 더 아름다운 반점 깃과 근본적으로 다르지 않기 때문이다.

수컷이 암컷에게로 형질을 전달하는 과정이 아주 먼 옛날에 일어난 후, 수컷은 다시 큰 변화를 겪었고 이번에는 새로 획득한 형질을 암컷에게 전달하지 않는 경우도 있을 수 있다는 사실을 명심해야 한다. 예를 들어 멧닭의 암컷과 어린 새끼는 홍뇌조의 암수와 어린 새끼를 닮았다. 따라서 우리는 멧닭 조상 종의 암컷과 수컷이 홍뇌조와 거의 같은 색깔을 띤다고 추측할 수 있다. 홍뇌조의 암수에게 나타나는 줄무늬는 번식기에 특히 뚜렷해진다. 또 수컷은 붉은색과 갈색을 강하게 띠어 암컷과 약간의 차이를 보인다.[10] 따라서 우리는 이들의 깃이 최소한 어느 정도까지는 성선택의 영향을 받았다고 결론을 내릴 수 있을 것 같다. 만약 그렇다면 이들과 비슷한 양상을 보이는 암컷 멧닭의 깃도 과거 언젠가 비슷하게 생성되었다는 추측이 가능할 것 같다. 그러나 이 기간이 지난 후에 수컷 멧닭은 아름다운 검은색 깃과 갈라지고 외부로 곱슬거리는 꼬리의 깃털을 획득하게 되었다. 그렇지만 이번에는 이런 형질이 암컷에게 거의 전달된 것 같지 않다. 예외적으로 암컷의 꼬리에 곱슬거리는 갈퀴 모양의 흔적이 나타나기도 한다.

그러므로 가까운 종인데도 암컷들의 깃이 전혀 다를 경우, 수컷이 과거나 최근에 성선택으로 획득한 형질이 암컷에게 전해져 이러한 차이를 초래한 것이라고 결론지을 수 있을 것이다. 그러나 화려한 색이 암컷에게 전달되는 경우가 연한 색이 전달되는 경우보다 훨씬 드물

---

10) W. Macgillivray, *History of British Birds*, vol. 1, 172~174쪽.

다는 점은 각별히 주의를 기울일 만한 가치가 있다. 예를 들어 치아네쿨라 수에치카(*Cyanecula suecica*)* 수컷의 가슴은 짙은 푸른색이고 목부위에 삼각형 모양의 붉은색 표지가 나타난다. 현재 거의 비슷한 모양의 표지가 암컷에게 전달되었지만 암컷이 갖고 있는 표지의 중심부위는 붉은색이라기보다는 황갈색이다. 그리고 그 주위를 푸른색 깃털이 아닌 얼룩무늬 깃털이 둘러싸고 있다. 가금류에서도 유사한 사례가 많이 나타난다. 왜냐하면 수컷의 깃 색깔이 암컷에게 대부분 전달된 조류인 자고, 메추라기, 뿔닭 등에서 어떤 종도 화려한 색깔을 띠는 경우는 없기 때문이다. 꿩이 좋은 예다. 일반적으로 수컷 꿩은 암컷 꿩보다 훨씬 더 화려하다. 그러나 푸른귀꿩(*Crossoptilon auritum*)과 파시아누스 왈리치이(*Phasianus wallichii*)*는 암컷과 수컷이 서로 닮았으며 칙칙한 색깔을 띤다. 다음과 같은 사실도 믿어볼 만하다. 즉 이 두 종류의 수컷 꿩이 갖고 있는 깃의 어떤 부위가 화려한 색깔을 띠고 있었다면 그것은 아마 암컷에게 전달되지 않았을 가능성도 있다. 이런 사실은 월리스의 견해를 강하게 지지한다. 즉 알을 품는 시기에 훨씬 더 큰 위험에 노출되는 조류는 수컷의 화려한 색깔이 암컷에게 전달되는 과정이 자연선택을 통해 저지되었다는 것이다. 그러나 아직 제시하지는 않았지만 또 다른 설명이 가능하다는 사실을 잊어서는 안 된다. 즉 변화되고 화려해진 수컷은 어리고 경험이 없을 때 많은 위험에 노출되면서 대개 죽었을 것이라는 사실이다. 그에 반해 나이가 들고 경험이 많은 수컷이 화려한 색깔을 띠게 된다면 생존할 수도 있었을 것이고, 다른 수컷과 경쟁하는 관계에서도 우위를 차지할 수 있었다는 사실을 알아야 한다. 늦은 나이에 일어나는 변이는 같은 성에만 전달되는 경향이 있다. 따라서 이 경우에도 매우 화려한 색깔은 암컷에게 전달되지 않았을 것이다. 그에 반해 푸른귀꿩과 파시아누스 왈리치이가 갖고 있는 장식은 눈에 잘 띄지 않는 것이기 때문에 위험을 초래하지 않았을 것이다. 만약 이런 장식이 어린 시절에 출현했다면 일반적으로 암수 모두에게 전달되었을 것이다.

수컷의 형질이 암컷에게 부분적으로 전달되는 효과에 덧붙여 유연관계가 있는 여러 종의 암컷들이 보이는 일부 차이점은 생활 환경의 직접적이고 명확한 작용 때문일 수도 있다.[11] 수컷의 경우 환경에 따른 어떤 작용도 성선택을 통해 획득한 화려한 색깔 때문에 가려졌을 것이다. 그러나 암컷은 그렇지 않다. 물론 가금류에서 관찰되는 깃의 끝없는 다양성이 잘 알려진 몇몇 원인 때문에 일어난 결과임은 틀림없는 사실이다. 자연 환경에서든 이보다 더 균일한 환경에서든 어떤 색깔이 전혀 해를 끼치지 않는다면 조만간 널리 퍼질 것은 거의 확실하다. 한 종의 많은 개체가 자유스럽게 짝짓기를 함으로써 변화된 색깔은 무엇이든지 궁극적으로 집단 전체에 걸쳐 일정하게 출현하는 형질이 될 것이다.

조류 중 암수 모두 보호를 목적으로 적응된 색깔을 띠는 종류가 많다는 사실을 의심하는 사람은 없을 것이다. 그리고 일부 종은 암컷만이 이 목적을 위해 변형되는 것도 가능하다. 지난 장에서도 살펴보았듯이 선택을 통해 형질 전달의 유형을 변화시키기는 어려울 것이다. 아니 아마 불가능할 것이다. 그렇지만 처음부터 암컷에게만 전달된 변이를 축적함으로써 암컷의 색깔을 수컷의 색깔과 관계없이 주변 환경에 적응시키는 것은 전혀 어렵지 않을 것이다. 만약 변이가 그렇게 한쪽 성에만 국한되어 있지 않다면 수컷의 화려한 색깔은 손상되거나 사라져버렸을 것이다. 많은 종에서 암컷만이 그렇게 특별하게 변형되었는지 현재로서는 매우 의심스럽다. 나는 전적으로 월리스의

---

11) 이 주제에 대해서는 *The Variation of Animals and Plants under Domestication*, 제23장을 참조하시오.

견해에 따르려고 한다. 그렇게 해야 일부 어려운 점이 사라지기 때문이다. 암컷이 자신을 지키는 데 아무런 도움도 주지 못하는 변이는 어떤 것이든 즉시 사라지게 될 것이다. 단지 선택되지 않았다는 이유 때문에 사라지는 것은 아니다. 또 자유 교배를 통해서나 수컷에게 전달되어 어떻게 해서든 수컷에게 해를 끼치기 때문에 사라지는 것도 아니다. 그렇기 때문에 암컷 깃의 특징은 일정하게 유지되었을 것이다. 많은 조류의 암수가 띠고 있는 칙칙한 색깔이 보호를 목적으로 획득되고 보존되었다는 사실을 받아들일 수 있다면 위의 견해는 더욱 설득력을 얻게 될 것이다. 성선택이 작용했다는 충분한 증거는 없지만 악첸토르 모둘라리스(Accentor modularis)*와 트로글로디테스 불가리스(Troglodytes vulgaris)* 등이 이에 해당한다. 그렇지만 우리에게 칙칙하게 보인다고 해서 그 색깔이 특정한 종의 암컷에게 매력적으로 작용하지 못할 것이라고 결론을 내리는 것에는 신중해야 한다. 일반 집참새에서 보여지는 것과 같은 사례를 잊어서는 안 된다. 집참새의 수컷은 암컷과 많은 점에서 차이를 보이지만 결코 화려한 색깔을 띠지는 않는다. 개활지에서 살아가는 가금류가 최소한 부분적으로라도 보호를 목적으로 현재의 색깔을 획득하게 되었다는 사실에 대해 논쟁을 벌일 사람은 없을 것이다. 우리는 그들이 그런 색깔을 이용하여 자신을 얼마나 훌륭하게 은폐시키는지 잘 알고 있다. 뇌조는 보호용 겨울 깃에서 역시 보호용 여름 깃으로 털갈이를 하는 과정에서 포식조류에게 큰 피해를 입는다는 사실이 알려져 있다. 그러나 멧닭 암컷과 홍뇌조 암컷의 색깔과 표지에 나타나는 아주 미세한 차이가 보호 작용을 한다고 생각할 수 있는가? 자고가 현재의 색깔을 띠게 됨으로써 메추라기의 색깔을 닮는 것보다 더 보호되고 있다고 할 수 있는가? 일반 꿩, 일본꿩, 금계의 암컷들이 보이는 미세한 차이가 이들을 보호하는 데 기여하고 있는가? 아니면 깃의 형질이 서로 자유스럽게 교환되지 않아서 이런 차이가 생긴 것인가? 동양에서 일부 가금류의 습성을 관찰한 월리스는 그런 미세한 차이가 유익하게 작용한다고 생각한다. 나는 그 부분에 대해서는 확신이 없다는 정도만 말해두겠다.

전에 나는 암컷 조류가 칙칙한 색깔을 띠는 이유가 보호 작용 때문이라고 강하게 주장하고 싶을 때가 있었다. 그 당시 나는 조류의 암컷과 수컷 그리고 어린 새끼들이 원래는 모두 화려한 색깔을 띠었지만 부화기의 암컷과 경험이 없는 어린 새끼에게 초래된 위험에서 벗어나려고 이들이 보호용으로 칙칙한 색깔을 띠게 되었다고 생각했다. 그러나 이 견해를 지지하는 증거는 없으며 가능해 보이지도 않는다. 사실 우리는 상상 속에서만 암컷과 어린 새끼들을 위험에 빠뜨렸고 그래서 나중에는 그들의 변화된 후손을 보호해야 할 필요가 생기게 된 것이다. 또한 우리는 선택의 점진적인 과정을 통해 암컷과 어린 새끼들에게 거의 동일한 색깔과 표지를 부여할 수밖에 없었다. 그리고 이런 형질이 해당하는 성과 연령에서만 일어난다고 말할 수밖에 없었다. 암컷과 어린 새끼들이 수컷처럼 화려한 색깔의 경향을 띠게 되었다고 가정해보자. 그렇다면 암컷이 칙칙한 색깔을 전혀 띠지 않는다는 사실은 다소 이상해 보인다. 물론 어린 새끼들이 암컷과 동일한 변화에 참여하지 않았다는 것을 전제로 하는 것이다. 내가 알기로 암컷이 칙칙한 색깔을 띠고 어린 새끼가 화려한 색깔을 띠는 경우는 단한 사례도 없다. 그러나 일부 딱따구리의 어린 새끼들이 보여주는 부분적인 예외가 있다. 이들의 몸통 위쪽 전체는 붉은 색깔을 띠는데 이것이 나중에는 암수 성체 모두에서 축소되어 단순한 붉은색 원으로만 그 흔적이 남거나 암컷 성체에서 완전히 사라지게 되었다.[12]

---

12) J.J. Audubon, *Ornithological Biography*, vol. 1, 193쪽; W. Macgillivray, *History of*

마지막으로 이 부류의 사례를 대표할 만한 가장 그럴듯한 견해는 다음과 같다. 즉 비교적 생의 늦은 시기의 수컷에게만 출현하는 화려함에 대한 여러 단계의 연속 변이나 장식 형질만이 보존되었다는 것이다. 그리고 이들 변이의 대부분은 생의 늦은 시기에 나타나기 때문에 처음부터 수컷 성체 후손에게서만 발현되도록 전달되었다는 것이다. 암컷이나 어린 새끼들이 보이는 어떤 변이도 수컷에게는 아무런 기여를 하지 못했을 것이고 이에 따라 선택되지도 못했을 것이다. 더군다나 이런 변이가 위험을 초래했다면 이는 곧 제거되었을 것이다. 이렇게 하여 암컷과 어린 새끼들은 변형되지 않고 그대로 남아 있었을 것이다. 아니면 수컷에게서 형질 전달을 통해 연속적인 변이의 일부를 받아들임으로써 부분적으로 변화되었을 것이다. 아마 이것이 더 일반적일 것이다. 암수 모두 아마 오랫동안 그들을 둘러싸고 있던 생활 환경의 직접적인 영향을 받았을 것이다. 그러나 암컷은 환경 외에는 다른 요인의 영향을 많이 받지 않기 때문에 환경의 효과를 가장 잘 나타내는 것은 암컷일 것이다. 이런 변화를 포함하는 모든 변화는 개체들이 자유롭게 교배함으로써 일정하게 유지되었을 것이다. 특히 땅바닥에서 사는 조류 같은 일부 사례에서 암컷과 어린 새끼들은 보호받기 위해 수컷과는 별도로 나름의 변형 과정을 겪었을 것이다. 그래서 칙칙한 색깔의 깃을 획득하게 된 것이다.

제2부류 암컷의 색깔이 수컷의 색깔보다 눈에 더 잘 띄고 어린 새끼들의 첫 번째 깃은 수컷의 깃을 닮는다 이 부류는 바로 앞에서 살펴본 부류와 정확하게 반대 상황을 연출한다. 왜냐하면 암컷이 수컷보다 화려한 색깔

British Birds, vol. 3, 85쪽. 전에 인도피쿠스 카를로타(*Indopicus carlotta*)에 대해 제시한 사례도 참조하시오.

이라 눈에 잘 띄기 때문이다. 또 어린 새끼들은 암컷 성체보다는 수 컷 성체를 닮는 것으로 알려져 있다. 그러나 이 부류의 암컷과 수컷 은 첫 번째 부류에 속하는 여러 조류와는 달리 큰 차이를 보이는 경 우가 거의 없으며 비교적 그 사례도 희귀한 편이다. 수컷의 색깔이 암컷의 색깔보다 화려하지 않으며, 수컷이 암컷을 대신해서 알을 품 는 임무를 담당하는 관계에 최초로 관심을 기울인 월리스는 이 점을 크게 강조한다.[13] 그는 둥지를 지키는 동안 보호를 목적으로 칙칙한 색깔을 획득했다는 것을 보여주는 증거로 이것을 강조했다. 그러나 내게는 월리스의 견해가 마음에 꼭 드는 것은 아니다. 이것보다는 다 른 견해가 더 그럴듯해 보인다. 사례들은 기이하고 흔치 않으므로 내 가 찾을 수 있는 모든 것을 간단하게 제시하겠다.

메추라기와 비슷한 종류인 세가락메추라기(*Turnix*)에 속하는 한 집단의 암컷은 항상 수컷보다 크다. 오스트레일리아에 서식하는 조 류 중에는 수컷보다 거의 두 배나 큰 종류도 있다. 물론 가금류에서 는 보기 드문 현상이다. 이들 대부분의 종의 경우 암컷의 색깔이 화 려하고 눈에 잘 띄는 색이다.[14] 그러나 암수가 비슷한 형질을 갖는 종 도 약간은 있다. 인도에 서식하는 세가락메추라기의 일종인 투르닉스 타이고오르(*Turnix taigoor*) 수컷은 목 부위에 검은색이 나타나지 않으 며 전반적으로 암컷보다 색깔이 옅고 뚜렷하지 못하다. 암컷의 색깔 은 화려하며 수컷보다 훨씬 더 호전적임이 틀림없다. 그래서 원주민 들은 수컷이 아닌 암컷을 키우며 투계처럼 싸움을 시킨다. 영국의 새

---

13) A.R. Wallace, *Westminster Review*, 1867. 7; *Journal of Travel*, T.A. Murray, ed., 1868, 83쪽.

14) 오스트레일리아에 서식하는 종에 대해서는 J. Gould, *Handbook of the Birds of Australia*, vol. 2, 178, 180, 186, 188쪽을 참조하시오. 대영 박물관에는 오스 트레일리아의 페디오노무스 토르쿠아투스(*Pedionomus torquatus*)* 표본이 전 시되어 있다. 이들도 비슷한 성적 차이를 보여준다.

사냥꾼들은 덫 주위에 수컷 새를 묶어두고 다른 수컷을 잡기 위한 미끼로 이용한다. 수컷의 경쟁심을 이용하는 것이다. 마찬가지로 인도에서는 세가락메추라기 암컷이 같은 목적으로 이용된다. 그렇게 묶어놓았을 때 암컷은 곧 크고 그르렁거리는 소리를 내기 시작한다. 이 소리는 아주 멀리서도 잘 들리며 이 소리를 들은 다른 암컷은 그 지점으로 바로 날아와서 묶인 새와 싸움을 시작한다. 이런 방법을 이용해서 단 하루 만에 12마리에서 20마리의 새를 잡을 수 있는데 모두 번식기를 맞은 암컷이었다. 원주민들의 주장에 따르면 암컷은 알을 낳은 후에 자기 무리가 있는 곳으로 떠나고 뒤에 남아 알을 품는 것은 수컷이라고 한다. 이러한 주장은 스윈호우가 중국에서 관찰한 내용으로 뒷받침되었는데[15] 그 진실성을 의심할 이유는 없다. 블리스는 암수 어린 새끼들이 모두 수컷 성체를 닮는다고 믿는다.

장식이 화려한 도요새(Rhynchaea)에 속하는 세 종의 암컷(〈그림-62〉 참조)은 덩치가 수컷보다 클 뿐만 아니라 색깔도 훨씬 더 화려하다.[16] 공기의 통로인 기관이 구조적인 차이를 보이는 거의 모든 조류의 경우, 암컷보다 수컷의 기관이 더 잘 발달되어 있고 복잡하다. 그러나 린카에아 아우스트랄리스(*Rhynchaea australis*)는 수컷의 기관이 간단하고 암컷의 기관은 폐로 연결되기 전에 이리저리 구부러지며 네 군데서 크게 말린 회선을 이룬다.[17] 그러므로 이 종의 암컷은 수컷 고유의 것임이 틀림없는 특성을 획득한 것이다. 블리스는 많은 표본을 조사해보고 린카에아 아우스트랄리스와 아주 유사하게 생긴 린카에아 벤갈렌시스(*R. bengalensis*)의 기관이 암수 모두에서 회선이

---

15) Jerdon, *Birds of India,* vol. 3, 596쪽; R. Swinhoe, *Ibis,* 1865, 542쪽; 1866, 131, 405쪽.
16) Jerdon, 앞의 책, 제3권, 677쪽.
17) J. Gould, 앞의 책, 제2권, 275쪽.

〈그림-62〉 린카에아 카펜시스(*Rhynchaea capensis*. 브렘의 그림).

없는 구조로 나타나 발가락이 짧은 것을 제외한다면 린카에아 아우스트랄리스와 거의 구별이 가지 않는다고 주장했다. 이것은 성적 차이가 암컷과 관련되어 있는 매우 희귀한 사례이지만 아주 가까운 종 사이에도 종종 이차성징이 크게 다를 수 있다는 것을 보여주는 뚜렷한 사례 중의 하나다. 린카에아 벤갈렌시스의 어린 암수는 그 첫 번째 깃이 성숙한 수컷의 깃과 비슷하다고 한다.[18] 또한 수컷이 부화의 임무를 떠맡는다고 생각할 만한 이유도 있다. 스윈호우는 여름이 끝나기 전에 암컷들이 세가락메추라기 암컷들과 마찬가지로 무리를 이루

---

18) *The Indian Field*, 1858. 9, 3쪽.

어 모여든다는 사실을 발견했다.[19]

팔라로푸스 풀리카리우스(*Phalaropus fulicarius*)*와 팔라로푸스 히페르보레우스(*P. hyperboreus*)의 암컷은 크고 수컷보다 화려한 여름 깃을 갖는다. 그러나 암수 간의 색깔에는 큰 차이가 없다. 스틴스트룹(*Steenstrup*)에 따르면 팔라로푸스 풀리카리우스는 수컷만이 알을 품는다고 한다. 번식기에 수컷이 보이는 가슴 깃털의 상태를 보면 이것을 알 수 있다고 한다. 에우드로미아스 모리넬루스(*Eudromias morinellus*)* 암컷은 수컷보다 크다. 그리고 몸의 아래쪽에 검붉은 색깔이 나타나고 가슴에는 흰색 초승달 모양이 새겨지며 눈 위의 줄무늬도 진하게 보인다. 수컷도 알을 부화시키는 데 최소한 어느 정도의 임무를 떠맡는다. 그러나 암컷 역시 새끼들을 보살핀다.[20] 나는 이 종의 경우 어린 새끼들이 다 자란 암컷보다 수컷을 더 닮았는지 확인할 수 없었다. 어린 새끼들은 두 번의 털갈이를 하기 때문에 비교하기가 다소 어려웠던 것이다.

이제 타조목에 대해 살펴보기로 하자. 일반적인 화식조(*Casuarius galeatus*)* 수컷은 곧잘 암컷으로 오인되곤 한다. 크기도 작고 머리에 돋은 부속물과 벗겨진 피부도 암컷보다 화려하지 못하다. 바틀릿(A.D. Bartlett)에게 들은 바에 따르면 런던 동물원에 있는 화식조의 경우 알을 품고 어린 새끼를 돌보는 쪽은 수컷이라고 한다.[21] 우드(T.W.

---

19) *Ibis*, 1866, 298쪽.

20) 이런 여러 사항에 대해서는 J. Gould, *Introduction to the Birds of Great Britain*을 참조하시오. 뉴턴은 자신과 다른 사람들의 관찰 내용을 종합하여 위에서 언급한 종의 수컷이 정도의 차이는 있지만 부화의 임무를 수행하고 있다고 오래전부터 확신했다. 그리고 어린 새끼가 위험에 빠질 경우 새끼를 구하려고 노력하는 쪽은 암컷이 아니라 수컷이라고 했다. 그가 알려준 바에 따르면 큰뒷부리도요(*Limosa lapponica*)와 섭금류의 일부도 이에 해당한다고 한다. 즉 암컷은 수컷보다 덩치가 크고 깃의 색깔도 눈에 잘 띈다.

21) 세람*의 원주민들은 암컷과 수컷이 교대로 알을 품는다고 주장한다(A.R.

Wood)는 번식기에 가장 호전적으로 변하고 턱볏이 크게 부풀고 화려한 색깔을 띠는 쪽은 암컷이라고 한다.[22] 게다가 에뮤의 한 종류인 드로뫼우스 이로라투스(*Dromoeus irroratus*)*는 암컷이 수컷보다 상당히 크며 미세한 관모를 갖고 있지만 깃을 가지고는 구별할 수가 없다. 그렇지만 화가 나거나 흥분했을 때 칠면조 수컷처럼 목과 가슴의 깃털을 곧추세우는 쪽은 암컷이다. 이것으로 보아 암컷이 수컷보다 더 강한 것 같다. 일반적으로 암컷이 더 용감하며 싸우기를 좋아한다. 암컷은 특히 밤에 깊이 울려퍼지는 소리를 낸다. 마치 작은 징이 울리는 것 같다. 수컷의 몸매는 날씬하며 훨씬 더 온순하다. 화가 났을 때 억누르는 듯한 목쉰 소리 이상으로 소리를 내는 법이 없다. 수컷은 알을 부화시키는 모든 임무를 수행할 뿐만 아니라 어미에게서 어린 새끼들을 지켜야만 한다. 왜냐하면 어미는 새끼들을 보자마자 난폭하게 동요를 일으키며 수컷이 만류하는데도 새끼들을 죽이기 위해 최고의 힘을 발휘할 것처럼 보이기 때문이다. 그후 여러 달 동안 부모를 함께 두는 것은 안전치 못하다. 반드시 격렬한 싸움이 일어나고 대개 암컷이 승리자가 되기 때문이다.[23] 이처럼 이들 에뮤는 부모의 본능과 부화 본능뿐만 아니라 암수의 일반적인 도덕성까지도 완전히 정반대인 사례에 해당한다. 암컷은 포악하고 싸우기 좋아하고 시끄러우며 수컷은 온화하고 선량하다. 아프리카 타조는 상황이 매우 다르다. 수컷은 암컷보다 다소 크고 멋진 대조를 이루는 색깔의 깃을 갖고 있다. 그런데도 알을 품는 모든 임무는 수컷이 떠맡는다.[24]

Wallace, *The Malay Archipelago,* vol. 2, 150쪽). 그러나 바틀릿은 암컷이 알을 낳으려고 둥지를 찾아들기 때문에 이런 주장이 나왔다고 생각한다.

22) *Student,* 1870. 4, 124쪽.

23) A.W. Bennett, *Land and Water,* 1868. 5, 233쪽에서 이 새를 가두어두었을 때 이들이 보이는 습성을 탁월하게 설명했다.

24) 스트루티오네스(Struthiones)*의 부화에 대해서는 *Proceedings of the Zoological*

내가 알고 있는 사례를 몇 가지 더 추가하겠다. 비록 부화 습성에 대해서는 알려져 있지 않지만 이들은 모두 암컷이 수컷보다 눈에 더 잘 띄는 색깔을 갖는 종류들이다. 포클랜드 제도에 서식하며 썩은 고기를 먹는 매의 한 종류인 밀바고 레우쿠루스(*Milvago leucurus*)를 정밀하게 분석해보고 나는 무척 놀란 적이 있다. 깃이 짙은 색깔을 띠면서 부리의 납막(cere)*과 다리가 오렌지 색깔을 띠는 모든 개체는 암컷이었고, 칙칙한 깃과 다리가 회색인 개체는 모두 수컷이거나 어린 새끼들이었기 때문이다. 오스트레일리아에 서식하는 나무발발이과의 한 종인 클리막테리스 에리트롭스(*Climacteris erythrops*)의 암컷은 목 부위에 아름다운 적갈색 표지가 방사상으로 새겨져 있다. 반면에 수컷에게는 아무런 표지도 나타나지 않는다. 마지막으로 오스트레일리아 쏙독새는 항상 암컷이 수컷보다 크고 화려한 색깔을 띤다. 그에 반해 수컷은 날개 끝에 돋은 깃털에 새겨진 두 개의 흰색 반점만이 암컷보다 선명하게 나타난다.[25]

Society, 1863. 6. 9일에 실린 스클라터의 글을 참조하시오. 레아 다위니이(*Rhea darwinii*)*도 마찬가지다. 머스터스(Musters) 선장은 *At Home with the Patagonians*, 1871, 128쪽에서 수컷이 암컷보다 더 크고 강하며 민첩하다고 말했다. 그러나 보통의 레아와 마찬가지로 알과 어린 새끼를 돌보는 모든 임무는 수컷 혼자서 떠맡는다고 한다.

25) 매에 대해서는 *Zoology of the Voyage of the Beagle: Birds*, 1841, 16쪽을 참조하시오. 나무발발이와 쏙독새(*Eurostopodus*)에 대해서는 J. Gould, *Handbook of the Birds of Australia*, vol. 1, 97, 602쪽을 참조하시오. 뉴질랜드 혹부리오리의 한 종류인 타도르나 바리에가타(*Tadorna variegata*)도 아주 비슷하다. 암컷의 머리는 순백색이고 등은 수컷보다 더 붉은색을 띤다. 수컷의 머리는 아주 짙은 청동색을 띠며 등에는 미세한 연필로 그린 듯한 쥐색 깃털이 돋아나 있다. 이 모든 것을 함께 생각해볼 때 수컷이 암컷보다 더 아름다워 보인다. 수컷은 암컷보다 더 크고 호전적이며 알을 품지도 않는다. 따라서 이 모든 것을 고려한다면 이 종은 제1부류에 포함되어야 한다. 그러나 스클라터는 *Proceedings of the Zoological Society*, 1866, 150쪽에서 어린 새끼가 약 3개월이 되었을 때 이들의 짙은 색 머리와 목이 암컷을 닮지 않고 수컷과 유사하다는 사실을 알고

이렇게 해서 우리는 암컷이 수컷보다 눈에 더 잘 띄고 어린 새끼의 미성숙한 깃이 제1부류와는 달리 암컷을 닮지 않고 수컷과 닮은 조류의 사례가 비록 여러 목에서 나타나기는 하지만 흔하지 않다는 것을 알았다. 또한 암수 간에 나타나는 차이는 제1부류에 비하면 비교도 안 될 정도로 작다. 따라서 이런 차이를 일으키는 원인은, 그것이 무엇이든 간에 제1부류의 수컷이 받았던 영향과 비교해볼 때, 더 약하고 단편적으로 제2부류의 암컷에게 영향을 미치는 것이다. 월리스는 알을 품는 시기에 보호를 목적으로 수컷이 눈에 잘 띄지 않는 색깔을 띠게 되었다고 믿는다. 그러나 앞에서 설명한 어떤 사례에서도 암수 간에 나타나는 차이가 이런 견해를 수용할 만큼 크지는 않은 것 같다. 암컷의 화려한 색깔이 몸의 아래쪽에 국한되는 경우가 있다. 수컷이 만약 그런 색깔을 띠게 되더라도 알을 품는 동안 위험에 노출되지는 않을 것이다. 수컷이 암컷보다 눈에 잘 띄지 않을 뿐만 아니라 작고 약하다는 사실도 명심해야 한다. 더구나 수컷은 알을 품는 모성 본능을 획득했을 뿐만 아니라 암컷보다 호전적이지도 않고 큰 소리를 내지도 않는다. 그리고 발성 기관이 암컷보다 단순한 사례도 하나 알려져 있다. 그러므로 본능, 습성, 체질, 색깔, 크기 그리고 일부 구조가 암컷과 수컷 사이에 거의 완전하게 뒤바뀐 것이다.

만약 우리가 제2부류의 수컷이 수컷 고유의 열정을 잃게 되어 더 이상 암컷을 열심히 찾지 않는다고 가정해보자. 또는 암컷이 수컷보다 훨씬 더 많아졌다고 가정해보자. 실제로 인도의 세가락메추라기의 한 종류는 암컷이 수컷보다 훨씬 더 흔하다고 한다.[26] 그렇게 된다면 암컷이 수컷에게 구애를 받는 것이 아니라 오히려 수컷에게 사

무척 놀랐다. 그런 이유로 수컷과 어린 새끼가 옛날 깃의 상태를 유지하고 암컷이 변형되었다고 여기는 제2부류에 이들을 포함시켜도 될 것 같다.
26) Jerdon, 앞의 책, 제3권, 598쪽.

랑을 구하는 일이 벌어질 것이다. 공작, 야생 칠면조, 일부 뇌조의 암 컷에게서 보았듯이 일부 조류에게 실제로 이런 일이 벌어지고 있다. 대부분의 조류 수컷이 갖고 있는 습성에 비추어 생각해보면, 세가락 메추라기와 에뮤 암컷이 보이는 극도의 호전성뿐만 아니라 큰 덩치 와 힘은 수컷을 차지하기 위해 암컷 경쟁자를 몰아내려는 데 기여할 것이 틀림없다. 이런 견해를 받아들인다면 모든 것이 분명해진다. 왜 냐하면 화려한 색깔과 장식, 그리고 훌륭한 목소리를 갖고서 가장 매 혹적으로 다가서는 암컷에게 수컷은 가장 큰 매력을 느끼고 자극받 을 것이기 때문이다. 그러면 성선택이 작용하게 되어 암컷의 매력이 계속해서 증가하게 될 것이다. 수컷과 어린 새끼는 전혀 변화하지 않 거나 아주 약간만 변화할 것이다.

제3부류 수컷과 암컷이 닮았고 어린 새끼들에게는 그들만의 독특한 일차 깃이 있다 이 부류는 어른이 된 암컷과 수컷은 서로 비슷하지만 어린 새 끼들과는 다르다. 많은 종류의 여러 조류에서 이런 상황이 관찰된다. 유럽울새의 수컷은 암컷과 거의 구별되지 않을 정도로 비슷하다. 그 러나 어린 새끼는 칙칙한 황록색 반점과 갈색 깃을 갖고 있어 성체와 는 크게 다르다. 화려한 진홍색 따오기의 암수는 서로 비슷하다. 그 러나 어린 새끼는 갈색을 띤다. 진홍색이 암수 모두에게 흔하게 나타 나는 것은 사실이지만 이 색깔은 성적 특징임이 틀림없다. 왜냐하면 이들을 감금시켜놓으면 암수 모두에게서 진홍색이 잘 발현되지 않기 때문이다. 화려한 색깔을 보이는 수컷을 감금시켜놓으면 화려한 색깔 을 잃는 현상도 종종 일어난다. 왜가리의 경우도 많은 종의 어린 새끼 가 성체와 큰 차이를 보인다. 그리고 성체의 여름 깃은 암수 모두에게 서 나타나기는 하지만 번식기에 나타나는 특징 중의 하나인 것이 분 명하다. 성숙한 백조는 순백색을 띠는 반면에 어린 백조는 쥐색을 띤

다. 이제 더 이상의 사례를 제시하는 것은 불필요할 것 같다. 어린 새끼와 성체 사이에서 이런 차이가 나타나는 이유는 암수 모두 새로운 깃을 획득한 반면 어린 새끼는 과거에 가졌던 깃의 상태를 그대로 간직하기 때문이다. 앞에서 살펴본 두 부류와 마찬가지다. 이제 막 언급한 진홍색 따오기와 여러 왜가리의 사례와 함께 제1부류의 종에서도 유사한 경우가 나타난다는 사실에서 다음과 같이 결론을 내릴 수 있을 것 같다. 즉 그런 색깔은 거의 성숙한 수컷이 성선택을 통해 획득하여 같은 연령의 개체에게 그 형질이 전달되기는 했지만 앞의 두 부류와는 달리 그 전달이 같은 성에게만 국한되어 일어나지는 않았다는 것이다. 결과적으로 암수는 성숙해지면 서로 비슷해지고 어린 새끼와는 차이를 보인다.

제4부류 암컷과 수컷이 유사하고 첫 번째 깃이 돋아난 어린 새끼들도 성체와 비슷하다 이 부류에 속하는 암수 어린 새끼와 성체는 화려한 색깔이든 칙칙한 색깔이든 서로 닮았다. 내 생각으로는 이런 특징을 보이는 종류는 제3부류보다는 흔한 것 같다. 영국에 서식하는 물총새, 딱따구리, 어치, 까치, 까마귀 그리고 칙칙한 색깔을 띠는 많은 소형 종, 예를 들면 휘파람새, 굴뚝새 등이 이에 해당한다. 그러나 어린 새끼와 성체의 깃이 유사하기는 하지만 완벽하게 동일하지는 않고, 비슷한 경우부터 서로 차이를 보이는 경우까지 점진적인 변화를 나타낸다. 예를 들어 일부 물총새의 어린 새끼는 성체보다 선명도가 떨어질 뿐만 아니라 몸의 아래쪽에 돋은 깃털 끝이 대부분 갈색을 띤다.[27] 틀림없이 옛날 깃의 흔적이다. 같은 집단에 속하는 일부 종의 어린 새끼들이 서로 닮은 경우도 흔하다. 심지어는 오스트레일리아 잉꼬(*Platycercus*)와

---

27) Jerdon, 앞의 책, 제1권, 222, 228쪽; J. Gould, 앞의 책, 제1권, 124, 130쪽.

같은 동일 속 내에서 일부 종의 어린 새끼들은 매우 닮았다. 그러나 부모는 서로 닮았는데 이들의 어린 새끼들이 부모와 상당히 다른 종들도 있다.[28] 일반 어치의 암수와 어린 새끼는 매우 유사하다. 그러나 캐나다어치(*Perisoreus canadensis*)는 어린 새끼가 부모와 너무 달라 과거 한때는 서로 다른 종으로 취급된 적도 있었다.[29]

더 나아가기 전에 언급해둘 것이 있다. 이 부류와 다음의 두 부류는 상황이 너무 복잡하고 결론도 의심스러운 점이 많아 이 주제에 특별히 관심을 갖지 않은 사람은 그대로 지나쳐버리는 것이 나을 것 같다.

이 부류에 속하는 많은 조류의 특징인 화려하고 눈에 잘 띄는 색깔은 그들에게 보호 장치로서는 전혀 기여하지 못할 것이다. 따라서 이런 색깔은 수컷이 성선택을 통해 획득한 후 암컷과 어린 새끼에게 전해주었을 것이다. 그렇지만 수컷이 매력적인 암컷을 선택했을 가능성도 있다. 그래서 그들의 특징이 어린 암수에게 전달되었다면 암컷이 매력적인 수컷을 선택하는 것과 동일한 결과가 생겼을 것이다. 그러나 암수가 거의 유사한 집단에서는 이런 우연성이 거의 일어나지 않았다는 증거가 있다. 연속적으로 일어나는 약간의 변이라도 암컷과 수컷에게 전달되지 못했다면 암컷이 수컷보다 약간이라도 더 아름다웠을 것이기 때문이다. 자연 상태에서는 정확히 반대 상황이 일어난다. 암컷과 수컷이 서로 유사한 대부분의 집단에서는 그래도 수컷이 암컷보다 아름다운 경우가 약간이나마 존재하기 때문이다. 게다가 암컷이 더 아름다운 수컷을 선택하고 이 수컷도 더욱 아름다운 암컷을 서로 선택했을 가능성도 있다. 그러나 이 같은 이중의 선택 과정

---

28) J. Gould, 위의 책, 제2권, 37, 46, 56쪽.
29) J.J. Audubon, 앞의 책, 제2권, 55쪽.

이 쉽게 일어날지는 의심스럽다. 왜냐하면 일반적으로 한쪽 성이 다른 쪽 성에 비해 더 큰 열정을 갖고 있기 때문이다. 그리고 쌍방의 선택이 한쪽 방향의 선택에 비해 더 효과적일지도 의심스럽다. 그러므로 이 부류의 집단에서 최소한 장식에 관해서는 동물계에 널리 퍼져 있는 일반 규칙에 따라 성선택은 수컷에게 작용했다고 보는 것이 가장 그럴듯할 것이다. 그리고 수컷은 그들이 점진적으로 획득한 색깔을 어린 암수에게 거의 동일하게 전해주었을 것이다.

더욱 의심스러운 점도 있다. 즉 연속적인 변이가 거의 성숙한 수컷에게서 처음으로 나타난 것인지 아주 어린 수컷에게 나타난 것인지는 확실하지 않다. 두 경우 모두 암컷을 차지하기 위해서 다른 수컷과 경쟁을 벌일 때, 수컷에게 성선택이 작용해야만 한다. 그리고 어느 경우나 그렇게 얻어진 형질은 모든 연령층의 암수에게 전달되었을 것이다. 그러나 수컷이 어른이 되어서 획득한 형질은 처음부터 다 자란 성체에게만 전달될 것이다. 그리고 어느 정도 세월이 흐른 후에야 어린 새끼에게 전달될 것이다. 해당 연령으로 형질이 전달된다는 유전 법칙이 들어맞지 않을 때, 조상이 형질을 획득한 나이보다 더 어린 시기의 자손에게 형질이 전달되는 사례가 종종 있기 때문이다.[30] 이들 부류에 틀림없이 해당하는 사례들이 자연 상태의 조류에서 발견되었다. 예를 들어 블리스는 라니우스 루푸스(*Lanius rufus*)*와 콜림부스 글라치알리스(*Colymbus glacialis*)의 표본들을 본 적이 있는데, 이들 표본은 이미 어렸을 때 상당히 이례적인 방식으로 그들 부모가 갖고 있었던 성체 고유의 깃을 갖고 있었다고 한다.[31] 게다가 혹고니 (*Cygnus olor*)의 어린 새끼는 18개월에서 2년이 지나야만 짙은 색 깃

---

30) *The Variation of Animals and Plants under Domestication*, vol. 2, 79쪽.
31) Charlesworth, *Annals and Magazine of Natural History*, vol. 1, 1837, 305~306쪽.

털을 벗어던지고 흰색 깃이 돋아난다고 한다. 그러나 포렐(F. Forel)은 한배에서 태어난 네 마리 중에서 세 마리가 흰색으로 태어나 잘 자라는 사례를 보고했다. 이 어린 새들은 부리와 다리의 색깔이 성체와 거의 유사한 것으로 보아 알비노가 아니었다.[32]

앞의 세 가지 방식을 도해하는 것은 가치 있는 일일 것이다. 앞의 방식으로 현 부류에 속하는 암수와 어린 새끼는 참새류(*Passer*)의 기이한 경우처럼 서로 닮게 될 수 있는 것이다.[33] 집참새(*P. domesticus*) 수컷은 암컷과 많이 다르고 어린 새끼와도 큰 차이를 보인다. 어린 새끼와 암컷은 서로 유사하다. 그리고 이들은 일부 친척 참새뿐만 아니라 팔레스타인참새(*P. brachydactylus*)의 암컷과 수컷 그리고 어린 새끼와도 매우 유사하다. 그러므로 우리는 집참새의 암컷과 어린 새끼가 참새 집단의 조상이 가졌던 깃의 모습을 우리에게 대략적으로 보여주고 있다고 생각할 수 있다. 참새(*P. montanus*)의 암수와 어린 새끼들은 집참새의 수컷과 매우 유사하다. 즉 그들 모두는 같은 방식으로 변형된 것이다. 그들의 초기 조상이 띠었던 전형적인 색깔과는 모두 달라졌다. 이것은 아마 참새 조상에 해당하는 한 마리의 수컷이 이루었을 것이다. 이 수컷은 거의 성숙했거나 아주 어렸을 때 변화를 일으키고 변형된 깃털을 암컷과 어린 새끼에게 물려주게 되었을 것이다. 또는 성체가 된 후 변화를 일으키고 변형된 깃털을 성체 암수에게 전달하고 해당 연령으로 형질이 전달된다는 유전 법칙이 잘못되어 예상보다도 더 어린 조류에게 전달되었을지도 모른다.

---

32) *Bulletin de la Soc. Vaudoise des Sc. Nat.*, vol. 10, 1869, 132쪽; 야렐(W. Yarrell) 이 치그누스 임무타빌리스(*Cygnus immutabilis*)라고 보고한 폴란드 고니의 어린 새끼는 항상 흰색이다. 그러나 스클라터가 내게 알려준 바에 따르면 이것은 혹고니의 변종에 불과하다.

33) 참새 집단에 관한 내용은 블리스에게 도움을 받았다. 팔레스타인 참새는 페트로니아(*Petronia*)라는 아속(亞屬)에 포함된다.

앞의 세 가지 방식 중 이 부류에 일반적으로 널리 퍼져 있는 방식
이 어느 것인지 결정하기는 불가능하다. 수컷이 어렸을 때 변형되어
그 변이를 암수 모든 후손에게 물려주었다는 것이 그중 가장 그럴듯
한 것 같다. 덧붙여도 될 만한 사례가 있다. 대개는 성공을 거두지 못
했지만 나는 여러 문헌을 조사함으로써 조류에서 변이가 일어난 기
간에 따라 형질이 한쪽 또는 양쪽 성으로 전달되는지를 알아보려고
했다. 생의 늦은 시기에 일어난 변이는 같은 성에게만 전달되고 생의
이른 시기에 일어난 변이는 암수 모두에게 전달된다는 두 가지 규칙
은 제1부류,[34] 제2부류, 제4부류에 해당하는 것이 틀림없다. 그러나
제3부류는 성립하지 않으며 제5부류[35]와 작은 부류인 제6부류에도
성립하지 않는 경우가 흔하다. 그러나 내 판단으로는 대부분의 종에
서 이 규칙은 성립한다. 또 우리는 조류 머리에 돋은 융기 구조에 관
한 마셜(W. Marshall)의 놀라운 일반론을 잊어서는 안 된다. 두 가지
규칙이 들어맞는지 안 들어맞는지에 관해서 우리는 제8장에서 제시
한 사례, 즉 변이의 기간이 전달의 유형을 결정짓는 중요한 요인 중
의 하나라는 사실을 이용하여 결론을 내릴 수 있을 것 같다.

조류의 경우 어떤 기준에 따라 변화 기간의 이름과 늦음을 판단해

---

34) 예를 들어 여름풍금조(*Tanagra oestiva*)와 프린질라 치아네아(*Fringilla cyanea*)*
수컷은 아름다운 깃털을 완성하는 데 3년이 걸리고 프린질라 치리스(*Fringilla
ciris*) 수컷은 4년이 걸린다. 이것에 대해서는 오듀본의 앞의 책, 제1권, 233,
280, 378쪽을 참조하시오. 흰줄박이오리의 경우는 3년이 걸린다. 위의 책, 제
3권, 614쪽을 참조하시오. 제너 위어에게 들은 바에 따르면 금계 수컷은 약
3개월이 지나면 암컷과 서로 차이를 보이기 시작하지만 다음해 9월이 되어
야 화려함이 절정에 이른다고 한다.
35) 예를 들어 이비스 탄탈루스(*Ibis tantalus*)*와 아메리카흰두루미(*Grus americanus*)
는 완전한 깃을 갖출 때까지 4년이 걸린다. 플라밍고도 4~5년이 걸린다. 아
르데아 루도비카나(*Ardea ludovicana*)*는 2년이 걸린다. 오듀본의 위의 책, 제
1권, 221쪽; 제3권, 133, 139, 211쪽을 참조하시오.

야 할지 결정하기가 어렵다. 수명에 대비한 나이에 따라 판단해야 하는지, 생식 능력에 따라 판단해야 하는지, 털갈이 횟수에 따라 판단해야 하는지 결정하기가 쉽지 않다. 조류의 털갈이는 같은 과 내에서도 뚜렷한 이유 없이 상당한 차이를 보이는 경우가 간혹 있다. 일부 조류는 아주 일찍 털갈이를 해서 일차 날개깃이 충분히 자라기 전에 신체의 거의 모든 깃털이 빠지기도 하는데 이것을 옛날부터 갖고 있었던 원시적인 상태라고 생각할 수는 없다. 털갈이 시기가 빨라지면서 성체의 깃 색깔이 최초로 발현되는 나이는 실제보다 이르게 보일 수도 있다. 일부 동물 애호가는 실제로 이런 일을 일으킬 수 있다. 그들은 어린 황소방울새의 가슴이나 어린 금계의 머리나 목에서 새로운 깃털이 생기게 한다. 수컷에서 이들 깃털은 곧 색깔이 있는 깃털로 대체되기 때문에 이것은 성별을 확인하는 단서로 이용된다.[36] 조류의 실제 수명에 대해서는 극히 일부 종류만 알려져 있다. 따라서 이것으로 기준을 세운다는 것은 거의 불가능하다. 또한 깃이 성숙되지 않은 상태에서도 생식력이 생기는 조류가 흔하다는 사실은 놀랍다.[37] 수컷의 장식용 색깔이나 깃이 생기는 과정에는 성선택이 중요

---

36) Charlesworth, 앞의 책, 제1권, 1837, 300쪽에 실린 블리스의 글을 참조하시오. 금계에 대해서는 바틀릿이 정보를 제공해주었다.

37) 오듀본의 『조류 일대기』에서 다음의 여러 사례를 찾았다. 아메리카딱새(*Muscicapa ruticilla,* 제1권, 203쪽). 이비스 탄탈루스는 완전히 성장할 때까지 4년이 걸리지만 2년 만에 번식하는 경우도 있다(제3권, 133쪽). 아메리카흰두루미도 4년이 지나야 완전히 성숙하지만 깃이 충분히 발달되기 전에 번식한다(제3권, 211쪽). 다 자란 아르데아 코에룰레아(*Ardea coerulea*)*는 푸른색을 띠며 어린 새끼는 백색을 띤다. 흰색, 얼룩무늬 그리고 성숙한 푸른 새들이 함께 번식하는 것을 관찰할 수 있다(제4권, 58쪽). 그러나 블리스가 내게 알려준 바에 따르면 일부 왜가리는 동종이형을 보이는 것이 틀림없다. 같은 연령이면서도 흰색과 푸른색을 띠는 개체들이 함께 발견되기 때문이다. 흰줄박이오리(*Anas histrionica, Linn.*)는 2년 만에 번식에 들어가는 개체들이 많기는 하지만 충분한 깃을 갖추는 데는 3년이 걸린다(제3권, 614쪽). 마찬가지로 흰머

한 몫을 담당했다고 나는 믿는다. 그리고 많은 종의 경우 이렇게 생겨난 색깔과 깃이 암컷에게도 동일하게 전달된 것이다. 그러나 조류가 미성숙 깃을 가진 상태에서 번식한다는 사실은 이런 나의 믿음에 반대되는 것이다. 만약 어리고 장식이 부족한 수컷이 아름답고 나이든 수컷과 마찬가지로 성공적으로 암컷을 차지하여 자신의 형질을 퍼뜨렸다면 이런 반대 상황은 가치가 있을 것이다. 그러나 이런 일이 일어났다고 믿을 만한 근거는 없다. 오듀본은 미성숙한 이비스 탄탈루스 수컷의 번식이 희귀한 사건이라고 말한다. 마찬가지로 스윈호우도 미성숙한 꾀꼬리 수컷의 번식이 흔치 않은 일이라고 했다.[38] 어떤 종이든 만약 미성숙 깃을 갖는 어린 개체가 다 자란 성체보다 배우자를 구하는 데 더 성공적이라면 미성숙 깃을 가장 오랫동안 보유한 개체가 보급됨에 따라 성체 깃은 곧 사라질 것이고 궁극적으로 종의 특징은 변화할 것이다.[39] 이에 반해 어린 개체들이 절대로 암컷을 차지하지 못한다면 힘을 지나치게 낭비하게 된 결과가 되어 초기 번식의 습성은 조만간 사라지게 될 것이다.

일부 조류는 충분히 성숙한 후에도 그들의 깃이 해를 거듭하면서

리수리(*Falco leucocephalus*)도 미성숙 상태에서 번식하는 것으로 알려져 있다(제3권, 210쪽). 블리스와 스윈호우는 꾀꼬리의 한 속인 오리올루스(*Oriolus*)의 일부 종도 깃이 완성되기 전에 번식한다고 한다(*Ibis*, 1863. 7, 68쪽).

38) 마지막 주를 참조하시오.

39) 전혀 별개의 강에 속하는 동물들도 습관적으로, 또는 간혹이라도 성체의 특징을 완전히 갖추기 전에 번식할 수 있다. 연어의 어린 수컷이 이에 해당한다. 양서류 중에서 유생의 구조를 갖고 있으면서 번식하는 종이 일부 알려져 있다. 프리츠 뮐러(Fritz Müller)는 단각류(amphipod crustacean) 여러 종의 수컷이 어린 시절에 이미 성적으로 성숙한다는 것을 밝혔다(*Facts and Arguments for Darwin*, 영역본, 1869, 79쪽). 나는 이것이 미성숙 번식의 사례에 해당하는 것으로 추정한다. 왜냐하면 그들의 파악기(clasper)는 아직 충분히 발달되지 않았기 때문이다. 이런 모든 사실은 종을 크게 변형시킬 수 있다는 면에서 매우 흥미롭다.

더욱 아름다워진다. 공작 꼬리가 그렇고, 일부 극락조, 아르데아 루도 비카나 같은 일부 왜가리의 볏과 깃도 이에 해당한다.[40] 그러나 연속적이고 유리한 변이를 선택함으로써 이런 깃털의 계속된 발달이 일어나는 것인지(극락조는 가장 가능성이 높을 수 있다) 아니면 계속된 성장의 단순한 결과인지는 확실하지 않다. 대부분의 어류는 건강 상태가 양호하고 먹이만 풍부하다면 계속해서 성장한다. 다소 비슷한 법칙을 조류의 깃에도 적용할 수 있을 것 같다.

제5부류 성체 암수의 겨울 깃과 여름 깃이 다를 때, 암컷과 수컷의 유사성과 관계없이 어린 새끼는 대부분 성체의 겨울 깃을 닮는다. 여름 깃을 닮는 경우도 있지만 훨씬 더 희귀하다. 어린 새끼들이 암컷만을 닮는 경우도 있다. 또는 어린 새끼가 중간 특징을 보이거나 계절에 따른 성체의 깃과는 전혀 다른 경우도 있다 이 부류의 사례는 꽤 복잡하다. 그러나 이 부류는 성과 연령 그리고 계절에 따라 어느 정도 제한적으로 일어나는 유전에 따라 결정되므로 예외적인 사례는 아니다. 일부 사례에서는 같은 종의 개체가 최소 다섯 번의 서로 다른 깃을 순차적으로 갖는 경우도 나타난다. 여름에만 암수가 서로 다른 깃을 갖는 종도 있다. 또 드물기는 하지만 여름과 겨울에 서로 다른 모습을 보이는 종의 경우, 어린 새끼는 대개 암컷을 닮는다.[41] 북아메리카의 소위 오색방울새가 이에 해당하며 오스트레

---

40) Jerdon, 앞의 책, 제3권, 507쪽에 공작의 사례가 실려 있다. 마셜은 극락조의 경우 나이가 들고 화려한 수컷일수록 어린 수컷보다 유리하다고 생각한다. *Archives Neerlandaises,* vol. 10, 1871을 참조하시오. 아르데아(*Ardea*) 왜가리에 대해서는 오듀본의 앞의 책, 제3권, 139쪽을 참조하시오.

41) 실례를 보기 위해서는 W. Macgillivray, *History of British Birds,* vol. 4에 실린 붉은가슴도요(229, 271쪽), 목도리도요(172쪽), 흰죽지꼬마물떼새(*Charadrius hiaticula,* 118쪽), 카라드리우스 플루비알리스(*Charadrius pluvialis,* 94쪽)를 참조하시오.

일리아의 화려한 말루리(*Maluri*)* 조류는 이에 해당하는 것이 확실하다.[42] 암수의 여름 깃과 겨울 깃이 비슷한 색깔을 띠는 종에는 다음과 같은 여러 가지 상황이 일어날 수 있다. 첫째, 어린 새끼는 성체의 겨울 깃을 닮는다. 둘째, 훨씬 드물기는 하지만 어린 새끼의 깃이 성체의 여름 깃을 닮는 경우도 있다. 셋째, 암수의 중간 특징을 갖는 경우가 있다. 그리고 넷째로 계절에 상관없이 성체와는 전혀 다른 경우도 있다. 인도에 서식하는 해오라기의 한 종류인 부푸스 코로만두스(*Buphus coromandus*)에서 첫 번째 사례를 찾을 수 있다. 이들은 겨울 동안 어린 새끼와 암수 성체 모두 흰색을 띤다. 그러나 여름이 되면 암수 성체는 누런 황갈색으로 변한다. 인도의 아시아열린부리황새(*Anastomus oscitans*)에서도 비슷한 사례가 나타나지만 색깔은 반대다. 즉 어린 새끼와 성체 암수는 겨울에 회색과 검은색이 섞인 깃을 갖고 있으며 여름이 되면 암수 성체는 흰색의 깃으로 새롭게 단장한다.[43] 두 번째 사례의 한 예에 해당하는 레이저빌(*Alca torda, Linn.*)의 어린 새끼들은 성체의 여름 깃을 닮는다. 북아메리카에 서식하는 흰정수리멧새(*Fringilla leucophrys*)의 어린 새끼는 깃털이 나자마자 머리에 우아한 흰색 줄무늬가 나타난다. 그러나 겨울이 되면 어린 새끼와 성체의 흰색 줄무늬는 모두 사라진다.[44] 세 번째 사례, 즉 어린 새끼가 성체의

---

42) 북아메리카의 오색방울새(*Fringilla tristis*, Linn.)에 대해서는 오듀본의 앞의 책, 제1권, 172쪽을 참조하시오. 말루리에 대해서는 굴드의 앞의 책, 제1권, 318쪽을 참조하시오.

43) 해오라기(*Buphus*)에 관한 정보는 블리스에게서 얻었다. 제르돈의 앞의 책, 제3권, 749쪽도 참조하시오. 아시아열린부리황새에 대해서는 Ibis, 1867, 173쪽에 실린 블리스의 글을 참조하시오.

44) 바다오리(*Alca*)에 대해서는 W. Macgillivray, *History of British Birds,* vol. 5, 347쪽을 참조하시오. 흰정수리멧새에 대해서는 오듀본의 앞의 책, 제2권, 89쪽을 참조하시오. 차후에 일부 왜가리와 해오라기의 어린 새끼들이 흰 깃을 갖는 사례에 대해 언급하게 될 것이다.

여름 깃과 겨울 깃의 중간 특징을 띠는 경우에 대해 야렐은 섭금류의 많은 종류가 이에 해당한다고 주장한다.[45] 마지막으로 어린 새끼가 성체의 여름 깃이나 겨울 깃과 크게 다른 경우는 북아메리카와 인도에 서식하는 일부 왜가리와 해오라기에서 그 사례를 찾아볼 수 있는데 이들은 어린 새끼만이 흰색을 띤다.

이들 복잡한 사례에 대해 몇 마디만 덧붙이겠다. 어린 새끼의 여름 깃이 암컷과 유사하거나 겨울 깃이 암수 성체와 유사할 때, 이들 사례는 제1부류와 제3부류에서 제시한 사례와 다음의 형질에서만 차이를 보인다. 즉 번식기에 수컷이 최초로 획득하고 번식기에만 발현되는 형질에서만 차이를 보이는 것이다. 성체의 여름 깃과 겨울 깃이 서로 다르고 어린 새끼는 암수 성체 어느 것과도 유사하지 않은 사례는 더욱 이해하기 어렵다. 어린 새끼가 조상형 깃을 보유하고 있다는 사실이 가능할 수 있다. 성선택을 이용하여 성체의 여름 깃, 즉 혼인 깃을 설명할 수도 있다. 그러나 그들의 독특한 겨울 깃에 대해서는 어떻게 설명할 것인가? 겨울 깃이 모든 경우에 방어 수단으로 작용한다는 사실을 인정한다면 그것은 간단하게 획득되었을 것이다. 그러나 그렇다고 인정하기에는 근거가 너무 희박한 것 같다. 겨울과 여름의 크게 다른 생활 환경이 깃에 직접적인 영향을 미쳤다고 제안할 수도 있다. 이것도 어느 정도 효력을 미칠 수는 있다. 그러나 생활 환경의 차이가 여름 깃과 겨울 깃이 보이는 커다란 차이를 일으켰다고 확신하지는 못하겠다. 다음과 같은 설명이 좀더 그럴듯할 것 같다. 즉 일부 형질이 전달되는 과정에서 옛 유형의 깃이 여름 깃에서 부분적으로 변형되었고, 겨울 동안 성체는 이것을 그대로 보유한다는 것이다. 마지막으로 제5부류의 모든 사례는 수컷 성체가 획득하고 전달하여

---

45) *History of British Birds,* vol. 1, 1839, 159쪽.

연령, 계절, 성에 맞춰 다양하게 나타나는 형질에 의존하는 것 같다. 그러나 이런 복잡한 관계를 추적하려는 시도가 그렇게 가치 있어 보이지는 않는다.

제6부류 어린 새끼의 첫 번째 깃이 성에 따라 차이를 보인다. 즉 어린 수컷은 어느 정도 수컷 성체와 유사하며 어린 암컷은 어느 정도 암컷 성체와 유사하다 이 부류가 비록 여러 집단에서 나타나는 것은 사실이지만 그렇게 흔한 것은 아니다. 그러나 어린 새끼가 처음에 같은 성의 성체와 어느 정도만 유사하다가 시간이 지날수록 점점 더 비슷하게 닮아간다는 것은 아주 자연스러운 것 같다. 검은머리휘파람새(*Sylvia atricapilla*) 수컷 성체의 머리는 검으며 암컷의 머리는 적갈색이다. 블리스에게 들은 바에 따르면 어린 새끼는 둥지 속에 기거하는 아주 어린 시절부터 이 형질로 구별된다고 한다. 지빠귀에서 상당히 많은 사례가 보고되었다. 예를 들어 투르두스 메룰라(*Turdus merula*)의 어린 수컷은 둥지에 있을 때부터 암컷과 구별될 수 있을 정도로 다르다고 한다. 흉내지빠귀 (*Turdus polyglottus, Linn.*) 암수는 거의 다르지 않다. 그러나 오히려 아주 어린 시절의 수컷은 순백색이어서 암컷과 쉽게 구별된다.[46] 숲지빠귀(*Orocetes erythrogastra*)와 바위지빠귀(*Petrocincla cyanea*) 수컷은 아름다운 푸른색 깃이 많이 돋아나 있다. 반면에 암컷의 깃은 갈색이다. 둥지 속에 있는 어린 새끼의 경우 두 종 모두 수컷의 날개와 꼬리깃 가장자리가 푸른색을 띠지만 암컷은 꼬리깃 가장자리가 갈색을 띤다.[47] 어린 지빠귀의 날개깃은 성체의 특징을 띠며 다른 종류보다 늦게 검은색을 띠게 된다. 그에 반해 이제 막 언급한 두 종은 다른 종류

---

46) J.J. Audubon, 앞의 책, 제1권, 113쪽.
47) C.A. Wright, *Ibis,* vol. 6, 1864, 65쪽; Jerdon, 앞의 책, 제1권, 515쪽. Charles-worth, 앞의 책, 제1권, 1837, 113쪽에 실린 블리스의 글도 참조하시오.

들보다 일찍 푸른색을 띠게 된다. 이 부류에 대한 가장 그럴듯한 견해
는 다음과 같다. 즉 제1부류에서 일어났던 방식과는 달리 수컷이 최
초로 색깔을 획득한 시기보다 더 이른 시기에 그들의 색깔이 수컷 후
손에게서 발현되었다는 것이다. 아주 어렸을 때 수컷이 변화한다면
그 형질은 아마 양쪽 성 모두에게 전달되었을 것이다.[48]

벌새의 일종인 아이투루스 폴리트무스(*Aithurus polytmus*)의 수컷
은 검은색과 초록색으로 화려하게 채색되어 있으며 꼬리깃 두 개가
아주 길게 신장되어 있다. 그러나 암컷은 보통 길이의 꼬리와 눈에
잘 띄지 않는 색깔을 갖고 있다. 그런데 어린 수컷은 암컷 성체를 닮
기보다는 보편 규칙에 따라 처음부터 수컷 고유의 색깔을 띤다. 그리
고 꼬리깃도 곧 길게 신장된다. 이 정보는 굴드가 제공한 것인데 그
는 다음과 같은 더욱 놀랍고 아직 출간되지 않은 사례를 내게 알려주
었다. 에우스테파누스(*Eustephanus*)에 포함되는 두 종류의 벌새는 아
름다운 색깔을 갖고 있으며 후안페르난데스 제도의 작은 섬에 서식
하는데 항상 별개의 종으로 구별된다. 그러나 최근에 밝혀진 바에 따
르면 금색이 도는 붉은색 머리에 짙은 밤색을 띠는 개체가 수컷이고,
금속성의 초록색 머리에 초록색과 흰색의 우아한 얼룩무늬가 나타
나는 것이 암컷이라고 한다. 어린 새끼는 같은 성의 성체와 처음부터
어느 정도 유사하며 시간이 지날수록 이들의 모습은 같은 성의 성체
를 점점 더 완벽하게 닮아간다.

---

[48] 다음의 사례들도 추가할 만하다. 여름풍금조(*Tanagra rubra*)의 어린 수컷은
어린 암컷과 구별된다(J.J. Audubon, 위의 책, 제4권, 392쪽). 인도의 푸른
동고비(*Dendrophila frontalis*)의 어린 새끼도 마찬가지다(Jerdon, 위의 책, 제
1권, 389쪽). 삭시콜라 루비콜라(*Saxicola rubicola*)*의 암수도 아주 어린 시
절에 구별할 수 있다고 블리스가 내게 알려주었다. 샐빈(O. Salvin)은 에우
스테파누스(*Eustephanus*)에 속하는 한 종의 벌새에 대한 사례를 제시했다
(*Proceedings of the Zoological Society*, 1870, 206쪽).

이 마지막 사례를 고려해볼 때, 만약 우리가 전처럼 어린 새끼의 깃을 우리의 지침으로 삼는다면, 암컷과 수컷은 자기들이 보이는 아름다운 색깔을 독자적으로 획득한 것으로 보이며 각자의 형질을 상대에게 전달한 것 같지는 않아 보인다. 수컷은 제1부류의 공작이나 꿩과 동일한 방식으로 성선택을 통해 그들의 화려한 색깔을 획득한 것이 틀림없다. 그리고 암컷은 제2부류의 도요새나 세가락메추라기와 같은 방식으로 화려한 색깔을 획득했을 것이다. 그러나 이것이 동일한 종의 암수 모두에게 어떻게 동시에 발현되었는지를 이해한다는 것은 매우 어렵다. 샐빈(O. Salvin)은 우리가 제8장에서 보았듯이 일부 벌새의 수컷이 암컷보다 그 수가 훨씬 더 많지만, 같은 지역에 서식하는 다른 종은 암컷의 수가 수컷보다 훨씬 더 많은 경우도 있다고 말했다. 만약 과거에 긴 시간에 걸쳐 후안페르난데스 제도의 서식하던 종의 수컷이 암컷보다 훨씬 더 숫자가 많았고 다른 시기에는 역시 상당히 긴 시간 동안 암컷이 수컷보다 훨씬 더 숫자가 많았다고 가정해보자. 그렇다면 어느 시기에는 수컷이 성선택을 통해 화려한 색깔을 획득하게 되었고, 또 다른 어떤 시기에는 암컷이 역시 성선택을 통해 화려한 색깔을 갖게 되었으며 각각은 그들의 특징을 더 이른 시기의 어린 새끼에게 물려주게 되었다는 것을 이해할 수도 있다. 이것이 옳다고 말하지는 않겠다. 다만 아무런 언급도 없이 그냥 지나쳐버리기에는 너무도 이상한 사례다.

　이제 우리는 여섯 개의 부류를 다 살펴보았다. 어린 새끼와 성체의 깃 사이에는 한쪽 성이든 암수 모두이든 밀접한 관련성이 있었다. 이들 관련성은 한쪽 성이 —대부분은 수컷이다— 먼저 변이와 성선택을 통해 화려한 색깔이나 장식을 획득했으며 그렇게 획득한 형질을 잘 알려진 유전 법칙에 따라 여러 가지 방식으로 전달했다는 원리로 잘 설명할 수 있다. 같은 집단에 속하는 여러 종에 일어나는 변이가 왜 생의 서로 다른 시기에 일어나는지 우리는 그 이유를 알지 못한다. 그러나 발현되는 형질의 특징을 결정하는 중요하고 결정적인 원인 중의 하나는 변이가 최초로 나타난 연령인 것 같다.

형질이 해당 연령에서 발현된다는 원리를 생각해볼 때 어린 새끼의 깃이 전혀 변하지 않거나 거의 변하지 않은 상태로 남아 있는 것은 흔한 일이다. 또 번식기나 번식기 전후에 일어난 색깔 변이가 보존되는 반면에 어린 시기의 수컷에게 일어나서 선택되지 않은—위험하기 때문에 종종 제거되는 것과는 반대로—모든 색깔의 변이를 생각해보아도 마찬가지 사실을 알 수 있다. 그런 식으로 우리는 현존하는 종의 조상이 갖고 있었던 색깔에 대해 어느 정도의 지식을 얻게 되었다. 여섯 개 부류 중에서 다섯 개 부류에 속하는 엄청나게 많은 종에서 한쪽 성이나 양쪽 성의 성체가 최소한 번식기에는 화려한 색깔을 띠었다. 반면에 어린 새끼는 성체보다 덜 화려하거나 완전히 칙칙한 색깔을 띠었다. 나도 찾을 때까지는 찾아보았지만 성체가 칙칙한 색깔을 띠면서 어린 새끼만이 화려한 색깔을 띠는 사례는 단 한 건도 발견하지 못했다. 또 부모가 화려한 색깔을 띤다고 하더라도 어린 새끼가 부모보다 더 화려한 색깔을 띠는 사례도 역시 발견할 수 없었다. 그러나 어린 새끼와 성체가 유사하게 나타나는 제4부류는 비록 전부는 아니지만 어린 새끼가 화려한 색깔을 띠는 종이 많았다. 성체도 유사한 색깔을 띠는 것으로 보아 그들의 먼 조상도 이들과 마찬가지로 화려한 색깔을 띠었다고 추정할 수 있을 것이다. 이것을 제외하고 만약 우리가 전 세계의 조류를 살펴본다면 그들은 그 시기부터 계속해서 더욱 아름다워진 것으로 보인다. 그들의 미성숙한 깃이 우리에게 부분적인 기록을 제공한다.

보호와 관련된 깃의 색깔에 대해   월리스는 암컷에게만 나타나는 칙칙한 색깔이 대부분 보호 목적으로 획득된 것이라고 믿는다. 그러나 여러분은 내가 월리스와 생각이 다르다는 것을 눈치 챘을 것이다. 그렇지만 전에도 말했듯이 적의 눈에 띄지 않기 위해 암수 모두 색깔을 변화시킨 종이 많다는 것은 의심할 여지가 없다. 또 발각되지 않고 먹이에게 접근하기 위해 칙칙한 색깔을 갖는 경우가 있다는 것도 사실이다. 올빼미는 깃이 부드러워짐으로써 비행하는 소리를 들키지 않을 수 있다. 월리스는 "잎이 떨어지지 않고 유지되는 숲 중에서 모든 조류의 주된 색깔이 초록색인 경우는 열대 지방밖에 없다"[49]라고 말했다. 잎으로 덮인 나무에서 앵무새를 구별하려고 해본 사람이라면 그것이 얼마나 어려운지 인정할 것이다. 그렇지만 우리는 많은 앵무새가 진홍색, 푸른색, 오렌지색처럼 거의 보호되지 않는 색깔로 장식되어 있다는 사실을 기억해야만 한다. 딱따구리는 나무에서 살아가는 것이 틀림없다. 그러나 딱따구리는 녹색을 띠는 종 외에도 검은색을 띠거나 검은색과 흰색이 섞인 종류도 많이 있다. 이들 역시 거의 동일한 위험에 노출되어 있을 것이 틀림없다. 그러므로 나무에서 살아가는 조류의 경우에 눈에 잘 띄는 색깔은 성선택을 통해 획득했을 것이다. 그러나 녹색은 보호의 이점이 있기 때문에 다른 색깔에 비해 더 자주 획득했을 것이다.

땅바닥을 생활 무대로 살아가는 조류는 주위의 표면을 닮는 방향으로 색깔을 띤다는 사실을 누구라도 인정할 것이다. 자고, 도요새, 멧도요, 일부 물떼새, 종달새, 쏙독새가 바닥에 몸을 구부리고 있을 때 그것을 발견하기란 매우 어렵다. 사막에서 살아가는 동물은 가장 두드러진 사례다. 왜냐하면 황량한 들판은 몸을 숨기는 데 아무런 도

---

49) A.R. Wallace, *Westminster Review*, 1867. 7, 5쪽.

움도 되지 못하며, 거의 모든 소형 네발 동물, 파충류 그리고 조류는 단지 그들의 색깔로만 안전이 보장되기 때문이다. 트리스트람(H.B. Tristram)은 사하라 사막의 동물들에 대해 보고했는데 모든 동물이 회황색, 즉 모래 색깔을 띰으로써 보호받고 있다고 했다.[50] 대영제국에 서식하는 대부분의 바닥 조류와 남아메리카의 사막에 서식하는 조류에 대해 내가 모은 표본을 생각해보면 대부분의 암수가 거의 같은 색깔을 갖고 있는 것 같다. 따라서 나는 트리스트람에게 사하라 사막의 조류에 대해 문의했는데, 그는 친절하게도 다음과 같은 정보를 내게 주었다. 그곳에는 깃의 색깔이 보호 작용을 하는 것이 분명한 종류가 모두 15속 26종이 살고 있다고 한다. 그리고 이들 대부분의 새는 그들의 친척들과 비교하여 색깔이 다르다는 것이 더욱 놀랍다. 26종 중에서 13종의 암수는 같은 방식으로 채색되어 있다. 그러나 이들이 포함되는 여러 속은 모두 이 규칙이 통상 적용되는 종류다. 따라서 이들은 사막 조류의 암수가 같은 보호색을 띤다는 사실에 대해 아무것도 알려주는 바가 없다. 다른 13종의 조류에서 3종은 암수가 일반적으로 서로 다른 특징을 보이는 속에 포함되지만 이들 3종의 경우는 암수가 서로 비슷하다. 나머지 10종은 암컷과 수컷이 서로 다르다. 그러나 암수 간에 나타나는 차이는 주로 깃의 아래쪽에서 나타난다. 이 부위는 새가 바닥에 구부리고 앉을 때 가려지는 부위다. 머리와 등은 암수 모두 모래 색깔과 비슷하다. 따라서 이들 10종에서 암수의 위쪽 면은 보호용으로 자연선택을 통해 서로 동일한 영향을 받아 유사한 색깔을 띠게 된 것이다. 그러나 수컷의 몸 아래쪽은 장식용으로 성선택을 통해 다양하게 변화된 것이다. 이들은 암수 모두 잘 보호되

---

50) *Ibis*, vol. 1, 1859, 429쪽 이하를 참조하시오. 그렇지만 롤프스(Rohlfs)가 내게 보낸 편지에서 자기의 경험에 비추어볼 때 이것은 너무 과장됐다고 했다.

는 종이므로 암컷이 수컷 조상의 색깔을 물려받는 것이 자연선택으로 저지되지 않았다는 사실은 틀림없다. 따라서 우리는 한쪽 성에만 일어나는 유전의 법칙을 살펴보아야만 한다.

부리가 연약하면서 특히 갈대나 사초에 종종 모여드는 전 세계의 많은 조류는 암컷과 수컷 모두 칙칙한 색깔을 띤다. 만약 그들의 색깔이 화려하다면 적의 눈에 잘 발견되리라는 것은 분명하다. 그러나 그들의 칙칙한 색깔이 특별히 보호용으로 획득되었는지 나는 확신이 서질 않는다. 그런 칙칙한 색깔이 장식으로 획득되었는지는 더욱 의심스럽다. 그러나 아무리 칙칙한 색깔을 띠는 수컷이라도 참새처럼 암컷과는 큰 차이를 보이는 경우가 흔하다는 사실을 명심해야 한다. 따라서 우리는 그러한 색깔이 이성에게 매력적으로 보이기 위해 성선택을 통해 획득되었다고 생각한다. 부리가 연약한 종 중에는 노래를 잘 부르는 종이 많다. 앞 장에서 논의했던 내용을 잊어서는 안 된다. 앞 장에서 우리는 노래를 잘 부르는 새일수록 화려한 색깔을 띠는 경우가 거의 없다는 것을 살펴보았다. 일반적으로 암컷 조류는 배우자를 선택할 때 부드러운 목소리나 화려한 색깔을 기준으로 삼지만 두 가지 매력이 함께 나타나는 경우는 없는 것 같다. 꼬마도요, 멧도요, 쏙독새같이 주로 보호용 색깔을 갖는 일부 종은 우리 취향의 기준으로 보아도 지극히 우아한 무늬와 색깔을 갖고 있다. 그런 경우 자연선택과 성선택이 방어와 장식을 위해 공동으로 작용했다고 결론을 내릴 수 있을 것 같다. 이성을 매혹시키는 특별한 매력을 전혀 갖지 못한 조류는 없을 것 같다. 성선택이 작용했다고 생각하는 것이 의심스러울 정도로 암수 모두 칙칙한 색깔을 띠고 있으며 그런 색깔이 보호 작용을 한다는 것을 보여줄 만한 결정적인 증거도 없을 때, 그 이유를 전혀 모른다고 인정하는 것이 우리가 취할 수 있는 최선의 방법일 것이다. 또는 생활 환경의 직접적인 작용에 따른 결과라고 생각하는 것이 안전할 것이다.

암수 모두 화려하지는 않더라도 검은색, 흰색, 얼룩무늬가 있어 눈에 잘 띄는 색깔을 갖는 조류가 많다. 이런 색깔은 아마 성선택의 결과일 것이다. 지빠귀, 큰들꿩, 수멧닭, 검둥오리(Oidemia)와 극락조의 일종인 로포리나 아트라(*Lophorina atra*)조차도 수컷만이 검은색을 띠며 암컷은 갈색을 띠거나 얼룩무늬를 갖는다. 이 경우 검은색이 성적으로 선택된 형질이라는 사실은 거의 의심할 여지가 없다. 그러므로 까마귀, 일부 앵무새, 황새, 고니 그리고 많은 바닷새같이 암수 모두 완전히 검은색을 띠든지 부분적으로 검은색을 띠는 것은 성선택과 그것으로 획득된 형질이 암수 모두에게 동일하게 전달되었기 때문일 가능성은 어느 정도 있다. 왜냐하면 검은색은 거의 보호 작용을 한다고 보기 어렵기 때문이다. 수컷만이 검은색을 띠는 일부 조류와 암수 모두 검은색을 띠는 조류는 부리나 머리 부위 피부의 색깔이 화려하다. 그리고 이 때문에 생긴 대조는 그들을 한층 더 아름답게 보이게 한다. 이런 사실은 수컷 지빠귀의 화려한 노란색 부리, 수멧닭과 큰들꿩의 눈 위쪽에 나타나는 진홍색 피부, 화려하고 갖가지 색깔을 띠는 검둥오리의 부리, 노랑부리까마귀(*Corvus graculus, Linn.*)와 흑고니, 그리고 검은 황새의 붉은색 부리를 통해 잘 나타난다. 이런 사실을 통해 나는 큰부리새*가 부리에 나타나는 다양한 모양과 색깔의 줄무늬를 전시하기 위한 성선택을 통해 엄청나게 큰 부리를 획득한 것이 불가능하지 않다는 생각이 든다.[51] 부리 기저부와 눈 주위의 깃 없는

---

51) 큰부리새의 화려하면서도 거대한 부리에 대한 만족스러운 설명은 아직 제시되지 않았다. 베이츠(H.W. Bates)는 큰부리새가 가지 끝에 매달린 과일을 따 먹을 때 큰 부리를 이용한다고 말한다(*The Naturalist on the Amazons*, vol. 2, 1863, 341쪽). 그리고 다른 책에서도 말했듯이 다른 새의 둥지에서 알이나 어린 새끼를 훔칠 때도 긴 부리를 이용한다고 한다. 그러나 베이츠가 인정했듯이 부리를 이 같은 목적을 위한 완벽한 도구로 여기기는 힘들 것 같다. 폭

피부도 화려한 색깔을 띠는 경우가 흔하다. 굴드는 한 종에 대해 말하면서[52] "부리의 색깔은, 의심할 것도 없이 짝짓기 계절에 가장 화려하다"고 말했다. 수컷 아르구스 꿩과 그외의 일부 조류는 화려한 깃 때문에 방해를 받을 수 있다. 그런데 큰부리새는—우리는 중요하지 않다고 잘못 생각하는—화려한 색깔을 전시할 목적으로 부리를 더 크게 만들었고, 부리가 비록 해면 구조로 되어 있어 아주 가볍기는 하지만 그 때문에 비행하는 데 더 큰 방해를 받을 수 있다는 것이 그렇게 불가능한 상황은 아니다.

수컷만 검은색이고 암컷은 칙칙한 색을 띠는 여러 종과 마찬가지로, 남아메리카의 방울새(*Chasmorhynchus*), 남극거위(*Bernicla antarctica*), 백한 같은 몇몇 종에서는 수컷만 몸의 일부 또는 전체가 희고 암컷은 갈색이거나 얼룩덜룩하다. 그러므로 전에 살펴본 것 같은 원리에 따라 흰색 앵무새, 아름다운 깃을 갖는 큰해오라기, 일부 따오기, 갈매기, 제비갈매기 등과 같은 많은 조류의 수컷은 어느 정도 완전한 흰색 깃을 성선택을 통해 획득했을 것이다. 이들 중 성숙했을 때만 흰색 깃이 나타나는 경우도 있다. 일부 북양가마우지, 열대 조류 등이 이에 해당한다. 흰기러기(*Anser hyperboreus*)도 이에 해당한다. 흰기러기는 눈이 덮이지 않은 황량한 들판에서 알을 낳는다. 그리고 겨울에는 남쪽으로 이동한다. 따라서 성체의 흰색이 보호 작용을 한다고 생각할 만한 근거는 전혀 없다. 아시아열린부리황새(*Anastomus oscitans*)

이나 깊이나 길이에서 볼 수 있듯이 거대한 부리가 단지 물건을 잡는 기관으로 작용한다는 견해는 납득하기 어려운 점이 있다. 벨트(Belt)는 부리의 주요한 목적이 적에 대한 방어 수단으로 작용하며 특히 나무 구멍 속에 지은 둥지 속에 앉아 있는 암컷에게는 훌륭한 무기가 된다고 믿는다(*The Naturalist in Nicaragua*, 197쪽).

52) 람파스토스 카리나투스(*Rhamphastos carinatus*)*에 대해서는 J. Gould, *Monograph of Ramphastidae*을 참조하시오.

도 흰색이 혼인색이라는 훌륭한 증거가 있다. 흰색은 여름에만 나타나기 때문이다. 어린 새끼의 깃은 회색과 검은색을 띠며, 겨울을 맞이한 성체의 깃도 회색과 검은색으로 변해간다. 갈매기(*Larus*)의 여러 종류는 어린 새끼 시절과 겨울에 머리와 목에 회색이나 얼룩무늬가 나타나는데 여름에는 순백색으로 변한다. 그에 반해 좀더 작은 바다 갈매기 종류인 아비(*Gavia*)와 일부 제비갈매기(*Sterna*)의 경우는 정반대의 현상이 일어난다. 즉 1년생 어린 새끼의 머리와 겨울을 맞은 성체의 머리는 모두 순백색이지만 번식기가 되면 엷은 색깔을 띤다. 이 마지막 사례는 성선택이 아주 변덕스럽게 작용한 실례를 보여주는 것이다.[53)]

물새가 육지새보다 흰색 깃을 획득한 경우가 흔하다는 사실은 그들의 덩치가 크고 또 비행 능력이 뛰어나 포식조류에게서 자신을 방어할 수 있고 쉽게 도망칠 수 있기 때문일 것이다. 더군다나 포식자에게 노출될 확률도 훨씬 낮았기 때문일 것이다. 결과적으로 이 경우에는 성선택이 보호 작용을 방해하지도 않았고 오히려 유도했다고 볼 수 있다. 넓은 대양을 비행하는 새는 완전한 흰색을 갖거나 짙은 검은색을 갖고 있어 눈에 잘 띌 때 암컷과 수컷이 서로를 쉽게 찾을 수 있으리라는 것은 의심할 여지가 없다. 육지새의 경우에도 서로를 호출하는 신호로 색깔이 이 같은 기여를 했을 가능성은 있다.[54)] 흰 새

---

53) 갈매기, 아비, 제비갈매기에 대해서는 맥길리브레이의 앞의 책, 제5권, 515, 584, 626쪽을 참조하시오. 흰기러기에 대해서는 오듀본의 앞의 책, 제4권, 562쪽을 참조하시오. 아시아열린부리황새에 대해서는 *Ibis*, 1856, 173쪽에 실린 블리스의 글을 참조하시오.

54) 대양을 비행하는 바다새처럼 하늘 높은 곳에서 폭넓게 비행하는 독수리류의 경우 3~4종이 거의 몸 전체에 흰색을 띤다. 그리고 검정색을 띠는 종류도 많다. 따라서 눈에 잘 띄는 색깔은 번식기에 암수가 서로를 찾는 데 도움을 주는 것 같다.

나 검정 새가 하늘을 비행하다가 바다에 떠 있는 죽은 물고기를 향해 하강하여 그것을 물고 올라가는 모습은 아주 멀리서도 잘 보일 것이다. 그렇게 되면 같은 종의 조류이든 다른 종의 조류이든 많은 새를 먹이가 있는 쪽으로 불러모으는 결과가 될 것이다. 이런 상황은 먹이를 처음 발견한 개체에게 불리할 것이다. 따라서 가장 눈에 잘 띄는 흰색이나 검은색을 띠는 개체는 눈에 잘 띄지 않는 개체보다 더 많은 먹이를 확보하지는 못할 것이다. 그러므로 눈에 잘 띄는 색깔은 자연선택을 통해 이 목적으로는 획득하지 않았을 것이다.

성선택은 개체의 취향처럼 수시로 변화하는 요소의 영향을 받으므로, 거의 같은 습성을 지닌 조류 집단 내에서도 흰색 계열인 종과 검은색 계열인 종이 동시에 존재하는 현상을 수긍할 수 있다. 예를 들어 앵무새, 황새, 따오기, 백조, 제비갈매기, 바다제비의 여러 종류는 흰색과 검은색을 함께 띠고 있는 종류다. 얼룩무늬를 띠는 조류도 검은색과 흰색을 띠는 종과 함께 동일 집단에서 발견되는 경우가 있다. 예를 들어 검은목고니, 일부 제비갈매기, 까치 등이 이에 해당한다. 강한 대조를 이루는 색깔이 조류의 적절한 형질이라는 사실은 많은 표본을 통해 알 수 있을 것이다. 왜냐하면 암컷과 수컷은 다음과 같은 사실 때문에 차이를 보이는 경우가 흔하기 때문이다. 즉 수컷은 암컷보다 순백색을 띠며 여러 색깔을 보이는 부위도 암컷보다 더 진하게 나타나기 때문이다.

심지어는 수컷에게 그저 일어난 진기함이나 약간의 변화가 우리 인간의 의상 변화처럼 암컷의 눈에는 매력으로 보일 수도 있다. 예를 들어 우리 눈에 비친 일부 앵무새의 수컷은 암컷보다 더 아름답다고 할 수 없을 정도로 암컷과 유사하다. 그러나 수컷은 목 둘레에 화려한 에메랄드빛 녹색 깃 대신에 장밋빛 깃을 갖고 있다. 푸른색 머리 깃 대신에 옅은 장밋빛 머리깃을 갖고 목 둘레의 앞쪽에 나타나는 노란색 깃 대신에 검은색 깃을 갖고 있기도 한다.[55] 매우 많은 수컷 새의 주된 장식은 긴 꼬리깃이나 긴 관모다. 따라서 전에 수컷 벌새를 대상으로 설명했던 것같이 짧아진 꼬리와 쇠비오리의 짧아진 볏은 우리가 인간의 의상을 보고 감탄하는 많은 패션 변화 중의 하나와 비슷하다.

왜가리의 일부 종류는 진기함 그 자체로 평가될 정도로 아주 기이한 색깔을 띤다. 아르데아 아스하(Ardea asha)*의 어린 새끼는 흰색을, 성체는 짙은 쥐색을 띤다. 그리고 가까운 친척 종인 해오라기의 한 종류인 부푸스 코로만두스(Buphus coromandus)는 어린 새끼뿐만 아니라 성체까지도 겨울에 흰색 깃을 갖는다. 그러나 번식기가 되면 이들의 색깔은 짙은 담황색으로 바뀐다. 이들 두 종의 어린 새끼가 동일한 과의 다른 종류와 마찬가지로[56] 무슨 이유인지는 모르지만 순백색을 띠고 그 때문에 적의 눈에 잘 띤다는 사실은 믿어지지 않을 정도로 특이한 상황이다. 또 이들 중 한 종의 성체가 겨울에 절대로 눈이 덮이지 않는 지역에 살면서도 흰색을 띤다는 사실 역시 기이하다. 그에 반해 우리는 많은 종류의 새가 성적 장식으로 흰색을 획득했다고 믿을 만한 충분한 근거를 갖고 있다. 따라서 우리는 다음과 같이 결론을 내릴 수 있을 것 같다. 즉 아르데아 아스하와 해오라기의 먼 조상이 혼인을 목적으로 흰색을 획득했고 이 색깔을 어린 새끼에게 전달

---

55) 잉꼬(Palaeornis)에 대해서는 Jerdon, *Birds of India,* vol. 1, 258~260쪽을 참조하시오.

56) 미국에 서식하는 아르데아 루페스첸스(Ardea rufescens)*와 아르데아 카에룰레아(A. caerulea)의 어린 새끼도 흰색을 띤다. 그러나 성체는 각자의 이름이 의미하는 색깔을 띤다(라틴어에서 'rufulus'는 붉은색, 'caeruleus'는 푸른색을 의미한다—옮긴이). 오듀본은 이렇게 놀라운 깃의 변화는 계통분류학자에게는 상당히 당황스러울 것이라고 생각하는 것 같다(*Ornithological Biography,* vol. 3, 416쪽; vol. 4, 58쪽).

해서 현존하는 해오라기의 어린 새끼와 성체가 모두 흰색을 띠게 되었다는 것이다. 또 나중에 성체는 좀더 강하고 짙은 색조를 띠게 되었지만 어린 새끼는 그대로 흰색을 유지해나갔다는 것이다. 그러나 만약 우리가 이들 두 종의 더 먼 조상까지 살펴본다면 짙은 색깔의 성체를 만날 수 있을 것이다. 다른 많은 조류에 나타나는 유사한 경우와 비교해본다면 이것이 바로 어린 시절에는 짙은 색을 띠다가 성체가 되어서는 흰색을 띠는 사례에 해당한다고 생각한다. 특히 아르데아 굴라리스(*Ardea gularis*)*를 보면 이들의 색깔은 아르데아 아스하의 색깔과는 정반대다. 이들은 어린 새끼가 짙은 색깔을 띠고 성체가 흰색을 띠고 있기 때문이다. 어린 새끼가 조상의 깃을 유지하고 있는 것이다. 그러므로 긴 진화 과정을 거치며 아르데아 아스하, 해오라기, 또 이들과 유연 관계가 있는 일부 조류의 조상은 성체 시절에 다음과 같은 색깔의 변화를 겪은 것으로 보인다. 첫째로 짙은 색깔, 둘째로 순백색, 셋째로 유행의 변화(그렇게 표현할 수 있다면)로 쥐색이 도는 현재의 붉은색이나 담황색을 띠게 된 것이다. 이 같은 연속적인 변화는 조류가 진기함 그 자체를 찬양한다는 원리로만 이해할 수 있는 것이다.

일부 학자는 성선택 이론 전체를 부정한다. 그들은 동물과 미개인이 색깔이나 장식에 따라 암컷이나 여자를 보는 취향이 여러 세대 동안 일정하게 유지될 수 없을 것이라고 가정한다. 처음에는 특정한 색깔을 좋아하겠지만 세월이 가면 다른 색을 좋아하게 된다는 것이다. 결과적으로 이성으로도 어떤 지속적인 효과를 유지할 수 없다는 것이다. 취향이 변한다는 것은 인정할 수 있지만 그렇다고 아주 변덕스러운 것은 아니다. 우리 인간을 통해서도 알 수 있듯이 취향은 상당 부분 생활 습성에 달려 있다. 따라서 조류나 다른 동물의 경우도 마찬가지일 것이라고 유추할 수 있다. 우리 인간의 옷조차도 일반적인 특징은 오랫동안 지속되며 변화는 어느 정도 점진적으로 일어난다. 다음 장에서 방대한 양의 증거를 두 곳에서 제시할 것이다. 그것은 미개인 중에는 여러 세대 동안 피부에 새겨진 같은 종류의 상처, 입술, 코, 귀에 뚫린 끔찍한 구멍을 찬양의 대상으로 삼는 집단이 많다는 것이고, 이와 유사한 기형을 자연적인 장식으로 삼는 동물도 예상외로 많다는 것이다. 그렇지만 야만인에게는 그런 유행이 영원히 지속되지 않는다. 이것은 같은 대륙에 살고 있으며 유연 관계가 있는 종족들 사이에서 나타나는 차이를 이용하여 추정할 수 있다. 게다가 애완용 동물을 키우는 사람들은 같은 품종을 여러 세대 동안 좋아했으며 지금도 좋아한다. 그들은 애완용 동물에게 나타나는 약간의 변화를 품종이 개선된 것으로 생각하여 진정으로 원하지만 갑작스럽고 커다란 변화는 치명적인 결점으로 여긴다. 자연 상태의 조류의 경우도 그들이 전혀 새로운 유형의 색깔을 찬양할 것이라고 믿을 만한 근거는 없다. 규모가 크고 갑작스러운 변이가 일어나는 경우도 종종 있지만 이것은 별개의 문제다. 비둘기장에서 사육되는 비둘기가 여러 가지 색깔을 띠는 애완용 비둘기와는 짝을 이루려 하지 않는다는 사실을 우리는 안다. 알비노가 대부분 결혼 배우자를 구하지 못한다는 사실도 알려져 있다. 페로에 제도의 검은 갈까마귀가 얼룩무늬 동료를 집단 밖으로 축출한다는 사실은 잘 알려져 있다. 그러나 갑작스러운 변화를 싫어한다고 해서 미세한 변화를 좋아하지 않는다는 것은 아니다. 우리 사람의 경우도 마찬가지다. 취향은 많은 요인에 따라 결정되지만 한편으로는 습성에 따라 결정되며 다른 한편으로는 진기함을 선호하기 때문에 결정된다. 따라서 동물 세계에서 아주 오랫동안 같은 유형의 장식이나 매력이 선망의 대상이 되다가 색깔, 형태, 소리의 미세한 변화가 새로운 찬양의 대상이 되는 일이 전혀 불가능해 보이지는 않는다.

444

조류에 대한 지난 네 장의 요약 대부분의 조류는 수컷이 번식기에 극도로 호전성을 띤다. 또 일부 종류는 경쟁자와 싸우는 데 필요한 무기로 변형된 구조를 갖고 있다. 그러나 아무리 호전적이고 최상의 무기를 갖추었다고 해도 수컷이 성공을 위해 경쟁자를 쫓아내거나 죽이는 능력만을 이용하는 경우는 거의 없다. 아마 전혀 없을 것이다. 즉 암컷을 매혹시킬 수 있는 특별한 수단을 갖고 있다는 것이다. 일부 조류가 노래를 부르거나 기이한 소리를 지르거나 기악을 연주하는 능력이 바로 이러한 수단이라고 할 수 있다. 결과적으로 수컷은 발성 기관이나 일부 깃의 구조에서 암컷과 차이를 보이게 된다. 갖가지 소리를 내는 기이하고도 다양한 수단을 통해 우리는 구애 행동이 아주 중요하다는 것을 알게 된다. 많은 수컷은 암컷을 매혹시키려고 바닥이나 공중에서 사랑의 춤이나 기이한 동작을 선보인다. 아예 준비된 장소에서 향연이 벌어지는 경우도 있다. 그러나 일반적으로 여러 종류의 장식, 화려한 색깔, 볏과 턱볏, 아름다운 깃, 길게 자란 깃털, 관모 등이 장식의 수단으로 이용된다. 단지 진기하다는 이유가 매력이 되는 경우도 있는 것 같다. 수컷의 장식은 그들에게 아주 중요하게 작용하는 것이 틀림없다. 왜냐하면 이들 장식은 대부분 적에게 노출되는 위험성을 증가시키는 대가를 치르면서 획득한 것이기 때문이다. 심지어 경쟁자와 전투를 치를 수 없을 정도로까지 혹독한 대가를 치른 경우도 있다. 아주 많은 종의 수컷은 성숙기가 될 때까지는 장식적인 옷을 입지 않는다. 즉 번식기에만 장식을 갖추거나 더 선명한 색깔을 띤다. 일부 장식용 부속 기관은 구애 행동을 펼치는 시기에 크게 신장되고 부풀어오르며 화려한 색깔을 띠게 된다. 수컷은 온갖 정성을 다하여 자신의 매력을 최대로 드러내 보이는데 이런 행위는 암컷이 있을 때 이루어진다. 구애 행동은 종종 매우 긴 시간이 필요하다. 또 많은 수의 수컷과 암컷이 정해진 한 장소에 모여드는 경우도 있다.

암컷이 수컷의 아름다움을 제대로 감상하지 못한다고 가정하는 것은 그들의 화려한 장식과 치장과 전시가 전혀 쓸모없다는 것을 인정하는 것이다. 믿을 수 없는 일이다. 새는 분별력이 뛰어나다. 또 극히 일부의 경우이기는 하지만 새가 아름다운 대상에 대한 감식력을 갖고 있다는 것을 보여주는 사례도 있다. 더구나 암컷은 특정한 수컷에게 뚜렷한 호감이나 혐오감을 보이는 경우가 종종 있는 것으로 알려져 있다.

암컷이 좀더 아름다운 수컷을 좋아하거나 무의식적으로 그런 수컷에게 자극받는다는 사실을 인정한다면 수컷은 성선택을 통해 느리지만 틀림없이 점점 더 매력적으로 변할 것이 분명하다. 암수가 서로 차이를 보이는 대부분의 속(屬)에서 수컷들은 암컷들보다 종에 따라 큰 차이를 보인다. 이 같은 사실에서 우리는 주된 변화를 일으킨 쪽이 수컷이라고 추측할 수 있다. 이것은 일부 유연 관계가 깊은 대표종에서 잘 나타난다. 이들의 경우 암컷들은 서로 거의 구별할 수 없을 정도로 비슷한 데 반해 수컷들은 상당한 차이를 보인다. 자연 상태의 조류에게는 성선택이 작용하기에 충분할 정도의 개체 변이가 일어난다. 우리가 살펴본 바로는 개체 변이가 매우 뚜렷하고 자주 출현하며 암컷을 매혹시키는 데 기여한다면 집단 내에서 빠르게 고정될 것이다. 한 집단에서 초기에 일어난 변화의 성질은 변이의 법칙에 따라 결정될 것이고 최종 결과도 큰 영향을 받을 것이 틀림없다. 유연 관계가 있는 종의 수컷들 사이에서 관찰할 만한 점진적인 변화는 그들이 통과하고 있는 단계의 본질을 보여주는 것이다. 또한 그들은 공작의 꼬리깃에 나타나는 한쪽이 파인 눈알무늬와 아르구스 꿩의 날개깃에 나타나는 볼-소켓 눈알무늬 같은 특정 형질의 기원에 대해 가장 흥미로운 방식으로 설명하는 것이다. 많은 수컷 조류가 갖고 있는 화려한 색깔, 관모, 훌륭한 깃 등이 보호 수단으로 획득될 수 없다는 것은 틀림없다. 오히려 그 같은 구조는 위험을 초래할 것이다. 이들 장식이 생활 환경의 직접적이고 명확한 작용 때문에 생기지 않았음을 우리는 확신한다. 왜냐하면 암컷도 동일한 환경에 노출되어 있지만 수컷과는 아주 다른 경우가 종종 있기 때문이다. 변화된 환경이 오랫동안 영향을 미치며 암수 모두나 어느 한쪽 성에 뚜렷한 효과를 미치는 경우가 있을 수 있다는 것은 사실이다. 하지만 더욱 중요한 결과는 변화되거나 좀더 뚜렷한 개체 변이를 나타내려는 경향이 증가한다는 것이다. 그리고 그런 차이는 자연선택이 작용할 만한 충분한 기반을 제공할 것이다.

수컷이 장식용 형질이나 갖가지 소리를 내거나 서로 싸우는 데 필요해 획득한 특징이, 영구적으로든 특정한 계절에 주기적으로든, 수컷에게만 전달되어 발현되는지 암수 모두에게서 나타나는지를 결정하는 것은 유전 법칙을 따르는 것 같다. 자연선택과는 별개의 문제다. 형질이 경우에 따라 서로 다른 방식으로 유전되는지에 대한 이유는 대부분 알려져 있지 않다. 그러나 대개는 변이가 일어나는 시기가 결정적인 원인으로 작용하는 것 같다. 암컷과 수컷이 보편적인 모든 형질을 물려받았을 때 그들은 반드시 유사할 것이다. 그러나 연속적인 변이가 서로 다르게 전달된다면 동일한 속 내에서도 암수 간에 매우 비슷한 경우부터 매우 다른 경우까지 모든 점진적인 변이가 관찰될 것이다. 생활 환경이 거의 비슷하며 유연 관계가 밀접한 많은 종의 경우 수컷들은 주로 성선택의 영향을 받아 서로 차이를 보인다. 반면에 암컷들은 주로 수컷이 그렇게 획득한 형질을 어느 정도 갖느냐에 따라 차이를 보인다. 더구나 생활 환경의 결정적인 작용은 뚜렷한 색깔과 장식이 성적으로 선택되는 과정을 통해 그 효과가 축적되어 수컷처럼 암컷에서도 가려지지 않고 나타날 것이다. 어떻게 영향을 받든지 많은 개체가 서로 자유롭게 교배함으로써 세대를 거듭하면서 암수 모두 거의 일정한 특징을 갖게 될 것이다.

  암수의 색깔이 서로 차이를 보이는 종에서 연속적으로 일어나는 변이의 일부는 암수 모두에게 전달되는 경향이 종종 나타난다. 그러나 이 경우 알을 품을 때 받는 손해로 암컷이 수컷의 화려한 색깔을 획득하는 과정이 방해받게 된다. 전달된 형질이 발현되는 방식이 자연선택으로 변화되리라는 증거는 없다. 그러나 처음부터 한쪽 성에만 전달되는 연속적인 변이가 선택됨으로써 암컷은 칙칙한 색깔을 유지하면서 수컷은 화려한 색깔을 띠게 되는 상황이 일어날 가능성이 전혀 없는 것은 아니다. 많은 종의 암컷이 실제로 그렇게 변형되었는지 여부는 현재로서는 확실하지 않다. 형질이 암컷과 수컷에게 동일하게 전달된다는 법칙을 통해 암컷이 수컷과 마찬가지로 눈에 잘 띄는 색깔을 띠게 되었을 때 그들의 본능도 둥근 지붕이나 숨겨진 둥지를 건설하는 쪽으로 변화된 것 같다.

  암수의 형질과 습성이 완전히 뒤바뀐 희귀한 경우도 있다. 예를 들어 암컷이 수컷보다 크고 강하고 큰 소리를 내며 화려한 색깔을 띠는 경우가 있다. 또한 암컷이 아주 호전적이어서 수컷을 차지하려고 서로 싸우는 경우도 있다. 호전적인 수컷이 암컷을 차지하려고 서로 전투를 벌이는 것과 마찬가지다. 그런 암컷이 습관적으로 그들의 경쟁자를 몰아내는 일은 가능해 보인다. 만약 이런 일이 벌어지고 화려한 색깔이나 매력을 전시함으로써 수컷을 유인하려고 한다면 성선택과 한쪽 성에만 제한적으로 형질이 전달되는 유전을 통해 암컷이 수컷보다 더욱 아름다워지는 일이 일어날 것이다. 이때 수컷은 변화되지 않거나 아주 약간만 변화될 것이다.

  전달된 형질이 해당 연령에서 발현되면서 형질이 한쪽 성으로만 전달되지는 않는 경우, 만약 늦은 나이에 부모에게 변이가 일어났다면 이런 변화는 가금류에서 계속적으로 출현할 것이며 다른 조류에서도 종종 나타나리라는 것을 우리는 알고 있다. 어린 새끼는 영향을 받지 않는 반면에 성체는 암수 모두 변형될 것이다. 만약 이 두 가지 유전 법칙이 모두 효과를 발휘하면서 암컷과 수컷 중 어느 하나만이 늦은 나이에 변이가 일어난다면 해당하는 성은 변화되겠지만 다른 성과 어린 새끼는 변화되지 않을 것이다. 화려함이나 뚜렷한 형질의 변이가 생의 이른 시기에 일어났음이 확실할 때, 이들 변이는 번식기에 접어들기까지 성선택의 작용을 받지 않을 것이다. 만약 이러한 변이가 어린 새끼를 위험에 빠뜨렸다면 변이는 자연선택을 통해 제거되었을 것이다. 따라서 우리는 생의 늦은 시기에 일어난 변이가 수컷의 장식으로 작용하며 보존되고 암컷과 어린 새끼는 변화되지 않고 서로 비슷하게 남아 있다는 사실을 이해할 수 있다. 여름 깃과 겨울 깃이 서로 차이를 보이는 종에서 수컷은 그들의 여름 깃과 겨울 깃이 암컷과 유사할 수도 있고 서로 다를 수도 있다. 또는 이 같은 현상은 여름 깃에서만 일어나기도 한다. 어린 새끼와 성체가 갖고 있는 유사한 형질의 종류나 유사성의 정도는 극도로 복잡하다. 이런 복잡성은 최초에 수컷이 획득하여 연령, 성, 계절에 맞춰 갖가지 방법과 단계에 따라 전달하는 형질로 결정되는 것이 분명하다.

대부분의 종에서 어린 새끼는 색깔이나 장식 면에서 거의 변화를 보이지 않으므로 우리는 이들 종의 초기 조상이 갖고 있었을 깃에 대해 어느 정도 알 수 있다. 만약 우리가 전체 부류를 다 고려한다면 현존하는 종의 아름다움은 세월을 거치며 크게 향상되었다고 추정할 수 있다. 이 경우 어린 새끼들이 갖고 있는 미성숙 깃은 우리에게 직접적인 기록을 제공하는 것이다. 땅바닥을 주요 무대로 살아가는 여러 조류를 포함하여 많은 조류가 보호용으로 칙칙한 색깔을 띤다는 것은 거의 의심할 여지가 없다. 어떤 조류는 몸의 위쪽이 암수 모두 칙칙한 색깔을 띠면서 수컷 몸의 아래쪽에 성선택으로 획득한 여러 가지 장식이 나타나는 경우가 있다. 마지막으로 지난 네 장에서 제시한 여러 사례에서 우리는 전투하는 데 필요한 무기, 소리를 내는 데 필요한 기관, 여러 종류의 장식, 화려하고 눈에 잘 띄는 색깔이 주로 수컷의 변이와 성선택으로 획득되었고 여러 가지 유전 법칙에 따라 갖가지 방법으로 후손에게 전달되었으며 암컷과 어린 새끼는 비교적 거의 변화되지 않고 그대로 남아 있다는 결론을 내릴 수 있다.[57]

---

57) 조류에 대해 설명한 지난 네 장과 포유류에 대해 설명할 다음의 두 장을 꼼꼼하게 읽어준 스클라터에게 크게 신세를 졌다. 그의 도움이 있었기에 나는 종명에 대한 실수를 줄일 수 있었고, 이 위대한 박물학자 덕택에 잘못된 사실을 함부로 말하지 않을 수 있었다. 물론 내가 여러 저자의 글에서 인용한 내용의 정확성에 대해 스클라터는 전혀 책임이 없음을 밝혀둔다.

제17장 포유류의 이차성징

전투의 법칙―수컷에게만 있는 특별한 무기―암컷에게 무기가 없는 이유―일차적으로는 수컷이 획득했지만 암수 모두에게 있는 무기―무기의 여러 용도―무기의 중요성―수컷의 큰 체구―방어 수단―네발 동물의 짝짓기에서 암컷과 수컷이 보여주는 상호 선호도

포유류 수컷은 암컷을 차지하기 위해 자신의 매력을 과시하기보다 전투를 한다. 전투를 하는 데 필요한 무기가 전혀 없는 아주 겁이 많은 동물도 사랑의 계절에는 치열한 전투를 벌인다. 두 마리의 수토끼는 한 마리가 죽을 때까지 서로 싸우는 것으로 알려져 있다. 수컷 두더지도 전투를 벌이는 일이 종종 있으며 때로는 치명적인 결과를 가져오기도 한다. 수컷 다람쥐도 싸움에 자주 참여하며 서로에게 치명적인 상처를 입히는 일이 종종 벌어진다. 이런 일은 수컷 비버의 경우도 마찬가지로 일어나 상처가 없는 피부는 거의 보기 힘들다.[1] 나는 파타고니아에 서식하는 라마*의 피부에서도 상처를 관찰한 적이

---

1) 두 마리의 토끼가 벌이는 전투에 대해서는 *Zoologist*, vol. 1, 1843, 211쪽에 실린 워터턴(C. Waterton)의 논문을 참조하시오. 두더지에 대해서는 Bell, *History of British Quadrupeds,* 1st ed., 100쪽을 참조하시오. 다람쥐에 대해서는 J.J. Audubon & M. M. Bachman, *Viviparous Quadrupeds of North America,* 1846, 269쪽을 참조하시오. 비버에 대해서는 *Journal of Linnean Society, Zoology,* vol. 10, 1869, 362쪽에 실린 그린(A.H. Green)의 논문을 참조하시오.

있다. 한번은 라마 몇 마리가 싸움에 지나치게 열중한 나머지 겁도 없이 내 곁으로 돌진한 적도 있었다. 리빙스턴(Livingstone)에 따르면 남아프리카에 서식하는 많은 동물의 수컷은 싸움으로 생긴 상처가 없는 경우가 거의 없다고 한다.

육상 포유류와 마찬가지로 수서 포유류 세계에도 전투는 일반적으로 벌어진다. 번식기에 이빨과 발톱을 이용하여 벌이는 수컷 바다표범의 치열한 전투는 매우 유명하며 그들의 피부도 상처로 뒤덮이는 일이 흔하다. 수컷 향유고래는 번식기에 질투심이 아주 강해진다. 향유고래는 전투를 벌일 때 종종 그들의 턱을 서로 맞물어 옆으로 몸을 비틀어 돌리는데, 이 때문에 아래턱이 뒤틀리는 일도 종종 있다.[2]

전투용으로 특별한 무기를 갖고 있는 수컷은 모두 치열한 전투를 벌이는 것으로 잘 알려져 있다. 수사슴의 용기와 이들이 벌이는 치열한 전투에 대해서는 많은 사람이 보고하였다. 그들의 뼈는 세계 도처에서 발견되는데 뿔들이 풀지 못할 정도로 서로 얽혀서 발견되는 것을 보면 승자와 패자 모두 얼마나 처참하게 죽어갔는지를 알 수 있다.[3] 발정기의 코끼리만큼 위험한 동물은 아마 이 세상에 없을 것이다. 탱커빌(E. Tankerville)은 칠링햄 공원의 야생 들소 수컷들이 벌이

---

2) 바다표범의 전투에 대해서는 *Proceedings of the Zoological Society,* 1868, 191쪽에 실린 애벗(C. Abbott) 선장의 논문을 참조하고 같은 논문집(1868, 436쪽)에 실린 브라운(R. Brown)의 논문도 참조하시오. 또한 로이드의 *Game Birds of Sweden,* 1867, 414쪽과 페넌트(Pennant)의 논문도 참조하시오. 향유고래에 대해서는 *Proceedings of the Zoological Society,* 1867, 246쪽에 실린 톰슨(J.H. Thompson)의 논문을 참조하시오.

3) 붉은사슴(Cervus elaphus)의 뿔이 얽힌 사례에 대해서는 Scrope, *Art of Deer-stalking,* 17쪽을 참조하시오. J. Richardson, *Fauna Boreali-Americana,* 1829, 252쪽에서 엘크, 말코손바닥사슴, 순록도 이같이 뿔이 얽히는 일이 일어난다고 했다. 스미스(A. Smith)는 희망봉에서 누(gnu)* 암컷 사이에도 똑같은 상황이 벌어진다는 사실을 발견했다.

는 전투에 관한 그림을 내게 주었다. 이들 들소는 거대한 보스 프리미제니우스(*Bos primigenius*)*의 후손으로서 덩치는 작아졌지만 담력은 약해지지 않는 종류다. 1861년에 서너 마리의 들소가 우위를 차지하려고 경쟁을 벌인 적이 있었다. 그런데 두 마리의 젊은 수컷이 힘을 모아 집단의 나이 든 지도자를 공격해 그를 거꾸러뜨려 거의 불구로 만들었다. 그래서 그 우두머리는 근처 숲속에서 치명적인 부상을 입은 채 누워 있을 것이라고 사람들은 생각했다. 그러나 며칠 후 젊은 수컷 두 마리 중 한 마리가 혼자 숲으로 갔을 때 사냥의 제물이 되었던 우두머리는 복수하기 위해 분노를 불사르며 숲에서 나와 아주 짧은 순간에 젊은 수컷을 죽여버리고 말았다. 그후 조용히 무리에 합류한 그 우두머리는 오랫동안 그 무리를 지배했다. 설리번(B. J. Sulivan) 제독은 포클랜드 제도에서 생활할 때 젊은 영국산 종마 한 마리를 들여왔다고 한다. 그런데 그 수말은 여덟 마리의 암말을 거느리고 포트윌리엄 근처의 언덕에 자주 나타났다. 이 언덕에는 야생 수말 두 마리가 살고 있었는데 각각은 소집단의 암말을 거느렸으며 이 수말 두 마리는 만나기만 하면 싸웠다고 한다. 이 두 마리는 각각 영국산 수말과 싸워 그가 거느리던 암말들을 쫓아버리려고 했지만 뜻을 이루지 못했다. 하루는 야생 종마 두 마리가 함께 힘을 모아 영국산 수말을 공격했다. 그 당시 제독은 말의 관리를 맡고 있었으며 말을 타고 그곳으로 가고 있었는데, 두 마리의 야생 수말 중 한 마리가 영국산 수말과 싸움을 벌이는 사이 나머지 한 마리가 암말들을 쫓아버리는 것을 보았다. 그가 보았을 때는 이미 네 마리의 암말을 집단에서 쫓아버린 상태였다고 한다. 제독은 전체 무리를 우리 안으로 몰아넣어 사태를 수습했다. 야생 수말들이 암말들을 떠나려 하지 않아 이들도 함께 가두어두었다고 한다.

식육목(Carnivora), 식충목(Insectivora), 설치류처럼 삶 자체의 목적을 위해 효과적으로 자르거나 찢는 이빨이 있는 동물의 수컷은 경쟁자와 싸우기 위해 특별하게 적용된 무기를 갖는 경우가 거의 없다. 다른 많은 동물의 수컷과는 상당히 다른 상황이다. 수사슴, 또 암컷은 뿔이 없고 수컷은 뿔이 있는 일부 영양의 뿔을 통해 우리는 이러한 사실을 알 수 있다. 많은 동물의 위턱이나 아래턱, 또는 두 턱 모두에 돋은 송곳니는 암컷보다는 수컷이 훨씬 더 크다. 암컷은 송곳니가 전혀 없는 경우도 있다. 그러나 예외적으로 송곳니가 흔적으로 숨겨져 있는 경우도 있기는 하다. 일부 영양, 사향노루, 낙타, 말, 멧돼지, 여러 유인원, 물개, 해마가 그 예가 될 수 있다. 해마 암컷은 엄니가 완전히 사라지기도 한다.[4] 인도코끼리 수컷과 듀공* 수컷은 위턱의 앞니가 공격적인 무기가 된다.[5] 일각고래 수컷은 왼쪽의 송곳니만이 잘 발달해 나선형으로 꼬인 그 유명한 '뿔'을 형성하는데, 이 뿔의 길이가 2.7~3미터에 이르는 경우도 있다. 수컷은 싸울 때 이 뿔을 이용하는 것으로 알려져 있다. 일각고래의 뿔은 대부분 부러져 있으며 부러진 뿔에 다른 일각 고래의 부러진 뿔 파편이 꽂혀서 발견되는 경우도 있다.[6] 수컷의 반대쪽 치아는 턱에 박혀 있는 길이 약 25센티미터 정도인 흔적으로 나타난다. 그러나 드물기는 하지만 양쪽에서

---

4) 라몽(Lamont)은 수컷 해마에게 있는 훌륭한 엄니의 무게가 1.8킬로그램이나 되며 1.4킬로그램 정도의 암컷 엄니보다 더 길다고 했다(*Seasons with the SeaHorses,* 1861, 143쪽). 수컷은 치열하게 싸우는 것으로 알려져 있다. 암컷에게 엄니가 없는 경우도 간혹 관찰되는데 이것에 대해서는 *Proceedings of the Zoological Society,* 1868, 429쪽에 실린 브라운의 논문을 참조하시오.

5) R. Owen, *Anatomy of Vertebrates,* vol. 3, 283쪽.

6) R. Brown, *Proceedings of the Zoological Society,* 1869, 553쪽. 이들 엄니의 상동적 성질에 대해서는 *Journal of Anatomy and Physiology,* 1872, 76쪽에 실린 터너(W. Turner)의 논문을 참조하시오. 또 수컷에게서 발달되는 두 개의 엄니에 대해서는 *Proceedings of the Zoological Society,* 1871, 42쪽에 실린 클라크(J.W. Clarke)의 논문을 참조하시오.

뿔이 둘 다 잘 발달해 있는 경우도 간혹 발견된다. 암컷의 경우 어느 쪽의 뿔도 발달한 예가 없다. 수컷 향유고래는 암컷보다 머리가 크다. 이 큰 머리가 수중 전투에서 수컷에게 도움을 준다는 것은 의심할 여지가 없다. 끝으로 다 자란 수컷 오리너구리(*Ornithorhynchus*)는 놀랄 만한 장치를 갖고 있다. 즉 앞다리에 독사의 독니와 매우 비슷한 가시가 있다. 그러나 하팅(Harting)에 따르면 이 가시에서 분비되는 물질은 독이 아니라고 한다. 또 암컷의 다리에는 구멍이 있으며 이 구멍은 수컷의 가시를 받아들이는 장치임이 틀림없다고 한다.[7]

암컷에게는 없는 무기를 수컷이 갖고 있을 때, 그 무기가 다른 수컷과 전투할 때 이용된다는 것은 거의 의심할 여지가 없다. 그리고 이 무기는 성선택으로 획득했으며 수컷의 후손에게만 전달된 것이 틀림없다. 대부분 암컷이 그런 무기를 획득하는 것은 불가능하다. 이들 무기는 쓸모없는 과잉 구조로 해를 끼칠 수도 있기 때문이다. 그렇지만 수컷에게는 이들 무기가 여러 가지 목적, 특히 적의 공격을 막아내는 데 사용되는 것으로 보아 많은 동물의 암컷에게서 약하게 발달하거나 전혀 나타나지 않는다는 것은 놀라운 일이다. 암컷 사슴에게 뿔이 아무런 쓸모가 없으면서도 계절마다 정기적으로 돋아난다면 그것은 엄청난 에너지 낭비일 것이다. 암컷 코끼리가 거대한 엄니를 발달시키는 것도 마찬가지다. 결과적으로 그런 구조는 자연선택을 통해 암컷에게서 제거되려는 경향이 있었을 것이다. 연속적으로 일어난 변이가 만약 암컷에게만 전달되었다면 변이 때문에 생긴 무기는 수컷에게는 무기가 되었을지 모르지만 암컷에게는 해를 끼쳤을 것이고 이것은 커다란 해악이 되었을 수도 있기 때문이다. 대체적

---

7) 향유고래와 오리너구리에 대해서는 오언(R. Owen)의 위의 책, 제3권, 638, 641쪽을 참조하시오. 이 작품을 독일어로 번역하면서 주테빈(H.H. Zouteveen)은 제2권, 292쪽에 하팅의 글을 인용했다.

으로 생각해보거나 다음에 언급할 사실을 생각해보더라도 여러 가지 무기가 성에 따라 다른 것은 형질이 전달되는 방식에 따라 대체로 결정되기 때문인 것 같다.

사슴과의 한 종인 순록의 암컷은 그 뿔이 수컷에 비해 작고 가늘며 적게 갈라져 있지만, 엄연히 뿔이 있으므로 최소한 이 경우에는 뿔이 암컷에게 특별한 기여를 한다고 생각하는 것이 자연스러울지도 모르겠다. 암컷은 11월부터 뿔이 발달하기 시작하여 겨울을 지나 새끼를 낳는 4월이나 5월까지 뿔을 보유한다. 크로치(G.R. Crotch)는 나를 위해 노르웨이에서 특별한 연구를 수행했다. 그 결과 다음과 같은 사실을 밝혀냈다. 4, 5월이 되면 암컷은 새끼를 낳기 위해 약 2주일 동안 눈에 띄지 않게 숨었다가 나타나는데 다시 나타날 때는 대부분이 뿔이 없는 상태라고 한다. 그러나 릭스(H. Reeks)에게서 들은 바로는 노바스코샤*에 서식하는 암컷은 뿔을 더 오랫동안 간직하는 경우도 있다고 한다. 그러나 수컷은 더 이른 시기, 즉 11월 말에 접어들면서 뿔을 잃는다고 한다. 암수 모두 생활의 요구 조건은 동일하고 서식 환경도 일치한다. 그런데 수컷이 뿔 없이 겨울을 지내는 것으로 보아 암컷이 뿔을 보유하는 기간의 대부분을 차지하는 겨울에 뿔로 특별한 이득을 얻고 있다고 보기는 어렵다. 게다가 사슴의 먼 조상에게서 암컷이 뿔을 전달받았다고 보기도 어려울 것 같다. 지구상의 모든 곳에 서식하는 많은 사슴의 암컷에게 뿔이 없는 것으로 보아 뿔이 없는 상태가 사슴 집단의 원시적인 초기 형질이라고 생각할 수 있기 때문이다.[8]

---

8) 순록 뿔의 구조와 분기에 대해서는 Hoffberg, *Amœnitates Academiae*, 1788, vol. 4, 149쪽을 참조하시오. 북아메리카에 서식하는 종의 변이에 대해서는 J. Richardson, *Fauna Boreali-Americana*, 241쪽; W.R. King, *The Sportsman and Naturalist in Canada*, 1866, 80쪽도 참조하시오.

순록의 뿔은 대개 어린 나이에 발달하지만 그 원인은 밝혀지지 않았다. 어린 나이에 뿔이 발달함으로써 그 형질이 암수 모두에게 전달된 것이 틀림없다. 뿔은 항상 암컷을 통해 전달되기 때문에 암컷에게는 뿔이 발달할 수 있는 잠재적인 능력이 있다는 사실을 명심해야 한다. 암컷에게 이런 잠재 능력이 있다는 사실은 나이가 들거나 병든 암컷을 통해 알 수 있다.[9] 더구나 다른 여러 종류의 암사슴은 정상적으로든 간혹이든 뿔의 흔적이 있다. 예를 들어 체르불루스 모스카투스(*Cervulus moschatus*)* 암컷은 뿔 자리에 혹이 솟아 있으며 그 위에 억센 털들이 돋아나 있다. 대부분의 엘크(*Cervus canadensis*) 암컷도 뿔의 위치에 뼈 같은 예리한 돌기가 솟아 있다.[10] 이런 여러 가지 상황을 고려해볼 때 우리는 다음과 같은 결론을 내릴 수 있을 것 같다. 즉 수컷 순록이 다른 수컷과 싸우는 데 필요한 무기로 뿔을 처음으로 획득했고 알려지지 않은 이유로 수컷이 상당히 어린 나이인데도 뿔을 갖게 되었으며 그 결과 암수 모두에게 뿔의 형질이 전달되었다는 것이다.

껍질로 덮인 뿔이 있는 반추동물에 대해 살펴보자. 영양의 뿔은 단계적으로 여러 가지 유형이 나타날 수 있다. 암컷에게 전혀 뿔이 없는 경우부터 시작하여 거의 흔적에 불과한 뿔이 있는 경우에 해당하는 안틸로카프라 아메리카나(*Antilocapra americana*)*는,[11] 잘 발달

---

9) I. Geoffroy Saint-Hilaire, *Essais de Zoologie Générale,* 1841, 513쪽. 뿔 이외의 수컷 형질도 이와 비슷하게 암컷에게 전달되는 일이 간혹 발생한다. 예를 들어 보너(C. Boner)는 나이 든 암컷 샤무아에 대해 다음과 같이 말했다. "암컷의 머리는 수컷의 머리와 비슷할 뿐만 아니라 등을 따라 긴 털들이 융기처럼 돋아 있다. 이런 특징은 수컷에게만 나타나는 현상이다"(*Chamois Hunting in the Mountains of Bavaria,* 2nd ed., 1860, 363쪽).

10) 체르불루스(*Cervulus*) 사슴에 대해서는 J.E. Gray, *Catalogue of Mammalia in the British Museum,* part 3, 220쪽을 참조하시오. 엘크에 대해서는 J.D. Caton, *Transactions of Ottawa Academy of Natural Sciences,* 1868. 5, 9쪽을 참조하시오.

된 뿔이 있지만 수컷보다는 작거나 가늘고 또 때로는 모양이 다른 경우,[12] 그리고 마지막으로 암수에게 동일한 크기의 뿔이 있는 경우까지 점진적인 단계를 관찰할 수 있다. 전에도 살펴보았듯이 순록의 경우 영양과 마찬가지로 뿔이 발달하는 시기와 한쪽 성이나 양쪽 성으로 형질이 전달되는 것은 서로 관련성이 있다. 그러므로 일부 종의 암컷의 경우 뿔의 유무와 그 발달 정도가 뿔을 특별한 목적에 사용하느냐의 여부에 달려 있는 것이 아니라 단지 유전에 따라 결정된다. 일부 종의 암수 모두에게 뿔이 있으며, 동일 속에 속하는 다른 일부 종은 수컷에게만 뿔이 있다는 것은 모두 유전에 따라 결정된다. 안틸로페 베조아르티카(*Antilope bezoartica*)*의 암컷은 대개 뿔이 없지만 블리스(E. Blyth)가 뿔이 있는 암컷을 세 마리나 관찰했다는 사실도 놀랄 만하다. 그들 암컷이 늙었거나 병들었다고 추정할 만한 근거는 없었다.

모든 야생 염소와 양은 수컷의 뿔이 암컷의 뿔보다 크며 전혀 뿔이 없는 암컷도 있다.[13] 가축화된 양과 염소의 일부 품종 중에는 수컷에게만 뿔이 있는 종류가 있다. 북웨일스 지방의 양 같은 일부 품종은 암수 모두에게 뿔이 있을 수 있지만 뿔이 돋지 않는 암컷의 경우가 더 흔하다. 분만기에 이들 양의 무리를 주의 깊게 관찰한 믿을 만한 목격자 한 분에게서 출생 당시에 수컷의 뿔이 암컷의 뿔보다 더 잘 발달해 있다는 얘기를 들었다. 필(J. Peel)은 암수 모두에게 뿔이 있는 롱크 양을 뿔이 없는 레이체스터스 양과 역시 뿔이 없는 쉬로프쉬어 다운스 양과 교배시켰다. 그 결과로 태어난 수컷 자손의 뿔은 상당히 작아졌

---

11) 이 정보는 캔필드(Canfield)가 제공해준 것이다. *Proceedings of the Zoological Society*, 1866, 105쪽에 실린 그의 논문도 참조하시오.

12) 예를 들어 암컷 스프링복(*Antilope euchore*)은 전혀 다른 별개의 종, 즉 안틸로페 도르카스 코리네(*A. dorcas corine*) 암컷과 유사하다. Desmarest, *Mammalogie*, 455쪽을 참조하시오.

13) J.E. Gray, 같은 책, 1852, 160쪽.

으며 암컷 자손의 뿔은 완전히 사라졌다고 한다. 이런 여러 사실에서 양의 뿔은 수컷보다는 암컷한테서 훨씬 더 변화가 많이 나타나는 형질이라는 사실을 알 수 있다. 따라서 우리는 뿔이 기원적으로 수컷의 형질을 띠는 것이라고 생각할 수 있다.

다 자란 사향소(Ovibos moschatus)의 수컷에게는 암컷보다 큰 뿔이 있다. 또한 암컷의 양쪽 뿔의 기저부는 서로 붙어 있지 않다.[14] 보통 소에 대해 블리스는 다음과 같이 말한다. "야생 소의 경우 대부분 수컷의 뿔이 암컷의 뿔보다 더 길고 두껍다. 반텡(Bos sondaicus)* 암컷의 뿔은 아주 작고 뒤쪽으로 휘어져 있다. 등에 혹이 있거나 없는 품종 모두에서, 수컷의 뿔은 짧고 두껍지만 암컷이나 거세한 수컷의 뿔은 길고 가늘어진다. 인도 물소도 수컷의 뿔은 짧고 두껍지만 암컷의 뿔은 가늘고 길다. 야생 가우르(Bos gaurus)는 수컷의 뿔이 암컷의 뿔보다 더 길고 두껍다."[15] 메이저(C.F. Major)도 내게 새로운 사실을 알려 주었는데 암컷 보스 에트루스쿠스(Bos etruscus)의 두개골로 여겨지는 화석이 발다르노*에서 발견되었는데 뿔이 전혀 없었다고 한다. 흰뿔소(Rhinoceros simus) 암컷의 뿔은 수컷의 뿔보다 길지만 강하지는 않다. 다른 종류의 코뿔소는 암컷의 뿔이 더 짧다고 한다.[16] 이들 여러 가지 사실에서 모든 동물의 뿔은 암수가 동일한 정도로 발달해 있다고 하더라도 최초에는 수컷이 다른 수컷을 무찌르는 데 사용하려고 획득한 것으로 추정할 수 있다. 그리고 어느 정도 완벽하게 암컷에게 그 형질이 전달된 것으로 보인다.

거세 효과도 이 주제에 대해 시사하는 바가 있어 주목할 만하다.

---

14) J. Richardson, 같은 책, 278쪽.

15) E. Blyth, *Land and Water*, 1867, 346쪽.

16) A. Smith, *Illustrations of the Zoology of South Africa*, 삽화 19; R. Owen, 같은 책, 제3권, 624쪽.

거세당한 수사슴한테서는 절대로 새로운 뿔이 자라지 않는다. 그러나 수컷 순록은 예외여서 거세를 당한 후에도 새로운 뿔이 돋아난다. 순록의 암수 모두 뿔을 소유하는 것과 마찬가지로 앞의 사실은 일견 순록의 뿔이 성징이 아니라는 것을 보여주는 것 같다.[17] 그러나 순록의 뿔은 그들의 체질이 성적으로 차이를 보이기 훨씬 전인 아주 어린 나이에 발달한다. 따라서 뿔을 최초로 수컷이 획득했다고 하더라도 거세로 뿔의 생성이 영향을 받지 않는다는 사실은 그리 놀랄 만한 것이 아니다. 양의 암수에게는 모두 제대로 된 뿔이 있다. 내가 전해 듣기로 웨일스 양의 경우 거세당한 수컷의 뿔은 상당히 작아졌다고 한다. 그러나 그 작아진 정도는 거세 시기에 따라 다르다고 한다. 이것은 다른 대부분의 동물의 경우도 마찬가지다. 메리노 숫양에게는 커다란 뿔이 있지만 암컷에게는 일반적으로 뿔이 없다. 이 품종의 수컷을 거세하면 그 효과는 아주 큰 것 같다. 어린 시기에 거세당한 숫양의 뿔은 거의 발달하지 않는다.[18] 기니 지방에 사는 양의 한 품종은 암컷에게 전혀 뿔이 없다. 리드(W. Reade)는 수컷도 거세당한 후에는 전혀 뿔이 돋아나지 않는다고 나에게 알려주었다. 소의 경우 거세는 수컷의 뿔에 더 큰 영향을 미친다. 거세당한 수컷의 뿔은 짧아지거나 두꺼워지지 않고 암컷의 뿔보다 더 길고 가늘어지거나 암컷과 비슷하게 닮아간다. 안틸로페 베조아르티카도 어느 정도 비슷한 사례에 해당하는데 수컷에게는 길고 곧은 나선형의 뿔이 있으며 두 뿔은 거의 평행으로 놓여 뒤쪽을 향한다. 암컷에게도 뿔이 있는 경우가 종종 있

---

17) 이것은 세이들리츠(Seidlitz)의 결론이다. *Die Darwin'sche Theorie*, 1871, 47쪽.
18) 나를 위해 독일의 작센 지방에서 이 주제를 연구한 카루스(V. Carus)에게 많은 신세를 졌다. H. von Nathusius, *Vorträge über Viehzucht*, 1872, 64쪽에서 어린 나이에 거세당한 양의 뿔은 완전히 사라지든지 흔적으로만 남는다고 했다. 그러나 그가 메리노 양을 언급한 것인지 보통의 양을 언급한 것인지는 모르겠다.

지만 수컷과는 완전히 다른 모습이다. 암컷의 뿔은 나선형이 아니고 크게 벌어져 있으며 끝이 앞쪽으로 구부러져 있다. 블리스가 내게 알려주었듯이 거세당한 수컷의 뿔이 암컷의 뿔과 동일한 모양으로 변하면서도 좀더 길고 두꺼운 모습을 띤다는 것은 놀랄 만한 내용이다. 유추해서 판단한다면 소와 영양의 사례에서 암컷은 각각의 초기 조상이 보였던 뿔의 상태를 드러내는 것일 수도 있다. 그러나 거세당한 수컷에게서 왜 과거의 상태가 재현되는지는 확실하게 설명할 만한 것이 없다. 서로 다른 종이나 품종이 교배되어 태어난 후손은 체질적인 교란을 일으키는 것과 마찬가지로 오랫동안 잃어버렸던 형질이 다시 나타날 수는 있을 것 같다.[19] 따라서 거세됨으로써 각 개체의 체질이 교란되고 그 때문에 동일한 영향이 나타날 수도 있을 것이다.

여러 품종 코끼리의 엄니는 반추동물의 뿔처럼 암수에 따라 그 모양이 다르다. 인도와 말라카 지방에 서식하는 코끼리는 수컷의 엄니만 잘 발달해 있다. 대부분의 박물학자는 실론섬에 서식하는 코끼리를 별개의 품종으로 취급한다. 그러나 별개의 종으로 생각하는 박물학자도 있다. 이들 중 엄니가 있는 것은 100마리에 한 마리도 되지 않으며 엄니가 있는 몇 안 되는 코끼리도 모두 수컷이다.[20] 아프리카코끼리는 틀림없이 별개의 종이다. 암컷에게도 엄니가 있는데 수컷만큼 크지는 않지만 그래도 잘 발달해 있다.

여러 품종의 코끼리 엄니는 이렇게 다양한 차이를 보인다. 또 야생 순록 같은 사슴의 뿔도 큰 변이를 보인다. 안틸로페 베조아르티카 영양 암컷은 뿔이 있는 경우가 간혹 있으며 안틸로카프라 아메리카나

---

19) 이에 대한 사례와 여러 가지 실험 내용은 나의 *The Variation of Animals and Plants under Domestication*, vol. 2, 1868, 39~47쪽에 제시되어 있다.

20) J.E. Tennent, *Ceylon*, vol. 2, 1859, 274쪽. 말라카 지방 코끼리에 대해서는 *Journal of Indian Archipelago*, vol. 4, 357쪽을 참조하시오.

의 암컷은 뿔이 없는 경우가 흔하다. 일부 일각 고래에는 두 개의 엄니가 있다. 일부 해마류의 암컷에게서는 엄니가 전혀 나타나지 않는다. 이 모든 것은 이차성징의 극단적인 변이를 나타내고 있으며 아주 가까운 유연 관계를 갖는 종류 사이에서도 이차성징이 쉽게 변할 수 있다는 것을 보여주는 것이다.

모든 사례에서 엄니와 뿔이 한쪽 성에만 나타나는 무기로서 일차적으로 발달되었을지라도 이들이 다른 목적으로 사용되는 사례는 흔히 발견된다. 코끼리는 호랑이를 공격할 때 엄니를 이용한다. 브루스(Bruce)는 코끼리가 엄니를 이용하여 나무 줄기에 줄을 그은 후 나무를 밀어 쓰러뜨린다고 한다. 같은 방법으로 야자나무에 줄을 그어 그 속에서 녹말을 추출한다고 한다. 아프리카코끼리 수컷은 두 개의 엄니 중에서 항상 한쪽 엄니를 이용하여 바닥을 눌러보아 바닥이 자신의 체중을 버텨줄지 가늠한다고 한다. 일반 황소는 자신의 뿔을 이용하여 무리를 방어한다. 로이드(L. Lloyd)가 관찰한 결과 스웨덴의 엘크가 자신의 큰 뿔을 이용하여 단 한 방에 늑대를 죽이는 경우도 있다고 한다. 유사한 많은 사례를 제시할 수 있다. 동물이 뿔을 이차적으로 사용하는 가장 기이한 사례 중의 하나는 후턴(Hutton) 선장이 관찰한 것으로 히말라야에 서식하는 야생 염소인 카프라 외가그루스(*Capra agrus*)의 사례일 것이다.[21] 이들 염소의 수컷은 언덕에서 사고로 떨어지게 되면 머리를 숙여 거대한 뿔을 아래로 향하게 함으로써 충격을 분산시킨다고 한다. 이런 현상은 아이벡스*에서도 관찰된다. 암컷은 뿔이 작기 때문에 그렇게 행동할 수가 없다. 그러나 암컷은 체질적으로 매우 조용한 성격이어서 이 기괴한 방패를 그렇게 자주 쓸 필요가 없다.

---

21) *Calcutta Journal of Natural History,* vol. 2, 1843, 526쪽.

모든 수컷은 자신의 무기를 자신만의 독특한 방식으로 사용한다. 보통의 숫양은 뿔의 기저부를 이용하여 상대를 들이받는데 아주 힘센 한 남자가 숫양의 뿔에 받쳐 어린애처럼 나가떨어지는 것을 본 적이 있다. 아프가니스탄의 오비스 치클로체로스(*Ovis cycloceros*) 같은 일부 양이나 염소에게는 초승달처럼 휜 뿔이 있는데 뿔의 전면에는 이랑이 패어 있다. 그들은 뒷다리를 이용하여 몸을 세웠다가 상대를 들이받을 뿐만 아니라 뿔을 사브르처럼 이용하여 상대를 베어 넘어뜨리거나 머리를 치켜올리며 공격하기도 한다.[22] 오비스 치클로체로스가 덩치 큰 가축 숫양을 공격한 적이 있었다. 그 가축 숫양은 성질이 매우 난폭했다. 그러나 싸움은 아주 새로운 전투 전략을 구사한 오비스 치클로체로스의 승리로 끝났다. 전투가 시작되자마자 오비스 치클로체로스는 숫양에게 가까이 접근하여 얼굴과 코에 날카로운 공격을 퍼붓고는 반격이 오기 전에 사정권 밖으로 튀어 벗어났다. 펨브록셔*에서 여러 세대를 거치며 야생의 상태로 돌아간 염소 무리를 이끌던 수컷 한 마리가 단 한 번의 전투에서 여러 마리의 수컷을 죽인 사실이 알려졌다. 이 염소에게는 거대한 뿔이 있었는데 그 길이가 1미터에 달했다. 잘 알려져 있듯이 일반 수소는 적을 찔러 던져버린다. 그러나 이탈리아의 물소는 절대로 뿔을 사용하지 않는다고 한다. 이들은 불룩한 앞이마를 이용하여 가공할 힘으로 상대를 들이받은 후 쓰러진 상대를 무릎으로 짓밟아버리는 것으로 알려져 있다. 이런 본능은 일반 수소에게서는 볼 수 없는 것이다.[23] 물소에게 다가가 코

---

22) E. Blyth, *Land and Water*, 1867. 3, 134쪽에서 후턴 선장과 여러 사람의 말을 인용하여 설명했다. 펨브록셔의 야생 염소에 대해서는 Field, 1869, 150쪽을 참조하시오.

23) E.M. Bailly, "Sur l'Usage des Cornes," *Annal des Sciences Naturelles*, tom. 2, 1824, 369쪽을 참조하시오.

를 쿵쿵거리며 물소를 자극하는 개는 그 자리에서 짓눌려 박살이 난다. 그러나 이탈리아의 물소가 오랫동안 가축화되었다는 사실을 기억해야 한다. 따라서 물소의 야생 조상형에게 그들과 유사한 뿔이 있었는지는 전혀 확실하지 않다. 바틀릿(A.D. Bartlett)에게 들은 바에 따르면 아프리카물소(*Bubalus caffer*) 암컷이 수컷과 함께 우리에 갇히게 되면 암컷은 수컷을 공격하며 수컷도 엄청나게 맹렬한 기세로 암컷을 떠밀어버린다고 한다. 그러나 바틀릿은 만약 수컷에게 고귀한 관용이 없다면 그는 거대한 뿔을 이용하여 암컷의 측면을 들이받아 쉽게 죽일 수 있을 것이라고 확신했다. 기린에게는 털로 덮인 짧은 뿔이 있는데 이것도 수컷이 암컷보다 약간 더 길다. 기린은 이 뿔을 기이한 방식으로 사용한다. 기린은 긴 목을 이용하여 머리를 좌우로 흔드는데 양쪽 바닥에 이른 머리는 위와 아래가 거의 뒤집혀 보일 정도다. 그런데 그 힘이 얼마나 강한지 뿔에 받친 두꺼운 널빤지에 깊은 홈이 팬 것을 본 적이 있다.

영양이 그들의 기이한 뿔을 어떻게 사용하는지 쉽게 짐작할 수 없을 때가 있다. 예를 들어 스프링복(*Antilope euchore*)*은 비교적 짧은 뿔이 위로 솟아 있으며 날카로운 끝부분은 안쪽으로 거의 수직으로 굽어 있어 두 끝이 서로를 향한다. 바틀릿은 그것의 용도를 알지 못했지만 적의 얼굴 양쪽에 치명적인 상처를 입힐 수 있다고 제안했다. 아라비아오릭스(*Oryx leucoryx*, 〈그림-63〉)의 약간 휜 뿔은 뒤쪽을 향하며 그 길이는 몸의 절반을 넘어선다. 등 위쪽에서 이들 뿔은 거의 평행으로 달린다. 따라서 그것은 싸움에는 전혀 적합하지 않아 보인다. 그러나 바틀릿이 내게 알려준 바에 따르면 아라비아오릭스 두 마리가 전투를 준비할 때면 앞다리를 꿇고 두 앞다리 사이에 머리를 집어넣는데 이 자세에서 뿔은 거의 지면과 붙어 수평으로 뻗어 뿔의 끝은 앞쪽을 향하며 약간 위로 치켜올라간 상태가 된다고 한다. 이 상태에서 아라비아 오릭스는 상대를 향해 점점 접근하며 뿔을 상대의 몸 아래쪽으로 밀어넣으려고 한다. 한 마리가 상대의 몸 아래쪽으로 자신의 뿔을 집어넣게 되면 갑자기 몸을 치켜올리며 동시에 머리를 홱 들어올린다. 이런 방식으로 이들은 상대에게 상처를 입히거나 상대의 몸에 구멍을 내기도 한다. 두 동물은 항상 무릎을 구부리고 가능한 이 전술에 대항하려고 한다. 이들 영양 중 하나는 사자를 향해서도 자신의 뿔을 효과적으로 사용했다는 보고가 있다. 그러나 뿔을 앞으로 향하게 하려면 머리를 두 앞다리 사이에 집어넣을 수밖에 없기 때문에 시야가 가려져 다른 동물이 공격해오면 대부분 크게 불리할 것이다. 따라서 특이한 모습으로 돋은 긴 뿔이 그들을 잡아먹으려는 맹수에 대항해 자신을 보호하기 위해 획득하였다고 보기는 어렵다. 하지만 오릭스 영양의 먼 조상 중에서 몇몇 수컷이 적당히 길고 곧으며 약간 뒤로 휜 뿔을 얻게 되었고, 다른 수컷 경쟁자들과 대결할 때, 오늘날의 수사슴처럼 머리를 아래쪽으로 숙였다는 것을 알 수 있다. 그후 수컷은 처음에는 이따금씩 그리고 나중에는 계속해서 무릎을 꿇는 동작을 획득할 수 있었을 것이다. 이 경우 가장 뿔이 긴 수컷이 뿔이 짧은 수컷에 비해 더 큰 이득을 얻었으리라는 것은 거의 확실하

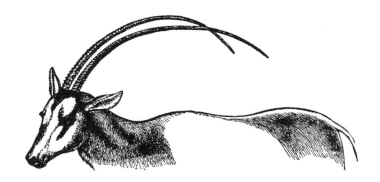

〈그림-63〉 아라비아오릭스. 수컷(노슬리 동물원).

다. 그후 뿔은 자연선택을 통해 점차 더 길어지게 되어 오늘날처럼 아주 길고 기이한 모양이 되었을 것이다.

많은 종류의 수사슴에서 뿔의 가지치기는 해석하기가 매우 어려운 사례에 해당한다. 가지를 치지 않은 긴 뿔이 여러 개로 가지를 친 뿔보다 더 치명적인 상처를 입힐 수 있기 때문이다. 에거턴(P. Egerton)의 박물관에는 붉은사슴(*Cervus elaphus*)의 뿔 하나가 있는데 길이가 76센티미터이며 적어도 15개의 그루터기나 가지가 있다. 모리츠부르크*에는 붉은사슴의 뿔 한 쌍이 보관되어 있다. 그것은 1699년 프리드리히 1세가 사냥한 것인데 뿔의 한쪽에 놀랍게도 33개의 가지가 있으며 다른 한쪽에도 27개의 가지가 있어 모두 60회의 가지치기를 했음을 알 수 있다. 리처드슨은 야생 순록의 뿔 한 쌍을 그렸는데 그 뿔에는 29개의 가지가 있었다.[24] 뿔의 가지치기 방식과 앞다리를 걷어차면서 싸우는 사슴의 사례[25]를 통해 베일리는 사슴의 뿔이 그들에게 유용하기보다는 오히려 해롭다는 결론을 내렸다. 그러나 베일리는 수컷 경쟁자들 사이에 벌어지는 정정당당한 전투를 간과했다. 나는 뿔의 가지가 갖는 장점이나 그 이용에 대해 상당한 혼란을 느꼈다. 그래서 나는 콜론세이*에서 붉은사슴의 습성을 오랫동안 면밀하게 조사한 맥네일(McNeill)에게 문의했다. 그는 뿔의 일부 가지를 사용하는 것을 본 적은 없지만 아래쪽을 향하는 뿔의 맨 밑가지는 앞

---

24) 붉은사슴의 뿔에 대해서는 R. Owen, *British Fossil Mammals*, 1846, 478쪽을 참조하시오. 순록의 뿔에 대해서는 J. Richardson, *Fauna Boreali-Americana*, 1829, 240쪽을 참조하시오. 모리츠부르크의 사례는 카루스(V. Carus)에게 많은 도움을 받았다.

25) 캐턴(J.D. Caton)은 아메리카의 사슴들이 앞다리를 이용하여 싸우며, 개체들 간의 우열 관계가 일단 한번 결정되면 전체 무리가 그것을 받아들인다고 말했다(*Transactions of Ottawa Academy of Natural Sciences*, 1868. 5, 9쪽). E.M. Bailly, "Sur l'Usage des Cornes," *Annal des Sciences Naturelles*, tom. 2, 1824, 371쪽.

이마를 보호하는 훌륭한 기능을 한다고 내게 말했다. 또 가지의 끝은 적을 공격할 때도 이용한다고 했다. 에거턴도 붉은사슴과 다마사슴이 싸울 때 갑자기 상대에게 돌진하여 뿔로 상대의 몸을 공격하면서 치열한 전투를 벌인다고 내게 말했다. 한 마리가 전투에서 패하여 몸을 돌리면 승자는 뿔의 맨 아래쪽에 있는 가지로 패한 적의 몸을 찌른다고 한다. 그러므로 뿔의 위쪽 가지들은 상대를 밀고 상대의 공격을 방어하는 데 주로 사용하는 것으로 보인다. 그러나 일부 종의 위쪽 가지는 공격용 무기로 사용하기도 한다. 오타와의 저지 캐턴 공원에서 사람이 엘크의 공격을 받은 적이 있었는데 여러 사람이 그를 구하려고 했지만 수컷 엘크는 바닥에서 절대로 머리를 들지 않았다. 사실 그 수컷은 새로운 적을 찌르려고 머리를 한쪽으로 돌릴 때 외에는 코를 두 앞다리 사이에 묻고 거의 머리를 바닥에 박고 있었다. 이 자세에서 뿔의 모든 가지는 그 끝이 적을 향한다. 머리를 좌우로 흔들며 엘크는 어느 정도 머리를 들 수밖에 없었다. 뿔이 너무 길어 한쪽을 들지 않고는 머리를 흔들 수 없었던 것이다. 이때 반대쪽의 뿔은 바닥에 닿았다. 이렇게 하여 엘크는 구출하려던 사람들을 45미터에서 60미터까지 멀리 쫓아버렸고 처음에 공격당했던 사람은 결국 죽고 말았다.[26]

수사슴의 뿔이 효과적인 무기인 것은 틀림없지만 가지를 친 뿔보다 뾰족하게 하나로 뻗은 뿔이 틀림없이 훨씬 더 위협을 줄 수 있다는 것이 내 생각이다. 사슴에 대해 풍부한 경험이 있는 캐턴도 이 결론에 동의한다. 또한 가지 친 뿔이 경쟁 수사슴의 공격을 막아내는 수단으로 매우 중요한 것은 사실이지만 서로 얽히는 것으로 보아 방어 목적에 완벽하게 적용된 것도 아닌 것 같다. 따라서 나는 그들이 장식 작용을

---

26) 앞에서 언급한 캐턴의 논문 부록에 매우 흥미로운 설명이 있으니 참조하시오.

하는 것이 아닌가 생각하게 되었다. 일부 영양이 갖고 있는 뿔은 두 개가 모두 휘어져 있으며 수금 같은 우아한 모양을 갖추고 있다(〈그림-64〉). 이들 뿔과 함께 수사슴의 가지 친 뿔이 우리 눈에 장식으로 보인다는 사실에는 아무도 이의를 달지 않을 것이다. 게다가 옛날 기사의 화려한 복장처럼 수사슴과 영양의 고귀한 외모에 뿔이 추가되었다면 뿔은 장식을 위해 부분적으로 변형되었을 것이다. 비록 전투에 실제적으로 기여하기 위해 주로 변형되었겠지만 그것을 뒷받침할 만한 증거는 없다.

〈그림-64〉 얼룩영양(*Strepsiceros kudu*. A. Smith, *Illustrations of the Zoology of South Africa*에서 인용).

최근 흥미 있는 사례가 알려졌다. 그 사례에 따르면 미국의 한 지역에 서식하는 사슴의 뿔이 성선택과 자연선택을 통해 변형된 것 같다는 것이다. 미국에서 발간되는 훌륭한 잡지의 작가 한 분은 흰꼬리사슴(*Cervus virginianus*)이 아주 많이 사는 애디론댁*에서 21년 동안 사냥을 했다고 했다.[27] 약 14년 전 그는 처음으로 못처럼 뾰족하게 생긴 뿔이 있는 수사슴의 얘기를 들었다. 이들 사슴은 해가 지날수록 점점 더 흔해져서, 약 5년 전에는 한 마리를 사냥하면 한참이 지나서

---

[27] *American Naturalist*, 1869. 12, 552쪽.

야 한 마리를 더 사냥할 수 있었는데 오늘날에는 자주 사냥할 수 있다고 한다. "못처럼 뾰족하게 생긴 뿔은 흰꼬리사슴의 보통 뿔과는 상당히 다르다. 이것은 못처럼 생긴 구조인데 일반 뿔에 비해 훨씬 더 가늘고 길이는 절반에도 미치지 못하며 이마에서 앞쪽으로 뻗었으며 그 끝은 매우 날카롭다. 이 뿔이 있는 수컷은 일반 수사슴에 비해 상당한 이득을 얻는다. 나무가 빽빽한 숲이나 덤불 속을 일반 사슴보다 빨리 달릴 수 있을 뿐만 아니라(사냥꾼들은 이 사실을 알고 있으며 1년생 수사슴이 성가신 뿔이 있는 수컷에 비해 더 빨리 달린다는 사실도 잘 알고 있다) 못처럼 생긴 뿔은 보통 뿔보다 더 효과적인 무기가 된다. 이러한 이점이 있기 때문에 못처럼 생긴 뿔이 있는 수사슴은 일반 수사슴의 수에 근접하고 있으며 때가 되면 애디론댁에서 일반 수사슴의 자리를 대체할 수도 있을 것이다. 의심할 것도 없이 못같이 생긴 뿔을 갖게 된 최초의 수컷은 자연의 우연적인 변종에 지나지 않았을 것이다. 그런데 이 뿔이 그 수컷에게 이득을 주게 되면서 그 형질이 퍼지게 된 것이다. 그의 후손도 동일한 이점을 갖게 됨으로써 가지 친 뿔을 가진 수컷을 그들이 사는 지역에서 떠밀어낼 때까지 못같이 생긴 뿔의 형질은 일정한 속도로 증가하게 된 것이다." 다음과 같은 질문을 던지며 이 설명에 반대하는 비평가들이 있을 수 있다. 단순한 뿔에 그런 이점이 있다면 조상형에 해당하는 가지 친 뿔이 왜 아직도 여전히 나타나는가? 이 질문에 나는 훌륭한 전투력을 갖춘 가축 양을 무찌른 오비스 치클로체로스에서 볼 수 있듯이 새로운 무기를 갖춘 새로운 공격 양식은 큰 이점이 될 수 있다는 사실을 이에 대한 해답으로 제시할 수 있을 뿐이다. 수컷의 가지 친 뿔이 경쟁자와 싸우는 데 훌륭하게 적응된 점은 있다. 또 수컷이 동일한 종류의 수컷하고만 싸움을 벌인다면 끝이 뾰족한 변형 뿔이 길고 가지 친 형질을 서서히 획득하게 되면서 이득을 얻었을지도 모른다. 그러나 다른 방식으로 무장한

적을 이기기 위해 가지 친 뿔이 최적의 적응 형태라고는 결코 주장할 수는 없다. 앞서 설명했던 아라비아오릭스의 뿔은 짧아서 무릎을 꿇을 필요가 없어진 영양이 승리를 거두게 되었다는 것은 거의 확실하다. 물론 수컷이 적절한 경쟁자하고만 전투를 벌인다면 긴 뿔로 이득을 얻었을 수도 있지만 말이다.

엄니를 갖춘 네발 동물의 수컷은 뿔과 마찬가지로 그들의 엄니를 여러 가지 방식으로 사용한다. 멧돼지는 측면과 위쪽으로 상대를 가격한다. 사향노루는 아래로 가격하여 상대에게 치명적인 상처를 입힐 수 있다.[28] 해마는 목이 짧고 몸이 뚱뚱하지만 목을 위쪽이나 아래쪽, 또는 양쪽 옆으로 휘둘러 상대를 가격할 수 있다.[29] 고인이 된 팰코너(H. Falconer)에 따르면 인도코끼리는 엄니의 위치와 휜 정도에 따라 서로 싸우는 방식이 다르다고 한다. 엄니가 앞쪽으로 뻗으며 위를 향할 때 코끼리는 호랑이를 상당히 멀리 심지어 9미터를 내던질 수 있다고 한다. 또 엄니가 짧고 아래를 향할 때 코끼리는 호랑이를 바닥으로 찍어누르려고 한다. 이런 동작은 코끼리 등에 탄 사람도 위험하게 만들어 가마에서 떨어질 수도 있다고 했다.[30]

수컷 경쟁자와 싸우기 위해 특별하게 적응된 무기를 두 개씩 갖고 있는 네발 동물은 거의 없다. 그러나 문착 사슴(*Cervulus*)의 수컷은 예외다. 이들은 뿔과 튀어나온 송곳니를 함께 갖고 있다. 하지만 다음에 언급할 내용으로 보아 우리는 한 가지 유형의 무기가 나이를 먹어감에 따라 다른 유형의 무기로 대체된다고 추정할 수 있다. 반추동물

---

28) Pallas, *Spicilegia Zoologica*, vol. 13, 1779, 18쪽.

29) Lamont, *Seasons with the Sea-Horses*, 1861, 141쪽.

30) 엄니가 짧은 코끼리의 무크나(Mooknah) 변종이 다른 코끼리를 공격하는 방식에 대해서는 코르세(Corse)의 논문을 참조하시오(*Philosophical Transactions*, 1799, 212쪽).

의 경우 뿔의 성장은 적당하게 발달한 송곳니의 성장과 일반적으로 반비례 관계에 있다. 예를 들어 낙타, 야생 라마, 쥐사슴* 그리고 사향노루에게는 모두 뿔이 없는 대신에 매우 유용한 송곳니가 있다. 그런데 암컷의 송곳니는 항상 수컷의 송곳니보다 작다. 낙타과(Camelidae)의 동물은 진짜 송곳니 외에 위턱에 송곳니처럼 생긴 한 쌍의 앞니가 있다.[31] 그에 반해 사슴과 영양의 수컷에게는 뿔이 있으며 송곳니가 있는 경우는 거의 없다. 만약 송곳니가 있다고 해도 항상 크기가 작아서 싸움에서 어떤 기여를 할 수 있을지 의심스러울 정도다. 안틸로페 몬타나(*Antilope montana*)*의 어린 수컷의 송곳니는 단지 아주 작은 흔적으로만 관찰되며 나이를 먹어감에 따라 사라진다. 암컷의 경우 어떤 연령에서도 송곳니가 나타나지 않는다. 그러나 일부 종류의 영양과 사슴은 암컷에게 송곳니의 흔적이 있는 경우도 간혹 있는 것으로 알려져 있다.[32] 수말에게는 작은 송곳니가 있으며 암말에게는 작은 송곳니의 흔적만이 나타나거나 전혀 나타나지 않는다. 그러나 이들 송곳니를 싸움에 사용하는 것 같지는 않다. 수말은 송곳니 대신에 앞니를 이용하여 상대를 물어뜯으며 낙타와 라마처럼 입을 크게 벌리지도 않는다. 다 자란 수컷이 별반 쓸모도 없는 송곳니를 갖고 있으며 암컷은 송곳니를 갖고 있지 않거나 흔적으로만 갖고 있을 때, 그들 조상의 수컷이 매우 효과적인 송곳니를 갖고 있었으며 그 형질이

---

31) R. Owen, *Anatomy of Vertebrates,* vol. 3, 349쪽.

32) 사슴과 영양의 송곳니에 대해서는 *Proceedings of the Zoological Society,* 1836. 1. 12, 3쪽에 실린 뤼펠(Rüppel)의 논문을 참조하고 미국산 사슴 암컷에 대한 마틴(W.C.L. Martin)의 기록도 함께 참조하시오. 사슴 암컷 성체의 송곳니에 대해서는 팰코너의 글을 참조하시오(*Palaeontological Memoirs and Notes,* vol. 1, 1868, 576쪽). 나이 든 사향노루 수컷은 송곳니가 7.6센티미터까지 자라는 경우도 있다. 그러나 암컷에게는 잇몸에서 거의 1.3센티미터 정도로 작은 송곳니의 흔적이 솟아 있을 뿐이다(Pallas, *Spicilegia Zoologica,* vol. 13, 1779, 18쪽).

부분적으로 암컷에게 전달되었다고 결론을 내릴 수 있을 것 같다. 수컷의 송곳니는 그들의 싸움 방식이 변화되면서 작아진 것 같다. 말은 예외겠지만 대개 새로운 무기가 생기게 되면 싸움 방식도 이에 따라 변화된다.

동물의 경우 엄니와 뿔이 발달하려면 많은 유기 물질이 소모되어야 한다. 따라서 이들 구조가 중요하다는 것은 틀림없는 사실이다. 아시아코끼리, 털이 있으며 이미 멸종한 코끼리, 그리고 아프리카코끼리의 엄니 단 하나의 무게가 각각 68, 72, 82킬로그램이나 된다. 일부 학자들은 이보다 무거운 엄니를 제시하기도 한다.[33] 사슴의 뿔은 주기적으로 새것으로 교체된다. 체력 소모가 상당히 클 것임이 틀림없다. 예를 들어 말코손바닥사슴의 뿔은 23~27킬로그램에 달한다. 멸종한 아일랜드 엘크의 뿔은 27~32킬로그램에 이른다. 아일랜드 엘크의 경우 두 뿔이 붙어 있는 두개골은 평균 2.4킬로그램에 불과하다. 양은 뿔이 주기적으로 새로 생기지는 않지만 많은 농학자는 양에게 뿔이 생기면 사육자 처지에서는 눈에 띌 정도의 손실이 수반된다고 주장한다. 더구나 수사슴의 경우 포식 맹수의 손아귀에서 벗어나려면 추가적인 무게를 갖고 뛰어야만 한다. 더구나 수목이 우거진 지역을 헤치고 나아갈 때는 더욱더 속도가 지체된다. 예를 들어 전체 길이가 1.65미터에 달하는 뿔을 머리에 얹고 있는 말코손바닥사슴은 설사 그들이 뿔을 매우 능숙하게 다루어 조용히 걷는 경우 나뭇가지를 건드리거나 부러뜨리지 않고 보행한다고 해도 늑대 무리에 쫓겨 도망칠 때에도 그렇게 능숙하게 행동할 수는 없을 것이다. "앞으로 전진할 때 그들은 코를 높이 세워 뿔이 뒤로 수평으로 놓이게 한다. 그

---

[33] J.E. Tennent, 앞의 책, 제2권, 275쪽; R. Owen, *British Fossil Mammals*, 1846, 245쪽.

런데 이런 자세에서는 바닥이 잘 보일 리 없다."[34] 거대한 아일랜드 엘크의 뿔 끝은 실제로 바닥에서 2.4미터나 떨어져 있다! 사슴의 뿔은 부드러운 솜털인 벨벳으로 덮여 있는 시기가 있는데, 붉은사슴은 이 시기가 약 12주 정도다. 이 시기의 뿔은 충격에 아주 예민하여 독일 지방에 서식하는 수사슴은 이 시기에 습성이 어느 정도 변화될 정도다. 그래서 그들은 수목이 빽빽한 숲을 피하고 어린 나무와 키 작은 덤불 지역을 주로 찾는다고 한다.[35] 이들 사례들을 살펴보면 수컷 조류가 비행 능력이 떨어지는 대가를 치르면서 획득한 장식깃과 경쟁자와 전투하는 능력을 잃으면서까지 획득한 그외의 장식들이 생각난다.

대부분의 포유류는 암컷과 수컷의 크기가 다르다. 이 경우 크고 강한 것은 거의 항상 수컷이다. 굴드에게 들은 바에 따르면 오스트레일리아의 유대류도 이에 해당하는 것이 분명하다고 한다. 유대류 수컷은 보통 늦은 나이까지도 계속해서 성장한다고 한다. 그러나 가장 뚜렷한 사례는 바다표범의 한 종류인 칼로리누스 우르시누스(*Callorhinus ursinus*)에서 나타난다. 다 자란 암컷은 다 자란 수컷에 비해 몸무게가 1/6에 불과하다.[36] 길의 설명에 따르면 바다표범 중에서 일부다처제를 고수하며 수컷끼리 치열하게 싸우는 종류들이 이에 해당하는데,

---

34) 말코손바닥사슴(*Alces palmata*)에 대해서는 J. Richardson, *Fauna Boreali-Americana*, 236~237쪽을 참조하시오. 뿔 때문에 생물이 지불해야 하는 비용에 대해서는 *Land and Water*, 1869, 143쪽을 참조하시오. 아일랜드 엘크에 대해서는 R. Owen, *British Fossil Mammals*, 447, 455쪽도 참조하시오.

35) C. Boner, *Forest Creatures*, 1861, 60쪽.

36) *Bull. Mus. Comp. Zoology of Cambridge, United States*, vol. 2, no. 1, 82쪽에 알렌(J.A. Allen)의 흥미로운 논문이 실려 있으니 참조하시오. 주의 깊은 관찰자인 브라이언트(Bryant) 선장이 이들의 무게를 조사했다. *American Naturalist*, 1871년에 실린 길(Gill)의 논문을 참조하시오. *American Naturalist*, 1873. 1에는 암수 고래의 상대적인 크기에 대한 샬러(Shaler)의 논문이 실려 있다.

이들은 암수 간의 체구에서 큰 차이를 보인다고 한다. 그러나 일부일처제를 시행하는 종은 암수의 체구가 거의 차이나지 않는다고 한다. 고래도 수컷의 호전성과 이에 따른 체구의 관계가 잘 나타나는 동물이다. 참고래 수컷은 서로 싸우지도 않고 덩치가 암컷보다 크지도 않으며 오히려 약간 더 작기까지 하다. 그에 반해 향유고래 수컷은 서로 자주 싸우며 그들의 피부에는 경쟁자의 이빨 때문에 생긴 상처 자국이 나타나는 경우가 흔하다. 이들의 체구는 암컷에 비해 두 배에 달할 정도로 크다. 헌터가 이미 오래전에 말했듯이[37] 수컷이 큰 힘을 발휘하는 부위는 소의 거대한 목같이 다른 수컷 경쟁자와 싸울 때 사용하는 부위임이 틀림없다. 또 네발 동물의 수컷은 암컷보다 용기가 있고 호전적이다. 수컷이 이런 형질을 갖게 된 것은 승리를 거둔 수컷에 대한 성선택이 오랫동안 작용한 것이 하나의 이유가 되고 또 한편으로는 기관을 계속해서 사용함으로써 그 효과가 유전되었기 때문이라는 것은 거의 의심할 여지가 없다. 힘, 크기, 용기의 연속적인 변이는 그것이 단지 변이 때문에 일어난 것이든 아니면 사용해서 생긴 효과 때문이든지를 떠나 수컷 네발 동물이 이 특징적인 자질을 획득하는 과정이 축적되어 생의 늦은 시기에 일어났을 것이다. 따라서 대부분 수컷에게만 이런 형질이 전달되는 결과가 초래되었을 것이다.

이들 고찰을 통해 나는 스코틀랜드의 사슴 사냥개에 관한 정보를 얻으려 했다. 이들 사냥개의 암수가 보이는 크기의 차이는 다른 품종의 암수보다 크다. 물론 블러드하운드*처럼 더 큰 차이를 보이는 종류도 있기는 하지만 이들 사냥개는 내가 아는 개과의 어떤 야생종보다도 암수 간의 차이가 심한 편이다. 따라서 나는 이 품종으로 크게 성공을 거둬 유명해진 쿠플스(Cupples)에게 몇 가지 사항을 문의

---

37) J. Hunter, *Animal Economy*, 45쪽.

했는데 그는 친절하게도 여러 출처에서 다음과 같은 사실을 모아 내게 제공해주었다. 훌륭한 사슴 사냥개 수컷은 어깨까지의 높이가 작게는 71센티미터에서 크게는 84센티미터의 범위이며 86센티미터에 달하는 것도 있다. 무게는 36킬로그램에서 54킬로그램 정도인데 그보다 더 무거운 수컷도 있다. 암컷은 해당 높이가 대개 58~69센티미터 정도며 71센티미터에 달하는 것도 있다. 무게는 23~32킬로그램 정도인데 36킬로그램에 이르는 암컷도 있다.[38] 쿠플스의 경우 수컷은 43~45킬로그램, 암컷은 32킬로그램이 무난한 평균값이 될 거라고 결론지었다. 그러나 과거에는 암수 모두 지금보다 더 덩치가 컸다고 생각할 만한 근거가 있다. 쿠플스는 태어난 지 2주일이 지난 강아지의 체중을 측정했다. 한배에서 태어난 네 마리 수컷의 평균 체중은 다른 두 마리 암컷의 평균 체중보다 184그램 더 무거웠다. 다른 배의 네 마리 수컷은 한 마리 암컷보다 겨우 28그램 미만 정도 더 나갔다. 태어난 지 3주일이 지나 동일한 수컷들의 체중을 측정해보면 암컷보다 212그램이 더 나갔다. 그리고 6주가 지나면 거의 396그램의 차이를 보였다. 옐더슬레이 하우스의 라이트(Wright)는 쿠플스에게 보낸 편지에서 다음과 같이 말한다. "나는 여러 배에서 태어난 강아지들의 크기와 체중을 기록했습니다. 경험이 쌓여갈수록 일반적으로 수컷 강아지들이 5~6개월까지는 암컷과 거의 차이가 없다는 것을 알게 되었습니다. 이 시기에 개들이 많이 자라 체중이나 크기가 거의 어미와 비슷해집니다. 태어났을 때와 태어나서 몇 주 동안 암컷 강아지가

---

38) J. Richardson, *Manual on the Dog*, 59쪽도 참조하시오. 스코틀랜드의 사슴 사냥개에 대한 아주 귀중한 정보는 맥네일(McNeill)이 제공해주었는데, 그는 Scrope, *Art of Deer-Stalking*에 실린 글에서 암수 간에 나타나는 크기의 불균등에 대해 최초로 관심을 기울였다. 쿠플스는 이 유명한 품종에 대한 자세한 설명과 그들의 역사를 다룬 책을 출판할 뜻을 갖고 있다. 그의 의지가 지속되었으면 좋겠다.

수컷 강아지보다 큰 경우도 종종 있습니다. 그러나 나중에는 암컷이 항상 수컷보다 뒤떨어지게 됩니다." 콜론세이의 맥네일(McNeill)은 다음과 같은 결론을 내렸다. "암컷은 2년 안에 성장을 마치지만 수컷은 2년이 되어도 계속해서 성장하는 상태다." 쿠플스의 경험에 따르면 수컷은 12개월에서 18개월에 이를 때까지 계속해서 자라며 체중은 18개월에서 24개월이 될 때까지 계속 늘어난다고 한다. 그러나 암컷은 9개월에서 14~15개월이면 성장이 멈추고 12개월에서 15개월이면 최고의 체중에 이른다고 한다. 이런 여러 가지 사실로 보아 사슴 사냥개 암컷과 수컷은 한참 나이를 먹은 후에야 신장의 차이가 충분히 벌어진다는 것이 확실하다. 맥네일이 내게 알려주었듯이 암컷은 충분히 성장한 사슴을 쓰러뜨릴 만큼 힘이 세고 체중이 많이 나가지 않기 때문에 사냥에는 주로 수컷만을 이용한다. 쿠플스에게 들은 바에 따르면 옛 전설 속에 나오는 개의 명성을 생각해볼 때, 아주 먼 옛날에 수컷은 최고의 찬사를 받았고 암컷은 단지 유명한 개의 어미로서만 간단하게 언급되었던 것 같다. 그러므로 여러 세대를 거치며 힘, 크기, 속도, 용기의 시험 대상이 된 것은 주로 수컷이었으며 최고로 뽑힌 수컷에게서 씨를 받았던 것이다. 그러나 수컷이 비교적 나이를 먹어야만 충분히 성장하는 것으로 보아 이제까지 자주 언급했던 법칙에 따라 수컷은 그들의 형질을 수컷 자손에게만 물려주려는 경향이 있었을 것이다. 이런 식으로 스코틀랜드의 사슴 사냥개 암수가 보이는 큰 차이를 설명할 수 있을 것 같다.

다른 동물의 공격을 단지 방어하기 위해 기관이나 부위가 발달한 네발 동물의 수컷은 거의 없다. 전에 이미 살펴보았듯이 일부 종류의 사슴은 뿔의 위쪽 가지를 주로 자신을 방어하는 데 사용한다. 바틀릿에게 들은 바에 따르면 오릭스는 길고 약간 휜 뿔을 이용하여 아주 능숙하게 자신을 방어하지만 동시에 공격용으로도 뿔을 사용한다고 한

다. 역시 바틀릿에 따르면 코
뿔소는 싸울 때 상대의 측면
공격을 뿔로 막아낸다고 한다.
이때 뿔이 서로 부딪치며 멧돼
지의 엄니가 부딪칠 때 나는
소리 같은 큰 소리가 난다고
한다. 멧돼지가 치열하게 싸우
는 것은 사실이지만 브렘에 따
르면 이들이 치명적인 상처를
입는 일은 드물다고 한다. 왜

〈그림-65〉 생의 전성기를 맞이한 일반 멧
돼지의 머리(브렘의 그림).

냐하면 상대의 공격을 엄니로 받아내거나 어깨를 덮고 있는 연골성
피부로 받아내기 때문이다. 독일의 사냥꾼들은 이 부위를 방패라고
부른다. 여기서 우리는 방어 목적으로 특별히 변형된 부위를 보는 것
이다. 전성기를 맞이한 멧돼지의 경우(〈그림-65〉) 아래턱의 엄니는 전
투에 사용된다. 그러나 브렘이 지적했듯이 멧돼지가 늙게 되면 엄니
는 안쪽으로 그리고 코를 지나 위쪽으로 많이 휘어지기 때문에 더 이
상 전투에 사용되지 못한다고 한다. 그렇지만 이들 구조는 계속해서
방어 수단으로 사용되며 심지어 더 효과적인 면도 있다고 한다. 공격
용 무기인 아래턱 엄니를 잃는 대신에 항상 약간 옆쪽으로 뻗어 있는
위턱의 엄니는 늙어감에 따라 길이가 늘어나고 위쪽으로 뻗어 공격용
으로 사용될 수도 있다. 그런데도 늙은 멧돼지는 6~7년 된 멧돼지만
큼 인간에게 위협적이지는 않다.[39]

셀레베스*에 서식하는 바비루사 멧돼지의 다 자란 수컷(〈그림-66〉)
은, 전성기를 맞이한 유럽 멧돼지와 마찬가지로 아래턱에 돋은 엄니

---

39)A.E. Brehm, *Illustriertes Thierleben*, Bd. 2, 729~732쪽.

〈그림-66〉 바비루사 멧돼지의 두개골(A.R. Wallace, *The Malay Archipelago*에서 인용).

가 무시무시한 무기로 작용한다. 그러나 위턱에 돋은 엄니는 너무 길고 끝이 안쪽으로 너무 많이 휘어져서 이마에 닿는 경우도 있다. 따라서 위턱의 엄니는 공격용 무기로서는 전혀 쓸모가 없다. 이것은 치아라기보다는 뿔을 닮았다. 치아로서는 아무런 쓸모도 없기 때문에 이들을 나뭇가지에 걸어 머리를 고정시켜 휴식을 취한다고 생각했던 시절도 있었다! 그러나 머리를 약간 옆으로 돌린다면 엄니의 불룩한 표면은 매우 훌륭한 방어물이 될 것이다. 그래서 늙은 멧돼지에게는 엄니가 부러져 있는 경우가 흔하게 나타나는데 싸움 때문에 그렇게 된 것 같다.[40] 따라서 우리는 여기서 바비루스 멧돼지의 위 엄니

40) 이 동물에 대해서는 월리스의 흥미로운 설명을 참조하시오. *The Malay Archipelago*, 1869, vol. 1, 435쪽.

〈그림-67〉 *Proceedings of the Zoological Society*(1869)에서 인용한 사막혹멧돼지 암컷의 머리로 규모는 작지만 수컷과 동일한 특징을 보여준다. 판화가 처음으로 제작되었을 때 나는 이것이 수컷이라는 인상을 받았다.

가 생의 전성기에 단지 방어 기능만을 적절하게 수행하는 것이 틀림없는 기이한 사례를 살펴본 것이다. 그러나 유럽에 서식하는 멧돼지의 아래 엄니는 그 정도가 덜하며 늙은 나이에만 거의 동일한 형태를 취해 역시 방어만을 위한 기여를 한다.

사막혹멧돼지(*Phacochoerus aethiopicus.* 〈그림-67〉)의 수컷에 있는 위턱의 엄니는 전성기에 위쪽으로 휘어져 있어 가공할 만한 무기가 된다. 아래턱의 엄니는 위턱의 엄니보다 날카롭기는 하지만 길이가 짧아 거의 공격용 무기로 사용하는 것 같지는 않다. 그러나 아래턱의 엄니는 위턱 엄니의 기저부를 단단히 받치며 지탱하고 있어 위턱 엄니의 기능을 크게 강화시켜주고 있다. 위턱의 엄니와 아래턱의 엄니가 어느 정도 방어 목적으로 사용되는 것은 사실이지만 방어 구조로 작용하도록 특별히 변형된 것 같지는 않다. 그러나 사막혹멧돼지에게 다른 특별한 방어 수단이 없는 것은 아니다. 이들에게는 얼굴 양쪽으로 눈 밑에 뻣뻣하면서도 유연성이 있는 타원형의 연골성 패드가 있다(〈그림-67〉). 이들은 밖으로 2~3인치 정도 돌출되어 있다. 이 구조에 대해 바틀릿과 나는 같은 생각을 했다. 즉 살아 있는 사막혹멧돼지를 관찰하면 상대가 엄니를 이용하여 아래쪽에서부터 위쪽으로 얼굴을 가격했을 때, 이 패드는 위쪽으로 뒤집어져 다소 튀어나온 눈을 아주 훌륭하게 보호할 것이라고. 이들 멧돼지는 서로 얼굴을 마주 대하고 싸운다는 사실을 바틀릿의 말을 빌려 덧붙이겠다.

마지막으로 살펴볼 덤불멧돼지(*Potomochoerus penicillatus*)의 얼굴 양쪽 눈 아래에는 딱딱한 연골성 혹이 있다. 이것은 사막혹멧돼지의 유연한 패드와 일치한다. 또 콧구멍 위쪽의 위턱에도 골성 돌출물 두 개가 돋아나 있다. 런던 동물원에 있는 이 종의 멧돼지 한 마리는 최근 사막혹멧돼지 우리를 부수고 그 안으로 들어갔다. 이들은 밤새 싸웠으며 아침에 기진맥진한 상태로 발견되었지만 심한 부상은 입지 않은 상태였다. 위에서 설명한 돌출물과 혹의 목적에서도 알 수 있듯이 이들 구조가 피로 덮여 있고 베이거나 벗겨진 흔적이 아주 기이한 방식으로 새겨져 있다는 것은 놀랄 만한 사실이다.

돼지과의 수컷이 무기를 갖고 있고, 또 이제 막 살펴본 것처럼 방어 수단이 있는 경우가 아주 많은 것은 사실이지만 이들 무기는 비교적 최근의 지질학적 시대에 획득한 것으로 보인다. 메이저(C.F. Major)는 중신세에 살았던 여러 종을 일일이 열거했다.[41] 어느 종류도 수컷이 크게 발달한 엄니를 갖는 경우는 없는 것 같다. 뤼티마이어(Rütimeyer) 도 이 같은 사실에 깊은 감명을 받은 적이 있다고 한다.

사자의 갈기는 자신을 위험에 빠뜨릴 수 있을 정도로 막강한 라이벌 사자가 공격해올 때 훌륭한 방어물이 된다. 스미스(A. Smith)가 알려준 바에 따르면 수사자들은 치열한 전투를 벌이며 이때 어린 사자는 나이 든 사자의 근처에 얼씬도 못한다고 한다. 1857년 브롬위치에

---

41) C.F. Major, *Atti della Societa Italiana di Scienza Naturale*, vol. 15, no. 4. 1873.

서 호랑이 한 마리가 사자 우리를 부수고 안으로 들어가면서 끔찍한 장면이 연출되었다. "사자의 갈기는 목과 머리를 보호해 큰 상처를 입지 않도록 해주었지만 호랑이는 마침내 사자의 복부를 찢어버려 몇 분 만에 사자는 죽고 말았다."[42] 캐나다스라소니(*Felis canadensis*)의 목과 턱에 넓게 돋은 털은 암컷보다 수컷의 것이 훨씬 더 길다. 그러나 이것이 방어물로 작용하는지는 잘 모르겠다. 수컷 바다표범이 서로 치열하게 싸운다는 것은 잘 알려진 사실이다. 오타리아 주바타(*Otaria jubata*) 같은 일부 종의 수컷[43]에게는 거대한 갈기가 있는 데 반해 암컷에게는 갈기가 거의 없거나 아예 흔적도 보이지 않는다. 희망봉에 서식하는 개코원숭이(*Cynocephalus porcarius*) 수컷은 암컷보다 훨씬 긴 갈기와 큰 송곳니가 있다. 여기서도 갈기는 방어물로 작용할 것이다. 런던 동물원의 사육사 한 분에게 내 의도를 전혀 알려주지 않은 상태에서 어떤 원숭이 종류가 목덜미를 물어 상대를 공격하는지에 대해 문의했다. 개코원숭이 외에는 그렇게 공격하는 원숭이가 없다는 것이 그의 대답이었다. 사자의 경우 어린 암수와 암컷 성체에는 갈기가 거의 없지만 에렌베르그(Ehrenberg)는 아마드리야스 개코원숭이 수컷 성체의 갈기를 젊은 사자의 갈기에 비유했다.

거의 바닥에 닿을 정도의 거대한 털로 이루어진 미국산 들소 수컷의 갈기는 암컷보다 훨씬 더 잘 발달되어 있는데 이것은 치열한 전투에서 방어물로 작용한다. 그러나 경험 많은 사냥꾼 한 분이 캐턴에게 말한 바에 따르면 그는 이 생각을 지지할 만한 증거를 전혀 알지 못

---

42) *The Times*, 1857. 11. 10. 캐나다 스라소니에 대해서는 J.J. Audubon & Bachman, *Viviparous Quadrupeds of North America*, 1846, 139쪽을 참조하시오.

43) 오타리아(*Otaria*) 물개에 대해서는 J. Murie, *Proceedings of the Zoological Society*, 1869, 109쪽을 참조하시오. 알렌은 앞에서 언급한 논문에서 암컷보다 수컷의 목에서 길게 관찰되는 털이 갈기라는 이름으로 불린다는 사실에 회의적인 입장을 표명했다.

한다고 했다. 수말에게는 암말보다 빽빽하고 탐스런 갈기가 있다. 나는 많은 수의 훌륭한 말을 담당하는 매우 유명한 훈련가이자 사육가인 두 분에게 특별한 질문을 했다. 그 결과 나는 말들이 항상 상대의 목을 붙잡으려 한다는 사실을 확인할 수 있었다. 그렇지만 앞에서 언급한 내용은 다음과 같은 사실을 설명하지 못한다. 즉 목에 돋은 털이 방어물로 작용할 때, 사자의 갈기처럼 그럴듯한 경우도 있지만 갈기가 원래 이 목적으로 발달되었다는 것을 설명해주는 것은 아니다. 붉은사슴(*Cervus elaphus*) 수컷의 목에 돋은 긴 털이 사냥꾼에게 추적당할 때 훌륭한 방어물이 된다는 사실을 맥네일이 알려주었다. 사냥개들은 일반적으로 사슴의 목을 물려고 하지만 사슴의 목털이 이 목적으로 발달한 것 같지는 않다. 만약 그랬더라면 어린 새끼나 암컷에게도 보호받기 위해 같은 방식의 목털이 발달했을 것이기 때문이다.

짝짓기 시기에 일어나는 네발 동물의 암수 선택　암수의 목소리, 향기 그리고 장식의 차이는 다음 장에서 살펴보겠다. 그전에 암수가 서로 짝짓기를 하기 전에 어떻게 각자의 선택권을 발휘하는지 간단하게 살펴보는 것도 유용할 것 같다. 수컷들이 우위를 차지하기 위해, 싸움을 벌이기 전이나 싸움이 끝난 후에 암컷은 과연 특정한 수컷에게 호감을 갖게 될까? 또 수컷이 일부다처주의자가 아닐 경우 배우자로서 특정한 암컷만을 선택하게 될까? 사육가들은 수컷이 아무 암컷이나 받아들이는 것 같다고 생각한다. 수컷이 열정을 갖고 있는 것으로 보아 이것은 거의 옳을 것이다. 일반적으로 암컷이 아무 수컷이나 받아들이는지는 지극히 의심스럽다. 조류에 대해 논의한 제14장에서 우리는 암컷이 짝을 선택한다는 것을 보여주는 직·간접적인 여러 증거를 살펴보았다. 좀더 높은 위치에 있으며 정신 능력이 높은 네발 동물의 암컷이 어느 정도라도 선택권을 행사하지 않는다는 것은 오히려 비정상일 것이다. 자신을 즐겁게 해주지 못하거나 자극하지 못하는 수컷에게 구애를 받을 경우 대부분의 암컷은 그 수컷의 곁을 떠난다. 또 여러 마리의 수컷이 한 암컷의 뒤를 쫓는 경우가 흔하게 일어나는데, 수컷들이 암컷을 차지하려고 서로 싸울 때 암컷은 특정한 한 수컷과 함께 그 자리를 떠나는 경우가 종종 있다. 아니면 최소한 일시적이라도 특정한 수컷과 짝짓기할 기회를 가질 수 있다. 에거턴과 그 외 여러 사람에게서 들은 바에 따르면 마지막에 언급한 이런 사건이 스코틀랜드의 붉은사슴에게서 자주 관찰된다고 한다.[44]

자연 상태의 암컷이 짝짓기에서 선택권을 행사하는지에 대해서는 많이 알려져 있지 않다. 바다표범의 한 종류인 칼로리누스 우르시누스(*Callorhinus ursinus*)가 행하는 기이한 구애 행동의 내용이 자세하게 소개될 것이다. 이것은 바다표범의 구애 행동을 관찰할 기회가 많았던 브라이언트(Bryant) 선장에 따른 것이다.[45] 그는 다음과 같이 말했다. "번식을 하기 위해 목적지인 섬에 도착한 많은 암컷은 특정한 수컷을 찾아가길 간절히 바라는 것 같다. 그래서 외딴 바위에 올라 바다표범 무리를 내려다보며, 익숙한 목소리를 찾는 것처럼 소리를 지르고 또 주위에서 들리는 소리를 듣는다. 그러고는 장소를 바꿔 같은 행위를 계속해서 반복한다. 암컷 한 마리가 해안에 도착하면 가장 가까운 곳에 있는 수컷이 아래로 내려가 암탉이 병아리에게 꼬꼬거리듯 한동안 소리를 지르며 암컷을 맞아들인다. 수컷은 암컷에게 절

---

44) 보너(C. Boner)는 독일에 서식하는 붉은사슴의 습성에 대해 설명한 훌륭한 작품인 『숲의 생명들』(*Forest creatures*, 1861, 81쪽)에서 다음과 같이 말했다. "수사슴이 침입자에게서 자신의 권리를 지키고 있는 사이 또 다른 수컷 한 마리가 그의 신성한 하렘에 침입하여 암컷을 하나씩 채어갈 수 있다." 이와 똑같은 일이 바다표범에게도 일어날 수 있다. J.A. Allen, *Mammals and Birds of East Florida*, 100쪽을 참조하시오.

45) J.A. Allen, *Bull. Mus. Comp. Zoology of Cambridge, United States*, vol. 2, no. 1, 99쪽.

을 하고 구슬리면서 몸을 움직여 암컷을 육지 쪽으로 유인해 도망가지 못하도록 한다. 그다음에 수컷의 태도는 돌변하여 거친 소리를 지르며 암컷을 자신의 하렘 안으로 몰아넣는다. 이런 행위는 하렘의 빈 공간이 거의 가득 찰 때까지 계속된다. 그때 운이 좋아 암컷을 많이 차지한 수컷의 이웃에 지위가 높은 수컷이 있을 경우 지위가 높은 수컷은 이웃 수컷의 경계가 소홀한 틈을 타 이웃의 아내를 훔친다. 수컷은 암컷을 입에 물어 다른 암컷들 머리 위로 높이 치켜세우고는 자신의 하렘으로 조심스레 갖고 온다. 고양이가 새끼 고양이를 물어 나르는 것과 같다. 더 지위가 높은 수컷도 같은 방법을 동원해 자신의 하렘을 가득 채운다. 암컷 한 마리를 차지하기 위해 두 마리 수컷 사이에서 투쟁이 벌어지는 일도 흔히 일어난다. 두 마리 수컷은 암컷을 동시에 물고 서로 잡아당겨 암컷이 이빨에 잡혀 찢기는 경우도 있다. 공간이 다 차면 나이 든 수컷은 자신의 가족을 사열하듯 만족스럽게 주위를 어슬렁거리며 서로를 떠밀고 밀치는 암컷들을 꾸짖고 혹시라도 침입자가 생기면 그들을 사납게 몰아낸다. 수컷은 자신의 하렘을 감시하는 행위에 늘 몰두해 있다."

자연 상태에서 일어나는 동물의 구애 행동에 대해서는 거의 알려진 것이 없으므로 나는 가축 네발 동물들이 짝을 구할 때 어떤 선택권을 행사하는지 알아보려고 했다. 개는 관찰하기에 가장 적합한 동물이다. 사람들은 개를 정성들여 사육하며 그들의 행위는 쉽게 이해할 수 있기 때문이다. 이 주제에 대해서는 자기의 의견을 표현하려는 사육가들이 많다. 예를 들어 메이휴(E. Mayhew)는 다음과 같이 말한다. "암컷은 자기의 애정을 베풀 수 있다. 또한 고등동물에 관한 여러 가지 사례에서 보듯이 그들의 섬세한 기억력은 매우 뛰어나다. 암컷이 그들의 사랑에 항상 신중한 것은 아니지만 등급이 낮은 잡종견은 거들떠보지도 않는 경향이 있다. 그러나 외모가 천박한 동료와 함께 키우게 되면 이 둘 사이에도 영원한 애정이 생겨나는 일이 흔하다. 사실 열정은 낭만적인 인내 이상의 것이 되어간다." 메이휴는 주로 작은 품종에 관심을 기울였는데 그는 작은 품종의 암컷이 덩치가 큰 수컷에게 강하게 이끌린다고 확신한다.[46] 유명한 수의사인 블레인은 자기가 키우는 발발이 암컷이 스파니엘에게 애착을 갖게 되었고, 암컷 세터*는 잡종견에게 애정을 느끼게 되었다고 말한다. 몇 주일이 지나기 전까지 이들은 자기와 같은 품종과는 짝짓기를 하려 하지 않았다.[47] 테리어*에 애착을 갖게 된 리트리버*와 스파니엘 암컷에 관해서 나는 유사하면서도 귀중한 설명을 들을 수 있었다.

쿠플스가 확신을 갖고 알려준 다음의 사례는 귀중하고 놀라운 지적 능력을 갖춘 암컷 테리어가 어느 정도 유연 관계가 떨어진 리트리버를 사랑한 경우인데, 수컷 리트리버는 테리어를 자주 피했다고 한다. 그들이 아주 헤어진 후 암컷의 젖꼭지에서 젖이 여러 차례 보이기는 했지만 암컷은 다른 어떤 수컷의 구애 행동도 절대로 받아들이려 하지 않았다. 그 암컷 개의 주인에게는 유감이었겠지만 그 개는 절대로 새끼를 낳지 않았다. 계속해서 쿠플스의 말에 따르면 1868년 그는 자신의 개 사육장에서 사슴 사냥개 암컷 한 마리를 키웠는데 새끼를 세 번 낳았다고 한다. 그런데 사육장에는 생의 전성기를 맞은 수컷 네 마리가 함께 생활하고 있었는데 이 암컷은 매번 가장 크고 잘생긴 수컷을 열정적이지는 않더라도 좋아하는 것이 분명해 보였다고 한다. 그 암컷은 대개 함께 어울리며 친숙한 개를 좋아했고 수줍음과 소심함이 있어 처음 본 낯선 개를 멀리하는 경향이 있었다고 한다. 그에 반해 수컷은 낯선 암컷을 좋아하는 경향을 보이는 것 같다.

---

46) E. Mayhew, *Dogs: Their Management,* 2nd ed., 1864, 187~192쪽.
47) A. Walker, *On Intermarriage,* 1838, 276쪽. 또한 244쪽도 참조하시오.

수컷이 특정한 암컷을 배척하는 일은 드문 것 같다. 그러나 옐더슬레이 하우스의 유명한 개 사육가인 라이트는 자기가 아는 몇 가지 사례를 내게 알려주었다. 그는 자기가 키우는 사슴 사냥개의 사례를 인용해서 설명했는데 그 수컷은 특정한 암컷 마스티프*에게 조금의 관심도 기울이려 하지 않았기 때문에 할 수 없이 사슴 사냥개 암컷이 필요했다고 한다. 다른 사례를 더 들 수는 있지만 불필요할 것 같아 한 가지 사례만 더 추가하겠다. 많은 블러드하운드 품종을 정성들여 사육했던 바(Barr)는 암수가 함께 섞여 있을 때 서로 명확한 호감을 갖고 있는 두 개체가 항상 존재한다고 말했다. 이 주제에 대해 1년 더 면밀하게 검토한 후 쿠플스는 다음과 같은 편지를 내게 보냈다. "나는 전에 내가 한 말을 여전히 확신합니다. 즉 번식기의 개는 특정한 상대에게 명백한 호감을 갖고 있다는 것입니다. 이런 호감은 과거에 그들이 보였던 친숙함의 정도뿐만 아니라 크기, 화려한 색깔, 각자의 독특한 성질에 영향을 받습니다."

경주마를 가장 잘 번식시키는 것으로 이 세상에서 가장 유명한 블렌키론(Blenkiron)이 말에 대해 다음과 같은 사실을 알려주었다. 즉 수말은 그들의 선택에 변덕을 부리는 일이 종종 있어 암말을 배척하고 특정한 이유도 없이 다른 암말을 선택한다는 것이다. 그래서 수말을 다루려면 여러 가지 기술이 늘 필요하다고 한다. 예를 들어 유명한 모나크 품종은 글라디아튜어 품종의 암컷을 의식적으로 전혀 거들떠보려 하지 않아 속임수가 필요하다고 한다. 성격이 까다로워 사육가들을 탈진시키는 귀중한 경주마 종마들이 그들의 선택에 그렇게 까다로운 이유에 대해 어느 정도는 알 수 있을 것 같다. 블렌키론은 수말을 거절하는 암말을 본 적이 없다고 한다. 그러나 이 상황은 라이트의 마구간에서 일어난 것으로 암말이 상황에 속은 것이 틀림없을 것이다. 뤼카(P. Lucas)는 여러 프랑스 학자의 말을 인용하여 다음과

486

같이 말했다. "대개 종마는 한 암말에게만 열중하고 다른 암말은 거들떠보지도 않는 것이 보통이다."[48] 그는 밸렌(Baëlen)의 말을 빌려 수소에 관한 비슷한 사례를 제시했다. 그리고 릭스는 자신의 아버지가 갖고 있던 소가 뿔이 짧은 유명한 수소였는데 검은색 암소와 짝짓기하는 것을 결코 받아들이지 않는다고 내게 확실하게 말했다. 호프베르그는 라플란드의 가축화된 순록을 설명하면서 다음과 같이 말했다. "암컷은 특정한 수컷을 거절하고 다른 수컷을 보금자리로 받아들인다."[49] 많은 돼지를 사육했던 성직자 한 분은 암퇘지가 특정한 수퇘지를 거절하면서 다른 수퇘지는 즉시 받아들이는 일이 종종 있다고 주장했다.

이들 사실로 볼 때, 대부분의 네발 동물 가축 사이에는 종종 반감과 호감이 존재한다는 것은 의심할 여지가 없다. 그리고 이런 감정을 보이는 것은 수컷보다는 주로 암컷이다. 이런 것을 고려해볼 때 자연 상태에서 네발 동물의 짝짓기가 단지 우연으로만 일어날 것 같지는 않다. 그것보다는 다른 수컷에 비해 수준 높은 특성이 있는 특정한 수컷에게 암컷이 매혹되거나 자극된다고 생각하는 것이 훨씬 가능성이 있다. 그러나 그 형질이 무엇인지 우리가 확실히 아는 것은 거의 없다. 아니 전혀 없다고 할 수 있다.

---

48) P. Lucas, *Traité philosophique et Physiologique de l'Hérédité Naturelle*, tom. 2, 1850, 296쪽.

49) Hoffberg, *Amœnitates Academiae*, vol. 4, 1788, 160쪽.

제18장 포유류의 이차성징 — 계속

목소리 — 바다표범의 뚜렷한 성적 특성 — 냄새 — 털의 발달 — 털과 피부의 색깔 — 이례적으로 암컷이 수컷보다 더 화려한 사례 — 성선택으로 야기된 색깔과 장식 — 보호용으로 획득한 색깔 — 암수 모두에 나타나지만 성선택 때문에 생긴 색깔 — 반점과 줄무늬가 네발 동물의 성체에서 사라지는 현상 — 사수목 동물의 색깔과 장식 — 요약

네발 동물은 목소리를 여러 가지 목적에 사용한다. 위험을 알리는 신호, 집단의 한 개체가 다른 개체를 부를 때, 어미가 잃어버린 자식을 찾을 때, 새끼가 어미에게 보호를 요청할 때처럼 다양하게 이용한다. 그러나 이런 여러 가지 용법을 여기서 고려할 필요는 없을 것 같다. 우리는 암컷과 수컷이 내는 소리의 차이에만 관심이 있다. 예를 들어 수사자와 암사자, 또는 수소와 암소가 내는 소리의 차이처럼 목소리의 성적 차이에만 관심을 기울이기로 한다. 거의 모든 동물의 수컷은 발정기에 목소리를 많이 사용한다. 그리고 기린이나 호저* 같은 일부 동물의 수컷은 발정기를 제외하면 전혀 목소리를 내지 않는 것으로 알려져 있다.[1] 수사슴은 목 부위의 후두와 갑상선이 번식기가 시작될 때마다 주기적으로 팽창하는 것으로 보아[2] 그들의 큰 목소리

---

1) R. Owen, *Anatomy of Vertebrates,* vol. 3, 585쪽.

는 아무래도 뭔가 중요한 기능을 하는 것 같다. 그러나 이에 대해서는 의심스러운 점이 많다. 경험이 풍부한 관찰자인 맥네일(McNeill)과 에거턴(P. Egerton)이 제공한 정보에 따르면 세 살 미만의 젊은 수사슴은 으르렁거리거나 큰 소리로 울지 못하는 것 같다. 또 나이 든 수사슴도 번식기가 시작되어야만 큰 소리를 내기 시작하는데 처음에는 그저 가끔 적당한 크기의 소리를 지르며 끊임없이 암컷을 찾아 방황한다. 수사슴이 전투를 벌이기 전에는 크고 지속적인 울음소리가 울려퍼지지만 실제로 전투가 벌어지면 울부짖는 법이 없다. 목소리를 습관적으로 사용하는 모든 종류의 동물은 화를 내거나 전투를 준비할 때처럼 강한 감정 상태에서 여러 가지 소리를 낸다. 그러나 이것은 화가 나거나 고통스러울 때 우리가 이를 갈거나 주먹을 불끈 쥐는 것과 마찬가지로 단지 동물이 흥분함에 따라 신체의 여러 근육이 경련적으로 수축됨으로써 발생하는 소리일 뿐이다. 수사슴이 큰 소리를 지름으로써 상대에게 전투를 신청한다는 것은 의심할 여지가 없다. 그러나 아무리 목소리가 크다 하더라도 힘이 있고 훌륭한 무기와 용기가 없는 수사슴이라면 다른 경쟁자에 비해 어떤 이득도 얻지 못할 것이다.

사자는 화가 나면 갈기를 곤두세우며 본능적으로 자신을 가능한 무섭게 보이려고 노력하는 것으로 보아 사자의 큰 포효는 상대에게 공포심을 불러일으킴으로써 사자에게 이득이 될 수 있다. 그러나 수사슴의 목소리가 이 같은 방식으로 자신에게 기여하고 있다고 해도 목 부위의 주기적인 팽창을 일으킬 정도로 이들의 으르렁거리는 목소리가 중요한 기여를 한다고 생각하기는 힘들 것 같다. 수사슴의 울음소리가 암컷을 부르는 작용을 한다고 제안한 사람들이 있다. 그러

2) 위의 책, 595쪽.

나 위에서 인용한 경험 많은 맥네일과 에거턴에 따르면 수사슴은 암사슴을 찾아 헤매지만 암사슴이 수사슴을 찾아다니는 경우는 없다고 한다. 이것은 다른 네발 동물 수컷의 습성을 통해서도 예상할 수 있다. 그에 반해 암사슴이 소리를 지르면 한 마리 이상의 수사슴이 암컷에게로 빠르게 모여든다.[3] 야생 지역에서 사슴을 사냥하는 사냥꾼들은 이 사실을 잘 알고 있어 암사슴의 목소리를 흉내내어 수사슴을 유인한다고 한다. 암컷과 수컷 중 어느 한쪽이 특정한 계절에 획득한 형질은 동일한 계절을 맞은 동일한 성에게 전달된다는 원리와 성선택의 원리를 생각해보자. 그렇다면 수사슴이 목소리를 이용하여 암사슴을 자극하고 유혹하는 능력이 있다는 가정 아래 수사슴의 발성 기관이 주기적으로 확대되는 것은 충분히 있을 수 있는 일이다. 그러나 이 견해를 지지할 만한 확실한 증거는 없다. 이제까지 살펴보았듯이 번식기에 수사슴이 내는 큰 소리는 구애 행동에서든 전투에서든 그외의 어떤 방법으로도 수컷에게 특별한 도움을 주는 것 같지는 않다. 그러나 많은 세대를 거치며 사랑, 질투, 분노의 감정이 강하게 일어나는 상태에서 소리를 자주 사용하는 것이 마침내 다른 동물의 수컷뿐만 아니라 수사슴 발성 기관에 유전적인 효과를 일으킬 수 있다고 생각하는 것이 불가능한 것인가? 현재 우리가 아는 지식의 범위에서 이 견해는 가능성이 매우 높아 보인다.

다 자란 수컷 고릴라의 목소리는 대단하다. 또 이들 고릴라에게는 다 자란 오랑우탄 수컷과 마찬가지로 후두주머니가 있다.[4] 긴팔원숭이는 가장 시끄러운 원숭이 중의 하나다. 수마트라섬에 사는 긴팔원숭이 종류인 큰긴팔원숭이(*Hylobates syndactylus*)에게도 후두주머니

3) 말코손바닥사슴과 야생 순록의 습성에 대해서는 W.R. King, *The Sportsman and Naturalist in Canada*, 1866, 53, 131쪽을 참조하시오.
4) R. Owen, 앞의 책, 제3권, 600쪽.

가 있다. 그러나 이들을 관찰할 기회가 있었던 블리스(E. Blyth)는 수컷이 암컷보다 더 시끄럽다고 생각하지는 않았다. 그러므로 이들 긴팔원숭이 종류는 서로를 부르는 용도로 목소리를 사용하는 것 같다. 비버 같은 일부 네발 동물이 상호 호출 신호로 목소리를 사용하는 것은 분명한 사실이다.[5] 또 다른 긴팔원숭이 종류인 검은손긴팔원숭이(*H. agilis*)는 음조를 갖춘 완전한 옥타브를 내는 능력이 있는 것으로 잘 알려져 있다.[6] 이들이 내는 소리는 이성에 대한 성적 매력으로 작용하는 것으로 보인다. 이 주제에 대해서는 다음 장에서 다시 살펴보겠다. 아메리카의 미체테스 카라야(*Mycetes caraya*) 원숭이 수컷은 암컷보다 1/3 정도 더 크며 힘이 강하다. 온화한 날씨에 이들 원숭이가 아침저녁으로 내는 큰 소리는 숲속에 울려퍼진다. 수컷들은 서로 치열한 경연을 벌이는데 경연이 몇 시간 동안 지속되는 경우도 흔히 있다. 이때 암컷들은 작은 소리지만 같이 합류하여 소리를 지르기도 한다. 탁월한 관찰자인 렝거는 어떤 특별한 원인 때문에 그들의 목소리가 흥분되는 것은 아니라고 생각했다.[7] 많은 조류와 마찬가지로 이들 원숭이는 자신의 목소리에 즐거워하며 서로 목소리를 뽐내고 있다는 것이 렝거의 생각이다. 앞서 말한 대부분의 원숭이가 상대를 제압하거나 암컷을 매혹시키기 위해 그 강한 목소리를 획득한 것인지는 감히 말하지 않겠다. 또 목소리를 사용함으로써 아무런 이득을 얻지도 못하면서 단지 오랫동안 사용한 기관이 유전된다는 원칙에 따라 이들 원숭이가 발성 기관을 획득한 것인지도 감히 말하지 않겠다. 그러나 최소한 검은손긴팔원숭이에게는 위의 첫 번째 견해가 꽤 들

---

5) A.H. Green, *Journal of Linnean Society, Zoology*, vol. 10, 각주 362).

6) W.C. L. Martin, *General Introduction to the Natural History of Mammalian Animals*, 1841, 431쪽.

7) Rengger, *Naturgeschichte der Säugethiere von Paraguay*, 1830, 15, 21쪽.

어맞는 것 같다.

　바다표범의 기이한 성적 특성이 되는 두 가지 사례를 여기에 덧붙여도 될 것 같다. 그런 특성이 목소리에 영향을 미치는 것으로 사료되기 때문이다. 바다코끼리(*Macrorhinus proboscideus*) 수컷의 코는 번식기에 길게 자라며 곧추세워지기도 한다. 이 상태에서 코의 길이가 30센티미터에 달하는 경우도 있다. 그러나 암컷은 생의 어느 시기에도 코가 그렇게 길게 자라지 않는다. 수컷은 거칠고 쉰 목소리로 콸콸거리는 소리를 낸다. 그 소리는 아주 멀리서도 들리고 긴 코 때문에 소리가 증폭되는 것으로 생각되며 암컷이 내는 소리와는 다르다. 르송(Lesson)은 바다코끼리의 코가 곧추서는 현상을 수컷 가금류가 짝짓기를 할 때 턱볏이 크게 확장되는 현상에 비유했다. 유연 관계가 깊은 두건물범(*Cystophora cristata*)은 코의 비강이 크게 확장되어 있다. 비중격은 비강을 지지하며 뒤쪽으로 많이 치우쳐 뻗어 비강 속으로 길어져 있는데 그 길이가 18센티미터에 달한다. 주머니 코는 짧은 털로 덮여 있으며 근육이 분포하고 있어 그 크기가 머리만큼 부풀 수도 있다! 발정기를 맞은 수컷은 얼음 위에서 서로 격렬하게 싸우기도 하는데 이때 이들이 지르는 소리는 아주 커서 6킬로미터 밖에서도 들을 수 있다고 한다. 공격을 받았을 때도 그들은 포효하거나 으르렁거린다. 자극을 받을 때마다 비강은 부풀고 진동한다. 일부 박물학자들은 이런 구조 때문에 소리가 커질 수 있다고 생각한다. 그러나 이런 특이한 구조는 소리를 증폭시키는 기능 외에도 여러 가지 목적으로 사용된다고 한다. 브라운(R. Brown)은 이렇게 부푼 주머니코가 모든 돌발적인 사고에 방어물로 작용한다고 생각한다. 두건물범 600마리 정도를 사냥한 경험이 있는 라몽(Lamont)은 이 주머니코가 암컷에게는 흔적으로 남아 있다고 확신한다. 그리고 어린 수컷에게는 이 구조가 발달되어 있지 않다고 한다.[8]

냄새 미국의 악명 높은 스컹크 같은 일부 동물에게는 그들이 방출하는 지독한 냄새가 단지 방어 수단으로 작용하는 것 같다. 뒤쥐(Sorex)의 경우 암수 모두 복부에 향기샘이 있다. 포식조류와 동물이 뒤쥐를 가까이하지 않는 것으로 보아 냄새가 방어물로 작용한다는 것은 의심할 여지가 없다. 번식기가 되면 수컷의 향기샘이 확장된다. 암컷과 수컷이 갖고 있는 향기샘의 크기가 같은 네발 동물은 많지만 그들의 용도는 알려져 있지 않다.[9] 수컷에게만 향기샘이 있거나 암수 모두에게 있다고 하더라도 수컷에게서 훨씬 더 발달하는 경우가 많다. 그리고 대부분은 발정기가 되면 이들 향기샘의 기능이 활발해진다. 발정기에는 코끼리의 얼굴 양쪽에 있는 향기샘이 확장되어 사향 냄새가 강한 분비물이 나온다. 많은 종류의 박쥐의 경우 거의 수컷에게만 향기샘이 있으며 신체의 여러 부위에 밖으로 돌출될 수 있는 주머니가 있다. 이 주머니는 냄새를 만드는 곳으로 보인다.

수컷 염소는 냄새가 고약하기로 유명하다. 일부 사슴의 수컷도 강하고 지속적인 냄새를 풍긴다. 라플라타 강 제방에서 나는 체르부스 캄페스트리스(*Cervus campestris*) 사슴 수컷의 냄새를 맡은 적이 있었다. 바람은 이들 집단 쪽에서 내게로 불어왔고 그 거리는 약 800미터

---

8) 바다코끼리에 대해서는 르송(Lesson)의 논문이 *Dictionaire Classique d'Histoire Naturelle,* tom. 13, 418쪽에 실려 있으니 참조하시오. 두건물범(*Cystophora* 혹은 *Stemmatopus*)에 대해서는 Dekay, *Annals of Lyceum of Natural History,* vol. 1, 1824, 94쪽을 참조하시오. 페난트(Pennant)도 바다표범 사냥꾼들에게서 이 동물에 대한 정보를 수집했다. *Proceedings of the Zoological Society,* 1868, 435쪽에 브라운의 자세한 논문이 실려 있다.

9) 비버가 풍기는 냄새에 대해서는 L.H. Morgan, *The American Beaver and His Works,* 1868, 300쪽을 참조하시오. Pallas, *Spicilegia Zoologica,* vol. 13, 1779, 23쪽에서 포유동물의 향기샘에 대해서 훌륭하게 논의했다. 오언의 앞의 책, 제3권, 634쪽에서 코끼리, 763쪽에서 뒤쥐 등 여러 동물의 향기샘에 대해서 설명했다. 박쥐에 대해서는 *Proceedings of the Zoological Society,* 1873, 241쪽에 실린 도브슨(Dobson)의 논문을 참조하시오.

정도였다. 그때 내 손에는 실크 손수건이 들려 있었는데, 그후 계속해서 사용하며 세탁했지만 손수건을 펼칠 때마다 배어나오는 냄새는 1년 7개월 동안이나 없어지지 않았다. 이 사슴은 한 살이 될 때까지는 그렇게 심한 냄새를 풍기지 않는다. 또 어린 시절에 거세당한 수컷은 절대로 냄새를 풍기지 않는다.[10] 번식기에 보스 모스카투스(*Bos moschatus*) 같은 일부 반추동물의 몸 전체에서 배어나오는 일반 냄새 외에도 사슴, 영양, 양, 염소 중에는 신체 여러 곳에 향기샘이 있는 종류가 많다. 특히 이들 향기샘은 얼굴에 많이 분포한다. 소위 말하는 눈물주머니, 즉 안와하공(suborbital pit)이 이에 해당한다. 향기샘은 독한 냄새를 풍기는 반액체성 물질을 분비하는데 때로는 분비량이 너무 많아 얼굴 전체를 뒤덮는 경우도 있다. 나도 그런 영양을 직접 본 적이 있다. "향기샘은 대개 암컷보다는 수컷에 있는 것이 더 크며 거세당한 수컷의 향기샘은 그 발달이 억제된다."[11] 데마레스트(Desmarest)에 따르면 안틸로페 수브구투로사(*Antilope subgutturosa*) 암컷에게는 향기샘이 없다고 한다. 그러므로 향기샘이 생식 기능과 관련되어 있다는 것은 거의 의심할 여지가 없다. 유연 관계가 매우 가까운 종들 사이에서도 향기샘이 있는 종이 있는가 하면 어떤 종은 향기샘이 전혀 없다. 다 자란 사향노루(*Moschus moschiferus*) 수컷은 털이 벗겨진 꼬리 주위가 냄새 나는 액체로 젖어있다. 그러나 암컷이나 두 살 미만의 수컷은 이 부위가 털로 덮여 있으며 냄새를 풍기지 않는다. 사향노루에게 있는 원래의 사향샘은 신체 내의 위치로 수컷에게만 있을 수밖

---

10) Rengger, 앞의 책, 355쪽. 또 렝거는 냄새에 대한 기이한 사례에 대해 자세히 설명했다.

11) R. Owen, 앞의 책, 제3권, 632쪽. *Proceedings of the Zoological Society*, 1870, 340쪽에 향기샘에 대해 설명한 뮤리(Murie)의 논문이 실려 있으니 이것도 참조하시오. Desmarest, *Mammalogie*, 1820, 455쪽에 안틸로페 수브구투로사 영양의 사례가 실려 있으니 참조하시오.

에 없다. 결국 추가적인 향기샘을 갖고 있는 꼴이다. 팔라스에 따르면 이 추가적인 향기샘에서 분비되는 물질은 발정기가 되어도 농도 변화가 없으며 양도 증가하지 않는다고 하니 참 이상한 일이다. 그런데도 팔라스는 이 향기샘이 어떠한 방법으로든 생식 활동과 관련이 있다고 믿는다. 그렇지만 팔라스는 이 향기샘의 용도에 대해 추측과 불충분한 설명만을 제시했다.[12]

번식기에 수컷만이 강한 냄새를 풍기는 대부분의 경우 냄새는 암컷을 자극하거나 매혹시키는 데 기여할 것이다. 이 문제는 우리의 취향에 따라 판단을 내려서는 안 된다. 쥐는 특정한 필수 지방의 냄새에 이끌리며 고양이는 쥐오줌풀 성분에 유혹되지만 우리의 기준에 따르면 이들 물질은 모두 유쾌한 냄새와는 거리가 멀기 때문이다. 개도 썩은 고기를 먹지는 않지만 코를 들이대고 냄새를 맡으며 그 위에 몸을 문지르는 일이 있다. 수사슴의 목소리를 논의할 때 제시했던 근거로 우리는 냄새가 멀리 있는 암컷을 수컷에게로 유인하는 데 기여한다는 생각을 받아들이지 않을 수도 있다. 향기샘이 활발하고 지속적으로 사용된다고 해도 특별한 기능을 수행하지 않을 수도 있다. 발성 기관의 사례에서 살펴본 것과 마찬가지다. 그러나 크고 복잡한 분비샘 주머니를 쥐어짜거나 입구를 닫거나 여는 근육이 형성되어 있고 때로는 분비샘이 잘 발달되어 있다면 그렇게 해서 풍기는 냄새가 수컷에게 아주 중요하게 작용하는 것은 틀림없다. 가장 냄새를 짙게 풍기는 수컷이 가장 성공적으로 암컷을 차지하고 분비샘과 냄새를 점점 더 완벽하게 발달시키도록 형질을 물려받은 자손을 남겼다면 성선택을 통해 이들 분비샘이 발달할 수 있다는 것은 충분히 이해할

---

12) Pallas, 앞의 책, 제13권, 1779, 24쪽; Desmoulins, *Dictionaire Classique d'Histoire Naturelle,* tom. 3, 586쪽.

수 있는 부분이다.

털의 발달　네발 동물의 경우 수컷의 목과 어깨에는 암컷보다 더 많은 털이 발달하는 경우가 종종 있다는 사실을 우리는 알고 있다. 추가 사례를 얼마든지 제시할 수 있다. 이들 털은 전투를 할 때 수컷을 보호하는 역할을 한다. 그러나 털이 일반적으로 이 목적을 위해 발달하였는지 여부는 전혀 확신할 수 없다. 숱도 많지 않고 폭도 넓지 않은 갈기가 목의 등 쪽을 따라 솟은 경우 보호 목적을 수행하지 않는 것은 거의 확실한 것 같다. 이런 종류의 갈기는 아무런 보호 작용도 하지 못할 것이다. 그리고 등 쪽은 상처를 쉽게 입는 부위도 아니다. 그런데도 그런 갈기는 수컷에게만 국한되어 있는 경우가 있다. 설사 암수 모두에게 갈기가 있다고 하더라도 암컷보다는 수컷에게서 더 잘 발달해 있다. 두 종류의 영양인 트라젤라푸스 스크립투스(*Tragelaphus scriptus*, 〈그림-70〉)[13]와 닐가이영양(*Portax picta*)*이 이에 해당할 것이다. 수사슴이나 야생 염소의 수컷은 화가 나거나 겁에 질렸을 때 갈기를 곤추세운다.[14] 그러나 이런 구조가 적에게 단지 공포심을 일으킬 목적으로 발달했다고 추측하기는 어렵다. 앞에 언급한 닐가이영양은 목 부위에 검은 털이 무성히 돋아나 있으며 이것도 암컷보다는 수컷에게서 더 잘 발달되어 있다. 북아프리카의 암모트라구스 트라젤라푸스(*Ammotragus tragelaphus*)는 양의 한 종류로서 앞다리에 길게 자란 털이 덮여 있다. 이것은 목 부위에서부터 돋아나 다리의 위쪽 절반에 이른다. 바틀릿은 이 털이 수컷에게 하찮은 존재라고는 생각

---

13) J.E. Gray, *Gleanings from the Menagerie at Knowsley*, 삽화 28.

14) 엘크에 대해서는 *Transactions of Ottawa Academy of Natural Sciences*, 1868, 36, 40쪽에 실린 캐턴(J.D. Caton)의 글을 참조하시오. E. Blyth, *Land and Water*, 1867, 37쪽에 카프라 외가그루스(*Capra oegagrus*)에 대해 설명했다.

하지 않는다. 수컷은 암컷보다 털이 더 길게 자라 있다.

많은 종류의 네발 동물의 경우 수컷이 암컷보다 털이 많다. 또는 털의 특징이나 특정 얼굴 부위의 특징이 암컷과는 다르다. 예를 들어 수소에게만 앞이마에 곱슬곱슬한 털이 있다.[15] 염소과에 속하며 유연 관계가 깊은 세 아속(亞屬)은 수컷에게만 턱수염이 있으며 이 턱수염은 간혹 길게 자라는 경우도 있다. 그러나 일반 염소 같은 가축화된 품종에서는 턱수염이 사라지는 경우가 있다. 헤미트라구스 (*Hemitragus*)*는 암수 모두에게 턱수염이 없다. 아이벡스는 여름에는 턱수염이 발달하지 않고 다른 시기에도 아주 듬성듬성 나서 흔적인 것으로 보인다.[16] 오랑우탄 같은 일부 원숭이의 턱수염은 수컷에게 만 돋아난다. 미체테스 카라야(*Mycetes caraya*)와 피테치아 사타나스 (*Pithecia satanas*, 〈그림-68〉)*는 암수 모두 턱수염이 있지만 수컷의 턱수염이 훨씬 더 잘 발달되어 있다. 일부 마카쿠스(*Macacus*) 원숭이 종류의 구레나룻도 이와 비슷한 현상을 보인다.[17] 그리고 이미 살펴보았듯이 일부 개코원숭이 종류도 마찬가지다. 그러나 원숭이 얼굴과 머리에 돋은 털은 대부분 암수가 서로 아주 비슷하다.

소과(Bovidae)와 영양에 속하는 여러 종류의 수컷은 목 밑 피부가 많이 처져 있다. 그러나 암컷은 그 정도가 심하지 않다.

자, 이같이 암수 간에 나타나는 차이에 대해 우리가 내려야 할 결론은 무엇인가? 일부 수컷 염소의 턱수염이나 수소 목 부위의 처진 피부, 또는 일부 수컷 영양의 등을 따라 솟은 갈기가 그들의 원래 생활 방식에 무엇인가 기여하고 있다고 감히 결론을 내리려는 사람은 없을 것이다. 굵은꼬리원숭이(*Pithecia*)와 오랑우탄 수컷의 거대한 턱

---

15) J. Hunter, *Essays and Observations,* R. Owen, ed., vol. 1, 1861, 236쪽.

16) J.E. Gray, *Catalogue of Mammalia in the British Museum,* 제3부, 1852, 144쪽.

17) Rengger, 앞의 책, 14쪽; Desmarest, 앞의 책, 86쪽.

〈그림-68〉 피테치아 사타나스 수컷(브렘의 그림)

수염이 전투를 할 때 목을 보호할 수는 있다. 런던 동물원의 사육사
들은 많은 원숭이가 상대의 목을 공격한다고 말했다. 그러나 턱수염
이 구레나룻, 콧수염 그리고 얼굴에 돋은 그외의 털과는 다른 목적으
로 발달한 것 같지는 않다. 그리고 이들 여러 종류의 털이 방어 장치
로서 유용하게 작용한다고 생각하는 사람은 없을 것이다. 이 모든 털
이나 피부를 그저 목적도 없이 이루어진 수컷의 변이로만 여겨야 하
는가? 털이 특정한 목적을 갖고 있을 수도 있다는 가정을 부정할 수
는 없다. 가축화된 많은 네발 동물에서 과거 조상형으로 환원되지 않
는 것이 분명한 형질이 수컷에게만 나타나는 경우가 있다. 또는 암수
모두에게 나타나기는 하지만 수컷에게서 좀더 잘 발달되어 있을 수
도 있다. 예를 들어 인도에 서식하는 수컷 혹소의 혹이나 군살꼬리
양*의 꼬리, 양의 여러 품종에서 수컷 이마에 나타나는 아치형 윤곽,

베르부라 염소 수컷 뒷다리의 긴 털과 목의 처진 피부는 암컷보다는 수컷에게 잘 발달해 있는 특징이다.[18] 아프리카에 서식하는 양의 일부 품종 수컷에서만 나타나는 갈기는 진정한 의미에서 이차성징이다. 리드(W. Reade)에 따르면 거세당한 수컷에게는 갈기가 생기지 않는다고 한다. 나의 『가축화에 따른 동식물의 변이』에서도 설명했지만 반(半)문명화된 사람들이 키우는 동물을 포함하여 모든 동물의 특징이 인간이 행한 선택의 영향을 받지 않았으며 그 때문에 그 효과가 증폭되지 않았다고 결론을 내리려면 극도의 주의가 필요하다. 그러나 이제 막 설명한 사례에서는 선 택이나 증폭이 일어나지 않았다고 보기 어려울 것 같다. 특히 수컷에만 나타나는 특징이나 수컷에게 더 잘 발달해 있는 특징은 더욱 그러하다. 위에서 언급한 아프리카 양과 그 외의 일반 양이 모두 한 조상의 후손이고, 갈기와 목 밑에 처진 피부가 있는 수컷 바바리양과 그 외의 일반 염소도 한 조상에서 갈라져 나온 것이라고 가정해보자. 이때 이들 특징에 선택이 관여하지 않았다고 한다면 형질이 암수 어느 한쪽에만 전달되는 유전 원리와 마찬가지로 이들 형질은 단순한 변이 때문에 생긴 것일 수밖에 없다.

따라서 자연 상태에서 살아가는 동물이 유사한 사례를 보일 때 동일한 견해를 적용하는 것은 합리적이라고 할 수 있다. 암모트라구스 수컷의 목과 앞다리에 형성되어 있는 긴 털이나 굵은꼬리원숭이 수컷의 거대한 턱수염처럼 대부분 이것은 유효하다. 그래도 그렇게 확신이 서지는 않는다. 그동안 자연 세계에서 수행했던 연구를 통해 나

---

18) 나의 *The Variation of Animals and Plants under Domestication*, 제1권에 이들 여러 동물에 대해 설명해놓았으니 참조하시오. 제2권, 73쪽도 참조하시오. 반(半)문명화된 사람들에 의해 일어나는 선택에 대해서는 제20장을 참조하시오. 바바리양에 대해서는 J.E. Gray, *Catalogue of Mammalia in the British Museum*, 157쪽을 참조하시오.

는 크게 발달된 신체 부위나 기관은 과거 언젠가 특수한 목적을 위해 획득했다는 믿음이 있다. 일부 영양은 다 자란 수컷이 암컷보다 강한 색깔을 띤다. 또 일부 원숭이는 얼굴에 돋은 털이 다양한 방식으로 우아하게 배열되어 있으며 색깔이 가지각색이다. 이들의 갈기나 털 뭉치는 장식 수단으로 획득하였을 수 있다. 그리고 나는 이것이 일부 박물학자의 의견이라는 것을 안다. 만약 이것이 옳다면 이들의 신체 구조는 성선택으로 획득하였거나 적어도 변형되었음이 거의 틀림없다. 그러나 동일한 견해를 다른 포유동물로 얼마나 확장시킬 수 있을지는 의심스럽다.

털과 피부 색깔　우선 네발 동물의 수컷이 암컷과 색깔 차이를 보이는 경우 중에서 내가 아는 몇 가지 사례를 간단히 소개하겠다. 굴드에 따르면 유대류의 암수 색깔 차이는 거의 없다고 한다. 그러나 붉은캥거루(*Osphranter rufus*)는 예외로 뚜렷한 차이를 보인다. "암컷에게서 섬세한 푸른색을 띠는 부위가 수컷에게서는 붉은색으로 나타난다."[19] 카옌*에 서식하는 디델피스 오포숨(*Didelphis opossum*)*은 암컷이 수컷보다 약간 더 붉은색을 띠는 것으로 알려져 있다. 설치류에 대해 그레이는 다음과 같이 설명한다. "아프리카의 다람쥐 중에서 특히 열대 지역에서 발견되는 종류는 밝고 선명한 색깔을 띠는 시기가 따로 있다. 그리고 수컷의 털은 암컷의 털보다 대개 더 화려한 색이다."[20] 아프리카 다람쥐의 색깔은 매우 선명하여 암수의 색깔 차이에

---

19) 붉은캥거루에 대해서는 J. Gould, *Mammals of Australia,* vol. 2, 1863을 참조하시오. 디델피스(Didelphis) 주머니쥐에 대해서는 위의 책, 256쪽을 참조하시오.
20) J.E. Gray, *Annals and Magazine of Natural History,* 1867. 11, 325쪽. 러시아 생쥐(*Mus minutus*)에 대해서는 데마레스트의 앞의 책, 304쪽을 참조하시오.

대한 가장 훌륭한 사례가 된다는 것이 그레이가 이 동물을 자세하게 설명하는 이유라고 했다. 멧밭쥐(*Mus minutus*) 암컷의 색은 수컷보다 옅고 지저분하다. 많은 종류의 박쥐는 수컷이 암컷보다 밝은 색을 띤다.[21] 도브슨도 이들 동물에 대해 다음과 같이 말한다. "수컷의 모피는 암컷과 달리 훨씬 더 밝은 색을 띤다. 또는 다른 표지를 갖고 있거나 특정 부위가 길게 자라 있어 차이를 보이는 경우도 있다. 그런데 이런 차이는 시각이 잘 발달되어 있고 과일을 먹고 사는 박쥐의 경우에만 어느 정도 해당한다." 위의 마지막 설명은 화려한 색깔이 수컷에게 장식으로 작용하는지의 여부에 대한 질문거리를 내포하기 때문에 주의를 기울일 만하다. 나무늘보 한 종류에 대해 그레이는 다음과 같이 설명한다. "수컷이 암컷과 다른 장식을 갖는다는 것은 잘 알려져 있다. 즉 양쪽 어깨 사이에 짧고 부드러운 털 무더기가 있는데 이것은 다소 오렌지색을 띠며 순백색을 띠는 종도 있다. 그러나 암컷의 경우 이런 표지가 전혀 없다."

육상 식육목(Carnivora)과 식충목(Insectivora)의 경우 색깔과 그외의 어떠한 형질에서도 암수 간의 차이가 거의 나지 않는다. 그렇지만 오실롯(*Felis pardalis*)*는 예외다. 왜냐하면 암컷의 색깔은 수컷에 비해 "별로 뚜렷하지 않으며 담황색은 더 흐릿하고, 흰색은 더 탁하게 보인다. 또한 줄무늬의 폭이 더 좁고 반점의 크기도 더 작다."[22] 이것과 유연 관계가 가까운 펠리스 미티스(*Felis mitis*)의 암수도 차이를 보이

---

21) J.A. Allen, *Bull. Mus. Comp. Zoology of Cambridge, United States,* 1869, 207쪽. 박쥐목(Chiroptera)의 성징에 대해서는 *Proceedings of the Zoological Society,* 1873, 241쪽에 실린 도브슨의 논문을 참조하시오. 나무늘보에 대한 그레이의 논문이 *Proceedings of the Zoological Society,* 1871, 436쪽에 실려 있으니 참조하시오.

22) Desmarest, 앞의 책, 220쪽. 펠리스 미티스에 대해서는 렝거의 앞의 책, 194쪽을 참조하시오.

지만 그 정도는 심하지 않은 편이다. 전반적으로 암컷의 색깔은 수컷보다 다소 옅은 편이고 반점도 진하지 않다. 그러나 해산 식육목이나 바다표범은 색깔에서 큰 차이를 보이는 경우가 있으며 전에 이미 살펴보았듯이 암수 간에 뚜렷한 성적 차이를 보인다. 예를 들어 남반구에 서식하는 오타리아 니그레스첸스(*Otaria nigrescens*)* 수컷은 몸의 위쪽이 짙은 갈색이다. 반면에 암컷은 수컷보다 이른 시기에 암컷 고유의 색깔을 띠는데 몸의 위쪽이 짙은 회색이다. 어린 새끼는 암수 모두 짙은 초콜릿 색이다. 북부 지방에 사는 포카 그로엔란디카(*Phoca groenlandica*)* 수컷은 황갈색이 도는 회색을 띠며 말안장 모양으로 생긴 기이한 검은 반점이 등 쪽에 있다. 암컷은 수컷보다 훨씬 더 작고 외모도 아주 달라 칙칙한 흰색이나 담황색을 띠며 등에는 황갈색이 나타난다. 어린 새끼들은 처음에는 순백색을 띠어 얼음 언덕이나 하얀 눈과 거의 구별할 수 없는 것으로 보아 이들 색깔이 보호색으로 작용하는 것 같다.[23]

반추동물은 다른 동물보다 암수 간의 색깔 차이가 더 흔하게 나타난다. 이런 종류의 차이는 스트렙시체레네 영양(Strepsicerene antelope)에서 잘 나타난다. 예를 들어 닐가이영양의 수컷은 청회색을 띠는데 이것은 암컷의 색깔보다 훨씬 더 짙고 목 부위에 사각형의 흰색 털이 있으며 말굽 뒤쪽 위에도 흰색 털이 돋아 있다. 또한 귀에는 검은색 반점이 아주 뚜렷하게 나타난다. 이 종의 갈기와 털 다발은 뿔이 없는 암컷보다는 수컷에게서 더 잘 발달되어 있다. 블리스는 수컷의 털은 번식기에 털갈이를 하지 않으면서도 주기적으로 짙은 색을 띠게

---

23) 오타리아 물개에 대해서는 *Proceedings of the Zoological Society*, 1869, 108쪽에 뮤리의 논문이 실려 있다. 포카 그로엔란디카에 대한 브라운(R. Brown)의 논문은 *Proceedings of the Zoological Society*, 1868, 417쪽에 실려 있다. 물개의 색깔에 대해서는 데마레스트의 앞의 책, 243, 249쪽을 참조하시오.

된다고 한다. 어린 수컷과 어린 암컷은 약 12개월이 될 때까지는 거의 구별되지 않는다. 만약 12개월이 되기 전에 수컷을 거세하면 색깔의 변화가 전혀 일어나지 않는다고 블리스는 말했다. 이 마지막 사례는 닐가이영양의 경우 성에 따라 색깔의 변화가 일어난다는 증거로 아주 중요하다.[24] 흰꼬리사슴의 경우에는 거세를 한다 해도 붉은색의 여름 털도 푸른색의 겨울 털도 전혀 영향을 받지 않는다. 트라젤라푸스 영양의 대부분은 뿔이 없는 암컷보다 뿔이 있는 수컷이 짙은 색깔을 띠며 갈기도 훨씬 더 잘 발달해 있다. 굉장히 멋진 영양인 자이언트일런드 수컷은 몸 색깔이 붉은색이다. 목 전체는 짙은 검은색이고 흰색 줄무늬가 검은색을 분리시키고 있는데 그 간격은 암컷보다는 수컷이 더 넓다. 케이프 영양의 경우에도 수컷의 색깔이 암컷의 색깔보다 약간 더 짙다.[25]

영양의 다른 족(tribe)에 속하며 인도에 서식하는 검은색 사슴인 안틸로페 베조아르티카(Antilope bezoartica)는 수컷이 아주 짙은 색깔을 띠고 있어 거의 검은색에 가깝게 관찰된다. 반면에 뿔이 없는 암컷은 옅은 황갈색을 띤다. 블리스가 알려주었듯이 우리는 이 종에서 닐가이영양에서와 같은 유사한 일련의 상황을 보게 된다. 즉 수컷은 번식기에 주기적으로 색깔의 변화를 일으키고, 이런 변화에 거세가 영향을 미치며, 어린 새끼는 암수를 구별할 수 없을 정도로 매우 유사하다

---

24) J.D. Caton, *Transactions of Ottawa Academy of Natural Sciences*, 1868, 4쪽에 실려 있다.
25) J.E. Gray, *Catalogue of Mammalia in the British Museum*, 제3부, 1852, 134~142쪽. J.E. Gray, *Gleanings from the Menagerie at Knowsley*에는 오레아스 데르비아누스 (*Oreas derbianus*)를 보여주는 화려한 그림이 제시되어 있다. 트라젤라푸스 영양에 대해서는 본문을 참조하시오. 케이프 영양(*Oreas canna*)에 대해서는 A. Smith, *Illustrations of the Zoology of South Africa*, 삽화 41, 42를 참조하시오. 런던 동물원에도 이런 종류의 영양이 많이 있다.

는 것이다. 안틸로페 니제르(*Antilope niger*) 영양의 수컷은 검은색이며 암컷과 어린 새끼는 모두 갈색이다. 안틸로페 싱싱(*A. singsing*) 암컷은 뿔이 없고 수컷은 암컷보다 훨씬 더 화려한 색깔을 띠며 가슴과 복부는 오히려 암컷보다 더 짙은 색을 띤다. 안틸로페 카아마(*A. caama*)는 신체의 여러 부위에 반점과 줄무늬가 나타나는데 암컷은 갈색을 띠지만 수컷은 검은색을 띤다. 누(*A. gorgon*)의 수컷은 암컷과 거의 비슷하지만 조금 더 짙고 화려한 색조를 띤다.[26] 이것 외에도 비슷한 사례를 더 보탤 수도 있다.

말레이 제도에 서식하는 반텡(*Bos sondaicus*)은 다리와 엉덩이 부위만 흰색이고 나머지 부위는 거의 검은색이다. 암컷은 선명한 암갈색을 띠는데 약 3년이 지나지 않은 어린 수컷도 암갈색을 띤다. 수컷은 3년이 지나면서 색깔이 갑자기 변한다. 거세당한 수컷은 암컷의 색깔로 되돌아간다. 케마스 염소 암컷은 수컷보다 색깔이 옅다. 케마스 염소와 카프라 외가그루스(*Capra oegagrus*) 암컷은 수컷보다 털의 색깔이 균일한 것으로 알려져 있다. 사슴은 색깔 면에서 암수 간에 거의 차이가 없다. 그러나 캐턴은 엘크(*Cervus canadensis*) 수컷의 목, 복부, 다리는 암컷보다 짙은 색깔이라고 말한다. 하지만 겨울이 되면 짙은 색깔은 서서히 옅어져서 결국 사라지고 만다. 캐턴은 그의 공원에 색깔이 약간씩 다른 흰꼬리사슴 세 품종을 키우는데 이들의 차이는 겨울철, 즉 번식기에 나타나는 그들의 푸른색 털에서만 유일하게 나타

---

26) 안틸로페 니제르에 대해서는 *Proceedings of the Zoological Society,* 1850, 133쪽을 참조하시오. 이들과 유연 관계가 있으며 색깔에서도 동일한 성적 차이를 보이는 종에 대해 S. Baker, *The Albert Nyanza**, vol. 2, 1866, 627쪽에 하나의 사례가 있으니 참조하시오. 안틸로페 싱싱에 대해서는 J.E. Gray, *Catalogue of Mammalia in the British Museum,* 100쪽을 참조하시오. 안틸로페 카아마에 대해서는 Desmarest, 앞의 책, 468쪽을 참조하시오. 누에 대해서는 A. Smith, *Illustrations of the Zoology of South Africa*를 참조하시오.

난다. 이 사례는 앞의 장에서 살펴본 조류 집단의 대표종, 즉 번식기에만 색깔 차이가 나는 경우에 비유할 수 있을 것 같다.[27] 남아메리카에 서식하는 체르부스 팔루도수스(*Cervus paludosus*) 영양의 수컷은 특징적으로 코에 검정 줄무늬가 나타나며 가슴 부위에도 거무스름한 갈색 줄무늬가 관찰된다. 그러나 암컷과 어린 새끼의 암수에서는 이런 줄무늬가 나타나지 않는다.[28] 마지막으로 블리스에게 들은 바에 따르면 인도에 서식하는 액시스사슴의 성숙한 수컷에게는 아름다운 색깔의 반점들이 있는데 암컷보다 훨씬 더 색깔이 짙다고 한다. 또한 거세당한 수컷의 경우는 절대로 이런 색깔이 나타나지 않는다고 한다.

마지막으로 살펴볼 부류는 영장목이다. 검은여우원숭이(*Lemur macaco*) 암컷은 갈색을 띠는 반면에 수컷은 일반적으로 아주 까만 색깔을 띤다.[29] 신세계 사수목(四手目) 동물 중에서 미체테스 카라야(*Mycetes caraya*) 원숭이의 암컷과 어린 새끼는 희끄무레한 노란색을 띠며 서로 비슷한 경향을 보이지만 수컷은 생후 2년에 접어들면서 적갈색을 띠기 시작한다. 그리고 3년이 되면 복부를 제외한 몸 전체가 검은색이 된다. 그러나 복부는 4~5년이 지나야만 검은색을 띠게 된다. 미체테스 세니쿨루스(*Mycetes seniculus*) 원숭이와 체부스 카푸치누스(*Cebus capucinus*) 원숭이도 암수의 색깔이 큰 차이를 보인다. 미체테스 세니쿨루스의 어린 새끼는 암컷과 유사하며 체부스 카푸치누스도 마

---

27) *Transactions of Ottawa Academy of Natural Sciences,* 1868. 5. 21, 3, 5쪽.

28) 반텡에 대해서는 S. Müller, *Zoologie Indischen Archipel.,* 1839~44, 〈표-35〉를 참조하시오. E. Blyth, Land and Water, 1867, 476쪽에 인용된 라플스(S. Raffles)의 글도 참조하시오. 염소에 대해서는 J.E. Gray, *Catalogue of Mammalia in the British Museum,* 146쪽과 데마레스트의 앞의 책을 참조하시오. 체르부스 팔루도수스 영양에 대해서는 렝거의 앞의 책, 345쪽을 참조하시오.

29) P.L. Sclater, *Proceedings of the Zoological Society,* 1866, 제1쪽. 폴렌(F. Pollen)과 댐(van Dam)도 동일한 사실에 대해서 강한 확신을 보인다. *Annals and Magazine of Natural History,* 1871. 5, 340쪽에 실린 그레이의 글도 참조하시오.

찬가지일 것으로 믿는다. 피테치아 류코체팔라(*Pithecia leucocephala*)*
의 경우에도 어린 새끼는 암컷과 유사한데 암컷은 몸의 위쪽이 암갈
색이고 아래쪽이 연하게 바랜 적색이다. 그러나 수컷 성체는 검은색
을 띤다. 아텔레스 마르지나투스(*Ateles marginatus*)* 얼굴 둘레의 털 색
깔은 암수가 서로 다른데, 수컷이 노란색이며 암컷이 흰색이다. 구세
계로 눈을 돌려보자. 힐로바테스 홀로크(*Hylobates hoolock*) 수컷은 항
상 검은색을 띠며 눈썹 위에만 예외적으로 흰색이 나타난다. 암컷은
희끄무레한 갈색에서 검은색이 혼합된 짙은 색깔을 띠지만 전체가 검
은색을 띠는 법은 절대로 없다.[30] 아름다운 체르코피테쿠스 디아나
(*Cercopithecus diana*) 수컷 성체의 머리는 짙은 검은색이지만 암컷의
머리는 짙은 회색이다. 수컷의 허벅지 사이에 돋은 털은 우아한 황갈
색을 띠지만 암컷의 색깔은 수컷보다 옅다. 아름답고 기이한 콧수염
원숭이(*Cercopithecus cephus*)의 암수 간의 유일한 차이는 수컷의 꼬리
가 밤색이고 암컷의 꼬리가 회색이라는 것뿐이다. 그러나 바틀릿은
수컷의 털 색깔은 어른이 되면 더 짙어지지만 암컷의 털 색깔은 어
렸을 때나 다 자랐을 때나 별반 차이가 없다고 한다. 뮐러(S. Müller)
는 셈노피테쿠스 크리소멜라스(*Semnopithecus chrysomelas*) 수컷의 천
연색 그림을 제공했는데, 그림에는 수컷이 거의 검은색에 가깝고
암컷은 연한 갈색이었다. 체르코피테쿠스 치노수루스(*Cercopithecus
cynosurus*)와 체르코피테쿠스 그리세오비리디스(*C. griseoviridis*)의 경
우 수컷의 신체 한 부분은 매우 화려한 청색이거나 녹색을 띤다. 이

---

30) 미체테스(*Mycetes*) 원숭이에 대해서는 렝거의 앞의 책, 14쪽과 A.E. Brehm,
 Illustriertes Thierleben, Bd. 1, 96, 107쪽을 참조하시오. 거미원숭이(*Ateles*)에
 대해서는 데마레스트의 앞의 책, 75쪽을 참조하시오. 긴팔원숭이(*Hylobates*)
 에 대해서는 블리스의 앞의 책, 1867, 135쪽을 참조하시오. 셈노피테쿠스
 (*Semnopithecus*) 원숭이에 대해서는 뮐러의 앞의 책, 〈표-10〉을 참조하시오.

것은 엉덩이 부위의 선명한 빨간색 피부와 좋은 대조를 이룬다.

마지막으로 개코원숭이과를 살펴보자. 치노체팔루스 하마드리야스(*Cynocephalus hamadryas*) 수컷 성체는 갈기가 잘 발달되어 있어 암컷과 다를 뿐만 아니라 털 색깔도 약간의 차이를 보이며 피부가 벗겨지고 굳은살이 박인 부위의 색깔도 암컷과는 다르다. 드릴개코원숭이(*C. leucophaeus*)는 암컷과 어린 새끼가 수컷보다 연한 녹색을 띤다. 아마 이 세상 어떤 동물도 맨드릴개코원숭이(*C. mormon*) 수컷 성체만큼 기이한 색깔을 띠지는 않을 것이다. 얼굴은 아름다운 청색을 띠며 등줄기와 코끝은 매우 화려한 빨간색이다. 일부 학자에 따르면 얼굴에 흰색 줄무늬가 나타나는 경우도 있다고 한다. 그리고 줄무늬에는 부분적으로 검은색이 나타나지만 색깔은 변이가 있는 것 같다고 한다. 앞이마에서 솟은 털은 갈기를 이루며 턱에는 노란 턱수염이 있다. "넓적다리 위쪽 부분과 엉덩이의 털 없는 쪽 모두 매우 진한 붉은색을 띠는데, 여기에 푸른색이 섞여 그리 천해 보이지 않는다."[31] 이 동물이 흥분하면 털이 벗겨져 노출된 모든 피부는 더욱더 선명한 색깔을 띤다. 많은 학자는 이들의 찬란한 색깔을 가장 화려한 조류의 색깔에 비유하여 설명하곤 한다. 놀랄 만한 사항이 또 있다. 거대한 송곳니가 충분히 자라면 양쪽 턱에는 거대한 뼈돌기가 형성된다. 이 뼈돌기는 세로로 길게 주름져 있으며 그 위에 덮인 털 없는 피부는 위에서 설명한 것과 유사하게 선명한 색깔을 띤다(〈그림-69〉). 암컷 성체와 어린 새끼의 암수는 이 돌기가 거의 인식할 수 없을 정도로 그 발달이 미미하다. 그리고 털 없는 피부 색깔도 화려하지 못하고 얼굴은 푸른빛이 돌며 거의 검정에 가깝다. 그렇지만 암컷 성체의 코는 일정

---

31) P. Gervais, *Histoire Nat. des Mammifères*, 1854, 103쪽. 그림은 수컷의 두개골을 그린 것이다. 데마레스트의 앞의 책, 70쪽도 참조하시오. I. Geoffroy Saint-Hilaire & F. Cuvier, *Histoire Nat. des Mammifères*, tom. 1, 1824.

한 시기마다 규칙적으로 빨간
색조를 띤다.

이제까지는 수컷이 암컷이
나 어린 새끼보다 짙거나 화려
한 색깔을 보이는 여러 사례를
살펴보았다. 그러나 일부 조류
에서 살펴본 것처럼 암컷이 오
히려 수컷보다 색깔이 화려한
경우도 있다. 예를 들어 붉은
털원숭이(*Macacus rhesus*)의 경
우는 암컷이 수컷보다 꼬리 둘
레의 더 넓은 부위에 털이 벗
겨져 맨 피부가 노출되어 있

〈그림-69〉 비비 수컷의 머리(P. Gervais,
*Histoire Nat. des Mammif res*에서 인용).

다. 이 부위는 화려한 진홍색을 띠는데 런던 동물원에 근무하는 여러
사육사에게 확인한 바로는 이 부위의 색깔이 주기적으로 더욱 선명
해지며 얼굴도 옅은 적색을 띤다고 한다. 그에 반해 수컷 성체와 어린
새끼의 경우 암수 모두 꼬리 둘레나 얼굴 피부에 전혀 붉은 색조가 보
이지 않는다. 이것은 내가 런던 동물원에서 직접 관찰한 것이다. 그렇
지만 출간된 일부 자료에 따르면 수컷은 주기적으로나 일부 계절 동
안 붉은 색조를 띠는 것으로 보인다. 이같이 수컷이 암컷보다 덜 장
식적이기는 하지만 수컷은 암컷보다 몸집이 크고 송곳니도 더 길며
구레나룻도 잘 형성되어 있으며 눈 위의 두렁도 더 크게 돌출되어 있
다. 따라서 수컷이 암컷보다 빼어나다는 일반 규칙에는 어긋나지 않
는다.

이제까지 나는 포유동물의 암수 간에 나타나는 색깔 차이에 대해
내가 아는 모든 사례를 들어 설명했다. 이들 중 일부는 한쪽 성에만

국한되어 일어난 변이가 같은 성의 후손에게만 전달되어 생긴 결과인 것 같다. 그렇게 해서 얻어지는 장점이 없는 것으로 보아 선택의 도움도 없었던 것 같다. 가축에서도 이런 사례는 나타난다. 예를 들어 일부 고양이의 수컷은 바랜 적색을 띠지만 암컷은 거북 껍질 같은 얼룩무늬를 띤다. 자연계에서도 비슷한 사례가 나타난다. 바틀릿은 재규어, 표범, 주머니쥐, 웜뱃* 등에서 검은색 변종을 관찰했으며 이런 변종은 전부 또는 거의가 수컷이라고 확신한다. 그에 반해 늑대, 여우, 미국산 다람쥐는 간혹 암수 모두 검은색으로 태어난다. 따라서 포유류에서 암수 간에 나타나는 색깔 차이는 특히 그것이 선천적인 것일 때, 선택의 영향을 전혀 받지 않고 한 가지 이상의 변이로 생긴 단순한 결과일 가능성은 있다. 물론 이런 변이는 처음부터 한쪽 성에만 전달되었던 것이다. 그렇지만 앞에서 언급한 원숭이나 영양 같은 네발 동물의 다양하고 선명하며 대조적인 여러 색깔을 그런 식으로 설명하기는 힘들 것 같다. 태어날 때부터 수컷이 이런 색깔을 띠는 것은 아니며 성숙했을 때나 최소한 거의 성숙했을 때만 이런 색깔을 띤다는 사실을 명심해야 한다. 그리고 보통의 변이와는 달리 거세당한 수컷은 이런 특징을 보이지 않는다는 사실도 잊어서는 안 된다. 대체로 보아 네발 동물 수컷의 뚜렷한 색깔이나 그외의 장식적인 특징이 다른 수컷과 경쟁하는 관계에서 대체로 이익을 줄 수 있으며 그렇기 때문에 성선택으로 획득했을 가능성은 있다. 앞에서 살펴본 바와 같이 뚜렷한 여러 이차성징을 보이는 포유동물에서 거의 배타적으로 일어나는 암수 간의 색깔 차이는 이 견해를 뒷받침한다. 암수 간의 색깔 차이도 마찬가지로 성선택의 결과로 일어났을 것이다.

네발 동물이 색깔을 인식할 수 있다는 것은 틀림없는 사실이다. 베이커(S. Baker)는 아프리카코끼리와 코뿔소가 흰색이나 회색을 띠는 말을 맹렬하게 공격하는 상황을 여러 번 목격했다. 나는 어느 정도 야

생화된 말의 수컷이 자기와 색깔이 같은 암말과 짝을 이루려고 한다
는 것을 밝힌 적이 있다. 또 서로 색깔이 다른 다마사슴 무리는 비록
함께 살더라도 오랫동안 서로 섞이지 않는다는 사실에 대해서도 논
의한 적이 있다.[32] 암컷 얼룩말은 수컷 나귀의 청혼을 받아들이려 하
지 않지만 얼룩말처럼 색깔을 입힌 수컷 나귀의 청혼은 받아들인다
고 하는데 이것은 매우 중요한 사실이다. 헌터는 다음과 같이 말한다.
"얼룩말처럼 보이도록 나귀에게 색깔을 입히면 암컷 얼룩말은 수컷
나귀를 쾌히 받아들인다. 이 기이한 사실에서 우리는 본능이 단지 색
깔의 영향을 받는다는 것을 알 수 있다. 색깔은 다른 어떤 것보다도
훨씬 더 강한 영향을 미쳤다. 그러나 수컷은 달랐다. 암컷이 자기와
어느 정도만 비슷해도 수컷은 충분한 자극을 받았다."[33]

앞에서 우리는 고등동물의 정신 능력이 인간의 정신 능력, 특히 하
등하고 미개한 인종의 정신 능력과 비교하여 그 정도의 차이는 심하
지만 결코 다른 종류의 것이 아니라는 것을 살펴본 적이 있다. 또 아
름다운 대상에 대한 고등동물의 취향도 사수목 동물의 그것과 비교
하여 크게 다르지 않다. 아프리카 흑인은 얼굴에 열을 지어 상처를
낸 후 자연스레 아물게 하기보다는 높은 능선을 형성하며 아물도록
하여 큰 흉터를 만든다. 그들은 이 보기 흉한 기형적 모습을 개인적
으로 큰 매력으로 여긴다.[34] 세계 여러 곳의 흑인들과 미개인들은 얼
굴에 적색, 청색, 흰색, 또는 검은색의 줄무늬를 그려 넣는 것으로 보
아 아프리카 맨드릴개코원숭이 수컷 얼굴의 짙은 줄무늬와 화려한 색
깔은 그렇게 됨으로써 암컷에게 매력적으로 보이기 때문에 획득한 것
같다. 몸의 뒤쪽 부위가 장식용으로서 얼굴보다도 더 화려한 색깔을

32) *The Variation of Animals and Plants under Domestication,* vol. 2, 1868, 102~103쪽.
33) J. Hunter, *Essays and Observations,* R. Owen, ed., vol. 1, 1861, 194쪽.
34) S. Baker, *The Nile Tributaries of Abyssinia,* 1867.

갖추게 되었다는 것은 우리 눈에는 정말로 괴상한 사건임이 틀림없다. 그러나 이것은 많은 조류의 꼬리가 두드러지게 장식되어 있다는 것에 비해 특별히 더 이상할 것도 없다.

포유동물에 대해 우리는 현재까지 수컷이 암컷 앞에서 자신의 매력을 과시하기 위해 노력한다는 증거를 갖고 있지 않다. 조류나 그외 동물의 수컷은 정성을 들여 자신의 매력을 전시한다. 이것은 암컷이 수컷의 장식과 색깔에 감탄하고 자극을 받는다는 믿음을 강하게 지지한다. 포유류와 조류의 모든 이차성징 사이에는 놀라울 정도로 많은 점이 일치한다. 즉 다른 수컷 경쟁자와 전투하는 데 필요한 무기나 장식적인 부속물, 또 그들의 색깔에도 일치되는 부분이 많다. 포유류와 조류에서 수컷이 암컷과 다른 경우 어린 암컷과 어린 수컷은 거의 유사하며 대개 다 자란 암컷과도 비슷하다. 포유류와 조류 모두에서 수컷 고유의 형질은 번식기에 들어가기 바로 전에 형성되며 어린 시절에 거세당한 수컷은 이런 형질을 잃는다. 두 집단 모두에서 색깔의 변화는 때로 계절과 관련되어 있다. 그리고 털이 없는 부위의 피부 색깔은 구애 행동을 할 때 더욱 선명해진다. 두 집단 모두에서 수컷이 암컷보다 대부분 선명하거나 짙은 색깔을 띠고 털이나 깃이 모여 형성된 볏이나 갈기 또는 그외의 구조에서도 더 발달된 구조는 대개 수컷에게서 나타난다. 그러나 특별한 몇몇 사례에서 암컷이 수컷보다 더 장식적인 경우가 포유류와 조류에서 모두 나타나기도 한다. 많은 포유류와 최소한 한 종류의 조류에서 수컷이 암컷보다 더 짙은 냄새를 풍긴다. 두 집단 모두에서 수컷의 목소리는 암컷의 목소리보다 더욱 크다. 이런 유사성을 고려해볼 때, 포유류와 조류에서 그것이 무엇이든 동일한 원인이 작용한 것은 거의 의심할 여지가 없을 것이다. 그리고 장식적인 형질만을 고려한다면 한쪽 성의 개체가 반대쪽의 특정한 개체를 오랫동안 선호했기 때문에 그런 결과가 생긴 것으

로 보인다. 이것과 함께 자신의 탁월한 매력을 물려받은 후손을 성공
적으로 더 많이 퍼뜨릴 수 있었던 것이 함께 작용했음은 두말할 나위
도 없다.

장식적인 형질이 암수 모두에게 물려짐　우리는 많은 조류가 갖고 있는
장식을 일차적으로 수컷이 획득했으며 그후 암수 모두에게 동일하게
또는 거의 동일하게 전달했다고 생각한다. 이제 우리는 이 견해를 포
유류에게 얼마나 적용시킬 수 있는지 조사해보기로 한다. 상당히 많
은 수의 종에서, 특히 덩치가 작은 종류는 암수 모두 성선택과는 관
계없이 보호 목적의 색깔을 갖고 있다. 그러나 하등동물과 비교할 때
사례도 많지 않고 그 정도도 심하지 않은 것 같다. 오듀본은 지저분
한 하천 제방에 앉아 있는 사향쥐를 흙덩어리로 오인할 때가 종종 있
다고 했다.[35] 모습이 매우 비슷했기 때문이다. 산토끼가 색깔을 이용
해 자신을 은폐시킨다는 사실은 잘 알려져 있다. 그러나 유연 관계가
있는 집토끼에게는 이 원리가 잘 들어맞지 않는다. 굴을 향해 달려가
는 집토끼는 흰 꼬리가 위를 향해 사냥꾼의 눈에 잘 띄며 모든 포식
동물의 눈에도 잘 띌 것이 틀림없기 때문이다. 눈이 덮인 지역에 사
는 네발 동물이 적에게서 자신을 보호하거나 먹이에 몰래 접근하기
위해 흰색을 갖게 되었다는 사실에 대해서는 누구도 의심하지 않을
것이다. 눈이 오랫동안 덮이는 일이 절대로 일어나지 않는 지역에서
는 흰색 털이 손해를 끼칠 것이다. 결과적으로 따뜻한 지역에서는 흰
색이 극히 드물게 나타난다. 적당히 추운 지역에 사는 많은 네발 동물
이 비록 흰색 털옷을 입고 있지는 않더라도 겨울철이 되면 옅은 색깔

---

[35] 사향쥐(*Fiber zibethicus*)에 대해서는 *Viviparous Quadrupeds of North America*,
　　1846, 109쪽에 실린 오듀본과 바흐만(M.M. Bachman)의 글을 참조하시오.

을 띤다는 사실은 주목할 만하다. 이것은 그들을 둘러싸는 환경의 직접적인 결과인 것이 분명하다. 팔라스에 따르면 시베리아에 서식하는 늑대, 족제비(*Mustela*) 두 종, 가축 말, 아시아당나귀(*Equus hemionus*), 가축 소, 영양 두 종, 사향노루, 노루, 엘크, 순록 등에서 이런 색깔의 변화가 일어난다고 한다.[36] 예를 들어 노루의 여름 외피는 적색이며 겨울 외피는 희끄무레한 백색이다. 노루의 겨울 외피는 눈이 흩뿌려지고 하얀 서리가 내린 낙엽 진 숲속을 거니는 노루를 보호해주는 역할을 할 것이다. 위에서 열거한 동물들이 사시사철 눈이 덮여 있는 지역으로 그들의 영역을 점차 넓혀간다면 그들의 엷은 겨울 외피는 자연선택을 통해 아마 더욱 희어져 결국 눈처럼 순백색을 띠게 될 것이다.

릭스(H. Reeks)는 특이한 색깔 때문에 이득을 얻는 동물에 대한 기이한 사례를 제공했다. 그는 담으로 둘러싸인 과수원에 흰색과 갈색이 어우러진 집토끼 50~60마리를 사육했다. 색깔이 비슷한 고양이들도 함께 키웠다. 나도 종종 보는 일이지만 이런 고양이는 낮에 눈에 잘 띈다. 그러나 집토끼는 땅거미가 밀려올 무렵 굴의 입구에서 무엇인가를 주시하며 숨어 있는 고양이를 동료 집토끼와 구별하지 못하는 것이 분명하다. 결국 18개월 만에 얼룩무늬 토끼가 모두 죽는 사태가 발생했으며 이 과정에 고양이가 관여했다는 증거가 있다. 다른 종류의 동물에서 살펴본 많은 사례와 마찬가지 방식으로 스컹크에게도 색깔은 이득이 되는 것 같다. 스컹크는 자극을 받을 때 분비하는 지독한 냄새 때문에 어떤 동물도 스컹크를 의도적으로 공격하지는 않을 것이다. 그러나 어둑어둑해지면 스컹크는 잘 보이지 않기 때문

---

36) *Novae species Quadrupedum e Glirium ordine*, 1778, 7쪽. 내가 노루라고 부른 것은 팔라스가 언급했던 카프레올루스 시비리쿠스 수베카우다투스(*Capreolus sibiricus subecaudatus*)를 말하는 것이다.

에 다른 포식동물의 공격을 쉽게 받을지도 모른다. 따라서 벨트는 스컹크가 크게 펼치는 흰색 꼬리는 경고 표시임이 틀림없다고 믿고 있다.[37]

많은 네발 동물이 현재의 색깔을 보호 장치로 물려받았거나 먹이를 얻는 데 도움을 주기 때문에 물려받았다는 사실을 받아들여야만 할지도 모른다. 그러나 지나치게 많은 종에서 색깔이 눈에 아주 잘 띄고 매우 독특하게 배열되어 있어 그 목적으로 색깔을 물려받았다고 상상하기에는 다소 무리가 있다. 그에 대한 한 가지 사례로서 일부 영양류를 살펴보자. 닐가이영양의 목 부위에는 사각형의 흰색 반점이 있고 발굽에도 흰색 표지가 나타나며 귀에는 검고 둥근 점이 있다. 그리고 암컷보다는 수컷에게서 이 모든 것이 더욱 뚜렷하게 나타난다. 오레아스 데르비아누스(Oreas derbyanus) 영양은 암컷보다 수컷의 색깔이 더 선명하며 옆구리의 좁은 흰색 줄무늬와 어깨의 넓은 흰색 막대기 무늬도 암컷보다 더 뚜렷하게 나타난다. 이상한 장식을 한 트라젤라푸스 스크립투스(〈그림-70〉) 암컷과 수컷 사이에서도 비슷한 차이가 나타난다. 이 모든 사례를 통해 볼 때 이런 차이가 그들의 일상생활에 어떤 기여를 한다고 생각하기는 어려울 것 같다. 그것보다는 갖가지 표지를 일단 수컷이 획득했고 성선택을 통해 색깔이 짙어졌으며, 그런 후 암컷에게 부분적으로 전달되었다고 결론을 내리는 것이 더 타당해 보인다. 이 견해를 받아들일 수 있다면 다른 많은 영양의 암수가 동일하게 갖고 있는 기이한 색깔도 마찬가지 방식으로 획득되고 전달되었다는 사실에는 거의 의심할 여지가 없어 보인다. 예를 들어 얼룩영양(Strepsiceros kudu, 〈그림-64〉) 암수 둘 다 뒤쪽 옆구리에 좁고 수직으로 뻗은 흰색 줄무늬가 있다. 그리고 앞이

---

37) Belt, *The Naturalist in Nicaragua*, 249쪽.

〈그림-70〉 트라젤라푸스 스크립투스 수컷(*Gleanings from the Menagerie at Knowsley*에서 인용).

마에는 우아한 모습의 날카로운 흰색 표지가 새겨져 있다. 다말리스(*Damalis*) 영양의 암수는 모두 아주 기이한 색깔을 띤다. 다말리스 피가르가(*D. pygarga*)는 등과 목이 자줏빛을 띠는 적색이며 옆구리로 가면서 검은색으로 변해간다. 이 색깔은 복부의 백색과는 뚜렷한 경계로 나뉘어 있으며 엉덩이의 커다란 흰색 부위와도 뚜렷하게 구별된다. 머리는 더욱 기이한 색깔을 띠는데 검은색 테두리로 둘러싸인 긴 타원형의 흰색 마스크가 얼굴을 덮어 거의 눈에 이른다(〈그림-71〉). 앞이마에는 세 개의 흰색 줄무늬가 나타나며 귀에도 흰색 표지가 보인다. 이 종의 어린 새끼는 몸 전체가 누르스름한 갈색을 띤다. 다말리스 알비프론스(*Damalis albifrons*)의 머리 색깔이 바로 전의 종과는

〈그림-71〉 다말리스 피가르가 수컷(*Gleanings from the Menggerie at Knowsley*에서 인용).

다른데 세 개의 줄무늬 대신에 단 하나의 줄무늬만이 나타난다. 그리고 귀의 거의 전체가 흰색이다.[38]

모든 종류의 동물이 보이는 성적 차이를 힘이 닿는 데까지 연구한 나로서는 많은 영양이 보이는 기이한 색깔이 비록 암수 모두에게 공통적으로 있다고는 하더라도 그것은 과거에 수컷이 성선택의 결과로 획득한 것이라는 생각을 지울 수가 없다.

이 세상에서 가장 아름다운 동물 중의 하나인 호랑이에게도 똑같은 견해를 적용시킬 수 있을 것 같다. 맹수를 거래하는 상인들조차도

---

38) A. Smith, *Illustrations of the Zoology of South Africa*; J.E. Gray, *Gleanings from the Menagerie at Knowsley*을 참조하시오.

색깔로 호랑이의 암수를 구별하지는 못한다. 월리스는 호랑이의 줄무늬 외피가 수직으로 뻗은 대나무 줄기와 매우 비슷하여 다가오는 먹이에게 들키지 않고 대나무 숲속에 숨을 수 있다고 믿는다.[39]

그러나 내가 보기에 이 견해는 만족스럽지 못한 것 같다. 우리는 호랑이의 아름다움이 성선택 때문이라는 어느 정도의 증거를 갖고 있다. 암수의 줄무늬와 색깔이 비슷하지만 수컷의 줄무늬가 암컷의 것보다 선명한 종류가 고양이류(*Felis*)에 두 종이나 있기 때문이다. 얼룩말의 줄무늬는 뚜렷하다. 넓은 남아프리카 평원에서 줄무늬는 얼룩말을 숨기는 데 아무런 기여도 하지 못한다. 버첼은 얼룩말 무리를 설명하면서 다음과 같이 말했다. "햇빛에 빛나는 얼룩말의 매끄러운 옆구리와 규칙적으로 배열된 줄무늬 외피는 너무나 아름다운 한 폭의 그림이다. 어떤 네발 동물도 그 아름다움을 그냥 지나치지는 않을 것이다."[40] 그러나 얼룩말과(Equidae)에 속하는 모든 동물의 암수는 색깔이 동일하다. 따라서 성선택에 대한 증거는 없다. 그런데도 여러 영양류의 옆구리에 새겨진 흰색과 짙은 색의 수직 줄무늬를 성선택으로 획득했다고 생각하는 버첼은 멋진 호랑이와 아름다운 얼룩말에도 똑같은 견해를 피력할 것이다.

우리는 이전 장에서 어떤 집단의 동물이라도 어린 새끼와 부모의 색깔이 전혀 다르다면서도 생활 습성은 어린 새끼와 부모가 거의 동일할 때 이것은 어린 새끼가 사라진 과거 조상의 색깔을 갖고 있는 것이라는 사실에 대해 논의한 적이 있다. 돼지와 맥의 여러 종류에서 어린 새끼에게는 길게 새겨진 줄무늬가 있으며 이 두 집단의 현생 종 성체와는 차이를 보인다. 많은 종류의 사슴의 어린 새끼에게는 성체

---

39) A.R. Wallace, *Westminster Review*, 1867. 7. 1, 5쪽.
40) Burchell, *Travels in South Africa*, vol. 2, 1824, 315쪽.

에게서는 흔적도 나타나지 않는 우아한 흰색 반점이 있다. 액시스사슴은 어떤 연령층이든 암수 모두에게 일 년 내내 아름다운 반점이 있으며 수컷이 암컷보다 색깔이 짙다는 사실을 설명한 적이 있다. 이런 사슴에서부터 연령을 불문하고 전혀 반점이 나타나지 않는 종류까지 점진적인 계열을 열거하는 것은 가능하다. 이 계열의 일부 단계에 대해서 자세하게 설명하겠다. 만주사슴(*Cervus mantchuricus*)에게는 일 년 내내 반점이 나타난다. 그러나 내가 런던 동물원에서 관찰한 바로는 여름에 이들 반점이 더욱 뚜렷해진다. 여름은 겨울에 비해서 외피가 연한 색깔을 띠는 계절이다. 일반적으로 겨울에는 짙은 색깔이 나타나고 뿔이 충분히 자란다. 돼지사슴(*Hyelaphus porcinus*)은 외피가 적갈색을 띠는 여름에는 반점이 아주 뚜렷해진다. 그러나 외피가 갈색으로 바뀌는 겨울에는 반점이 완전히 사라진다.[41] 그러나 여름이든 겨울이든 어린 새끼에게는 반점이 있다. 흰꼬리사슴의 어린 새끼에게도 반점이 있다. 캐턴은 그의 공원에 사는 다 자란 흰꼬리사슴의 약 5% 개체에 적색의 여름 외피가 푸른색의 겨울 외피로 대체되는 시기에 일시적으로 양쪽 옆구리에 반점이 한 줄로 나타난다고 한다. 이들 반점은 그 선명도에서는 서로 큰 차이를 보이지만 반점의 숫자는 항상 동일하다고 한다. 이 상태에서부터 성체가 일 년 내내 반점을 전혀 갖고 있지 않은 상태까지는 그 기간이 아주 짧다. 그리고 일부 종에서 나타나는 것과 같이 모든 연령층의 개체가 일 년 내내 반점이 없는 상태까지도 그 기간은 그렇게 멀지 않다. 이같이 완벽한 계열이 존재하고, 특히 많은 종의 어린 새끼에게 반점이 있는 것으로 보아서 우리는 현생 사슴이 그 먼 옛날에 액시스사슴같이 모든 연령

---

41) J.E. Gray, 앞의 책, 64쪽. E. Blyth, *Land and Water*, 1869, 42쪽에서 실론섬의 돼지사슴에 대해 언급하면서 뿔이 새로 돋는 계절이 돌아오면 이 사슴이 다른 일반 돼지사슴에 비해 화려한 흰색 반점을 더 많이 갖게 된다고 말했다.

에서 일 년 내내 반점이 나타나는 조상에게서 유래했다는 결론을 내려도 될 것 같다. 더욱 오래된 조상은 아마도 히오모스쿠스 아쿠아티쿠스(*Hyomoschus aquaticus*)와 어느 정도 유사했을 것이다. 이 동물은 반점이 있고 뿔이 없는 수컷에게는 커다란 송곳니가 돋아나 있는데 일부 사슴이 아직도 송곳니의 흔적을 보유하고 있기 때문이다. 또 히오모스쿠스 사슴은 두 집단을 연결하는 흥미로운 사례에 해당한다. 왜냐하면 이들은 뼈의 특징으로 보아 과거에는 전혀 별개의 것으로 여겼던 후피동물(pachyderm)과 반추동물(ruminant)의 중간형에 해당되기 때문이다.[42]

여기에 기이한 어려움이 뒤따른다. 색깔이 있는 반점과 줄무늬를 맨 처음에 장식으로 획득했다는 사실을 인정한다면 원래 반점이 있었던 동물의 후손에 해당하는 현존하는 많은 종류의 사슴과 원래 줄무늬가 있었던 동물의 후손에 해당하는 돼지와 맥의 모든 종이 성체가 되었을 때 왜 과거의 장식을 잃게 되는가? 나는 이 질문에 만족스런 답변을 제시할 수 없다. 현생 종의 먼 조상은 성숙하거나 거의 성숙해서야 반점과 줄무늬를 잃었다고 우리는 확신할 수 있다. 그래서 오늘날에도 어린 새끼에게는 반점과 줄무늬가 있다는 것이다. 그리고 해당 연령으로 형질이 유전된다는 법칙에 따라 연속된 모든 세대의 어린 새끼에게 전달된 것이다. 사자와 퓨마는 주로 개활지를 서식 환경으로 삼고 살아가는데 이들이 줄무늬를 잃게 되어 먹이의 눈에 잘 띄지 않게 되었다는 것은 큰 장점이 되었을 것이다. 그리고 이런 목적을 달성시키는 계속된 변이가 비교적 생의 늦은 시기에 일어났다면 오늘날의 사례에서 보듯이 어린 새끼는 성체와 달리 줄무늬를

---

42) H. Falconer & Cautley, *Proceedings of the Geological Society,* 1843; H. Falconer, *Pal. Memoirs,* vol. 1, 196쪽.

계속해서 간직하는 것이 가능했을 것이다. 사슴, 돼지, 맥은 자연선택을 통해 반점과 줄무늬를 제거함으로써 이들 동물이 적에게 쉽게 발각되지 않았을지도 모른다고 프리츠 뮐러(Fritz Müller)가 내게 암시적으로 말했다. 또 지질학적으로 제3기에 해당하는 시기에 포식동물의 덩치가 커지고 숫자가 많아지면서 이들은 특별한 보호 수단이 필요했을 것이라고 했다. 이런 설명은 옳을 수도 있다. 그러나 어린 새끼에게 줄무늬가 있어서 보호받지 못했을 것이라는 것은 약간 이상하다. 더구나 그의 설명이 옳다면 일부 종의 성체가 일 년의 어느 시기에 부분적으로든 완전하게든 반점을 보유하고 있다는 것도 납득이 가지 않는다. 가축 나귀가 변이를 일으켜 적갈색이나 회색 또는 검은색을 띠게 될 때, 어깨의 줄무늬나 심지어 등뼈 주위의 줄무늬가 사라지는 일이 종종 일어난다는 사실을 우리는 안다. 비록 그 원인을 설명하지는 못해도 말이다. 말 중에서 암갈색을 띠는 종류를 제외한다면 신체의 특정 부위에 줄무늬가 나타나는 종류는 거의 없다. 그러나 옛날에는 말에게 다리와 등뼈 주위, 그리고 아마도 어깨에 줄무늬가 있었다고 생각하는 것은 나름대로 충분한 근거가 있다.[43] 따라서 오늘날의 사슴, 돼지, 맥의 성체에서 반점과 줄무늬가 사라지는 것은 외피의 전반적인 색깔이 변화되었기 때문일 수도 있다. 그러나 이런 변화가 성선택이나 자연선택의 영향을 받았는지, 또는 생활조건의 직접적인 작용 때문이었는지, 또는 다른 미지의 원인 때문에 생긴 것인지를 결정한다는 것은 불가능하다. 줄무늬가 나타나고 사라지는 현상을 조절하는 법칙에 대해 우리가 아무것도 모른다는 것은 스클라터(P.L. Sclater)의 관찰로 잘 드러난다. 아시아 대륙에 서식하는 나귀(*Asinus*)의 여러 종은 줄무늬가 없다. 심지어는 '어깨교차'

---

43) *The Variation of Animals and Plants under Domestication*, vol. 1, 1868, 61~64쪽.

(cross shoulder-stripe)*도 나타나지 않는다. 그러나 아프리카에 서식하는 나귀의 여러 종은 줄무늬가 뚜렷하다. 다만 아시누스 퇴니오푸스(*A. toeniopus*)는 어느 정도 예외에 해당하는데 이 종은 어깨교차만을 갖고 있으며 다리에 나타나는 줄무늬는 희미하다. 그리고 이 종은 이집트와 에티오피아의 거의 중간 지역에서 산다.[44]

사수목 동물 결론을 내리기 전에 원숭이의 장식에 대해 몇 가지 살펴보는 것이 좋을 것 같다. 대부분의 종은 암수의 색깔이 서로 비슷하다. 그러나 잘 알려져 있는 바와 같이 수컷이 암컷과 서로 차이를 보이는 종도 일부 존재한다. 특히 털이 벗겨진 피부의 색깔이나 턱수염, 구레나룻, 갈기에서 차이를 보인다. 많은 종의 색깔은 극히 이례적이고 아름다우며 털이 돋은 방식이 기이하고 우아해서 이들 형질을 장식용으로 획득했다고 여기지 않을 수가 없다. 다음의 여러 그림(〈그림-72~76〉)은 몇몇 종의 얼굴과 머리에 돋은 털의 배열을 보여준다. 이들 머리 장식, 그리고 강한 대조를 이루는 외피와 피부 색깔이 아무런 선택의 도움을 받지 않고 단지 우연한 변이의 결과로 이루어진 것이라고 생각하기는 거의 불가능하다. 그것보다는 이런 구조가 이들 동물의 일상생활에서 어떤 방식으로든 소용이 닿는다고 생각하는 것이 타당할 것이다. 만약 그렇다면 이런 구조는 암수 모두에게 거의 동일하게 전달되었을지라도 어쨌든 성선택을 통해 획득하였을 것이다. 많은 사수목 동물의 경우 수컷이 암컷에 비해 덩치가 크고 힘이 세며 송곳니가 크게 발달하는 것은 성선택의 작용 때문이라는 추가적인 증거가 있다.

---

44) *Proceedings of the Zoological Society*, 1862, 164쪽; Hartmann, *Annalen d. Land-wirtschaft*, Bd. 43, 222쪽.

〈그림-72〉 셈노피테쿠스 루비쿤두스(*Semnopithecus rubicundus*)의 머리. 이 그림과 이후에 나오는 네 장의 그림은 모두 제르베(P. Gervais)가 제공한 것인데 머리에 돋은 털의 기이한 배열과 발달을 보여주기 위해 제시했다.

일부 종의 암수가 이상한 방식의 색깔을 갖고 다른 일부 종은 기이한 아름다움을 갖는 것에 대해서는 몇 가지 사례를 드는 것으로 충분할 것 같다. 체르코피테쿠스 페타우리스타(*Cercopithecus petaurista*) 원숭이(〈그림-77〉)의 얼굴은 검은색이고 구레나룻과 턱수염은 흰색이며 짧고 흰 털이 덮인 코에는 선명한 둥근 반점이 새겨져 있다. 이 때문에 이 원숭이는 거의 우스꽝스러운 모습으로 관찰된다. 셈노피테쿠스 프론타투스(*Semnopithecus frontatus*) 원숭이도 검은 얼굴에 길고 검은 턱수염이 있으며 푸르스름한 흰색의 앞이마 위에는 크고 털이 없는 반점이 새겨져 있다. 마카쿠스 라시오투스(*Macacus lasiotus*) 원숭이의 얼굴은 지저분한 살색이며 양쪽 뺨에는 선명한 붉은 반점이 있다. 체

〈그림-73〉 셈노피테쿠스 코마투스 (*Semnopitbecus comatus*)의 머리.

〈그림-74〉 체부스 카푸치누스(*Cebus capucinus*)의 머리.

〈그림-75〉 아텔레스 마르지나투스 (*Ateles marginatus*)의 머리.

〈그림-76〉 체부스 벨레로수스(*Cebus vellerosus*)의 머리.

르코체부스 외티옵스(*Cercocebus œthiops*) 원숭이의 외모는 괴상하다. 얼굴은 검은색이고 구레나룻과 목둘레는 흰색이며 머리칼은 밤색이고 양쪽 눈꺼풀의 위쪽에는 털이 없으며 커다란 흰색 반점이 새겨져 있다. 아주 많은 종에서 턱수염, 구레나룻 그리고 얼굴 주위 갈기는 머리의 다른 털과 색깔이 다르며 항상 더 밝은 색깔을 띤다.[45] 순백

45) 나는 이 사실을 런던 동물원에서 확인했다. I. Geoffroy Saint-Hilaire & F.

524

〈그림-77〉 체르코피테쿠스 페타우리스타(브렘의 그림).

Cuvier, *Histoire Nat. des Mammifères,* tom. 1, 1824에 나오는 원색 삽화를 참조
하시오.

색인 경우가 가장 흔하고 옅은 노란색이거나 붉은색을 띠는 경우도 간혹 있다. 남아메리카에 서식하는 브라키우루스 칼부스(*Brachyurus calvus*)의 얼굴 전체는 선명한 진홍색을 띤다. 그러나 이 색깔은 이들 원숭이가 거의 성숙해져야만 나타난다.[46] 얼굴의 피부는 종마다 놀라운 색깔의 차이를 보인다. 얼굴의 일부가 완전히 백색이면서 갈색이나 살색을 띠는 경우가 흔하며 대부분의 흑인처럼 검은색을 띠는 경우도 흔하다. 브라키우루스의 진홍색은 부끄럼을 타는 대부분 백인 소녀의 뺨보다 화려하다. 몽고 인종의 얼굴색보다 더 뚜렷한 오렌지색을 띠는 경우도 있다. 푸른색에서 보라색이나 회색으로 넘어가는 색깔을 띠는 종도 있다. 바틀릿에 따르면 암수 성체 모두 짙은 색 얼굴인 종은 모두 어린 시절에 짙은 색을 띠지 않거나 칙칙한 색깔을 띤다고 한다. 맨드릴개코원숭이나 붉은털원숭이도 이 경우에 해당한다. 그러나 이들은 한쪽 성만이 얼굴과 엉덩이 부위에 화려한 색깔을 띤다. 이들 마지막의 경우 색깔을 성선택을 통해 획득했다고 믿을 만한 증거가 있다. 따라서 앞서 말한 여러 종이 성체가 되었을 때 암수 모두 동일한 방식의 색깔을 갖기는 하지만 우리는 이들에게도 똑같은 견해를 적용시키게 된다.

우리의 관점으로 본다면 대부분의 원숭이가 아름다운 것과는 거리가 멀지만 일부 종은 우아한 외모와 화려한 색깔 때문에 폭넓은 감탄의 대상이 된다. 셈노피테쿠스 네뫼우스(*Semnopithecus nemæus*)는 비록 색깔은 기이하지만 정말로 귀엽다고 알려져 있다. 오렌지색을 띠는 얼굴을 하얗게 빛나는 구레나룻이 길게 둘러싸고 있으며 눈썹 위에는 적갈색의 줄무늬가 나타난다. 등의 털은 섬세한 회색을 보이고 허리 부위에는 사각형의 반점이 나타난다. 꼬리와 앞다리는 순백색

---

46) H.W. Bates, *The Naturalist on the Amazons,* vol. 2, 1863, 310쪽.

<그림-78> 다이아나원숭이(브렘의 그림).

이고 밤색의 목털은 가슴 부위까지 뻗어 있다. 대퇴부는 검은색이고 하퇴부는 적갈색이다. 또 다른 원숭이 두 종의 아름다움에 대해서만 더 얘기하겠다. 내가 이 두 종을 선택한 이유는 색깔에서 약간의 성적인 차이가 나기 때문이다. 이런 차이로 보아 암수 모두 그들의 우아한 색깔을 어느 정도는 성선택을 통해 획득한 것으로 보인다. 콧수염원숭이(*Cercopithecus cephus*)의 외피는 일반적으로 얼룩무늬가 있는 녹색이며 목 부위는 흰색이다. 수컷의 꼬리 끝은 단순한 밤색이지만 얼굴은 상당히 화려하다. 피부는 푸르스름한 회색이며 눈 아래에

는 검은 색깔이 들어가 있다. 윗입술은 연한 청색이고 양쪽 가장자리에 가늘고 검은 콧수염이 돋아나 있다. 구레나룻은 오렌지색이며 위쪽은 검은색으로 뒤를 향해 귀까지 흐르는 띠를 형성한다. 그리고 귀는 흰색 털로 덮여 있다. 동물학회 동물원에서 종종 다이아나원숭이 (*Cercopithecus diana*, 〈그림-78〉)의 아름다움에 감탄하는 방문자들의 얘기를 우연히 듣게 된다. 이들 원숭이의 외피는 회색이며 가슴과 앞다리의 내측면은 흰색이다. 또한 등 뒤쪽에 뚜렷하게 형성된 큰 삼각형 무늬는 짙은 밤색이다. 수컷은 대퇴부의 내측면과 복부가 연한 황갈색이고 머리 끝은 검은색이다. 얼굴과 귀는 짙은 검은색이어서 눈썹 위를 가로지르는 흰색 털과 길고 뾰족한 흰색 턱수염과는 좋은 대조를 이룬다. 턱수염의 기저부는 검은색이다.[47]

이들 원숭이나 그외 여러 원숭이의 경우에 색깔의 아름다움이나 특이한 배열, 그리고 머리에 돋은 매우 다양하고 우아한 갈기나 털다발을 보면서 나는 이런 형질이 성선택을 통해 단지 장식물로만 획득되었다고 확신한다.

요약　암컷을 차지하려고 벌이는 전투는 이 거대한 포유동물 집단에서 보편적으로 일어나고 있는 것 같다. 수컷의 특별한 방어 수단뿐만 아니라 큰 체구, 힘, 용기, 호전성, 특별한 공격용 무기는 내가 '성선택'이라고 불렀던 선택을 통해 획득되고 변형되었다는 사실을 대부분의 박물학자도 인정한다. 이것은 일반적인 생존경쟁의 우위로 결정되는 것이 아니다. 다른 수컷과 경쟁해서 성공을 거두고 그 자신의 우위성을 간직한 더 많은 자손을 퍼뜨리게 되는 특정한 수컷 개체가

---

47) 위에서 열거한 대부분의 원숭이를 나는 동물학회 동물원에서 관찰했다. 셈노피테쿠스 네뫼우스에 관한 설명은 W.C.L. Martin, *Natural History of Mammalia*, 1841, 460쪽에서 인용한 것이다. 475, 523쪽도 참조하시오.

결정하는 것이다.

좀더 평화적인 경쟁 방식이 있다. 즉 수컷이 갖가지 매력을 이용해서 암컷을 자극하고 유혹하는 것이다. 이것은 번식기에 성선택을 통해 수컷이 획득한 향기샘에서 분비하는 강력한 냄새로 이루어지기도 한다. 똑같은 견해를 목소리로 확장해 적용시킬 수 있을지의 여부는 확실하지 않다. 수컷의 발성 기관은 성체가 되어서 강력한 사랑의 감정이나 질투심, 분노심 등을 표현하며 계속 사용함으로써 강화되었을 것이고 결국 수컷 자손에게만 전달되었을 것이 분명하기 때문이다. 수컷에게만 나타나거나 암수 모두에게 있더라도 수컷에게서 더 잘 발달되어 있는 털의 여러 가지 유형인 갈기, 털 다발, 털 덮개 등은 때로 수컷 경쟁자의 공격에 대해 방어물로 작용하는 경우도 있기는 하지만 대개는 장식에 지나지 않는 것 같다. 수사슴의 가지 친 뿔이나 일부 영양에게 있는 우아한 뿔도 공격이나 방어 무기로 훌륭하게 작용하기는 하지만 어느 정도는 장식용으로 변형되었다고 여길 만한 근거가 있다.

수컷과 암컷의 색깔이 다를 때, 수컷은 좀더 짙고 대조가 강한 색깔을 띤다. 조류나 그외의 많은 동물이 화려한 적색, 청색, 노란색, 녹색을 띠는 경우는 많지만 포유류에게는 이런 색깔이 좀처럼 관찰되지 않는다. 그러나 일부 사수목 동물은 기묘한 부위에 털이 벗겨지면서 피부가 노출되고 이 부위는 일부 종의 경우 화려한 색깔을 띤다. 수컷의 색깔이 전혀 선택의 도움 없이 단순한 변이 때문에 생기는 경우도 있을 수는 있다. 그러나 색깔이 다양해지고 짙은 색조를 띠게 될 때, 또 거의 성숙하기 전까지 색깔이 제대로 발현되지 않을 때, 또 거세당한 수컷에게서 색깔이 나타나지 않을 때, 우리는 그런 색깔이 장식용으로 성선택을 통해 획득되었으며 같은 성에게만 전달되었다고 생각할 수밖에 없을 것 같다. 암컷과 수컷의 색깔이 같으면서 뚜렷하거나 기이하게 배열되어 있고 방어 수단으로는 거의 작용하지 않는 것 같으면서 다른 여러 가지 장식적인 부속물과 관련되어 있는 경우가 있을 수 있다. 이 경우에도 우리는 동일한 결론에 도달할 수 있을 것 같다. 즉 이런 색깔은 암수 모두에게 전달되기는 하지만 최초에는 성선택으로 획득되었다는 것이다. 이번 장과 지난 장에서 살펴보았던 여러 가지 사례를 다시 생각해보자. 그러면 수컷에게만 나타나든 암수 모두에게 나타나든 뚜렷하고 다양한 색깔은 동일한 집단 내에서 전투나 장식에 기여하는 다른 이차성징과 대개 관련되어 있다고 생각하는 것이 타당할 것 같다.

색깔이나 장식용 형질이 암수 모두에게 전달된다는 법칙은 조류보다 포유류에서 더욱 잘 들어맞는 것 같다. 그러나 뿔이나 엄니 같은 무기는 암컷보다는 수컷에게만 전달되거나 모두에게 전달된다고 하더라도 수컷에게 좀더 완전하게 전달되는 것 같다. 이것은 놀라운 사실이다. 왜냐하면 수컷의 무기는 대개 모든 유형의 적에 대항해서 사용할 수 있는 것이므로 이들 무기가 암컷에게도 도움이 되었을 것이기 때문이다. 우리가 현재 아는 범위에서 생각한다면 암컷에게서 이들 무기가 나타나지 않는다는 사실을 설명할 수 있는 근거는 유전 방식밖에는 없을 것 같다. 마지막으로 네발 동물의 경우 같은 성의 개체들이 경쟁을 벌인다면 평화적인 경쟁이든 피를 흘리는 경쟁이든 그것은 거의 수컷의 몫이다. 따라서 전투를 위해서든 이성을 매혹시키기 위해서든 성선택을 통해 많이 변형된 것은 바로 수컷이다.

제3부
인간과 관계된 성선택과 결론

제19장 인간의 이차성징

남자와 여자의 차이점─남녀 차이가 생기는 이유와 일부 형질이 남녀에게서 공통으로 나타나는 이유─전투의 법칙─정신 능력과 목소리의 차이─인간이 결혼을 결정하는 데 아름다움이 미치는 영향─장식에 대한 미개인의 관심─여자의 아름다움에 대한 미개인의 생각─신체의 선천적인 특징을 강조하려는 경향

인간의 성적 차이는 대부분의 사수목 동물들이 보이는 차이보다 큰 편이지만 맨드릴개코원숭이처럼 인간보다 더 큰 성적 차이를 보이는 경우도 있다. 남자는 여자보다 평균적으로 상당히 크고 무거우며 힘이 세고 어깨가 벌어져 있으며 근육도 잘 발달되어 있다. 근육의 발달과 돌출된 이마 사이에는 연관성이 있다.[1] 따라서 일반적으로 남자의 상안와융기는 여자보다 더 튀어나와 있다. 남자의 몸, 특히 얼굴에는 여자보다 털이 많으며 목소리의 음색도 여자와는 달리 힘이 있다. 여자와 남자의 피부색이 약간 다른 인종도 있다고 한다. 예를 들어 슈바인푸르트(Schweinfurth)는 아프리카의 적도 위쪽 내륙 지방에 살고 있는 몬부투족의 한 흑인 여자를 언급하면서 다음과 같이 말했다. "자기 종족의 모든 사람과 마찬가지로 그 여자는 남편보다

---

1) *Anthropological Review*, 번역본, 1868. 10, 419~420, 427쪽에 실린 샤프하우젠의 글을 참조하시오.

피부색이 조금 옅었다. 절반쯤 구운 커피 색깔과 비슷했다."[2] 여자도 밖에서 일을 할 때 전혀 옷을 걸치지 않는 것으로 보아 여자가 남자보다 집 밖의 기후에 덜 노출된다는 이유를 들어 피부색이 다르다고 하기는 어려울 것 같다. 유럽 여자는 아마도 남자보다 피부색이 더 밝을 것이다. 남녀가 집 밖의 기후에 똑같이 노출되어 있을 때에도 그렇게 나타날 것이다.

남자는 여자보다 용기가 있으며 호전적이고 정열적이며 창의력이 있다. 남자의 뇌는 단연코 크지만 큰 덩치에 비례해서도 크다고 볼 수 있는지는 충분히 확인되지 않은 것 같다. 여자의 경우 얼굴은 둥그스름하고 턱이 작으며 두개골의 바닥도 작다. 신체의 윤곽은 완만하며 부위에 따라서는 더 튀어나와 있기도 하다. 여자의 골반은 남자보다 더 넓다.[3] 그러나 골반의 형질은 이차성징이라기보다는 오히려 일차성징으로 여겨야 할 것 같다. 여자는 남자보다 이른 나이에 성숙한다.

모든 부류의 동물과 마찬가지로 인간의 경우도 수컷의 독특한 특징은 나이가 들어 거의 성숙하기 전까지 충분히 발달하지 않는다. 만약 거세당한다면 이차성징은 전혀 나타나지 않는다. 예를 들어 턱수염은 이차성징이다. 따라서 남자 어린이는 머리털이 많기는 해도 턱수염이 돋지는 않는다. 이런 형질이 남자에게만 전달되는 이유는 수컷의 형질을 획득하는 연속적인 변화가 생의 비교적 늦은 시기에 나타나기 때문일 것이다. 암수가 큰 차이를 보이는 여러 동물의 어린새끼와 마찬가지로 어린이는 남녀가 매우 비슷하다. 어린이는 남자 어른보다는 오히려 여자 어른과 비슷하다. 그렇지만 여자는 결국 몇

---

2) *The Heart of Africa,* 영역본, vol. 1, 1873, 544쪽.
3) *Anthropological Review,* 번역본, 1868. 10, 351~356쪽에 에커(Ecker)의 글이 실려 있으니 참조하시오. 웰커(M. Welcker)는 남자와 여자의 두개골 형태를 매우 세밀하게 비교했다.

가지 형질이 뚜렷해지고 두개골을 형성하는 데 어린이와 남자의 중간형에 해당한다고 한다.[4] 게다가 유연 관계가 가까운 여러 동물의 어린 새끼들이 성체에 나타나는 차이만큼 큰 차이가 나지 않는 것처럼 서로 다른 인종의 아이들도 서로 크게 다르지 않다. 유아 시절의 두개골에서는 인종 간의 차이가 나타나지 않는다는 주장을 제기한 적도 있다.[5] 갓 태어난 흑인 아이의 피부는 붉은 밤색을 띠지만 곧 쥐회색이 돌기 시작한다. 수단 지역의 아이들은 1년 이내에 검은색이 충분히 발현되지만 이집트 지역에서는 세 살이 될 때까지는 검은색이 잘 나타나지 않는다. 흑인의 눈은 처음에는 청색이고 머리털은 검은색보다는 밤색에 가까우며 머리털의 끝 부위만이 말려 있을 뿐이다. 오스트레일리아 원주민의 아이들은 태어날 때는 황갈색 피부로 태어나지만 1년이 지나면 짙은 색으로 변해간다. 파라과이의 구아라니족의 아이는 태어날 때 옅은 노란색을 띤다. 그러나 몇 주가 지나면서 부모의 피부색과 같은 황갈색을 띠게 된다. 아메리카의 그외 여러 지역에서도 이와 유사한 여러 사례가 관찰되었다.[6]

이제까지 나는 남자와 여자 사이에 나타나는 차이점에 대해 열거했다. 이들 차이는 여러 사수목 동물이 보이는 차이와 기이하게도 유사하다. 여러 사수목 동물의 경우 암컷은 수컷보다 더 빠르게 성숙한

---

4) Ecker & M. Welcker, *Anthropological Review,* 영역본, 352, 355쪽; C. Vogt, *Lectures on Man,* 영역본, 81쪽.

5) Schaaffhausen, *Anthropological Review,* 영역본, 429쪽.

6) 포크트의 앞의 책, 1864, 189쪽에 흑인 아이에 대한 프루너 베이(M. Pruner-Bey)의 글이 인용되어 있다. 흑인 아이에 대한 더 많은 내용을 보려면 윈터바톰(Winterbottom)과 캠퍼(Camper)의 글을 인용한 W. Lawrence, *Lectures on Physiology,* 1822, 451쪽을 참조하시오. 구아라니족의 유아에 대해서는 Rengger, *Naturgeschichte der Säugethiere von Paraguay,* 3쪽을 참조하시오. Godron, *De l'Espèce,* tom. 2, 1859, 253쪽. 오스트레일리아 원주민에 대해서는 Waitz, *Introduction to Anthropology,* 영역본, 1863, 99쪽을 참조하시오.

다. 적어도 체부스 아자레의 경우에는 확실하다.[7] 대부분 종의 수컷
은 암컷보다 크고 강하다. 고릴라는 잘 알려진 사례에 해당한다. 상
안와융기의 돌출 같은 사소한 형질조차도 일부 원숭이의 경우 암컷
과 수컷은 서로 다르며[8] 이 점은 인간도 마찬가지다. 고릴라와 그외
일부 원숭이 수컷 성체의 두개골에는 뚜렷한 시상능*이 있다. 암컷에
게서는 나타나지 않는 구조다. 에커는 오스트레일리아 원주민의 남
녀 사이에서도 이와 비슷한 차이의 흔적이 존재한다는 것을 발견했
다.[9] 원숭이 암컷과 수컷이 서로 다른 목소리를 낼 경우 강한 목소리
를 내는 쪽은 수컷이다. 일부 원숭이 수컷은 턱수염이 잘 발달해 있
다. 그러나 암컷에게는 턱수염이 전혀 없거나 있다고 하더라도 잘 발
달되어 있지 않다. 원숭이의 경우 암컷의 턱수염, 구레나룻, 콧수염이
수컷보다 더 큰 경우는 알려진 바 없다. 턱수염의 색깔 면에서도 남
자와 사수목 동물 수컷 사이에는 기묘한 유사성이 있다. 남자는 머리
털의 색깔과 턱수염의 색깔이 서로 다른 경우가 일반적이다. 이 경우
턱수염은 머리털보다 더 옅은 색조에 붉은 빛깔이 도는 경우가 흔하
다고 생각한다. 나는 영국에서 이런 사실을 여러 번 관찰했다. 그러나
최근 두 분의 신사가 내게 편지를 보내왔는데 그들은 자신들에게는
이 규칙에 어긋나는 수염이 있다고 말했다. 이 신사 중 한 분은 자기
가계에서 부계와 모계 쪽의 머리털 색깔이 크게 서로 다르다고 했다.
이 두 사람은 오랫동안 이 사실을 잘 알고 있어(그중 한 사람은 턱수염
을 염색했다는 이유로 종종 고소를 당하기도 했다고 한다) 자연스럽게 다

---

7) Rengger, 앞의 책, 1830, 49쪽.
8) 마카쿠스 치노몰구스(*Macacus cynomolgus*) 원숭이*(Desmarest, *Mammalogie*,
   65쪽)와 검은손긴팔원숭이(*Hylobates agilis*. I. Geoffroy Saint-Hilaire & F.
   Cuvier, *Histoire Nat. des Mammifàres*, tom. 1, 1824, 2쪽)의 경우가 이에 해당
   한다.
9) *Anthropological Review*, 1868. 10, 353쪽.

른 남자의 턱수염을 관찰하는 버릇이 생겼는데, 관찰 결과 자기들과 같은 예외적인 턱수염이 매우 드물게 나타난다는 사실을 알게 되었다고 한다. 후커(Hooker)는 러시아에서 나를 위해 이 문제를 조사했지만 이 규칙에 어긋나는 경우는 발견하지 못했다. 캘커타의 식물원에 있는 스콧(J. Scott)은 인도의 다른 지방에서뿐만 아니라 식물원을 방문하는 많은 인종의 사람들을 꼼꼼하게 관찰했다. 그가 관찰한 인종으로는 세크인 두 종족, 보테인, 힌두인, 버마*인, 중국인 등이 있었는데 이들 인종에는 대부분 얼굴에 털이 거의 없었다고 한다. 그러나 머리와 턱수염의 차이가 있는 경우에 더 색깔이 옅은 쪽은 예외 없이 턱수염 쪽이라고 했다. 전에도 말했듯이 원숭이의 경우 턱수염은 종종 머리털과 크게 다르다. 이 경우 턱수염은 항상 옅은 색조를 띠고 종종 순백색이나 노란색 또는 붉은색을 띠기도 한다.[10]

피부의 털을 생각해보아도 모든 인종에서 여자는 남자보다 털이 많지 않다. 일부 사수목 동물에서도 신체 하부에 돋아난 털을 보면 수컷보다 암컷이 적은 편이다.[11] 마지막으로 수컷 원숭이는 남자와

---

10) 사람의 경우 나이를 먹어감에 따라 턱수염이나 구레나룻이 백색으로 변하는 일은 흔히 있다. 그러나 블리스(E. Blyth)는 원숭이를 대상으로 이런 변화에 대한 단 한 가지 사례만을 관찰했다고 내게 말했다. 그러나 우리에 가두어 키우는 마카쿠스 치노몰구스 원숭이는 나이가 들면서 수염이 사람처럼 매우 길어지는 일이 일어난다. 이 모든 모습 때문에 이 늙은 원숭이는 우스꽝스럽게도 유럽의 군주와 닮아 보인다. 그래서 이 원숭이에게는 일반적으로 군주를 가리키는 별명이 붙여졌다. 머리털이 회색으로 변하는 일이 거의 일어나지 않는 인종이 있다. 예를 들어 포베스(D. Forbes)는 남아메리카에 사는 아이마라족과 케추아족*을 대상으로 머리털이 회색으로 변하는 단 한 사례도 관찰하지 못했다고 한다.

11) 긴팔원숭이(*Hylobates*)에 속하는 여러 종의 암컷이 이 경우에 해당한다. I. Geoffroy Saint-Hilaire & F. Cuvier, *Histoire Nat. des Mammifères,* tom. 1을 참조하시오. 흰손긴팔원숭이(*Hylobates lar*)에 대해서는 *Penny Cyclopedia,* vol. 2, 149~150쪽을 참조하시오.

마찬가지로 대담하고 사납다. 무리를 이끄는 것은 수컷이고 무리가 위험에 처했을 때 앞에 나서서 위험에 맞서는 것도 수컷이다. 따라서 인간과 사수목 동물은 성적 차이의 양상이 매우 유사하다는 것을 알 수 있다. 그렇지만 개코원숭이, 오랑우탄, 고릴라 같은 일부 종은 암수 간의 차이가 매우 심하다. 예를 들어 송곳니의 크기, 털의 발달과 색깔 그리고 특히 털이 없는 피부 색깔 면에서는 인간보다 큰 차이를 보인다.

인간의 모든 이차성징은 같은 인종 내에서도 변이가 심하게 일어난다. 인종에 따라서는 이들 변이가 더욱 심하게 나타나는 경우도 있다. 이런 규칙은 동물에게도 일반적으로 적용시킬 수 있다. 노바라호 선상에서 이루어진 훌륭한 관찰을 통해[12] 오스트레일리아 원주민 남자의 신장은 여자보다 단지 65밀리미터밖에 크지 않다는 사실이 밝혀졌다. 반면에 자바 원주민의 남자는 여자보다 218밀리미터나 더 컸다. 따라서 자바 원주민의 경우 신장 차이는 오스트레일리아 원주민의 경우보다 세 배나 큰 것이다. 여러 인종을 대상으로 신장, 목둘레, 가슴둘레, 등뼈 길이, 팔 길이에 대한 여러 측정치를 조심스럽게 얻었다. 이렇게 얻은 모든 측정치를 보면 여자보다는 남자가 상호 변이가 심하다는 것을 알 수 있다. 이들 형질만을 볼 때, 위의 사실은 여러 인종이 공통 조상에게서 갈라진 후에 주로 변이가 일어난 쪽이 남자라는 것을 보여주는 것이다.

턱수염의 발달과 신체의 털 분포는 인종 간에 큰 차이를 보인다. 심지어 같은 인종의 종족이나 가족 간에도 차이가 나타난다. 우리 유럽인의 경우도 마찬가지다. 마틴(W.C.L. Martin)에 따르면 세인트 킬다

---

12) 바이스바흐(Weisbach)는 셰르처(K. Scherzer)와 슈바르츠(Schwarz)의 조사에서 얻은 측정치에서 이런 결과를 추론해냈다. *Reise der Novara: Anthropolog. Theil,* 1867, 216, 231, 234, 236, 239, 269쪽.

섬의 사람들은 30세 이상이 되어야만 턱수염이 돋는다고 한다.[13) 그리고 턱수염이 돋았다고 해도 숱이 많지는 않다고 한다. 유라시아 대륙에는 인도를 넘어서까지 턱수염이 널리 퍼져 있다. 그러나 옛날 디오도루스(Diodorus)*도 지적했듯이 실론섬의 원주민은 턱수염이 없다.[14) 인도에서 동쪽으로 가면서 턱수염은 사라진다. 예를 들어 시암* 사람, 말레이 사람, 칼무크 사람,* 중국인, 일본인이 이에 해당한다. 그렇지만 일본 열도 최북단의 여러 섬에 사는 아이누 원주민은 세상에서 가장 털이 많은 사람들이다.[15) 흑인의 턱수염은 빈약하며 구레나룻은 거의 없다. 남녀 모두 피부에 미세한 솜털이 전혀 돋아나지 않는 경우가 흔하다.[16) 그에 반해 말레이 제도의 파푸아 사람은 거의 흑인처럼 피부색이 검지만 턱수염은 매우 잘 발달해 있다.[17) 태평양의 피지 제도에 사는 원주민은 턱수염이 무성히 자란다. 그러나 그곳에서 멀지 않은 통가 제도와 사모아 제도의 원주민은 턱수염이 없다. 이들은 서로 다른 인종에 속한다. 엘리스 제도*의 여러 섬에 사는 원주민은 모두 같은 인종이다. 그러나 누네마야라고 부르는 섬만큼은 "남자들의 턱수염은 화려하다. 그러나 다른 섬의 남자들은 일반적으로 열대여섯 가닥의 털만이 턱에 돋아날 뿐이다."[18)

---

13) *Voyage to St. Kilda,* 3rd ed., 1753, 37쪽.

14) J.E. Tennent, *Ceylon,* vol. 2, 1859, 107쪽.

15) Quatrefages, *Revue des Cours Scientifiques,* 1868. 8. 29, 630쪽; C. Vogt, *Lectures on Man,* 영역본, 127쪽.

16) 흑인의 턱수염에 대해서는 포크트의 앞의 책과 Waitz, *Introduction to Anthropology,* 영역본, vol. 1, 1863, 96쪽을 참조하시오. 미국에 사는 순수 혈통의 흑인과 그들의 혼혈아의 털이 유럽인과 거의 비슷하다는 사실은 주목할 만하다(*Investigations in the Military and Anthropological Statistics of American Soldiers,* 1869, 569쪽).

17) A.R. Wallace, *The Malay Archipelago,* vol. 2, 1869, 178쪽.

18) 대양의 여러 섬에 살고 있는 인종에 대해서는 *Anthropological Review,* 1870. 4, 185, 191쪽에 데이비스(J.B. Davis)의 글이 실려 있으니 참조하시오.

거대한 아메리카 대륙 전체를 볼 때 남자들에게 턱수염이 없다고 볼 수 있다. 그러나 대부분의 부족에서 짧은 몇 가닥의 털이 얼굴에 돋는 경향이 있다. 이런 경향은 특히 나이가 듦에 따라 두드러진다. 북아메리카에 거주하는 여러 부족의 경우 20명 남자에 18명꼴로 턱수염의 흔적이 전혀 나타나지 않는다고 캐틀린이 말했다. 그러나 사춘기 시절에 털을 뽑아버리지 않은 남자들에게서 1~2인치 길이의 부드러운 턱수염이 돋은 경우를 간혹 관찰할 수 있다. 파라과이의 구아라니족은 주변의 모든 부족과 달리 턱수염이 짧고 피부에는 약간의 털이 돋아 있으나 구레나룻은 전혀 나타나지 않는다.[19] 이 주제에 특히 관심이 많았던 포베스(D. Forbes)에 따르면 안데스산맥에 사는 아이마라족과 케추아족은 놀랍게도 털이 없지만 늙으면 몇 가닥의 털이 턱에 돋는다고 한다. 이들 두 종족의 남자는 유럽인의 경우 털이 많이 돋는 신체의 여러 부위에도 털이 거의 돋지 않는다. 여자도 해당 부위에 전혀 털이 나지 않는다. 그러나 머리털은 남녀 모두 매우 길게 자라서 거의 바닥에 닿는 경우도 있다. 이것은 북아메리카 일부 종족의 경우도 마찬가지다. 털의 양과 신체의 일반 외형 면에서 아메리카 원주민은 다른 인종처럼 서로 크게 다르지 않다.[20] 이것은 유연 관계가 밀접한 일부 원숭이의 경우와 비슷하다. 예를 들어 침팬지의 암수는 오랑우탄이나 고릴라의 암수만큼 큰 차이를 보이지 않는다.[21]

---

19) G. Catlin, *North American Indians,* 3rd ed., vol. 2, 1842, 227쪽. 구아라니족에 대해서는 Azara, *Voyages dans l'Amérique Mérid.,* tom. 2, 1809, 58쪽; 렝거의 앞의 책, 3쪽을 참조하시오.

20) 아가시 교수와 그의 부인은 *A Journey in Brazil,* 530쪽에서 아메리칸 인디언 남자와 여자는 흑인이나 고등한 인종의 남녀의 경우보다 성적 차이가 적다고 했다. 구아라니족에 대해서는 렝거의 앞의 책, 3쪽을 참조하시오.

21) Rütimeyer, *Die Grenzen der Thierwelt; eine Betrachtung zu Darwin's Lehre,* 1868, 54쪽.

이전의 여러 장에서 우리는 포유류, 조류, 어류, 곤충 등이 갖고 있는 많은 형질이 일차적으로 성선택을 통해 한쪽 성이 획득했으며 나중에 다른 성에게 전달되었다는 사실이 충분히 가능하다는 것을 여러 근거를 토대로 살펴보았다. 이와 동일한 유형의 전달이 인간에게도 일어났음은 분명한 사실이다. 따라서 남자에게만 있는 형질과 남녀 모두에게 있는 형질을 연관지어 그 기원을 논의한다면 불필요한 반복을 피할 수 있을 것이다.

전투의 법칙 오스트레일리아 원주민 같은 미개인의 경우 같은 부족 내 구성원 사이의 싸움이나 서로 다른 부족 간의 전쟁이 일어나는 원인에는 항상 여자가 개입해 있다. 따라서 옛날에는 헬레네* 같은 여자가 전쟁의 구실이 되기에 충분했을 것이다. 북아메리카에 사는 일부 인디언의 경우 그들이 벌이는 경쟁에는 나름대로의 체계가 있다. 관찰 능력이 탁월한 히언은 다음과 같이 말했다. "이들은 자신이 사랑하는 여자를 얻기 위해서 전력을 다해야 한다. 이때 강한 무리가 항상 여자를 얻게 될 것은 자명한 일이다. 사냥 기술이 탁월하지도 않으며 여자의 지극한 사랑을 받지도 못하는 약한 남자가 아내를 맞이한다는 것은 거의 불가능하다. 이런 풍습은 모든 부족에 널리 퍼져 있으며 이것은 젊은이들 사이에서 강한 경쟁의식을 불러일으키게 한다. 그들은 어린 시절부터 어느 경우에나 서로 싸우면서 힘과 기술을 연마한다."[22] 아자라에 따르면 남아메리카 구아나족의 경우 남자가 20세가 되기 전에 결혼하는 경우는 극히 드물다고 한다. 20세 이전에

---

22) *A Journey from Prince of Wales Fort,* 8절판, 1796, 104쪽. 러벅은 *The Origin of Civilisation,* 1870, 69쪽에 북아메리카에서 관찰되는 유사한 사례를 제시했다. 남아메리카의 구아나족에 대해서는 아자라의 앞의 책, 제2권, 94쪽을 참조하시오.

는 경쟁자를 물리칠 정도로 힘이 충분하지 않기 때문이다.

그외에도 유사한 여러 사례를 제시할 수 있다. 그러나 우리가 이 항목에 대한 증거를 아무것도 갖고 있지 않다고 하더라도 고등한 사수목 동물의 경우를 유추해보면 우리는 거의 확신할 수 있다.[23] 즉 남자에게는 어린 시절부터 전투의 법칙이 널리 퍼져 있었다는 것이다. 다른 이빨보다 더 튀어나온 송곳니가 오늘날에도 가끔 출현하고 반대쪽 송곳니가 들어갈 수 있는 공간인 다이아스테마(diastema)*의 흔적이 나타나는 경우가 있다. 이 모든 것은 과거 상태로 돌아가는 환원 유전의 사례일 가능성이 매우 높다. 그 당시 인간의 조상은 오늘날의 많은 사수목 동물 수컷처럼 송곳니가 무기였다. 전에 우리는 인간이 서서히 직립하게 되고 손과 팔을 삶의 여러 가지 목적뿐만 아니라 막대기를 집고 돌멩이를 집어던지면서 싸우기 위해 계속해서 사용하게 됨에 따라 인간은 턱과 치아를 점점 덜 쓰게 되었을 것이라는 사실을 논의한 적이 있다. 턱을 쓰지 않게 됨에 따라 턱과 여러 부대 근육은 함께 줄어들게 되었을 것이다. 치아도 아직까지 명쾌하게 분석되지 않은 원리, 즉 '성장의 연관성과 절약의 원리'(principles of correlation and economy of growth)에 따라 마찬가지로 줄어들었을 것이다. 더 이상 기여하지 않는 부위의 크기가 축소되는 사실을 신체의 여러 곳에서 볼 수 있다. 그러한 단계에서 남녀의 턱과 치아에 존재하던 원래의 불균형은 결국 사라지게 되었을 것이다. 이것은 많은 종류의 반추동물 수컷에 나타나는 사례와 유사하다. 반추동물의 송곳니는 단순히 흔적으로만 남아 있다. 즉 사라지게 되었는데 이것은 뿔

---

23) 수컷 고릴라의 전투에 대해서는 *Boston Journal of Natural History*, vol. 5, 1847, 423쪽에 실린 사비지(Savage)의 글을 참조하시오. 프레비티스 엔텔루스 (*Presbytis entellus*)에 대해서는 *The Indian Field*, 1859, 146쪽에 실린 글을 참조하시오.

이 발달하면서 생긴 결과인 것이 확실하다. 오랑우탄과 고릴라의 암 컷과 수컷의 두개골 사이에는 엄청난 차이가 있다. 이것은 수컷의 송 곳니가 크게 발달하는 것과 밀접한 관련성이 있다. 따라서 우리는 인 간의 초기 조상 수컷의 턱과 치아가 축소됨에 따라 외모에 놀랄 만한 변화가 현재와 같은 방향으로 일어나게 되었다고 추측할 수 있다.

여자와 비교해볼 때 남자는 큰 덩치와 강한 힘뿐만 아니라 벌어진 어깨, 발달된 근육, 울퉁불퉁한 체형, 용기와 호전성을 함께 갖고 있 다. 이것은 인간의 반인(半人) 조상 수컷에게서 물려받은 주요 형질 때문에 생기는 차이다. 그렇지만 이 같은 여러 형질은 인간이 오랫 동안 미개 상태로 살면서 그대로 유지되거나 심지어 더 증가하는 경 우도 있었을 것이다. 강하고 거친 남자가 일상적인 생존경쟁이나 여 자를 차지하려고 벌이는 경쟁에서 우위를 차지하기 때문이다. 여기 서 성공을 거두게 되면 그렇지 못한 남자보다 더 많은 후손을 남기 게 될 것이다. 남자가 여자보다 더 열심히 일을 하는 습성 때문에 남 자가 강한 힘을 일차적으로 획득하게 되었다는 것은 타당성이 없어 보인다. 모든 미개 지역의 여자들은 최소한 남자만큼 고된 일을 할 수밖에 없다는 사실을 생각해보면 알 수 있다. 문명 사회에서 여자 를 소유할 목적으로 전투로 승자를 결정하는 일은 오래전에 중단되 었다. 그 대신 남자는 가족을 부양하기 위해 일반적으로 여자보다 더 열심히 일을 해야 하며 그에 따라 강한 힘이 계속해서 유지되었을 것 이다.

남녀의 정신 능력 차이 남자와 여자는 정신 능력 면에서 차이를 보인 다. 여기에는 성선택이 매우 중요한 역할을 했을 가능성이 높다. 나는 남녀의 정신 능력이 본래부터 차이가 있었다는 사실에 일부 학자가 의혹을 품고 있다는 것을 잘 알고 있다. 수소와 암소, 수퇘지와 암퇘지, 수말과 암말 그리고 동물원 사육사에게 잘 알려져 있듯이 원숭이의 수컷과 암컷 사이에는 체질적으로 차이가 있다. 이 사실에 대해서는 아무도 이의를 제기하지 않을 것이다. 정신적 기질 면에서 여자는 남자와 다른 것 같다. 주로 여자는 남자보다 부드러우며 덜 이기적이다. 이것은 파크(M. Park)의 『아프리카 여행기』(*Travels in Africa*)나 많은 여행자의 증언이 보여주듯이 미개인의 경우도 마찬가지다. 여자는 모성 본능 때문에 자기 아기에게 부드러움과 자비로움을 놀라울 정도로 발휘한다. 그 결과 여자가 이런 기질을 동료 인간에게까지 확대시키는 것은 가능한 일이다. 남자는 다른 남자의 경쟁자다. 남자는 경쟁을 즐긴다. 따라서 남자의 야망은 지나치리만큼 쉽게 이기심으로 변한다. 이런 기질은 남자의 선천적인 당연한 권리인 동시에 불행한 권리다. 직감, 빠른 인지력 그리고 아마도 모방 능력에서 여자가 남자보다 뛰어나다는 것은 누구나 대부분 인정하는 사실이다. 그러나 적어도 이들 능력의 일부는 하등한 인종의 특징이 된다. 따라서 이들 특징은 문명화 수준이 낮았던 과거 시절의 특징인 것이다.

남자와 여자가 보이는 지적 능력의 주된 차이는 무슨 일을 시작하든 남자가 여자보다 높은 수준에 이른다는 사실을 보아도 잘 알 수 있다. 그 일이 깊은 사고력과 이성, 또는 상상력을 요구하는 일인지 단지 감각과 솜씨만을 요구하는 일인지는 상관이 없다. 시, 미술, 조각, 음악(작곡가와 연주가를 모두 포함해서), 역사, 과학, 철학에 탁월한 실력을 보이는 남녀 각각 6명 정도씩을 선발해 그 목록을 비교해본다면 거의 비교가 되지 않을 정도로 남자가 우세할 것이다. 골턴(F. Galton)은 그의 작품 『유전의 천성: 그 법칙과 결과에 대한 조사』(*Hereditary Genius: an Inquiry into its Laws and Consequences*)에서 각 자료가 평균에서 얼마나 벌어져 있는지를 보여주는 편차에 대해 매우 훌륭한 설명을 제시했다. 이것에서 우리는 다음과 같은 사실을 추론할 수 있다.

즉 여러 항목에서 만약 남자가 여자보다 탁월하다면 남자의 평균적인 정신 능력이 여자보다 더 높을 것이 틀림없다고 할 수 있다.

우리의 반인 조상과 미개인 중에는 남자들이 여자를 차지하려고 벌이는 투쟁이 오랜 세대 동안 일어난 집단이 많았을 것이다. 그러나 육체가 강하고 덩치만 크다고 성공이 보장되는 것은 아니었을 것이다. 용기와 인내 그리고 결정적인 에너지가 함께 결합되지 않으면 거의 소용이 없었을 것이다. 사회적 동물의 수컷은 암컷을 차지하기 전까지 여러 경연 대회를 그냥 지나치며 어린 시절을 보낼 수밖에 없었을 것이다. 또 나이 든 수컷도 암컷을 잃지 않으려면 새로운 전략을 세워야만 한다. 인간의 경우도 남자는 모든 종류의 적에게서 자식뿐만 아니라 여자를 지켜내야 하며 가족의 생계를 위해 사냥을 해야만 한다. 그러나 성공적으로 적을 피하거나 공격하고 야생동물을 잡고 무기를 제작하려면 높은 정신 능력이 필요하다. 즉 관찰력, 이성, 발명의 재능, 상상력이 필요한 것이다. 이들 여러 가지 능력은 성인기 동안 계속해서 그런 식으로 끊임없이 시험당하고 선택되었을 것이다. 더구나 성인기에 계속해 사용하면서 강화되었을 것이다. 결과적으로 이제까지 자주 언급했던 원리에 따라 이러한 능력은 해당 성년기를 맞은 남자 후손에게 전달되려는 경향이 있었을 거라고 기대할 수 있겠다.

한 남자가 다른 남자 또는 여자와 경쟁을 한다고 해보자. 둘은 모든 정신적 자질이 비슷하게 탁월했지만 한쪽이 활동력, 인내력, 용기가 뛰어났다면 그는 추구하는 모든 것에서 더욱 두각을 드러낼 것이고 결국 패권을 거머쥐게 될 것이다.[24] 사람들은 그에게 천재성이 있

24) 밀(J.S. Mill)은 *The Subjection of Women*, 1869, 122쪽에서 다음과 같이 말했다. "남자가 여자를 능가하는 대부분의 일은 한 가지 생각에 꾸준히 오랫동안 매달리는 특징이 있는 일들이다." 활동력과 인내 외에 무엇이 있겠는가?

다고 말할지도 모른다. 이 분야의 권위자 한 분은 끈기 있는 사람이 결국 천재라고 단언했다. 같은 맥락에서 본다면 끈기는 굽히지 않고 두려워하지 않는 인내를 의미하는 것이다. 그러나 천재에 대한 이런 견해는 충분하지 않을 수도 있다. 왜냐하면 상상력과 사고력이 뛰어나지 않고는 여러 분야에서 큰 성공을 거둘 수 없기 때문이다. 남자들이 활동력, 인내, 용기뿐만 아니라 상상력과 사고력을 발달시키게 된 것은 어느 정도 성선택의 영향을 받아서일 것이다. 즉 다른 남자 경쟁자와 경연을 벌임으로써 발달시켰을 것이다. 또 어느 정도는 자연선택의 영향을 받아 발달되었을 것이다. 즉 일반 생존경쟁에서 성공을 거둠으로써 발달되었을 것이다. 그런데 두 경우 모두에서 투쟁은 어느 정도 성숙되었을 때 일어나는 것이므로 그렇게 획득된 형질은 여자 후손보다는 남자 후손에게 좀더 잘 전달되었을 것이다. 남자가 사춘기에 상당히 많이 변화된다는 사실과 거세당한 남자는 일생 동안 이런 형질을 발현시키지 못한다는 사실은 성선택으로 정신 능력의 많은 부분이 변형되고 강화된다는 견해와 놀랄 정도로 일치한다.[25] 결국 남자는 여자보다 궁극적으로 우수해진 것이다. 사실 형질이 암수 모두에게 동일하게 전달된다는 법칙이 포유류에 널리 퍼져 있다는 것은 다행스러운 일이다. 그렇지 않았더라면 공작의 암수가 장식깃에서 보이는 차이만큼 남자와 여자의 정신적 자질은 큰 차이를 보였을 것이다.

성의 어느 쪽에서건 생의 늦은 시기에 획득된 형질은 동일한 연령의 동일한 성에만 전달되는 경향이 있으며 이른 나이에 획득한 형질은 양쪽 성 모두에게 전달되는 경향이 있다. 그러나 이 경향이 보편적인 것은 사실이지만 항상 적용되는 것이 아님을 알아야 한다. 이

---

25) Maudsley, *Body and Mind,* 31쪽.

규칙이 모든 경우에 적용될 수 있는 것이라면 우리는 소년과 소녀에게 제공한 초기 교육의 전달 효과가 남녀 모두에게 전달되어야 한다고 결론을 내려야 될지도 모른다(그러나 이 결론은 내가 논의할 수 있는 범위를 넘어서는 것이다). 그렇다면 오늘날 남녀가 보이는 정신 능력의 불균형은 초기 교육 과정 때문이 아니며 초기 교육의 질적 차이 때문에 정신 능력에 차이가 생기는 것도 아니라고 할 수 있다. 여자가 남자만큼의 기준에 도달하려면 여자는 거의 성인이 되었을 때 활동력과 인내심을 갖도록 교육을 받아야 한다. 그리고 최상의 것을 추구할 수 있도록 사고력과 상상력을 훈련시켜야만 한다. 그러면 여자는 이들 자질을 주로 딸에게 전달하여 딸이 성숙했을 때 이들 형질이 발현될 수 있을 것이다. 그렇지만 모든 여자가 그런 식으로 교육을 받는 것은 아니다. 장점이 확실히 있는 매우 우수한 여자가 결혼해서 다른 여자보다 많은 자손을 출산하는 일이 여러 세대에 걸쳐 계속해서 일어나지 않는 한 불가능하다. 전에 육체의 힘에 대해 말한 적이 있다. 따라서 오늘날 남자가 아내를 얻으려고 전투를 벌이지는 않으므로 힘에 따른 선택은 사라졌지만 성인 시절에 자신과 가족을 부양하기 위해 치열한 경쟁을 치르는 것은 여전히 남자의 보편적인 몫으로 남아 있다. 따라서 이런 과정은 그들의 정신 능력을 유지하거나 심지어 더 발달시키려는 경향이 있을 것이다. 결과적으로 현재 남자와 여자 사이에는 불균형이 존재하는 것이다.[26]

---

26) 포크트의 관찰 내용은 이 주제와 연관성이 있다. 그는 다음과 같이 말했다. "발달된 인종일수록 남자와 여자의 두개강은 더욱 큰 차이를 보인다. 이것은 주목할 만한 상황이다. 즉 흑인의 경우에도 남자가 여자보다 두개강이 크고 유럽인의 경우에도 남자의 두개강이 여자의 두개강보다 크지만 그 차이는 유럽인의 경우가 훨씬 더 크다. 웰커도 흑인과 독일인의 두개골을 측정하여 이런 사실을 확인했다." 그러나 포크트는 *Lectures on Man*, 영역본, 1864, 81쪽에서 더 많은 관찰이 필요하다는 사실을 인정했다.

목소리와 음악적 재능 사수목 동물의 일부 종에서 소리를 지르는 힘과 발성 기관의 발달 정도는 암수 성체 간에 서로 차이를 보인다. 그리고 인간도 먼 조상에게서 이런 차이를 물려받은 것으로 보인다. 남자의 성대는 여자나 어린아이보다 1/3 정도가 더 길다. 이 경우에도 거세는 하등동물에서처럼 동일한 효과를 가져와 남자의 성대가 길게 자라지 못하게 한다. 갑상선의 뚜렷한 발달은 성대의 길이와 관련이 있다. 그러나 거세는 갑상선 등의 발육을 저지시킨다.[27] 지난 장에서 우리는 수컷이 사랑, 분노, 질투의 감정 상태에서 발성 기관을 계속하여 사용함으로써 일어날 수 있는 여러 가지 효과에 대해 살펴보았다. 이것 외에 남녀 사이에 이런 차이가 나타나는 원인에 대해 나는 더 이상 덧붙일 것이 없다. 기브에 따르면 목소리와 후두의 형태가 인종에 따라 다르다고 한다.[28] 그러나 타르타르족, 중국인 등의 경우는 다른 대부분의 인종과 달리 남자의 목소리가 여자의 목소리와 크게 다르지 않다고 한다.

노래나 음악에 대한 능력과 애정이 남자의 성적 형질은 아니지만 그렇다고 그냥 보아 넘길 일도 아니다. 모든 동물이 내는 소리의 쓰임이 다양한 것은 사실이지만 발성 기관이 종족을 퍼뜨리는 것과 관련되어 사용되고 다듬어졌다는 것을 알려줄 만한 사례가 있다. 곤충과 일부 거미는 의식적으로 소리를 낼 수 있는 가장 하등한 동물이다. 이들은 아름답게 이루어진 마찰음 기관(stridulating organ)의 도움을 받아 소리를 내는 것이 일반적이다. 그리고 이런 마찰음 기관은 대개 수컷에게만 국한되어 있는 경우가 많다. 나는 이렇게 해서 발생하는 소리가 모두 일정한 음색을 띠며 율동적으로 반복된다고 믿고

---

27) R. Owen, *Anatomy of Vertebrates*, vol. 3, 603쪽.
28) D. Gibb, *Journal of the Anthropological Society*, 1869. 4, 57, 66쪽.

있다.[29] 그리고 이 소리는 때로 인간의 귀에도 즐겁게 들린다. 소리의 주된 기능은—어떤 경우에는 유일한 기능이 된다—이성을 부르거나 매혹시키는 것으로 보인다.

어류가 내는 소리 중 일부는 모두 번식기에 수컷이 내는 소리라고 한다. 공기 호흡을 하는 모든 척추동물에게는 필연적으로 한쪽 끝이 닫힐 수 있는 관과 공기를 들이쉬고 내쉬는 장치가 있다. 따라서 과거 이 집단의 초기 구성원이 몹시 흥분하고 근육이 격렬하게 수축했을 때 아무 의미도 없는 소리가 발생했을 것은 거의 틀림없다. 그렇게 소리가 어떤 방식으로든 기여하게 되었다면 적절하게 적응된 변이가 보호됨으로써 소리가 변형되거나 강화되는 현상이 쉽게 일어났을 것이다. 공기 호흡을 하는 가장 하등한 척추동물은 양서류다. 개구리와 두꺼비에게는 발성 기관이 있으며 번식기가 되면 이들 기관을 끊임없이 사용한다. 또 이들 발성 기관은 흔히 암컷보다는 수컷에게서 더 잘 발달해 있다. 거북은 수컷만이 소리를 낸다. 이것도 사랑의 계절에만 일어나는 일이다. 번식기가 되면 수컷 악어도 으르렁거리며 포효한다. 구애 행동의 수단으로 얼마나 많은 조류가 소리를 이용하는지에 대해서는 잘 알려져 있다. 그리고 일부 종은 기악이라고 불릴 만한 소리도 낸다.

지금 우리의 주된 관심은 포유동물이다. 거의 모든 포유류의 수컷은 주로 번식기에 소리를 낸다. 일부 종은 번식기 외의 계절에는 아무런 소리도 내지 못하는 종류도 있다. 일부 종은 암수 모두 사랑을 구하는 소리를 내거나 암컷만이 소리를 내기도 있다. 이들 사실과 일부 네발 동물의 발성 기관이 영구적이든 번식기에만 일시적으로든

29) S.H. Scudder, "Notes on Stridulation," *Proceedings of the Boston Society of Natural History,* vol. 11, 1868. 4를 참조하시오.

암컷보다는 수컷에게서 더욱 크게 발달해 있다는 사실을 생각해보자. 대부분의 하등동물의 수컷이 내는 소리가 암컷을 부를 뿐만 아니라 암컷을 자극하거나 매혹시킨다는 사실을 생각해보자. 그러면 포유동물의 수컷이 암컷을 매혹시키려고 이들 기관을 사용한다는 사실에 대한 그럴듯한 증거조차 없다는 것이 오히려 놀라운 일이다. 인간과 유연 관계가 있는 유인원인 검은손긴팔원숭이와 마찬가지로 아메리카 대륙의 미체테스 카라야 원숭이는 예외다. 이 긴팔원숭이가 내는 소리는 매우 크지만 그것은 음악적인 목소리다. 워터하우스(G.R. Waterhouse)는 다음과 같이 말한다. "내 귀에는 이들이 음계를 오르내리면서 늘 정확히 반음의 간격을 벌리는 것 같다. 또 가장 높은 소리는 가장 낮은 소리보다 정확하게 8도 음정이 벌어진다고 확신한다. 이들이 내는 소리는 매우 음악적이어서 훌륭한 바이올린 연주가라면 긴팔원숭이가 내는 시끄러운 소리를 제외하고 그의 작곡 실력에 대해 조언을 해줄 수 있을 것이라고 믿어 의심치 않는다."[30] 그리고 나서 워터하우스는 이들의 음정을 악보로 표시했다. 음악가이기도 한 오언은 앞의 말이 옳다는 것을 확인해주었다. 그리고 비록 잘못되긴 했지만 다음과 같이 말했다. "포유류 중에서 유일하게 긴팔원숭이만이 노래를 한다고 해도 될 것 같다." 긴팔원숭이는 노래를 부르고 나면 훨씬 더 흥분하는 것 같다. 불행하게도 자연 상태에서 이들의 습성을 면밀히 조사한 적은 한 번도 없었다. 그러나 다른 동물의 경우를 유추해서 생각해보면 긴팔원숭이는 자기의 음악적 재능을 짝짓기 계절에 특히 더 많이 사용하는 것 같다.

이들이 포함되어 있는 속 중에서 노래를 부를 수 있는 것은 긴팔원

---

30) W.C.L. Martin, *General Introduction to the Natural History of Mammalian Animals,* 1841, 432쪽에 제시되어 있다. 오언의 앞의 책, 제3권, 600쪽도 참조하시오.

숭이뿐만이 아니다. 내 아들인 프랜시스 다윈은 런던 동물원에서 류치스쿠스 긴팔원숭이가 세 음조의 운율로 진정한 음악적 간격을 만들며 맑은 음색으로 노래를 부르는 것을 주의 깊게 들은 적이 있다고 했다. 일부 설치류가 음악적인 소리를 낸다는 사실은 더욱 놀랍다. 노래를 부르는 생쥐의 얘기도 종종 언급되며 이런 생쥐가 전시되는 경우도 있다고 한다. 그러나 대개는 사기 행각인 것으로 보인다. 그러나 마침내 우리는 매우 명쾌한 설명을 듣게 되었다. 유명한 관찰자인 록우드는 영국산 생쥐와는 별개의 속에 포함되는 미국산 생쥐(*Hesperomys cognatus*)의 음악적 재능에 대해 설명했다.[31] 이 작은 동물을 잡아 길렀을 때 이들이 내는 음악 소리가 계속해서 들렸다.

이들은 주로 두 노래를 즐겨 불렀는데 그중 한 노래에서 "악보의 마지막 소절은 두세 개 정도로 길게 늘어나는 경우가 흔히 있었다. 그 암컷 생쥐는 C#과 D에서부터 C와 D까지 소리를 변화시키며 이 두 음조를 한동안 지저귀다가 C#과 D를 재빠르게 지저귀면서 음악을 끝냈다. 반음의 차이는 매우 커서 청각이 좋은 사람이라면 쉽게 알아차릴 수가 있다." 록우드는 두 노래를 음악 기호로 표시했다. 그리고 이렇게 말했다. "비록 이 암컷 생쥐가 리듬감을 갖고 있지는 않지만 B장조(두 개의 ♭)의 음을 내곤 했다." [......] "이 암컷의 부드럽고 맑은 목소리는 8도 음정 내에서 가능한 모든 음을 정교하게 낼 수 있었다. 그리고 마지막에서 다시 소리를 올려 C#과 D에서 매우 빠른 떨림음을 내었다."

비평가 한 분이 어떻게 인간의 귀가—다른 동물도 추가로 말했음이 틀림없다—선택으로 음악 소리를 구별하도록 적응할 수 있었겠냐고 문의했다. 그러나 이 질문은 그가 주제에 대해 뭔가 혼동하고 있음

---

31) S. Lockwood, *American Naturalist*, 1871, 761쪽.

을 보여주는 것이다. 소리는 여러 시간 간격으로 일어나는 공기의 단순한 진동 때문에 생기는 감각에 지나지 않는다. 각각의 진동은 매우 빠르게 중단되기 때문에 이들이 분리되어 존재한다는 것을 감각계는 인식하지 못한다. 소음은 진동의 연속성이 부족하고 진동 간의 조화가 없기 때문에 음악과는 구별된다. 그러므로 소음을 구별해낼 수 있는 귀는 음악에 민감할 것이 틀림없다. 소음을 구별할 수 있는 능력이 모든 동물에게 매우 중요하다는 것은 누구나 인정하는 사실이다. 매우 하등한 동물에게도 이런 능력이 있다는 증거가 있다. 예를 들어 갑각류에도 여러 길이의 청모(auditory hair)가 있어 적당한 파장의 음파를 만나면 진동하는 것이 관찰되었다.[32] 전에도 말했듯이 각다귀의 더듬이에 있는 털에 대해서도 비슷한 관찰을 한 적이 있다. 거미가 음악에 유인된다고 강하게 주장하는 훌륭한 학자가 많다. 개가 이상한 음색의 소리를 들으면 짖는다는 사실은 잘 알려져 있는 사실이다.[33] 바다표범이 음악을 감지할 수 있다는 사실은 틀림없다. 이들이 음악을 좋아한다는 사실은 옛날부터 잘 알려져 있었으며 오늘날에도 일부 사냥꾼은 바다표범 사냥에 음악을 이용하고 있다.[34]

따라서 단순히 음색을 인식하는 관점에서만 본다면 인간이나 그 외의 동물에게 특별히 어려운 점은 없어 보인다. 헬름홀츠는 협화음이 우리 귀에 기분 좋게 들리고 불협화음이 귀에 거슬리게 들리는 생리적인 원리에 대해 설명했다. 그러나 우리가 관심을 두는 것은 이런

---

32) Helmholtz, *Theorie Physique de la Musique,* 1868, 187쪽.

33) 이 효과에 대해 논의한 작품은 많이 있다. 피치(Peach)는 늙은 개의 일화 하나를 편지로 보내왔는데, 그 개는 B♭ 음을 들려주었을 때 심하게 짖었지만 다른 음에는 전혀 짖지 않았다고 한다. 내가 알고 있는 하나의 사례도 개에 관한 것인데, 그 개는 콘서티나*로 음정이 잘 맞지 않은 특정한 음을 들려주면 항상 낑낑거렸다.

34) R. Brown, *Proceedings of the Zoological Society,* 1868, 410쪽.

것이 아니다. 조화를 갖춘 음악은 최근의 발명품이기 때문이다. 우리가 주로 관심을 두는 분야는 멜로디다. 따라서 헬름홀츠가 지적했듯이 음계의 소리를 왜 사용하는지는 이해가 될 만한 내용이다. 우리가 의식하지는 못하지만 귀는 들어오는 모든 소리를 '단순한 진동'으로 해석한다. 우리 귀에 들리는 대부분은 주로 낮은 음정의 소리다. 8도 음정, 12도 음정, 제2의 8도 음정 등과 기본 음정이 내는 모든 화음은 그렇게 흔하게 나타나는 것이 아니다. 음계의 어떤 두 음정도 수많은 화음을 만들어낼 수 있다. 어떤 동물이 같은 노래를 매번 정확하게 부르려고 한다면 그런 음정을 연속해서 소리냄으로써 자신의 소리를 맞춰야 한다. 이것은 틀림없는 것 같다. 그 동물은 자신의 노래를 위해 우리가 사용하는 음계의 음정을 선택할 것이다.

그러나 특정한 배열의 음악과 리듬이 인간과 그외의 동물에게 왜 즐거움을 주는지를 묻는다면 특정한 맛과 냄새가 우리에게 즐거움을 준다는 것 이상의 근거를 댈 수가 없다. 짝짓기의 계절이 되면 많은 곤충, 거미, 어류, 양서류 그리고 조류가 음악 소리를 내는 것으로 보아 음악이 그들에게 즐거움을 준다는 사실을 알 수 있다. 암컷이 그런 소리를 감상할 수 없고 자극을 받지 않으며 매혹되지도 않는다면 수컷의 끈기 있는 노력과 종종 수컷에게만 있는 복잡한 구조는 아무 쓸모도 없을 것이기 때문이다. 이것은 거의 믿을 수 없는 일이다.

일반적으로 인간의 노래는 기악의 바탕, 즉 기악의 기원이라는 사실이 널리 인정되고 있다. 음악을 즐기거나 음악적 소리를 내는 능력은 일상생활에 관한 한, 인간에게 아무 도움이 되지 못한다. 따라서 음악은 인간이 부여받은 가장 신비스러운 재능 중의 하나로 여겨져야만 한다. 모든 인종의 사람은 비록 매우 조잡하더라도 음악을 갖고 있다. 심지어 가장 미개한 인종도 마찬가지다. 그러나 인종마다 음악적 취향이 지나치게 많이 달라 미개인은 우리의 음악을 듣고도 아무 즐거움을 얻지 못할 것이다. 우리의 귀에도 그들의 음악은 대개 끔찍하고 무의미한 것으로 들린다. 시만은 이 주제에 대해 몇 가지 흥미 있는 언급을 하면서 다음과 같이 말했다. "서부 유럽의 여러 국가들은 관계가 긴밀하고 왕래가 잦았는데도 나라마다 음악이 서로 다르게 해석될 수 있다고 생각한다. 동쪽으로 여행을 하면서 우리는 서로 다른 음악이 틀림없이 존재한다는 것을 알 수 있다. 환희의 노래와 춤에 곁들인 음악은 우리의 음악과는 달리 장조가 아니고 항상 단조였다."[35] 인간의 반인 조상이 노래를 부르는 긴팔원숭이처럼 음정을 내는 능력과 그 때문에 음악을 식별할 수 있었는지는 확실하지 않지만 상당히 먼 옛날부터 인간에게 이런 재능이 있었다는 사실을 우리는 알고 있다. 라르테트(E. Lartet)는 순록의 뼈와 뿔로 만든 두 종류의 피리에 대해 자세히 소개했는데 이것이 발견된 동굴에서 부싯돌과 절멸 동물의 잔해가 함께 출토되었다. 노래를 부르고 춤을 추는 재능은 매우 오래된 것이다. 지금도 하등한 인종의 거의 대부분이 노래를 부르고 춤을 춘다. 시는 노래의 소산이라고 여겨지는데 시 역시 매우 오래된 것이다. 따라서 아무런 기록도 없었던 매우 먼 옛날에 이미 시가 생겨났다는 사실에 많은 사람은 놀라워한다.

그들이 원래 살던 고향에서는 우리가 흔히 음악이라고 말하는 그 어떤 것도 거의 연주하지 않았던 호텐토트족이나 흑인들이 최고의 음악가가 된 것을 보면, 음악적 재능이라는 것은 어느 인종에서도 완전히 결핍되지는 않았으며, 매우 빠르게, 높은 수준까지 발달할 수 있다는 것을 알 수 있다. 그렇지만 슈바인푸르트는 아프리카 내륙 지방에서 일부 단순한 멜로디를 듣고 매우 기뻐했다고 한다. 그러나 인간

---

35) *Seemann, Journal of the Anthropological Society,* 1870. 10, 155쪽. J. Lubbock, *Prehistoric Times,* 2nd ed., 1869의 뒷부분 여러 장에 미개인의 풍습에 대한 훌륭한 설명이 들어 있으니 참조하시오.

에게 내재되어 있는 음악적 재능에서 비정상적인 것은 아무것도 없다. 천성적으로 전혀 노래를 부르지 않는 새 중에서 교육을 받은 후 노래를 부르게 되는 종이 있다. 예를 들어 집참새를 교육시켜 홍방울새의 노래를 부르도록 할 수 있다. 이 두 종은 유연 관계가 매우 밀접하다. 인세소레스목(Insessores)에는 노래를 부르는 세상의 거의 모든 조류가 포함되는데, 이 두 종도 이 목에 포함된다. 따라서 참새의 조상이 과거 한때 가수였을 가능성은 있다. 인세소레스목에 포함되지 않으며 발성 기관도 이들과 다른 앵무새는 교육을 받으면 말을 할 수 있을 뿐만 아니라 피리를 불거나 인간의 발명품인 휘파람까지 불 수 있다. 앵무새에게 어느 정도 음악적 재능이 있다는 것은 틀림없는 사실이다. 그렇다고 앵무새가 과거에 노래를 잘 불렀던 새의 후손이라고 가정하는 것은 지나치게 성급한 판단 같다. 기관이나 본능이 원래 한 가지 목적을 위해 적응되었으나 전혀 별개의 목적에 이용되는 많은 사례가 있을 수 있다.[36] 그러므로 미개인들에게 있는 고도의 음악적 재능은 우리의 반인 조상이 조잡한 형태의 음악을 계속해서 연습했기 때문에 생긴 것일 수 있다. 아니면 단순히 전혀 다른 목적 때문에 발성 기관을 획득한 것일 수도 있다. 그러나 이 마지막 사례에서 우리는 앵무새나 다른 많은 동물과 마찬가지로 우리의 반인 조상이 이미 어느 정도 멜로디에 대한 감각을 획득했다고 가정해야만 한다.

---

36) 이번 장이 인쇄된 이후 나는 *North American Review*, 1870. 10, 293쪽에 실린 라이트(C. Wright)의 귀중한 논문 한 편을 보았다. 그는 위 주제에 대해 논의하면서 다음과 같이 말했다. "자연의 궁극적인 법칙이나 균일성 때문에 많은 결과가 생겨난다. 그것을 통해 유용한 능력이 획득되는데 그에 따라 많은 유리한 점과 일부 불리한 점이 함께 수반되어 나타난다. 사실 유용성의 원리는 그 작용만을 통해서는 이해되지 않을 수도 있다." 나는 이 책의 전반부에서 이 문제에 대해 밝히려 했다. 이 원리는 인간이 어느 정도의 정신적 특징을 획득하는 과정에서 매우 중요한 의미를 갖는다.

음악은 우리에게 여러 가지 감정과 공포심, 두려움, 분노 등의 감정까지도 불러일으킬 수 있다. 음악은 다정함과 사랑의 감정을 일깨워 우리를 무엇인가에 쾌히 헌신하게 한다. 중국의 한 기록에는 다음과 같은 구절이 들어 있다. "음악은 하늘을 땅에 닿게 하는 힘이 있다." 그뿐만 아니라 음악은 승리와 전쟁을 향한 불타는 욕망을 선동적으로 불러일으키기도 한다. 이같이 강력하고 혼합된 감정은 고상한 감정으로 쉽게 발전할 수 있다. 시만도 관찰했듯이 우리는 여러 페이지의 글보다는 단 하나의 선율에 감정을 강하게 몰입시킬 수 있다. 수컷 새가 다른 수컷과 경쟁하는 관계에서나 암컷의 마음을 사로잡기 위해 목청을 다해 노래를 부를 때 암컷이 느끼는 감정은 약하고 덜 복합적이겠지만 우리와 거의 같을 것이다. 우리 노래의 가장 일반적인 주제는 뭐니 뭐니 해도 역시 사랑일 것이다. 스펜서는 다음과 같이 말했다. "음악은 우리가 그 가능성을 인식하지도 못하고 그 의미도 모르는 잠재적인 감정을 불러일으킨다. 리히터(J.P. Richter)도 말했듯이 음악은 우리가 과거에 알지 못했고 미래에도 알지 못할 것에 대해 말해준다." 이와는 반대로 웅변가가 마음속에 끓어오르는 생생한 감정을 표현할 때에도 일반 연설에서도 음악적인 억양이나 리듬을 본능적으로 사용한다. 아프리카 흑인들은 흥분하면 갑자기 노래를 부르는 경우가 흔히 있다. "이 소리를 듣고 다른 사람이 노래로 응답하고 나중에는 전체 집단이 음악적인 파장에 마음이 동하게 되면 집단 전체가 완전히 일치된 소리로 내는 웅얼거림이 울려퍼진다."[37] 원숭이조차도 자기의 강한 감정을 여러 가지 선율로 표현한다. 분노와 갈망은 낮은 음으로 공포와 고통은 높은 음으로 나타낸다.[38] 음악으로 발생되거나

---

37) W. Reade, *The Martyrdom of Man*, 1872, 441쪽; *African Sketch Book*, vol. 2, 1873, 313쪽.
38) Rengger, 앞의 책, 49쪽.

웅변의 억양으로 표현되는 감정과 생각은 매우 먼 과거의 감정과 사고로 되돌아가는 정신의 환원 유전인 것처럼 보인다.

번식기에는 모든 종류의 동물이 사랑의 감정뿐만 아니라 강한 질투심, 경쟁 의식, 승리감의 자극을 받는다. 이 시기에 우리의 반인 조상이 모든 음악적 선율과 리듬을 사용했다고 가정할 수 있다면 음악과 사람의 마음을 움직이게 하는 연설에 관한 이 모든 사실을 어느 정도는 이해할 수가 있다. 유전은 여러 가지가 함께 전달된다는 뿌리 깊은 원리에서 본다면 이 경우의 음악적 선율은 매우 먼 과거에 갖고 있었던 강한 정서를 막연하게나마 불러일으킬 것이다. 우리는 분절 언어가 최근에 출현했다고 추정할 만한 많은 근거를 갖고 있다. 분절 언어는 인간이 획득한 여러 기술 중에서 최고의 것이다. 또 음악적 선율과 리듬을 만들어내는 본능적인 능력은 동물계의 하등한 계열에서 개발되었다. 따라서 만약 우리가 인간의 음악적 재능이 사람의 마음을 움직이게 하는 연설에서 사용되던 음조에서 발달되었다고 한다면 이 모든 것은 진화론에 반대되는 것이다. 웅변의 리듬과 억양은 그전에 개발된 음악적 재능에서 나온 것이라고 보아야 한다.[39] 그

---

39) 스펜서는 자기의 Essays, 1858, 359쪽에서 '음악의 기원과 기능'(Origin and Function of Music)에 대해 매우 흥미로운 논의를 펼치고 있다. 스펜서는 내가 도달한 결론과는 정반대의 결론에 도달한다. 과거에 디드로(Diderot)도 그랬지만 스펜서의 결론에 따르면 감정을 자극하는 연설에서 사용하는 억양은 음악이 발달할 수 있는 기초를 마련해준다고 한다. 그러나 내 결론은 인류 조상의 어느 한쪽 성이 이성을 매혹시키려고 음악적 운율과 리듬을 획득했다는 것이다. 따라서 음악적 운율은 동물이 느낄 수 있는 강한 열정 중 일부와 밀접하게 관련되게 되었다. 그에 따라 본능적으로 사용하게 된 것이다. 또는 강한 감정을 말로 표현할 때 이와 함께 사용하게 되었던 것이다. 높거나 깊은 운율이 인간이나 하등동물의 감정을 드러내고 있는 이유에 대해 스펜서는 만족할 만한 설명을 전혀 제시하지 않았다. 그것은 나도 마찬가지다. 시와 레치타티보* 그리고 노래의 관계에 대해서도 스펜서는 매우 흥미롭게 논의했다.

러면 우리는 음악, 춤, 노래 그리고 시가 매우 오래된 예술이라는 사실을 이해할 수 있다. 이것보다 더 논리를 비약시킬 수도 있다. 또 앞의 어느 장에선가 말했듯이 음악적 소리는 언어가 발달하는 과정에서 기초적인 역할을 했다는 사실을 받아들일 수 있게 된다.[40]

여러 사수목 동물의 수컷은 암컷보다 발성 기관이 잘 발달해 있다. 그리고 유인원의 하나인 긴팔원숭이의 경우처럼 일부 수컷은 모든 음정을 넘나드는 운율을 내는 것으로 보아 노래를 부른다고 말할 수 있다. 따라서 인간의 조상은 남자나 여자, 또는 양쪽 모두 서로의 사랑을 분절 언어로 표현하는 능력을 완전히 획득하기 전에 음악적 운율과 리듬으로 상대를 매혹시키려고 했을 것이다. 번식기에 사수목 동물이 목소리를 어떻게 사용하는지에 대해서는 거의 알려진 것이 없다. 따라서 우리 조상의 남녀 중 어느 쪽이 최초로 노래를 부르는 습성을 획득했는지에 대해 판단할 만한 근거가 없다. 일반적으로 여자는 남자보다 목소리가 부드러운 것으로 알려져 있다. 이 사실이 어떤 기준이 될 수만 있다면 이성의 주의를 끌기 위해 음악적 재능을 최초로 획득한 것은 여자였다고 추정할 수 있을 것이다.[41] 그러나 만약 이 사실이 옳다면 그것은 매우 오래전에 일어났을 것이다. 즉 우리의 조상이 여자를 단지 유용한 노예로 취급하고 평가하는 시기 이전에 일어났을 것이다. 감정을 자극하는 웅변가, 음유시인, 음악가가 자기의 갖가지 운율과 억양으로 청중의 감정을 강하게 불러일으키는 순간, 그는 매우 먼 옛날 반인 조상이 구애 행동과 경쟁에서 서로의 강

---

40) Monboddo, *Origin of Language*, vol. 1, 1774, 469쪽에 실린 내용에서 "인간이 가졌던 첫 번째 언어는 음악이었고 우리의 생각이 분절적인 소리로 표현되기 전에는 갖가지 등급의 억음과 예음에 따라 달라지는 운율을 이용하여 서로의 의사를 전달했다"라고 말하는 블랙로크(Blacklock)의 글을 접할 수 있다.

41) 헤켈은 *Generelle Morphologie*, vol. 2, 1866, 246쪽에서 이 주제에 대해 흥미롭게 논의했다.

한 열정을 불러일으킨 것과 똑같은 수단을 사용하고 있는 것이다. 이것은 거의 의심할 여지가 없다.

아름다움이 인류의 결혼에 미치는 영향 문명 사회에서 남자는 아내를 고를 때 외모의 영향을 크게 받는다. 그러나 우리의 주된 관심사는 원시 시대다. 따라서 이 주제에 대해 판단을 내릴 수 있는 유일한 수단은 현존하는 반(半)문명국가와 미개 사회의 습성을 조사하는 것이다. 인종에 따라 남자가 선호하는 여자의 특징이 여러 가지고 여자가 남자를 선호하는 경향도 이와 같다면, 여러 세대 동안 계속되는 이런 선택이 보편적인 유전 방식에 따라 한쪽 성에서건 양쪽 성에서건 눈에 띌 정도의 효과를 불러일으켰는지를 조사해야 한다.

미개인이 그들의 외모에 상당히 신경을 쓴다는 사실부터 자세하게 살펴보는 것이 타당할 것 같다.[42] 그들이 장식하는 데 열정적이라는 사실은 유명하다. 영국의 철학자 한 분은 의복이 처음에는 보온을 위해서가 아니라 장식용으로 만들어진 것이라고 주장하기까지 했다. 웨이츠는 다음과 같이 말한다. "아무리 처지가 가난하고 비참하더라도 인간은 자신을 꾸미면서 즐거움을 찾는다." 벌거벗고 살아가는 남아메리카의 인디언이 자신을 장식하는 데 얼마나 사치스러운지는 다

---

42) 세계 모든 지역에 살고 있는 미개인들이 자신을 장식하는 방식에 대해 이탈리아의 탐험가인 만테가자(Mantegazza)는 *Rio de la Plata, Viaggi e Studi*, 1867, 525~545쪽에서 자세하고도 탁월하게 설명했다. 다음에 나오는 모든 내용은 특별히 다른 언급이 없는 한 모두 그의 작품에서 인용한 것이다. Waitz, *Introduction to Anthropology*, 영역본, vol. 1, 1863, 275쪽과 그외의 여러 곳을 참조하시오. 로렌스(W. Lawrence)도 그의 *Lectures on Physiology*, 1822에서 매우 자세하게 설명했다. 내가 이 장을 다 썼을 때, 러벅(J. Lubbock)이 *The Origin of Civilisation*, 1870을 발간했다. 그 책에는 이 주제에 대해 다룬 흥미로운 한 장(章)이 있다. 그 책의 42, 48쪽에서 나는 미개인들이 행하는 치아 염색, 머리 염색, 또 치아에 구멍을 뚫는 것과 같은 몇 가지 사례를 얻었다.

음과 같은 사실로 알 수 있다. "키가 큰 한 남자가 있었는데 그는 자신의 몸을 붉게 칠하는 데 필요한 재료인 치카를 얻으려고 2주일간의 일자리를 겨우 얻어냈다."[43] 순록기(Reindeer period)에 유럽의 옛 야만인들은 우연히 발견하게 된 화려한 물건이나 특이한 물건은 무엇이든지 동굴 속으로 운반했다. 오늘날 세계 어느 곳의 미개인이라도 새의 깃, 목걸이, 팔찌, 귀고리 등으로 자신을 꾸민다. 그들은 매우 다양한 방식으로 몸에 색깔을 칠한다. 훔볼트는 다음과 같이 말했다. "의복을 입는 나라를 관찰하듯이 몸에 색깔을 칠하는 나라를 주의 깊게 관찰해보면 의복의 양식만큼이나 매우 다양한 상상력과 심한 변덕 때문에 칠의 양식이 만들어진다는 것을 알 수 있을 것이다." 아프리카 일부 지역의 원주민은 눈꺼풀이 검은색이고 또 어떤 지역의 원주민은 손톱이 노란색이거나 자주색이다. 지역마다 사람들의 머리색깔은 가지각색이다. 나라에 따라 치아의 색깔이 검은색, 적색, 청색 등으로 나타난다. 말레이 제도에 사는 사람들은 흰 치아를 '개 이빨' 같다고 여겨 부끄럽게 생각한다. 북쪽 지역에서부터 남쪽의 뉴질랜드에 이르기까지 큰 나라치고 사람들이 문신을 하지 않는 나라는 단 한 나라도 없다. 이런 관습은 옛날 유대인들과 고대의 브리튼족이 행하던 것이다. 아프리카의 일부 원주민은 자신의 몸에 문신을 하지만 신체의 여러 부위를 베어 상처를 낸 후 그곳에 소금을 문질러 상처를 아물게 하여 피부 융기를 만드는 것이 더 일반적인 관습이다. 코르도 판*과 다푸*의 원주민들은 이 같은 피부 융기를 개인의 커다란 매력이라고 생각하고 있다. 아랍의 여러 나라에서는 뺨이나 관자놀이에 깊은 상처가 있어야만 아름다움이 완성된다고 생각한다.[44] 훔볼트가

---

43) A. von Humboldt, *Personal Narrative,* 영역본, vol. 4, 515쪽을 참조하시오. 몸에 칠하는 색깔 유형에서 나타나는 상상력에 대해서는 522쪽, 종아리의 형태를 변형시키는 것에 대해서는 466쪽을 참조하시오.

말했듯이 남아프리카에서는 "그 나라의 풍습에 따라 아이의 종아리 모습을 인위적으로 변형시키지 않는 엄마는 과실이 있는 것으로 간주해 고발당한다."[45] 구세계와 신세계에서 두개골의 모양은 유아기 시절에 매우 기이한 방식으로 변형되었다. 오늘날에도 많은 지역에서 이런 일은 똑같이 벌어지고 있다. 그리고 이런 기형은 장식으로 여겨진다. 예를 들어 콜롬비아의 미개인들은 편평하고 납작한 머리를 아름다움 면에서 매우 중요한 요소로 생각한다.

머리털은 많은 나라에서 매우 주의 깊게 취급된다. 머리털을 자랄 수 있을 때까지 자라게 두어 바닥에 닿게 하거나 곱슬머리로 완전한 더벅머리를 만든다. 이런 머리는 파푸아 사람의 자존심과 영광에 해당한다.[46] 북아프리카에서 남자는 8세에서 10세 사이에 자기의 머리형을 완성하는 시기가 있다. 머리를 면도하는 나라도 있다. 남아메리카와 아프리카의 지역 중에는 눈썹과 속눈썹까지도 모두 제거하는 곳도 있다. 나일강 상류의 원주민들은 앞니 네 개를 부러뜨린다. 그들은 그래야만 짐승처럼 보이지 않는다고 말한다. 좀더 남쪽에 사는 바토카스족은 위쪽 앞니 중 두 개만을 부러뜨린다. 리빙스턴이 말했듯이 이것은 아래턱을 튀어나오게 하여 얼굴을 상당히 끔찍하게 보이도록 한다.[47] 그러나 이곳 사람들은 앞니가 있는 것이 가장 보기 흉하다고 생각한다. 이들이 유럽 사람을 보았을 때 그들은 "저 거대한 이빨을 보라!"고 소리를 질렀다. 세비투아니라는 이름의 추장이 이 풍습을 바꾸려고 했지만 허사였다. 아프리카와 말레이 제도의 여러 지역

44) *The Nile Tributaries of Abyssinia, 1867; The Albert N'yanza*, 1866, vol. 1, 218쪽.
45) Prichard, *Physical History of Mankind*, 4th ed., vol. 1, 1851, 321쪽에서 인용했다.
46) 파푸아 사람에 대해서는 A.R. Wallace, *The Malay Archipelago*, vol. 2, 445쪽을 참조하시오. 아프리카 사람들의 머리 장식에 대해서는 S. Baker, *The Albert N'yanza*, vol. 1, 210쪽을 참조하시오.
47) *Travels and Researches in South Africa*, 533쪽.

에 사는 원주민은 앞니를 갈아 톱니처럼 만든다. 앞니에 구멍을 내어 못을 끼우기도 한다.

아름다움의 대상이 되는 것은 주로 얼굴이다. 따라서 미개인이 기형적으로 손상을 받는 부위는 바로 얼굴이다. 코의 격벽에 구멍을 뚫는 일은 전 세계 모든 지역에서 일어난다. 코의 양쪽 피부에 구멍을 뚫는 경우도 있다. 그리고 이 구멍에는 고리, 나뭇가지, 깃털 같은 여러 장식을 꽂아놓는다. 귀는 모든 지역에서 구멍을 뚫는 대상이며 비슷하게 장식된다. 남아메리카의 보토쿠도스족과 렝구아스족의 경우 구멍을 점점 확대시켜 귓불이 어깨에 닿기도 한다. 북아메리카와 남아메리카 그리고 아프리카에서는 윗입술과 아랫입술에 구멍을 뚫는다. 그리고 보토쿠도스족의 경우 아랫입술에 뚫린 구멍은 매우 커서 지름이 4인치에 달하는 나무 원판을 그 속에 끼워 넣는다. 만테가자는 남아메리카의 한 원주민이 느꼈던 부끄러움에 대해 재미있는 설명을 제시했다. 그 원주민은 자기 입술의 구멍에 끼워 넣는 채색된 나뭇조각인 템베타를 남에게 팔았는데, 그후 그는 주위에서 많은 조롱을 받아 창피함을 느꼈다고 한다. 중앙아프리카의 여자들은 아랫입술에 구멍을 내어 수정을 끼워 넣는다고 한다. 대화를 나누며 혀를 움직일 때마다 이 수정은 형언할 수 없는 우스꽝스러운 모습으로 꿈틀거린다. 라투카족의 추장 아내는 베이커에게 만약 베이커 부인이 아래 앞니 네 개를 뽑고 아랫입술에 길고 광택이 나며 뾰족한 수정을 매단다면 훨씬 나아 보일 것이라고 했다고 한다.[48] 더 남쪽에 사는 마칼롤로족은 윗입술에 구멍을 내어 '펠레레'라고 부르는 큰 금속성 고리나 대나무 고리를 그 구멍에 매달고 다닌다. "이것 때문에 입술이 코 끝에서 2인치나 아래로 처지는 경우도 있었다. 여자가 웃을 때 근육

---

48) S. Baker, 앞의 책, 217쪽.

이 수축되면서 입술이 눈보다 높게 들어올려지기도 했다. '왜 여자들이 이런 것을 하고 있지요?'라는 질문을 덕망 있는 추장인 친수르디에게 했다. 어리석은 질문에 놀란 듯한 표정을 감추지 못하던 추장은 다음과 같이 대답했다. '아름다움 때문이지요! 그것은 여자가 가질 수 있는 유일한 아름다움입니다. 남자에게는 턱수염이 있지만 여자에게는 아무것도 없잖아요. 여자에게 펠레레가 없다면 어떤 종류의 사람이 되겠습니까? 턱수염이 없으면서 입이 남자와 똑같은 여자는 진정한 여자가 아니겠지요'."[49]

신체 부위 중에서 기이하게 변형되지 않는 부위는 거의 없다. 신체 부위가 변형되어 받는 고통은 엄청 클 것이다. 기형이 완성되기까지 대개 몇 년씩의 시술이 필요하다. 그런 고통을 견디면서 시술을 받는 것을 보면 그들에게 기형은 절박할 정도로 꼭 필요하다는 것이다. 동기는 여러 가지다. 남자들은 전쟁에서 자신을 무섭게 보이려고 몸에 칠을 한다. 신체 일부를 손상시키는 것은 종교 의식과 관련이 있거나 사춘기를 알려주는 표시일 수도 있다. 아니면 남자들 사이의 순위를 나타내는 것일 수도 있다. 또는 부족 간의 차이를 나타내려고 칠을 할 수도 있다. 미개 사회에서는 같은 유행이 상당히 오랫동안 지속된다.[50] 따라서 신체의 손상은 그 최초의 원인이 무엇이든 간에 곧 특유의 표지로서 가치를 인정받아 집단 내에 자리잡게 된다. 그러나 자기 장식, 허영심, 타인에 대한 동경이 가장 보편적인 동기가 되는 것 같다. 문신에 대해 나는 뉴질랜드에 있는 선교사들에게서 여러 얘기

---

49) Livingstone, *British Association,* 1860; *Athenaeum,* 1860. 7. 7, 29쪽에 실린 보고서를 참조하시오.

50) 베이커는 위의 책, 제1권, 210쪽에서 중앙아프리카 원주민에 대해 설명하면서 다음과 같이 말한다. "모든 부족은 머리털을 장식하는 데 변하지 않는 독특한 양식을 갖고 있다." 아마존 인디언의 문신도 세월에 따라 변하지 않는다. 이것에 대해서는 L. Agassiz, *A Journey in Brazil,* 1868, 318쪽을 참조하시오.

를 들었다. 그들이 그곳의 원주민 여자들에게 그들의 관습을 그만두라고 설득했을 때 그들은 다음과 같이 대답했다고 한다. "우리는 입술에 몇 개의 줄이 있어야만 합니다. 그렇지 않으면 나이가 들었을 때 우리의 모습이 매우 추해질 것입니다." 뉴질랜드의 남자들에 대해 매우 능력 있는 판관 한 분이 다음과 같이 말했다. "멋진 문신을 한 얼굴은 여자들에게 매력적으로 보이려는 젊은이나 전쟁에서 탁월한 실력을 보이려는 젊은이에게는 매우 큰 선망의 대상이었다."[51] 아프리카 어떤 지역의 여자들은 이마에 새겨진 별 모양의 문신과 턱의 반점 문신을 사람의 마음을 녹일 정도의 큰 매력으로 생각한다.[52] 전 세계 모든 곳은 아니지만 대부분의 지역에서 남자는 여자보다 더 화려하게 치장한다. 여자와 다른 방식으로 꾸미는 경우도 종종 있다. 드물기는 하지만 여자가 거의 장식을 하지 않는 경우도 간혹 발견된다. 미개 사회에서는 여자가 노동의 상당한 몫을 담당한다. 또 여자에게는 가장 좋은 종류의 식량이 허용되지 않는다. 따라서 이것은 여자에게 치장이나 장식을 용납해서는 안 된다고 생각하는 남자의 특징적인 이기심과 일치한다. 마지막으로 앞에 인용한 여러 가지 사실로도 밝혀졌듯이 머리 모양을 변화시키거나 머리털을 장식하거나 칠을 하거나 문신을 하는 등 오늘날에도 같은 유행이 전 세계 어디에나 널리 퍼져 있고 과거에도 오랫동안 퍼져 있었다는 사실은 주목할 만하다. 매우 많은 나라에서 행해지고 있는 이러한 관습이 어떤 보편적인 근거에서 유래한 전통 때문에 생겨난 것이라고 보는 것은 그 가능성이 극히 희박하다. 거의 전 세계적인 풍습인 춤, 가장 무도회, 거친 그림 그리기와 마찬가지로 이런 것들은 인간의 마음이 인종에 상관없이 매우

---

51) R. Taylor, *New Zealand and its Inhabitants,* 1855, 152쪽.
52) Mantegazza, 앞의 책, 542쪽.

유사하다는 것을 보여준다.

　이제까지 우리는 미개인들이 여러 가지 장식과 우리 눈에는 보기 흉한 신체 기형에 대해 품고 있는 동경에 대해 예비적으로 몇 가지를 살펴보았다. 이제 남자들이 자기 인종의 여자에게 얼마나 많이 매혹되는지를 살펴보자. 또 그들은 아름다움에 대해 어떻게 생각하고 있는지도 살펴보자. 미개인들은 여자를 단지 노예 정도로만 취급하면서 여자의 아름다움에는 전혀 무관심하다는 주장을 들은 적이 있다. 따라서 여자들이 자신을 장식하려고 기울이는 관심이나 허영심과 위의 주장이 전혀 어울리지 않는다는 사실을 먼저 살펴보는 것이 타당할 것이다. 버첼은 한 부시먼 여자에 대해 재미있는 설명을 했다.[53] 그 여자는 자신을 치장하는 데 아무리 돈 많은 남편도 파산시킬 정도로 많은 기름과 붉은 황토, 반짝이는 가루를 사용했다고 한다. 또 그 여자는 허영심이 강하고 자기가 남보다 우수하다고 생각하고 있음이 틀림없었다. 리드에 따르면 서부 해안의 흑인들이 가끔 자기 부족 여자들의 여자다움에 대해 논의하는 일이 종종 있다고 한다. 끔찍스러울 정도로 보편적인 유아 살해의 풍습에는 여자들이 아름다운 외모를 간직하려는 욕구가 어느 정도 관련되어 있다는 것이 일부 유능한 관찰자의 생각이다.[54] 일부 지역의 여자들은 남자의 애정을 얻으려고 갖가지 장식과 미약*을 몸에 지니고 다닌다. 브라운은 북서아메리카의 여자들이 이 목적으로 네 종류의 식물을 이용한다고 했다.[55]

　탁월한 관찰자인 히언은 아메리칸 인디언들과 여러 해를 함께 살

---

53) Burchell, *Travels in South Africa,* vol. 1, 1824, 414쪽.

54) Gerland, *Über das Aussterben der Naturvölker,* 1868, 51, 53, 55쪽; Azara, *Voyages dans l'Amérique Mérid.,* tom. 2, 116쪽.

55) 북서아메리칸 인디언들이 사용하는 식물성 제품에 대해서는 R. Brown, *Pharmaceutical Journal,* vol. 10을 참조하시오.

았는데, 그는 인디언 여자에 대해 다음과 같이 말했다. "북부 지방의 인디언에게 아름다움이 무엇이냐고 물으면 넓고 편평한 얼굴, 작은 눈, 튀어나온 광대뼈, 뺨에 새겨진 서너 개의 굵고 검은 선, 낮은 이마, 크고 넓은 턱, 우리 눈에는 볼썽사나운 매부리코, 황갈색 피부 그리고 허리띠에 매단 짐승이 아름다움의 상징이라고 대답할 것이다."[56] 중국의 북부 지역을 방문했던 팔라스(Pallas)는 다음과 같이 말했다. "그곳에서는 넓은 얼굴과 높은 광대뼈, 매우 넓은 코, 커다란 귀의 만주 사람 유형의 여자들이 인기가 있다."[57] 포크트는 중국인과 일본인의 눈이 경사져 있으며 사람의 얼굴을 그릴 때에도 기울어진 눈을 강조한다고 말했다. "이런 그림은 아름다움을 나타내기 위한 것이며 머리털이 붉은 야만인의 눈과는 대조적이다." 휴크(Huc)가 여러 번 언급했듯이 중국 내륙 지방의 사람들은 피부가 희고 코가 튀어나온 유럽인을 흉측하게 생각한다. 우리 생각에 실론섬 원주민의 코는 그렇게 크게 튀어나온 것이 아니다. 그러나 "몽고 인종의 편평한 모습에 익숙했던 중국인들은 7세기경에 실론 사람을 보고 그들의 튀어나온 코에 크게 놀랐다고 한다. 창(Thsang)은 유럽인을 일컬어 '사람의 몸에 새의 부리를 갖고 있는' 사람들이라고 했다."

핀레이슨(Finlayson)은 코친차이나* 사람들에 대해 간단히 언급하면서, 둥근 머리와 얼굴이 주요한 특징이 된다고 말했다. "얼굴의 둥근 특징은 여자에게서 더욱 뚜렷하게 나타난다. 얼굴이 둥근 여자일수록 아름다운 여자로 간주된다." 시암 사람의 코는 작으며 콧구멍은 옆으로 갈라져 있다. 입은 넓고 입술은 두껍다. 광대뼈가 크게 돌

---

56) Hearne, *A Journey from Prince of Wales Fort*, 8절판, 1796, 89쪽.
57) Prichard, *Physical History of Mankind*, 3rd ed., vol. 4, 1844, 519쪽; C. Vogt, *Lectures on Man*, 영역판, 129쪽에서 인용했다. 실론 사람을 보는 중국인의 시각에 대해서는 J.E. Tennent, *Ceylon*, vol. 2, 1859, 107쪽을 참조하시오.

출한 얼굴은 매우 크게 보인다. 따라서 "우리의 눈에 아름다운 것이 그들에게는 기괴한 것으로 보인다는 사실이 전혀 놀랄 일이 아니다. 게다가 그들은 유럽의 여자보다 그들의 여자를 훨씬 아름답게 생각한다."[58]

호텐토트족의 여자들은 신체의 뒷부분이 매우 많이 튀어나와 있는 것으로 유명하다. 그들은 엉덩이가 매우 크다. 스미스는 호텐토트족 남자들이 이런 특징을 매우 선호한다고 확신한다.[59] 언젠가 그는 원주민들이 미인이라고 여기고 있는 여자 하나를 보았는데 그 여자의 엉덩이는 어찌나 컸던지 편평한 바닥에 앉으면 일어날 수가 없을 정도였다고 한다. 그래서 그 여자는 자신의 몸을 밀어 비탈로 이동한 후 일어나야만 했다고 한다. 여러 흑인 부족의 일부 여자도 똑같은 특성을 갖고 있다. 버턴 선장에 따르면 소말리족의 남자들은 아내를 맞을 때 여자들을 일렬로 세워놓고 엉덩이가 가장 많이 튀어나온 여자를 선택한다고 한다. 흑인들은 신체의 앞쪽이 튀어나온 것을 가장 싫어한다.[60]

색깔에 대해 살펴보기로 하자. 흑인들은 피부가 희고 코가 튀어나온 파크(M. Park) 주위로 모여들었다. 흑인들은 파크의 신체 구조를 흉하고 부자연스럽다고 생각했다. 파크는 답례로 그들 피부의 반짝이는 검은색과 아름답게 눌러앉은 코를 칭찬했다. 그들은 그것이 말뿐

---

58) Prichard, 앞의 책, 제4권, 534~535쪽에서 크로퍼드(Crawfurd)와 핀레이슨의 말을 빌려 설명했다.

59) 그 저명한 여행가가 내게 말하길 여자의 허리띠나 엉덩이가 우리에게는 혐오스럽게 보이지만 옛날 그 부족의 사람들에게는 대단한 것으로 생각되었다고 한다. 지금은 사정이 변해 사람들은 그런 모습을 그렇게 좋아하지 않고 간절히 바라지도 않는다.

60) *Anthropological Review*, 1864. 11, 237쪽. 더 많은 문헌을 보려면 Waitz, *Introduction to Anthropology*, 영역본, vol. 1, 1863, 105쪽을 참조하시오.

이라는 것을 알았지만 그래도 그에게 식량을 제공해주었다. 아프리카의 무어족은 파크의 흰 피부를 보았을 때 이마를 찌푸리고 경련을 일으키는 것같이 보였다고 한다. 동부 해안에서 흑인 소년들이 버턴 선장을 보고 "저 하얀 사람을 봐라. 하얀 원숭이처럼 보이지 않니?" 하고 외쳤다. 서부 해안의 흑인들은 연한 검은색 피부보다는 매우 짙은 검은색 피부를 대단히 좋아한다고 리드가 내게 알려주었다. 그러나 리드에 따르면 흰 피부에 대해 그들이 느끼는 두려움이 부분적으로는 대부분의 흑인이 느끼는 믿음에 근거하는 것 같다. 즉 그들은 악마와 영혼이 흰색을 띤다고 생각한다. 또 부분적으로는 흰색을 건강이 나빠지는 신호로 여기고 있기 때문이다.

아프리카 대륙의 남쪽 지역에 사는 반야이족도 흑인이지만 그곳 사람들의 피부색은 대부분 커피에 우유를 섞은 듯하다. 사실 이 색깔은 나라 전체에서 매우 멋진 색깔로 생각하는 것이다. 이곳에서 우리는 취향의 기준이 서로 다르다는 것을 확인할 수 있다. 카피르족 사람들은 흑인과는 상당히 다르다. 델라고아만 근처에 사는 부족을 제외하고 그들의 피부색은 보통 검은색을 띠지 않는다. 가장 흔한 피부색은 검은색에 붉은색이 혼합된 색깔로 초콜릿 색깔과 유사하다. 짙은 피부색은 가장 흔하기 때문에 가장 고귀하다는 생각이 자연스럽게 퍼져 있다. 카피르족 사람에게 건네는 인사말 중에 피부색이 옅다거나 피부색이 백인 같다고 하는 말은 그들에게는 매우 형편없다는 뜻이다. 내가 전해 들은 한 남자는 살결이 매우 희었는데 그 때문에 어떤 여자도 그와 결혼하려고 하지 않는 불행한 사람이었다. 줄루족 추장을 부르는 호칭 중의 하나는 "검은 사람이시여!"라는 말이다.[61] 갤

61) M. Park, *Travels in Africa*, vol. 4, 1816, 53, 131쪽. 버턴 선장의 말은 Schaaffhausen, *Archiv für Anthropologie*, 1866, 163쪽에서 인용했다. 반야이족에 대해서는 Livingstone, *Travels and Researches in South Africa*, 64쪽을 참조하시오. 카피르

턴은 남아프리카 원주민에 대해 얘기하면서 아름다움에 대한 그들의 생각이 우리의 생각과 매우 다른 것 같다고 했다. 어떤 부족은 호리호리하고 가냘프고 예쁜 여자 두 명이 원주민 사이에서 아름답다는 말을 한번도 듣지 못했다고 한다.

다른 곳을 살펴보자. 파이퍼 부인에 따르면 자바섬에서는 흰색이 아닌 노란색의 여자를 미인으로 생각한다고 한다. 코친차이나의 한 남자가 영국 대사의 부인의 이빨이 개처럼 희며 감자꽃 색깔처럼 피부가 발그레하다고 경멸적으로 말했다. 우리는 중국 사람이 우리의 흰 피부를 싫어하며 북아메리칸 인디언이 황갈색 피부를 동경한다는 사실을 알게 되었다. 남아메리카 안데스산맥 동쪽의 수목이 우거진 습지에 사는 유라카라족의 피부는 그들 고유의 언어에 따라 그들 부족의 이름이 의미하듯이 매우 희다. 그런데도 그들은 유럽의 여자들을 자기 부족의 여자들보다 열등하다고 생각한다.[62]

북아메리칸 인디언의 여러 부족은 머리털이 매우 길게 자란다. 캐틀린(G. Catlin)은 그것이 어느 정도인지에 대한 특이한 증거를 제시했다. 크로우족 내에서 가장 머리털이 긴 사람이 선발된 적이 있었는데 그 사람의 머리털은 무려 3.2미터에 달했다고 한다. 남아메리카의 아이마라족과 케추아족의 머리털도 매우 길었다. 포브스에 따르면 이들의 머리털은 아름다움의 상징으로 매우 귀중하게 취급되기 때문에 그들에게 가할 수 있는 가장 심한 벌이 머리털을 자르는 것이라고 한다. 북아메리카와 남아메리카의 여러 원주민은 머리털에 섬유성 물

족에 대해서는 J. Shooter, *The Kafirs of Natal and the Zulu Country*, 1857, 1쪽을 참조하시오.

(62) 자바 사람과 코친차이나 사람에 대해서는 웨이츠의 앞의 책, 305쪽을 참조하시오. 유라카라족에 대한 오비그니(A. d'Orbigny)의 설명은 프리차드의 앞의 책, 제5권, 476쪽에서 인용했다.

질을 부착하여 머리털의 길이를 늘이는 경우까지 있다고 한다. 북아메리칸 인디언들은 머리털을 이렇게 소중하게 취급하지만 얼굴에 난 털을 매우 상스러운 것으로 여겨 모든 털을 일일이 뽑아버린다. 이것은 북쪽으로는 밴쿠버섬에서부터 남쪽으로는 티에라 델 푸에고 제도에 이르기까지 널리 유행하는 풍습이다. 비글호에 탑승했던 푸에고 제도 원주민 요크 민스터가 자기 나라로 돌아갔을 때, 지역 주민들은 그에게 얼굴에 돋은 짧은 털 몇 개를 모두 뽑아버리라고 말했다. 젊은 선교사 한 분이 그들과 함께 오랫동안 같이 있었는데 그들은 선교사를 위협하여 옷을 벗긴 후 얼굴과 몸에 돋은 털을 잡아 뽑아 털이 거의 없어지게 되었다고 한다. 이 유행은 널리 퍼져 파라과이의 인디언들은 말처럼 보이기 싫다며 눈썹과 속눈썹을 모두 뽑아버린다고 한다.[63]

전 세계를 통해 턱수염이 거의 없는 인종은 얼굴과 몸에 난 털을 싫어하여 고통을 참아가면서까지 털을 모두 뽑아버린다니 놀라운 일이다. 칼무크 사람도 턱수염이 없다. 아메리칸 인디언처럼 이들도 모든 털을 뽑아버리는 것으로 잘 알려져 있다. 이런 풍습은 폴리네시아, 말레이 일부 지역, 시암 사람들에게도 퍼져 있다. 바이트흐(Veitch)는 다음과 같이 말했다. "일본 여자들은 모두 우리의 구레나룻을 매우 추한 것으로 여기며 싫어했다. 그래서 우리에게 털을 깎아버리고 일본 남자처럼 되라고 말했다." 뉴질랜드 원주민에게는 짧고 곱슬거리는 턱수염이 있다. 그러나 과거에는 그들도 얼굴에 돋은 모든 털을 뽑아버렸다고 한다. 그들 속담 중에 "털 난 남자에게 올 여자는 없다"라는 말

---

63) G. Catlin, *North American Indians,* 3rd ed., vol. 1, 1842, 49쪽; vol. 2, 227쪽. 밴쿠버 섬의 원주민에 대해서는 Sproat, *Scenes and Studies of Savage Life,* 1868, 25쪽을 참조하시오. 파라과이 인디언에 대해서는 아자라의 앞의 책, 제2권, 105쪽을 참조하시오.

이 있다. 그러나 뉴질랜드의 유행은 변한 것 같다. 아마도 유럽인들이 살고 있기 때문인 것 같다. 오늘날 마오리족에게 턱수염은 분명 찬양의 대상이다.[64]

이에 반해 턱수염이 있는 인종은 턱수염을 찬양하며 매우 소중하게 생각한다. 앵글로색슨 사람들 사이에서는 신체의 각 부위마다 가격이 매겨져 있다. "턱수염을 잃는 것은 20실링의 손해에 해당하지만 부러진 넓적다리를 고치는 것은 단지 12실링이면 된다."[65] 동양에서 남자들이 무엇인가를 맹세할 때, 그들은 턱수염을 걸고 맹세한다. 우리는 아프리카 마칼로로족의 추장인 친수르디가 턱수염을 위대한 장식으로 생각했다는 것을 알고 있다. 태평양 피지 제도에 사는 사람들의 턱수염은 크고 숱이 많으며 가장 큰 자랑거리다. 그러나 인접한 통가 제도와 사모아 제도의 주민에게는 턱수염이 없으며 그들은 턱에 털이 돋는 것을 매우 싫어한다. 엘리스 제도의 여러 섬 중에서 단지 한 섬에서만 "남자들에게 무성한 턱수염이 있었으며 그것에 대해 적지 않은 자부심을 느끼고 있다."[66]

이제 우리는 인종마다 아름다움에 대한 취향이 가지각색이라는 것을 알게 되었다. 신이나 신성한 지도자의 초상을 만들 정도로 진보된 모든 나라에서 조각가들이 작품 속에서 아름다움과 장엄함의 가장 높은 이상형을 표현하려 한다는 사실은 의심할 여지가 없다.[67] 이런

---

64) 시암 사람에 대해서는 프리차드의 앞의 책, 제4권, 533쪽을 참조하시오. 일본 사람에 대해서는 Veitch, *Gardeners' Chronicle*, 1860, 1104쪽을 참조하시오. 뉴질랜드 원주민에 대해서는 만테가자의 앞의 책, 526쪽을 참조하시오. 언급된 그외의 나라에 대해서는 W. Lawrence, *Lectures on Physiology*, 1822, 272쪽에 실린 문헌 목록을 참조하시오.

65) J. Lubbock, *The Origin of Civilisation*, 1870, 321쪽.

66) 데이비스(J.B. Davis)는 *Anthropological Review*, 1870, 4, 185, 191쪽에서 폴리네시아 사람에 대한 이 사실을 논의하기 위해 프리차드와 그외 여러 사람의 문헌을 인용했다.

관점에서 본다면 그리스 신화의 주피터나 아폴로를 이집트나 아시리아의 여러 조각이나 중앙아메리카의 낡은 건물 벽에 새겨진 끔찍한 새김 장식에 견주어 생각하는 것은 타당하다.

이와 반대되는 주장은 거의 제기되지 않았다. 그렇지만 아프리카 서해안의 흑인을 관찰했을 뿐만 아니라, 유럽 사람이라고는 한번도 본 적이 없는 내륙 지방의 흑인을 관찰할 기회가 많았던 리드(W. Reade)는 아름다움에 대한 그들의 생각이 대체로 우리와 같다고 주장했다. 롤프스(Rohlfs)도 내게 보낸 편지에서 보르누족과 풀로족 사람들이 아름다움에 대해 우리와 근본적으로 생각이 같다고 했다. 리드는 원주민 여자의 아름다움에 대한 자신의 견해가 흑인들과 비슷하다는 것을 알았다. 그리고 유럽 여자의 아름다움에 대한 그들의 평가가 우리와 일치한다는 사실도 알았다. 그들은 긴 머리를 매우 좋아하며 머리털이 풍부하게 보이도록 인위적인 장식을 사용한다. 또 그들은 비록 턱수염이 거의 없지만 턱수염도 무척이나 좋아한다고 했다. 리드는 어떤 유형의 코가 가장 선망의 대상이 되는지에 대해서는 확신이 없었다. 한 여자가 다음과 같이 말했다고 한다. "나는 그와 결혼하지 않겠어요. 그는 코가 없잖아요." 이것은 매우 낮은 코가 찬양의 대상이 되지 못한다는 것을 보여주는 것이다. 그렇지만 서해안에 살고 있는 흑인들의 낮고 넓은 코와 튀어나온 턱이 아프리카 원주민 중에서 예외적으로 특별한 경우에 해당한다는 것을 명심해야 한다. 앞에서 여러 번 언급했는데도 리드는 흑인들이 우리 백인의 피부색을 좋아하지 않는다는 사실을 인정한다. 또 그들은 푸른 눈을 혐오스럽게 바라보며 우리의 코가 지나치게 길고 입술은 지나치게 얇다고 생

---

67) 콩트(Ch. Comte)는 그의 *Traité de Législation,* 3rd ed., 1837, 136쪽에서 이 효과에 대해 설명했다.

각한다고 했다. 단순히 신체적인 선호도만을 고려할 때 흑인 남자가 잘생긴 흑인 여자보다 완벽하게 아름다운 유럽 여자를 더 좋아하지는 않을 것이라는 것이 그의 생각이다.[68]

오래전에 훔볼트[69]가 주장한 '원리의 보편적 진실', 즉 인간은 자연이 그에게 부여한 형질이 무엇이든 그것을 찬양하고 과장하려는 경향이 종종 나타난다는 사상을 여러 면에서 관찰할 수 있다. 턱수염이 없는 인종이 턱에 돋은 모든 털을 뽑아버리거나 심지어 몸 전체의 털을 모두 뽑아 없애려는 풍습은 그 한 예가 될 것이다. 두개골은 고대와 현대를 거치며 많은 나라에서 크게 변형되었다. 선천적이고 찬양의 대상이 되는 특징을 과장하기 위해 특히 북아메리카와 남아메리카에 이런 풍습이 널리 퍼져 있었다는 것은 의심할 여지가 없다. 많은 아메리칸 인디언은 우리 눈에 바보처럼 보일 정도로 매우 납작한 머리를 무척 좋아하는 것으로 알려져 있다. 북서 해안의 원주민들은 뾰족한 물건으로 머리를 압박한다. 머리털을 머리 위로 한데 모아 매듭을 만드는 것은 오랫동안 지속되고 있는 그들의 풍습이다. 이것은 윌슨이 말했듯이 그들이 좋아하는 원뿔 모양을 더 높게 보이려고 하는 것이다. 아라칸* 원주민은 넓고 편평한 이마를 매우 좋아한다.

---

68) *African Sketch Book,* vol. 2, 1873, 253, 394, 521쪽. 푸에고 제도 원주민들과 오랫동안 함께 머물렀던 선교사 한 분에게 들은 바로는 그들이 유럽 여자를 매우 아름답다고 생각한다고 했다. 그러나 우리가 알고 있는 아메리카 대륙 원주민들의 기준으로 보면 이것은 뭔가 잘못되었다고 생각할 수밖에 없다. 물론 푸에고 제도의 원주민 중에서 유럽인과 상당히 오랜 시간을 함께 보내고 우리를 뛰어난 사람이라고 생각하는 일부 원주민을 대상으로 한다면 그럴 수 있을지도 모르겠다. 매우 경험이 풍부한 관찰자인 버턴 선장의 생각을 덧붙여야 할 것 같다. 그는 우리가 아름답다고 생각하는 여자는 세계 어느 곳에서도 아름다운 여자로 생각한다고 믿는다. *Anthropological Review,* 1864. 3, 245쪽.

69) 훔볼트(A. von Humboldt)는 *Personal Narrative,* 영역본, vol. 4, 518쪽에서, 그리고 만테가자는 *Rio de la Plata, Viaggi e Studi*에서 동일한 원리를 강하게 펼치고 있다.

그들은 머리 모양을 그렇게 만들기 위해 갓 태어난 아기의 머리에 납으로 만든 판을 단단히 죄어놓는다. 그에 반해 피지 제도의 원주민은 넓고 둥근 뒷머리를 가장 아름답다고 생각한다.[70]

두개골에 대한 원리는 코에도 똑같이 적용된다. 고대 훈족은 아틸라* 시대에 쇠로 만든 테를 이용하여 아이들의 코를 납작하게 하는 풍습이 널리 퍼져 있었다. 선천적인 형태를 강조하기 위해서였다. 타히티 사람에게 코가 길다고 말하는 것은 모욕이다. 따라서 그들은 아름다움을 위해 아이들의 코와 이마를 압박한다. 수마트라의 말레이 사람, 호텐토트족, 일부 흑인, 브라질 원주민의 경우도 마찬가지다.[71] 중국인은 선천적으로 발이 매우 작다.[72] 상류층의 여자들이 발을 더욱 작게 보이게 하려고 발가락을 부자연스럽게 압박한다는 것은 잘 알려진 사실이다. 마지막으로 훔볼트의 생각에 따르면 아메리칸 인디언들은 그들의 선천적인 피부색을 강조하기 위해 붉은색을 칠하기를 좋아한다고 한다. 최근까지도 유럽 여자들은 그들의 선천적인 흰색 피부를 강조하려고 루주와 흰색 화장품을 사용한다. 그러나 미개인이 일반적으로 그 같은 의도로 몸에 칠을 하는지의 여부는 의심스럽다.

우리는 우리 자신의 풍습에서도 매우 똑같은 원리가 적용된다는

---

70) 아메리카 대륙 인디언 부족의 두개골에 대해서는 Nott & Gliddon, *Types of Mankind,* 1854, 440쪽; Prichard, *Physical History of Mankind,* vol. 1, 3rd ed., 321쪽을 참조하시오. 아라칸 원주민에 대해서는 앞의 책, 제4권, 537쪽을 참조하시오. Wilson, Physical Ethnology, 스미소니언 협회, 1863, 288쪽. 피지 제도의 원주민에 대해서는 290쪽을 참조하시오. 러벅은 *Prehistoric Times,* 2nd ed., 1869, 506쪽에서 이 주제에 대해 탁월하게 요약했다.

71) 훈족에 대해서는 Godron, *De l'Espère,* tom. 2, 1859, 300쪽을 참조하시오. 타히티 사람에 대해서는 웨이츠의 앞의 책, 제1권, 305쪽을 참조하시오. 마르스덴(Marsden)이 한 말로 프리차드의 위의 책, 제5권, 67쪽에서 언급했다. W. Lawrence, *Lectures on Physiology,* 337쪽.

72) 이 사실은 *Reise der Novara: Anthropolog. Thiel,* 1867, 265쪽의 바이스바흐(Weisbach)의 글에서 확인되었다.

것을 안다. 또 모든 부분을 극도로 과장하려는 비슷한 욕구를 발견
한다. 우리도 그들과 동일한 경쟁심을 보여주고 있다는 것이다. 그러
나 미개인의 관습은 우리의 것보다 훨씬 더 영구적이다. 신체가 변형
되는 경우 이것은 필연적으로 모두 이 경우에 해당한다. 나일강 상류
의 아랍 여자들은 거의 3일에 걸쳐 머리를 손질한다. 다른 부족을 흉
내 내는 일은 전혀 없다. 단지 자신의 스타일이 최고라고 서로 경쟁하
는 것뿐이다. 윌슨은 아메리카 대륙에 거주하는 많은 인종의 납작하
게 눌린 두개골에 대해 설명하면서 다음과 같이 덧붙였다. "이런 관습
은 좀처럼 근절되지 않으며 왕조를 바꾸고 매우 중요한 국가적 특징
이 변화되는 격변의 충격에서도 사라지지 않고 오랫동안 유지되고 있
다."[73] 번식 기술에도 동일한 원리를 유효하게 적용할 수 있다. 다른
곳에서도 설명했듯이,[74] 우리는 이런 원리에 따라 단순한 장식을 갖
고 있는 동식물 품종이 엄청나게 많이 만들어졌다는 것을 이해할 수
있는 것이다. 사육가는 각각의 형질이 어느 정도 증가되기를 항상 바
라고 있다. 그들은 중간 단계의 표준을 좋아하지 않는다. 물론 그들은
품종의 형질이 갑자기 크게 변하는 것을 원하지 않는 것이 확실하다.
그들은 단지 그들이 익숙해질 수 있을 정도의 형질을 좋아하지만 각
각의 특징적인 형질이 조금 더 개선되기를 간절히 원한다.

　인간과 하등동물의 감각은 조화롭고 율동적인 소리뿐만 아니라 화
려한 색깔과 특정한 모양으로 즐거움을 얻고 그것을 아름다운 것으
로 인식하도록 구성되어 있다. 그러나 어떻게 이런 일이 일어나는지
우리는 알지 못한다. 인간의 신체에 대한 보편적 아름다움의 기준이

---

73) Wilson, 앞의 책, 1863, 289쪽. 아랍 여자들의 관습에 대해서는 S. Baker, *The
　　Nile Tributaries of Abyssinia*, 1867, 121쪽을 참조하시오.

74) *The Variation of Animals and Plants under Domestication*, vol. 1, 214쪽; vol. 2,
　　240쪽.

인간의 마음속에 있다는 생각은 절대로 옳지 않다. 그러나 확실한 증거는 없지만 특정한 취향이 긴 세월을 거치며 유전될 수는 있다. 만약 그렇게 된다면 각각의 인종은 아름다움에 대한 나름의 이상적인 표준을 선천적으로 갖게 될 것이다. 하등동물의 구조를 닮아가는 과정에 추악함이 생겨난다는 주장이 제기되었다.[75] 지성이 높이 평가되는 문명국가에서 이것이 어느 정도 옳다는 것은 의심할 여지가 없다. 그러나 이것을 모든 형태의 추악함에 적용시키기는 어려울 것이다. 각 인종의 사람은 그들에게 익숙한 것을 좋아한다. 큰 변화는 견디질 못한다. 그러나 인간은 다양함을 좋아하며 적당하게 극단으로 치닫는 특징을 매우 좋아한다.[76] 거의 둥근 얼굴, 잘 정돈되고 질서정연한 이목구비, 밝은 피부색에 익숙한 사람은 이런 특징이 잘 발달되어 있는 것을 매우 좋아한다. 이것은 우리 유럽인이 잘 알고 있을 것이다. 그에 반해 넓은 얼굴, 튀어나온 광대뼈, 납작한 코, 검은 피부에 익숙한 사람도 이들의 특징이 뚜렷하게 나타날 때 좋아한다. 모든 종류의 특징이 아름다움을 위해 지나치게 발달되었다는 것은 틀림없다. 그러므로 완벽한 미인은 많은 형질이 특별한 방식으로 변형되었다는 것을 의미하며 이런 요건을 고루 갖춘 미인은 모든 인종에서 그야말로 절세의 미인으로 인정될 것이다. 위대한 해부학자인 비채트(Bichat)는 만약 모든 사람이 똑같은 틀에서 주조되어 나온다면 아름다움 같은 개념은 없어질 것이라고 오래전에 말했다. 만약 모든 여자가 메디치의 비너스처럼 아름다워진다면, 우리는 잠시 동안 그 아름다움에 매료되겠지만, 곧 좀 다른 새로운 매력을 원하게 될 것이다. 그리고 그

---

75) Schaaffhausen, *Archiv für Anthropologie,* 1866, 164쪽.

76) 베인(A. Bain)은 아름다움을 정의하는 약 10여 개의 약간씩 다른 이론을 수집했는데(*Mental and Moral Science,* 1868, 304~314쪽), 이 책에서 제시한 것과 완전히 일치하는 것은 하나도 없었다.

새로운 매력이 나타나자마자 우리는 또 현재의 보편적인 기준과는 완전히 다른 어떤 특정한 형질들이 좀더 두드러진 모습을 갖게 되기를 바랄 것이다.

제20장 인간의 이차성징―계속

각각의 인종이 서로 다른 아름다움의 기준에 따라 여자를 오랫동안 계속해서 선택한 효과―문명국가와 미개국가에서 성선택을 방해하는 요인들―원시 시대에 성선택이 잘 일어날 수 있었던 상황―성선택이 인류에게 작용하는 방식―미개 사회에서 남편을 고르는 데 어느 정도의 선택권이 있는 여자―몸에서는 털이 사라지고 얼굴과 머리에서는 털이 발달하는 현상―피부색―요약

우리는 지난 장에서 모든 미개 인종이 장식, 의복, 외모를 매우 귀하게 여긴다는 것을 살펴보았다. 그리고 남자가 여자의 아름다움을 판단하는 기준이 인종마다 크게 다르다는 것도 논의했다. 그렇다면 남자들이 자기 인종 중에서 가장 매력적으로 보이는 여자를 선호하고 선택하는 과정이 여러 세대 동안 일어나면서 여자의 특징이나 남녀 모두의 특징을 변화시켰는지를 살펴볼 차례가 되었다. 포유동물의 경우 모든 형질은 대개 암수 모두에게 동일하게 전달된다. 따라서 인간의 경우도 여자나 남자가 성선택의 과정을 통해 획득한 모든 형질이 남녀 자손 모두에게 전달되었을 것이라고 생각해야 될지도 모른다. 각각의 인종은 아름다움에 대해 나름의 기준을 갖고 있으므로 어떤 변화가 이루어졌다면 그 변화는 인종마다 서로 다른 방향으로 나아갈 것이 거의 확실하다.

인간, 특히 미개인에게는 신체에 관한 성선택의 작용을 방해하는

여러 원인이 있다. 문명 사회의 남자는 여자의 지적 매력, 부, 특히 사회적 지위에 크게 매혹된다. 자기보다 훨씬 더 낮은 계급의 여자에게 장가드는 남자는 거의 없다. 아름다운 여자를 성공적으로 얻은 남자 중에서 장자상속권에 따라 자기의 재산을 증여하는 일부의 경우를 제외한다면 평범한 부인을 얻는 남자보다 더 많은 자손을 남기지는 않을 것이다. 정반대 유형의 선택, 즉 여자가 더욱 매력적인 남자를 고르는 선택에 대해 살펴보자. 문명 사회에서 여자는 거의 자유스럽게 남자를 선택할 수 있지만 미개 사회에서는 상황이 다르다. 여자들의 선택은 남자의 사회적 지위와 부에 크게 영향을 받는다. 미개인의 경우 인생에서 성공하느냐 못 하느냐의 여부는 주로 지적 능력과 활동력, 아니면 이런 동일한 능력을 갖추었던 조상의 은덕으로 결정된다. 이 주제를 조금 더 자세하게 살펴보는 것도 나쁘지는 않을 것같다. 독일의 철학자 쇼펜하우어(A. Schopenhauer)는 다음과 같이 말했다. "사랑에 얽힌 모든 음모의 궁극적인 목표는 그것이 희극이든 비극이든 인간의 모든 목표보다도 사실 더 중요하다. 사랑의 결과는 적어도 다음 세대를 구성하는 요소는 된다. [……] 여기서 문제가 되는 것은 한 개인의 번영이나 불행이 아니라 인류 전체의 번영이나 불행이다."[1] 그렇지만 문명국가나 반(半)문명국가에서 성선택으로 일부 구성원의 신체 구조가 변화되었다고 믿을 만한 근거가 있다. 오랫동안 장자상속권을 유지해온 부유한 가계를 포함하여 우리 영국 귀족은 사회 모든 계층에서 가장 아름다운 여자를 아내로 선택하는 과정을 여러 세대 동안 계속하여 중류층에 비해 유럽인의 기준으로 보아 잘생기고 매력적으로 변했다. 이 사실은 나뿐만 아니라 많은 사람이 확신하고 있다. 그러나 중류층도 생의 우호적인 조건에 똑같이 놓여 있

---

1) "Schopenhauer and Darwinism," *Journal of Anthropology*, 1871. 1, 323쪽.

어 귀족과 마찬가지로 신체의 발달이 완벽하게 일어난다. 쿠크 선장에 따르면 태평양에 있는 여러 섬의 귀족들의 외모는 매우 훌륭하며 이런 현상은 하와이 제도에서도 마찬가지라고 한다. 그러나 이것은 더 좋은 음식과 더 나은 생활 방식 때문일 것이다.

옛 여행자인 차딘(Chardin)은 페르시아* 사람에 대해 설명하면서 다음과 같이 말했다. "신체적 외모 면에서 세상에서 가장 아름다운 그루지아 사람과 체르케스 사람의 피가 이들과 빈번하게 섞이면서 그들의 혈통은 많이 세련되어졌다. 페르시아 상류 사회에 속하는 사람 치고 그루지아 여자나 체르케스 여자의 자식 아닌 사람은 거의 없었다." 그는 또 이렇게 덧붙였다. "페르시아 상류 사회 사람은 모두 타르타르 사람의 후손이다. 따라서 위에서 언급했던 혈통이 섞이지 않았다면 페르시아 상류 사회 사람은 모두 매우 못생겼을 것이다. 따라서 그들의 아름다움은 그들의 조상에게서 물려받은 것이 아니다."[2] 매우 이상한 사례가 있다. 시칠리아*의 산기울리아노 지역에 자리잡은 비너스 에리치나 사원은 그리스 전체에서 가장 아름다운 여자들만을 골라 여사제로 선발한다. 이들은 정결한 처녀로 남아 있는 것이 아니었다. 이 사실을 언급했던 콰트르파주는 산기울리아노의 여자들이 오늘날 시칠리아에서 가장 아름다운 여자로 널리 알려져 있다고 했다.[3] 그래서 많은 화가가 이곳의 여자들을 모델로 찾는다고 한다. 그러나 위에서 말했던 모든 사례에서 의심스러운 점이 많다는 것은 틀림없다.

다음의 사례는 비록 미개인에 관한 것이지만 매우 특이해서 제시

---

2) 이 말은 W. Lawrence, *Lectures on Physiology,* 1822, 393쪽에서 따온 것이다. 로렌스는 영국 상류 사회 사람들이 아름다운 이유가 남자들이 아름다운 여자를 선택했기 때문이라고 했다.

3) Quatrefages, "Anthropologie," *Revue des Cours Scientifiques,* 1868. 10, 721쪽.

할 만한 가치가 있을 것 같다. 리드에 따르면 아프리카 서해안에 사는 흑인 부족인 졸로프족의 모든 구성원은 외모가 매우 출중한 것으로 유명하다고 한다. 리드의 한 친구가 한 주민에게 물었다. "내가 만난 당신 부족의 모든 사람은 남녀를 불문하고 왜 그렇게 멋진가요?" 그러자 그 졸로프족 사람은 다음과 같이 대답했다고 한다. "이유는 매우 간단하지요. 우리들은 전통적으로 가장 못생긴 노예를 골라 팔아버리거든요." 모든 미개 사회에서 여자 노예가 첩으로 봉사한다는 사실은 더 설명할 필요가 없을 정도로 잘 알려진 사실이다. 그들의 외모가 그렇게 멋진 이유는 못생긴 여자를 제거하는 과정이 오랫동안 일어났기 때문이라는 이 흑인의 설명은 그것이 옳은 것이든 옳지 않은 것이든 처음 접했을 때처럼 그렇게 놀라운 사실은 아니다. 흑인도 가축을 번식하는 데 선택이 중요하다는 것을 충분히 안다는 사실을 다른 곳에서 설명한 적이 있다.[4] 이 주제에 대해서는 리드에게서 얻은 여러 증거를 더 제시할 수도 있다.

미개 사회에서 성선택의 작용을 방해하거나 저지하는 여러 가지 요인 첫째 소위 집단혼과 난잡한 육체 관계를 주원인으로 들 수 있다. 둘째로는 여자들이 저지르는 유아 살해를, 셋째로는 어린 시절에 이루어지는 약혼, 그리고 마지막으로 여자들이 그저 노예처럼 낮게 평가되는 것이 그 원인이 될 것이다. 위의 네 가지 문제점에 대해서는 어느 정도는 자세히 논의해야 할 것이다.

인간의 결혼이나 다른 어떤 동물의 짝짓기가 암수의 선택권이 발휘되지 않고 단순히 우연으로만 결정된다면 성선택은 작용할 수 없다. 구애 행동을 할 때 일부 개체가 다른 개체보다 유리한 점이 있었

---

4) *The Variation of Animals and Plants under Domestication*, vol. 1, 207쪽.

다고 해도 우연으로 짝이 결정된다면 자손을 번식시키는 데 이것은 아무 효과도 발휘하지 못할 것이다. 러벅은 의례상 집단혼이라는 표현을 쓰고 있는데, 이런 풍습을 오늘날까지도 실행하고 있는 부족이 존재한다는 주장을 제기했다. 즉 부족 내의 모든 남자와 여자가 서로 남편과 아내가 된다는 말이다. 많은 미개인의 방탕한 풍습은 의심할 바 없이 놀라운 것이다. 그러나 그들의 육체 관계가 항시 난잡했다는 것을 확실하게 인정하려면 더 많은 증거가 필요할 것 같다. 이 주제를 세밀하게 조사했던 모든 사람의 판단은 내 판단보다 훨씬 더 가치가 있다.[5] 이들은 집단혼(communal marriage. 이 표현은 여러 면에서 조심스럽게 표현한 것이다)이 전 세계에 걸쳐 원래부터 널리 퍼져 있었다고 믿고 있다. 여기에는 형제자매 간의 근친결혼도 포함된다. 고인이 된 스미스(A. Smith)는 남아프리카의 여러 지역을 탐험했는데 그 결과 아프리카와 그외 여러 지역 원주민의 관습에 대한 방대한 지식을 갖고 있었다. 그런데 스미스는 여자가 집단 전체의 재산으로 취급되는 인종은 단 하나도 없다는 강한 의견을 내게 표명했다. 나는 그의 판단이 결혼이라는 용어가 내포하고 있는 의미로 대부분 결정되었다고 믿는다. 앞으로 펼치게 될 논의로 나는 박물학자들이 동물에 대해 언급하면서 사용하는 의미와 똑같은 의미로 여러 용어를 사용할 것이다. 즉 일부일처라는 용어는 한 남자가 한 여자를 선택하거나

---

5) J. Lubbock, *The Origin of Civilisation*, 1870, 제3장 중에서 특히 60~67쪽을 참조하시오. 맥레난(M'Lennan)은 매우 귀중한 작품인 *Primitive Marriage*, 1865, 163쪽에서 두 성의 결합에 대해 "옛날에는 단정치 못하고 일시적이며 어느 정도 난잡했을 것"이라고 말했다. 맥레난과 러벅은 현재의 미개인이 보이는 매우 방탕한 사례에 대해 많은 증거를 수집했다. 모건(L.H. Morgan)은 친족 관계의 분류 체계에 대한 자신의 흥미로운 회고록에서 일부다처제와 원시 시대의 모든 결혼 형태는 본질적으로 알 수 없다는 결론을 내렸다(*Proceedings of the American Academy of Sciences*, vol. 7, 1868. 2, 475쪽). 러벅의 작품을 보면 바코펜(Bachofen)도 집단혼이 원래부터 널리 퍼져 있었다고 믿는 것 같다.

반대로 여자가 받아들여 여자와 함께 번식 기간이나 한 해 전체를 힘의 법칙에 따라 보내는 경우에 사용할 것이다. 또 일부다처라는 용어는 남자가 여러 여자와 생활한다는 의미로 사용할 것이다. 이런 종류의 결혼은 여기서 모두 우리의 관심 대상이다. 성선택이 작용할 여건을 충분히 만족시키기 때문이다. 그러나 내가 알기로는 위에서 언급한 여러 학자 중 일부는 결혼이라는 용어에, 집단에서 보호를 받으며 모든 사람이 인정하는 권리를 내포한다.

옛날에 집단혼이 널리 퍼져 있었다는 믿음을 지지하는 간접적인 증거들은 설득력이 있다. 이런 증거는 주로 동일 집단 내의 구성원들이 친족 관계라는 사실에 그 근거를 둔다. 여기서 친족 관계라는 것은 부족과 연결함을 의미하는 것이지 부모 어느 쪽과 연결함을 의미하는 것이 아니다. 그러나 이 주제는 지나치게 방대하고 복잡해 여기에서는 그 개요조차 제시하기가 불가능할 정도다. 그래서 간단히 몇 마디 하는 것으로 그치겠다. 집단혼이나 결혼의 구속력이 매우 약한 곳에서 아이의 아버지가 누구인지를 알기는 불가능하다. 그러나 아이와 어머니의 관계가 철저히 무시되었다는 사실은 거의 믿을 수 없어 보인다. 특히 대부분의 미개 사회처럼 여자가 자기의 아기를 오랫동안 수유하는 곳에서는 특히 그러하다. 따라서 자손의 계보는 대부분 아버지를 배제한 채 어머니만을 통해 추적된다. 그러나 친족 관계라는 용어가 어머니도 배제한 채 단지 부족과 연결된 것만을 나타내는 경우도 있다. 모든 종류의 위험에 노출되어 있는 원시 부족은 서로 보호하고 협조할 필요성이 있었을 것이다. 이에 따라 친척 구성원 사이의 연결은 어머니와 아이의 관계보다 더욱 중요할지도 모른다. 그래서 '친족 관계'라는 용어가 부모와 자식 간의 관계를 가리키지 않고 집단 구성원 모두를 함께 가리키는 용어로만 사용하게 된 것이다. 그러나 모건은 이 견해가 절대로 만족할 만한 것이 아니라고 확신한다.

모건은 세계 여러 곳에서 사용하는 친족 관계라는 용어를 크게 두 종류, 즉 '분류적인 친족 관계'*와 '경험적인 친족 관계'*로 나눈다. 여기서 우리가 채택한 것은 경험적인 친족 관계다. 집단혼과 매우 느슨한 결혼 형태가 원래부터 보편적이었다는 믿음으로 우리를 강하게 이끄는 것은 분류적인 친족 관계다. 그러나 이 경우에 완전히 난잡한 육체 관계가 퍼져 있었다고 믿을 필요는 없다고 생각한다. 다행히도 러벅은 나와 견해가 같았다. 전에는 남자와 여자가 많은 하등동물과 마찬가지로 비록 일시적이나마 새끼를 낳을 동안 철저한 유대 관계를 맺었을지도 모른다. 그런데 이 경우에도 난잡한 육체 관계의 경우만큼이나 친족 관계는 많이 혼란스러웠을 것이다. 성선택이 일어나기 위한 필수조건은 부모가 결합하기 전에 상대를 선택하는 과정이 있어야 한다는 것이다. 이들의 유대 관계가 평생 동안 지속되는지 아니면 한 계절만 지속되는지 그것은 크게 중요하지 않다.

친족 관계에서 얻은 증거 외에도 여러 논리적 근거로 우리는 과거에 집단혼이 널리 퍼져 있었다는 사실을 알 수 있다. 러벅은 예상외로 널리 유행했던 이족 결혼(exogamy)의 풍습을 육체 관계의 초기 방식인 공동체 의식의 개념을 빌려 설명한다. 이족 결혼이라는 것은 한 부족의 남자가 다른 부족에서 아내를 맞아들여야 한다는 것이다. 남자는 적대 관계에 있는 이웃 부족에서 잡아온 여자만을 자기 개인의 아내로 맞이할 수 있었다. 그렇게 되면 그 여자는 자연스럽게 한 남자만의 유용한 재산이 될 수 있었을 것이다. 그렇게 해서 아내를 잡아오는 풍습이 생겨났을지도 모른다. 또 그런 남자에게는 명예가 주어지고 이런 명예 때문에 아내를 잡아오는 풍습은 널리 유행했을지도 모른다. 러벅에 따르면[6] 결혼은 부족의 관습에 위배되는 것이고 이런 결혼에 속죄할 필요가 있었다는 것을 알 수 있다. 원시 사회의 사고로는 인간은 부족이 공동으로 소유한 재산을 사유할 권리가 없었기 때문이다. 더 나아가 러벅은 옛날에는 정말로 음탕한 여자에게 높은 명예를 부여했음을 보여주는 기이한 사례를 여러 가지 제시하기도 했다. 만약 무분별한 육체 관계가 원래부터 존재했으며 오랫동안 숭배의 대상이 되는 관습이었다는 사실을 인정한다면 그도 설명했듯이 이것은 충분히 있을 수 있는 상황이다.[7]

결혼-속박의 개념이 발달한 양식은 애매한 주제다. 이 문제에 대해 가장 주의 깊게 연구한 학자로는 모건, 맥레난, 러벅을 꼽을 수 있다. 이 세 학자의 의견과 전술한 여러 가지 증거, 그리고 가능성이 있어 보이는 그외의 많은 증거에서[8] 우리는 결혼 풍습이 용어 자체의 엄격한 의미로 점차적으로 발달했다고 추론할 수 있을 것 같다. 그리고 한때 무분별한 육체 관계, 즉 매우 느슨한 부부 관계가 전 세계에 걸쳐 널리 유행한 적이 있었다는 것도 가능할 것이다. 모든 동물에게는 강한 질투심이 존재하며 하등동물에게도 이런 질투심이 있다. 더구나 인간에게는 이런 질투심이 훨씬 더 잘 발달되어 있다고 볼 수 있다. 따라서 나는 인간이 동물 계열에서 현재의 지위를 획득하기 바로 전에도 완전히 무분별한 육체 관계가 널리 퍼져 있었다고는 생각하지 않는다. 내가 계속해서 보이려고 했듯이 인간은 유인원 비슷한 생물에서 유래된 것이 확실하다. 습성이 알려진 사수목 동물의 일

---

6) *Address to British Association On the Social and Religious Condition of the Lower Races of Man,* 1870, 20쪽.

7) J. Lubbock, 앞의 책, 1870, 86쪽. 위에서 언급한 여러 작품에서 두 종류의 친족 관계, 즉 여자만으로 연결되는 친족 관계나 부족만으로 연결되는 친족 관계에 대한 방대한 증거를 발견할 수 있다.

8) 위 세 학자가 제기한, 거의 난잡할 정도의 육체 관계가 과거에 유행했다는 견해에 대해 웨이크(C.S. Wake)는 강하게 반발한다(*Anthropologia,* 1874. 3, 197쪽). 웨이크의 생각은 분류적인 친족 관계를 다른 방식으로 설명할 수 있다는 것이다.

부 종은 일부일처제를 지키고 있지만 그들은 1년 중 일부 기간만 암컷과 함께 생활한다. 오랑우탄이 그 예가 될 수 있을 것 같다. 인도 원숭이와 아메리카 원숭이의 일부 종류는 철저하게 일부일처제를 고집하고 있어 일 년 내내 아내와 함께 생활한다. 그외의 종류에게는 일부다처제가 퍼져 있다. 고릴라와 몇몇 아메리카 원숭이가 그 예가 될 수 있는데, 이들은 가족 단위로 살아가며 다른 가족과는 격리되어 있다. 이 경우에도 동일한 지역에 사는 가족들은 어느 정도 사회성을 갖추고 있을 수 있다. 예를 들어 침팬지는 간혹 매우 큰 무리를 형성하기도 한다. 그외에도 일부다처제가 유행하는 종이 있다. 그러나 아내가 있는 몇 마리의 수컷이 한 집단을 이루어 생활한다. 개코원숭이의 일부 종이 이에 해당한다.[9] 네발 동물 수컷의 질투심은 잘 알려져 있으며 경쟁자와 전투를 벌이기 위해 특별한 무기를 갖고 있는 종이 많다. 이런 사실에서 우리는 자연 상태에서 난잡한 육체 관계가 일어나기가 매우 어렵다고 결론 지을 수 있다. 한번 맺어진 짝이 평생 유지되지는 못했을 것이다. 단지 새끼를 낳을 동안만 유지되었을 것이다. 게다가 가장 힘이 세고 암컷과 어린 새끼를 가장 잘 방어하거나 지원할 수 있는 수컷이 좀더 매력적인 암컷을 선택할 수 있었다면 성선택은 충분히 일어났을 것이다.

그러므로 매우 먼 옛날에 벌어졌던 상황을 살펴보고, 현존하는 인간의 사회적 습성으로 판단해보면 가장 그럴듯한 견해는 다음과 같을 것이다. 즉 인간은 처음에 작은 집단을 이루어 생활했으며 그 집단 내

---

9) 브렘은 치노체팔루스 하마드리야스(*Cynocephalus hamadryas*)*가 큰 집단을 이루어 살아가며 성체 암컷이 성체 수컷보다 두 배는 많다고 했다(*Illustriertes Thierleben*, Bd. 1, 77쪽). 일부다처제를 지키는 아메리카 원숭이에 대해서는 렝거의 작품을 참조하시오. 그리고 일부일처제의 아메리카 원숭이에 대해서는 R. Owen, *Anatomy of Vertebrates*, vol. 3, 746쪽을 참조하시오. 그외에도 추가할 문헌은 더 있을 것이다.

에는 대개 한 명의 아내, 강한 집단일 경우에는 여러 명의 아내가 있었다. 남자는 다른 모든 남자가 자기의 아내에게 접근하지 못하도록 촉각을 곤두세우고 아내를 지켰을 것이다. 인간은 사회적 동물이 아니었을지도 모른다. 그래서 고릴라 집단과 마찬가지로 남자는 여러 명의 아내와 함께 살았을 수도 있다. 고릴라의 경우 집단 내에 단 한 마리의 성체 수컷만이 존재한다는 것이 모든 원주민의 한결같은 의견이었다. "어린 수컷이 자라면 집단의 지배권을 차지하기 위한 경연이 벌어진다. 가장 강한 수컷은 다른 수컷을 죽이거나 몰아내고 집단의 우두머리로서 자신의 입지를 구축한다."[10] 그렇게 쫓겨나서 방황하던 젊은 수컷은 마침내 성공적으로 짝을 만나게 되었을 것이고, 이것은 번식 활동이 같은 가족 범위 내에서만 일어나는 것을 방지하는 효과가 있었을 것이다.

오늘날의 미개인이 극도로 방탕한 생활을 하고 과거에 집단혼이 유행했다고 할지라도 많은 부족에게는 나름의 일정한 결혼 풍습이 있다. 다만 문명 국가에 비해 결혼의 성격이 훨씬 더 느슨할 뿐이다. 전에도 말했듯이 모든 부족의 지도자에게는 여러 명의 아내를 거느리는 것이 일반적으로 허용된다. 그렇지만 인류 계열에서 거의 바닥에 해당하는 하등 부족 중에서도 철저하게 일부일처제를 지키는 집단이 있다. 실론 섬의 베다족이 바로 그런 집단이다. 러벅에 따르면 그들에게는 "죽음만이 남편과 아내를 갈라놓을 수 있다"는 속담이 있다고 한다.[11] 족장 칸디안은 총명한 사람이었는데 그도 역시 일부다처주의자였다. 그는, 단 한 명의 아내와 살며 죽음이 그들을 갈라놓을 때까지 절대로 헤어지지 않는 상황을 극도의 야만주의로 몰아세우며

---

10) Savage, *Boston Journal of Natural History,* vol. 5, 1845~47, 423쪽.
11) J. Lubbock, *Prehistoric Times,* 1869, 424쪽.

심하게 분개했다. 그는 이것이 완더루 원숭이에게나 일어날 수 있는 일이라고 말했다. 일부다처제든 일부일처제든 나름의 결혼 풍습에 따라 아내를 맞아들인 미개인이 태곳적부터 내려온 그들의 풍습을 유지할 것인지 아니면 난잡한 육체 관계의 단계를 거친 후 특정한 방식의 결혼 풍습으로 되돌아갈 것인지를 추측하는 것은 주제넘은 것 같아 그만두겠다.

유아 살해 오늘날 유아 살해의 풍습은 전 세계에 널리 퍼져 있다. 이 풍습이 오늘날보다 옛날에 더 유행했다고 생각할 만한 근거가 있다.[12] 미개인들이 자신들과 아이들을 부양하기가 어렵다는 사실을 알게 되었을 때, 그들이 세울 수 있는 간단한 계획은 그저 유아를 살해하는 것이다. 아자라에 따르면 남아메리카의 일부 부족은 과거 남아와 여아를 너무 많이 살해했기 때문에 그 부족 자체가 거의 멸종 위기에 놓인 적도 있었다고 한다. 폴리네시아 제도*의 여자들은 네다섯 명의 아기를 살해하는 것으로 알려져 있으며 10명의 아기를 살해한 경우도 있었다. 엘리스(Ellis)는 그곳 여자 중에서 단 한 명의 아이도 살해하지 않은 여자를 찾기란 어렵다고 했다. 인도의 콜로넬 맥쿨로치 동쪽 국경에 있는 한 마을에서는 여아가 단 한 명도 발견되지 않았던 적도 있다고 한다. 유아 살해[13]가 성행하는 곳은 어느 곳이든지 생존경쟁이 매우 극심한 지역일 것이다. 부족의 모든 구성원은 얼

---

12) M'Lennan, *Primitive Marriage,* 1865. 특히 이족 결혼과 유아 살해에 대해서는 130, 138, 165쪽을 참조하시오.

13) 게르란트(Gerland)는 *Über das Aussterben der Naturvölker,* 1868에서 유아 살해에 관한 많은 정보를 수집해 소개했다. 특히 27, 51, 54쪽을 참조하시오. 아자라(Azara)는 *Voyages dans l'Amérique Mérid.,* tom. 2, 94, 116쪽에서 유아 살해의 동기에 대해 자세하게 설명했다. 인도에서 관찰된 사례에 대해서는 맥레난의 위의 책, 139쪽을 참조하시오.

마 남지 않은 아이들을 기르는 역할을 동등하게 분담했을 것이다. 대부분 남아보다는 여아가 많이 살해된다. 남아는 부족에게 더 가치가 있다고 생각하기 때문인 것이 틀림없다. 즉 남아는 자라게 되면 부족을 방어하는 데 도움이 되며 부족을 부양하는 데에도 기여하기 때문이다. 그러나 아이를 키우면서 여자들이 경험하는 고통과 그에 따른 아름다움의 상실, 궁극적으로 여자의 수가 줄었을 때 생기는 여자에 대한 높은 평가와 그에 따른 행복한 운명은 모두 여자 자신의 몫이 되는 것이다. 여러 관찰자에 따르면 바로 이런 모든 상황이 유아 살해를 일으키는 부가적인 동기가 된다고 말한다.

여아 살해 때문에 한 부족 내의 여자가 별로 없을 때, 이웃 부족에서 여자를 잡아와 아내로 삼는 풍습은 자연스럽게 일어났을 것이다. 그렇지만 러벅은 이미 우리가 살펴보았듯이 유아 살해의 풍습이 생겨나게 된 가장 주요한 원인이 그 시절에 집단혼이 있었기 때문이라고 했다. 따라서 다른 부족의 여자를 잡아와 자기의 사유 재산으로 만드는 남자도 유아 살해의 책임이 있다고 했다. 그외에도 여러 가지 이유가 있을 것 같다. 집단이 매우 적은 경우 혼인 적령기의 여자가 부족한 경우가 많았을 것이다. 옛날에 문명 국가에서도 유아 살해가 널리 자행되었다는 사실은 오늘날까지 기이한 많은 풍습과 의식이 남아 있는 것을 보아 알 수 있다. 이것에 대해 맥레난은 한 가지 매우 흥미로운 설명을 제시했다. 우리 인간의 결혼에서 원래 '최고의 남자'는 여자를 생포하는 행위에서, 신랑을 가장 잘 부추기는 사람이었던 것 같다. 남자가 폭력과 잔꾀를 이용하여 상습적으로 아내를 얻었다면 그들은 어떤 여자를 붙잡더라도 기쁨을 얻었을 것이고 좀더 매력적인 여자를 선택하지는 않았을 것이다. 그러나 오늘날 여러 곳에서 시행되고 있는 것처럼 이웃 부족에서 아내를 획득하는 풍습이 교환 형태로 변하자마자 더 매력적인 여자가 주요 구입 대상이 되었을 것이다. 그렇지만 이런 풍습 때문에 부족과 부족 간의 끊임없는 교잡이 필연적으로 일어났을 것이고 결국 한 지역에 사는 모든 사람은 거의 일정한 형질을 갖게 되었을 것이다. 그리고 이것은 부족을 서로 다르게 분화시키는 성선택의 작용을 방해했을 것이다.

유아 살해의 결과로서 여자가 부족해지는 현상은 또 다른 관습, 즉 일처다부제를 낳게 했다. 이런 풍습은 오늘날에도 몇몇 지역에서 일반화되어 있다. 맥레난은 이런 풍습이 과거에는 거의 보편적으로 퍼져 있었다고 믿는다. 그러나 모건과 러벅은 이 마지막 결론에 의문점이 많다고 생각한다.[14] 둘 이상의 남자가 한 여자와 결혼할 수밖에 없을 때, 부족의 모든 여자가 결혼할 것은 확실하고 남자들이 좀더 매력적인 여자를 선택하는 일은 일어나지 않았을 것이다. 그러나 이런 상황에서 여자가 선택권을 발휘하여 좀더 매력적인 남자를 선택할 것이라는 사실은 의심할 여지가 없다. 아자라는 한 구아나족 여자가 한 남자 또는 여러 명의 남자를 남편으로 맞아들이는 데 여자가 누리게 될 모든 종류의 특권에 대해 얼마나 조심스럽게 흥정하는지를 설명했다. 결과적으로 이 경우 남자들은 자신의 외모에 비상한 주의를 기울이는 결과를 초래했다. 인도의 토다족 중에는 한 여자가 여러 명의 남자와 생활하는 일처다부제를 시행하는 집단이 있는데, 여자는 어떤 남자라도 받아들이거나 거절할 수 있는 권한이 있다고 한다.[15] 이 경우 아주 못생긴 남자는 아내를 전혀 얻지 못하거나 나이가 더 들어서야 아내를 얻을 수 있을 것이다. 그러나 잘생긴 남자가 비록 아내를 얻는 데 성공했다 하더라도 우리가 알기로는 그 여자의 잘생

---

14) L.H. Morgan, *Primitive Marriage*, 208쪽; J. Lubbock, 앞의 책, 100쪽. 과거에 일처다부제가 유행했다는 것을 보여주는 문헌을 더 보려면 모건의 작품도 참조하시오.

15) Azara, 앞의 책, 제2권, 92~95쪽; Marshall, *The Todas*, 212쪽.

기지 못한 다른 남편에 비해 자기의 형질을 물려받은 자손을 더 많이 남기지는 못했을 것이다.

조기 약혼과 여자의 노예화　여자가 유아기에 해당하는 어린 시절에 서둘러 약혼을 하는 미개 사회가 많다. 이것은 개인적인 외모에 따라 상대를 선택할 수 있는 상황을 효과적으로 차단한다. 그러나 약혼을 이른 시기에 했다고 해도 나중에 힘 있는 남자가 매력적인 유부녀를 훔치는 일을 막지는 못했을 것이다. 이런 일은 오스트레일리아, 아메리카 그리고 그외의 지역에서도 종종 일어난다. 많은 미개인의 경우가 그러하듯이 여자를 단지 노예나 노동을 담당하는 짐승 정도로만 취급하는 상황도 성선택 작용을 효과적으로 차단했을 것이다. 그렇지만 남자는 아름다움에 대한 자신의 기준에 따라 항상 잘생긴 노예를 좋아했을 것이다.

그렇게 해서 우리는, 성선택 작용을 크게 방해하거나 완전히 차단시키는 것이 틀림없는 여러 가지 풍습이 미개 사회에서 널리 유행했다는 것을 알았다. 그에 반해 미개인을 둘러싸고 있는 생활 조건과 그들의 일부 풍습은 자연선택이 잘 일어나게끔 한다. 그리고 이때 자연선택은 성선택과 동시에 작용한다. 미개인은 반복적으로 일어나는 기근에 큰 고통을 겪는 것으로 알려져 있다. 그들은 인위적인 수단으로 식량을 증산하지 못한다. 그들은 결혼을 자제하지 못해 대개 어렸을 때 결혼한다.[16] 결과적으로 그들은 생존하기 위해 힘든 경쟁을 자주 하게 되고 능력을 갖춘 사람만이 살아남게 될 것이다.

---

16) 버첼(Burchell)은 *Travels in South Africa,* vol. 2, 1824, 58쪽에서 남아프리카의 미개 사회에서 남자든 여자든 독신으로 평생을 보내는 일은 없다고 했다. 아자라는 앞의 책, 21쪽에서 남아메리카의 야생 인디언에 대해 똑같은 설명을 했다.

아주 먼 옛날 인간이 오늘날의 위치를 차지하기 전에 그를 둘러싼 여러 여건은 오늘날의 미개인과는 달랐을 것이다. 하등동물의 경우를 유추해서 생각해보면 그 당시의 남자는 한 여자와 살았거나 여러 명의 아내를 거느리고 살았을 것이다. 가장 힘이 세고 능력 있는 남자는 매력적인 여자를 얻는 데 가장 큰 성공을 거두었을 것이다. 또 그들은 일반적인 생존경쟁과 모든 종류의 적에게서 자손뿐만 아니라 자신의 여자를 가장 성공적으로 방어했을 것이다. 이 시기에 인간의 조상은 미래에 일어날 일을 예측할 정도로 지능이 충분히 발달하지는 않았을 것이다. 그들은 모든 자식, 특히 여아를 키우는 것이 부족의 생존경쟁을 더욱 힘겹게 만든다는 사실을 예견하지는 못했을 것이다. 그들의 행동은 오늘날의 미개인 사회가 그러하듯이 이성보다는 본능에 따라 지배되었을 것이다. 그들은 그 시절에 모든 하등동물에게 보편적으로 있는 강력한 본능 한 가지를 조금도 잃지 않았을 것이다. 즉 자기의 어린 새끼를 사랑하는 본능은 그대로 간직했을 것이고 여아 살해는 일어나지 않았을 것이다. 따라서 여자가 희귀하지 않았을 것이고 일처다부제가 시행되지도 않았을 것이다. 여자가 희귀한 경우를 제외한다면, 그외의 어떤 이유도 자연계에 널리 퍼져 있는 선천적인 질투심과 모든 남자가 자기 여자를 갖고 싶어하는 욕구를 없애지는 못했을 것이기 때문이다. 일부 훌륭한 학자는 집단혼이나 문란한 육체 관계가 일처다부제보다 앞서 일어났다고 생각한다. 그러나 그와는 반대로 일처다부제가 집단혼이나 거의 난잡한 육체 관계로 가는 자연적인 디딤돌이 되었을 것이다. 원시 시대에는 조기 약혼이 없었을 것이다. 왜냐하면 조기 약혼이라는 것은 미래를 예견하는 생각이 있다는 것을 의미하기 때문이다. 또한 여자를 단지 유용한 노예나 노동을 담당하는 짐승 정도로만 생각하지도 않았을 것이다. 남자뿐만 아니라 여자가 어느 정도 선택권을 행사했다면 남녀 모두 정신적인 매력이나 재산 또는 사회적인 지위가 있는 짝을 고르기보다는 단순히 외모만을 고려해서 상대를 선택했을 것이다. 모든 성인은 결혼하여 짝을 찾았을 것이고 가능한 모든 자손을 살해하지 않고 키웠을 것이다. 따라서 생존경쟁은 주기적으로 엄청나게 심각하게 일어났을 것이다. 따라서 이 시기에 성선택을 위한 모든 여건은 그 이후의 시기보다 더 적절했을 것이다. 그 시기가 지나면서 인간의 지적 능력은 진보했지만 인간의 본능은 퇴화했다. 따라서 성선택이 인종 간의 차이와 인간과 고등한 사수목 동물의 차이를 만들어내는 데 어떤 영향을 미쳤든 간에 그 영향은 오늘날에도 완전히 사라진 것은 아니지만 오늘날보다는 옛날에 더욱 강하게 작용했을 것이다.

성선택이 인류에게 작용하는 방식　이제 막 언급한 유리한 조건의 원시인이나 오늘날 어떤 형태로든 결혼을 하게 된 미개인에게 성선택은 아마 다음과 같은 방식으로 작용했을 것이다. 그러면서 여아 살해와 조기 약혼 등의 간섭을 어느 정도 받았을 것이다. 강하고 원기 왕성한 남자는 가족을 잘 방어하고 가족을 위해 사냥을 잘 할 수 있었을 것이다. 또 그들은 특별한 무기와 대부분의 재산을 소유했을 것이다. 개나 그외의 여러 동물도 많이 갖고 있었을 것이다. 이런 남자는 같은 부족 내에서 약하고 가난한 남자보다 평균적으로 더 많은 수의 자손을 성공적으로 키워냈을 것이다. 또 일반적으로 이들이 좀더 매력적인 여자를 선택할 수 있었다는 것은 의심할 여지가 없다. 오늘날 전 세계를 통해 거의 모든 부족의 족장은 여러 명의 아내를 성공적으로 거느리고 있다. 만텔(W. Mantell)에게 들은 바로는 최근까지도 뉴질랜드의 거의 모든 예쁜 처녀와 예쁘게 자랄 것 같은 소녀는 미리부터 모두 족장과 정혼한 사이였다고 한다. 해밀턴에 따르면 카피르족의 경우 족장에게는 수 킬로미터 떨어진 곳의 여자에게도 선택할 수 있는 권리를 주며 그들은 이런 특권을 확보하려고 온 힘을 기울인다고 한다.[17] 이제까지 우리는 각각의 인종마다 아름다움에 대한 취향이 서로 다르다는 것을 살펴보았다. 그리고 인간은 가축, 의복, 장식, 개인적인 외모 면에서 평균보다 약간 더 높은 수준을 보여주는 특징을 선천적으로 매우 좋아한다는 것을 알게 되었다. 앞서 말한 여러 주장을 받아들인다고 해보자. 받아들이지 않을 이유가 없을 것 같다. 그렇다면 부족 내에서 평균보다 많은 수의 자손을 키울 수 있는 강한 남자가 좀더 매력적인 여자를 선택하는 과정을 통해 여러 세대가 지난 후 부족의 특징이 어느 정도 변화될 것이다. 부족의 특징이 변화되지 않았다면 그것은 오히려 납득하기 어려운 상황일 것이다.

　외래 품종의 가축이 새로운 지역에 도입되거나 토착종을 특별한 목적이나 장식을 위해 오랫동안 정성 들여 키웠다고 해보자. 이때 비교할 수만 있다면 여러 세대 후에는 얼마간의 변화가 일어난다. 이런 변화는 여러 세대에 걸친 무의식적 선택의 결과 때문에 일어난다. 즉 결과가 어떻게 될 것이라는 소망이나 기대도 없이 육종가의 입장에서 가장 좋다고 생각하는 개체를 그저 보존하는 것만으로 변화가 일어나는 것이다. 게다가 만약 신중한 두 육종가가 오랫동안 같은 과에 속하는 동물을 키우면서 그들을 서로 비교하지도 않고 보편적인 표준과 비교하지도 않았다면 놀랍게도 그들은 서로 약간 달라진다.[18] 나투지우스(H. von Nathusius)가 적절하게 표현한 것처럼, 모든 육종가에게는 마음속에 자신의 취향과 판단에 맞는 동물상이 있다. 그렇다면 각각의 부족에서 많은 수의 자손을 키울 수 있는 남자가 가장 매력적이라고 생각하는 여자를 계속해서 선택했을 때 동일한 결과가 일

---

17) C. Hamilton, *Anthropological Review,* 1870. 1, 16쪽.
18) *The Variation of Animals and Plants under Domestication,* vol. 2, 210~217쪽.

어나지 않아야 되는 이유는 무엇인가? 이것은 무의식적인 선택이었을 것이다. 왜냐하면 특정한 여자를 더 선호하는 남자의 소망이나 기대와는 관계없이 효과가 나타났을 것이기 때문이다.

자기들 나름의 결혼 형태가 있는 한 부족의 구성원들이 사람이 살지 않는 대륙으로 진출했다고 해보자. 그들은 곧 여러 무리로 갈라져 여러 장벽 때문에 격리되어 교류 없이 살게 될 것이다. 또 모든 미개 사회에서 끊임없이 일어나는 전쟁 때문에 격리 효과는 더욱 크게 작용했을 것이다. 각 집단은 어느 정도 서로 다른 환경과 생활 방식에 놓이게 되었고 세월이 지나면서 약간씩 차이를 보이게 되었을 것이다. 이런 일이 일어나자마자 격리된 각각의 부족은 아름다움에 대해 서로 약간씩 차이를 보이는 나름의 기준을 형성했을 것이다.[19] 그후 강하고 지도자 격인 남자들은 특정한 여자를 선호함으로써 무의식적인 선택이 작용하게 되었을 것이다. 그렇게 해서 처음에는 매우 미미했던 부족 간의 차이가 점차 그리고 필연적으로 어느 정도 커지게 되었을 것이다.

자연 상태의 동물은 크기, 힘, 특별한 무기, 용기, 호전성 같은 수컷 고유의 많은 형질을 전투를 함으로써 획득했다. 인간의 반인 조상은 친척뻘인 사수목 동물과 마찬가지로 그렇게 변형된 것이 거의 확실하다. 오늘날 미개인은 여자를 차지하려고 서로 전투를 벌인다. 따라서 이와 유사한 선택 과정이 오늘날까지도 어느 정도는 계속되고 있는 것이다. 화려한 색깔이나 갖가지 장식처럼 하등동물의 수컷에게만 나타나는 형질은 암컷이 좋아하는 형질을 갖춘 매력적인 수컷이 획

---

19) 천재 작가 한 분은 라파엘, 루벤스 그리고 현대 프랑스 화가들의 그림을 비교해본 후, 아름다움의 개념이 유럽 전체에 걸쳐 완전히 일치하지는 않는다고 주장했다. 봄베트(Bombet, 아니면 베일[M. Beyle])의 *Lives of Haydn and Mozart*, 영역본, 278쪽을 참조하시오.

득했을 것이다. 그러나 수컷이 선택의 대상이 아니고 선택의 주체로 작용하는 예외적인 사례도 있다. 수컷보다 더 화려하게 장식되어 있는 암컷을 통해 그런 사례가 있다는 것을 알 수 있다. 암컷의 장식적인 형질은 거의 암컷 후손에게만 전달된다. 이에 해당하는 하나의 사례가 인간과 붉은털원숭이가 포함되는 목(目)에서 보고되었다.

남자는 여자보다 강한 육체와 정신력을 갖고 있다. 그리고 미개 상태의 남자는 다른 어떤 동물의 수컷이 암컷을 대하는 것보다 여자를 훨씬 더 심하게 다루며 노예 정도로밖에 여기지 않는다. 따라서 남자가 선택권을 갖고 있다는 것은 놀랄 일이 아니다. 여자는 어디에서라도 자신의 아름다움에 대한 가치를 잘 알고 있다. 그리고 가능하기만 하다면 여자는 모든 종류의 장식을 이용하여 남자보다 훨씬 더 자신을 치장한다. 여자는, 자연이 수컷 새에게 암컷 새를 매혹하라고 제공한 깃을 빌려 자신을 장식하는 데 이용한다. 여자는 오랫동안 아름다움을 기준으로 선택되었기 때문에 연속적인 변이의 일부가 여자에게만 전달되었다는 것은 놀랄 일이 아니다. 결과적으로 여자는 자신의 아름다움을 아들보다는 딸에게 더 많이 물려주게 되었다. 그렇게 해서 여자는 남자보다 일반적으로 더 아름답게 되었다. 그러나 여자는 자신의 아름다움과 그외 대부분의 형질을 아들과 딸 모두에게 전달하는 것이 확실하다. 따라서 각 인종의 남자들이 그들의 기준에 따라 좀더 매력적인 여자를 계속해서 선호한다면 결국 그 인종에 속하는 남녀 모든 구성원이 변화되는 경향이 나타날 것이다.

암컷이 선택권을 쥐고 있으며 자신을 가장 자극하고 매혹시키는 수컷을 선택하는 방식의 성선택은 일반적으로 하등동물에게 널리 퍼져 있는데 우리 조상에게도 이런 유형의 성선택이 작용했다고 생각할 만한 근거가 있다. 남자가 턱수염과 그외의 형질을 갖는 것은 이런 장식을 획득한 조상에게서 물려받았기 때문일 것이다. 그러나 이런 방식의 선택은 비교적 최근에 일어났을 것이다. 왜냐하면 정말로 미개한 부족에서 연인을 선택하고 거절하고 유혹하며, 나중에는 배우자를 바꿀 수도 있는 큰 힘을 갖고 있는 것은 예상과는 달리 여자이기 때문이다. 이것은 상당히 중요한 사항이므로 이에 대해 내가 수집할 수 있었던 여러 증거를 자세히 살펴보도록 하겠다.

히언은 매우 추운 북아메리카에 사는 한 부족의 여자 하나가 남편에게서 도망쳐 애인과 자주 만나는 과정을 설명했다. 또 아자라에 따르면 남아메리카의 카루아족은 이혼을 매우 쉽게 한다고 한다. 아비폰족 중에는 아내를 선택하는 남자가 여자를 얻는 대가에 대해 여자의 부모와 계약을 한다. 그러나 처녀가 부모와 신랑 간에 합의된 계약을 무효화하고 결혼에 대한 언급 자체를 완강히 거절하는 일이 종종 벌어진다. 그리고 처녀는 도망쳐 자신을 숨김으로써 신랑의 손에서 벗어나는 일이 종종 일어난다. 머스터스 선장은 파타고니아 사람들과 함께 생활했는데 그들의 결혼이 항상 서로의 취향에 따라 결정된다고 말한다. 만약 부모가 딸의 의지에 맞지 않는 중매를 한다면 딸은 거절하고 부모의 요구에 절대로 따르지 않는다는 것이다. 티에라 델 푸에고 제도의 젊은 남자는 여자의 부모에게 봉사한다는 조건으로 딸과 결혼할 수 있는 승낙을 얻어내는 것이 가장 먼저 해야 할 일이다. 그후에야 남자는 처녀를 데리고 가려는 시도를 할 수 있다. 그러나 마음에 내키지 않는다면 처녀는 숲속으로 숨어버려 구혼자가 성심껏 자신을 찾다가 지쳐 포기할 때까지 나타나지 않는다. 그러나 이런 상황은 그렇게 흔한 일이 아니다. 피지 제도의 남자는 실제로 무력을 이용하거나 사용하는 척하면서 결혼하고 싶은 여자를 붙잡는다. 그러나 남자의 집에 도착했을 때 남자가 마음에 들지 않으면 여자는 자신을 보호해줄 수 있는 누군가에게로 달려간다. 그러나 여자가 자신을 유괴한 남자에게 만족한다면 모든 상황은 그것으로 끝이 난다. 칼무크 사람의 경우 신랑과 신부는 달리기가 습관화되어 있는데, 신부도 신랑과 동일선상에서 출발한다. 클라크(Clarke)는 신부가 추적자를 유달리 좋아하지 않는 한 절대로 따라잡히는 경우는 없다고 말했다. 말레이 제도의 미개인 중에도 달리기 경주를 하는 부족이 있다. 러벅도 말했듯이 부리엥(Bourien)의 설명에 따르면 "경주는 빠른 자를 뽑는 것이 아니며 강한 자를 뽑는 전투도 아니었다. 다만 예비 신부를 즐겁게 해줄 재산이 많은 젊은이를 뽑는 것이었다." 북동아시아의 코락족에게도 비슷한 풍습이 있는데 결과는 비슷했다.

아프리카에 대해 살펴보기로 하자. 카피르족은 아내를 물건처럼 구입한다. 자신을 선택한 남편을 받아들이지 않는 처녀는 그 아버지에게 심하게 매를 맞는다. 그러나 수터(J. Shooter)가 제시한 여러 가지 사실을 고려해보면 이곳의 여자들에게도 적지 않은 선택권이 있음이 틀림없다. 따라서 부자라도 매우 못생긴 남자는 아내를 얻지 못한다고 알려져 있다. 처녀는 결혼에 동의하기 전에 남자에게 일단 앞모습과 뒷모습을 보여달라고 주문하며 나중에는 걸어보라는 요구를 한다. 이곳의 여자들은 남자에게 먼저 청혼하는 것으로 알려져 있다. 또 사랑하는 연인과 도망가는 경우도 드물지 않다. 게다가 카피르족과 매우 긴밀한 관계를 유지했던 레슬리는 다음과 같이 말했다. "소를 팔듯이 권위를 갖고 아버지가 딸을 판다고 상상하는 것은 옳지 않다." 남아프리카의 하등한 부시먼 중에서 "소녀가 약혼하지 않은 상태에서 다 자라게 되었을 때─물론 이런 경우는 흔치 않다─여자에게 사랑을 구하는 연인은 여자의 부모뿐만 아니라 당사자의 동의도 얻어야 한다."[20] 리드(W. Reade)는 나를 위해 서아프리카의 흑인에 대해 조사

---

20) Azara, 앞의 책, 제2권, 23쪽; Dobrizhoffer, *An Account of the Abipones,* vol. 2, 1822, 207쪽; *Musters, Proceedings of Royal Geographical Society,* vol. 15, 47쪽. 피지 제도 원주민에 대해 설명한 윌리엄스(Williams)의 글이 러벅의 앞의

했다. 그는 다음과 같이 말했다. "적어도 미신을 신봉하지 않는 지적인 부족의 경우 여자가 남자에게 자기와 결혼해달라고 부탁하는 것이 여자답지 못한 것으로 여겨지기는 하지만 여자는 아무 어려움 없이 자기가 원하는 남편을 얻을 수 있다. 그들은 정말로 사랑에 빠질 수도 있으며 상냥하고 정열적이며 성실한 애정 관계를 형성할 수도 있다." 추가 사례를 더 제시할 수도 있다.

이렇게 해서 우리는 미개 사회에서 여자가 결혼에 관해 상상처럼 그렇게 비굴한 위치에 있는 것이 아님을 알게 되었다. 여자는 자기가 좋아하는 남자를 유혹할 수도 있고 때로는 자기가 싫어하는 남자를 거부할 수도 있다. 이런 일은 결혼을 전후로 언제라도 일어날 수 있다. 여자가 남자를 선택하는 과정이 꾸준히 한쪽 방향으로만 작용한다면 결국 그 부족의 형질에 영향을 미쳤을 것이다. 일반적으로 여자는 남자를 선택할 때 그들의 취향에 맞는 잘생긴 남자를 고를 뿐만 아니라 동시에 그들을 방어하고 부양하는 임무를 가장 잘 실행할 수 있는 남자를 고르기 때문이다. 이렇게 능력을 갖춘 남녀는 짝을 이루어 그렇지 못한 짝보다 더 많은 자손을 낳아 키웠을 것이다. 남녀 양쪽에서 선택의 행위가 일어날 경우, 즉 좀더 매력적이고 능력 있는 남자는 좀더 매력적인 여자를 선호하고 매력적인 여자는 매력적이고 능력 있는 남자를 동시에 선호했다면 동일한 결과가 더욱 확실하게

책, 79쪽에 인용되어 있다. 푸에고 제도 원주민에 대해서는 King & Fitzroy, *Voyages of the Adventure and Beagle*, vol. 2, 1839, 182쪽을 참조하시오. 칼무크 사람에 대해서는 맥레난의 앞의 책, 32쪽을 참조하시오. 말레이 사람에 대해서는 러벅의 앞의 책, 76쪽을 참조하시오. J. Shooter, *On the Kafirs of Natal*, 1857, 52~60쪽을 참조하시오. D. Leslie, *Kafir Character and Customs*, 1871, 4쪽을 참조하시오. 부시먼에 대해서는 버첼의 앞의 책, 59쪽을 참조하시오. 코락 족에 대해 설명한 맥케난(McKennan)의 글은 C.S. Wake, *Anthropologia*, 1873. 10, 75쪽에 인용되어 있다.

야기되었을 것이 틀림없다. 그리고 이런 이중 선택은 특히 우리의 긴 역사 중 매우 오래전에 실제로 일어났던 것 같다.

이제 인종 간의 차이점과 인종과 하등동물의 특징적인 차이에 대해 조금 자세하게 살펴보겠다. 즉 피부에 다소 털이 사라지는 현상과 피부색에 대해 논의할 것이다. 인종 간의 얼굴 모습과 두개골의 형태가 엄청나게 다양한 것에 대해서는 말할 필요가 없다. 이들 형질에 대한 아름다움의 기준이 인종 간에 얼마다 다른지는 지난 장에서 이미 살펴보았기 때문이다. 결국 이러한 형질은 성선택을 통해 영향을 미쳤을 것이다. 그러나 이 작용이 주로 남자 쪽에서 일어났는지 아니면 여자 쪽에서 일어났는지를 판단할 만한 방법을 우리는 갖고 있지 못하다. 남자의 음악적 재능에 대해서도 이미 논의했다.

몸에서는 털이 사라지고 얼굴과 머리에서는 털이 발달하는 현상   태아의 온몸은 양모 같은 솜털, 즉 배냇솜털로 덮여 있다. 그리고 성숙한 후에도 신체의 여러 부위에는 흔적적인 솜털이 산재해 있다. 따라서 우리는 인간이 털을 갖고 태어나 평생 털을 간직한 채 살아가는 어떤 동물에게서 유래했다고 추정하는 것이다. 털을 잃는 것은 인간에게 불편을 초래하고 더운 기후에서조차 해가 되었을 수도 있다. 작렬하는 햇빛에 노출되다가 장마철이 돌아오면 갑자기 쌀쌀한 날씨에 노출되기 때문이다. 월리스가 말했듯이 모든 나라의 원주민은 등과 어깨를 얇은 덮개로 가리기를 좋아한다. 벌거벗은 몸이 인간에게 직접적인 이득이 되기 때문에 자연선택을 통해 털을 벗어버리게 되었다고 생각하는 사람은 아무도 없다.[21] 전에도 살펴보았듯이 인간이 털을 벗게

---

21) A.R. Wallace, *Contributions to the Theory of Natural Selection*, 1870, 346쪽. 월리스는 "지적 능력의 일부는 인간의 발달을 안내하고 결정했다"(350쪽)고 했다. 그는 피부에서 털이 없어지는 상황도 이런 견지에서 받아들였다. 스테빙

된 것이 기후의 직접적인 작용 때문인지 상관 발달의 결과 때문인지에 관한 증거도 전혀 없다.

전 세계 모든 곳의 여자는 남자보다 털이 적다. 따라서 몸에서 털이 사라지는 현상은 어느 정도 이차성징이다. 그러므로 이 형질이 성선택으로 획득되었다는 생각에는 나름대로 근거가 있는 것이다. 우리는 여러 원숭이의 얼굴과 또 다른 일부 종의 엉덩이에서 털이 사라졌다는 것을 알고 있으며 이것이 성선택으로 이루어졌다고 생각할 수 있다. 왜냐하면 이들 부위의 색깔은 선명할 뿐만 아니라 맨드릴개코원숭이 수컷과 붉은털원숭이 암컷에서 보듯이 간혹 한쪽 성의 색깔이 더 선명한 경우가 있기 때문이다. 이런 특징은 특히 번식기에 강하게 나타난다. 바틀릿에 따르면 이들 동물이 성숙해짐에 따라 털이 없는 부위가 몸 전체에서 차지하는 비율은 점차 높아진다고 한다. 그렇지만 털이 사라지는 것은 벌거숭이가 되기 위해서가 아니라 피부의 색깔을 충분히 전시하기 위해서인 것 같다. 많은 조류의 경우 머리와 목 부위에서 화려한 색깔의 피부를 전시하기 위한 성선택으로 깃털이 사라지는 것 같다.

여자는 남자보다 몸에 털이 적고 이런 특성은 거의 모든 인종에서 보편적인 것으로 보아 처음으로 털을 벗어버린 것은 인간의 반인 조상 중 여자 쪽이었다고 판단해도 될 것 같다. 그리고 이런 사건은 한 줄기에서 여러 인종이 갈라져 나오기 전인 매우 먼 옛날에 일어났을 것이다. 우리의 여자 조상이 털을 벗어버리는 특징을 서서히 획득해

(T.R. Stebbing)은 이 주제에 대해 언급하면서 "월리스는 인간의 털이 없어지는 질문에 평상시처럼 독창적으로 설명한다. 월리스는 털이 없는 피부가 훨씬 더 아름다울 뿐만 아니라 깨끗함을 매우 좋아함으로써 건강해질 수 있었기 때문에 털이 없는 피부가 선택되었을 수도 있다는 가능성을 보았을지도 모른다."

감에 따라 이 형질은 어린 나이의 남녀 모든 자손에게 전달되었을 것이다. 그렇기 때문에 이런 전달은 많은 포유류와 조류의 장식과 마찬가지로 어느 한쪽 성에만 국한되지 않은 것이다. 유인원과 비슷했을 우리의 조상이 털의 일부를 잃게 되는 현상이 하나의 장식으로 여겨진다는 것은 전혀 놀랄 일이 아니다. 모든 종류의 동물이 셀 수 없이 많은 이상한 형질을 높이 평가하고 있으며 그에 따라 성선택을 통해 그런 형질이 획득되었다는 사실을 우리는 알고 있다. 심지어 약간 해를 끼치는 특징이 그렇게 획득되었다는 사실도 전혀 놀라운 일이 아니다. 일부 조류의 깃과 일부 수사슴의 뿔에서 우리는 이런 일이 벌어진다는 것을 알고 있다.

일부 유인원의 암컷은 전에도 살펴보았듯이 수컷보다 몸의 아래쪽에 털이 다소 적게 돋아난다. 이것은 털을 벗어버리는 시작이라고 할 만한 상황이다. 성선택으로 털을 완전히 벗어버리는 것에 대해서는 "털투성이 남자에게 갈 여자는 없다"는 뉴질랜드 속담을 가슴에 새겨 두는 것이 좋을 것 같다. 털이 많은 시암 사람의 사진을 본 사람이라면 누구라도 털이 매우 많은 것도 상당히 우스꽝스러울 정도로 흉측하다는 것을 인정할 것이다. 또 시암의 왕은 누군가를 매수하여 가족 중에서 가장 털이 많은 여자와 결혼하게끔 해야 했다. 그래서 그 여자는 이 특징을 자기의 아들과 딸 모두에게 전달했던 것이다.[22]

인종 중에는 특히 남자의 경우 유난히 털이 많은 인종이 있다. 그러나 유럽인처럼 털이 많은 인종이 칼무크 사람이나 아메리카 원주민처럼 털이 없는 인종보다 원시 상태를 비교적 완벽하게 간직하고 있다고 생각해서는 안 된다. 유럽인이 털이 많은 이유는 부분적인 환원 유전 탓으로 돌려야 하는 것이 더욱 타당해 보인다. 과거에 오랫동안 유

---

22) *The Variation of Animals and Plants under Domestication,* vol. 2, 1868, 327쪽.

전되었던 형질은 항상 다시 출현하는 경향이 있기 때문이다. 지능이 낮은 천치는 매우 털이 많은 경우가 있다는 것을 살펴본 적이 있다. 그리고 그들은 다른 형질도 하등동물의 특징으로 되돌아가는 경향이 있다. 추운 기후가 이 같은 종류의 환원 유전에 영향을 끼친 것 같지는 않다. 그러나 미국에서 여러 세대를 지낸 흑인[23])과 일본 열도의 북쪽 섬에 사는 아이누 사람의 경우는 예외가 될 수 있을 것 같다. 그러나 유전 법칙은 지나치게 복잡하여 우리는 그 작용 방식에 대해 거의 아는 것이 없다. 어떤 인종에게 털이 많은 상황을 어떤 선택의 제지도 전혀 받지 않은 환원 유전의 결과라고 한다면 같은 인종 내에서 나타나는 극심한 개인적인 변이도 전혀 놀랄 것이 없다.[24])

인간의 턱수염에 대해 알아보자. 가장 훌륭한 예가 될 수 있는 사수목의 경우를 살펴보면 많은 종의 암수 모두에게 턱수염이 있음을 알 수 있다. 그러나 일부 종의 경우는 수컷에게만 턱수염이 있거나 암수 모두에게 턱수염이 있더라도 수컷의 턱수염이 좀더 잘 발달되어 있

---

23) B.A. Gould, *Investigations in the Military and Anthropological Statistics of American Soldiers*, 1869, 568쪽에는 목욕하는 흑인 병사와 유색 인종 병사를 조사하여 병사 2,129명에게 있는 털에 대한 세밀한 기록이 표로 제시되어 있다. 표를 살펴보면 백인과 흑인 사이에는 거의 차이가 없다는 것을 한눈에 알 수 있다. 그러나 훨씬 더 무더운 아프리카가 고향인 흑인은 놀라울 정도로 피부가 매끄럽다는 것이 확실하다. 완전한 흑인종과 흑백 혼혈아가 모두 위의 항목에 포함된다는 사실은 특별히 잘 알아야 할 사항이다. 내가 어디에선가 옳은 것으로 밝힌 어떤 원리에 따르면 혼혈아는 먼 조상형에 해당하는 유인원처럼 털이 많은 상태로 되돌아가는 것이 확실하다. 따라서 아프리카에 사는 혼혈아가 털이 없이 피부가 매끄럽다는 것은 이 원리에 들어맞지 않는 유감스러운 상황이다.

24) 이 문제에 대한 더욱 진보된 견해 중에서 성선택으로 인간이 털을 잃게 되었다는 위의 설명만큼 강한 비난을 받는 것은 없을 것이다(Spengel, *Die Fortschritte des Darwinismus*, 1874, 80쪽을 참조하시오). 그러나 인간과 일부 사수목 동물에서 털이 사라지는 현상이 어느 정도 이차성징에 해당된다는 사실과 비교해 보면 위의 설명을 반대하는 의견 중에서 그렇게 중요한 의견은 없어 보인다.

음을 알게 된다. 이 사실로 볼 때 턱수염은 최초로 수컷이 성선택을 통해 장식으로 획득했을 확률이 높다. 또 많은 종류의 원숭이는 머리에 돈아난 털의 색깔이 화려할 뿐만 아니라 배열이 기이한데 이러한 사실로도 마찬가지의 추측을 할 수 있다. 이렇게 획득한 털은 대부분 암수 모든 자손에게 동일하거나 거의 비슷하게 전달했을 것이다. 에쉬리히트에 따르면 인간의 경우 여자는 남자 태아와 마찬가지로 얼굴, 특히 입 주위에 털이 많이 돈아난다.[25] 이것은 우리의 조상이 암수 모두에게 턱수염이 있었다는 것을 보여주는 예다. 그러므로 남자가 매우 먼 옛날부터 턱수염을 간직하고 있었으며 여자는 온몸에 털을 거의 잃는 시기에 맞춰 턱수염을 잃게 되었다고 보는 것이 일견 타당해 보인다. 심지어 턱수염의 색깔은 유인원과 비슷했을 조상에게서 물려받았던 것으로 보인다. 왜냐하면 머리털과 턱수염이 색깔 차이가 있는 경우에는 원숭이와 인간 모두 턱수염이 더 옅은 색깔을 띠기 때문이다. 수컷이 암컷보다 턱수염이 더 많은 사수목 동물의 경우 수컷의 턱수염은 인간과 마찬가지로 성숙한 후에나 충분히 발현된다. 인간은 턱수염 발달의 늦은 단계만을 간직해오고 있는 것 같다. 턱수염이 인종 간, 심지어는 인종 내에서도 매우 다양하다는 사실은 턱수염이 매우 먼 옛날부터 간직되었다는 위의 의견에 위배되는 것이다. 왜냐하면 이것은 환원 유전, 즉 오랫동안 잃어버렸던 형질이 다시 출현하는 현상을 보여주고 있기 때문이다.

성선택이 최근에 작용했을 수도 있다는 사실을 간과해서는 안 된다. 미개인의 경우 턱수염이 없는 인종의 남자들은 얼굴에 돈아난 털을 무언가 밉살스러운 것으로 여기며 고통을 참아가며 모두 뽑아버린

---

25) Eschricht, "Über die Richtung der Haare am menschlichen Körper," *Müller's Archiv für Anatomie und Physiologie,* 1837, 40쪽을 참조하시오.

다는 사실을 우리는 알고 있다. 그러나 턱수염이 있는 인종의 남자들은 자신의 턱수염에 자부심이 강하다. 의심할 것도 없이 여자도 같은 생각을 갖고 있다. 그렇다면 성선택은 최근에도 무언가에 영향을 주었음이 확실하다. 털을 뽑아버리는 행위는 매우 오래된 습성이며 이 때문에 유전 효과가 생겼을 수도 있다. 브라운 세쿼드(Brown-Séquard)는 특별한 수술을 받은 동물의 자손은 무언가 영향을 받는다는 것을 보여주었다. 신체의 특정 부위를 절단하는 효과가 유전된다는 더 많은 증거를 제시할 수도 있다. 그러나 최근 샐빈은 이 문제에 대해 좀 더 직접적인 결과를 얻었다.[26] 모트모트새는 꼬리 가운데에 있는 꼬리깃의 깃가지를 물어 뽑아버리는 것으로 알려져 있는데 샐빈은 이 깃의 깃가지가 선천적으로 어느 정도 축소되어 있다는 것을 보여주었다.[27] 그렇지만 인간의 경우 턱수염이나 신체의 털을 뽑는 습성은 턱수염이 어떤 이유 때문에 이미 축소된 후에나 생겨났을 것이다.

오늘날 머리털이 매우 길게 자라는 인종이 많이 있지만 그 이유에 대해 무언가 판단을 내리기는 어렵다. 에쉬리히트는 사람 태아의 경우 임신 5개월에 얼굴에 돋아난 털이 머리에 돋아난 털보다 길다고 했다.[28] 이것은 인간의 반인 조상의 머리털이 길지 않았다는 것을 보여주는 것이다. 따라서 긴 머리털은 최근에 획득되었을 것이다. 인종 간에 머리털의 길이가 심한 차이를 보이는 것도 이런 견해를 지지한다. 흑인의 머리털은 단지 곱실거리는 매트에 지나지 않는다. 우리 유럽

---

26) 모트모트새의 꼬리깃에 대해서는 *Proceedings of the Zoological Society,* 1873, 429쪽을 참조하시오.

27) 스프로트(Sproat)도 이와 동일한 견해를 제시했다(*Scenes and Studies of Savage Life,* 1868, 25쪽). 고세(M. Gosse) 같은 일부 훌륭한 인종학자들은 두개골을 인위적으로 변형시키면 그 변형 효과가 다음 세대로 전달되는 경향이 있다고 믿었다.

28) Eschricht, 앞의 글, 앞의 책, 40쪽을 참조하시오.

인의 머리털은 길게 자란다. 또 아메리카 원주민의 머리털은 땅에 닿을 정도로 자라는 경우가 적지 않다. 셈노피테쿠스 원숭이의 일부 종의 머리털은 적당히 길다. 아마 이것은 장식으로 작용할 것이고 성선택으로 획득했을 것이다. 동일한 견해를 인간에게 확대시킬 수 있을 것 같다. 왜냐하면 긴 머리털은 오늘날에도 그리고 전에도 큰 선망의 대상이 되었기 때문이다. 이것은 거의 모든 시인의 작품에서도 잘 나타난다. 사도 바울(Saint Paul)은 "여자의 머리털이 길다면 정말로 눈부실 것이다" 하고 말했다. 또 우리는 북아메리카 일부 부족이 단지 머리털의 길이만으로 족장을 선출한다는 사실을 알고 있다.

피부색　인간의 피부색이 성선택으로 변형되었다는 것을 보여줄 만한 증거는 매우 빈약하다. 왜냐하면 대부분의 인종이 남녀 간에 피부색이 서로 다르지 않기 때문이다. 혹시 다르다고 해도 알려진 것처럼 매우 약간의 차이만을 보일 뿐이다. 그렇지만 우리는 모든 인종에서 피부색이 그들의 아름다움에 매우 중요한 요소가 된다는 것을 여러 사례를 통해 살펴보았다. 따라서 피부색은 하등동물에게 일어나는 수많은 사례에서 살펴보았듯이 선택을 통해 쉽게 변형될 수 있는 형질이다. 흑인의 새까만 피부가 성선택으로 획득되었다는 것이 처음에는 터무니없는 상상인 것처럼 보인다. 그러나 여러 가지 유추를 통해 이 견해는 지지를 받고 있다. 또 우리는 흑인이 그들의 피부색을 매우 좋아한다는 것을 알고 있다. 암수의 색깔 차이가 나타나는 포유동물의 경우 수컷은 암컷보다 종종 검거나 짙은 색을 띤다. 이것은 오로지 검은색이나 그외의 색깔이 양쪽 성에 전달되느냐 한쪽 성에만 전달되느냐의 유전 방식에 따라 결정된다. 흑인이 피부는 새까맣고 안구는 희고 둥글며 머리털은 피테치아 사타나스(*Pithecia satanas*)와 닮았다는 것은 대체로 우스꽝스러워 보인다.

얼굴의 색깔은 인종 간의 차이가 큰 것이 사실이지만 원숭이의 얼굴 색깔은 종류에 따라 훨씬 더 심한 차이를 보인다. 우리는 원숭이 피부의 적색, 청색, 오렌지색, 흰색과 검은색이 암수 모두에서 동일하게 나타나더라도 털의 화려한 색깔이나 장식적인 머리털과 마찬가지로 이들 특징을 모두 성선택으로 얻었다고 생각할 만한 나름의 근거를 갖고 있다. 생물이 성장하며 일어나는 기관 발생의 순서는 과거 세대에 생물이 발달시키고 변형시킨 형질의 순서를 대략적으로 보여 준다. 그리고 갓 태어난 여러 인종의 아기의 피부에는 전혀 털이 없지만 어른의 피부색만큼 큰 차이를 보이지는 않는다. 따라서 매우 먼 옛날 인류 역사의 초기에 털이 사라지는 일이 일어난 후 그다음으로 인종 간의 독특한 피부색이 획득되었다는 약간의 증거는 되는 셈이다.

요약　여자에 비해 남자의 큰 체구, 강함, 용기, 호전성 그리고 큰 활동력은 원시 시대에 획득된 형질로서 그 효과가 점차 증폭되었다고 결론 지을 수 있을 것 같다. 이런 과정은 암컷을 차지하기 위한 수컷들의 경연을 통해 주로 이루어졌다. 남자의 정신 능력과 발명 능력이 뛰어난 것은 아마 자연선택과 습성의 유전 효과 때문일 것이다. 능력이 가장 뛰어난 남자는 자신과 아내 그리고 자식을 지키고 부양하는 데 가장 성공적일 것이기 때문이다. 이 주제가 매우 복잡하다는 것을 고려한다면 유인원과 비슷했을 우리의 남자 조상은 이성을 매혹시키고 자극하기 위한 장식으로 턱수염을 획득했고, 이 형질은 아들을 통해 전달되었을 것이다. 역시 성적 장식으로서 온 몸에서 털을 먼저 벗어 버린 것은 여자임이 틀림없다. 그러나 여자는 이 형질을 남녀 모두에게 거의 동일하게 전달했다. 여자가 다른 형질에서도 똑같은 목적을 위해 똑같은 방식으로 변화되는 것이 불가능한 일은 아니다. 결국 여

608

자는 남자보다 부드러운 목소리와 아름다움을 획득하게 되었다.

매우 먼 옛날에는 여러 면에서 주변 상황이 인간의 성선택이 일어나기에 좀더 적합했다는 사실에 주목할 필요가 있다. 그 당시에는 인간이 인간으로서의 지위에 막 도달하는 시기였다. 그 당시 그를 지배하는 것은 미래를 보는 눈이나 이성이라기보다는 본능적인 열정이었다는 결론을 비교적 확실하게 내릴 수 있을 것 같다. 그는 한 명의 아내나 그 이상의 아내를 지키는 데 몹시 애를 썼을 것이다. 남자가 유아를 살해하지는 않았을 것이다. 또 아내를 단지 유용한 노예로 여기지도 않았을 것이다. 더군다나 유아 시절의 조기 약혼이 있지도 않았을 것이다. 따라서 성선택을 고려한다면 매우 먼 옛날에 인간은 여러 인종으로 갈라졌다고 추측할 수 있다. 이 결론은 매우 놀라운 사실을 시사한다. 비록 우리가 아무런 기록도 갖고 있지는 않지만 즉 매우 먼 선사 시대에 인종은 이미 오늘날의 인종과 거의 비슷할 정도로 완벽한 차이를 보였다는 것이다.

성선택이 인간의 역사에 기여했다는 점에서 이 견해에는 과학적 정확성이 필요하다. 하등동물에 대해 이 작용을 인정하지 않는 사람은 인간에 대해 쓴 이 책의 후반부를 무시할 것이다. 하등동물은 몰라도 인간의 형질이 그렇게 해서 변형되었다고 확실하게 말할 수는 없다. 그렇지만 일상생활에 아무런 기여도 하지 않는 일부 형질에서 인종 간에 차이가 있으며 가장 가까운 인종 간에도 차이가 있다는 사실이 밝혀졌다. 이런 형질이 성선택으로 변형되었을 가능성은 매우 높다. 가장 하등한 미개인의 경우 각 부족의 사람들은 자신들의 독특한 특성을 동경하며 추구한다는 것을 우리는 살펴보았다. 머리와 얼굴 모양, 튀어나온 광대뼈, 돌출된 코나 눌린 코, 피부색, 머리털의 길이, 털이 사라진 얼굴과 몸, 잘 발달된 턱수염 등이 모두 이러한 특징이 될 수 있다. 따라서 이런 특징이나 그외의 특징들 때문에 생긴 효과는 점차 증폭되었을 것이 거의 확실하다. 이것은 각 부족에서 좀더 많은 수의 자손을 키울 만한 능력 있는 강력한 남자가 여러 세대에 걸쳐 강한 특징을 갖춘 가장 매력적인 여자를 선택함으로써 가능했을 것이다. 인종 간의 외적인 차이를 만들고 인간과 하등동물 간의 차이를 만드는 데 어느 정도 기여한 모든 원인 중에서 성선택이 가장 효과적이었다는 것이 나의 결론이다.

제21장 전체 요약과 결론

인간이 특정한 하등동물에게서 유래되었다는 중심 결론 ― 발달 방식 ― 인간의 가계도 ― 지적 능력과 도덕 능력 ― 성선택 ― 끝내는 말

간단하게 요약하는 것만으로도 독자의 가슴속에 이 작품의 주요 요점을 상기시키기에 충분할 것이다. 진보되어온 견해 중 많은 것들은 고도로 가설적인 수준의 것들이어서 그중 일부는 잘못된 것으로 밝혀질 것이 틀림없다. 그러나 나는 여러 견해 중에서 내가 특정한 한 가지 견해를 선택할 수밖에 없었던 이유를 각 사례마다 일일이 제시했다. 진화의 원리가 인간의 자연사에 관한 매우 복잡한 문제 중 일부에 얼마나 빛을 비추게 되었는지 조사하는 것은 가치가 있어 보였다. 잘못된 사실이 오랫동안 자리를 차지하는 경우가 흔하기 때문에 과학의 진보에 큰 해악을 끼친다. 그러나 잘못된 견해도 어느 정도의 증거를 바탕으로 지지된다면 거의 해를 끼치지 않는다. 왜냐하면 그것이 잘못되었다는 것을 밝히는 과정에서 모든 사람은 건전한 즐거움을 갖기 때문이다. 그리고 그것이 잘못되었다는 것이 밝혀지면 잘못으로 향하는 경로 하나가 폐쇄되는 동시에 진실로 향하는 길이 열리기 때문이다.

이 책에서 도달한 주요 결론은 건전한 판단을 내릴 자격이 충분히

있는 많은 학자에게서 오늘날 많은 지지를 받으며 그 핵심은 인간이 크게 조직화되지 않은 어떤 생물에게서 유래했다는 것이다. 배발생 시기에 인간과 하등동물은 매우 비슷하며 중요하거나 그렇지 않은 많은 구조와 기질 면에서도 유사점이 많기 때문에 이 결론을 받치고 있는 기반은 절대로 흔들리지 않을 것이다. 인간에게 남아 있는 흔적 이나 가끔 나타나는 비정상적인 환원 유전 등은 더 이상 논쟁의 대상 이 되지 않는다. 이런 사실들은 오래전부터 알려져 있기는 했지만 이들이 인간의 기원과 어떤 연관성이 있는지는 최근까지 밝혀지지 않았다. 모든 유기체에 대해 우리가 갖고 있는 지식에 비추어볼 때 그 의미는 잘못 해석될 수 없다. 같은 집단에 속하는 구성원들이 서로 유사하다는 사실과 과거와 현재에 그들이 살아가는 지리적 분포와 지질학적 계열, 그리고 위에서 언급한 여러 가지 사실을 연관지어 생각해볼 때 진화의 위대한 원리는 명백하고 확실하게 확립될 수 있다. 이 모든 사실이 아무 의미도 없는 거짓을 보여주고 있다고는 도저히 생각할 수 없다. 미개인처럼 자연 현상을 서로 별개의 것으로 여기는 것에 만족하지 않는 사람은 인간이 개별적인 창조 활동의 산물이라 는 사실을 더 이상 믿을 수 없다. 그런 사람들은 인간의 배(胚)가 개 같은 동물의 배와 매우 흡사하다는 사실을 받아들이게 될 것이다. 또 인간의 두개골, 팔다리, 그외 전체적인 신체의 틀이 다른 포유동물과 동일한 계획에 따라 만들어졌다는 것도 받아들여질 수밖에 없을 것 이다. 이들 기관이 갖고 있는 용도와는 별개의 문제다. 또한 사수목 동물에게는 있지만 인간에게는 정상적으로 있지 않은 여러 근육 같 은 많은 구조가 인간에게 갑자기 출현하는 일이 종종 일어난다. 그외 에도 유사한 사례가 많이 나타나는데 모두 인간이 다른 포유동물과 마찬가지로 특정한 공통 조상에게서 유래했다는 사실을 명백히 보여 주는 것이다.

인간의 모든 신체 부위와 정신 능력 면에서 개인적인 차이가 끊임없이 일어나고 있다는 사실을 우리는 알고 있다. 이런 차이나 변이는 하등동물의 변이를 일으키는 원인과 동일한 원인으로 일어나며 동일한 법칙의 지배를 받는 것 같다. 두 경우 모두에서 유사한 유전 법칙이 나타난다. 인간은 생계 수단이 늘어나는 것보다 더 높은 비율로 증가하는 경향이 있다. 결과적으로 인간은 극심한 생존경쟁에 놓이는 경우가 빈번하고 이에 따라 자연선택은 어떤 분야에서든 영향을 미칠 것이다. 비슷한 성질의 뚜렷한 변이가 연속적으로 일어나는 상황이 꼭 필요한 것은 아니다. 각 개체에서 일어나는 약간의 변이만으로도 자연선택이 작용하기에 충분한 여건이 된다. 또 한 종에서 신체의 모든 부위가 같은 정도로 변화하는 경향이 있다고 상상할 이유도 전혀 없다. 신체 부위를 오랫동안 사용하거나 사용하지 않음으로써 유전 효과가 자연선택과 같은 방향으로 큰 영향을 미치리라는 것도 거의 확실하다. 과거에 중요하게 작용하며 변형되었던 기관은 나중에 특별한 소용이 없더라도 오랫동안 유전된다. 한 부위에 변화가 일어나면 상관의 원리에 따라 다른 부위가 함께 변형된다. 우리는 상호 관련되어 나타나는 수많은 기형에 대한 사례를 알고 있다. 풍부한 식량, 고온, 습도 등과 같이 삶을 둘러싸고 있는 환경이 직접적이고 명확한 작용을 미칠 수도 있다. 그리고 생리적으로 하잘 것없어 보이는 많은 형질이 성선택으로 획득되었으며 이런 형질 중에는 사실 매우 중요한 것도 있다.

우리의 제한된 지식으로 본다면 모든 동물뿐만 아니라 인간이, 오늘날 일상적인 생활이나 성에 관련되어 우리에게 아무런 기여도 하지 않으며 과거에도 아무 소용이 없었을 구조를 갖고 있다는 사실은 의심할 여지가 없다. 이런 구조는 선택의 개념으로는 도저히 설명할 수가 없다. 또한 기관을 사용하여 생기는 것과 사용하지 않음으로써 생기는 유전 효과로도 설명할 수가 없다. 그렇지만 우리의 가축이나 재배 작물에서도 종종 매우 기이하고 뚜렷한 특징이 출현한다는 사실은 알려져 있다. 그리고 만약 이러한 변화를 일으키는 미지의 원인이 균일하게 작용했다면 한 종의 모든 개체에게서 동일한 변화가 나타났을 것이다. 종종 일어나는 그런 변형의 원인에 대해 이해할 수 있는 날이 올 것이다. 이것은 특히 기형에 관한 연구를 통해 가능할 것이다. 따라서 다레스트(M.C. Dareste) 같은 실험과학자의 노력이 미래를 여는 충분한 약속이 된다. 새롭게 바뀐 생활 환경은 생물이 많은 변화를 일으키도록 중요한 작용을 하는 것이 사실이지만 일반적으로 우리가 말할 수 있는 것은 미세한 변이와 기형의 원인이 주변 환경의 성질보다는 각 개체의 체질에 더 큰 영향을 받는다는 것뿐이다.

이제 막 열거한 방법과 아직까지 밝혀지지 않은 여러 방법의 도움을 받아 인간은 오늘날의 상태로 발전했다. 그러나 인간이 인간으로서의 지위에 도달한 이래 인간은 여러 인종으로 갈라졌다. 인종이라는 표현보다는 아종으로 부르는 것이 더 적절할지도 모르겠다. 예를 들어 흑인과 유럽인 같은 일부 인종은 매우 달라 두 인종 표본을 어떤 박물학자에게 아무런 설명을 덧붙이지 않고 보냈다면 그 박물학자는 틀림없이 이들을 별개의 종으로 취급했을 것이다. 그런데도 모든 인종은 세부적인 신체 구조와 많은 정신 능력 면에서 일치하는 점이 지나치게 많아 이들 형질이 공통 조상에게서 물려받은 것이라고 할 수밖에는 달리 설명할 길이 없다. 그런 특징을 갖춘 조상도 인간이라는 지위에 포함시켜야 하는 것이 마땅할 것이다.

각각의 인종이 다른 인종과 멀어지고 공통 줄기에서 모든 인종이 갈라지는 분기가 남녀 한 쌍의 조상에서 시작되었다고 상상해서는 안 된다. 그것보다는 변형의 모든 단계에서 어떤 방법으로든 생활 조건에 가장 잘 적응한 모든 개체가 비록 그 정도의 차이는 있더라도 덜 적합한 개체들보다 많이 살아남았을 것이다. 인간이 의도적으로 특정한 개인을 선택하는 것이 아니라 우수한 모든 인간들이 서로 교배하고 열등한 인간을 무시하는 과정에서 이러한 작용이 일어났을 것이다. 따라서 인간은 느리고 점진적인 과정을 통해 확실하게 집단을 변형시켰고 의식하지도 못하면서 새로운 혈통을 형성하게 된 것이다. 따라서 선택과 상관없이 획득된 변형이나 개체가 갖고 있는 본연의 성질로부터 일어난 변형, 그리고 주위를 둘러싸고 있는 생활 환경의 작용으로 생긴 변형이나 생활 습성의 변화로 생긴 변형에도 역시 같은 원리를 적용할 수 있다. 즉 같은 지역에서 살아가며 특정한 암수 한 쌍이 다른 쌍에 비해 훨씬 더 많이 변형되지는 않았을 것이다. 왜냐하면 모든 개체는 자유로운 교배를 통해 끊임없이 뒤섞였을 것이기 때문이다.

발생 중인 인간의 배를 생각해보자. 또 인간이 하등동물과 공유하고 있는 유사한 여러 구조와 흔적 기관, 그리고 종종 나타나는 복귀 돌연변이를 생각해보면 우리는 인간의 먼 조상이 가졌을 모습을 일부나마 상상해볼 수 있다. 그리고 동물 계열의 적당한 위치에 그들을 대략 끼워 넣을 수 있다. 그렇게 해서 우리는 인간이 털이 있고 꼬리가 달린 네발 동물에서 유래했다는 사실을 알게 된다. 아마 그들은 나무 위에서 생활했을 것이며 구세계에 살았을 것이다. 만약 박물학자가 이들의 모든 구조를 조사해본다면 이 생물은 구세계 원숭이와 신세계 원숭이의 매우 먼 조상과 마찬가지로 사수목 동물에 속하는 것으로 분류될 것이 거의 확실하다. 사수목 동물과 모든 고등 포유류는 아마 먼 옛날의 유대류에서 유래했을 것이다. 그리고 이 유대류는 양서류와 비슷한 생물에서 출발하여 오랜 시기에 걸쳐 다양한 형태의 생물을 거치며 형성되었고 다시 이 양서류는 어류와 비슷한 동물에서 유래했을 것이다. 과거의 모든 상황이 명쾌한 것은 아니지만 우리는 모든 척추동물의 먼 조상이 아가미를 갖고 암수의 특징을 한 몸에 갖추었으며, 뇌와 심장처럼 매우 중요한 기관은 불완전했거나 전혀 발달되지 않은 수생동물일 수밖에 없었다는 사실을 알 수 있다. 이 동물은 다른 생물보다는 오늘날 바다에 사는 멍게와 매우 유사했을 것으로 보인다.

인간의 기원에 대한 이 결론에 도달하게 되면 인간의 높은 지적 능력과 도덕적 자질은 밝혀내기 가장 어려운 대상이 된다. 그러나 진화의 원리를 인정하는 사람이라면, 인간의 정신 능력과 큰 차이를 보이기는 하지만 결국은 한 종류인 고등동물의 정신 능력이 진보될 수 있다는 사실을 알아야 한다. 예를 들어 고등한 유인원과 물고기가 보이는 정신 능력의 차이나 개미와 깍지벌레가 보이는 정신 능력의 차이는 헤아릴 수 없을 정도로 크다. 그렇지만 가축도 정신 능력 면에서 서로 변이가 있는 것이 분명하며 이런 변이는 유전되는 것으로 보아 동물 간에 정신 능력의 차이가 생기는 것은 특별히 불가능한 사건이 아니다. 자연 상태의 동물에게 정신 능력이 매우 중요하다는 사실에 대해서는 아무도 이의를 제기하지 않는다. 그러므로 자연선택을 통해 정신 능력이 발달하기 위한 조건은 충분한 것이다. 동일한 결론을 인간에게 확장시킬 수 있을 것 같다. 매우 먼 옛날에도 정신 능력은 인간이 언어를 발명하고 사용하며 무기, 도구, 동물을 잡기 위한 덫을 제작하는 데 사회적 습성의 도움과 함께 매우 중요하게 작용했을 것이다. 그렇게 해서 인간은 매우 오래전에 모든 생물체 중에서 가장 우수해진 것이다.

언어를 절반은 기술적으로 절반은 본능적으로 사용하게 되면서 정신 능력이 크게 발달했을 것이다. 언어를 지속적으로 사용함으로써 그것은 뇌에 작용하고 유전 효과를 불러일으켰을 것이기 때문이다. 그리고 이것은 다시 언어의 발달에 영향을 미쳤을 것이다. 라이트가 적절하게 말했듯이,[1] 인간이 하등동물과 비교해서 몸에 대한 뇌의 상대적 비율이 높은 것은 인간이 옛날에 단순한 형태라도 언어를 사용했기 때문일 것이다. 이 놀라운 도구인 언어는 모든 종류의 대상과 특징에 기호를 부여하고 감각의 단순한 작용으로는 절대로 일어나지 않았을, 설사 일어난다고 해도 철저하지 못했을 사고의 행렬을 불러일으킨다. 추리력, 추상적 개념, 자의식 등과 같은 인간의 높은 지적 능력은 다른 정신 능력을 계속 향상시키고 사용함으로써 일어날 것이다.

도덕적 자질이 발달하게 된 것은 더욱 흥미롭다. 도덕적 자질의 형성은 사회적 본능과 이러한 본능 아래서 이루어지는 가족간의 유대에 달려 있다. 사회적 본능은 매우 복잡하고 하등동물에게는 특정하게 정해진 행동을 일으키는 경향이 있다. 그러나 좀더 중요한 요소는 사랑, 그리고 독특한 감정인 공감이다. 사회적 본능을 부여받은 동물은 집단 속에서 여러 가지 방법으로 즐거움을 찾고 위험을 알려주며 서로를 방어하고 서로에게 도움을 준다. 사회적 본능은 종의 모든 개체로 확장되지 않으며 다만 함께 모여 사는 동일 집단 내의 구성원을 향해서만 적용된다. 사회적 본능은 종에게 커다란 이득이 되므로 자연선택으로 획득되었을 가능성이 매우 높다.

도덕적인 생물은 자신의 과거 행동과 그 동기에 대해 곰곰이 생각할 수 있는 생물을 말한다. 인간이 도덕적 생물이라는 명칭을 확실하게 받을 수 있는 유일한 생물이라는 사실은 인간과 하등동물을 구별하는 모든 차이 중에서 가장 큰 것이다. 그러나 나는 제4장에서 도덕 관념이, 첫째로 오랫동안 상존(常存)하는 사회적 본능에서 생겨나고,

---

1) C. Wright, "On the Limits of Natural Selection," *North American Review,* 1870. 10, 295쪽.

둘째로 동료의 동의와 비동의를 인식하는 능력에서 생겨나며, 그리고 마지막으로 과거에 받았던 매우 강한 감정과 함께 정신 능력이 크게 작용하면서 생겨난다는 것을 보이려 했다. 또한 이 마지막 문제에서 인간은 하등동물과 다르다는 것을 밝히려 했다. 이러한 마음 상태 때문에 인간은 과거와 미래를 생각하지 않을 수 없으며 현재의 느낌과 과거에 받았던 느낌을 비교하지 않을 수 없다. 따라서 특정한 일시적 욕구나 열정이 사회적 본능을 누르고 그에 따라 행동한 인간은, 충족 때문에 약해진 욕구와 사회적 본능에 대해 숙고하고 서로를 비교하게 된다. 그렇게 되면 인간은 사회적 본능이 충족되지 않아 생기는 불만족스러움을 느끼게 되고 미래에는 다르게 행동하리라고 결심한다. 이것이 바로 양심이다. 다른 본능에 비해 영원히 강하거나 좀더 지속적인 본능은 우리가 꼭 준수해야만 한다고 말로 표현하는 그 어떤 정서를 일으킨다. 포인터 사냥개가 자신의 과거 행동에 대해 곰곰이 생각할 수 있다면, 그 사냥개는 자신에게 다음과 같이 말했을 것이다. "그 토끼를 가리키기만(point) 하고(실제로 우리가 포인터에게 사냥감을 가리키기만 하라고 말하듯이), 토끼를 추적하고 싶은 유혹을 뿌리쳐야 했는데!"

사회적 동물은 집단의 다른 구성원을 막연한 방식으로나마 돕고 싶은 마음이 어느 정도 있다. 그러나 대개는 어떤 명확한 행동을 수행하려는 마음에 사로잡힌다. 인간도 동료를 돕고 싶은 보편적인 마음에 사로잡히지만 어떤 특별한 본능 때문에 그런 것은 아니다. 또 인간에게는 말로 자기의 욕구를 표현할 수 있는 능력이 있다는 면에서 하등동물과 다르다. 그렇게 해서 이러한 능력은 후천적이든 선천적이든 남을 돕는 마음의 안내자가 되었다. 인간에게 있는 남을 돕고자 하는 동기도 역시 많이 변형되었다. 더 이상 맹목적인 충동으로만 동기가 만들어지는 것이 아니라 동료의 칭찬이나 비난으로도 많은 영향을 받는다. 칭찬과 비난을 옳게 인식하고 제공하는 것은 모두 공감에 달려 있다. 공감은 이미 살펴보았듯이 사회적 본능 중에서 가장 중요한 요소 중의 하나다. 공감이 비록 본능으로 자리잡았다고 하더라도, 공감은 훈련과 습성을 통해 훨씬 강화된다. 모든 인간은 자신의 행복을 갈망한다. 따라서 인간을 행복으로 인도했느냐 그렇지 않느냐에 따라 우리의 행위와 동기에 칭찬이나 비난을 가한다. 또 행복은 보편적 선의 중요한 부분이기 때문에, 최대 행복 이론은 옳고 그름에 대한 거의 무난한 기준으로서 간접적인 기여를 한다. 추리력이 향상되고 경험이 축적됨에 따라 개체의 품성과 보편적 선에 대한 어떤 행동 지침의 희미한 효과를 인식했다. 그러면서 자애(自愛)는 대중의 의견 속으로 녹아들면서 칭찬과 비난을 수용하게 되었다. 그러나 문명 수준이 낮은 국가에서는 이성이 종종 잘못된 방향으로 나타나며, 사악한 많은 관습과 비열한 미신이 생겨나 높은 덕목으로 평가되며 이를 위반하는 것을 커다란 죄악으로 여긴다.

일반적으로 도덕성은 지적 능력보다 더 가치가 높은 것으로 생각되는데 이것은 합당하다. 그러나 우리는 과거의 느낌을 생생하게 회상하는 정신 활동이, 비록 이차적이기는 하지만 매우 중요한 양심의 기초가 된다는 사실을 명심해야만 한다. 따라서 가능한 모든 방법을 동원해서 인간의 지적 능력을 교육시키고 자극해야 한다는 강한 주장을 제기할 수 있다. 마음이 무덤덤한 사람도 사회에 대한 애정과 공감이 잘 발달되어 있다면 선한 행동을 하게 되고 정말로 섬세한 양심을 갖게 될 것이라는 사실에는 의심할 여지가 없다. 그러나 상상력을 생생한 것으로 만들고, 과거의 느낌을 회상하고 비교하는 습성을 강화시키는 것이 무엇이든 간에, 그것은 양심을 더욱 섬세하게 만들 것이다. 그리고 사회적 애정과 공감의 약한 부분을 어느 정도 보상하기까지 할 것이다.

인간의 도덕적 자질이 현재의 기준에 도달한 것은 부분적으로는 추리력의 향상과 그 결과 공정한 대중적 의견이 향상되면서 이루어진 것이지만, 습성, 모범, 교육, 숙고의 효과로써 섬세해지고 넓게 퍼져나간 공감의 영향을 특히 크게 받았다. 도덕적 성향이 장기간의 실천으로 유전될 수 있다는 것은 불가능한 것이 아니다. 좀더 문명화된 인종에게 만물을 바라보는 신이 존재한다는 확신은 도덕성 향상에 절대적인 영향을 미쳤다. 인간이 동료의 칭찬과 비난에 크게 영향을 받는 것은 사실이지만 궁극적으로 이것만을 자신의 유일한 지침으로 받아들이지는 않는다. 그것보다는 오히려 이성의 지배를 받는 평소의 확신이 인간의 행동에 대한 안전한 지침을 마련해준다. 이때 인간의 양심은 최상의 판관이자 감독이 된다. 그런데도 도덕감에 대한 최초의 기초이자 기원은 구성원간의 공감을 포함하는 사회적 본능에 있다. 사회적 본능은 의심할 것도 없이 하등동물에서 보는 바와 같이 자연선택을 통해 일차적으로 획득되었다.

하느님의 존재에 대한 믿음이 진보하면서 이것은 인간과 하등동물을 구별하는 가장 크고 완벽한 경계가 되었다. 그렇지만 잘 알고 있는 바와 같이, 이 믿음이 인간에게 선천적이거나 본능적이라고 주장하는 것은 불가능하다. 그렇지만 다양한 영적 존재에 대한 믿음은 보편적인 것 같다. 또 이런 믿음은 상당히 진보된 인간의 지성과 이보다 더욱 진보된 상상력, 호기심, 경외심에서 나온 것이 분명하다. 하느님이 존재한다는 것을 주장하기 위한 수단으로 하느님의 존재에 대한 믿음이 본능인 것처럼 말하는 사람이 많다는 것을 알고 있다. 그러나 이러한 주장은 지나치게 성급한 것이다. 하느님의 존재에 대한 믿음이 본능이라고 한다면 인간은 우리보다 더 강하고 잔인한 많은 악령의 존재를 믿어야 되는 상황에 휩싸일 수밖에 없을 것이다. 왜냐하면 악령이 존재한다는 믿음은 자애로운 하느님이 존재한다는 믿음보다 더 넓게 퍼져 있기 때문이다. 보편적이고 자애로운 창조주에 대한 생각은 인간이 지속적인 문화를 누리며 고상해지면서 인간의 마음속에 일어난 것 같다.

인간이 하등동물에게서 진보했다고 믿는 사람은 영혼불멸의 믿음이 어떻게 생기게 되었는지에 대한 질문을 당연히 던지게 될 것이다. 러벅이 보여주었듯이 미개 인종에게는 이런 종류의 명백한 믿음이 없다. 그러나 미개인에게 있는 원시적인 믿음에서 비롯되는 논의는 이미 살펴보았듯이 별 도움이 되지 않는다. 미세한 배포(胚胞)에서부터 시작된 인간의 발달 과정 중 정확히 어느 시기에 인간이 불후의 명성을 지닌 존재가 되었는지를 결정하는 것이 불가능하다고 근심하는 사람은 거의 없을 것이다. 또 점진적으로 발달하는 생물계에서 그 시기를 결정할 수 없다는 이유 때문에 큰 걱정거리가 생기는 것도 아니다.[2]

이 책에서 얻은 결론은 상당히 비종교적이라는 이유로 비난받을 것임을 나는 잘 알고 있다. 그러나 이 결론을 비난하는 사람은 뚜렷한 하나의 종인 인간의 기원이 변이와 자연선택의 법칙을 통해 어떤 하등동물에게서 유래했다고 설명하는 것이 본래의 생식 법칙에 따라 한 개인이 태어났다고 설명하는 것보다 왜 더 비종교적인지 그 이유를 밝혀야만 한다. 종의 출현이나 한 개체의 출현은 모두 엄청난 연속 사건의 결과다. 우리의 마음은 이 엄청난 사건이 단지 무계획적인 우연의 결과라고 받아들이기를 거부하는 것이다. 상황을 이해하면 신체 구조에서 일어나는 모든 사소한 변이, 결혼으로 맺어지는 한 쌍의 융합, 그외 비슷한 여러 사건이 모두 어떤 특별한 목적에 따라 미

---

2) 픽턴(J.A. Picton)은 그의 *New Theories and the Old Faith*, 1870에서 이 효과에 대해 논의했다.

리 결정되었다고 믿을 수 있느냐의 여부를 떠나, 이러한 결론에 비위가 상할 것이다.

내가 보이려고 했듯이 성선택은 생물 세계의 역사에서 매우 중요한 역할을 하므로 이 책에서는 성선택이 매우 자세하게 다루어졌다. 아직도 의심스러운 점이 많다는 것을 알지만 나는 모든 사례에 대해 공정한 견해를 제시하려고 했다. 하등한 동물계에서 성선택은 아무 역할도 하지 않은 것 같다. 하등동물은 살아가기 위해 종종 똑같은 지점에 모여 있거나 한 개체에 암수의 특징이 함께 나타나기도 한다. 그리고 더욱 중요한 것은 그들의 지각과 정신 능력이 사랑과 질투의 감정을 갖거나 선택권을 행사할 만큼 충분히 진보되지 않았다는 것이다. 그렇지만 절지동물과 척추동물아계에 이르면 매우 하등한 계급에서도 성선택은 큰 효력을 발휘한다.

동물계의 큰 계급인 포유류, 조류, 파충류, 어류, 곤충, 심지어 갑각류에서도 암컷과 수컷의 차이는 거의 동일한 규칙에 따라 일어난다. 사랑을 구하는 행위는 거의 수컷의 몫이다. 수컷만이 경쟁자와 싸우는 데 필요한 특별한 무기를 갖고 있다. 수컷은 대개 암컷보다 강하고 덩치가 크며, 없어서는 안 될 자질인 용기와 호전성을 갖고 있다. 성악이나 기악을 위한 기관과 향기샘은 수컷에게만 있으며 암수 모두에게 있는 경우에도 수컷의 기관이 훨씬 더 잘 발달해 있다. 암컷은 특별한 꾸밈이 없는 반면, 수컷은 매우 다양한 부속 기관과 훨씬 더 화려하거나 눈에 잘 띄는 색깔로 장식되어 있고, 종종 우아한 양식으로 배열되어 있다. 암수가 더욱 중요한 구조에서 차이를 보일 경우, 이성을 찾기 위한 특별한 감각 기관이나 이성에 접근하기 위한 이동 기관, 또 이성을 붙잡기 위한 포획 기관이 있는 것은 모두 수컷이다. 이같이 암컷을 매혹시키고 유혹하기 위한 여러 구조는 일 년 중 특별한 시기인 번식기에만 발달하는 경우가 대부분이다. 이들 구조가 암컷에게 어느 정도 유전되어 출현하는 사례도 많다. 이 경우 이들 구조는 암컷에서 단지 흔적으로만 나타나는 경우가 대부분이다. 거세당한 수컷에게서는 이들 구조가 사라지거나 아예 생기지도 않는다. 대개 이들 구조는 어린 수컷에게서는 발달하지 않고 생식할 수 있는 연령 바로 직전에 나타난다. 따라서 어린 새끼들은 대부분 암컷과 수컷이 서로 비슷하다. 그리고 일생을 통해 어린 새끼와 좀더 많이 닮은 것은 암컷이다. 거의 대부분의 큰 집단에는 비정상적인 사례도 약간은 나타난다. 즉 암컷과 수컷 고유의 형질이 거의 완전하게 뒤바뀌어 수컷 고유의 형질이 암컷에게만 나타나는 경우가 있다. 만약 우리가 하나의 보편적인 원칙인 성선택의 작용을 인정한다면 매우 많고 다양한 동물 계급에서 암수 간의 차이를 일정하게 일으키는 법칙이 놀라울 정도로 일치한다는 사실을 충분히 납득할 수 있을 것이다.

일반 생활 환경에 관련되어 모든 연령층의 암수가 함께 성공하느냐 그렇지 않느냐에 자연선택의 작용 여부가 달려 있는 반면, 성선택은 특정한 개체가 같은 성의 다른 개체를 누르고 종을 번식하는 데 성공을 거두느냐 그렇지 않느냐에 그 작용 여부가 달려 있다. 성적 투쟁에는 두 종류가 있다. 하나는 동일한 성—대개 수컷이다—사이에서 다른 경쟁자를 몰아내거나 죽이고자 하는 투쟁인데 이때 암컷은 수동적인 방관자가 된다. 그에 반해 다른 하나도 역시 동일한 성의 개체들 사이에서 일어나는 투쟁으로서 이성—대개 암컷이다—을 자극하고 매혹시키기 위한 투쟁이다. 이 경우 암컷은 수동적으로 방관자로 남아 있기보다는 마음에 드는 짝을 스스로 선택한다. 두번째 종류의 선택은 인간이 가축과 재배 식물에 대해, 비록 효과는 크지 않지만 부지불식간에 행하는 선택과 유사하다. 즉 육종가가 품종을 변형시킬 생각이 전혀 없는 상태에서 오랜 세월에 걸쳐 가장 애교 있거나 유용한 개체를 보존할 때 일어나는 선택 작용과 비슷한 것이다.

암컷이나 수컷이 성선택을 통해 획득한 형질이 자기와 동일한 성에만 전달될지 아니면 암수 모두에 전달될지는 유전 법칙에 따라 결정된다. 뿐만 아니라 형질이 최초로 발현되는 연령도 유전 법칙에 따라 정해진다. 생의 늦은 시기에 나타나는 변이는 그 변이가 나타났던 성에만 전달되어 발현되는 것이 보통이다. 변이성은 선택 작용을 위한 필연적인 근거가 되는 것으로 선택 작용과는 전혀 관계없이 생긴다. 이러한 사실에서 우리는 똑같은 특징을 갖는 변이가 삶의 보편적인 목적과 관련되어 자연선택으로 이득을 얻고 축적될 뿐만 아니라 종의 번식과 관련되어 성선택으로 이득을 얻고 축적된다는 사실을 이해할 수 있다. 따라서 이차성징이 암수 모두에 전달되었을 때, 이차성징을 원래의 형질과 구별하려면 유추에 의지할 수밖에 없다. 성선택으로 일어난 변형은 매우 큰 차이를 보이는 경우가 있어 암수가 서로 다른 종이나 심지어 서로 다른 속으로 취급되는 경우가 종종 있다. 이러한 큰 차이는 어떤 의미에서 매우 중요한 것이 틀림없다. 우리는 이러한 차이가 불편함을 초래할 뿐만 아니라 실제로 위험에 노출되는 대가를 치르면서까지 획득되는 경우가 있다는 것을 알고 있다.

　　성선택이 작용한다는 믿음은 주로 다음과 같은 사실에 근거한다. 일부 형질은 한쪽 성에만 나타난다. 이것만으로도 이들 형질이 대개 생식 활동과 관련되어 있을 가능성이 높다는 것을 알 수 있다. 대개 이들 형질은 개체가 성숙한 경우에만 충분히 발현되며 또 일 년 중 특정한 시기에만 유지되는 경우가 흔한데, 이 시기는 항상 번식기에 해당한다. 몇 가지 예외적인 사례를 제외한다면 구애 행동에서 좀더 적극적인 태도를 취하는 쪽은 수컷으로, 수컷은 훌륭한 무기를 갖고 있고 여러 면에서 암컷보다 매력적이다. 또한 수컷이 암컷 앞에서 온갖 정성을 다하여 자신의 매력을 전시한다는 사실에 특히 주의를 기울여야 한다. 또 사랑의 계절이 아닌 시기에는 수컷이 이런 전시 행동을 하는 경우가 매우 드물거나 전혀 없다는 것도 알아야 한다. 이런 모든 행위가 아무런 목적도 없이 일어난다고는 도저히 믿을 수 없다. 마지막으로 네발 동물과 조류에서 한쪽 성의 개체가 다른 쪽 성의 개체에 강한 반감이나 호감을 갖고 있을 수 있다는 뚜렷한 증거가 우리에게는 있다.

이런 사실을 생각해보고 또 인간의 무의식적인 선택이 가축과 재배 작물에 적용될 때 초래되는 뚜렷한 결과를 생각해보면 다음과 같은 사항은 거의 확실한 것 같다. 즉 한쪽 성에게 특별한 형질이 있으며 반대쪽 성의 개체들이 긴 세대에 걸쳐 계속해서 이들을 선택한다면 그 후손들은 그러한 형질을 갖는 쪽으로 서서히 변형될 것이 확실하다. 수컷의 수가 암컷보다 많은 경우와 일부다처제가 성행하는 경우를 제외한다면, 매력적인 수컷이 덜 매력적인 수컷에 비해 그들의 우수한 장식과 매력을 물려받은 후손을 남기는 데 성공을 거두는 것이 의심스럽다는 사실을 나는 굳이 숨기려 하지 않았다. 그러나 나는 이런 일이 암컷에 의해서도 일어날 수 있다는 것을 밝혔다. 특히 원기 왕성한 암컷이 선호하는 수컷이 매력적이고 정력적이며 승리를 거둔 수컷이고 또 이들이 다른 개체들보다 먼저 번식할 경우에 이런 일이 일어날 수 있다.

오스트레일리아의 바우어버드의 경우에서 살펴본 것처럼, 우리는 조류가 화려하고 아름다운 물건을 식별하거나 상대의 가창력을 확실하게 구별할 수 있다는 명확한 증거도 어느 정도 갖고 있다. 그렇지만 나는 많은 조류와 일부 포유류의 암컷이 장식을—우리는 이 장식이 성선택 때문이라는 근거를 갖고 있다—식별할 수 있을 만큼 충분한 감각이 있다는 것은 정말 놀라운 일이라는 것을 충분히 인정한다. 파충류, 어류, 곤충의 경우는 더더욱 놀랍다. 그러나 하등동물의 정신에 대해 우리가 아는 것은 많지 않다. 극락조나 공작의 수컷이 아무런 목적도 없이 암컷 앞에서 아름다운 깃을 세우고 펼쳐 진동시킨다고 생각할 수는 없다. 전에 어느 장에서 충분한 근거 아래 제시한 사실, 즉 매우 멋진 수컷에게 접근할 수 없도록 차단당한 여러 마리의 암컷 공작이 다른 수컷과 짝을 짓기보다는 번식기 내내 독신으로 지낸다는 사실을 기억해야만 한다.

무엇보다도 나는 자연사를 통해 아르구스 꿩의 암컷이 수컷의 날개깃에 새겨진 볼-소켓 장식의 절묘한 명암과 우아한 양식을 식별하는 것보다 더 경이로운 경우를 일찍이 본 적이 없다. 수컷이 현재 보이는 모습대로 창조되었다고 믿는 사람도, 조류의 커다란 깃이 비행에 이용되지 못하고 일 년 중 번식기에만 종 특유의 방식으로 전시되는 장식물로 주어졌다는 사실은 인정해야 한다. 또한 암컷이 그런 장식을 식별하는 능력을 부여받았다는 사실도 인정해야 한다. 나는 아르구스 꿩의 암컷이 오랜 세대를 거치며 좀더 장식적인 수컷을 선호하는 과정을 통해, 수컷이 자기의 아름다움을 서서히 획득했다고 확신한다. 내가 남들과 다른 것은 이것뿐이다. 암컷의 미적 재능은 우리 인간의 감각이 서서히 향상되는 것과 마찬가지로 훈련이나 습성을 통해 진보된 것이다. 수컷의 일부 깃이 변화되지 않고 남아 있는 경우를 통해 우리는 한쪽 면에 약한 황갈색 색조를 띠는 단순한 반점이 여러 작은 단계를 거쳐 훌륭한 볼-소켓 장식으로 발달되는 경로를 확실하게 추적할 수 있었다. 실제로 이런 과정을 통해 볼-소켓 장식이 발달될 가능성은 매우 높다.

진화의 원리는 인정하지만 포유류, 조류, 파충류, 어류의 암컷이 수컷의 아름다움에 대한 취향을 필연적으로 포함하는 고상한 감식력을 획득한다는 사실과 그들의 취향이 우리 인간의 취향과 대개 일치한다는 사실을 쉽게 받아들일 수 없는 사람이라면 다음과 같은 사실을 곰곰이 생각해보아야 한다. 즉 척추동물의 낮은 계급뿐만 아니라 높은 계급에서 동물의 뇌 신경세포가 척추동물의 공통 조상이 갖고 있었던 뇌 신경세포에서 동일하게 유래했다는 사실을 생각해야만 한다. 그렇게 해서 우리는 서로 다른 여러 동물 집단에서 일부 정신 능력이 거의 같은 방식으로 거의 동일한 수준만큼 발달했다는 사실을 알 수 있다.

성선택에 대해 설명한 여러 장을 이해하기 힘들었던 독자들도 그곳에서 내가 이끌어낸 결론이 충분한 증거로 지지되고 있다는 판단은 할 수 있을 것이다. 이러한 결론을 인정하는 사람은 이것을 인간에게로 충분히 확장시킬 수 있을 것으로 생각한다. 그러나 성선택이 남녀 모두에게 틀림없이 작용하여 아주 먼 옛날 덜 진보된 우리의 조상뿐만 아니라 오늘날 우리의 육체와 마음에서 남녀 간의 차이를 만들고 여러 가지 형질에서 인종 간의 차이를 만들어낸 방식은 바로 얼마 전에 언급했으므로 여기서 다시 논의하는 것은 불필요할 것 같다.

성선택의 원리를 인정하는 사람은 신경계가 신체 대부분의 기능을 조절할 뿐만 아니라 갖가지 신체 구조와 일부 정신 능력의 진보적인 발달에도 간접적으로 영향을 미친다는 놀라운 결론에 도달하게 될 것이다. 용기, 호전성, 인내, 육체의 힘과 크기, 모든 종류의 무기, 성악 기관과 기악 기관, 화려한 색깔, 장식적인 부속 기관은 모두 어느 한쪽 성이 선택권을 발휘하여 사랑과 질투, 그리고 음악과 색깔과 구조에서 아름다운 개체를 좋아하는 과정을 통해 간접적으로 획득한 것이다.

인간은 말, 소, 개를 교배시키기 전에 그들의 형질과 계보를 꼼꼼하게 살펴보고 조사한다. 그러나 자기 자신의 결혼 문제에 이르면 그러한 사항은 거의 무시된다. 인간은 정신적 매력과 덕목에 훨씬 더 높은 가치를 둘 정도로 우수하기는 하지만 인간이 배우자를 선택하는 동기는 자유스럽게 짝을 선택하라고 방치한 하등동물이 보이는 동기와 거의 다를 것이 없다. 한편으로 인간은 단지 상대의 부나 사회적 지위에 강하게 이끌리는 경우도 있다. 그러나 인간은 배우자 선택을 통해 자손의 체질과 신체 구조뿐만 아니라 지적 능력과 도덕적 자질에 무언가 기여할 수도 있다. 남녀 모두는 자기보다 신체나 정신에서 훨씬 더 열등한 상대와는 결혼을 자제해야만 한다. 그러나 그런 희망은 유토피아적인 것으로서 실현될 수 없으며 유전 법칙들이 완전하게 밝혀지기 전까지는 부분적으로도 실현되지 못할 것이다. 이 목적을 향해 도움을 주는 사람은 모두 훌륭한 기여를 하는 것이다. 번식과 유전의 원리를 더욱 잘 이해하는 시기가 되었을 때, 우리는 혈족 결혼이 인간에게 해를 주는지의 여부를 확인하려는 계획안을 경멸적으로 기각하는 무지한 입법부 의원들의 목소리를 듣지 않게 될 것이다.

인간 복지를 증진시키는 것은 매우 복잡한 문제다. 아이를 위해 비천한 가난을 없애지 못하는 사람은 모두 결혼을 삼가야 한다. 가난은 가장 나쁜 죄악일 뿐만 아니라 다시 무모한 결혼을 유도하여 가난을 전파시키는 경향이 있기 때문이다. 다른 한편으로 골턴이 말했듯이, 무모한 사람이 결혼을 하고 현명한 사람이 결혼을 회피한다면 사회에서 열등한 구성원이 우수한 구성원의 자리를 대신하는 경향이 생긴다. 인간이 다른 모든 동물과 마찬가지로 생존경쟁을 통해 오늘날의 높은 지위에 도달했으며 그 결과 개체수를 빠르게 증가시켰다는 사실은 의심할 여지가 없다. 더 높은 곳으로 진보하기 위해 인간은 안타깝지만 치열한 투쟁 상태에 있어야만 한다. 그렇지 않으면 인간은 게으름 속으로 가라앉게 되고 재능 있는 사람이 재능이 덜한 사람보다 삶의 전투에서 더 성공적이지는 못할 것이다. 따라서 인구의 자연 증가는 뚜렷한 여러 가지 해악을 끼치는 것이 사실이지만 어떤 수단으로도 인구 증가를 크게 감소시켜서는 안 된다. 모든 사람 사이에는 공개적인 경쟁이 있어야 한다. 또 가장 능력 있는 사람이 크게 성공하여 많은 수의 자손을 키우는 것을 법이나 관습으로 방해해서도 안 된다. 과거에 생존경쟁이 중요한 역할을 담당했고 심지어 지금도 중요하게 작용하는 것은 사실이지만 고귀한 인간 본성에 관해서는 생존경쟁보다 더 중요한 작용이 있다. 자연선택의 작용으로 사회적 본능이 일어났고 사회적 본능이 도덕감의 발달을 위한 기초를 제공한 것은 사실이지만, 도덕적 자질은 자연선택보다는 습성의 효과, 추리력, 교육, 종교 등을 통해 직접적으로든 간접적으로든 훨씬 더 진보했다.

이 작품에서 도달한 주요 결론, 즉 인간이 하등동물에서 유래했다는 결론은 유감스럽게도 많은 사람의 비위를 크게 상하게 할 것이다. 그러나 우리가 미개인에게서 유래했다는 사실은 거의 의심할 여지가 없다. 야생의 황폐한 해안에서 처음으로 푸에고 제도 원주민 무리를 보고 느꼈던 그 경악스러움을 나는 절대로 잊을 수 없다. 내 마음속에 하나의 그림자가 스치고 지나갔기 때문이다. 그것은 우리 조상의 그림자였다. 그들은 완전히 벌거벗고 있었고 온몸에는 얼룩덜룩 칠을 한 채였다. 그들의 긴 머리털은 헝클어진 채였고 흥분하여 입에서는 거품이 일었다. 그들의 표정은 거칠고 놀라움과 의구심으로 가득 차 있었다. 예술은 거의 존재하지 않았으며 야생동물과 마찬가지로 주위에서 얻을 수 있는 것들을 먹고살았다. 정부도 없었고 자기가 속한 작은 부족의 구성원이 아니면 누구에게나 무자비했다. 토착지의 미개인을 본 적이 있는 사람이라면, 자신의 혈관 속에 비천한 생물의 피가 흐른다는 사실을 알게 되더라도 큰 수치심을 느끼지는 않을 것이다. 내 자신의 처지에서 본다면, 적을 괴롭히며 즐거워하고 엄청난 희생을 바치며 양심의 가책도 없이 유아를 살해하고 아내를 노예처럼 취급하며 예절이라고는 전혀 없고 천한 미신에 사로잡혀 있는 미개인에게서 내가 유래되었기를 바라지 않는다. 오히려 주인의 목숨을 구하려고 무서운 적에게 당당히 맞섰던 영웅적인 작은 원숭이나 산에서 내려와 사나운 개에게서 자신의 어린 동료를 구해 의기양양하게 사라진 늙은 개코원숭이에게서 내가 유래되었기를 바란다.

인간은 비록 자기 자신의 힘만으로 된 것은 아니지만 생물계의 가장 높은 정상에 오르게 되었다는 자부심을 버려야 할 것 같다. 그리고 원래부터 그 자리에 있었던 것이 아니고 낮은 곳에서 시작하여 지금의 높은 자리에 오르게 되었다는 사실이, 먼 미래에 지금보다 더 높은 곳에 오를 수 있다는 새로운 희망을 줄 수도 있다. 그러나 우리는 여기에서 희망이나 두려움에 관심을 두는 것이 아니다. 우리는 단지 이성이 허락하는 범위에서 진실을 발견하려는 것뿐이다. 그리고 나는 내 능력이 닿는 데까지 그 증거를 제시했다. 그렇지만 우리가 인정해야만 할 것이 있다고 생각한다. 인간은 고귀한 자질, 가장 비천한 대상에게 느끼는 연민, 다른 사람뿐만 아니라 가장 보잘것없는 하등동물에게까지 확장될 수 있는 자비심, 태양계의 운동과 구성을 통찰하고 있는 존엄한 지성 같은 모든 고귀한 능력을 갖추고 있지만 그의 신체 구조 속에는 비천한 기원에 대한 지워지지 않는 흔적이 여전히 남아 있다는 것이다.

옮긴이의 말

주인의 목숨을 구하려고 무서운 적에게 당당히 맞섰던 영웅적인 작은 원숭이나 산에서 내려와 사나운 개에게서 자신의 어린 동료를 구해 의기양양하게 사라진 늙은 개코원숭이에게서 내가 유래되었기를 바란다.

—본문 중에서

인간은 무엇에서 유래했는가? 인간의 본질은 무엇인가? 인간의 미래는 어떻게 될 것인가? 이 문제에 답하려면 우리는 위대한 박물학자 찰스 다윈의 작품을 접해야만 한다. 다윈은 지구상에 있는 모든 생명체를 과학과 이성에 바탕을 둔 진화의 틀에서 관찰했다.

모든 생물 사이에 놀랄 만큼 유사한 점이 많다는 사실을 인식한 다윈은 삶과 인간에 대해 전통적으로 내려오던 종교철학적 해석을 버리고 자신만의 과학적인 진화론을 세상에 내놓는다. 역사적인 그의 여러 작품을 통해 다윈은 사상적 혁명을 일으킨다. 그의 진화론이 발표되는 19세기에 '다윈주의'(Darwinism)가 심한 반발과 공공연한 배척을 받았던 것은 너무도 당연하다. 사실 오늘날까지도 진화론은 여러 분야에서 비판의 대상이다.

다윈의 가장 위대한 작품을 꼽으라면 우리는 『자연선택이나 생존경쟁 시 유리한 형질이 보존됨으로써 일어나는 종의 기원』(*On the Origin of Species by Means of Natural Selection, or the Preservation of Favoured Races in the Struggle for Life*, 1859)을 생각하지만 우리 인간의 기원과 역사에 초점을 맞춘 작품은 바로『인간의 유래와 성선택』(*The Descent of Man, and Selection in Relation to Sex*, 1871)이라고 할 수 있다. 『종의 기원』에서 의도적으로 인간에 대해 많은 언급을 하지 않았던 다윈은 책이 출간된 후 그의 이론을 인간에게로 확장시킬 수 있겠다고 확신한다. 그렇게 해서 12년 후 그의『인간의 유래』가 세상에 나와 다시 큰 반향을 불러일으킨다.

다윈은 다운하우스(Down House)에 머물며 생물의 진화를 밝히려고 그의 후반기 전 생애를 할애했다. 바위와 화석을 조사하는 일 외에도 방울새, 거북, 비둘기, 꽃, 산호, 지렁이 등 실로 그의 연구 영역은 넓었다. 엄청나게 노력한 결과로 태어난 그의 여러 작품들은 생물의 다양성과 종의 가변성에 대한 긴 논쟁의 시발점이 된다.

그러나 놀랍게도 다윈은 진화론을 받아들일 때 필연적으로 야기되는 철학적 문제와 신학적 논쟁에는 관심을 두지 않았다. 다윈은 이런 문제를 항상 다른 사람의 몫으로 남겨놓았다. 결국 다윈의 이론은 많은 신진 사상가의 지지를 받는다.

찰스 로버트 다윈(Charles Robert Darwin)은 1809년에 태어났다. 이 해는 라마르크의『동물 철학』(*The Philosophy of Zoology*)이 세상에 나온 해이기도 하다. 라마르크의『동물 철학』은 다윈의『종의 기원』보다 정확히 50년 전에 출간된 책으로 진화론을 비중 있게 다룬 최초의 작품이다. 물론 라마르크의 철학과 다윈의 과학에는 큰 차이가 있었다. 라마르크의『동물 철학』과 체임버스(Robert Chambers)의『창조사의 흔적』(*Vestiges of the Natural History of Creation*, 1844)이 종의 가변성을 논의한 것은 사실이지만 방대한 증거와 합리적 주장으로 시간을 통해 생물이 진화한다는 확신을 박물학자들에게 심어준 것은 바로 다윈의 『종의 기원』이었다.

젊은 시절 다윈의 지능은 보통 이하인 것으로 알려졌다(이것은 그의 아버지인 로버트 워링 다윈[Robert Waring Dawin]의 생각이기도 했다). 더구나 다윈은 학문에 전념하기보다는 암석을 조사하고 딱정벌레를 수집하는 일에 더 관심이 많았다. 그러면서 다윈은 틀에 얽매이지 않은 호기심을 키워나간 것이다. 또 다윈은 사물을 자세하게 분석하는 데 비상한 재주가 있었다. 그뿐만 아니라 여러 방면의 지식을 긁어모아 하나의 통합적인 개념으로 종합하는 놀라운 재능이 있었다. 다윈은 통찰력과 상상력이 탁월했던 과학자임도 알아야 한다. 이런 능력 때문에 다윈은 엄청나게 긴 지질학적 시간 속에서 생물이 진화한다는 개념을 갖게 된 것이다. 과학적 지식이나 관념의 주입이 없었기에 다윈은 경험적 증거와 실험을 통해 진화의 원리에 도달할 수 있었을지도 모른다.

다윈은 의학과 신학을 공부했지만 의사나 성직자가 될 생각은 없었고 지질학이나 곤충학에 관심이 많아 과학 탐험의 선구자인 홈볼트(A. von Humboldt)의 작품에 매료되었다. 인간의 진화에 대한 다윈의 사상을 이해하고 제대로 평가하려면 젊은 시절 다윈을 둘러싸고 있는 주위 환경을 살펴보아야만 한다.

종은 변화할 수 있으며 긴 시간을 통해 진화할 수 있다는 생각을 젊은 다윈이 할 수 있도록 큰 영향을 미친 사건은 세 가지 정도로 생각해볼 수 있다. 첫째는 라이엘(C. Lyell)의 세 권짜리 작품인 『지질학 원론』(*Principles of Geology*, 1830~33)을 탐독하고, 둘째는 무보수 박물학자로서 비글호(HMS Beagle)를 타고 5년 동안(1831~36) 지구의 남반구를 탐험한 것이다. 그리고 마지막으로 맬서스(T.R. Malthus)의

『인구론』(*An Essay on the Principle of Population,* 1798)을 접한 것이다.

　암석 형성에 대한 라이엘의 해석을 서서히 받아들이면서 젊은 다윈은 구약 성서의 창세기를 크게 의심하기 시작한다. 라이엘은 엄청나게 긴 시간을 통해 자연의 힘 때문에 물질이 변화할 수 있다고 했는데, 다윈은 그런 자연의 힘 때문에 생물이 진화할 수 있다고 생각하게 된다. 즉 자연의 힘이 긴 시간을 통해 지각을 변화시킬 수 있고 그에 따라 서식 환경이 바뀐다면 자연의 힘이 동식물을 서서히 변화시켜 진화를 일으킴으로써 새로운 종의 출현이 가능하다고 생각한 것이다. 이런 의미에서 본다면 라이엘은 젊은 다윈에게 실로 엄청난 영향을 미친 것이다.

　다윈에게 비글호 탐험은 귀중한 경험이 되었으며 여러 가지 경험적 증거와 실험을 통해 진화의 원리를 구체화시키는 계기가 되었다. 브라질 열대 우림 지역의 엄청나게 다양한 곤충과 아르헨티나에서 관찰한 거대한 포유류의 화석, 푸에고 제도에서 만난 미개인들의 원시적인 삶, 칠레의 안데스산맥에서 관찰한 화석은 모두 다윈에게는 잊을 수 없는 경험이었다. 특히 1835년 9월에 갈라파고스 제도를 5주 동안 방문한 것은 다윈에게는 실로 엄청난 충격이었다.

　영국으로 돌아온 다윈은 건강이 좋지 않았지만 사실과 개념을 연결시키며 연구에 정진하여 서서히 생물에 대한 새로운 개념을 세우기 시작한다. 즉 장소와 시간을 가리지 않고 생물은 끊임없이 진화하거나 멸망하게 된다는 것이다. 그러나 불행하게도 다윈은 라마르크와 챔버스와 마찬가지로 생물이 지질학적 시간을 거치며 어떻게 진화했는지에 대해서는 아무런 설명도 제시하지 않았다.

　1838년 다윈은 우연히 맬서스의 『인구론』을 접한다. 이 책은 삶을 '생존경쟁' 그 자체로 묘사한 염세적인 작품이었다. 결국 다윈은 '자연선택'을 설명하는 주요한 메커니즘으로 생존경쟁과 '적자생존'의 개념을 이용한다. 이렇게 해서 다윈은 종은 변화할 수 있다고 생각하게 되는 것이다.

부끄러움을 잘 타고 온화한 성품이면서 내성적이었던 다윈은 변형으로 생물이 기원한다는 이론을 서둘러 출판하지 않았다. 진화론을 세상에 내놓았을 때 생기게 될 동요 때문에 다윈은 고심하며 출판을 미루었던 것이다. 그러나 다행히도 다윈은 1857년 9월 5일 하버드 대학교의 아서 그레이(Asa Gray)에게 자신의 진화론을 소개하는 간단한 편지를 보낸다. 이 편지는 2년 후, 자연선택으로 생물이 진화한다는 이론을 최초로 밝힌 사람이 다윈이라는 사실을 구체화하는 데 도움이 되었을 것이다.

다윈은 난초, 따개비 등에 대한 연구 결과를 계속해서 발표하기는 했지만 공공연한 장소나 출판물을 통해 진화론에 대해 논의하지는 않았다. 그러던 중 1858년 다윈은 월리스에게서 편지 한 통과 원고를 받는다. 월리스는 다윈과는 별도로 말레이시아에서 생물학 연구를 수행하던 젊은 생물학자였다. 지구의 반대편에서 날아온 편지와 원고에는 자연선택에 따른 진화론의 내용이 고스란히 들어 있었다. 아마 다윈이 받은 충격은 엄청났을 것이다.

1858년 7월 1일 논문 한 편이 다윈과 월리스 공동 명의로 린네 학회에서 낭독되었다. 그 자리에 라이엘, 해부학자인 헉슬리, 식물학자인 후커가 함께 참석했다. 학회에서는 진화론의 발견에 다윈이 우선권이 있는 것으로 인정했다. 물론 다윈은 월리스가 원고를 쓰기 거의 20년 전에 이미 진화론의 틀을 만들었으며 그에게 우선권이 있다는 것을 밝힐 만한 방대한 증거를 갖고 있었던 것도 사실이지만 진화론에 관한 책이나 논문을 미리 출간하지 못한 것은 안타까운 일이다. 그후 서둘러 마무리 작업을 마친 다윈은 1년 후인 1859년에 『종의 기원』을 발표한다.

『종의 기원』이 발간되자 종은 변할 수 있으며 또한 진화할 수 있다는 그의 이론은 이단으로 몰려 혹독한 논쟁을 불러일으킨다. 그러나 영국의 헉슬리와 독일의 헤켈 등은 진화론을 곧 받아들인다. 그렇지만 진화론을 설명하는 방법으로 이용되는 자연선택의 개념은 20세기 신다윈주의가 출현하기 전까지 여전히 날카로운 비판을 받아왔다.

『종의 기원』에서 다윈은 인간의 진화에 대해 단지 다음과 같이 기록했다. "인간의 기원과 역사에 빛이 비쳐질 것이다." 과학사를 통해 이 말은 스스로를 가장 자제하는 말 중의 하나일 것이다. 『종의 기원』에 인간의 기원과 역사를 포함시키지 않은 것은 신랄한 비판을 가할 것을 너무도 잘 알고 있었기 때문이다. 그 당시 다윈은 인간의 진화와 인간과 유인원의 관계에 대한 논문을 발간할 수도 있었겠지만 그렇게 하지 않았다. 물론 그 당시에는 유럽 외의 지역에서 사람의 화석이 발견되지 않았으며 유럽에서 발견된 선사 시대 사람의 화석도 20만 년이 되지 않은 것이었다. 또한 자연 상태의 유인원에 대한 조사도 없었던 시절이었다.

헉슬리와 헤켈은 다윈의 진화론에 쏟아지는 비판을 공개적으로 방어했다. 다윈 자신은 자신의 이론을 둘러싼 논쟁에 휘말리는 것을 좋아하지 않았다. 사실 헉슬리와 헤켈이야말로 진화론을 인간에게 확장시키는 데 큰 공적을 세운 셈이다. 12년 후 다윈은 마침내 그의 역작 『인간의 유래』를 발간한다. 이 책에서 다윈은 우리 인간이 영장류 진화 계열의 최근 산물이라는 주장을 편다.

『인간의 유래』는 크게 두 가지 문제에 기본을 두고 있다. 즉 총론으로서 생물의 역사를 통한 성선택의 역할이 그 하나고, 각론으로서 유인원을 닮은 조상에게서 인간이 유래했다는 것이 나머지 하나다. 그 당시 유럽 외의 지역에서는 인간의 화석이 발견되지 않았고 유럽에서 발견된 화석 증거도 사실 매우 빈약했다. 그렇지만 다윈은 비교발생학, 해부학, 생리학 지식의 유추를 통해 인간의 진화를 논의했다. 이런 연구를 통해 다윈은 우리 인간이 아프리카의 유인원인 침팬지와 고릴라와 매우 흡사하다는 결론에 도달한다. 그리고 인간은 이들 유인원과 하나의 공통 조상에게서 유래했다고 하면서 이 공통 조상의 화석이 아프리카의 매우 오랜 화석층에서 발견될 수도 있다는 사실을 시사했다. 인간의 출생 지역으로 이 검은 대륙이 20세기에 큰 관심의 대상이 되었다는 사실을 생각해보면 다윈의 주장이 옳았음을 알 수 있다. 더 나아가 다윈은 우리 인간이 아프리카의 유인원과 보이는 차이는, 정도의 차이지 결코 종류의 차이가 아니라고 했다. 이런 사상은 빅토리아 시대의 박물학자들을 당황하게 만들었으며 더 나아가 전통적인 신앙가들을 격노시킨다.

『인간의 유래』에서 다윈은 다음과 같이 썼다. "유인원 같은 생물부터 현재의 인간에 이르기까지 눈에 띄지 않을 정도로 점진적으로 변하는 일련의 생물체에서 '인간'이라는 용어를 사용해야 할 명확한 지점을 꼬집어 말하는 것은 불가능할 것이다. 그러나 이것은 별로 중요한 문제가 아니다"(제7장). "그의 신체 구조 속에는 비천한 기원에 대한 지워지지 않는 흔적이 여전히 남아 있다는 것이다"(제21장). 이 심오한 통찰은 오늘날까지도 인간과 유인원의 진화적 연관성을 받아들이지 않는 사람들의 마음을 불편하게 할 것이다. 그렇지만 반드시 짚고 넘어가야 할 것이 있다. 다윈은 어느 곳에서도 인간이 현존하는 유인원 중의 어느 하나에서 유래했다고는 하지 않았다. 다윈이 주장한 것은 우리 인간과 유인원이 공통 조상에서 유래했다는 것이다.

이제 세상은 변했고 자연 속에서 우리 인간의 위치를 보는 눈도 바뀌었다. 창조 신화는 진화론을 수용하고 심지어는 진화론으로 대체되고 있을 정도다. 인류학에서도 이제는 호모사피엔스사피엔스(*Homo sapiens sapiens*)가 출현하고 종교가 생겨났다고 가르친다. 윤리학에서도 도덕과 가치를 이제는 인간 진화의 과학적 틀 안에서 보아야 한다고 말한다.

『인간의 유래』에 고무된 루이스 리키(Louis S.B. Leakey)는 아프리카의 중동부에서 호미니드의 화석을 찾는 데 그의 전 생애를 바쳤다. 1959년 메리 리키(Mary D. Leakey)는 탄자니아의 올두바이 협곡에서 우연히 진잔토푸스의 두개골 화석을 발견한다. 이 발견을 효시로 아프리카에서는 많은 화석이 수십 년 동안 발견되었다. 이런 모든 화석은 아프리카가 우리 인류의 요람이라는 다윈의 주장을 실증하는 자료들이다. 인간이 직립 보행을 시작한 시기는 약 400만 년 전이라고 알려져 있다. 이것은 석기 문화, 분절적인 언어, 불의 통제, 두개골 용량이 커지는 시기보다 앞서는 시기다. 이제는 사람의 진화가 최소 500만 년 전에 일어났다는 것이 분명해졌다.

오늘날 인간을 고등 유인원, 두발 유인원, 또는 제삼의 침팬지로 여긴다. 사실 리차드 리키(Richard Leakey)는 우리 인간과 고등 유인원을 모두 한 속에 포함시켜야 한다고 주장한다. 즉 이들 네 종은 영장류를 분류하는 데 지나치게 많은 공통점이 있다는 것이다.

제인 구달(Jane Goodal)의 연구는 크게 주목을 받을 만하다. 구달은 탄자니아에서 침팬지를 연구하는 데 그녀의 전 생애를 바치고 있다. 구달은 침팬지의 지능이 매우 높고 인간 같은 감정이 있으며 호기심이 강하다고 했다. 또 침팬지는 도구를 만들고 상대를 공격하고 신호를 알리는 언어를 습득하는 과정이 우리 인간과 비슷하다고 했다.

여러 영장류에 관한 비교 연구가 생화학, 유전학, 분류학, 해부학, 생리학, 심리학, 행동학, 생태학 분야에서 이루어지면서 우리 인간이 침팬지나 고릴라와 매우 유사하다는 것이 밝혀지고 있다. 19세기에 헉슬리나 헤켈, 심지어 다윈이 예견했던 것보다 그 차이는 훨씬 더 좁혀지고 있다.

638

영장류 행동학이나 생물 인류학에 관한 지식이 축적되면서 우리 인간이 피그미 침팬지와 매우 유사하다는 것이 명백해지고 있다. 다윈도 그렇게 생각했을 것이다.

성선택에 관한 다윈의 논의는 곤충이나 조류를 포함하여 광범위한 동물을 다루고 있다. 다윈은 성적 이형, 위장, 모방에 관해 분석했다. 다윈은 성선택이 새로운 종이 출현하는 과정에서 자연선택의 작용을 도와준다고 생각했다. 다윈은 유리한 성적 변이가 종의 생존과 번식에 기여하고 있다고 강조했다.

다윈은 우발적 변이와 자연선택의 개념으로 생물의 진화를 설명했다. 유전학의 초석이 된 멘델의 연구를 접하지 못했던 다윈은 유전의 기본 원리를 전혀 알지 못했다. 자신의 가설인 범생 가설은 기관의 용불용(用不用)에 따라 획득된 형질이 유전된다는 라마르크의 설을 변형시킨 것으로서 오늘날의 개념으로 보면 잘못된 것이다. 더구나 다윈은 생명의 기원과 최종적인 목적지에 대해서는 깊이 생각하지 않았다. 그렇지만 그의 진화론은 심리학, 생태학 등 새로운 학문 분야를 개척했다. 다윈의 여러 작품 속에서 나타나는 그의 민족적 우월감이나 성차별주의는 19세기의 사회문화적인 맥락에서 이해해야 할 것이다.

다윈에게 진화는 자연의 역사를 통해 미리 설계된 계획이나 질서를 보여주는 것이 아니었다. 진화를 결정하는 보편적인 방향, 궁극적인 최종 목적지는 없다는 것이다. 간단히 말해 다윈의 진화론은 박물학자의 기계론과 유물론에 바탕을 두고 있는 것이다.

충분히 긴 시간을 고려한다면 한 종의 멸망은 불가피한 것이다. 오늘날에도 실로 많은 종이 사라지고 있다. 따라서 종의 멸망은 예외가 아니라 생물 진화의 규칙이라고 말하는 것이 옳을지도 모른다. 사실 이 지구상에 살았던 대부분의 생물은 오늘날 모두 사라지지 않았는가?

　오늘날 DNA와 RNA로 무장한 신다윈주의는 자연선택의 기계론적 설명에 유전적 변이와 집단유전학의 개념을 첨가했다. 그래도 식지 않는 다윈의 유산은 몽매주의와 미신을 억누르는 과학과 이성이다. 고생물학, 생화학, 심리학, 생태학, 유전공학의 모든 분야에서 진화론적인 개념을 적용시킬 필요는 항시 존재한다. 마찬가지로 지구 외에 다른 행성에서도 생물이 진화했을 가능성은 있다. 우리 인간은 '우주의 유인원'으로서 진화의 범주를 지구 밖으로 확장시킬 날이 올지도 모른다. 그래서 우리의 후손은 다른 행성의 경치를 즐길 수 있을지도 모르겠다.

　다윈의 『인간의 유래』(제1판, 1871; 제2판, 1874)는 오늘날까지도 우리에게 매우 소중한 재산임에 틀림없다. 인간의 진화와 인간과 유인원 간의 관계에 대한 다윈의 놀라운 통찰은 우리 인간이 자연계의 변화 속에서 차지하는 위치를 밝히려는 모든 과학자와 철학자에게 계속해서 영감을 불러일으킬 것이다. 인간을 우주와 생물 세계, 특히 섬뜩할 정도로 우리와 닮은 유인원과 분리시켜 생각할 수는 없다. 이들은 모두 생물 진화의 한 범주에 어우러져 있다. 진화론을 반대하는 많은 이론이 함께 공존하고는 있지만 다윈의 작품이 갖는 가치는 인간의 역사 속에서 영원히 지속될 것이다.

　책을 옮기며 실로 많은 분들의 도움을 받았다. 라틴어를 살펴주시고 사전을 몸소 마련해주시며 격려해주신 박중신 시몬 신부님, 독일어를 도와주신 김홍섭 교수님, 이탈리아어를 보아주신 이탈리아 라 사피엔자(La Sapienza) 대학교의 이사벨라 사기오(Saggio) 박사, 프랑스어를 도와주신 한국일보 김관명 기자, 천리안 구지윤 님, 영어의 미묘한 문체에서 도움을 주신 스티브 오스틴(Steve Austin) 교수님에게

640

감사의 말씀을 전한다. 또한 어류의 학명과 국명을 일일이 보아주신 윤창호 교수님, 식물명과 국명을 보아주신 정영재 교수님과 윤창영 교수님, 그외에도 본인의 생물학 전공 영역 외의 부족한 지식을 메워주신 김웅식, 김성호, 이상대, 박종천, 주현수, 김정우, 안준철 교수님께 감사의 말씀을 올린다. 그리고 책을 번역하는 과정에서 물심양면으로 도와주신 학술진흥재단의 김석호 선생님과 출판을 맡아준 한길사 가족 여러분께도 감사의 마음을 전한다. 그리고 여기에 일일이 열거하지 못하는 많은 분에게도 많은 도움을 받았다. 그리고 전체 글을 여러 번씩 읽으며 어색한 문장을 날카롭게 비평하고 지적해주신 신미아 님, 2년이 넘는 세월 동안 저녁 시간과 주말을 온통 다윈에게 빼앗기면서도 마냥 행복해하는 나를 진심으로 이해하고 격려해준 아내와 두 아들 현수, 은수에게 감사의 말을 전한다.

2005년 12월
뉴저지에서 김관선

용어 해설

ㄱ

가스테로스테우스 레이우루스(*Gasterosteus leiurus*) 큰가시고기과의 일종으로 국내
의 큰가시고기(*G. aculeatus*)와 유사하며 주로 유럽에 분포한다.

갈로페르딕스(*Galloperdix*) 꿩과의 한 속.

갈루스 반키바(*Gallus bankiva*) 멧닭의 일종.

갈루스 스탄레이이(*Gallus stanleyi*) 꿩과의 일종으로 호전적이다.

갈리크렉스 크리스타투스(*Gallicrex cristatus*) 두루미목 뜸부기과의 일종.

개리(*Anser cygnoides*) 중국 거위라고도 부른다.

게오메트라(*Geometra*) 자나방과의 한 속.

게오파구스(*Geophagus*) 농어목의 한 속.

경험적인 친족 관계 부모 자식 간의 관계를 따지지 않고 함께 생활하는 구성원 전
체를 한 가족처럼 생각하는 친족 관계.

관모(top-knot) 조류의 머리 위에 돋아난 깃.

구피 송사리과의 열대어.

군살꼬리 양 꼬리뼈 양쪽으로 살이 많은 양의 일종으로 유럽의 남동부와 아프리
카 북부, 아시아에 서식한다.

그릴루스 캄페스트리스(*Gryllus campestris*) 귀뚜라미과의 일종.

극락조 깃이 매우 아름다운 조류로 울음소리는 시끄럽지만 다른 새의 흉내를 내
기도 한다. 뉴기니, 오스트레일리아에 분포한다.

금붕어(*Cyprinus auratus*) 잉어과에 속한다.

금조 수컷의 펼쳐진 꼬리깃이 옛 그리스의 현악기인 수금을 닮았다고 해서 붙여
진 이름의 새.

기니(Guinea) 아프리카 서부 해안 지역.

기니(guinea) 영국의 옛 금화 단위.

기센 독일의 지명.

기아나 남아메리카 북동부에 있는 지역.

꼬리 덮깃(tail-covert) 긴 깃의 기저부에 있는 깃.

꼭지딱정벌레(*Cychrus*) 딱정벌레과의 한 속.

ㄴ

나나니벌(*Ammophila*) 구멍벌과의 한 속.

나무발발이(*Certhia*) 나무발발이과의 한 속.

나탈 남아프리카 동부의 지명.

납막(cere) 조류의 윗부리 기저부에 있는 육질의 막.

네오몰파(*Neomorpha*) 뻐꾸기류의 한 속.

네크로포루스 휴마토르(*Necrophorus humator*) 송장벌레과의 일종.

넥타리니아(*Nectarinia*) 꿀빨이새의 한 속.

노바스코샤 캐나다 남동부의 반도.

녹투아(*Noctua*) 밤나방과의 한 속.

뇌조 산악 지역이나 추운 지역에 서식하는 조류로 발까지 깃털로 덮여 있다.

누(gnu) 소와 비슷한 일종의 영양으로 남아프리카에 서식한다.

뉴기니 오스트레일리아 북방의 섬.

뉴브라운슈바이크 독일 중부의 지방.

뉴사우스웨일스 오스트레일리아 남동부의 주로 주도는 시드니다.

느시(*Otis tarda*) 두루미목 느시과의 일종으로 주로 날지 않고 땅에서 뛰어 다닌다.

닐가이영양(*Portax picta*) 인도에 서식하는 영양.

ㄷ

다마사슴 보통 옅은 황갈색을 띠며 여름에는 흰 얼룩이 생기는 사슴.

다시키라 푸디분다(*Dasychira pudibunda*) 독나방과의 일종.

다이아스테마(diastema) 보통 위턱의 송곳니가 들어갈 수 있도록 아래턱의 앞니와
    송곳니 사이에 형성된 틈을 말한다.

다첼로(*Dacelo*) 오스트레일리아산 물총새의 한 속.

다푸 수단 서부에 있는 지역.

단미류(Brachyura) 닭게, 은행게, 동남참게 등이 포함된다.

644

대만(greater curvature) 초승달 같은 구조에서 바깥쪽 만곡을 일컫는 말.

더비셔 영국 중부의 주.

델라미어 삼림지구 영국 서부의 체셔에 있는 지역.

동고비 소형 조류로 꼬리가 짧고 부리가 날카로우며 나무 열매나 곤충을 잡아먹고 산다.

듀공(Dugong) 듀공과의 바다 포유동물.

드로뫼우스 이로라투스(*Dromoeus irroratus*) 오스트레일리아에 서식하는 타조 비슷한 새.

디델피스 오포숨(*Didelphis opossum*) 유대류에 속하며 주머니쥐의 일종.

디오도루스(Diodorus) 기원전 1세기 말의 그리스 역사가.

ㄹ

라니우스 루푸스(*Lanius rufus*) 때까치의 일종.

라마 남아메리카의 안데스 산맥에 서식하며 낙타와 근연 관계가 있다.

라브루스 믹스투스(*Labrus mixtus*) 놀래기과의 일종.

라시오캄파 쿼르쿠스(*Lasiocampa quercus*) 솔나방과의 일종.

라이아 마쿨라타(*Raia maculata*) 가오리과의 일종.

라이아 클라바타(*Raia clavata*) 가오리과에 속하는 유럽산 홍어의 일종.

라플라타강 남아메리카 남동쪽 아르헨티나와 우루과이 국경을 가르며 남대서양으로 흐르는 강.

라플란드 언어 스칸디나비아반도 최북부 지역에서 사용하는 언어.

람파스토스 카리나투스(*Ramphastos carinatus*) 큰부리새의 일종.

람포르니스 포르피루루스(*Lampornis porphyrurus*) 대형 벌새의 일종.

레든홀 런던에 있는 새나 짐승의 고기를 파는 시장.

레아 다위니이(*Rhea darwinii*) 남아메리카에 서식하며 일반 타조에 비해 덩치가 작다.

레이우드 스코틀랜드의 지명.

레치타티보 말과 노래의 중간 형태.

로비바넬루스(*Lobivanellus*) 물떼새과의 한 속.

로셸 프랑스의 항구 도시.

루피콜라 크로체아(*Rupicola crocea*) 참새목 코틴가과의 일종.

리벨룰라 데프레사(*Libellula depressa*) 잠자리과의 일종.

리보니아 발트해 연안의 지역.

리우데자네이루 브라질의 지명.

리케나(*Lycaena*) 부전나비과의 한 속.

리토시아(*Lithosia*) 불나방과의 한 속.

□

마데이라 제도 아프리카 북서쪽 대서양에 있는 여덟 개의 섬.

마스티프 몸집이 크고 털이 짧은 영국산 맹견.

마카쿠스 치노몰구스(*Macacus cynomolgus*) 원숭이 주로 아시아에 서식하며 꼬리가
　　짧다.

만각류 유생 때는 유영 생활을 하고 성체가 되어서는 기생이나 고착 생활을 한다.
　　따개비 등이 있다.

말루리(*Maluri*) 참새목의 일종으로 화려한 깃으로 유명하다.

말루리데(Maluridae) 참새목의 한 과.

매미나방(*Lymantria dispar*) 독나방과의 일종.

맥(貘) 중남미와 말레이반도에 서식하는 맥과의 동물로 돼지와 유사하다.

메가피쿠스 발리두스(*Megapicus validus*) 딱따구리의 일종.

메누라 수페르바(*Menura superba*) 오스트레일리아산 금조의 일종.

메롭스(Merops) 딱새과의 한 속.

멧닭(*Tetrao tetrix*) 꿩과의 일종.

며느리발톱(spur) 조류의 다리나 날개에 돋아난 발톱과 같은 날카로운 구조.

모나칸투스 스코파스(*Monacanthus scopas*) 쥐치과의 일종.

모노인쿠스 슈다코리(*Monoynchus pseudacori*) 바구미과의 일종.

모데나(Modena) 이탈리아 북부의 도시.

모리셔스 아프리카 동쪽에 있는 섬.

모리츠부르크 독일 작센 지방의 드레스덴에 있는 성.

목도리도요(*Machetes pugnax*) 오늘날 목도리도요의 학명은 필로마쿠스 푸그낙스
　　(*Philomachus pugnax*)다.

몬티콜라 치아네아(*Monticola cyanea*) 딱새과 직박구리의 일종.

몰루스코이다(Molluscoida) '연체동물과 같은'의 뜻.

몰리에네시아 페테넨시스(*Mollienesia petenensis*) 8~15센티미터까지 성장하는 물
　　고기로 담수와 해수에서 모두 잘 자라며 관상용으로도 키운다.

무린수시렁이(*Dermestes murinus*) 수시렁이과의 일종.

무스치카파(*Muscicapa*) 딱새과의 한 속.

무스치카파 그리솔라(*Muscicapa grisola*) 딱새과의 일종.

미식조 울음소리가 시끄러운 참새류.

미약 사람을 사랑에 빠지게 만드는 것으로 여겨지는 약.

미체테스 카라야(*Mycetes caraya*) 원숭이의 일종.

ㅂ

바네사(*Vanessa*) 네발나비과의 한 속.

바넬루스 크리스타투스(*Vanellus cristatus*) 물떼새과의 일종.

발다르노 이탈리아의 지명.

방울새과(Cotingidae) 참새목의 한 과.

배꼬리 찌르레기(*Quiscalus major*) 앉을 때 꼬리를 배의 용골처럼 접고 앉는 찌르레기의 일종.

반텡(*Bos sondaicus*) 남동아시아와 말레이반도에 서식하며 가축화된 소와 비슷하다.

버마 미얀마의 옛 이름.

베도라치 농어목의 물고기.

보고타 콜롬비아의 수도.

보레우스 하이에말리스(*Boreus hyemalis*) 밑들이목의 일종.

보스 프리미제니우스(*Bos primigenius*) 소과에 속하는 동물들의 조상으로 약 6,000년 전에 가축화되기 시작했으며 서기 10세기경에 멸종되었다.

봄비칠라 카롤리넨시스(*Bombycilla carolinensis*) 참새목 여새과의 일종.

봄빅스 야마마이(*Bombyx yamamai*) 누에나방과의 일종.

봄빅스 친티아(*Bombyx cynthia*) 누에나방과의 일종.

부디테스 라이이(*Budytes raii*) 할미새의 일종.

부포 시킴멘시스(*Bufo sikimmensis*) 두꺼비과의 일종.

분류적인 친족 관계 부모 자식 간의 관계를 따지는 친족 관계.

블랙히스 영국 중부의 도시.

블러드하운드 경찰견으로 사용되는 영국산 개의 종류.

비두아(*Vidua*) 천인조의 한 속.

비치헤드 영국 남부 해안에 형성된 가파른 해안 절벽으로 앞바다 한가운데에 솟은 등대가 유명하다.

ㅅ

사투르니아 이오(*Saturnia io*) 산누에나방과의 일종.

사투르니아 카르피니(*Saturnia carpini*) 산누에나방과의 일종.

사향오리(*Biziura*) 물오리의 일종.

삭시콜라 루비콜라(*Saxicola rubicola*) 딱새과의 일종.

살모 살라르(*Salmo salar*) 연어과의 일종.

살모 에리옥스(*Salmo eriox*) 연어과에 속하며 서북아메리카와 동아시아에 서식하는 송어의 일종.

살모 움블라(*Salmo umbla*): 연어과에 속하며 곤들매기의 일종.

섭금류 조류를 생활 형태에 따라 분류한 한 종류로서 다리, 목, 부리가 길어서 얕은 물속을 걸어다니며 물고기나 곤충 따위를 잡아먹는다. 예로 두루미, 백로, 황새가 있다.

세람 뉴기니 서부에 위치한 인도네시아의 섬.

세람빅스 헤로스(*Cerambyx heros*) 하늘소과의 일종.

세바스토폴 흑해에 접한 우크라이나 공화국의 항구 도시.

세터 사냥감의 냄새를 맡으면 그 방향을 향해 몸을 웅크리는 특성이 있는 사냥개.

셀레베스 인도네시아의 섬.

소드테일(*Xiphophorus hellerii*) 푀실리이데과(Poeciliidae)에 속하는 관상어의 일종.

솔레노스토마(*Solenostoma*) 준게르만니아세에과(Jungermanniaceae)에 속하는 종류.

솔잣새 되새과의 일종.

쇠물닭(*Gallinula chloropus*) 두루미목 뜸부기과의 일종.

순계류(gallinaceous bird) 닭, 꿩, 메추라기 등의 조류를 일컫는다.

스콜로팍스 마조르(*Scolopax major*) 도요과의 일종.

스콜로팍스 프레나타(*Scolopax frenata*) 도요과의 일종.

스트루티오네스(Struthiones) 타조, 화식조, 에뮤 등을 포함하는 목.

스프링복(*Antilope euchore*) 남아프리카에 서식하는 영양의 일종.

스피자 치아네아(*Spiza cyanea*) 되새과의 일종.

스필로소마 멘트라스티(*Spilosoma menthrasti*) 불나방과의 일종.

시상능 두개골 두정부의 전방에서 후방으로 뻗어 있는 뼈의 능선으로 턱뼈가 크고 저작근이 특히 발달한 영장류에서 볼 수 있다.

시암 태국의 옛 이름.

시초(*elytra*) 딱정벌레의 딱딱한 앞날개.

시칠리아 이탈리아 남쪽의 섬.

시페오티데스 아우리투스(*Sypheotides auritus*) 인도에 서식하는 느시의 일종.

실론섬 스리랑카를 이루는 섬.

실비아(*Sylvia*) 휘파람새과의 한 속.

ㅇ

아그로티스 엑스클라마티오니스(*Agrotis exclamationis*) 밤나방과의 일종.

아낙스 주니우스(*Anax junius*) 왕잠자리속의 일종.

아노비움 테셀라툼(*Anobium tessellatum*) 빗살수염벌레과의 일종.

아놀리스 크리스타텔루스(*Anolis cristatellus*) 길이가 10~20센티미터 정도의 도마뱀
　　으로 몸의 색깔을 변화시킬 수 있다.

애디론댁 미국의 지명.

아라칸 미얀마 서부 국경의 산악 지대.

아르데아 굴라리스(*Ardea gularis*) 왜가리과의 일종.

아르데아 닉티코락스(*Ardea nycticorax, Linn.*) 왜가리과의 일종.

아르데아 루도비카나(*Ardea ludovicana*) 왜가리과의 일종.

아르데아 루페스첸스(*Ardea rufescens*) 왜가리과의 일종.

아르데아 아스하(*Ardea asha*) 왜가리과의 일종.

아르데아 카에룰레아(*Ardea caerulea*) 왜가리과의 일종.

아마디나(*Amadina*) 참새과의 한 속.

아브라미스 브라마(*Abramis brama*) 잉어과의 일종.

아실리우스 술카투스(*Acilius sulcatus*) 물방개과의 일종.

아이벡스 알프스, 피레네산맥 등에 사는 야생 염소.

아칼레스(*Acalles*) 바구미과의 한 속.

아탈리아(*Athalia*) 잎벌과의 한 속.

아테우쿠스 스트리둘라테스(*Ateuchus stridulates*) 소똥구리과의 일종.

아텔레스 마르지나투스(*Ateles marginatus*) 거미원숭이의 일종.

아틸라 5세기 전반에 동양에서 서양을 쳐들어간 훈족의 왕.

아파타니아 물리에브리스(*Apatania muliebris*) 날도래목의 일종.

아프로스믹투스 스카풀라투스(*Aprosmictus scapulatus*) 오스트레일리아산 잉꼬의 일종.

악실라리스 인디고새(*Vidua axillaris*) 천인조의 일종.

악첸토르 모둘라리스(*Accentor modularis*) 휘파람새의 일종

안드레나 풀바(*Andrena fulva*) 애꽃벌과의 일종.

안토카리스 카르다미네스(*Anthocharis cardamines*) 흰나비과의 일종으로 갈구리나비
　　와 비슷하다.

안토포라 레투사(*Anthophora retusa*) 청줄벌류의 일종.

안토포라 아세보룸(*Anthophora acervorum*) 줄벌류의 일종.

안티디움 마니카툼(*Anthidium manicatum*) 벌붙이류의 일종.

안틸로카프라 아메리카나(*Antilocapra americana*) 미국의 로키산맥에 서식하는 영양. 네다섯 마리의 암컷 중에서 한 마리 정도만 뿔의 흔적이 있다.

안틸로페 몬타나(*Antilope montana*) 영양의 일종.

안틸로페 베조아르티카(*Antilope bezoartica*) 인도에 서식하는 영양의 일종.

알버트 호수(Albert N'yanza) 중앙아프리카의 콩고와 우간다 접경에 위치한 호수.

알비노 색소의 결핍으로 깃털이나 피부가 흰색으로 보인다.

양비둘기 남아메리카에 서식하는 조류로서 오렌지빛이 도는 화려한 붉은 색깔을 띠며 머리에 돋은 관모는 부리까지 덮고 있다.

어깨교차(cross shoulder-stripe) 나귀의 어깨뼈 근처에서 세로 방향의 줄무늬와 좌우 줄무늬가 교차되는 부위.

어치(*Garrulus glandarius*) 까마귀과의 일종.

에가그루스(*Capra aegagrus*) 히말라야에 서식하는 야생 염소.

에리타쿠스(*Erithacus*) 딱새과의 한 속.

에우드로미아스 모리넬루스(*Eudromias morinellus*) 물떼새의 일종.

에우스테파누스(*Eustephanus*) 벌새류의 한 속.

에우페마 스플렌디다(*Euphema splendida*) 가슴에 진홍색을 띠는 앵무새의 일종으로 오늘날에는 네오페마 스플렌디다(*Neophema splendida*)라는 학명이 쓰인다.

에우페토메나 마크로우라(*Eupetomena macroura*) 대형의 벌새로서 일명 제비꼬리벌새라고도 한다.

에울람피스 주굴라리스(*Eulampis jugularis*) 카리브해에 서식하는 벌새의 일종.

에피루스 지방 그리스 북서부의 지방.

엘라키스타 루포치네레아(*Elachista rufocinerea*) 풀굴나방과의 일종.

엘리스 제도 태평양에 있는 일련의 섬으로 오늘날에는 투발루라고 부른다.

엠베리지대과(Emberizidae) 참새, 쑥새, 멧새 등을 포함하는 과.

열빙어(*Mallotus villosus*) 현재는 바다빙어과로 분류된다.

오도네스티시 포타토리아(*Odonestis potatoria*) 솔나방과의 일종.

오르티고르니스 굴라리스(*Ortygornis gularis*) 꿩과의 일종.

오리올루스 멜라노체팔루스(*Oriolus melanocephalus*) 꾀꼬리의 일종.

오리크테스(*Oryctes*) 장수풍뎅이과의 한 속.

오말로플리아 브룬네아(*Omaloplia brunnea*) 소똥구리과의 일종.

오색방울새(*Carduelis elegans*) 되새과의 일종.

오실롯(*Felis pardalis*) 중남미산 살쾡이의 일종.

오아후섬 하와이 제도 4대 섬 중의 하나로 주도인 호놀룰루가 있다.

오타리아 니그레스첸스(*Otaria nigrescens*) 물개과의 일종.

오피디움(*Ophidium*) 첨치과의 한 속.

온토파구스(*Onthophagus*) 소똥풍뎅이류의 한 속.

외칸투스 니발리스(*Oecanthus nivalis*) 메뚜기목 긴꼬리과의 일종.

외칸투스 펠루시두스(*Oecanthus pellucidus*) 메뚜기목 긴꼬리과의 일종.

요정의 고리 잔디밭에 버섯이 둥그렇게 나서 생긴 원형 부분으로 요정들이 춤춘
    자국이라고 믿었다.

웜뱃 오스트레일리아에 서식하는 유대류로 곰과 비슷하다.

위버버드(*Ploceus*) 옷감을 짜듯 둥지를 만들며 군집 생활을 하는 조류.

윌트셔 영국 남부의 주.

유노니아(*Junonia*) 네발나비과의 한 속.

유형동물 주로 갯벌에 살며 끈벌레라고 불린다.

이비스 탄탈루스(*Ibis tantalus*) 따오기의 일종.

이오니아 제도 그리스 서해의 제도.

이차 깃 일차 깃보다 기저부에 있는 깃.

인세소레스목(*Insessores*) 홰에 앉는다고 해서 붙여진 이름.

일차 깃 날개의 끝부분까지 뻗은 가장 긴 깃.

ㅈ

제오트루페스(*Geotrupes*) 금풍뎅이과의 한 속.

제오트루페스 스터코라리우스(*Geotrupes stercorarius*) 금풍뎅이과의 일종.

쥐사슴 아프리카와 열대 아시아, 말레이반도에 서식하는 작은 사슴.

ㅊ

척추동물아계 현재 척추동물은 척삭동물문에 포함되는 척추동물아문으로 분류
    된다.

체르불루스 모스카투스(*Cervulus moschatus*) 아시아 남동부에 서식하는 작은 사슴.

체부스 카푸치누스(*Cebus capucinus*) 꼬리감기원숭이의 일종.

치그누스 페루스(*Cygnus ferus*) 오리과의 일종으로 고니와 비슷하며 일반적으로 백
    조라고 부른다.

치아날치온(*Cyanalcyon*) 물총새의 한 속.

치아네쿨라 수에치카(*Cyanecula suecica*) 벌새의 일종.

치프리스(*Cypris*) 갑각류의 일종.

칙니아 멘디카(*Cycnia mendica*) 불나방과의 일종.

친클루스 아과티쿠스(*Cinclus aquaticus*) 물까마귀과의 일종.

칩셀루스(*Cypselus*) 제비류와 비슷한 속.

ㅋ

카스트니아(*Castnia*) 박쥐나방과와 유연 관계가 있는 카스트니이대과의 한 속.

카옌 남아메리카 북동부에 위치한 프랑스령 기아나의 수도.

카우아이섬 하와이 제도 북서부의 화산섬.

카이리나 모스카타(*Cairina moschata*) 기러기목 오리과에 속하며 사향 냄새를 풍기
　　는 야생 물오리의 일종.

카커투 앵무새의 일종.

카프라 에가그루스(*Capra aegagrus*) 히말라야에 서식하는 야생 염소.

칸타루스 리네아투스(*Cantharus lineatus*) 유럽산 도미류의 일종.

칼리오니무스 리라(*Callionymus lyra*) 농어목 돛양태과의 일종. 칼리오니무속은 현
　　재 레포무세누스(*Repomucenus*)속으로 이름이 바뀌었다.

칼무크 사람 중국 서부에서 볼가강에 이르는 지역에 사는 몽고 인종의 한 부류.

케추아족 남아메리카의 인디오.

코라치아스(*Coracias*) 파랑새과의 한 속.

코르도판 수단 중부에 있는 지역.

코친 차이나 베트남 최남부 지방.

코투스 스코르피우스(*Cottus scorpius*) 둑중개과의 일종.

코프리스(*Copris*) 소똥구리과의 한 속.

코프리스 루나리스(*Copris lunaris*) 소똥구리과의 일종.

콘서티나 아코디언 모양의 육각형 손풍금.

콜론세이 스코틀랜드 서해안의 섬.

콜룸바(*Columba*) 비둘기과의 일종.

콜룸바 파세리나(*Columba passerina*) 비둘기의 일종.

크레닐라브루스 맛사(*Crenilabrus massa*) 놀래기과의 일종.

크레닐라브루스 멜롭스(*Crenilabrus melops*) 놀래기과의 일종.

크로미드(Chromid) 아메리카와 아프리카의 열대 담수에 많이 서식하며 원주민들
　　의 주요한 식량원이 되는 어류.

큰부리새 남아메리카에 서식하며 부리가 큰 조류의 일종.

키메라 몬스트로사(*Chimaera monstrosa*) 은상어과의 일종.

ㅌ

타나이스(*Tanais*) 갑각류의 일종.

테클라(*Thecla*) 부전나비과의 한 속.

테클라 루비(*Thecla rubi*) 부전나비과의 일종.

테트라오 우로갈로이데스(*Tetrao urogalloides*) 멧닭의 일종.

테트라오 우로갈루스(*Tetrao urogallus*) 꿩과의 일종으로 일반적으로 큰들꿩이라고
　　도 한다.

테트라오 움벨루스(*Tetrao umbellus*) 꿩과의 일종.

테트라오 쿠피도(*Tetrao cupido*) 꿩과의 일종.

테트라오 파시아넬루스(*Tetrao phasianellus*) 멧닭의 일종.

토미쿠스 빌로수스(*Tomicus villosus*) 나무좀과의 일종.

투라코(Musophagae) 관모가 큰 뻐꾸기 비슷한 새로 과거에는 주식이 바나나라고
　　잘못 알려진 적이 있다.

투르두스 메룰라(*Turdus merula*) 지빠귀과의 일종.

투르두스 미그라토리우스(*Turdus migratorius*) 지빠귀과의 일종.

트레멕스 콜룸뵈(*Tremex columboe*) 참송곳벌과의 일종.

트로곤 열대와 아열대 지방에 서식하는 깃털이 화려한 새.

트로글로디테스 불가리스(*Troglodytes vulgaris*) 굴뚝새의 일종.

트리글라(*Trigla*) 쏨뱅이목 성대과의 한 속.

트리니다드섬 서인도제도 최남단의 섬

트리포에나(*Triphoena*) 뒷날개밤나방아과의 한 속으로 뒷날개에 노란 줄무늬가 있다.

티푀우스(*Typhoeus*) 금풍뎅이과의 한 속.

틴카 불가리스(*Tinca vulgaris*) 잉어과의 일종.

틸루스 엘롱가투스(*Tillus elongatus*) 날개개미붙이과의 일종.

ㅍ

파라디세아 아포다(*Paradisea apoda*) 극락조의 일종.

파시아누스 왈리치이(*Phasianus wallichii*) 꿩의 일종.

파악기 상어나 가오리 수컷의 교미 장치로서 정액을 수송하는 데 필요한 홈을 갖
　　추고 있으며 교미할 때 이것을 암컷의 총배설강에 삽입한다.

파우터(pouter) 멀떠구니를 내밀어 우는 집비둘기의 일종.

파운드 1파운드=100펜스.

파타고니아 아르헨티나 남부의 고원.

파필리오 투르누스(*Papilio turnus*) 호랑나비속의 일종.

팔라로푸스 풀리카리우스(*Phalaropus fulicarius*) 도요과의 일종.

팔라메데아(*Palamedea*) 남아프리카에 서식하는 조류의 속명.

팔색조(Pittidae) 참새목의 한 과.

퍼스 스코틀랜드의 한 지역.

퍼프버드(Capitonidae) 아메리카 대륙의 열대 지방에 서식하며 오색조와 유연 관
　　계가 있고 머리가 크다.

페구 미얀마의 도시.

페디오노무스 토르쿠아투스(*Pedionomus torquatus*) 오스트레일리아 동부 평지에 사
　　는 소형 종으로서 메추라기와 비슷하고 암컷이 수컷보다 크고 화려하다.

페로에 제도 덴마크의 제도.

페르시아 이란의 옛 이름.

펠레카누스 오노크로탈루스(*Pelecanus onocrotalus*) 사다새과의 일종으로 펠리컨의
　　한 종류.

펠로비우스(*Pelobius*) 물방개과의 한 속.

펨브록셔 영국 웨일스의 남서쪽에 자리잡고 있는 지역.

포디카(*Podica*) 남아메리카, 아시아, 아프리카에 서식하는 논병아리 종류며 물갈
　　퀴가 있다.

포모티스(*Pomotis*) 개복치와 유사한 종류.

포카 그로엔란디카(*Phoca groenlandica*) 물개과의 일종.

폴리네시아 제도 태평양 중남부에 산재하는 작은 섬들 전체를 가리킨다.

폴리플렉트론(*Polyplectron*) 꿩과의 한 속.

풍금조(*Tanagra rubra*) 수컷이 특히 화려한 색깔을 띠고 노래를 잘 부르는 소형 조류.

프린질라 치아네아(*Fringilla cyanea*) 되새과의 일종.

프린질라 칸나비나(*Fringilla cannabina*) 되새과의 일종.

플라지오스토마타(Plagiostomata) 어원적으로 '비뚤어진 입'의 뜻이 있다.

플라탈레아(*Platalea*) 저어새과의 한 속.

피란가 외스티바(*Pyranga oestiva*) 부리가 보통 길이인 참새과의 일종.

피크노노투스 회모로우스(*Pycnonotus hoemorrhous*) 직박구리의 일종.

피테치아 류코체팔라(*Pithecia leucocephala*) 굵은꼬리원숭이의 일종.

피테치아 사타나스(*Pithecia satanas*) 굵은꼬리원숭이의 일종.

ㅎ

한성 유전 암수 중 특정한 성에만 나타나는 유전.

함부르크 작은 닭의 일종.

항주 중국의 지명.

헤미트라구스(*Hemitragus*) 구세계 염소의 일종.

헤타에리나(*Hetaerina*) 잠자리류의 한 속.

헤피알루스 후물리(*Hepialus humuli*) 박쥐나방과의 일종.

헬레네 스파르타의 왕비로 트로이 왕자에게 잡혀가 트로이 전쟁의 원인이 되었다.

헬리코니데과(*Heliconidae*) 나비목의 한 과.

호로호로새(*Ceriornis temminckii*) 아시아산 꿩과의 일종.

호저 온몸이 뻣뻣한 털로 덮여 있는 설치류.

호플로프테루스 아르마투스(*Hoplopterus armatus*) 물떼새과의 일종.

홍방울새 되새과의 일종.

화식조(*Casuarius galeatus*) 오스트레일리아와 뉴기니에 서식하는 대형 조류로 날
　　지 못하며 머리에 골성 투구가 돋아나 있다.

황소방울새 등은 검거나 희거나 회색을 띠며 가슴은 장미색인 유럽의 방울새.

황조롱이(*Falco tinnunculus*) 매과의 일종.

후단 품종 프랑스에서 사육되는 한 종류로 관모가 아주 크게 발달해 있다.

후안 페르난데스 제도 칠레 서쪽 남태평양에 있는 세 개의 섬.

후이아 까마귀처럼 생긴 뉴질랜드 북섬에 서식했던 멸종한 조류다. 암수의 부리
　　모양이 다른 것으로 유명하다.

후피동물(*pachyderm*) 두꺼운 피부로 이루어진 동물로 코끼리, 하마, 코뿔소 등이
　　있다.

희망봉 아프리카 최남단의 곶.

흰개미 오늘날 흰개미는 잠자리목에 속하는 것이 아니라 독자적인 흰개미목으로
　　분류된다.

히파르키아(*Hipparchia*) 네발나비과의 한 속.

히포피라(*Hypopyra*) 밤나방과의 한 속.

찾아보기

ㄱ

가축 623
가축화 390
갈기 480, 497, 503
감각 575
갑각류 102
강판 155
개똥벌레 121
거미류 111
거북목 225
거세 459, 534, 623
결혼 582
경쟁 556
공감 617
광대뼈 566
구레나룻 522, 540
구애 행동 35, 211, 239, 304, 323, 483
근육 533
근친결혼 583
기악 252, 263, 553
기형 57

깃 403, 432
깃 전시 288
깃가지 276
깃털 41
꼬리깃 327, 345, 377

ㄴ

날개맥 140
냄새 239, 489
노래 253, 548, 553
노예 597
눈꺼풀 560
눈썹 570
눈알무늬 207, 275, 292, 269, 340, 446

ㄷ

다이아스테마 542
더듬이 102
도덕 616
도마뱀류 230

두개골 573
둥지 379, 384
딱정벌레 144

ㅁ

마찰음 114, 144, 155, 193
매미 127
머리털 561, 606
메뚜기 129
며느리발톱 247, 224, 373
목소리 489, 548
목털 291
무기 452, 462
무미목 223
문신 560
물갈퀴 260

ㅂ

바우어버드 271
반감 487
반점 519, 523
발목마디 119
발성 기관 257, 558
배(胚) 395
배냇솜털 601
뱀류 226
번식기 261, 322, 549
벌 126, 141
범생 가설 392
변이 332, 369
보호 409, 515
복귀돌연변이 615
볼과 소켓 295
부화 385

비비개 158
뼈돌기 508
뿔 54, 146, 454

ㅅ

사수목(四手目) 506
상관 발달 338
색깔 54, 96, 110, 130, 165, 176, 180,
    186, 190, 194, 202, 211, 236, 276,
    282, 320, 334, 383, 388, 400, 410,
    421, 434, 502, 509, 514, 602
색깔 변이 369
생존경쟁 593, 612, 628
선택권 599
성비 26, 64, 88
성선택 15, 21, 39, 184, 337, 373, 404,
    421, 436, 440, 443, 468, 522, 527,
    579, 592, 598, 601, 605, 609, 621,
    627
성악 252
성적 차이 224
소리 221
손톱 560
송곳니 471, 509, 542
수염 536
신경계 627

ㅇ

악령 620
악어목 226
암수 선택 482
양서류 221
어깨교차 521
언어 616

얼굴 562
엄니 462, 470, 472
엉덩이 567
여아 살해 590
연어 201
연체동물 98
열정 419
울음 490
유미목 221
유방 16
유아 살해 582, 589
유전 43
유전 효과 613
육아낭 16, 219
음악 550
음악적 재능 548
의태 187
이족 결혼 585
이중 선택 41
이차 깃 293, 357
이차성징 15, 95, 117, 140, 239, 332,
    336, 343, 533, 538, 624
이혼 598
인종 614
인후 주머니 231
일부다처제 28, 242, 305, 625
일부일처제 587
일차 깃 296
일차성징 15, 534
일처다부제 591

ㅈ
자애 619
자연선택 40, 88, 366, 393, 468, 546,
    592, 601, 613, 620
자웅동체 96
자웅이체 96
장식 272, 300, 317, 365, 414, 513, 529
전시 173, 212, 317, 512
전투 151, 201, 249, 301, 451, 455, 541
전투의 법칙 241
정신 능력 109, 313, 511, 543, 613
정자 270
제뮬 45, 51
조기 약혼 593
조류 239
좀 124
줄무늬 396, 508, 518
질병 57
질투 316, 557
집게발 104
집단혼 583, 588
짝짓기 304, 309, 322, 482

ㅊ
첩 581
청모 552
춤 269
치상돌기 130
치장 564

ㅋ
코 574
콧수염 536
큰턱 120, 153

ㅌ
타원형 장식 353

턱수염 536, 570, 605
털 497, 501, 601
털갈이 282, 391

ㅍ
파리 125
파충류 225
포획 기관 15
포효 490
풀잠자리 138
피부 501, 516
피부색 485, 567, 607

ㅎ
하느님 620
하렘 483
한성 유전 337
향기샘 227, 494
혐오감 329
호감 487
혹 480
환형동물 101
흔적 기관 615

지은이 찰스 다윈

영국의 박물학자로서 지구상의 모든 생물이 자연선택을 통해 공통조상에서 유래되었다는 진화론을 주장했다. 젊은 시절 라이엘의 『지질학 원론』에 크게 영향을 받은 다윈은 1831년부터 5년간 영국의 과학탐험선인 비글호를 타고 세계를 탐험한다. 남아메리카에서 많은 화석을 발견한 다윈은 과거에 멸종한 생물이 현재 살아 있는 종과 유사하고, 특히 태평양의 갈라파고스 제도에 서식하는 동식물이 기후 조건이 비슷한 남아메리카 대륙에 존재하는 동식물과 크게 다르다는 것을 관찰한다. 그러면서 생물이 지역에 따라 서로 다르게 변할 수 있다고 생각하게 된다. 런던으로 돌아온 다윈은 표본에 대한 깊은 고찰과 지속적인 연구를 통해 진화가 일어났으며, 이러한 변화는 서서히 일어났고, 오랜 세월이 필요했으며, 현존하는 모든 종은 결국 하나의 생명체에서 기원했다는 이론을 세우게 된다. 다윈은 종 내의 변이가 무작위하게 일어났고 이렇게 다양한 변이를 갖춘 개체들은 환경의 적응능력에 따라 선택되거나 소멸된다고 했다. 다윈은 그의 이론을 『종의 기원』에 담아 출판한다. 다윈의 이론은 일부 학자에게는 열렬한 지지를 받았지만 종교계에 엄청난 파문을 던졌고, 많은 사람에게 맹렬한 비난을 받았다. 다윈 자신은 신학과 사회학에 관한 언급을 극도로 꺼렸지만, 많은 학자가 자신들의 이론을 지지하는 수단으로 다윈의 이론을 이용하면서 과학계뿐만 아니라 사회 전반에 걸쳐 큰 영향을 미치게 된다. 다윈은 평생을 묵묵하게 자신의 연구에 정진한 학자로서 『비글호 탐험』(1839)과 『종의 기원』(1859)에 이어, 『가축과 재배작물의 변이』(1868), 『인간의 유래』(1871), 『인간과 동물의 감정표현』(1872) 등의 책을 저술했다. 『인간의 유래』에서 다윈은 『종의 기원』(1859)에서 펼친 자신의 이론을 인간에게 적용하는 한편, 성(性)선택에 대해 자세하게 논의한다.

옮긴이 김관선

김관선(金寬善)은 1960년생으로 고려대학교 생물학과를 졸업하고, 같은 학교
대학원에서 곤충의 뇌발생에 관한 연구로 이학석사, 이학박사 학위를 받았다.
서남대학교 생명과학과 교수로 있다가 미국으로 건너가
페어리디킨슨 대학교 컴퓨터 사이언스 대학원 과정을 마쳤다.
지금은 미국 뉴저지에서 수학과 통계학을 가르치고 있다.
주요 연구 분야는 곤충의 신경계 발생이며, 저서로는 『대학생물학』『세포생물학』
『세포의 미세구조』『생물통계학』『Algebra I and II』『SAT Math』『SAT II Biology』
『Terminology for SAT II Biology and AP Biology』 등이 있으며,
역서로는 『아, 나의 아픈 허리여!』『종의 기원』『How to Read 다윈』이 있다.

HANGIL GREAT BOOKS 194

인간의 유래 2

지은이 찰스 다윈
옮긴이 김관선
펴낸이 김언호

펴낸곳 (주)도서출판 한길사
등록 1976년 12월 24일
주소 10881 경기도 파주시 광인사길 37
홈페이지 www.hangilsa.co.kr
전자우편 hangilsa@hangilsa.co.kr
전화 031-955-2000~3 팩스 031-955-2005

부사장 박관순 총괄이사 김서영 관리이사 곽명호
경영이사 김관영 편집주간 백은숙
편집 박홍민 노유연 배소현 임진영
관리 이주환 문주상 이희문 원선아 이진아 마케팅 이영은
디자인 창포 031-955-2097
CTP출력·인쇄 예림 제책 경일제책사

제 1 판 제1쇄 2006년 2월 20일
개정판 제1쇄 2025년 2월 28일

값 38,000원

ISBN 978-89-356-7892-1 94080
ISBN 978-89-356-6427-6 (세트)

• 잘못 만들어진 책은 구입하신 서점에서 바꿔드립니다.

한길그레이트북스 인류의 위대한 지적 유산을 집대성한다

1 관념의 모험
앨프레드 노스 화이트헤드 | 오영환

2 종교형태론
미르치아 엘리아데 | 이은봉

3·4·5·6 인도철학사
라다크리슈난 | 이거룡
2005 『타임스』 선정 세상을 움직인 100권의 책
『출판저널』 선정 21세기에도 남을 20세기의 빛나는 책들

7 야생의 사고
클로드 레비-스트로스 | 안정남
2005 『타임스』 선정 세상을 움직인 100권의 책
2008 『중앙일보』 선정 신고전 50선

8 성서의 구조인류학
에드먼드 리치 | 신인철

9 문명화과정 1
노르베르트 엘리아스 | 박미애
2005 연세대학교 권장도서 200선
2012 인터넷 교보문고 명사 추천도서
2012 알라딘 명사 추천도서

10 역사를 위한 변명
마르크 블로크 | 고봉만
2008 『한국일보』 오늘의 책
2009 『동아일보』 대학신입생 추천도서
2013 yes24 역사서 고전

11 인간의 조건
한나 아렌트 | 이진우
2012 인터넷 교보문고 MD의 선택
2012 네이버 지식인의 서재

12 혁명의 시대
에릭 홉스봄 | 정도영·차명수
2005 서울대학교 권장도서 100선
2005 『타임스』 선정 세상을 움직인 100권의 책
2005 연세대학교 권장도서 200선
1999 『출판저널』 선정 21세기에도 남을 20세기의 빛나는 책들
2012 알라딘 블로거 베스트셀러
2013 『조선일보』 불멸의 저자들

13 자본의 시대
에릭 홉스봄 | 정도영
2005 서울대학교 권장도서 100선
1999 『출판저널』 선정 21세기에도 남을 20세기의 빛나는 책들
2012 알라딘 블로거 베스트셀러
2013 『조선일보』 불멸의 저자들

14 제국의 시대
에릭 홉스봄 | 김동택
2005 서울대학교 권장도서 100선
1999 『출판저널』 선정 21세기에도 남을 20세기의 빛나는 책들
2012 알라딘 블로거 베스트셀러
2013 『조선일보』 불멸의 저자들

15·16·17 경세유표
정약용 | 이익성
2012 인터넷 교보문고 필독고전 100선

18 바가바드 기타
함석헌 주석 | 이거룡 해제
2007 서울대학교 추천도서

19 시간의식
에드문트 후설 | 이종훈

20·21 우파니샤드
이재숙
2005 서울대학교 권장도서 100선

22 현대정치의 사상과 행동
마루야마 마사오 | 김석근
2005 『타임스』 선정 세상을 움직인 100권의 책
2007 도쿄대학교 권장도서

23 인간현상
테야르 드 샤르댕 | 양명수
2007 서울대학교 추천도서

24·25 미국의 민주주의
알렉시스 드 토크빌 | 임효선·박지동
2005 서울대학교 권장도서 100선
2012 인터넷 교보문고 MD의 선택
2012 인터넷 교보문고 MD의 선택
2013 문명비평가 기 소르망 추천도서

26 유럽학문의 위기와 선험적 현상학
에드문트 후설 | 이종훈
2005 서울대학교 논술출제

27·28 삼국사기
김부식 | 이강래
2005 연세대학교 권장도서 200선
2012 인터넷 교보문고 필독고전 100선
2013 yes24 다시 읽는 고전

29 원본 삼국사기
김부식 | 이강래 교감

30 성과 속
미르치아 엘리아데 | 이은봉
2005 『타임스』 선정 세상을 움직인 100권의 책
2012 인터넷 교보문고 명사 추천도서
『출판저널』 선정 21세기에도 남을 20세기의 빛나는 책들

31 슬픈 열대
클로드 레비-스트로스 | 박옥줄
2005 서울대학교 권장도서 100선
2005 연세대학교 권장도서 200선
2008 홍익대학교 논술출제
2012 인터넷 교보문고 명사 추천도서
2013 yes24 역사서 고전
『출판저널』 선정 21세기에도 남을 20세기의 빛나는 책들

32 증여론
마르셀 모스 | 이상률
2003 문화관광부 우수학술도서
2012 네이버 지식인의 서재

33 부정변증법
테오도르 아도르노 | 홍승용

34 문명화과정 2
노르베르트 엘리아스 | 박미애
2005 연세대학교 권장도서 200선
2012 인터넷 교보문고 명사 추천도서
2012 알라딘 명사 추천도서

35 불안의 개념
쇠렌 키르케고르 | 임규정
2012 인터넷 교보문고 필독고전 100선

36 마누법전
이재숙·이광수

37 사회주의의 전제와 사민당의 과제
에두아르트 베른슈타인 | 강신준

38 의미의 논리
질 들뢰즈 | 이정우
2000 교보문고 선정 대학생 권장도서

39 성호사설
이익 | 최석기
2005 연세대학교 권장도서 200선
2008 서울대학교 논술출제
2012 인터넷 교보문고 필독고전 100선

40 종교적 경험의 다양성
윌리엄 제임스 | 김재영
2000 대한민국학술원 우수학술도서

41 명이대방록
황종희 | 김덕균
2000 한국출판문화상

42 소피스테스
플라톤 | 김태경

43 정치가
플라톤 | 김태경

44 지식과 사회의 상
데이비드 블루어 | 김경만
2002 대한민국학술원 우수학술도서

45 비평의 해부
노스럽 프라이 | 임철규
2001 『교수신문』 우리 시대의 고전

46 인간적 자유의 본질·철학과 종교
프리드리히 W.J. 셸링 | 최신한

47 무한자와 우주와 세계·원인과 원리와 일자
조르다노 브루노 | 강영계
2001 한국출판인회의 이달의 책

48 후기 마르크스주의
프레드릭 제임슨 | 김유동
2001 한국출판인회의 이달의 책

49·50 봉건사회
마르크 블로크 | 한정숙
2002 대한민국학술원 우수학술도서
2012 『한국일보』 다시 읽고 싶은 책

51 칸트와 형이상학의 문제
마르틴 하이데거 | 이선일
2003 대한민국학술원 우수학술도서

52 남명집
조식 | 경상대 남명학연구소
2012 인터넷 교보문고 필독고전 100선

53 낭만적 거짓과 소설적 진실
르네 지라르 | 김치수·송의경
2002 대한민국학술원 우수학술도서
2013 『한국경제』 한 문장의 교양

54·55 한비자
한비 | 이운구
한국간행물윤리위원회 추천도서
2007 서울대학교 추천도서
2012 인터넷 교보문고 필독고전 100선

56 궁정사회
노르베르트 엘리아스 | 박여성

57 에밀
장 자크 루소 | 김중현
2005 서울대학교 권장도서 100선
2000·2006 서울대학교 논술출제

58 이탈리아 르네상스의 문화
야코프 부르크하르트 | 이기숙
2004 한국간행물윤리위원회 추천도서
2005 연세대학교 권장도서 200선
2009 『동아일보』 대학신입생 추천도서

59·60 분서
이지 | 김혜경
2004 문화관광부 우수학술도서
2012 인터넷 교보문고 필독고전 100선

61 혁명론
한나 아렌트 | 홍원표
2005 대한민국학술원 우수학술도서

62 표해록
최부 | 서인범·주성지
2005 대한민국학술원 우수학술도서

63·64 정신현상학
G.W.F. 헤겔 | 임석진
2006 대한민국학술원 우수학술도서
2005 연세대학교 권장도서 200선
2005 프랑크푸르트도서전 한국의 아름다운 책100
2008 서우철학상
2012 인터넷 교보문고 필독고전 100선

65·66 이정표
마르틴 하이데거 | 신상희·이선일

67 왕필의 노자주
왕필 | 임채우
2006 문화관광부 우수학술도서

68 신화학 1
클로드 레비-스트로스 | 임봉길
2007 대한민국학술원 우수학술도서
2008 『동아일보』 인문과 자연의 경계를 넘어 30선

69 유랑시인
타라스 셰브첸코 | 한정숙

70 중국고대사상사론
리쩌허우 | 정병석
2005 『한겨레』 올해의 책
2006 문화관광부 우수학술도서

71 중국근대사상사론
리쩌허우 | 임춘성
2005 『한겨레』 올해의 책
2006 문화관광부 우수학술도서

72 중국현대사상사론
리쩌허우 | 김형종
2005 『한겨레』 올해의 책
2006 문화관광부 우수학술도서

73 자유주의적 평등
로널드 드워킨 | 염수균
2006 문화관광부 우수학술도서
2010 동아일보 '정의에 관하여' 20선

74·75·76 춘추좌전
좌구명 | 신동준

77 종교의 본질에 대하여
루트비히 포이어바흐 | 강대석

78 삼국유사
일연 | 이가원·허경진
2007 서울대학교 추천도서

79·80 순자
순자 | 이운구
2007 서울대학교 추천도서

81 예루살렘의 아이히만
한나 아렌트 | 김선욱
2006 『한겨레』 올해의 책
2006 한국간행물윤리위원회 추천도서
2007 『한국일보』 오늘의 책
2007 대한민국학술원 우수학술도서
2012 yes24 리뷰 영웅대전

82 기독교 신앙
프리드리히 슐라이어마허 | 최신한
2008 대한민국학술원 우수학술도서

83·84 전체주의의 기원
한나 아렌트 | 이진우·박미애
2005 『타임스』 선정 세상을 움직인 책
『출판저널』 선정 21세기에도 남을 20세기의 빛나는 책들

85 소피스트적 논박
아리스토텔레스 | 김재홍

86·87 사회체계이론
니클라스 루만 | 박여성
2008 문화체육관광부 우수학술도서

88 헤겔의 체계 1
비토리오 회슐레 | 권대중

89 속분서
이지 | 김혜경
2008 대한민국학술원 우수학술도서

90 죽음에 이르는 병
쇠렌 키르케고르 | 임규정
『한겨레』 고전 다시 읽기 선정
2006 서강대학교 논술출제

91 고독한 산책자의 몽상
장 자크 루소 | 김중현

92 학문과 예술에 대하여·산에서 쓴 편지
장 자크 루소 | 김중현

93 사모아의 청소년
마거릿 미드 | 박자영
20세기 미국대학생 필독 교양도서

94 자본주의와 현대사회이론
앤서니 기든스 | 박노영·임영일
1999 서울대학교 논술출제
2009 대한민국학술원 우수학술도서

95 인간과 자연
조지 마시 | 홍금수

96 법철학
G.W.F. 헤겔 | 임석진

97 문명과 질병
헨리 지거리스트 | 황상익
2009 대한민국학술원 우수학술도서

98 기독교의 본질
루트비히 포이어바흐 | 강대석

99 신화학 2
클로드 레비-스트로스 | 임봉길
2008 『동아일보』 인문과 자연의 경계를 넘어 30선
2009 대한민국학술원 우수학술도서

100 일상적인 것의 변용
아서 단토 | 김혜련
2009 대한민국학술원 우수학술도서

101 독일 비애극의 원천
발터 벤야민 | 최성만·김유동

**102·103·104 순수현상학과
현상학적 철학의 이념들**
에드문트 후설 | 이종훈
2010 대한민국학술원 우수학술도서

105 수사고신록
최술 | 이재하 외
2010 대한민국학술원 우수학술도서

106 수사고신여록
최술 | 이재하
2010 대한민국학술원 우수학술도서

107 국가권력의 이념사
프리드리히 마이네케 | 이광주

108 법과 권리
로널드 드워킨 | 염수균

109·110·111·112 고야
홋타 요시에 | 김석희
2010 12월 한국간행물윤리위원회 추천도서

113 왕양명실기
박은식 | 이종란

114 신화와 현실
미르치아 엘리아데 | 이은봉

115 사회변동과 사회학
레이몽 부동 | 민문홍

116 자본주의·사회주의·민주주의
조지프 슘페터 | 변상진
2012 대한민국학술원 우수학술도서
2012 인터파크 이 시대 교양 명저

117 공화국의 위기
한나 아렌트 | 김선욱

118 차라투스트라는 이렇게 말했다
프리드리히 니체 | 강대석

119 지중해의 기억
페르낭 브로델 | 강주헌

120 해석의 갈등
폴 리쾨르 | 양명수

121 로마제국의 위기
램지 맥멀렌 | 김창성
2012 인터파크 추천도서

122·123 윌리엄 모리스
에드워드 파머 톰슨 | 윤효녕 외
2012 인터파크 추천도서

124 공제격치
알폰소 바뇨니 | 이종란

125 현상학적 심리학
에드문트 후설 | 이종훈
2013 인터넷 교보문고 눈에 띄는 새 책
2014 대한민국학술원 우수학술도서

126 시각예술의 의미
에르빈 파노프스키 | 임산

127·128 시민사회와 정치이론
진 L. 코헨·앤드루 아라토 | 박형신·이혜경

129 운화측험
최한기 | 이종란
2015 대한민국학술원 우수학술도서

130 예술체계이론
니클라스 루만 | 박여성·이철

131 대학
주희 | 최석기

132 중용
주희 | 최석기

133 종의 기원
찰스 다윈 | 김관선

134 기적을 행하는 왕
마르크 블로크 | 박용진

135 키루스의 교육
크세노폰 | 이동수

136 정당론
로베르트 미헬스 | 김학이
2003 기담학술상 번역상
2004 대한민국학술원 우수학술도서

137 법사회학
니클라스 루만 | 강희원
2016 세종도서 우수학술도서

138 중국사유
마르셀 그라네 | 유병태
2011 대한민국학술원 우수학술도서

139 자연법
G.W.F 헤겔 | 김준수
2004 기담학술상 번역상

140 기독교와 자본주의의 발흥
R.H. 토니 | 고세훈

141 고딕건축과 스콜라철학
에르빈 파노프스키 | 김율
2016 세종도서 우수학술도서

142 도덕감정론
애덤스미스 | 김광수

143 신기관
프랜시스 베이컨 | 진석용
2001 9월 한국출판인회의 이달의 책
2005 서울대학교 권장도서 100선

144 관용론
볼테르 | 송기형·임미경

145 교양과 무질서
매슈 아널드 | 윤지관

146 명등도고록
이지 | 김혜경

147 데카르트적 성찰
에드문트 후설·오이겐 핑크 | 이종훈
2003 대한민국학술원 우수학술도서

148·149·150 함석헌선집 1·2·3
함석헌 | 함석헌편집위원회
2017 대한민국학술원 우수학술도서

151 프랑스혁명에 관한 성찰
에드먼드 버크 | 이태숙

152 사회사상사
루이스 코저 | 신용하·박명규

153 수동적 종합
에드문트 후설 | 이종훈
2019 대한민국학술원 우수학술도서

154 로마사 논고
니콜로 마키아벨리 | 강정인·김경희
2005 대한민국학술원 우수학술도서

155 르네상스 미술가평전 1
조르조 바사리 | 이근배

156 르네상스 미술가평전 2
조르조 바사리 | 이근배

157 르네상스 미술가평전 3
조르조 바사리 | 이근배

158 르네상스 미술가평전 4
조르조 바사리 | 이근배

159 르네상스 미술가평전 5
조르조 바사리 | 이근배

160 르네상스 미술가평전 6
조르조 바사리 | 이근배

161 어두운 시대의 사람들
한나 아렌트 | 홍원표

162 형식논리학과 선험논리학
에드문트 후설 | 이종훈
2011 대한민국학술원 우수학술도서

163 러일전쟁 1
와다 하루키 | 이웅현

164 러일전쟁 2
와다 하루키 | 이웅현

165 종교생활의 원초적 형태
에밀 뒤르켐 | 민혜숙 · 노치준

166 서양의 장원제
마르크 블로크 | 이기영

167 제일철학 1
에드문트 후설 | 이종훈
2021 대한민국학술원 우수학술도서

168 제일철학 2
에드문트 후설 | 이종훈
2021 대한민국학술원 우수학술도서

169 사회적 체계들
니클라스 루만 | 이철 · 박여성 | 노진철 감수

170 모랄리아
플루타르코스 | 윤진

171 국가론
마르쿠스 툴리우스 키케로 | 김창성

172 법률론
마르쿠스 툴리우스 키케로 | 성염

173 자본주의의 문화적 모순
다니엘 벨 | 박형신
2022 대한민국학술원 우수학술도서

174 신화학 3
클로드 레비스트로스 | 임봉길
2022 대한민국학술원 우수학술도서

175 상호주관성
에드문트 후설 | 이종훈

176 대변혁 1
위르겐 오스터함멜 | 박종일

177 대변혁 2
위르겐 오스터함멜 | 박종일

178 대변혁 3
위르겐 오스터함멜 | 박종일

179 유대인 문제와 정치적 사유
한나 아렌트 | 홍원표

180 장담의 열자주
장담 | 임채우

181 질문의 책
에드몽 자베스 | 이주환

182 과거와 미래 사이
한나 아렌트 | 서유경

183 영웅숭배론
토마스 칼라일 | 박상익

184 역사를 바꾼 권력자들
이언 커쇼 | 박종일

185 칸트의 정치철학
한나 아렌트 | 김선욱

186 클라우제비츠 전쟁론 완성하기
르네 지라르·브누아 샹트르 | 김진식

187 미쉬나 1: 제라임
권성달

188 미쉬나 2: 모에드
김성언

189 미쉬나 3: 나쉼
이영길

190 미쉬나 4: 네지킨
최영철·김성언

191 미쉬나 5: 코다쉼
전재영

192 미쉬나 6: 토호롯
윤성덕

193 인간의 유래 1
찰스 다윈 | 김관선
2007 대한민국학술원 우수학술도서

194 인간의 유래 2
찰스 다윈 | 김관선

195 모랄리아 2(근간)
플루타르코스 | 윤진

196 고백록(근간)
아우구스티누스 | 성염

197 비잔티움 문명(근간)
앙드레 기유 | 김래모

198 신화학 4(근간)
클로드 레비스트로스 | 임봉길

● 한길그레이트북스는 계속 간행됩니다.